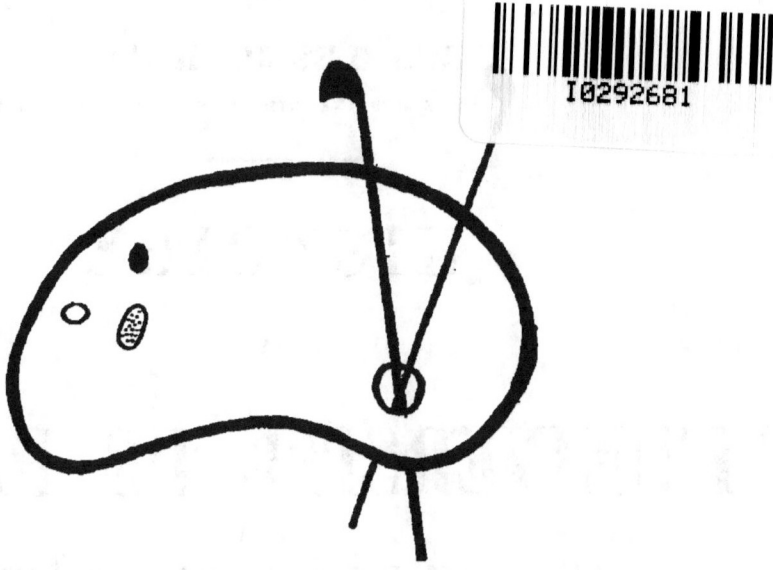

COUVERTURE SUPERIEURE ET INFERIEURE
EN COULEUR

CHARLES JOURDAIN,

DE L'ACADÉMIE DES INSCRIPTIONS ET BELLES-LETTRES.

HISTOIRE

DE

L'UNIVERSITÉ DE PARIS,

AU XVIIe ET AU XVIIIe SIÈCLE.

TOME SECOND.

PARIS,

FIRMIN-DIDOT ET Cie, | HACHETTE ET Cie,
IMPRIMEURS DE L'INSTITUT, | 79, BOULEVARD SAINT-GERMAIN.
56, RUE JACOB.

1888.

HISTOIRE

DE

L'UNIVERSITÉ DE PARIS,

AU XVIIe ET AU XVIIIe SIÈCLE.

Tome II.

Typographie Firmin-Didot. — Mesnil (Eure).

CHARLES JOURDAIN,

DE L'ACADÉMIE DES INSCRIPTIONS ET BELLES-LETTRES.

HISTOIRE
DE
L'UNIVERSITÉ DE PARIS,

AU XVIIᵉ ET AU XVIIIᵉ SIÈCLE.

TOME SECOND.

PARIS,

FIRMIN-DIDOT ET Cⁱᵉ, | HACHETTE ET Cⁱᵉ,
IMPRIMEURS DE L'INSTITUT, | 79, BOULEVARD SAINT-GERMAIN.
56, RUE JACOB.

1888

HISTOIRE
DE
L'UNIVERSITÉ DE PARIS.

LIVRE II

(suite).

CHAPITRE V.

Projet de translation des écoles de la Faculté de droit dans les bâtiments du collège de Sainte-Barbe. — Triste situation de ce collège : une partie de ses bâtiments est acquise par l'Université. — Cession du collège du Mans à la compagnie de Jésus. Inutile opposition du recteur. Le collège de Clermont prend le nom de collège Louis le Grand. — Affaire de la *royale*. — Assemblée du clergé de France. — Célèbre déclaration de 1682; elle est enregistrée par la Faculté des arts et par la Faculté de droit. — Opposition de la Faculté de théologie; elle est mandée devant le Parlement et contrainte à faire sa soumission. — Thèse du recteur, M° Berthe, dédiée au roi. — Fondation par la ville de Paris d'un panégyrique annuel en l'honneur de Louis XIV. — Cérémonies dans lesquelles l'Université figure. — Nouveaux règlements de discipline promulgués par la Faculté des arts. Réforme de plusieurs collèges. — Ouverture des classes au collège Mazarin. — Règlements pour l'imprimerie et la librairie, mis en vigueur et maintenus malgré les protestations de l'Université. — Suite des démêlés avec la cour de Rome. — Le roi se résout à en appeler au futur concile. — Attitude de l'Université. — Nouvelles contestations avec le chantre de Notre-Dame au sujet des petites écoles. — Arrêt du Parlement. — Formulaire imposé aux professeurs de philosophie suspects de cartésianisme. — La Faculté de médecine et les médecins des universités provinciales. — Suppression de la Chambre royale. — Rectorat d'Edmond Pourchot. — Son mémoire sur le Pré-aux-Clercs. — Pourchot succède à Lenglet en qualité de syndic. — Commencements de Rollin. — Il est élu recteur. — Zèle qu'il déploie pour le rétablissement des études et de la discipline et pour la défense des droits de sa compagnie. — Visite des collèges. — Bossuet conservateur des privilèges apostoliques de l'Université de Paris. — L'Université de Caen et les Eudistes. — Rectorat de Vittement. — Son discours au roi après la paix de Ryswyck. — Rollin principal du collège de Beauvais. — Le collège Mazarin est admis au partage du revenu des messageries. — Bail de la ferme du parchemin. — Nouvelles contestations avec les Jésuites. — Fin du dix-septième siècle.

Les écoles de la Faculté de décret étaient anciennement situées rue Saint-Jean de Beauvais. Les bâtiments étaient peu spacieux; et Philippe de Buisine, qui en disposa pour lui seul, de 1651 à

1654, se plaint, dans un mémoire contre l'Université (1), de pouvoir à peine y loger sa famille. Après la promulgation des lettres patentes d'avril 1679, qui restauraient et développaient les études juridiques, le gouvernement manifesta l'intention d'affecter à la Faculté de droit régénérée un local plus vaste et plus commode. Deux collèges du voisinage offraient sous ce rapport des facilités qui frappèrent les conseillers d'État chargés d'étudier la question : c'étaient le collège de Bourgogne, situé rue des Cordeliers, aujourd'hui rue de l'École de Médecine, et le collège Sainte-Barbe, situé rue de Reims. Le plan consistait à installer la Faculté de droit au collège de Bourgogne et à transporter les chapelains et les boursiers de ce collège dans celui de Sainte-Barbe, qui était alors en pleine décadence et que cette réunion ne pouvait que relever. En conséquence, les principaux des deux maisons, M⁶ Berthoult et M⁶ Colombet, reçurent l'ordre de déposer entre les mains des commissaires royaux, MM. Boucherat, de Bezons et Bignon, les titres de fondation et le tableau de la situation actuelle de leurs établissements respectifs (2). Il paraît que l'examen des pièces modifia le projet primitif; car l'idée de s'emparer du collège de Bourgogne fut bientôt abandonnée, et le collège Sainte-Barbe se trouva seul menacé. Sa ruine même parut tout à fait imminente, un arrêt du conseil d'État du 10 mars 1681 ayant ordonné « qu'il seroit à toujours réuni aux écoles de droit, avec les biens, bâtiments et revenus en dépendant. » Toutefois l'énergique résistance du principal et des boursiers parvint à détourner cet orage. Lorsqu'ils eurent reçu la signification de l'arrêt qui les dépossédait, ils protestèrent par une requête adressée au conseil, et, sur leur réclamation, Louis XIV, révoquant ses premiers ordres, leur permit de conserver leur collège, à la charge d'y garder une bonne discipline et d'observer les règlements qui leur seraient donnés par les supérieurs (3). La Faculté de droit conserva provisoirement ses vieilles écoles de la rue Saint-Jean de Beauvais ; elle ne devait les

---

(1) Voy. plus haut, p. 341.
(2) Arrêt du conseil d'État du 26 mars 1680.
(3) Arrêt du 9 juin 1682.

quitter que sur la fin du siècle suivant, où elle fut transportée place Sainte-Geneviève, dans les bâtiments qu'elle occupe encore de nos jours.

Malgré le succès qu'il venait d'obtenir, le collège de Sainte-Barbe était, nous l'avons dit, en pleine décadence; et sa situation obérée, trop connue dans le quartier Latin, justifiait les plans et les espérances de ceux qui aspiraient à recueillir ses dépouilles. Sur les revenus il fallait prélever tous les ans plus de quinze cents livres pour le service des emprunts; la caisse du collège était vide, et cependant il y avait à pourvoir à des réparations tellement urgentes qu'elles avaient motivé une sommation judiciaire. L'Université jugeait sévèrement la conduite du principal et des boursiers de Sainte-Barbe; mais l'attachement qu'elle portait aux anciens collèges ne lui permettait pas d'abandonner à leur triste sort et de laisser succomber ceux-là même dont elle avait le plus à se plaindre. En conséquence, elle décida qu'elle viendrait en aide au collège fondé jadis par Jean Hubert, et dans lequel Ignace de Loyola avait passé quelques années. Mais elle pouvait le secourir de deux manières : soit en payant les dettes et en se faisant elle-même subroger aux créanciers de la maison, soit en acquérant une partie des bâtiments et du terrain. Elle préféra ce dernier mode, moins libéral peut-être, mais financièrement plus sûr. Par contrat du 21 juin 1683, et moyennant la somme de 48,750 livres, les grands boursiers du collège de Sainte-Barbe, c'est-à-dire le principal, M° Berthoult, le procureur, M° Vachot, et le chapelain, M° de la Roche, autorisés par les supérieurs de la maison, aliénèrent au profit de l'Université trois corps de bâtiment, bordés par la rue Saint-Symphorien, la rue de Reims et la rue du Mans. La cession ne s'accomplit pas, autant que nous en pouvons juger, sans exciter d'assez vives réclamations de la part des petits boursiers, qui n'avaient pas été consultés; car, dans la suite, une requête, que nous avons sous les yeux, fut adressée en leur nom au Parlement, pour que la vente fût résiliée comme irrégulière (1). Quoi

---

(1) *Requête des principal, chapelain et boursiers du collège de Sainte-Barbe à Nos Seigneurs du Parlement en la Grand'Chambre, contre la vente faite en 1683*

qu'il en soit, dans le mois de juillet 1683 Louis XIV donna son approbation au marché qui avait eu lieu le mois précédent, « voulant, disait-il, à l'exemple des roys nos prédécesseurs, témoigner l'affection singulière que nous avons pour notre fille l'Université de Paris, qui est la mère des sciences, l'école de la vertu, la source intarissable où non seulement nos sujets, mais les estrangers viennent de tous costés puiser la saine doctrine. » Afin de remplir ses engagements et de pouvoir mettre en valeur les constructions et les terrains qu'elle venait d'acquérir, l'Université fut elle-même obligée d'emprunter une somme considérable. Lorsqu'au moyen de cette ressource les travaux d'appropriation nécessaires furent parvenus à leur terme, les bâtiments cédés par le collège Sainte-Barbe reçurent quelques écoliers, formant une sorte de pensionnat, que M⁰ Gillot, docteur en Sorbonne, avait établi dès 1660, et qui après sa mort, arrivée en 1688, fut continué par son élève, M⁰ Durieux. Ce pensionnat prit dès lors, du lieu même de son nouvel établissement, le nom de communauté de Sainte-Barbe, sous lequel il a laissé des souvenirs qui ne sont point encore effacés. Nous verrons plus tard comment la communauté finit par absorber le collège, ou plutôt comment les deux institutions, l'une toute récente, l'autre qui comptait un siècle et demi de durée, confondirent un jour leurs destinées sous l'autorité d'un chef unique, sans éviter de nouvelles dissensions et de nouveaux orages, cette fois causés par les passions religieuses.

En ce qui regarde le collège du Mans, l'Université fut moins heureuse qu'avec celui de Sainte-Barbe. La déplorable situation dans laquelle ce collège était tombé nous est connue. Malgré la surveillance dont il était l'objet, la discipline n'avait pu s'y établir, ni sa prospérité reparaître. Le désordre, en se perpétuant, avait causé l'épuisement des dernières ressources de la maison, si bien qu'au mois de juillet 1681, comme une partie des bâtiments tom-

à l'Université d'une partie des bâtiments du collège. Cette requête sans date porte la signature de Simon Menassier, qui administra les biens du collège à partir de 1692, et mourut principal en 1732. Elle fut rejetée, en mars 1725, par arrêt du Parlement. Voy. l'inventaire des titres du collège de Sainte-Barbe. *Arch. nat.*, MM. 341, et S. 6292.

baient en ruine, le principal et les boursiers, ne sachant où se procurer les fonds nécessaires aux réparations les plus urgentes, firent appel dans leur détresse à la munificence de l'Université. Celle-ci, qui naguère avait soutenu contre les Jésuites une lutte opiniâtre et aussi heureuse pour elle-même que pour le collège du Mans, se hâta de promettre son concours afin de sauver une vieille institution qui périssait. Mais, de son côté, la société de Jésus veillait sur cette proie qu'elle convoitait depuis un demi-siècle. Lorsqu'elle apprit la fâcheuse position du collège du Mans, elle jugea l'occasion favorable pour s'en emparer. Ne suffisait-il pas de donner suite au contrat de vente passé jadis avec l'évêque du Mans, M. de Beaumanoir? Le P. La Chaise, confesseur de Louis XIV, se chargea d'intéresser le roi à l'affaire et d'obtenir son consentement. En vain l'Université, pour déjouer ce complot, fit courir le bruit qu'elle venait elle-même d'acquérir le collège en question. Sommée de représenter à l'archevêque de Paris, M. de Harlay, l'acte de vente, elle eut la confusion d'avouer que tout s'était passé jusque-là en paroles et que l'acte prétendu n'était pas encore signé. Il est juste d'ajouter qu'il le fut quelques jours après. Une seule chance favorable restait encore, c'était d'éclairer la justice du roi, si toutefois on pouvait parvenir jusqu'à sa personne. Louis XIV se trouvait à Saint-Germain : il consentit à entendre le recteur, M° Tavernier, professeur de grec au Collège royal. L'audience eut lieu avec une certaine solennité, en présence des principaux personnages de la cour, dans les derniers jours du mois de février 1692. M° Tavernier, escorté des procureurs des Nations et des doyens, adressa au roi un discours empreint d'une certaine fermeté, qui rappelle le temps où l'Université de Paris était elle-même assez puissante pour oser donner des leçons aux princes? Louis XIV fit une réponse bienveillante, et même affectueuse. Il assura que jamais sa protection ne ferait défaut à sa fille aînée; mais sur l'objet même de la supplique présentée par le recteur il ne promit rien, sinon d'examiner les mémoires qui lui avaient été remis. Cependant, malgré la vente alléguée par M° Tavernier, et cette fois réellement conclue avec le principal et les boursiers du collège du Mans, l'évêque de cette ville s'entendait, secrètement, d'ordre supérieur, avec les Jésuites pour la cession définitive de l'établissement. Pour faciliter les dernières transactions, le roi figura lui-même comme acquéreur et donna une somme de 53,156 livres, qui servit en partie à acquérir l'hôtel Marillac, situé rue d'Enfer, dans lequel les boursiers du Mans furent transportés. L'Université forma opposition à l'enregistrement du contrat, et de tous actes, lettres et déclarations ayant pour objet de l'autoriser; défense lui fut signifiée, au nom du roi, de suivre son appel et de s'occuper plus longtemps de l'affaire. Les Jésuites, grâce à leur habileté patiente et opiniâtre, étaient parvenus à leurs fins (1). Ils témoignèrent leur reconnaissance pour le prince, leur protecteur, en donnant son nom au collège de Clermont, qui s'appela désormais collège Louis le Grand (2). Louis XIV se prêta de bonne grâce à cet hommage, et, voulant payer les Jésuites de retour, il déclara leur établissement de fondation royale, et leur accorda le droit de *Committimus*. Ce collège se trouva dès lors assimilé, sous le rapport des privilèges, aux anciens collèges de l'Université de Paris.

Comme nouvel exemple de la sollicitude que les autorités et le gouvernement lui-même témoignaient pour l'enseignement public, nous citerons les règlements qui furent donnés par l'évêque de Laon au collège de ce nom, en 1683; ceux que le prieur de la Chartreuse de Paris rédigea la même année pour le collège de Montaigu; enfin l'érection en chaire royale de la chaire de controverse que Richelieu avait fondée en 1638 au collège de Navarre (3).

Quand une institution, prépondérante naguère, est en grande

---

(1) *Arch. U.*, Reg. xxxv, fol. 91 et 108 v°.

(2) Si l'on en croit une tradition fort répandue, le collège de Clermont aurait commencé à prendre le titre de collège Louis le Grand dès l'année 1672, à la suite d'une visite du roi. Mais Jaillot, qui est dans l'habitude de ne parler que pièces en main, dit positivement (*Recherches sur Paris*, quartier Saint-Benoît, p. 118) que la nouvelle inscription COLLEGIUM LUDOVICI MAGNI ne fut posée sur la porte principale qu'au mois d'octobre 1682, c'est-à-dire seulement quelques semaines avant les lettres patentes par lesquelles la maison est déclarée être de fondation royale.

(3) Félibien, *Hist. de Paris*, t. V, p. 228, p. 838 et s.; *Arch. U.*, Reg. xcvi, art. 19.

partie déchue de son influence, et que cependant elle se trouve encore mêlée aux événements qu'elle ne dirige plus, celui qui raconte son histoire doit toucher successivement beaucoup de faits qu'il ne peut qu'effleurer sans les approfondir, parce qu'elle ne prit part elle-même à ces faits qu'accidentellement, et sans qu'elle en fût l'auteur, le but, ni même l'occasion. Telle est, comme nous l'avons éprouvé plus d'une fois, la condition particulière de l'historien de l'Université de Paris, non pas à l'époque brillante de ses annales, mais dans la période ingrate et obscure pour elle, quoique féconde et glorieuse pour le pays, qui fait l'objet de nos études. Souvent déjà nous avons dû élargir notre cadre afin d'y faire entrer des épisodes, empruntés à l'histoire ecclésiastique, dans lesquels la Faculté de théologie, ou la Faculté des arts, ou toutes les Facultés ensemble avaient joué un certain rôle. Nous sommes amené par des motifs analogues à parler ici brièvement des discussions qui s'étaient élevées entre la cour de France et le Saint-Siège au sujet de la régale, et qui aboutirent en 1682 à la célèbre déclaration du clergé de France (1).

Anciennement, lorsqu'un siège épiscopal était devenu vacant, soit par la mort ou la démission du titulaire, soit par sa promotion à un autre siège, l'usage était établi en France que, durant la vacance, le roi perçût les droits et revenus du diocèse, et nommât aux bénéfices qui en dépendaient. C'est ce double droit qu'on désignait sous le nom de *régale*. Il arrivait le plus ordinairement, depuis une déclaration libérale de Louis XIII, que les revenus encaissés par les agents du fisc ne profitaient pas au trésor royal et étaient en partie réservés pour le futur évêque, en partie affectés au soulagement des pauvres et à des œuvres pies; mais l'affectation et la distribution étaient censées en appartenir au roi. Jusqu'à Louis XIV, quelques diocèses du midi de la France n'avaient pas

---

(1) Nous avons eu sous les yeux, en revisant les pages qui suivent, deux ouvrages récents, l'un dans le sens des idées ultramontaines poussées à l'extrême, les *Recherches historiques sur l'assemblée du clergé de France de 1682*, par Charles Gérin, 2ᵉ édit., Paris, 1870, in-8°; l'autre tout gallican, *l'Assemblée du clergé de France de 1682*, par l'abbé Loyson, Paris, 1870, in-8°. Les indications que nous y avons recueillies n'ont pas modifié, quant au fond, notre récit primitif.

été soumis à la régale. En 1673, le roi voulut leur appliquer la règle commune ; mais il rencontra la plus vive résistance de la part de l'évêque d'Aleth, Nicolas Pavillon, et de l'évêque de Pamiers, François de Caulet. Tous deux protestèrent contre les ordres venus de Paris, et refusèrent d'accomplir les formalités prescrites par les édits aux évêques qui voulaient fermer la régale, c'est-à-dire reprendre l'exercice de leurs droits épiscopaux. Le roi, sur ce refus, ayant disposé des bénéfices régaliens, MM. de Pamiers et d'Aleth excommunièrent les prêtres qui en avaient été pourvus. Les nouveaux bénéficiers en appelèrent aux métropolitains, les archevêques de Narbonne et de Toulouse, qui levèrent l'excommunication ; mais la sentence de ces nouveaux juges fut déférée au Saint-Siège, qui fulmina des bulles contre l'extension du droit de régale. Le midi du royaume fut livré à une effervescence religieuse qui gagnait de proche en proche. Ni la mort de l'évêque d'Aleth en 1677, ni celle de l'évêque de Pamiers en 1680 ne rétablirent le calme. Le gouvernement de Louis XIV déployait inutilement son autorité et ses rigueurs pour surmonter l'opposition qui se perpétuait chez une partie du sacerdoce. Encouragés par le pape, les opposants se montraient aussi résolus à tout braver que s'il se fût agi des plus grands intérêts de l'Église. D'après les documents contemporains, « on ne voyoit d'un côté qu'excommunications lancées pour soutenir, disoit-on, la définition d'un concile général ; et de l'autre que proscriptions de biens, exils, emprisonnements, condamnations même à mort, pour soutenir, à ce qu'on prétendoit, les droits de la couronne. La plus grande confusion régnoit surtout dans le diocèse de Pamiers ; tout le chapitre étoit dispersé ; plus de quatre-vingts curés emprisonnés, exilés ou obligés de se cacher : on voyoit grands vicaires contre grands vicaires, le siège épiscopal vacant (1). »

Ce fut dans ces circonstances que se réunit à Paris, au mois

---

(1) *Procès-verbaux du clergé de France*, t. V, p. 362. Passage cité par M. de Bausset, *Hist. de Bossuet*, l. VI, § 8. Cf. *Mémoires de Foucault*, publiées par M. Baudry dans la *Collection de documents inédits sur l'histoire de France*, Paris, 1862, in-4°, p. 57 et s.

d'octobre 1681, l'assemblée des députés du clergé de France, convoqués extraordinairement par le roi; parmi eux se trouvait Bossuet, nouvellement appelé à l'évêché de Meaux. La première préoccupation de tous les membres était d'apaiser le malheureux différend élevé entre la puissance royale et la papauté pour un objet de si médiocre importance. L'assemblée obtint d'abord de Louis XIV un nouvel édit qui limitait beaucoup les effets de la régale, car non seulement le roi renonçait pendant la vacance des sièges à toutes les nominations qui dans les églises cathédrales ou collégiales appartenaient aux chapitres et non à l'autorité épiscopale; mais à l'égard des bénéfices à charge d'âmes, qui conféraient aux titulaires une certaine juridiction spirituelle, il réduisait les droits de la couronne à un simple droit de patronage ou de présentation, ordonnant que nul ne pût ni en être pourvu, s'il ne remplissait les conditions requises par les canons, ni entrer en jouissance avant d'avoir reçu l'institution canonique des mains des vicaires capitulaires ou de l'évêque nouvellement pourvu. Lorsque l'assemblée eut amené Louis XIV à cette importante concession, elle adressa au souverain pontife, par la plume de Bossuet, une lettre dans laquelle, après avoir rappelé que les saints Pères et le Saint-Siège avaient souvent loué l'adoucissement des canons, quand il sert à édifier l'Église, à faire cesser les divisions, à affermir la paix entre la royauté et le sacerdoce, elle conjurait Innocent XI de n'écouter que sa prudence et de ne suivre que les mouvements de sa bonté dans une affaire « où il n'étoit pas permis, disait-elle, d'employer le courage (1). »

Mais, en présence des tristes débats qui tenaient les esprits en suspens, il paraissait à de bons esprits très opportun de faire connaître par une exacte définition les sentiments du clergé de France sur les droits réciproques du pape et du roi. Colbert, qui soutenait cet avis avec le plus de force, parvint à le faire partager à Louis XIV. Bossuet penchait manifestement pour l'avis con-

(1) *Œuvres de Bossuet*, t. VII, p. 195 et s. Maurice Le Tellier, archevêque de Reims, paraît avoir eu part à la rédaction de cette lettre. (V. Loyson, p. 307.)

traire (1), dans la prévision des difficultés que la déclaration projetée présenterait et des nouvelles divisions qu'elle allait exciter. Il s'inclina toutefois, dès que la volonté de Louis XIV fut connue, et mit dès lors ses soins à prévenir les partis extrêmes, afin que de cette assemblée, où se trouvaient réunis de si grands noms et si hautes lumières, on ne vît rien sortir « que de modéré et de mesuré. » Une commission dont l'évêque de Meaux faisait partie arrêta par ses conseils, disons-mieux, sous sa dictée, une déclaration en quatre articles qui furent proposés à l'assemblée générale et adoptés par elle. Ces articles sont bien connus ; mais, dogmatiquement et historiquement, ils ont trop d'importance pour que nous puissions nous dispenser de les reproduire. Voici donc le texte de cette déclaration célèbre, qui fait en quelque sorte partie du droit public de notre pays :

« Plusieurs s'efforcent de renverser les décrets de l'Église gallicane, ses libertés qu'ont soutenues avec tant de zèle nos ancêtres, et leurs fondements appuyés sur les saints canons et la tradition des Pères. Il en est aussi qui, sous le prétexte de ces libertés, ne craignent pas de porter atteinte à la primauté de saint Pierre et des pontifes romains ses successeurs, instituée par Jésus-Christ, à l'obéissance qui leur est due par tous les chrétiens et à la majesté, si vénérable aux yeux de toutes les nations, du siège apostolique, où s'enseigne la foi et se conserve l'unité de l'Église. Les hérétiques, d'autre part, n'omettent rien pour présenter cette puissance, qui renferme la paix de l'Église, comme insupportable aux rois et aux peuples, et pour séparer par cet artifice les âmes simples de la communion de l'Église et de Jésus-Christ. C'est dans le

---

(1) Lettre de Bossuet à M. Dirois, du 29 décembre 1681, *Œuvres complètes*, t. XXXVII, p. 253 : « Je serois assez d'avis qu'on n'entamât point de matières contentieuses : je ne sais si tout le monde sera de même sentiment. Mais, quoi qu'il en soit, j'espère qu'il ne sortira rien de l'assemblée que de modéré et de mesuré. » Voy. aussi les *Anecdotes sur l'Assemblée de 1682* dans les *Nouveaux opuscules de M. l'abbé Fleury*, 2ᵉ édit., Paris, 1818, in-12, p. 210 et s., et le *Journal* de l'abbé Ledieu, t. I, p. 8 : « Je demandai à M. de Meaux, dit l'abbé Ledieu, qui lui avoit inspiré le dessein des propositions du clergé sur la puissance de l'Église. Il me dit que M. Colbert, alors ministre et secrétaire d'État, en étoit véritablement l'auteur et que lui seul y avoit déterminé le roi... »

dessein de remédier à de tels inconvénients, que nous, archevêques et évêques, assemblés à Paris par ordre du roi avec les autres députés, qui représentons l'Église gallicane, avons jugé convenable, après une mûre délibération, d'établir et de déclarer :

1° Que saint Pierre et ses successeurs, vicaires de Jésus-Christ, et que toute l'Église même, n'ont reçu de puissance de Dieu que sur les choses spirituelles et qui concernent le salut, et non point sur les choses temporelles et civiles : Jésus-Christ nous apprenant lui-même que « son royaume n'est point de ce monde; » et en un autre endroit, « qu'il faut rendre à César ce qui est à César, et à Dieu ce qui est à Dieu; » et qu'ainsi ce précepte de l'apôtre saint Paul ne peut en rien être altéré ou ébranlé : « Que toute personne « soit soumise aux puissances supérieures; car il n'y a point de « puissance qui ne vienne de Dieu; et c'est lui qui ordonne celles « qui sont sur la terre; celui donc qui s'oppose aux puissances ré- « siste à l'ordre de Dieu. » Nous déclarons en conséquence que les rois et les souverains ne sont soumis à aucune puissance ecclésiastique par l'ordre de Dieu dans les choses temporelles; qu'ils ne peuvent être déposés directement ni indirectement par l'autorité des chefs de l'Église; que leurs sujets ne peuvent être dispensés de la soumission et de l'obéissance qu'ils leur doivent, ou relevés du serment de fidélité, et que cette doctrine, nécessaire pour la tranquillité publique, et non moins avantageuse à l'Église qu'à l'État, doit être inviolablement suivie comme conforme à la parole de Dieu, à la tradition des Pères et aux exemples des Saints.

2° Que la plénitude de puissance que le Saint-Siège apostolique et les successeurs de saint Pierre, vicaire de Jésus-Christ, ont sur les choses spirituelles, est telle, que les décrets du saint concile œcuménique de Constance, dans les sessions IV et V, approuvés par le Saint-Siège apostolique, confirmés par la pratique de toute l'Église et des pontifes romains, et observés religieusement dans tous les temps par l'Église gallicane, demeurent dans toute leur force et vertu, et que l'Église de France n'approuve pas l'opinion de ceux qui donnent atteinte à ces décrets, ou qui les affoiblissent, en disant que leur autorité n'est pas bien établie, qu'ils ne sont point approuvés, ou qu'ils ne regardent que le temps de schisme.

3° Qu'ainsi l'usage de la puissance apostolique doit être réglé suivant les canons faits par l'esprit de Dieu et consacrés par le respect général; que les règles, les mœurs et les constitutions reçues dans le royaume doivent être maintenues, et les bornes posées par nos pères demeurer inébranlables; qu'il est même de la grandeur du Saint-Siège apostolique que les lois et coutumes établies du consentement de ce siège respectable et des églises subsistent invariablement.

4° Que, quoique le pape ait la principale part dans les questions de foi, et que ses décrets regardent toutes les églises et chaque église en particulier, son jugement n'est pourtant pas irréformable, à moins que le consentement de l'Église n'intervienne.

« Ce sont là les maximes que nous avons reçues de nos pères; nous avons arrêté de les envoyer à toutes les églises de France et aux évêques qui y président par l'autorité du Saint-Esprit, afin que nous disions tous la même chose, que nous soyons tous dans les mêmes sentiments et que nous suivions tous la même doctrine. »

Jusqu'ici l'Université n'a point paru dans le débat, et il semble qu'elle y soit demeurée tout à fait étrangère. Remarquons cependant que la déclaration de 1682 reproduit, quant au fond de la doctrine, les articles délibérés en 1663 par la Faculté de théologie. Le chancelier de Notre-Dame, Me Coquelin, qui siégeait avec les députés du clergé du second ordre, avait même proposé tout d'abord qu'on se bornât à voter de nouveau ces articles, « de manière à transformer, disait-il, ce qui n'étoit qu'un jugement doctrinal de la Faculté de théologie, en une décision de l'Église gallicane, qui tînt lieu de chose jugée au moins pour toute la France (1). » Mais, dans la situation des affaires et des esprits, il ne convenait pas qu'une assemblée d'évêques se contentât d'homologuer les délibérations de la Sorbonne. Aussi ne fut-il pas donné suite à la proposition de Me Coquelin.

---

(1) *Procès-verbaux du clergé*, t. V, p. 420; *Nouveaux opuscules de M. l'abbé Fleury*, p. 232.

C'eût été peu d'avoir défini les véritables limites de la puissance spirituelle, si cette définition n'était pas enseignée et ne devenait pas la commune doctrine des théologiens français. L'assemblée du clergé demanda elle-même que les maximes qu'elle venait de consacrer par son suffrage fissent désormais partie de l'enseignement de toutes les écoles. Conformément à ce vœu, le roi promulgua, dès le 20 mars 1682, un édit qui contenait les dispositions suivantes :

1° Défendons à tous nos sujets et aux étrangers étant dans notre royaume, séculiers et réguliers, de quelque ordre, congrégation et société qu'ils soient, d'enseigner dans leurs maisons, collèges et séminaires, ou d'écrire aucune chose contraire à la doctrine contenue en icelle.

2° Ordonnons que ceux qui seront doresnavant choisis pour enseigner la théologie dans tous collèges de chaque Université, soit qu'ils soient séculiers ou réguliers, souscriront ladite déclaration aux greffes des Facultés de théologie avant de pouvoir faire cette fonction dans les collèges ou les maisons séculières et régulières ; qu'ils se soumettront à enseigner la doctrine qui y est expliquée, et que les syndics des Facultés de théologie présenteront aux ordinaires des lieux et à nos procureurs généraux des copies desdites soumissions, signées par les greffiers desdites Facultés.

3° Que dans tous les collèges et maisons desdites Universités où il y aura plusieurs professeurs, soit qu'ils soient séculiers ou réguliers, l'un d'eux sera chargé tous les ans d'enseigner la doctrine contenue en ladite déclaration ; et dans les collèges où il n'y aura qu'un seul professeur, il sera obligé de l'enseigner l'une des trois années consécutives.

4° Enjoignons aux syndics des Facultés de théologie de présenter tous les ans, avant l'ouverture des leçons, aux archevêques ou évêques des villes où elles sont établies, et d'envoyer à nos procureurs généraux les noms des professeurs qui seront chargés d'enseigner ladite doctrine, et ausdits professeurs de représenter ausdits prélats et à nosdits procureurs généraux les écrits qu'ils dicteront à leurs écoliers, lorsqu'ils leur ordonneront de le faire.

5° Voulons qu'un bachelier, soit séculier ou régulier, ne puisse être doresnavant licencié tant en théologie qu'en droit canon, ni être reçu docteur, qu'après avoir soutenu ladite doctrine dans l'une de ses thèses, dont il fera apparoir à ceux qui ont droit de conférer ces degrés dans les Universités.

6° Exhortons, et néanmoins enjoignons à tous les archevêques et évêques de notre royaume, pays, terres et seigneuries de notre obéissance, d'employer leur autorité pour faire enseigner dans l'étendue de leurs diocèses la doctrine contenue dans ladite déclaration faite par lesdits députés du clergé.

7° Ordonnons aux doyens et syndics des Facultés de théologie de tenir la main à l'exécution des présentes, à peine d'en répondre en leur propre et privé nom. »

Aussitôt après la promulgation de ces lettres, l'Université de Paris se trouva appelée à entrer en scène. Le Parlement, pour se conformer aux intentions du roi, avait en effet ordonné que les différentes compagnies qui la composaient eussent à transcrire sur leurs registres les quatre articles et l'édit qui enjoignait de les enseigner. Le 24 avril 1682, le premier président, M. de Novion, assisté du procureur général, M. de Harlay, et de six conseillers, se rendit aux Mathurins, où l'attendaient le recteur, les procureurs des Nations, les doyens et un grand nombre d'officiers et de suppôts. M. de Novion exposa en peu de mots l'objet de sa visite. « Messieurs, dit-il, si l'on avoit toujours suivi votre sage doctrine, il n'auroit pas fallu condamner si souvent des propositions insoutenables, contraires aux paroles de Dieu même, aux canons des conciles et à nos libertés. Le clergé de France, qui tient de vous ses plus vives lumières, en a donné son avis au roi. Ce digne successeur de Charlemagne, et pour l'Église et pour l'État, a bien voulu les autoriser par son édit. Le Parlement, que vous avez toujours heureusement secondé dans ces matières, a ordonné qu'il seroit mis avec son arrêt dans vos registres. Une personne de haute naissance et d'une érudition singulière vous en dira les motifs. » M. de Harlay prit ensuite la parole, et son premier soin fut de constater « qu'encore que le Parlement eût donné plusieurs marques de son estime à l'Université, néanmoins elle en recevoit aujourd'hui un témoignage encore plus éclatant par la peine que M. le premier président avoit voulu prendre de venir en ce lieu l'assurer lui-même de la continuation de sa bienveillance, et de quitter les emplois qui l'occupoient continuellement pour le service du roi et pour le bien de l'État dans le plus auguste tribunal du royaume, pour rendre plus authentique, par la présence d'un si grand magistrat et de six de messieurs les conseillers de la Grand'Chambre, l'enregistrement de l'édit qu'il avoit plu à Sa Majesté de faire sur la déclaration par laquelle les députés du clergé de France, assemblés en cette ville, avoient expliqué leurs sentiments sur la puissance de l'Église. » M. de Harlay développa ensuite la doctrine des quatre articles, non sans rappeler que cette doctrine était celle que l'Université avait elle-même enseignée en tout temps. « Avec quel courage, s'écria-t-il, avec quel zèle avez-vous soutenu les droits de la Couronne et les libertés de l'Église gallicane! Aussi l'on ne peut aimer l'Église et l'État sans honorer cet illustre corps, ni aimer les lettres sans en estimer cette source, aussi pure que féconde; et vous devez être assurés que, suivant, comme vous faites, les traces de vos prédécesseurs, vous en conserverez toujours la gloire et la réputation. » Après ce discours et un remerciement adressé en latin par le recteur, la déclaration du clergé fut transcrite sur les registres de l'Université, sans qu'aucune voix se fût élevée pour contredire la volonté du roi (1).

Une solennité analogue se passa, peu de jours après, à la Faculté de droit. La Faculté avait alors pour doyen d'honneur M. de Bezons, conseiller d'État. Les réformes accomplies récemment dans son propre sein la disposaient à soutenir les maximes gallicanes; aussi donna-t-elle son approbation la plus entière à la communication qui lui était faite. Mais à la Faculté de théologie, quoique la pompe déployée pour l'exécution de l'arrêt du Parlement n'eût pas été moindre que dans les autres compagnies, l'en-

---

(1) *Censures et conclusions de la Faculté de théologie*, etc., p. 409 et suiv.

registrement n'eut pas lieu avec la même facilité. Nous avons signalé plus d'une fois la division qui existait parmi les membres de cette Faculté, même sous le rapport de la doctrine. Ainsi, dans l'affaire du jansénisme, soixante-cinq docteurs s'étaient prononcés en faveur d'Arnauld. Si nous remontons plus haut, que de luttes l'ouvrage de Richer sur la puissance ecclésiastique n'avait-il pas soulevées? L'auteur n'était-il pas cité comme le chef d'un parti qui causa du souci même à Richelieu? D'autre part, que d'efforts n'avait-il pas fallu pour faire condamner le livre de Mariana? Sous Louis XIV, tandis que les maisons de Sorbonne et de Navarre, comblées des bienfaits du roi, se trouvaient portées en majorité à prendre parti pour la couronne, les ordres religieux incorporés à l'Université penchaient plutôt en faveur de l'autorité pontificale. C'était de leurs rangs qu'on avait vu s'élever, surtout depuis un quart de siècle, les thèses ultramontaines qui avaient éveillé les susceptibilités de la magistrature. Comment les champions ordinaires des prérogatives du Saint-Siège auraient-ils déserté la cause qu'ils étaient habitués à servir? Un autre motif plus personnel en quelque sorte à la Faculté de théologie pouvait faire présager de sa part une assez vive résistance : c'était la sérieuse atteinte portée à ses plus précieuses immunités. En effet, l'édit royal prétendait lui imposer la doctrine qu'elle devrait désormais enseigner sur un point aussi controversé que celui de l'infaillibilité pontificale; et non seulement, dans une matière jadis abandonnée à la dispute, cet édit enchaînait la liberté des opinions, il soumettait les cahiers des professeurs de théologie au contrôle de l'archevêque de Paris et à celui du Parlement représenté par le procureur général; jamais d'aussi lourdes chaînes n'avaient encore pesé sur la vieille Sorbonne. Aussi, lorsque, le 2 mai 1682, M. de Novion et M. de Harlay se présentèrent devant la Faculté de théologie pour requérir l'enregistrement de la déclaration du clergé, une grande hésitation se manifesta dans la compagnie (1). Malgré la promesse d'obéissance faite par le syn-

(1) Les registres de la Faculté de théologie (*Arch. nat.*, MM. 253, fol. 223), par des raisons faciles à comprendre, sont muets sur ces délibérations qu'il serait pour nous si

dic, Edmond Pirot, dans sa réponse à M. de Novion, la majorité paraissait résolue à ne pas consentir sans discussion à l'enregistrement qui lui était demandé. La séance ayant été levée sans qu'aucune décision eût été prise, le roi écrivit le lendemain au syndic pour lui enjoindre « d'empêcher de parler aucun des docteurs de la Faculté sur des matières depuis si longtemps décidées. » En

intéressant de connaître ; mais on trouve de précieux renseignements dans un recueil de pièces concernant les assemblées du clergé de 1680, 1681 et 1682, que possède la bibliothèque de l'Arsenal, Jurisprud. franç., 31 bis, et dont M. Gérin et, après lui, M. l'abbé Loyson, ont fait grand usage. Voyez aussi la *Correspondance administrative sous Louis XIV*, publiée par M. Depping, t. IV, p. 126 et suiv. Nous nous bornerons ici à quelques extraits. *Mémoire de Colbert pour le procureur général*, p. 126 : « L'expédient proposé pour l'enregistrement de la déclaration du clergé... ne remédie pas à l'inconvénient qu'on a craint, de faire connoistre à la cour de Rome que les sentimens de ladite Faculté sur le sujet de la déclaration du clergé ne sont pas conformes à ce qui est contenu dans ladite déclaration... » *Lettre de Colbert à de Harlay*, Versailles, 1er juin 1682, p. 140 : « J'ay rendu compte au roy de ce que vous avez pris la peine de m'escrire sur ce qui s'est passé dans la Faculté de Paris.... Sa Majesté a eu la pensée de chasser dez demain les sieurs Mazures, Desperiers et Blanger, qui paroissent avoir eu plus de part à ce qui s'est passé dans ladite assemblée, et quoyqu'elle ayt fait réflexion depuis, que c'estoit en quelque sorte manquer au principe qu'on a suivy jusqu'à présent, d'esviter autant qu'il se peut qu'il ne paroisse de la contradiction de la part de la Faculté, et de l'authorité de la part de Sa Majesté, elle n'a pas laissé de m'ordonner de vous demander vostre avis sur le sujet de ces trois docteurs... » *Lettre de Harlay à Colbert*, 15 juin 1682, p. 142 : « Je ne doute point que vous ne soiés desjà informé de ce qui s'est passé ce matin dans la Faculté de théologie ; mais, pour plus grande précaution, je ne laisserai pas de vous informer que le sieur Grandin ayant ouvert l'advis d'obéir aux ordres du roy, et de faire ensuite des remonstrances à Sa Majesté sur la difficulté d'enseigner et de soustenir les propositions du clergé, le sieur Chamillart et plusieurs autres de cette secte après luy ont été d'advis de faire ces remonstrances avant d'obéir, et particulièrement sur l'article 4, qui regarde l'infaillibilité du pape, prétendant que l'assemblée du clergé tenue en 1655 n'avoit pas esté dans les sentimens où celle qui se tient présentement se trouve, et plusieurs parlant avec peu de respect de cette assemblée. Le sieur Posselier, d'autre part, ayant été d'advis d'adjouster à la relation dont vous avés vu le projet, qu'ils n'approuvoient pas apparemment cette doctrine, plusieurs ont opiné pour adjouster ces termes, *non approbantes* ou *improbantes*. Et comme les deux opinions qui se seroient réunies eussent été les plus fortes, et qu'il eût au moins passé à adjouster ces deux paroles, le syndic, par l'advis de ceux qui sont dans les bons sentimens, a fait remettre l'assemblée à demain pour achever d'opiner... » *Mém. de ce qui s'est passé à la Faculté de théologie*, etc., p. 145 : « L'assemblée s'estant tenue le 15 juin, la plus saine partie des docteurs, au nombre de trente-cinq, alla à approuver tout ce qui avoit esté fait et à enregistrer sur le champ ; vingt-neuf autres, gens de cabale pour la plupart, furent d'avis qu'avant l'enregistrement on fist des remonstrances au roy sur plusieurs chefs qui ne regardoient pas le fond de la doctrine, mais des prétentions de la Faculté de n'estre pas assujettie à l'archevesque de Paris, auquel, suivant l'édit, les professeurs doivent tous les ans rapporter leurs cahiers... »

dépit de cet ordre, l'assemblée qui se tint d'usage, le premier juin, fut orageuse et sans résultat. Quinze jours après, une nouvelle assemblée eut lieu par ordre du Parlement; les opinions s'y montrèrent aussi divisées que jamais. Tous les griefs de la compagnie furent exposés par de courageux orateurs, notamment par M° Boucher et par M° Chamillard, le premier curé, le second vicaire de Saint-Nicolas du Chardonnet. Quelques membres exprimèrent l'avis d'adresser des remontrances au roi; d'autres proposèrent d'enregistrer la déclaration du clergé en ajoutant que la Faculté ne l'approuvait pas. Des protestations s'élevèrent en faveur des priviléges de la Faculté, qui, au lieu de l'ancienne liberté dans laquelle elle s'était toujours conservée, allait être, disait-on, réduite à une servitude déplorable et assujettie, même pour la doctrine, au juge séculier. Sur soixante-quatre docteurs qui prirent la parole, trente-cinq seulement opinèrent pour l'enregistrement pur et simple; vingt-neuf firent des réserves plus ou moins graves. Effrayé de la tournure que prenait la délibération, le syndic, Edmond Pirot, jugea prudent de la faire ajourner à une prochaine séance. Cependant Louis XIV et ses ministres répugnaient à employer des moyens de rigueur, qui, en révélant l'opposition que rencontraient de tels desseins, eussent affaibli l'autorité royale vis-à-vis du Saint-Siège. La correspondance administrative de Colbert témoigne des perplexités que cette affaire lui causa. Plusieurs expédients furent proposés au vigilant ministre pour tourner la difficulté. Celui auquel on s'arrêta, et qui n'était certainement pas le moins grave de tous, fut de prévenir de nouvelles discussions dans la Faculté de théologie sur les points contestés, et de mander devant le Parlement le doyen, le syndic et un certain nombre de docteurs pour leur enjoindre de procéder sans délai à l'enregistrement des quatre articles et de l'édit royal. Quand les membres qui avaient été assignés comparurent devant la grand'-chambre le 16 juin 1682, le premier président les admonesta en termes sévères : « Nous apprenons avec douleur, dit-il, que l'esprit de paix ne règne plus parmi vous, et que la cabale empêche la soumission que vous devez aux ordres de la Cour. On vous méconnoît parmi ces voix indiscrètes que le plus grand nombre auroit dû étouffer. Ce n'est plus cette sage conduite qui fit rechercher les avis de vos prédécesseurs, et qui leur acquit, sans aucun titre, la liberté de s'assembler dans les matières de doctrine. La Cour n'auroit jamais cru que vous eussiez osé différer l'enregistrement qu'elle vous avoit ordonné. Votre désobéissance lui fait regretter les marques d'estime dont elle vous avoit honorés. Persuadée que vous ne méritez plus de confiance, elle vous défend de vous plus assembler, jusqu'à ce qu'elle vous en ait prescrit la manière (1). » Après cette admonestation, le premier président ordonna au greffier de la Faculté de passer au greffe de la cour et de transcrire, séance tenante, sur ses registres l'édit du roi, la déclaration du clergé et l'arrêt d'enregistrement. Les assemblées de la Faculté furent suspendues pendant quelques semaines; elle ne fut autorisée à les reprendre que vers la fin du mois de juillet, à la suite d'une requête dans laquelle cent soixante-deux docteurs exprimaient leur regret de ce qui s'était passé et protestaient qu'ils n'avaient pas entendu s'écarter du respect dû aux quatre articles et aux volontés du roi (2). Me Boucher, Me Chamillard et dix autres docteurs qui s'étaient plus particulièrement signalés par leur opposition, furent éloignés de Paris et exilés en différentes provinces. Peu de temps après, un dominicain, le P. François Malagota, n'en soutint pas moins, dans le couvent de son ordre, une thèse dédiée au pape, dans laquelle il exaltait les prérogatives du Saint-Siège. Les Dominicains, effrayés, dénoncèrent eux-mêmes cette thèse à la Faculté de théologie, qui, après l'avoir censurée, expulsa l'auteur indiscret, comme atteint et convaincu de mépris envers l'autorité royale (3). La Faculté cependant témoigna moins de zèle dans une autre occasion, où elle eut à se prononcer, par ordre exprès du Parlement, sur cette proposition malsonnante aux oreilles de la magistrature : « Il n'appartient qu'au Saint-

---

(1) *Registres du Parlement*, Arch. nat., X, 8391, fol. 220. Voy. Pièces justificatives, n° CXL.

(2) Voy. Pièces justificatives, n° CXLI.

(3) *Censures de la Faculté de théologie*, etc., p. 420 et suiv.; d'Argentré, *De nov. error.*, t. III a, p. 141 et s.

Siège, par un privilège divin et immuable, de juger des controverses de la foi. » La délibération se prolongea durant trois mois, et quelques docteurs essayèrent de justifier ce qu'il y avait d'outré, au jugement de leurs collègues, dans une pareille doctrine ; néanmoins, aucun de ceux qui prirent part au débat n'osa contester que la proposition ne fût « fausse, téméraire, contraire à la parole de Dieu et à la tradition de l'Église (1). » Provisoirement les dissidences profondes qui existaient dans les rangs du clergé vont tendre à s'effacer ; les défenseurs de la suprématie pontificale imposeront silence à leurs convictions, de peur de mécontenter le roi, tandis que le parti opposé redoublera d'efforts afin d'assurer de plus en plus le triomphe des maximes gallicanes. L'école de Paris voulut avoir son rôle dans ces démonstrations contre l'ultramontanisme. En 1685, lorsque le recteur, M° Berthe, qui n'était que simple prêtre, se préparait à prendre ses grades en Sorbonne, il choisit pour sujet de sa première thèse les quatre articles de la déclaration du clergé. Cette thèse, imprimée avec luxe et dédiée à Louis XIV, fut soutenue au nom de l'Université entière ; le candidat était revêtu des insignes de la dignité rectorale ; l'archevêque de Paris, M. de Harlay, présidait (2). Les Nations et les Facultés de droit et de médecine avaient voulu donner à la cérémonie une pompe inaccoutumée. La Faculté de théologie elle-même finit par suivre leur exemple, et se rangea à leur opinion, sans partager leur enthousiasme. Une somme de quatre mille livres, prélevée sur la caisse de l'Université, fut affectée aux dépenses de la Tentative de M° Berthe.

Cependant la déclaration du clergé ne porta pas les fruits que ses auteurs avaient espérés. Loin de rétablir la bonne harmonie entre la cour de France et la papauté, elle ajouta de nouveaux ferments de discorde à ceux qui existaient dans le royaume et dans l'Église. Le pape témoigna son mécontentement et sa désap-

---

(1) D'Argentré, *De nov. error.*, p. 147 et s.
(2) *Journal du marquis de Dangeau*, publié pour la première fois, etc., Paris, 1854, in-8°, t. I, p. 223 ; *Arch. U.*, Reg. xxxvii, fol. 32, et s. ; *Arch. nat.*, Conclusions de la Faculté de théologie, MM. 254, p. 44 et 45 ; et la relation du *Mercure galant*, oct. 1685, p. 32 et s.

probation en refusant les bulles d'institution canonique aux ecclésiastiques ayant fait partie de l'assemblée de 1682, qui avaient été appelés par le roi à des évêchés. De nouveaux démêlés qui survinrent placèrent les États du roi très chrétien sur la pente qui conduit au schisme. Nous parlerons de ces graves complications à leur date et dans la mesure où l'Université de Paris s'y trouva elle-même engagée.

Louis XIV était parvenu au faîte des prospérités de son règne, et tous les corps de la nation à l'envi lui portaient le tribut de leur dévouement et de l'enthousiasme excité par une longue suite d'actions éclatantes dans la guerre et dans la paix. En 1684, la ville de Paris fonda en l'honneur du roi un panégyrique annuel qui devait être prononcé le 15 mai, jour anniversaire de l'avènement du prince au trône de France. Pour assurer l'effet de leurs intentions patriotiques, le prévôt des marchands et les échevins jetèrent les yeux sur l'Université, « comme étant remplie de gens éminents en doctrine et capables de faire valoir un dessein de cette importance. » La proposition fut accueillie par l'Université avec l'empressement qu'elle apportait à tout ce qui pouvait relever son prestige aux yeux du pays; mais un assez vif débat s'engagea entre les différentes compagnies lorsqu'il fallut désigner l'orateur qui serait chargé de composer le panégyrique. Les Facultés de droit, de médecine et de théologie réclamaient l'honneur de le prononcer chacune à leur tour; les Nations, au contraire, revendiquaient cette prérogative pour le recteur en exercice. Enfin ce dernier avis prévalut, sous toutes réserves des anciennes contestations, qui n'étaient pas terminées, entre les doyens et les procureurs. Un traité fut conclu en conséquence avec la ville, moyennant une somme annuelle de quatre cents livres, que le prévôt et les échevins s'engagèrent à payer à l'Université pour l'indemniser de ses frais (1). Le premier de ces panégyriques fut prononcé le 15 mai 1685, dans une des salles de la Sorbonne, par

---

(1) *Arch. U.*, Reg. XXIX et XXX, fol. 267; Reg. XXXVII, fol. 21; *Registres de la Faculté de médecine*, t. XVI, p. 336. Félibien, *Hist. de Paris*, t. II, p. 1513; t. V, p. 268 et s.

Mᵉ Berthe. L'usage s'en continua jusqu'à la mort de Louis XIV, époque à laquelle il cessa.

L'Université, qui sentait combien la protection du prince lui était nécessaire, laissait échapper peu d'occasions de témoigner sa fidélité monarchique. Lors de la naissance du duc de Bourgogne, au mois d'août 1682, on la vit prendre les devants sur tous les autres corps de l'État (1). Le 6 septembre, jour anniversaire de la naissance du roi, elle avait tout disposé pour faire chanter un *Te Deum* dans l'église Notre-Dame. Le cortège partit des Mathurins et se rendit à la métropole en grande pompe. Plusieurs discours furent prononcés, notamment par le recteur, Mᵉ Tavernier, et par le chancelier, Mᵉ Coquelin. Le trait qui mérite le plus d'être noté dans ces harangues officielles, ce ne sont pas seulement les louanges prodiguées à Louis XIV par les orateurs, c'est l'affectation de ceux-ci à déclarer que l'école de Paris ne reconnaît d'autre chef et d'autre fondateur que le roi. En 1683, à la mort de la reine Marie-Thérèse, l'Université ne se montra pas moins empressée. Quelques jours après la cérémonie des obsèques, qui eut lieu à Saint-Denis, une messe fut célébrée dans la chapelle du collège de Navarre; pendant la cérémonie, Mᵉ Tavernier, qui remplissait encore les fonctions rectorales, fit l'oraison funèbre de la princesse. Deux ans plus tard, l'Université ordonnait aussi qu'une messe fût dite pour le repos de l'âme du chancelier Le Tellier, mort le 31 octobre 1685; le soin de porter la parole dans cette cérémonie fut confié à Antoine Hersan, un des maîtres de Rollin, qui lui a consacré quelques pages touchantes du *Traité des études*. Mais de tous les grands personnages pour lesquels l'Université fut invitée à prier, le plus illustre sans contredit fut le prince de Condé, mort le 11 décembre 1686 au palais de Fontainebleau. Elle assista par ordre du roi au service religieux qui fut célébré le 10 mars suivant, dans l'église de Notre-Dame; elle

---

(1) *Mercure galant*, sept. 1682, p. 87 et s.; *Arch. U.*, Reg. XXXV, fol. 120 verso; Reg. XXXVII, fol. 13 et 43 verso; *Journal de Dangeau*, t. I, p. 427; *In funere Ludovici Borbonii, principis Condæi, primi e regio sanguine principis, Musarum luctus, in regio Ludovici Magni collegio Patrum Societatis Jesu*, 1687, in-4º.

entendit la célèbre oraison funèbre que Bossuet prononça et qui devait « mettre fin à tous ses discours. » Selon le témoignage des contemporains, les courtisans et le peuple même regrettèrent M. le prince; mais nulle part la perte que la France et le roi venaient de faire en sa personne ne fut déplorée plus vivement qu'au collège de Clermont. Les Jésuites se rappelaient que Condé avait été leur élève, et ils témoignèrent les regrets que leur causait sa mort par plusieurs pièces de vers, dont quelques-unes portent les noms, populaires dans les écoles, du P. Lejeay et du P. Jouvency.

Cependant, au mois d'août 1684, le recteur M° Tavernier avait promulgué de nouveaux règlements de discipline délibérés par la Faculté des arts. Le premier article faisait défense d'admettre aucun candidat aux examens de la maîtrise ès arts pendant les quinze premiers jours du mois d'août, à moins qu'il n'eût obtenu l'autorisation de se présenter à cette époque de l'année. Le second article limitait à six par jour le nombre des candidats que les examinateurs pouvaient interroger, depuis une heure de l'après-midi jusqu'à six heures. Le troisième et le quatrième articles avaient pour objet de ramener la forme des thèses à son antique simplicité, et par conséquent d'en bannir, sous peine d'exclusion des candidats, les ornements, dessins et gravures dont elles étaient souvent surchargées. Enfin un dernier article, qui n'était pas le moins important, obligeait les écoliers des collèges de plein exercice à suivre les classes des collèges qu'ils habitaient; en cas d'infraction, l'écolier délinquant était déclaré incapable de parvenir aux grades; le principal ou régent, son complice, était déchu de tous droits et honneurs académiques (1).

Vers la même époque, certains collèges reçurent aussi des lois nouvelles. Au collège de Reims, le procureur, M° Fournier, était resté pendant plusieurs années sans rendre de comptes. Afin de prévenir le retour d'un pareil abus, l'archevêque de Reims, à qui ce collège appartenait, dressa au mois de mai 1684 un règlement sévère, portant qu'à l'expiration de chaque année le procureur

---

(1) *Arch. U.*, Reg. XXXVII, fol. 23 verso.

gérant aurait un délai de dix mois pour présenter ses comptes; que, passé ce délai, il serait passible d'une amende de six livres par chaque semaine de retard ; qu'enfin aucune dépense ne pourrait avoir lieu sans le consentement écrit du prélat. L'année suivante, le chancelier de l'Université, M° Coquelin, qui en vertu de sa charge était supérieur du collège de Cambrai, fit donner lecture à ses boursiers de quelques dispositions qui réglaient la célébration de l'office divin, l'ordre des études et des repas, et le régime intérieur de la maison. Nous y voyons que les boursiers théologiens suivaient indifféremment les cours de la Sorbonne ou ceux du collège de Navarre; les philosophes et les grammairiens fréquentaient spécialement les classes du collège du Plessis. M° Coquelin fut aussi le réformateur du collège de Bourgogne, dont il partageait la haute direction avec le supérieur du couvent des Cordeliers (1). Il ne serait pas moins fastidieux qu'inutile de transcrire les nombreux articles concernant ce collège qui furent homologués en parlement au mois de septembre 1688; il nous suffira de relever la disposition suivante, qui conserve pour nous quelque intérêt historique : « Exhortons le principal à entretenir l'exercice de la philosophie, comme il a fait depuis douze années, nourrissant à ses frais deux professeurs de philosophie qui enseignent deux fois par jour avec beaucoup de succès; et à faire en sorte qu'on n'enseigne pas des opinions nouvelles et dangereuses; et en cas que cela arrive, nous lui enjoignons de nous en donner incessamment avis. » Comment douter que ces opinions nouvelles ne fussent la doctrine de Descartes, et peut-être celle de Gassendi, qui commençait à s'infiltrer dans les écoles? Nous verrons bientôt que la persécution contre le cartésianisme n'avait pas cessé, et que cette mâle philosophie, qui pénétrait de son esprit la société du siècle de Louis XIV, n'était pas encore tolérée dans l'enseignement public.

Au mois de février 1687, M. Bochart de Champigny, docteur en théologie, fondé de pouvoirs des archidiacres du grand Caux

---

(1) *Arch. U.*, Reg. xcvi, art. 21, fol. 10 et suiv.; art. 17, fol. 7 et suiv. Félibien, *Hist. de Paris*, t. V, p. 845 et suiv.

et du petit Caux, dans le diocèse de Rouen, fit une enquête au collège du Trésorier, qu'il avait déjà visité quelques mois auparavant. Cette enquête jette un assez triste jour sur la situation morale de quelques-uns des collèges de Paris qui étaient destinés, par la volonté des fondateurs, à recevoir des étudiants en théologie. Ni l'amour de l'étude ni la piété ne distinguaient les boursiers du collège du Trésorier. Ils n'assistaient jamais dans la semaine à l'office divin, se dispensaient de prendre part aux exercices scolaires, se levaient et dînaient à leurs heures, contre la règle de la maison, jouaient à la paume et au billard, parfois découchaient, et témoignaient une superbe indifférence pour les avertissements du principal. M. de Champigny jugea nécessaire de faire un exemple : il condamna deux boursiers à être privés du revenu de leur bourse pendant trois mois. Les documents que nous possédons ne nous apprennent pas si la mesure porta des fruits salutaires; il est plus probable qu'elle amena peu de changement dans la situation du collège du Trésorier, qui dégénérait comme beaucoup d'autres petits collèges, après avoir connu des temps prospères.

Au mois d'octobre 1688, vingt-six ans et quelques mois après la mort du cardinal Mazarin, les classes furent enfin ouvertes dans le collège qu'il avait fondé par son testament. Il n'avait pas fallu moins d'un quart de siècle pour aplanir les difficultés que la donation avait soulevées et pour construire les bâtiments ordonnés par le testateur. Au mois de mars précédent, Louis XIV avait donné un édit portant règlement pour le nouveau collège (1). Suivant le vœu exprimé par l'Université de Paris, on avait écarté l'idée d'annexer à l'établissement une académie, sorte d'école préparatoire, où des jeunes gens de famille noble se fussent exercés à l'escrime et à l'équitation; mais toutes les autres parties du plan dressé par Mazarin avaient été fidèlement respectées. Ainsi le collège demeurait placé sous la haute direction de la

---

(1) Félibien, *Hist. de Paris*, t. IV, p. 204 et suiv. A. Francklin, *Recherches historiques sur le collège des Quatre Nations*, etc., Paris, 1862, in-8°, p. 166 et s., et nos Pièces justificatives, n° CXLIII.

maison de Sorbonne; il devait se composer de soixante boursiers, originaires des pays que la conquête venait de réunir à la France. Les classes étaient au nombre de neuf : six d'humanités, deux de philosophie et une de mathématiques. Les deux professeurs de philosophie furent un licencié de la maison de Sorbonne, qui se nommait Le Cordelier, et le savant et judicieux Edme Pourchot; le professeur de mathématiques fut Pierre Varignon, de l'Académie des sciences, un des plus habiles géomètres du dix-septième siècle. La rhétorique était confiée à deux régents, dont l'un enseignait le matin, et l'autre le soir. Les élèves externes qui voulaient suivre les classes n'avaient aucune rétribution à payer : au collège Mazarin, par une heureuse innovation qui ne tarda pas à porter ses fruits, l'instruction était gratuite. Les traitements, tous prélevés sur les revenus propres du collège, avaient été ainsi fixés : au grand maître, 1,500 livres; au sous-principal, 600; aux quatre sous-maîtres, 400; aux deux régents de philosophie et aux deux régents de rhétorique, 1,000; aux régents de seconde et de troisième, 800; aux autres régents, 600; au régent de mathématiques, 600; au bibliothécaire, 1,100; au sous-bibliothécaire, 500; à deux garçons de salle, 150; au chapelain, 600; au procureur, 1,100; à un agent du procureur, 300. En outre, tout ce personnel était logé dans le collège et nourri à la table commune. Paris n'avait pas encore vu s'élever d'établissement scolaire qui offrît soit à ses maîtres de pareils avantages, soit à la jeunesse des moyens d'instruction distribués d'une main aussi libérale. A peine ouvert, le collège Mazarin vit accourir en foule les écoliers; sa prospérité ne se démentit pas jusqu'à l'époque de la Révolution française. Jamais il ne compta moins de 600 élèves; il en eut dans les bonnes années, dit-on, jusqu'à 1,200.

Tandis que se préparait l'ouverture de cette belle institution, et que diverses réformes s'accomplissaient dans d'autres collèges, le régime de la librairie et de l'imprimerie subissait, de son côté, de nombreux amendements, résultat de l'édit du mois d'août 1686 (1).

---

(1) Isambert, *Recueil général des anciennes lois françaises*, Paris, 1830, in-8°, t. XX, p. 6 et suiv.

Relever ces deux professions dégénérées en France par suite de l'incapacité de plusieurs de ceux qui les exerçaient; faire tourner leur rétablissement à l'honneur du royaume, à l'utilité de la religion, à l'accroissement des sciences et des beaux-arts : tels sont les motifs exposés dans le préambule de cet édit. Indépendamment de quelques détails accessoires, il modifiait sur trois points essentiels le régime antérieur : 1° le nombre des imprimeurs était limité à trente-six pour la ville de Paris; 2° les libraires qui n'étaient pas imprimeurs ne pouvaient en prendre le titre, ni même se présenter pour remplir les places qui étaient vacantes; 3° la réception des apprentis imprimeurs, la visite et l'examen des livres étaient confiés au syndic de la communauté et à ses adjoints. Ces dispositions portaient une grave atteinte aux privilèges de l'Université et à la juridiction qu'elle exerçait de longue date sur l'imprimerie et la librairie. Mais ce qui devait l'avoir blessée le plus vivement dans le nouvel édit, c'est qu'il avait paru sans qu'elle eût été consultée, ni même avertie. Elle voulut se persuader qu'il était supposé et que le roi n'aurait pas sanctionné une mesure aussi grave, qui intéressait le recteur et les quatre Facultés, avant d'avoir pris leurs avis. En 1689, elle hasardait encore, dans un mémoire, cette allégation insoutenable, qui n'a aucune espèce de fondement. En même temps elle énuméra ses griefs contre l'édit, et cita les privilèges en possession desquels elle demandait à être conservée; c'était, entre autres articles : « 1° Que tous imprimeurs, libraires et relieurs presteront serment à l'Université entre les mains du recteur, sous peine de nullité de leur maistrise. 2° Que tous libraires, imprimeurs et relieurs, conformément aux anciens arrests et règlements, sçauront la langue latine et lire le grec, dont ils seront tenus de rapporter le certificat du recteur, aussi bien que les apprentis, les compagnons et les fils de maistres. 3° Que tous livres seront taxez par quatre libraires, qu'on appelle jurez privilégiez, lesquels seront élus par le recteur. 4° Que conformément aux déclarations des rois, il n'y aura que vingt-quatre libraires imprimeurs et deux relieurs, gardez et maintenus dans la jouissance de tous les droits, franchises et prérogatives attribués à ladite Université, lesquels seront élus par le recteur. 5° Que toutes balles de livres, venant à Paris, soit du dedans du royaume, soit du dehors, ne pourront estre ouvertes qu'en présence de deux docteurs députez par la Faculté de théologie; lesquels députez enverront à chaque Faculté les livres qui seront de sa compétence, pour en estre fait l'examen, et le tout communiqué à l'Université pour y estre apporté remède en cas qu'il soit nécessaire. 6° Que les députez de ladite Faculté de théologie feront par chaque année leurs visites dans toutes les boutiques des imprimeurs, libraires et relieurs, et autant de fois qu'ils le jugeront convenable. 7° Que les syndic et adjoints seront élus toutes les années, suivant les anciens statuts et déclarations, à laquelle élection assistera le recteur ou le lieutenant civil, avec le procureur du roy au Chastelet, pour leur faire prester serment... 13° Que s'il y a quelque permission à donner pour l'achat ou la vente des livres, le recteur ou le conservateur des privilèges de l'Université la donnera, et non pas le syndic. 14° Que l'imprimeur ou libraire qui fera imprimer un livre de privilège sera tenu d'en donner un exemplaire à l'Université (1). » Ce dernier article se rattachait, dans la pensée de ses auteurs, au projet de fonder une bibliothèque à l'usage particulier des membres du corps enseignant; projet excellent qui ne devait s'accomplir que quatre-vingts ans plus tard, après l'expulsion des Jésuites. L'Université de Paris ne pouvait se faire illusion sur le résultat définitif des réclamations qu'elle adressait à Louis XIV; comme tant d'autres doléances formées par les anciens corps à la veille de perdre leurs privilèges, cette requête tomba dans l'oubli sans avoir modifié les résolutions du prince. A dater de ce moment, l'imprimerie et la librairie furent affranchies de la juridiction scolaire, qui, sauf le

---

(1) *Mémoire pour l'Université de Paris contre certains prétendus règlements de l'année* 1686, *touchant les imprimeurs, libraires et relieurs*, in-4°, p. 16 et suiv. Ce mémoire est suivi d'un supplément intitulé : *Addition aux griefs que l'Université de Paris a cy-devant mis entre les mains de M. de Harlay, conseiller d'Estat, en exécution de l'arrest du conseil d'Estat du mois de juin dernier* 1689, in-4° de 15 pages.

droit du recteur sur la vente du parchemin, se trouva réduite à quelques prérogatives purement honorifiques. Remarquons toutefois que la Faculté de théologie conserva l'importante attribution de l'examen des livres et le droit redoutable de censure, qu'elle exerça fréquemment contre les ouvrages estimés contraires au dogme et à la morale.

Malgré les échecs inévitables que la force des choses, bien plus que la malveillance des hommes, infligeait à l'Université de Paris, elle était appelée par le gouvernement lui-même à paraître en scène, à témoigner par des actes sa vitalité puissante, aussi souvent qu'elle pouvait prêter à la politique du roi un concours utile. En 1688, elle figure encore une fois dans cette malheureuse querelle que nous avons vue s'élever entre Louis XIV et le Saint-Siège, et qu'un nouvel incident vient d'envenimer. Louis XIV veut que son ambassadeur conserve dans la capitale du monde chrétien le droit d'asile traditionnel qui transforme le quartier habité par l'ambassade en un refuge assuré pour tous les criminels. Innocent XI refuse d'autoriser plus longtemps ces franchises odieuses, auxquelles les autres princes de la chrétienté ont volontairement renoncé; et comme l'envoyé de la cour de France, M. de Lavardin, manifeste l'intention de les exercer, le pape l'excommunie. Louis XIV en appelle de la sentence d'excommunication au concile général, et il convie les universités du royaume à soutenir cet appel (1). Le 8 octobre 1688, M. de Harlay, procureur général au Parlement, se rend aux Mathurins, dans cette même salle, témoin de mémorables décisions, où la délibération du clergé de France avait été reçue six années auparavant. Le recteur alors en fonction était Pierre Du Boulay, le frère de l'historiographe, qui, sorti victorieux des inimitiés soulevées un moment contre les siens, avait vu revenir à lui les suffrages de l'Université. M. de Harlay exposa les griefs du roi contre le Saint-Siège, et les cir-

---

(1) Sur cet épisode, voyez l'*Extrait des registres de l'Université de Paris, contenant ce qui s'y est passé, lorsque monsieur le procureur général du roy y a esté par ordre de Sa Majesté, le huitième du mois d'octobre mil six cent quatre-vingt-huit*, Paris, 1688, in-4º. Cf. *Arch. U.*, Reg. XXXVII, fol. 74 et s.

constances qui avaient amené un monarque aussi pieux à soustraire sa personne et son royaume à l'effet des injustes censures prononcées par la cour de Rome. Il rappela ensuite les services que l'Université de Paris avait rendus fréquemment à l'Église et au prince dans des occasions semblables. « Tous ceux, dit-il, qui ont quelque connoissance de l'histoire de cette Université, ou plutôt de celle de l'Église et du royaume, savent combien de fois les papes et les conciles, nos rois et d'autres princes ont demandé et suivi vos avis; ils savent combien les soins et l'autorité de cette illustre compagnie contribuèrent à éteindre le schisme qui divisa l'Église durant tant d'années, et le zèle avec lequel elle a combattu les hérésies par ses censures, avant même que l'Église les condamnât par ses jugemens. On la regarde comme le séminaire d'où sortent presque tous les prélats du royaume. C'est elle qui instruit la plupart des ecclésiastiques qui travaillent si utilement sous leurs ordres à la vigne du Seigneur. Les plus grands magistrats ont puisé dans son sein les principes de la justice qu'ils rendent aux sujets du roi. Enfin on ne sçauroit aimer et honorer les sciences sans honorer en même temps cette source féconde de toutes celles qui peuvent estre utiles au culte de Dieu, à la règle des mœurs, au bien de la justice, à la politesse de l'esprit et à la santé du corps... Nous sommes assurés, continua l'orateur, qu'aucun corps de l'État ne préviendra ou au moins ne surpassera votre zèle dans cette occasion; que vous ne cesserez pas de demander à Dieu par vos prières, qu'il plaise à sa bonté d'inspirer à notre Saint Père le Pape des sentimens plus justes à l'égard du roi; qu'elle augmente les vertus de ce pontife, et qu'elle répande abondamment sur lui toutes les grâces qui lui sont nécessaires pour soutenir le pesant fardeau dont il est chargé; qu'il devienne un ange de paix, et que nous puissions honorer en sa personne un successeur de l'équité et de la modération aussi bien que de la place de saint Pierre. Nous joindrons nos vœux à vos prières pour demander cette grâce à Dieu; mais si nous ne sommes pas assez heureux pour l'obtenir, nous saurons bien distinguer la personne du pape d'avec le Saint-Siège; nous séparerons le prince temporel et même l'homme d'avec le pontife; et pendant que le roi obligera ce prince temporel à reconnaître et à respecter en cette qualité l'héritier des bienfaiteurs de son siège, et à exécuter les traitez que les prédécesseurs de ce pontife ont faits avec Sa Majesté sur des matières purement temporelles, vous enseignerez par des prédications, par des livres et dans le tribunal de la pénitence, les bornes que Dieu a plantées entre les deux puissances que la Providence a établies dans le monde... Vous enseignerez la différence qu'il y a entre les censures redoutables que l'Église a le droit de prononcer, mais qu'elle ne prononce jamais qu'avec beaucoup de justice et de douleur, et ces foudres injustes qui sont seulement les effets des passions de ceux qui s'en servent... »

Après ce discours, que nous abrégeons, il fut donné lecture d'une lettre du roi au cardinal d'Estrées, alors en mission à Rome, et de l'acte d'appel, déjà enregistré au Parlement. Le recteur recueillit, séance tenante, les suffrages des quatre procureurs et ceux des doyens; puis il déclara que l'Université adhérait à l'appel interjeté par le procureur général. Cette déclaration, accompagnée de l'éloge de M. de Harlay, fut reçue par de vives acclamations. On s'écriait de tous côtés : « Nous sommes prêts d'adhérer à cet appel. » Cédant à de vieilles préventions contre le Saint-Siège et à l'espérance de gagner les bonnes grâces du roi, une partie de l'Université de Paris contribua ainsi par son attitude à pousser le gouvernement de Louis XIV dans une voie dangereuse pour l'unité de l'Église et pour la paix des consciences. Le roi, peu de temps après, témoigna la satisfaction qu'il avait éprouvée par une lettre ainsi conçue : « A nos très-chers et bien-amez les recteur, docteurs et suppôts de notre fille aisnée, l'Université de Paris. De par le roy. Très-chers et bien-amez, nous avons appris le zèle que vous avez témoigné pour le maintien des libertez de l'Église gallicane et de nos droits, dans la communication qui vous a été donnée de nostre part des actes faits contre les injustes procédures qui pourroient venir de la cour de Rome. Et quoyque nous fussions bien persuadez de la sincérité de vos sentiments et de vostre fidélité, cependant ce nouveau témoignage que vous en avez donné nous a esté très-agréable et augmentera de plus en plus l'estime que nous avons toujours eu pour vostre corps. C'est de quoy nous avons esté bien aise de vous assurer par cette lettre. Donné à Fontainebleau, le xie jour d'octobre 1688. »

Toutefois, malgré les gages d'approbation et d'appui que l'Université en corps venait de donner à la politique royale, l'acte d'appel au futur concile ne fut pas communiqué aux différentes compagnies individuellement, comme l'avait été, en 1682, la déclaration du clergé. En dépit des protestations d'un grand nombre de ses membres, l'adhésion de la Faculté de théologie restait fort incertaine. Quelques jours auparavant, dans une séance de la compagnie, le syndic, Edmond Pirot, avait rappelé en termes respectueux pour le roy, mais avec beaucoup de fermeté, les prérogatives inaliénables du successeur de saint Pierre et la primauté de juridiction de l'Église romaine sur toutes les autres églises. Ses paroles, quelque mesurées qu'elles fussent, présageaient des résistances qui auraient pu tout compromettre ; dans la situation des affaires, il parut prudent de ne pas affronter cet orage (1). Louis XIV, d'ailleurs, plus calme et plus sage que quelques-uns de ses conseillers, ne voulait pas pousser les choses à l'extrême. Après avoir laissé entrevoir à la cour de Rome le péril auquel cette cour s'exposait, il se confia au temps pour dénouer le nœud qu'il eût été si grave de trancher par un coup d'autorité. Innocent XI mourut ; Alexandre VIII, qui se montrait porté à suivre la même politique, régna quinze mois seulement ; Innocent XII, après lui, annonça des intentions plus pacifiques, et Louis XIV, à qui la fortune commençait à échapper, se hâta de profiter des dispositions du pontife pour rétablir la paix entre l'Église et l'État. Ce roi, d'ordinaire si jaloux des privilèges de sa couronne, poussa la condescendance, non pas jusqu'à sacrifier la déclaration de 1682, mais du moins jusqu'à permettre qu'elle restât dans l'ombre. Il promit de ne plus exiger que les quatre articles fussent enseignés dans les cours de théologie, et parut vouloir désormais

---

(1) *Correspondance administrative sous Louis XIV*, t. IV, p. 130, et nos Pièces justificatives, n° CXLII.

se reposer sur l'Église gallicane du soin de défendre elle-même ses propres traditions et son ouvrage.

Le recteur que nous venons de voir figurer dans l'affaire de l'appel au futur concile, Pierre Du Boulay, fut maintenu en fonctions pendant près de trois ans. Sa première élection date du mois de mars 1687, et la fin de l'année 1689 le trouva encore à la tête de l'Université, au mépris des règlements qui limitaient à un seul trimestre l'exercice des fonctions rectorales. L'usage s'était à peu près établi de proroger par des élections successives les pouvoirs du recteur au delà du terme légal; mais bien rarement l'élection avait été renouvelée autant de fois qu'elle le fut en cette circonstance. Certains maîtres de l'Université, surtout dans la Faculté de théologie, élevaient des réclamations, moins peut-être par amour de la légalité que par jalousie ou par inimitié contre Du Boulay. Le Parlement était, de son côté, en droit de se plaindre que les statuts relatifs à la nomination du recteur n'eussent pas été mieux observés. Le premier président manda les procureurs des Nations et les doyens; il leur exprima le mécontentement de la cour, et leur signifia que désormais elle ne permettrait pas que dans aucun cas les pouvoirs du recteur fussent prorogés sans qu'au préalable l'autorisation lui en eût été à elle-même demandée et qu'elle eût jugé à propos de l'accorder. Ainsi se faisait sentir à l'Université la main sévère de la magistrature qui la tenait sous sa tutelle et sous sa dépendance (1). L'avertissement donné par M. de Harlay porta ses fruits, et quand par la suite les fonctions rectorales furent prorogées, ce fut toujours par l'expresse permission du Parlement.

Continuons à suivre le fil, trop souvent rompu, des événements qui intéressent l'Université de Paris. En 1677, nous avons laissé l'Université en querelle avec le chantre de Notre-Dame (2) au sujet

---

(1) *Arch. nat.*, MM 254, fol. 196; *Arch. U.*, Reg. xxxvii, fol. 81 et 82.
(2) Me Joly ne se montrait pas plus accommodant avec les curés qui prétendaient ouvrir des écoles de charité dans leurs paroisses; à cette occasion, il eut avec plusieurs d'entre eux d'assez graves démêlés. Quelques-uns des nombreux mémoires suscités en 1681 par ce nouveau conflit existent à la Bibliothèque nationale dans un volume in-folio de la collection Thoisy, intitulé : AFFAIRES DES PETITES ÉCOLES.

des petites écoles. Malgré la lettre de cachet qui avait circonscrit dans les plus étroites limites l'enseignement élémentaire, Mᵉ Joly n'avait pas cessé d'autoriser des pensionnats dans lesquels les langues anciennes, la rhétorique et les sciences étaient enseignées concurremment avec la grammaire. Sur huit classes qui existaient dans les collèges de l'Université, il prétendait que six pour le moins, c'est-à-dire celles d'humanités, avaient été usurpées sur le chantre de Notre-Dame et devaient rentrer sous sa juridiction. Autant il se montrait facile à excuser les nombreux abus commis par les permissionnaires, comme on les appelait, qui reconnaissaient son autorité, autant il était rigoureux envers les maîtres ès arts qui osaient enseigner sans son aveu la lecture et l'écriture. En 1683, des poursuites furent dirigées contre un régent de septième, du collège de Montaigu, qui avait chez lui des abécédaires sur lesquels il apprenait à lire à quelques enfants. Mᵉ Joly, pour soutenir ses prétentions, composa son *Traité historique des écoles épiscopales et ecclésiastiques*, ouvrage instructif, mais partial, à la manière de tous les plaidoyers. L'auteur y représente l'Université de Paris comme un simple développement des écoles fondées anciennement par les évêques autour du cloître de Notre-Dame : ce qui menait à cette conséquence que tout enseignement relève du pouvoir religieux et de ses deux délégués, le chantre et le chancelier. La Faculté des arts reprit la question à son point de vue, dans un volumineux mémoire de 230 pages in-4° sous le titre de : *Factum ou traité historique des écoles de l'Université de Paris en général avant 1200 ; des écoles de grammaire en particulier avant l'an 1500 ; de l'exercice des petites écoles et de leur direction.* Le ton général de ce factum, attribué à Pourchot, est violent ; qu'on en juge par ce début : « On ne sçauroit voir sans indignation et sans horreur un fils qui lève la main sur sa mère, et qui perce le sein dont il a sucé le lait ; un sujet rebelle qui fait la guerre à son prince, et un ingrat qui emploie contre son bienfaicteur les grâces mêmes qu'il en a reçues. C'est la conduite injurieuse et cruelle que le sieur Joly tient envers l'Université de Paris, sa mère, sa supérieure et sa bienfaitrice. » — « Qui ne diroit d'abord à ces paroles, répliquait la partie adverse, que le sieur Joly a commis un parricide, qu'il est un criminel de lèse-majesté, et qu'il est de ces infâmes ingrats que l'apôtre met au rang des scélérats? » Ces violences de langage ont été familières en tout temps aux plaideurs, et il y aurait peu de justice à en faire un sujet de grief contre l'Université. Quant au fond même de la question, le *factum* contre M⁰ Joly était une œuvre savante qui faisait le plus grand honneur à l'érudition de l'écrivain : on y trouve de précieux renseignements sur l'histoire des petites écoles, sur la juridiction du chantre de Notre-Dame, et sur les entreprises de la plupart des titulaires de cette charge qui s'étaient succédé depuis le seizième siècle : Jean Moreau, Pierre et Guillaume Ruellé, Michel Lemasle, Claude Thévenin, Claude Hamelin et Claude Joly. Le Parlement avait à juger des questions assez complexes : d'une part, les requêtes de l'Université contre le chantre et les maîtres des petites écoles, requêtes tendant à contenir l'enseignement de ces derniers dans les bornes fixées par les édits; d'une autre part, les réclamations d'un certain nombre de maîtres de pension et de répétiteurs, pourvus du titre de maîtres ès arts, qui demandaient qu'on les protégeât contre les exigences du pouvoir ecclésiastique. La cour écarta le premier chef, et se prononça sur le second d'une manière ambiguë; car, tout en donnant gain de cause aux pensionnaires qui avaient été molestés, elle permit de continuer les poursuites contre ceux qui se seraient immiscés dans les fonctions de maîtres d'école (1). Ces arrêts équivoques ne pouvaient rétablir la paix; aussi fut-elle plus d'une fois troublée. Dès l'année 1690, on cite un ecclésiastique, Charles Nacquart, chez qui fut pratiquée une descente judiciaire, suivie de la saisie de divers ouvrages, parmi lesquels son bréviaire se trouva compris. En 1695, une opération semblable eut lieu chez un maître qui se nommait Lebrun; il en appela au Parlement et gagna son procès. Le différend ne se termina même pas à la mort

---

(1) Arrêts du 25 janvier et du 12 février 1689. Voy. les *Statuts de l'Université pour les maistres ès arts tenans pensionnaires et faisant répétition*, Paris, 1733, in-12, p. 70 et suiv.

de Joly, arrivée en 1700. Il se prolongea pendant les premières années du dix-septième siècle.

Tandis que certains maîtres élémentaires étaient inquiétés pour avoir enseigné à lire à des enfants, les régents de philosophie avaient de leur côté de rudes assauts à soutenir. Déjà, en 1685, la Faculté des arts avait de nouveau reçu de la part du roi l'ordre formel d'interdire dans tous les collèges l'enseignement de la philosophie de Descartes et de celle de Gassendi, mais il s'éleva en 1691 un orage plus menaçant. Onze propositions, extraites à ce qu'on assurait, de leçons données dans les collèges de Paris, furent dénoncées à l'archevêque de Paris, M. de Harlay, et bientôt après au roi lui-même. L'archevêque s'était contenté d'appeler près de lui les professeurs les plus suspects et de leur demander des éclaircissements qu'aucun d'eux n'avait refusés. Mais le roi se montra moins facile à rassurer, et comme il avait ordonné de faire une nouvelle enquête, M. de Harlay invita le recteur, Mᵉ Renault Gentilhomme, qui lui-même enseignait la philosophie, à prendre des mesures contre les nouvelles opinions qui venaient d'éveiller les appréhensions du prince. Mᵉ Gentilhomme convoqua ses collègues à une assemblée qui se tint, le 28 octobre 1691, au collège du cardinal Lemoine, où il était régent. Lecture fut donnée des propositions incriminées; elles étaient conçues dans les termes suivants : « 1° Il faut se défaire de toutes sortes de préjugés et douter de tout, avant que de s'assurer d'aucune connaissance. 2° Il faut douter s'il y a un Dieu, jusqu'à ce qu'on en ayt une connaissance claire et certaine par un long et sérieux examen. 3° Nous ignorons si Dieu ne nous a pas voulu créer de telle sorte que nous serions toujours trompez dans les choses qui paroissent les plus claires. 4° En philosophie, il ne faut pas se mettre en peine des conséquences fâcheuses qu'un sentiment peut avoir pour la foi, quand même il paroîtroit incompatible avec elle; nonobstant cela, il faut s'arrester à cette opinion, si elle semble évidente. 5° La matière des corps n'est que leur étendue, et l'une ne peut pas estre sans l'autre. 6° Il faut rejetter toutes les raisons dont les théologiens et les Pères se sont servis avant saint

Thomas pour démontrer qu'il y a un Dieu. 7° La foy, l'espérance, la charité, et généralement toutes les habitudes surnaturelles, ne sont rien de spirituel distingué de l'âme. 8° Toutes les actions des infidèles sont des péchez. 9° L'état de nature pure est impossible. 10° L'ignorance invincible du droit naturel n'excuse jamais le péché. 11° On est libre pourvu qu'on agisse avec jugement, avec une pleine connaissance, quand même on agirait nécessairement. » Parmi ces propositions, les unes étaient manifestement empruntées à Descartes, les autres sont jansénistes; toutes respirent un esprit différent de celui du péripatétisme, que Louis XIV paraissait vouloir perpétuer dans les écoles, quoique plusieurs personnages de sa cour, tels que Bossuet et Cordemoy, fussent imbus des maximes cartésiennes. Après avoir entendu le recteur, tous les assistants protestèrent « qu'ils recevoient avec une soumission parfaite les ordres de Sa Majesté, de ne point enseigner les dittes propositions; qu'aucun d'eux n'ayant jamais eu intention de favoriser, ny directement ny indirectement, les points défendus et la doctrine de quelque auteur que ce soit, théologien ou philosophe, ils promettoient de nouveau de s'en éloigner toujours, et d'éviter les questions étrangères à la philosophie et les expressions qui ont pu en rendre quelques-uns d'eux suspects sur cette matière (1). » N'hésitons pas à reproduire ici les noms de ceux qui ont signé cette déclaration; quelle occasion plus sûre de connaître le personnel des classes de philosophie à la fin du dix-septième siècle? C'étaient donc : Renault Gentilhomme, recteur de l'Université et professeur de philosophie au collège du cardinal Lemoine; J. Christallier, bachelier en théologie et professeur de philosophie au collège des Grassins; Roussel, professeur de philosophie au collège d'Harcourt; G. Le Melorel, professeur au collège d'Harcourt; F. Malmers, licencié de la maison et société de Sorbonne, professeur de philosophie au collège du Plessis-Sorbonne; De Bray, bachelier en théologie et professeur de philosophie au collège de Montaigu; M. Gentilhomme, bache-

---

(1) D'Argentré, *De nov. error.*, t. III a, p. 149 et suiv.

lier en théologie et professeur émérite de philosophie au collège du cardinal Lemoine; Pourchot, professeur de philosophie au collège de Mazarin; Marmion, professeur de philosophie au collège des Grassins; L. Duhan, licencié de la maison de Sorbonne et professeur au collège du Plessis; Du Cotté, licencié en théologie de la maison royale de Navarre, et professeur de philosophie en ladite maison; G. Dagoumer, professeur de philosophie au collège de Lisieux; F. Darroy, professeur au collège de Montaigu; Mordret, bachelier en théologie, professeur au collège de Beauvais; Du Failly, licencié en théologie de la Faculté de Paris, professeur de philosophie au collège de Navarre; Le Cordelier, licencié en théologie de la maison et société de Sorbonne, professeur au collège de Mazarin, Le Blond, professeur de philosophie au collège de La Marche; Hochet, professeur de philosophie au collège de Lisieux. En dépit de leurs protestations, une partie de ces régents tenaient pour la philosophie nouvelle. N'étaient-ce donc pas des cartésiens que Pourchot et Dagoumer? En parcourant les cours de philosophie qu'ils nous ont laissés, il est facile de s'apercevoir des emprunts qu'ils font à Descartes et de l'influence que, pour l'honneur de leur nom et de leur enseignement, la méthode et les doctrines de l'auteur des *Méditations* avaient exercée sur ces esprits excellents. Ce qu'on ignore en général, c'est qu'en 1699, à l'occasion d'une thèse soutenue devant la Faculté de médecine, un docteur de cette Faculté, qui se nommait Desprez, essaya de réveiller, par une odieuse dénonciation, cette querelle ou plutôt cette persécution assoupie. Il excita, par l'entremise du P. La Chaise, les alarmes du roi, si bien que l'Université fut contrainte à produire pour sa défense la déclaration de 1691, qui fut placée sous les yeux du nouvel archevêque de Paris, M. de Noailles. Pourchot, cette fois, se trouvait le principal accusé : dans un placet qui fut renvoyé à M. de Ponchartrain, on le signalait « comme enseignant une méchante doctrine dans le collège de Mazarin. » Sur ces entrefaites, Desprez mourut, et sa mort empêcha que l'incident eût aucune suite (1).

(1) Voy. nos Pièces justificatives, n° CXLVII.

Le fait que nous venons de rappeler et quelques autres du même genre nous montrent que la Faculté de médecine avait subi, comme toutes les autres, l'influence de Descartes. Toutefois la grande affaire qui l'occupe sur la fin du dix-septième siècle, ce n'est pas le cartésianisme, ce n'est pas même l'ancienne rivalité avec les chirurgiens, qui, depuis l'arrêt célèbre de 1660, ne sont pas encore remis de leur échec assez pour affronter de nouveau les chances d'un procès, mais c'est le conflit avec les médecins des universités provinciales. Ceux-ci ne s'étaient pas résignés à la sentence du conseil d'État qui, en 1671, avait prononcé la dissolution de leur société; soutenus par la reine et par d'Aquin, de Montpellier, premier médecin du roi, ils avaient continué de se réunir, en insinuant que les lettres patentes qui les condamnaient avaient été obtenues subrepticement. Mais la reine mourut, comme on l'a dit, en 1683; d'Aquin perdit peu à peu son crédit et fut remplacé par Fagon, ancien disciple et dévoué protecteur de la Faculté de Paris. Dès lors les médecins provinciaux sentirent la victoire leur échapper. Ils adressèrent inutilement des mémoires et des requêtes au chancelier Boucherat et à Fagon lui-même; ce dernier, loin de les soutenir, usa contre eux de toute l'influence qu'il avait auprès de Louis XIV. Enfin, le 3 mai 1694, fut signé à Versailles un édit (1), en forme de déclaration, qui ruinait leurs dernières espérances. « Ayant esté informé, disait le roi, des contestations qui survenoient tous les jours entre les doyen et docteurs régens de la Faculté de médecine en l'Université de Paris, et les médecins de la Chambre royale des Universitez provinciales... nous nous serions fait représenter les lettres d'établissement de ladite Chambre royale du mois d'avril 1673, et les arrests de nostre Conseil des cinq juillet 1683, et vingt-huit avril 1684, et du grand Conseil du onze septembre 1686, et fait examiner lesdites lettres d'établissement, le prétexte sur lequel ledit établissement a esté fait, et les raisons desdits médecins établis en ladite Chambre royale. Ayant reconnu que cet établissement estoit directement contraire à

---

(1) Félibien, *Hist. de Paris*, t. IV, p. 313 et suiv.; *Statuta Facultatis medicinæ Parisiensis;* Parisiis, 1696, in-12, p. 127 et suiv.

l'article quatre-vingt-sept de l'ordonnance de Blois, et à l'article cinquante-neuf des statuts de la Faculté de Paris de 1598, faits lors de la réformation de ladite Université, et à tous les arrests de nostre cour de Parlement des deux mars 1535, douze septembre 1598, vingt-trois mars 1599, vingt-trois janvier 1620, premier mars 1644, et autres règlemens intervenus en conséquence, par lesquels il est fait défense à toutes personnes de pratiquer et exercer la médecine dans ladite ville et fauxbourgs, s'ils ne sont docteurs de ladite Faculté; et voulant contribuer autant qu'il nous est possible au bien et avantage du public, pour empescher qu'il n'en soit abusé par ceux qui n'ont ni l'expérience, ni la capacité si nécessaire à ceux qui exercent la médecine... Nous avons révoqué, éteint et aboly, révoquons, éteignons et abolissons ladite Chambre royale des médecins des Universitez provinciales, établie par nos lettres du mois d'avril 1673, que nous avons et les arrests rendus en exécution déclarez nuls. Faisons très expresses inhibitions et défenses à toutes personnes de quelque qualité et condition qu'elles soient, de professer la médecine dans nostre dite ville et fauxbourgs de Paris, s'ils ne sont docteurs ou licentiez en ladite Faculté de médecine de l'Université de Paris, ou médecins d'autres Facultez approuvez d'icelle, ou exerçans la médecine prez nostre personne et nostre famille et maisons royales, qui ont été receus médecins en d'autres Facultez de nostre royaume. Faisons défense à tous particuliers soydisans médecins desdites Universitez provinciales et étrangères de plus à l'avenir s'assembler, d'exercer la médecine, ny faire imprimer ny distribuer aucunes listes de leurs noms, surnoms et demeures; et aux maistres apothicaires de recevoir n'y exécuter aucunes ordonnances par écrit desdits médecins. Permettons néanmoins ausdits médecins des Universitez provinciales et étrangères qui s'assembloient en ladite Chambre royale, de se présenter en ladite Faculté de médecine de Paris pour y prendre les degrez de bachelier, licentié et de docteur, après avoir fait les actes nécessaires pendant deux ans pour les obtenir, sans estre obligez de prendre des leçons en ladite Faculté. »

Malgré les termes si positifs de cette déclaration, les médecins présentèrent au roi une requête afin d'obtenir qu'elle ne fût pas exécutée avant qu'ils eussent été de nouveau entendus (1); mais, sans attendre les défenses qu'ils annonçaient, le conseil d'État ordonna, par son arrêt du 29 juin 1694, qu'il fût passé outre à l'enregistrement. Plusieurs des ordonnances successives qui parurent les années suivantes confirmèrent le privilège de la Faculté de médecine de Paris, et l'interdiction de pratiquer dans cette ville l'art de guérir sans un diplôme délivré par la Faculté. On a vu toutefois que Louis XIV avait voulu faciliter aux médecins provinciaux les moyens de s'établir et d'exercer dans la capitale sans avoir à subir les épreuves laborieuses imposées aux simples étudiants. Les lettres patentes du 19 juillet 1696 confirmèrent les dispositions favorables de la déclaration de 1694; elles permettent à la Faculté de Paris, « en cas qu'il se présente à l'avenir quelque médecin qui ait été receu docteur avec toutes les formalitez requises par les règlemens dans les Facultez autres que celle de Paris, et qui ait donné des marques singulières de sa capacité, expérience et probité, et ait acquis une grande réputation par les services qu'il aurait rendu au public, au moins pendant vingt ans, avec une approbation générale, et qui voulut s'habituer en nostre dite ville de Paris pour y pratiquer la médecine, de le dispenser du tems et des examens portez par les déclarations, et l'approuver pour l'exercice de la médecine de Paris, dans un mois à compter du jour qu'il se sera présenté en la Faculté, et sans autres frais que la somme de six cens livres, et luy faisant seulement subir deux examens, l'un de théorie et l'autre de pratique, et soutenir une thèse en habit de bachelier. »

La Faculté de médecine avait devancé la déclaration du roi. Voulant se montrer généreuse, après sa victoire envers les rivaux qu'elle avait vaincus, elle admit à une licence extraordinaire, qui prit le nom de *jubilé,* tous ceux qui manifestèrent le vœu de lui être incorporés. Parmi eux se trouva le célèbre Tour-

---

(1) *Mémoire pour les médecins de la chambre royale des Universitez provinciales et étrangères présenté à M. le chancelier,* in-4°. (Bibl. nat., rec. Thoisy, in-4°, *Médecine,* t. VIII.)

nefort, de l'Académie des sciences, qui déjà enseignait la botanique avec le plus grand éclat au Jardin royal. Sa réception eut lieu avec d'autant plus de solennité qu'il avait dédié sa thèse à M. Fagon. La Faculté devait la meilleure partie de son succès aux démarches et au crédit du premier médecin de Louis XIV; aussi avait-elle commandé son portrait en pied au peintre Rigaud, pour être placé dans la salle des assemblées de la compagnie. La licence de Tournefort fut pour elle une nouvelle occasion de faire éclater sa reconnaissance. « Les écoles estoient superbement décorées : la thèse, magnifiquement encadrée, étoit couverte d'un verre de Bohème et ornée de sculpture et de dorure : au frontispice paroissoit le portrait de l'illustre premier médecin, très bien gravé, et au bas on lisoit des vers composés par le poëte Santeul... M. Fagon répondit d'une manière digne de lui aux triomphes que lui avoit décerné la Faculté : il invita toute la compagnie, au sortir de l'acte, à un repas splendide qui fut servi au jardin royal. Santeul y fut invité avec le grand maître du collège de Navarre; ce poëte fut le second ornement de la table (1). »

C'est ainsi que dans les anciennes universités chaque compagnie entourait d'hommages publics ceux qui l'avaient servie et qui l'honoraient par leur position sociale ou par leur génie. Cependant l'école de Paris, si peu prospère depuis un demi-siècle, touchait au moment de voir luire des jours meilleurs, grâce à la vertu, à l'érudition et aux talents de quelques maîtres cités à juste titre parmi les meilleurs qu'elle ait produits. Le rectorat d'Edmond Pourchot, élu recteur pour la première fois en 1692, inaugure en quelque sorte une ère nouvelle dans laquelle l'Université retrouvera quelques reflets de sa gloire passée. Né à Poissy, dans le diocèse de Sens, tour à tour professeur au collège des Grassins, où il avait terminé ses études, et au collège Mazarin, Pourchot s'était acquis dans l'école une juste considération non moins par son caractère que par son enseignement et par ses ouvrages. Laborieux et intègre, il déploya dans l'exercice des fonc-

(1) Hazon, *Notice des hommes les plus célèbres de la Faculté de médecine de Paris*, p. 144; *Éloge historique de la Faculté de médecine*, p. 34.

tions rectorales autant de vigilance que de fermeté. On ne vit plus reparaître aussi fréquemment sous son administration ces disputes scandaleuses qui avaient contribué plus que toute autre cause à l'affaiblissement de la discipline et à la décadence de plusieurs collèges. Les recteurs restaient en charge trop peu de temps pour recueillir eux-mêmes les résultats de leur dévouement au bien public. Pourchot, dans l'espace de deux années environ, où il dirigea l'Université, ne pouvait que semer des germes; mais ceux qu'il avait confiés au sol se développèrent après lui et donnèrent, comme on le verra, les fruits les plus salutaires.

Parmi les objets étrangers aux études, mais non pas aux intérêts de l'Université, qui attirèrent l'attention de Pourchot, nous ne pouvons omettre la seigneurie du Pré-aux-Clercs. En parcourant cette histoire, on a vu à combien de procès la possession de ce riche domaine avait donné lieu, et au prix de quels efforts l'école de Paris était parvenue à s'en assurer la propriété, sans cesse mise en question par les moines de l'abbaye de Saint-Germain des Prés, et un peu plus tard par ceux du couvent des Petits-Augustins. Quand l'aliénation des terrains du grand pré eut commencé en 1639, l'ambiguïté de certaines clauses des contrats, la mauvaise foi de quelques acquéreurs, les mutations successives de propriété, un grand nombre de créances arriérées, donnèrent lieu à de nouveaux litiges aussi embarrassés qu'onéreux pour les parties. Pourchot estima que dans cette situation il serait utile pour tout le monde, et principalement pour l'Université, qu'elle mît au jour ses titres de propriété en faisant l'histoire abrégée des portions de terrain qu'elle avait vendues en différentes époques, à divers particuliers, et dont quelques-unes étaient passées plusieurs fois, depuis la première vente, aux mains de nouveaux acquéreurs. Tel est l'objet du curieux écrit que l'intelligent et laborieux recteur voulut rédiger lui-même et qui a pour titre : *Mémoire touchant la seigneurie du Pré-aux-Clers appartenant à l'Université de Paris, pour servir d'instruction à ceux qui doivent entrer dans les charges de l'Université*. La publication en fut autorisée par une décision de la compagnie du 4 septembre 1694; le mémoire parut la même année en un volume in-4° de 86 pages, avec un plan du Pré-aux-Clercs. Une seconde édition a vu le jour en 1747 ; elle contient d'importantes additions relatives aux ventes et autres mutations de propriété qui s'étaient effectuées pendant les premières années du dix-huitième siècle. Le mémoire de Pourchot est sans contredit, avec celui d'Égasse Du Boulay sur le même sujet, la source la plus féconde et la plus sûre à consulter pour les innombrables détails qui composent l'histoire du Pré-aux-Clercs.

Pourchot exerçait depuis quatorze mois les fonctions de recteur, lorsqu'en mars 1694, le syndic de l'Université, Pierre de Lenglet, résigna son emploi sous la condition d'en percevoir les émoluments jusqu'à la fin de ses jours. Lenglet ne comptait pas moins de quarante années de services dans l'école de Paris ; il avait été investi autrefois de la dignité rectorale, et le candidat préféré qu'il demandait pour son successeur, c'était Edmond Pourchot. Sa double requête fut accueillie avec les réserves qu'il avait lui-même exprimées, et Pourchot fut appelé à le remplacer, sans abandonner cependant le rectorat, qu'il conserva jusqu'au mois d'octobre en vertu de deux nouvelles élections. Nous avons vu ainsi Du Boulay, honoré du même emploi, demeurer quelques semaines en charge, même après qu'il eut été choisi pour greffier.

Le 6 octobre 1694, les principaux personnages de l'Université se trouvaient réunis aux Mathurins pour l'élection du recteur qui devait succéder à Pourchot. Les intrants furent, pour la Nation de France, M° Denys Billard, ancien professeur de rhétorique au collège des Grassins ; pour la Nation de Picardie, Jean Langlet, professeur d'humanités au collège Mazarin ; pour la Nation de Normandie, Jean Borrée, licencié en théologie ; pour la Nation d'Allemagne, Jacques Murphi, licencié en droit. Aucun de ces noms, environnés en ce temps-là de l'estime publique, n'a survécu, et nous sommes les premiers peut-être à les prononcer après deux siècles bientôt d'oubli. Les intrants prêtèrent les serments d'usage ; ils se formèrent ensuite en conclave ; puis l'intrant de la Nation de France, qui portait la parole au nom de ses collègues, vint annoncer que leurs suffrages s'étaient portés sur M° Charles Rollin, professeur d'éloquence au Collège royal, ancien régent de rhétorique au collège du Plessis-Sorbonne. Six jours après, les procureurs et les doyens furent convoqués une seconde fois pour la cérémonie de l'instruction du nouveau recteur. Celui-ci, vêtu des insignes de sa dignité, exposa en peu de mots le motif de la réunion; puis le recteur qui sortait de charge, Edmond Pourchot, prit la parole en latin (1) : « Vous avez, dit-il en s'adressant aux doyens et aux procureurs, vous avez le recteur que vous avez dû désirer : un homme d'une intégrité et d'une loyauté incorruptible, aussi recommandable par les qualités supérieures de son esprit et par la maturité de son jugement que par la douceur de son commerce; orateur de premier ordre, égal aux plus éminents que l'Université ait produits; singulièrement cher aux ministres et à la Cour, jouissant auprès d'eux du crédit le plus étendu : j'ai nommé M° Charles Rollin, professeur d'éloquence au Collège royal. Son nom seul est une recommandation. Il vous appartient de lui faire connaître l'état des affaires de l'Université. » Après ce préambule de Pourchot, les doyens et les procureurs touchèrent successivement les différents points qui intéressaient leurs compagnies respectives, le nouveau recteur prit acte des promesses qui lui étaient faites, puis l'assemblée se sépara.

Le moment est venu de faire plus ample connaissance avec le maître vénéré et déjà illustre que les suffrages de quelques-uns de ses collègues venaient d'élever à la plus haute fonction de l'Université. Charles Rollin était né à Paris, le 30 janvier 1661. Son père était coutelier, et ses parents le destinaient lui-même à suivre cette profession, quand un religieux, dont il servait la messe au couvent des Blancs-Manteaux, frappé de ses dispositions heureuses, lui obtint une des bourses fondées anciennement au collège des Dix-Huit, et transférées, depuis la démolition de ce collège, à celui de Plessis-Sorbonne. Sous la direction de M° Gobinet, qui,

---

(1) *Arch. U.*, Reg. XXXIX, fol. 23 v°.

comme on l'a vu, gouvernait cette maison depuis 1646, sous celle d'Antoine Hersan, régent d'humanités, Rollin fit des études brillantes, et son nom avait acquis dès le collège une sorte de célébrité, au moins dans les familles de ses condisciples. M. Le Pelletier, un des ministres de Louis XIV, dont les enfants suivaient les classes du Plessis, arriva ainsi à connaître l'éminent écolier, émule heureux de ses fils, et il se montra pour lui le protecteur le plus bienveillant. Ses études classiques terminées, Rollin hésita s'il embrasserait la carrière ecclésiastique; puis il se décida, par les conseils de ses amis, à suivre celle de l'enseignement public. Il débuta en 1683 dans la chaire de seconde du collège du Plessis, fut nommé en 1687 régent de rhétorique au même collège, et succéda l'année suivante à Antoine Hersan, son maître, en qualité de professeur adjoint d'éloquence latine au Collège royal; le titulaire était Jean Gerbais, docteur de la maison de Sorbonne, mort en 1699. La qualité que Rollin annonçait dès lors, et qui le rendait capable de se livrer utilement à l'éducation de la jeunesse, c'était, avec le sentiment profond de l'importance et des difficultés de cette éducation, l'heureuse sagacité qui sonde les esprits et les cœurs, discerne chez l'enfant les aptitudes et les défauts, et sait appliquer aux différents caractères les moyens les plus efficaces pour les assouplir et les diriger. Ajoutez-y le dévouement au devoir, des goûts simples, une exquise bonté qui n'excluait pas la résolution et le courage, enfin cette facilité naturelle de pensées et de style qui, sans être encore la véritable éloquence, y fait songer et en exerce les séductions sur l'auditeur. Ce rare mélange de la vertu la plus irréprochable et de quelques-uns des plus nobles dons de l'intelligence donnait à Rollin, sinon une physionomie à part et nouvelle dans l'Université de Paris, du moins un rang très élevé et autant d'influence que de renommée parmi ses collègues (1). Les liens d'affection et de reconnaissance qui l'unissaient à la maison de M. Le Pelletier n'étaient pas d'ail-

---

(1) Racine ne jugeait pas moins favorablement Rollin que Pourchot : « Il faut, écrit-il à son fils, s'en fier à M. Rollin, qui a beaucoup de jugement et de capacité. » (*Lettre du 5 octobre* 1692.)

leurs un mystère; grâce à cette illustre amitié, il passait même pour avoir, comme le disait Pourchot, du crédit à la cour. En se donnant pour chef un personnage placé si haut dans l'estime publique, cher aux familles et aux grands, l'Université de Paris pensait avec raison qu'elle avait remis le soin de ses intérêts aux mains les plus capables de l'honorer et de la servir.

Huit élections successives prolongèrent les pouvoirs de Rollin comme recteur jusqu'au mois d'octobre 1696. Pendant ce rectorat de deux années, sa première et sa dernière pensée fut de relever la discipline dans les collèges où elle était tombée, de l'affermir dans ceux où elle faiblissait, de combattre l'oisiveté et d'encourager le travail, comme aussi nécessaire aux bonnes mœurs qu'aux bonnes études. Dès le mois de mars 1695, il annonça l'intention de faire une visite générale de tous les collèges (1), selon que les anciens statuts en imposaient le devoir au recteur. Cette inspection, pour porter tous ses fruits, aurait exigé le bon accord des Nations et des Facultés; mais, malgré une triste expérience des funestes effets de la discorde, les différentes compagnies de l'Université ne pouvaient parvenir à s'entendre, même sur la manière de visiter les écoles. Les Nations prétendaient que les censeurs qui participaient à l'inspection rectorale devaient être tirés de leurs rangs; les Facultés élevaient une prétention toute contraire. Chaque parti invoquait en sa faveur les arrêts de la magistrature et les règlements. L'opiniâtreté était si grande des deux parts, que plusieurs projets de transaction furent successivement proposés sans pouvoir aboutir. Malgré les difficultés qu'il rencontrait, Rollin ne perdit pas de vue l'objet de sa préoccupation la plus constante. Au mois d'août, il publia un mandement qui réglait divers points de discipline scolastique. L'article premier concerne les représentations théâtrales dans les collèges. Sans les condamner absolument, le sage recteur défend d'y introduire des personnes attachées au théâtre, ou de travestir des jeunes gens en femmes (2) : usage condamné, dit-il, par l'Écriture

(1) *Arch. U.*, Reg. xxxix, fol. 28.
(2) Cette défense fut motivée par une représentation qui eut lieu au collège de la

sainte, qui le déclare abominable devant Dieu. Il veut que, dans ce genre d'exercice comme dans les autres, tout soit chaste, grave, religieux, et que la peinture des mouvements de l'amour en soit sévèrement bannie ; aussi recommande-t-il le choix de sujets empruntés à l'histoire sacrée, pareils à ceux que le génie de Racine venait de porter avec un succès éclatant sur la scène de Saint-Cyr. Rollin, par le second article de son mandement, impose aux candidats de la maîtrise ès arts l'obligation de déposer entre les mains du recteur, avant le jour de l'épreuve, un certificat de bonnes vie et mœurs, délivré par le principal du collège qu'ils habitent, ou, s'ils ne résident pas dans un collège, par une personne d'une moralité notoire. Un autre article fait défense d'ouvrir ou de laisser ouvrir aucune classe sans la permission de la Faculté des arts ; un dernier enfin, d'annoncer aucun exercice scolaire, que le recteur n'y soit invité.

Il semble que ces sages recommandations n'auraient pas dû trouver de contradicteurs, et cependant elles ne furent pas à l'abri de toute critique. Nul n'osa en contester le fond ; mais quelques censeurs chagrins en blâmèrent la forme. Ils firent un grief à Rollin de ne s'être pas concerté avec toute l'Université, et d'avoir consulté seulement « certains esprits brouillons et emportés de la Faculté des arts, qui, pour paraître lui rendre de grands services, s'y étaient érigés en chefs de parti. » Ces plaintes amères furent exprimées publiquement dans un libelle, sans nom d'auteur ni d'imprimeur, qui paraît avoir circulé dans Paris (1) ; triste exem-

Marche, le jour même des obsèques de l'archevêque de Paris, M. de Harlay. Je me borne, sur ce point, à transcrire la note suivante que j'ai trouvée aux Archives nationales, cart. MM. 242 : « 1695. MM. de l'Université ont fait depuis peu un règlement contre les tragédies dans les collèges, auquel le collège de la Marche a donné occasion. Le mesme jour que l'on faisoit à Nostre-Dame, qui estoit le 11 d'aoust 1695, un service pour feu M. de Harlay, archevesque de Paris, qui estoit leur proviseur, ils firent la représentation de leur tragédie avec des ballets et des danses. Cela parut à ces MM. si à contretems, de si mauvais goust et si indécent, qu'ils ont statué que désormais il n'y auroit plus dans les tragédies ny danseurs ni reynes, c'est-à-dire d'acteurs habillés en reynes. »

(1) Ce libelle a pour titre : *Réponse à une lettre d'un docteur en médecine de la Faculté de Paris au sujet d'un mandement de M. le recteur de l'Université du 1er octobre* 1695, in-12, 7 p. Il en existe un exemplaire aux Archives nationales, MM. 242.

ple des mesquines jalousies qui se perpétuaient au sein de l'école. Heureusement cette protestation anonyme resta sans écho et ne troubla pas un seul instant la sérénité du vertueux et inébranlable recteur.

Une année environ s'était écoulée depuis que Rollin avait annoncé son projet de visiter les collèges. Tout, dans l'intervalle, avait été disposé pour rendre cette inspection sérieuse et profitable, sans que toutefois la Faculté des arts et les Facultés supérieures fussent parvenues à s'accorder. Le 21 mars 1696, la visite commença enfin, et elle se prolongea jusqu'au mois d'août. Durant ces cinq mois, elle avait subi, à la vérité, de fréquentes interruptions, d'où il résulta que, malgré sa durée, elle ne put pas s'étendre à tous les établissements. Le recteur, accompagné des censeurs des quatre Nations, interrogeait non seulement les principaux, mais les boursiers, surtout ceux des petits collèges; leurs réponses lui prouvèrent que sur beaucoup de points la discipline laissait à désirer. Dans le procès-verbal de cette longue enquête, que de fois n'avons-nous pas vu reparaître cette phrase mélancolique : *Compertum est in eo collegio non minimam esse disciplinæ dissolutionem!* Mais le dévouement de Rollin ne s'effrayait pas des obstacles que la réforme des abus pouvait susciter sous ses pas. En général, la visite de chaque collège a pour conclusion une série de dispositions réglementaires, tantôt délibérées par la Faculté des arts, tantôt arrêtées par le recteur seul, après avis des censeurs; dispositions qui touchent à tous les points du régime intérieur des collèges et qui constituent de véritables règlements de discipline et d'études. On y admire la vigilance à la fois paternelle et sévère avec laquelle les boursiers des différentes classes, grammairiens, philosophes, théologiens, sont rappelés tous ensemble au sentiment de leurs devoirs et à celui de leur intérêt véritable, et reçoivent l'expresse injonction de suivre fidèlement les exercices scolaires, afin de pouvoir se présenter aux grades dans un délai déterminé, sous peine de se voir priver de leurs bourses. Certaines exclusions furent prononcées contre ceux qui se montraient ou paresseux, ou incapables, ou rebelles à l'autorité de leurs supérieurs. Malgré son amour de la règle et de l'ordre, le recteur jugea que le régime du collège de Montaigu continuait à pécher par excès de rigueur. Au collège d'Harcourt, si longtemps l'honneur de l'Université de Paris, les fondations de bourses étaient devenues tellement nombreuses, les droits respectifs des boursiers et du proviseur étaient si mal définis, qu'il en était résulté des complications funestes et des discordes intérieures auxquelles la Faculté des arts, sur la proposition de Rollin, essaya de porter remède par une longue délibération, portant règlement pour la maison. Quelques principaux furent félicités de la bonne tenue de leurs établissements, entre autres celui du collège de Tours, M° Verrier, et celui du collège des Grassins, M° Framery. Au collège du Plessis-Sorbonne, Rollin ne put contenir l'effusion de sa reconnaissance pour cette maison si chère où s'était écoulée sa jeunesse, pour les maîtres qui l'avaient formé à la vertu et aux lettres, surtout pour le principal, M° Gobinet, mort depuis peu, à l'âge de quatre-vingts ans, dont il avait passé plus de la moitié dans ces fonctions (1).

A cette visite des collèges se rattache une dernière ordonnance, qui couronne en quelque sorte le rectorat de Rollin ; nous voulons parler du mandement célèbre par lequel fut étendue à toutes les classes, et convertie en règle générale, la pieuse coutume de quelques professeurs d'humanités et de philosophie, qui faisaient réciter chaque jour à leurs élèves quelques sentences tirées de l'Écriture sainte, surtout du Nouveau Testament. Dans le *Traité des études*, Rollin a résumé en termes touchants les motifs de ce règlement, dont il se garde bien de nommer l'auteur. « L'Université, dit-il, consent que l'on tire des auteurs païens la beauté et la délicatesse des expressions et des pensées; ce sont de précieux vases qu'on a droit d'enlever aux Égyptiens. Mais elle craindroit que dans ces coupes empoisonnées on ne présentât encore aux jeunes gens le vin de l'erreur, comme s'en plaignoit saint Augustin, si, parmi tant de voix profanes dont retentissent continuel-

---

(1) Voy. nos Pièces justificatives, n° CXLV.

lement les écoles, celle de Jésus-Christ, l'unique maître des hommes, ne s'y faisoit entendre... Elle regarde ce pieux exercice comme un préservatif salutaire et comme un antidote efficace pour prévenir et pour fortifier les jeunes gens, au sortir des études, contre les fausses maximes d'un siècle corrompu et contre la contagion du mauvais exemple... Les courtes réflexions, continue Rollin, que le professeur ajoute de vive voix sur la sentence que l'on doit apprendre, jointes à l'instruction qui se fait régulièrement dans chaque classe tous les samedis, et à l'étude de l'histoire sainte, suffiront aux jeunes gens pour leur donner une teinture raisonnable de la doctrine chrétienne. Et s'ils ne l'apprennent pas dans cet âge, quand le pourront-ils faire? Ne sait-on pas que pour l'ordinaire le temps qui suit les études est emporté par le vain amusement des bagatelles et des plaisirs ou par l'occupation des affaires? »

L'amélioration de la discipline et des études dans les collèges n'est pas l'unique service que Rollin, pendant son laborieux rectorat, ait rendu à l'Université. Aussi fier pour elle-même que modeste personnellement, il ne permit jamais, tandis qu'il la gouverna, qu'elle fût abaissée et humiliée; il se montra le défenseur vigilant de ses droits, même vis-à-vis des grands, et il parvint ainsi à la relever dans l'estime publique. Dans une question de cérémonial et d'étiquette qui avait plus d'importance aux yeux des contemporains qu'elle n'en a conservé à nos propres yeux, la tradition raconte que Rollin se signala particulièrement par cette courageuse fermeté à soutenir les droits de sa compagnie. C'était au mois de février 1695. Il s'agissait de la présentation des cierges qui, suivant l'usage, étaient offerts par l'Université, le jour de la Purification, aux princes de la famille royale et aux principaux personnages de l'État. La coutume s'était introduite, depuis quelques années seulement, de rendre le même honneur à l'archevêque de Paris, M. de Harlay. En 1695, le prélat, qui cependant attachait du prix à cette marque de déférence, témoigna l'intention de ne pas recevoir en personne l'Université, et de déléguer un de ses grands vicaires pour le représenter. Rollin, averti, déclara aussitôt qu'il n'irait pas à l'archevêché; et malgré les instances du nouveau chancelier de Notre-Dame, Edmond Pirot, il persista dans cette résolution, disant « que jamais l'Université n'avoit présenté de cierge aux archevêques de Paris; que c'étoit depuis quelques années seulement que M. Lenglet, syndic de la compagnie, lui avoit imposé cette charge. Pour moi, continua-t-il, je ne suis point d'avis d'aller chez M. de Harlay. Je ne demande point de bénéfice; je ne crains ni n'espère rien, et je ne mettrai jamais l'Université dans l'esclavage. » — « Cette parole, ajoute la relation qui est sous nos yeux, a fort chagriné M. l'archevêque; on ne croit pas que ce recteur soit d'humeur à en faire satisfaction (1). »

Quelques mois après la scène que nous venons de rappeler, M. de Harlay fut enlevé par une mort subite, le 6 août 1695, étant âgé de soixante ans. Avec lui, la maison de Sorbonne perdit son proviseur, charge importante que nous avons vue occupée par Richelieu et par Mazarin. Le nouveau proviseur que choisirent MM. de Sorbonne fut l'archevêque de Reims, Maurice Le Tellier, fils du chancelier de ce nom; les quatre Facultés furent appelées, selon l'usage, à confirmer l'élection que MM. de Sorbonne avaient faite. Bientôt l'Université songea elle-même à élire un nouveau conservateur des privilèges apostoliques. Cette dignité se trouvait vacante depuis 1679, par la mort de l'évêque de Beauvais, M. Choart de Bezenval; mais il n'avait pas été possible d'y pourvoir pendant la vie de M. de Harlay, qu'elle offusquait. Après la mort du prélat, l'Université, rendue à toute sa liberté, porta son choix sur l'évêque de Meaux, Bossuet; ce nom illustre réunit l'unanimité des suffrages dans une assemblée tenue aux Mathurins, le 14 décembre 1695, sous la présidence de Rollin. Bossuet, retenu à Meaux par les affaires de son diocèse et déjà bien vieilli, ne put venir en personne prêter les serments d'usage entre les mains du recteur. Il se fit représenter par l'abbé Bossuet, son neveu, qui, muni de sa procuration, prit possession de la charge de conserva-

(1) *Arch. nat.*, cart. MM. 242. Voy. aussi les notes de l'éloge de Rollin, par de Boze, *Opusc. de Rollin*, Paris, 1771, in-12, t. I, p. 29.

teur le 2 janvier 1696, avec le cérémonial accoutumé en pareille circonstance. Comme Fénelon l'écrivait quelques jours auparavant à l'évêque de Meaux, « ces sortes de titres dorment sur certaines têtes; mais sur d'autres ils peuvent servir à relever les lettres (1). »

Au mois d'octobre 1696, les pouvoirs de Rollin étant expirés, il transmit les insignes de la dignité rectorale à M° Alexis Arthus, principal des grammairiens au collège de Navarre, qui venait d'être choisi pour le remplacer. Sous l'administration de M° Arthus, l'Université de Paris fut consultée par celle de Caen sur une question qui en d'autres temps avait passionné les esprits et qui pouvait encore les troubler. Il s'agissait de savoir si un prêtre engagé dans les liens d'une congrégation religieuse pouvait parvenir au décanat d'une Faculté ou à toute autre dignité académique. La consultation avait eu lieu au sujet d'un procès des maîtres de Caen contre la communauté des Eudistes, dont un des membres, le P. Odet Lefèvre, qui occupait déjà une chaire de la Faculté de théologie, prétendait au rang et aux fonctions de doyen (2). L'Université de Paris n'hésita pas à se prononcer pour la négative; à plusieurs reprises, elle déclara que l'accès de ses charges avait toujours été fermé aux membres des associations religieuses; que nul d'entre eux ne pouvait être ni recteur ni doyen, même dans la Faculté de théologie; que cette règle était invariable. Elle s'avança même jusqu'à décider qu'elle romprait toute alliance, tout commerce d'études avec les universités de province qui feraient sur ce point aucune concession aux communautés, même séculières. M° Arthus en écrivit le 18 avril 1697 au

---

(1) *Arch. U.*, Reg. XXXIX, fol. 41. Voy. Pièces justificatives, n° CXLIV. Cf. *Hist. de Bossuet*, par M. de Bausset, t. III, p. 357, et *Correspondance de Fénelon*, t. VII, p. 218.

(2) Voyez sur cette affaire le *Recueil de plusieurs actes des Universités de Caen et de Paris, qui sont produits au procès de l'Université de Caen, contre M° Odet Le Fèvre, appelant d'une sentence rendue contre lui le 20 juin 1696 par M. le conservateur des privilèges royaux de cette Université*, in-4°. Voyez aussi, en sens contraire, le *Factum pour M° Odet Le Fèvre, de la congrégation des Eudistes, docteur et professeur ordinaire en la Faculté de théologie de l'Université de Caen, appelant d'une sentence rendue contre lui au bailliage dudit lieu*, in-4°. Cf. *Arch. U.*, Reg. XXXIX, fol. 68, 74, 76 v° et 80 v°.

recteur de l'Académie de Caen : « J'ai conféré avec les chefs de nos compagnies, lui dit-il, qui vous sçavent très-bon gré de faire vos efforts pour empêcher que les membres de ces communautez, soit régulières, soit séculières, ne décanisent dans vos Facultez supérieures, ou n'arrivent à la dignité de recteur. C'est une nouveauté que vous ne devez pas souffrir, comme nous ne la souffrirons pas icy, parce qu'il est de conséquence pour la religion et pour l'État de conserver dans nos Corps une uniformité de doctrine, qui ne s'y trouveroit pas aisément quand ils se trouveroient gouvernez par des personnes qui ont souvent intérest de soutenir une autre doctrine que celle de France... Vous avez dans votre Université un intérest particulier d'empêcher cette nouveauté, parce que, si elle avoit lieu, je ne voudrois pas répondre que notre Université conservast avec la vôtre l'union qu'elle a eue jusques icy. Je serois très-fâché que nous fussions obligez d'en venir à une rupture... »

Arthus résigna les fonctions de recteur au mois d'octobre 1697, après une année d'exercice. Il fut remplacé par Jean Vittement, qui partageait, sous le titre de coadjuteur, la principalité du collège de Presles-Beauvais avec Me Nicolas Boutillier. Né d'une famille pauvre, en 1655, dans la petite ville de Dormans, Vittement, à partir de la classe de troisième, avait étudié à Paris, au collège de Beauvais ; et, comme Rollin, il s'était acquis une renommée précoce par de brillants succès scolaires. Une thèse de théologie, soutenue avec le plus grand éclat, et des débuts heureux dans la carrière de l'enseignement mirent le sceau à sa réputation. Bossuet le tenait en grande estime, et Louvois n'hésita pas à lui confier l'éducation de l'un de ses fils, celui qu'on appelait l'abbé de Louvois. Vittement venait de remplir honorablement cette mission délicate, lorsqu'il fut nommé coadjuteur du collège de Beauvais, et, presque au même moment, recteur de l'Université. La paix de Ryswyck venait d'être signée. L'Université, comme tous les autres corps de l'État, vint complimenter le roi. Vittement, le 26 novembre 1697, adressa au prince victorieux le discours suivant :

« Sire, la paix que Dieu vient d'accorder aux vœux de vos peuples, en inspirant à Votre Majesté des sentiments de modération au milieu de ses victoires, sera l'un des événements de votre règne glorieux, qui en fera le mieux connaître la grandeur. Jamais on n'a soutenu la guerre avec tant de gloire; jamais on ne la termina avec tant de générosité. Que les autres princes, insensibles aux larmes de leurs sujets, ne fassent la paix que lorsqu'ils manquent de ressources pour soutenir la guerre, ils ne suivent en cela que les règles de la politique humaine. Votre Majesté, renonçant à des conquêtes assurées pour le repos de ses États, fait bien voir qu'elle se conduit par des maximes bien différentes. Plus elle a veu de courage, de force contre ses ennemis, de zèle et d'amour dans ses sujets, plus la tendresse paternelle l'a pressé de donner la paix à un si bon peuple. L'Europe, après avoir publié que jamais le roi ne fut mieux servi, se voit obligée d'avouer, à la gloire immortelle de Votre Majesté, que jamais peuple ne fut tant aimé. La guerre, il est vrai, n'avoit point empêché les sciences et les belles-lettres de fleurir dans votre royaume. Pendant que, d'un côté, vous le défendiez avec tant de succès contre les puissances confédérées, vous étiez occupé de l'autre à le réformer par la sagesse de vos lois, et à l'embellir par la pureté des mœurs, dont Votre Majesté donnoit elle-même un exemple plus fort que les lois. Mais si, pendant le tumulte des armes, vous avez su faire régner la justice et vous opposer, avec toute la vigueur du fils aîné de l'Église, aux nouveautés toujours dangereuses, quel bonheur pour l'État, quelle protection pour cette même Église ne devons-nous pas attendre de la paix! Dans ces espérances, Sire, vos sujets, qui passent de la joie de vos victoires en celle de la paix, augmenteroient leur zèle et leur reconnoissance, si l'on pouvoit ajouter quelque chose à l'amour sincère, respectueux et fidèle qu'ils ont témoigné, pendant la guerre, pour Votre Majesté. Pour nous, qui dans l'exercice de nos paisibles emplois prenons un intérêt particulier à la paix, la mère des beaux-arts, nous espérons voir bientôt votre Université, l'ouvrage glorieux des rois vos prédécesseurs, rétablie dans son ancienne splendeur par la magnificence royale de Votre

Majesté. Heureux si, consacrant nos soins à l'instruction de vos jeunes sujets, nous pouvons leur apprendre à craindre Dieu, à respecter leur prince, à servir leur patrie, persuadés que de l'accomplissement de ce devoir dépend la sûreté des États, la puissance des monarques et la tranquillité des peuples. Les vôtres, Sire, n'ont plus rien à souhaiter, sinon que Votre Majesté, au milieu d'une auguste et nombreuse famille, puisse voir longtemps les enfants de ses enfants, et, leur apprenant par son exemple le difficile art de régner, jouir elle-même et faire jouir les autres de la paix qu'elle vient de rétablir dans l'Europe (1). »

Ce discours, même à cent cinquante ans de distance, ne paraît pas dépourvu d'un certain mérite d'élégante sobriété, qui le place bien au-dessus de la plupart des harangues officielles adressées à Louis XIV. A l'époque où il fut prononcé, il obtint un véritable succès. « La justesse et l'éloquence mâle et naturelle du recteur enleva tous les suffrages avec tant de violence, dit Saint-Simon (2), qu'il fut interrompu par des applaudissements, et que le roi même fit une réponse pleine de l'admiration de son discours. » S'il faut en croire un autre historien (3), Louis XIV aurait dit que jamais harangue ni orateur ne lui avaient fait autant de plaisir.

Vittement obtint sa récompense. Peu de mois après, au mois de juin 1698, il fut nommé lecteur du duc de Bourgogne (4), lors de la disgrâce qui atteignit les amis de Fénelon et qui menaça le duc de Beauvilliers lui-même. Comme ce nouvel emploi ne pouvait se concilier avec l'administration du collège de Beauvais, Vittement se chercha un successeur et présenta Rollin. Le Parlement, à qui la nomination appartenait, n'eut pas de peine à reconnaître que l'on ne pouvait faire un choix meilleur. Rollin se vit appelé ainsi, non sans une certaine hésitation de sa part, aux fonctions les plus actives et les plus pesantes qui existent dans la profession

---

(1) Nous publions ce discours d'après une copie manuscrite que nous avons retrouvée aux Archives nationales, MM. 242; nous le croyons inédit.
(2) *Mémoires*, t. XI, édit. de M. Chéruel, p. 393.
(3) *Dict. de Moréri*, art. VITTEMENT.
(4) *Mémoires de Saint-Simon*, t. II, p. 128; *Journal de Dangeau*, t. VI, p. 360; *Gazette de France*, an 1698, p. 288; *Mercure galant*, juin 1697, p. 224.

de l'enseignement. La charge était d'autant plus lourde que, malgré le mérite personnel de Vittement, celui-ci n'avait pas toujours maintenu la paix entre les boursiers de son collège, que ces funestes divisions avaient beaucoup fait déchoir. Quelles que fussent les difficultés de sa tâche, le nouveau principal sut la remplir avec autant de zèle que de succès. Un de ses premiers soins fut de modifier la situation respective du collège de Beauvais et de celui de Presles, qui étaient unis depuis un siècle, sans que cette union eût profité aux études et à la discipline. Quatre classes avaient lieu dans les bâtiments de l'un, quatre dans les bâtiments de l'autre. Les deux maisons, qui étaient mitoyennes, avaient des portes de communication par lesquelles les écoliers, surtout les boursiers, échappaient à la surveillance. Rollin demanda et obtint du Parlement, de l'avis de la Faculté des arts, que pour l'avenir toutes les classes eussent lieu au collège de Beauvais; qu'un mur de clôture le séparât de celui de Presles; que chaque collège reprît, avec son nom, une existence propre. Pour construire le mur et pour d'autres dépenses d'appropriation, il fallut de l'argent, et Rollin n'était pas riche : son petit revenu ne dépassait pas sept cents livres. La générosité de son maître, Antoine Hersan, y supléa; Hersan donna deux mille écus, qui furent employés à payer les travaux. Rollin s'efforça ensuite d'attirer autour de lui les collaborateurs les plus capables de le seconder; parmi eux se trouvèrent Duguet, moraliste et théologien de l'école de Port-Royal; Coffin, nom populaire dans l'Université de Paris; Heuzet, l'auteur du *Selectæ è profanis;* enfin Crevier, qui fut recueilli comme boursier au collège de Beauvais et qui devint par la suite une des gloires de cette maison. Au reste, il faut entendre Crevier lui-même parler de l'administration de celui qu'il appelle le grand Rollin. « Ses ouvrages, dit-il, lui ont acquis un nom immortel; mais il fut, si j'ose le dire, encore plus estimable par la réunion de toutes les qualités nécessaires au gouvernement d'une maison destinée à former la jeunesse dans l'étude et dans l'amour de la religion... Il s'est peint lui-même, sans le vouloir, dans le tableau qu'il a tracé d'un excellent principal à la fin de son premier ouvrage, si ce n'est peut-être qu'il a mieux fait encore qu'il n'a dit (1). »

Sous le rectorat de l'abbé Vittement, le bail général des messageries de l'Université, qui était de 37,683 livres 10 sous depuis 1676, fut augmenté de 10,000 livres. Cet accroissement notable des revenus de la corporation servit à terminer un différend qui s'était élevé entre les anciens collèges des différentes Nations et le nouveau collège Mazarin. Celui-ci prétendait obtenir en tous points les mêmes avantages que ses aînés, et par conséquent jouir comme eux du revenu des messageries. Ce revenu n'était-il pas la propriété commune des régents? Le roi n'avait-il pas décidé par plusieurs édits qu'il leur serait à tous distribué? Les maîtres qui enseignaient au collège Mazarin n'étaient-ils pas, au même titre que leurs confrères, membres de l'Université, en vertu des différents actes qui avaient prononcé leur incorporation? Leur droit ne paraissait donc pas sérieusement contestable. Les régents des autres collèges répliquaient que l'agrégation qui leur était opposée avait eu lieu sous la réserve des droits acquis; que les messageries appartenaient à ceux qui les avaient établies et qui les possédaient de temps immémorial; qu'elles n'étaient pas la propriété du nouveau collège, et que son admission au partage des revenus serait une cause de grave et injuste préjudice pour tous les ayants droit. Ces raisons contraires furent débattues, de part et d'autre, avec beaucoup de vivacité, dans une série de mémoires adressés au conseil d'État et à l'archevêque de Paris, que le roi avait spécialement chargé de l'instruction de cette affaire. Le tort présumé contre lequel les anciens régents se débattaient était au fond peu considérable; il se réduisait, comme les adversaires l'établirent (2), à 18 livres par tête pour ceux de la Nation de France, et à 19 pour ceux de la Nation de Normandie. La Nation de Picardie, en raison du petit nombre de ses membres, était celle qui devait perdre le plus : la réduction s'élevait pour les siens jusqu'à 45 livres. Mais si au début une certaine hésitation s'était manifestée parmi les conseillers de Louis XIV, elle cessa lorsque le produit des message-

---

(1) *Histoire de l'Université*, t. II, p. 474.
(2) Pièces justificatives, n° CXLVI.

ries se trouva élevé de plus du quart, moyennant cette augmentation de 10,000 livres, obtenue du fermier général. Un arrêt du conseil d'État, en date du 9 décembre 1699, ordonna, sur l'avis de l'archevêque de Paris, que le principal et les professeurs du collège Mazarin seraient admis, comme tous ceux des autres collèges, à la répartition de ce produit : toutefois ils ne devaient jouir de cet avantage qu'à dater du 1er janvier suivant, sans pouvoir, comme ils en avaient fait la demande, exercer aucune répétition pour le passé. Cette décision, tout équitable qu'elle fût, causa de vifs regrets aux régents des anciens collèges. L'un d'eux, appelé Pipon, qui enseignait au cardinal Lemoine, se rendit l'interprète de la douleur commune dans une pièce de vers latins, imitée assez habilement de la première églogue de Virgile (1). Codrus, nouveau Mélibée, y raconte à Ménalcas, nouveau Tityre, le cruel mécompte qui vient de renverser toutes ses espérances. En vain il s'était promis des jours meilleurs : son attente est déçue ; le fruit de ses peines lui échappe ; il ne goûtera pas les doux loisirs qu'il avait rêvés. Ce fonds très pauvre ne laissa pas d'inspirer à Me Pipon quelques hémistiches agréables qui donnèrent à son poème une certaine vogue dans l'Université de Paris.

Puisque la suite du récit nous a conduit à parler du bail des messageries, mentionnons un autre bail moins important qui fut passé en 1700, celui de la ferme du parchemin. Le prix en fut fixé à 350 livres, payables annuellement au recteur, pour l'abandon de ses droits sur chaque botte de parchemin ou de vélin qui entrait dans Paris (2). Cette modique perception était néanmoins, comme nous l'avons dit ailleurs, le plus clair des émoluments attachés par de vieux usages à la dignité rectorale; elle dura aussi longtemps que l'Université elle-même, sans que toutefois le chiffre s'en élevât très sensiblement, puisqu'elle ne dépassa jamais 500 livres.

(1) Cette pièce a été insérée dans le recueil de Gaullyer, *Selecta carmina orationesque clarissimorum quorumdam in Universitate Parisiensi professorum*, etc., Paris, 1727, in-12, p. 341.
(2) Pièces justificatives, n° CXLVIII.

La charge de syndic continuait à être exercée avec autant de zèle que d'autorité par Edmond Pourchot. Non moins dévoué que Rollin aux intérêts de l'Université, Pourchot pensait, comme lui, que la meilleure manière de la servir, c'était de faire la guerre aux abus qui l'affaiblissaient, et de relever autant que possible les études et la discipline. Les régents rebelles aux ordres de leurs principaux; les principaux cupides ou despotes, qui pressuraient ou molestaient leurs régents; les candidats à la maîtrise ès arts qui présentaient des certificats d'études irréguliers, firent plus d'une fois l'épreuve de la vigilante sévérité du syndic. Ce fut ainsi qu'il provoqua une délibération contre certains chefs d'établissement qui se permettaient, avant de nommer un professeur, d'exiger de lui la promesse de donner sa démission aussitôt qu'il en serait requis. Au mois d'août 1698, Pourchot proposa l'adoption d'une mesure qui touchait à des intérêts d'un ordre plus délicat : il demanda le renouvellement du statut qui faisait défense à tout écolier, habitant un collège de plein exercice, de suivre les classes d'un autre collège. Quelques élèves de rhétorique et de philosophie domiciliés au collège Louis le Grand, les hôtes par conséquent et les élèves de la compagnie de Jésus, fréquentaient les cours du collège du Plessis : c'était contre eux principalement que la mesure était dirigée. Les Jésuites s'émurent et présentèrent une requête au Parlement contre la décision de l'Université. Pourchot écrivit un mémoire en réponse à cette requête. Ainsi que la plupart de ses collègues de la Faculté des arts, il était l'adversaire déclaré des communautés religieuses, et déjà sous le rectorat de M° Arthus il avait pris la part la plus directe à la délibération contre les Eudistes de Caen. Il traita durement dans sa réponse la société de Jésus. Celle-ci avait qualifié d'*entreprise* le statut qu'elle dénonçait. « S'introduire humblement dans les villes par le crédit et la faveur, réplique Pourchot (1); n'y demander d'abord qu'un poulce de terre pour s'établir; s'étendre peu à peu et envahir les maisons voisines en

---

(1) *Mémoire instructif pour l'Université de Paris contre les Jésuites*, in-fol. de 7 pages. (*Arch. nat.*, MM. 242.)

dépit des véritables possesseurs; absorber, dans ses vastes bâtiments, des collèges que la piété des fondateurs avoit destinés à bien d'autres usages; malgré ses constitutions, malgré les arrêts de la Cour, malgré les conditions de son établissement, et de son rétablissement usurper le droit d'enseigner publiquement : voilà ce qu'on peut appeler des entreprises. Bien loin que l'Université fasse des entreprises, à peine ose-t-elle aujourd'hui se défendre contre de telles parties. Cependant, *pugnabimus pro legibus nostris. Dominus autem quod bonum est in conspectu suo faciet.* » Les luttes ardentes que s'étaient livrées soixante ans auparavant l'Université de Paris et les Jésuites semblaient ainsi à la veille de renaître. Heureusement, les Jésuites n'ayant pas insisté, faute peut-être d'un intérêt actuel, pour l'admission de leur requête, l'Université, de son côté, n'insista pas pour obtenir un arrêt, et l'affaire fut abandonnée de part et d'autre, après avoir causé une certaine émotion dans l'école et même dans la magistrature.

Les derniers recteurs du dix-septième siècle furent Jean Couture et Prépetit de Grammont. Couture professait à la fois au collège de la Marche et au Collège royal; on lui doit plusieurs mémoires de littérature ancienne, insérés dans le recueil de l'Académie des inscriptions et belles-lettres, dont il était membre. Son rectorat ne fut marqué par aucun incident mémorable. Prépetit était régent au collège des Grassins. Il conduisait l'Université quand elle fut appelée à Versailles, par ordre du roi, le 22 novembre 1700, pour complimenter le duc d'Anjou devenu roi d'Espagne.

LIVRE III.

DEPUIS LE COMMENCEMENT DU DIX-HUITIÈME SIÈCLE JUSQU'A L'EXPULSION DES JÉSUITES.

CHAPITRE PREMIER.

Controverses religieuses. — *La Mystique Cité de Dieu*, de Marie d'Agréda. — Affaires du quiétisme. — Cérémonies chinoises. — *Le Cas de conscience*. — Persécutions contre le cartésianisme. — Demoutempuys et Dagoumer dénoncés devant la Sorbonne. — Nouveau formulaire imposé aux professeurs de philosophie. — Fondation de l'institut des frères de la Doctrine chrétienne. — Règlements pour les maîtres de pension. — Ordonnance sur l'enseignement du droit. — Autre ordonnance sur l'enseignement et l'exercice de la médecine. — Zèle de l'Université pour la réforme des abus. — Délibération contre le luxe des ornements typographiques qui accompagnaient les thèses. — Encouragements accordés à Capperonnier. — Augmentation des émoluments du syndic. — Situation des collèges. Maîtres célèbres qui en occupaient les chaires. — Désordres causés par les boursiers. — Visite générale des collèges. — Le collège du Plessis. — Le collège de Beauvais. — Relations de Rollin avec les jansénistes. Il est contraint de renoncer au principalat du collège de Beauvais. — Époque désastreuse du règne de Louis XIV. — Le livre des *Réflexions morales* du P. Quesnel, et la bulle *Unigenitus*. — Opposition que soulève la bulle, même de la part de l'archevêque de Paris. — La bulle est enregistrée par la Faculté de théologie, en exécution des ordres du roi. — Exil de plusieurs maîtres. — Paroles imprudentes du recteur Michel Godeau. — Le roi s'oppose à la prorogation des pouvoirs de Godeau. — Élection de Philippe Poirier. — Le nouveau recteur soupçonné de favoriser les Jésuites. — Débats avec les chanceliers de Notre-Dame et de Sainte-Geneviève au sujet de la réception des maîtres ès arts. — Mort de Louis XIV.

Les dernières années du dix-septième siècle furent agitées par des controverses théologiques, symptômes fâcheux des dissidences de doctrine et des rivalités de position qui allaient, au siècle suivant, partager le clergé de France, alors que l'union des esprits et des cœurs et la communauté des efforts étaient le plus nécessaires à l'Église catholique pour résister aux progrès de l'impiété. Nous n'aurions pas à rappeler ces tristes débats, s'ils n'avaient occupé la Sorbonne et contribué à étendre son influence et sa renommée; mais, malgré la décadence de l'Université de Paris, la Faculté de théologie avait conservé un tel prestige, qu'elle ne restait étrangère à aucune querelle, et que ses décisions étaient acceptées par la foule comme des oracles.

Une religieuse espagnole, Marie d'Agréda, avait publié, dans le cours du dix-septième siècle, une sorte de journal de la vie de la sainte Vierge, où elle ne se proposait rien moins, suivant l'expression de Bossuet, « que d'expliquer jour par jour et moment par moment tout ce qu'ont fait et pensé le Fils de Dieu et sa Mère, depuis l'instant de leur conception jusqu'à la fin de leur vie (1). » L'ouvrage, traduit en français par un capucin, le P. Thomas Crozet, parut en 1696 à Marseille, avec ce titre bizarre : *la Mystique Cité de Dieu. Miracle de sa toute-puissance. Abîme de la grâce de Dieu. Histoire divine, ou Vie de la très sainte Vierge Marie.* En Espagne et en Portugal, cette composition étrange, qui s'annonçait comme une révélation d'en haut, avait recueilli d'imposants suffrages, même dans les rangs de l'épiscopat; en France, sur des imaginations plus calmes, elle exerça moins de séduction et n'aboutit qu'à diviser les théologiens en deux camps. Ceux-ci, pleins d'admiration pour la piété fervente de Marie d'Agréda, la comparaient à sainte Thérèse, que, selon eux, elle égalait, si elle ne la surpassait pas; ceux-là, moins frappés de ses vertus et de son génie que des funestes effets du faux zèle, dénonçaient avec amertume la témérité de son entreprise et le scandale de quelques-unes de ses assertions. Au rang de ces derniers figura Bossuet, l'adversaire inflexible des exagérations et des nouveautés en matière de foi, alors même qu'elles se couvraient du manteau de la piété. L'affaire parut assez grave pour être soumise à la Faculté de théologie. Au mois de mai 1696, le syndic Jacques Lefeuvre déféra à sa compagnie le livre de Marie d'Agréda. Six commissaires, parmi lesquels il se trouvait lui-même avec le

---

(1) *Remarques sur le livre intitulé :* LA MYSTIQUE CITÉ DE DIEU, Œuv. compl., éd. Versailles, t. XXX, p. 637.

doyen, furent désignés pour examiner l'ouvrage; ils y relevèrent soixante-huit passages qu'ils proposèrent de frapper de censure, comme faux, téméraires, scandaleux, favorisant le fanatisme et l'hérésie, susceptibles d'offenser les oreilles chastes, contraires enfin à la doctrine de l'Évangile. Un franciscain le P. Mérom, essaya d'empêcher la discussion en donnant à entendre qu'il était porteur de deux brefs par lesquels le pape se réservait la connaissance de l'affaire; il menaçait, si l'on passait outre, d'en appeler au Saint-Siège. Mais ces prétendus brefs n'existaient point, et, en tout cas, il eût été contraire aux lois du royaume de les publier avant qu'ils eussent été soumis à la vérification du Parlement. Aussi le P. Mérom dut-il se désister de son appel; il fut même contraint de s'éloigner de Paris. Quelques autres docteurs, craignant de se compromettre, s'abstinrent de reparaître aux séances de la Faculté. La discussion s'ouvrit le 14 juillet, au milieu d'une vive agitation; elle dura trente-deux séances, pendant lesquelles cent cinquante-deux docteurs exprimèrent leur avis. Les défenseurs de Marie d'Agréda conservaient la parole durant quatre, cinq et six heures. Bossuet, dans une lettre à son neveu, leur reproche « d'occuper le temps en vains et mauvais discours, dans l'espoir qu'on se servira de l'autorité pour hâter les délibérations. » Il eût semblé qu'on fût revenu aux jours, tristement mémorables, où le procès d'Antoine Arnauld s'instruisait en Sorbonne. Enfin le 17 septembre, après deux mois de discussions animées, la proposition de censure fut adoptée à une majorité d'environ cinquante voix. Néanmoins, pour prévenir les fausses interprétations de sa doctrine et de ses sentiments, la Faculté crut devoir protester que « par cette censure elle ne prétendait rien diminuer du légitime culte que l'Église catholique rend à la sainte Vierge; qu'elle l'honorait comme mère de Dieu; qu'elle avait une confiance particulière en son intercession; qu'elle se tenait aux sentiments des anciens docteurs touchant sa conception immaculée; qu'elle croyait à son assomption au ciel en corps et en âme (1). »

---

(1) D'Argentré, *De nov. err.*, t. III a, p. 151 et s.; Bossuet, *Œuv. compl.*, t. XL, p. 205, 213, 228 et 229; *Mémoires de l'abbé Legendre*, Paris, 1863, in-8°, p. 225 et s.

Bientôt après s'éleva entre Bossuet et Fénelon la controverse du quiétisme, affaire tout autrement grave que les débats suscités par l'ouvrage de Marie d'Agréda. La Faculté en corps y resta étrangère, le livre des *Maximes des Saints* ayant été soumis par une démarche spontanée de l'archevêque de Cambrai au jugement du souverain pontife. Toutefois, en octobre 1698, soixante docteurs signèrent une déclaration qui censurait douze propositions extraites de l'ouvrage. Ces propositions étaient celles dans lesquelles se trouvait enseignée le plus ouvertement la chimère de cet amour pur, sans mélange d'intérêt propre, que n'avait pas contribué à former la crainte des châtiments, ni le désir des récompenses, ni la perfection et le bonheur que l'âme trouve à aimer Dieu. L'affaire avait été conduite en secret par l'ancien syndic de la compagnie, Edmond Pirot, qui s'était retourné vivement contre Fénelon, après avoir, au début, déclaré que le livre des *Maximes des Saints* était un livre *tout d'or* (1). Les partisans de l'archevêque de Cambrai, frappés à l'improviste, soutinrent que les signatures portées sur la déclaration avaient été surprises ou extorquées, allégation peu conforme à l'exacte vérité, comme l'événement le prouva; car il suffit de quelques démarches des amis de Bossuet pour que le nombre des signataires fût porté de soixante à deux cent cinquante. Parmi eux figuraient le doyen de la Faculté, Guischard; le syndic, Jollain; le futur, éditeur des œuvres de Gerson, Ellies Dupin; le poète Santeuil; l'historien de l'Église, le P. Noël Alexandre, et avec lui plusieurs religieux de divers ordres. Il était manifeste que la cause du quiétisme était perdue en Sorbonne, et que le penchant naturel de l'école de Paris la portait à condamner le livre des *Maximes des Saints*, avant même que Rome eût prononcé. Qui ne sait que, peu après, le jugement du souverain pontife fournit à la grande âme de l'archevêque de Cambrai l'occasion du plus admirable exemple d'obéissance et d'humilité que nous offrent les annales de l'Église?

---

(1) *Œuv. de Fénelon*, éd. Versailles, t. IV, *Anal. de la Controv. du quiétisme*, p. xcviii; *Histoire de Fénelon*, par M. de Bausset, liv. III, § 68; *Œuv. de Bossuet*, t. XLI, p. 554 et s.

Ce fut aussi un grave sujet de préoccupation pour la Faculté de théologie, que l'interminable dispute entre les Jésuites et les Dominicains touchant les cérémonies chinoises. Les théologiens de la compagnie de Jésus, et surtout ses missionnaires, occupés, non sans quelque succès, à évangéliser les Chinois, jugeaient avec indulgence non seulement l'état de leur civilisation, mais les pratiques et les croyances qui composaient leur culte. Ils admiraient la sagesse de Confucius, et ne pouvaient se résigner à ne voir dans sa doctrine qu'une pure idolâtrie qu'il fallût combattre ouvertement et extirper à tout prix. Ils préféraient agir sur les Chinois par la douceur, et les incliner peu à peu au christianisme en leur persuadant qu'il ne contrarierait pas la religion de leurs pères et que les sectateurs de Bouddha étaient chrétiens sans le savoir. Mais en Europe, aussi bien qu'en Orient, cette exagération de la tolérance, où les calculs d'une politique tout humaine entraient pour une grande part, donna lieu dans le clergé aux accusations les plus acerbes; elle fut flétrie, comme une apostasie, par les Dominicains et les autres communautés religieuses vouées, ainsi que les Jésuites, à l'œuvre des missions, mais placées à un point de vue différent et ayant des intérêts tout contraires. Ce n'est pas ici le lieu de raconter en détail ces luttes passionnées; nous ne devons y toucher que rapidement et dans la mesure où la Sorbonne fut elle-même appelée à y prendre part. En 1696, un jésuite, le P. Le Comte, publia de *Nouveaux Mémoires sur l'état présent de la Chine* (1), et, deux années après, comme suite à cet ouvrage, le P. Le Gobien fit paraître l'*Histoire du dernier édit de l'Empereur de la Chine en faveur du Christianisme*, avec des éclaircissements sur le culte que les Chinois rendent à Confucius et aux morts. Ces divers écrits renfermaient de curieux détails sur le cli-

---

(1) *Nouveaux Mémoires sur l'état présent de la Chine*, par le P. Louis Le Comte, de la compagnie de Jésus, mathématicien du roi. A Paris, chez Jean Anisson, 1696, in-12. Le P. Le Comte avait été choisi par Mme de Maintenon pour être le confesseur de la duchesse de Bourgogne. Lorsque son livre sur les cérémonies chinoises eut été condamné, les Jésuites envoyèrent l'auteur en Italie, et publièrent que de là, après s'être justifié devant le pape, il retournerait en Chine. Voy. Saint-Simon, *Mémoires* (éd. Chéruel, in-8°), t. I, p. 352, et t. II, p. 418.

mat, les mœurs et le gouvernement de l'extrême Orient, sur la religion ancienne et moderne du pays et sur les progrès de la prédication de l'Évangile par les missionnaires. Mais ce qu'on y remarqua principalement, ce fut l'apologie des cérémonies chinoises; ce fut le dessein avoué de les absoudre du reproche d'idolâtrie et d'y trouver des points de rapprochement avec les rites ou même avec les dogmes catholiques. Un violent orage ne tarda pas à éclater. Au mois de juillet 1700, les *Nouveaux Mémoires sur la Chine* furent déférés au Saint-Siège, et en même temps dénoncés à la Faculté de théologie par M. Salomon Prioux, qui remplissait les fonctions de directeur au séminaire des Missions étrangères. Les amis des Jésuites essayèrent inutilement de décliner le débat en prétextant qu'il était déjà porté devant le pape; au mépris de leurs protestations, la Faculté retint l'affaire et désigna sur-le-champ, pour faire l'examen de l'ouvrage incriminé, huit de ses membres élus parmi ceux qui s'étaient signalés par leur animosité contre la compagnie de Jésus. L'abbé Boileau, choisi pour rapporteur, n'épargna pas « cette faction redoutée, disait-il, de nos ancêtres, qui ont toujours regardé comme une chose horrible de tomber entre ses mains, ou seulement d'avoir quelque démêlé avec elle; cette faction, continuait-il, que nous avons vue, selon la parole du prophète Osée, allaiter de malice et de mensonge les princes et les rois (1). » La délibération dura deux mois, du 17 août au 18 octobre 1700. Envenimée trop souvent par de mesquines passions, elle n'en touchait pas moins, il faut le reconnaître, à un problème historique du plus haut intérêt pour la religion et pour la philosophie. Jusqu'à quel point la connaissance du vrai Dieu s'est-elle toujours conservée parmi les hommes? A-t-elle été le privilège exclusif de la nation juive? Ou bien, malgré le progrès de la superstition, s'est-elle maintenue chez d'autres peuples, et principalement chez les Chinois? Cent soixante docteurs exprimèrent tour à tour leur sentiment sur ces délicates questions, très nouvelles pour eux. Le plus grand nombre

(1) *Journal historique des assemblées tenues en Sorbonne pour condamner les Mémoires de la Chine*, etc., 1700, in-12. Lettre I, p. 6 et s.

inclinait à penser qu'à l'exception des Juifs seuls, toutes les nations avant la venue de Jésus-Christ étaient plongées dans les ténèbres de l'idolâtrie. Aussi la proposition contraire, énoncée par le P. Le Comte et le P. Le Gobien en deux passages de leurs écrits, fut-elle censurée, comme fausse, téméraire, scandaleuse, erronée, injurieuse à la sainte religion chrétienne. D'autres propositions, qui louaient la morale des Chinois et leur attribuaient toutes les vertus, même la charité, furent qualifiées encore plus sévèrement, comme renversant la foi, et rendant inutile la vertu de la passion et de la croix de Jésus-Christ (1).

Au milieu de l'émotion que ces controverses causaient, sinon dans toute l'université, au moins dans la Faculté de théologie, un incident, qui n'était pas tout à fait inattendu, ralluma le feu mal éteint des discordes et des persécutions suscitées par le jansénisme. Après tant de décisions émanées de l'épiscopat, des Universités et du Saint-Siège, les disciples de Jansénius persistaient à croire que l'évêque d'Ypres n'avait pas professé dans l'*Augustinus* les erreurs si souvent condamnées sous son nom. Sur ce point de fait, qu'on distinguait alors du point de droit, ils prétendaient avoir porté la soumission assez loin en s'abstenant de protester et en se renfermant dans un silence respectueux qui ne supposait pas une adhésion intérieure au jugement de l'Église. Avec la subtilité qui distingue l'esprit de secte, un théologien anonyme, qui paraît être l'abbé Eustace, confesseur des religieuses de Port-Royal des Champs (2), imagina, au commencement de 1701, l'hypothèse, ou pour parler plus exactement, le cas de conscience que voici : « Un confesseur a, parmi ses pénitents, un prêtre qui condamne les cinq fameuses propositions en la manière que les souverains pontifes les ont expliquées dans leurs brefs, mais qui

---

(1) *Journal historique*, etc.; *Arch. nat.*, MM. 255, p. 83; d'Argentré, *De nov. err.*, t. III a, p. 156 et s.

(2) *Supplément au nécrologe de Port-Royal*, 1re partie, 1755, in-4°, p. 623; Sainte-Beuve, *Port-Royal*, t. V, p. 522. Suivant l'abbé Legendre (*Mém.*, p. 257), le « père » du *Cas de conscience* serait l'abbé Boileau; mais Legendre n'était pas aussi bien placé que les auteurs du *Nécrologe de Port-Royal* pour connaître la vérité en pareille matière.

témoigne seulement une soumission de silence et de respect à ce que l'Église a décidé sur le fait de Jansénius. Le confesseur peut-il continuer de donner l'absolution à cet ecclésiastique aussi longtemps que celui-ci persévérera dans les mêmes sentiments? » Le cas fut soumis à un certain nombre de docteurs de la Faculté de théologie. Après six mois de pourparlers, quarante consentirent à signer une déclaration commune; elle portait, en substance, que les sentiments de l'ecclésiastique dont il s'agissait n'étaient ni nouveaux, ni singuliers, ni condamnés par l'Église, ni tels enfin que son confesseur, pour lui donner l'absolution, dût exiger qu'il les abandonnât (1). Au nombre des signataires se trouvaient sept curés de Paris, plusieurs chanoines, deux professeurs en théologie du collège de Sorbonne, Nicolas Petitpied et Guillaume Bourrey, ainsi que trois professeurs du Collège de France, Jean-Baptiste Sarrasin, Jacques Pinsonnat et Ellies Dupin. Le successeur de François de Harlay sur le siège de Paris, M. de Noailles, élevé depuis peu à la dignité de cardinal, avait eu connaissance de l'affaire; on assure même qu'il avait approuvé tacitement l'avis des quarante docteurs (2). Néanmoins il paraît constant que plusieurs de ceux qui avaient souscrit la déclaration ne prévoyaient pas qu'elle serait publiée; autrement, soit par amour de la paix, soit par prudence, ils eussent reculé devant une démarche qui allait jeter dans le clergé un ferment de discorde et exposer les jansénistes à de nouvelles vexations. Quoi qu'il en soit, le *Cas de conscience* eut à peine vu le jour, qu'il souleva la tempête la plus violente. Les Jésuites démontrèrent facilement que cette consultation imaginaire ne pouvait aboutir qu'à consacrer la distinction captieuse entre le fait et le droit, à l'abri de laquelle les jansénistes prolongeaient leur opposition. La cour de Rome déploya en cette circonstance une célérité et une vigueur inaccoutumées. Au risque d'éveiller par la promptitude de son jugement les om-

---

(1) *Histoire du Cas de conscience signé par quarante docteurs de Sorbonne*, etc., Nancy, 1705, in-12, t. I, p. 36 et s.; d'Argentré, *De nov. err.*, t. III b. p. 413 et s.; d'Aguesseau, *Mémoires historiques sur les affaires de l'Église de France*, Œuv. compl., éd. Pardessus, t. VIII, p. 228 et s.

(2) Legendre, *Mémoires*, p. 259.

brages des gallicans, Clément XI, à la première nouvelle de l'affaire, lança une bulle portant condamnation du *Cas de conscience*. En même temps il écrivit à l'archevêque de Paris et au roi pour les presser d'agir contre les auteurs de la consultation. M. de Noailles alarmé publia en toute hâte une ordonnance épiscopale et exigea des rétractations. Elles furent accordées sans beaucoup de résistance et en très grand nombre. Parmi les signataires du *Cas de conscience*, trois seulement refusèrent de se soumettre : M. Petitpied, un chanoine de Saint-Victor, Nicolas Gueslon, et le théologal de l'Église de Rouen, Hyacinthe Delan. Tous trois furent exilés, Petitpied à Beaune en Bourgogne, Gueslon à Valence en Dauphiné, Delan à Périgueux. Ellies Dupin, qui se montrait moins récalcitrant, ne fut cependant pas épargné : dénoncé par le nonce, qui ne lui pardonnait pas ses sentiments bien connus contre la suprématie pontificale, il reçut, de la part du roi, l'ordre de se retirer à Châtellerault, et perdit la chaire de philosophie qu'il occupait au Collège de France. Cette chaire fut donnée à Michel Morus, principal du collège de Navarre, ancien recteur de l'Université.

Durant ce violent orage, que quelques-uns de ses maîtres les plus autorisés avaient eux-mêmes suscité, la Faculté de théologie, contre sa coutume, parut vouloir se tenir à l'écart, et on ne la vit prendre l'initiative d'aucune décision. Mais le cours des événements ne permit pas qu'elle conservât cette attitude insolite. Dans les derniers jours d'août 1704, M. de Noailles manda les plus anciens docteurs et leur intima, de la part du roi, l'ordre de faire délibérer la compagnie, toute affaire cessante, sur les mesures à prendre à l'égard de M. Petitpied et de M. Delan, les seuls d'entre les signataires du *Cas de conscience* qui ne l'eussent pas encore désavoué, car Gueslon lui-même avait fait depuis peu sa soumission. Le syndic alors en charge, qu'on avait vu s'employer avec beaucoup de zèle à recueillir les rétractations, était Jean Vivant, chanoine de Paris et vicaire général de M. de Noailles. La Faculté s'étant réunie le 1er septembre, Me Vivant fit connaître les ordres du roi et les intentions de l'archevêque. Il s'éleva contre Petitpied et Delan avec beaucoup de véhémence, et à diverses reprises il les traita de rebelles; il conclut en requérant qu'ils fussent exclus de la compagnie, comme l'avait été Arnauld un demi-siècle auparavant, si, dans le délai qui leur serait fixé, ils n'étaient pas venus à résipiscence. La délibération fut courte et s'acheva sans orage; ceux-là même qui passaient pour incliner au jansénisme, comme l'abbé Boileau, osèrent à peine laisser percer leurs sentiments et contester les conclusions du syndic. Le *Cas de conscience* fut condamné à la presque unanimité. La censure portée autrefois contre Arnauld fut renouvelée, et il fut décidé en outre que, si dans le délai d'un mois M° Petitpied et M° Delan ne s'étaient pas rétractés, ils seraient considérés, *ipso facto*, comme ne faisant plus partie de la Faculté et comme étant déchus, en conséquence, de tous ses privilèges. Delan fournit, dans le délai fixé, des explications qui furent jugées suffisantes; mais nulles instances, nulles menaces ne purent vaincre l'inflexible résistance de Petitpied. Il aima mieux s'exposer à voir biffer son nom des registres de la Faculté que de signer un formulaire repoussé par sa conscience. Loin de contenir un désaveu, les lettres qu'il écrivit au syndic renfermaient une protestation contre le jugement qui le frappait. « Aujourd'hui, disait-il, toutes les formes sont négligées, les usages renversés; on observe un secret impénétrable; on n'avertit personne; on requiert, on propose, on opine, on délibère, on conclut à la hâte, dans une seule matinée, le procès de deux docteurs absents, sans les citer, sans les entendre, sans savoir s'ils sont coupables, sans nommer des députés pour examiner leur affaire, sans permettre que personne les défende, sans permettre même qu'on ose douter de leur faute, sans voir les pièces, sans se mettre en peine des raisons qu'ils auroient à rendre du fait dont on les accuse, sans examiner même si le fait est constant. Un jugement si peu juridique et si informe, rendu par un corps si célèbre, ne seroit pas croyable à la postérité, s'il n'en restoit des monuments authentiques... » M. Vivant aurait voulu tenir secrète cette énergique protestation; mais la Faculté, moins soucieuse d'éviter un scandale, l'obligea d'en donner lecture. Enfin, dans la séance du 6 novembre, l'exclusion définitive de Petitpied fut prononcée, malgré les efforts de quelques amis qui demandaient en sa faveur un nouveau délai. Le bruit ayant couru que le gouvernement songeait à s'emparer de sa personne, il quitta furtivement le lieu de son exil et se retira en Hollande auprès de Quesnel, cet autre athlète du jansénisme, persécuté comme Petitpied et comme lui fugitif.

Après l'exclusion et l'éloignement volontaire du plus opiniâtre défenseur du *Cas de conscience*, cette affaire, qui causa un moment la plus vive agitation dans le clergé, pouvait être considérée comme entièrement terminée. Mais le Saint-Siège et Louis XIV jugèrent que le moment n'en était que plus opportun pour redoubler de vigilance et de rigueur. Au mois de juillet 1705 parut la bulle *Vineam Domini* (1), qui renouvelait les condamnations précédemment portées contre les sectateurs de l'évêque d'Ypres. Clément XI y prononçait que par le silence respectueux on ne satisfait point à l'obéissance due aux constitutions apostoliques, et qu'un tel silence n'était qu'un voile trompeur dont se servaient les jansénistes pour cacher l'erreur au lieu d'y renoncer, pour rouvrir toutes les plaies au lieu de les guérir, pour se jouer de l'Église au lieu de lui obéir. La bulle fut accueillie avec la plus grande faveur par l'assemblée du clergé; enregistrée au Parlement, publiée dans tous les diocèses de France, elle n'éprouva de résistance que sur un seul point, à Port-Royal des Champs. Là de pauvres religieuses, la plupart courbées sous le poids des ans, firent échec durant plusieurs mois à l'autorité pontificale et au pouvoir du roi en refusant, par un scrupule de conscience, de signer l'acte de soumission qui leur était présenté au nom de l'archevêque de Paris. La violence brisa bientôt cette résistance, qu'il faudrait appeler héroïque si l'héroïsme pouvait se rencontrer avec l'erreur. Les religieuses furent arrachées de leur asile et dispersées; les murs de Port-Royal furent détruits de fond en comble et ses tombes profanées; la charrue fut promenée à travers

(1) D'Argentré, *De nov. err.*, t. III b, p. 445 et s.

ce sol où reposaient les plus nobles dépouilles. Mais bien d'autres avant nous ont raconté ces lugubres scènes, et il n'entre pas dans notre sujet d'y insister. Nous nous serions même abstenu de réveiller d'aussi tristes souvenirs, si la destruction de Port-Royal n'avait pas produit sur les contemporains une impression profonde, qui ne fut nulle part plus douloureuse que dans les rangs de l'Université de Paris.

Lorsque les querelles théologiques passionnent à ce point les esprits, et que l'autorité publique elle-même y intervient avec une rigueur aussi impitoyable, il est rare que l'enseignement philosophique ne soit pas surveillé de près et exposé à des dénonciations fréquentes, à des avertissements sévères, et même à des persécutions. Le domaine où peut s'exercer la raison confine par des points si nombreux à celui de la science révélée, que les théologiens sont portés à s'alarmer des moindres mouvements qui s'accomplissent dans le camp des philosophes. Au commencement du dix-huitième siècle, en présence des contestations ardentes soulevées par le jansénisme, les régents de philosophie de l'Université de Paris virent renaître les mêmes méfiances, les mêmes accusations qu'ils avaient eu à combattre dans les dernières années du siècle précédent et qu'ils croyaient avoir pour longtemps écartées. Trop d'attachement aux idées nouvelles et surtout à la doctrine de Descartes, pas assez de respect des anciens et de l'autorité, un penchant périlleux pour les curiosités de la physique, des écarts en théologie : tels étaient les griefs principaux que des censeurs malveillants élevaient avec persistance contre l'enseignement donné dans les collèges. Les régents protestaient de l'innocence de leurs intentions, de l'exactitude de leur doctrine et de leur entière soumission à l'Église et au roi ; mais ils s'inquiétaient de ces perpétuelles attaques et des sentiments d'injuste défiance que la perfide habileté de leurs ennemis avait inspirés à Louis XIV. Un d'eux, Petit Demontempuys, alors régent au collège du Plessis, nous a laissé un document curieux, quoique un peu prolixe : c'est le *Journal des contradictions* qu'il eut à subir sur la philosophie de la part de la maison de Sorbonne, depuis l'année

1704 jusqu'à l'année 1707 (1). Le collège du Plessis, comme on l'a vu ailleurs (2), avait été rattaché à la Sorbonne et en dépendait. Quatre docteurs de cette maison étant venus en 1704, après les fêtes de la Pentecôte, faire dans les classes la visite d'usage, Demontempuys raconte qu'il fut invité par eux à fournir des explications relatives à son enseignement. Il refusa de déférer à cet ordre, qu'il jugeait contraire aux franchises du professeur et aux lois de l'Université. On le dénonça bientôt après en pleine assemblée, comme ayant dicté à ses élèves des cahiers entachés de cartésianisme et semés de propositions périlleuses pour la foi. Une sorte d'enquête fut entamée contre lui, dans des conférences qui se tenaient chez M° Blanger, sénieur de Sorbonne, et il ne put échapper à l'injustice d'une censure qu'en suppliant l'archevêque de Paris, M. de Noailles, d'évoquer la connaissance de l'affaire.

M. de Noailles inclinait à la tolérance, mais il avait à compter avec les préventions de Louis XIV, qui se plaignait souvent au noble prélat « que les professeurs de philosophie eussent la liberté d'enseigner des principes contraires à la théologie. » Vers le milieu d'août, le roi exigea qu'il fût pris des mesures pour obvier à ces écarts prétendus. Par son ordre, M. de Noailles manda chez lui le recteur, M° Lorey; il lui représenta que certains professeurs traitaient de matières qui devaient être abandonnées aux théologiens, qu'ils ne s'attachaient pas assez à la métaphysique et à la morale, qu'au contraire ils donnaient trop de temps à la physique, et que dans les thèses on n'entendait disputer que sur cette dernière partie. Le prélat, en finissant, rappela la déclaration que les professeurs de philosophie avaient souscrite sous son prédécesseur, M. de Harlay; et il demanda que, les circonstances étant à peu près les mêmes, cet acte important, et peut-être inconnu à un grand nombre des maîtres actuels, fût renouvelé et confirmé. Peu de jours après, selon le désir de l'archevêque, les

---

(1) Nous avons retrouvé ce journal à la bibliothèque de l'Université et nous l'avons publié dans nos Pièces justificatives, n° CXLIX.
(2) Voyez plus haut, liv. II, ch. I. p. 308.

professeurs furent convoqués chez le recteur; celui-ci leur fit part des plaintes qu'il avait reçues, entendit leurs protestations, et les exhorta vivement à faire leurs efforts pour effacer toute mauvaise impression dans l'esprit du roi et dans celui de M. de Noailles.

Une seconde réunion eut lieu au moment de la rentrée des classes, le 3 octobre. Dix-neuf professeurs de philosophie s'y étaient rendus et signèrent le formulaire dressé en 1691. Tous déclarèrent « que, par la grâce de Dieu, ils étoient fort éloignés de rien enseigner qui fût contraire à la foi et aux décisions des conciles. » Ils promirent « qu'en expliquant les matières de la physique, ils ne diroient rien qui pût les rendre suspects; qu'ils ne traiteroient point des questions de théologie, et qu'en continuant de donner dans leurs cahiers à la métaphysique et à la morale toute l'étendue qu'elles méritent, ils auroient soin d'en mettre suffisamment dans les actes publics, afin qu'on pût disputer également sur ces matières. »

Cet acte si formel de soumission n'eut pas tout le résultat que les hommes sages s'en étaient promis; la méfiance, l'esprit de parti, les petites jalousies et les inimitiés personnelles ne tardèrent pas à semer de nouveau les mêmes accusations et les mêmes inquiétudes. Dix propositions, extraites des cahiers de M. Demontempuys, furent déférées à M. de Noailles; Dagoumer, régent au collège d'Harcourt, fut également dénoncé. Le principal du collège du Plessis, M⁰ Durieux, prit énergiquement, devant la maison de Sorbonne, la défense de son collaborateur; il déclara que les régents qu'il employait n'avaient à recevoir de loi que de l'Université; qu'il regarderait comme odieux de leur imposer une doctrine particulière; que, tant qu'il serait principal, il saurait bien s'opposer à une entreprise aussi injuste; qu'après tout M. Demontempuys n'était pas un cartésien outré, et que si en certaines parties il suivait Descartes, sur d'autres points il enseignait la philosophie de l'école (1). Le nouveau recteur, Pierre Viel, éleva aussi la voix

---

(1) La bibliothèque Mazarine (rec. 10371 V, in-4°) possède un certain nombre de thèses soutenues par des élèves de M. Demontempuys et sous sa présidence; on peut, en les parcourant, se faire une idée de l'enseignement philosophique du collège du Plessis.

pour la défense de l'enseignement philosophique. Le 24 mars 1705, dans l'assemblée rectorale qui se tint aux Mathurins, il protesta contre les accusations calomnieuses répandues dans le public et à la cour; il flétrit la conduite des membres de l'Université qui, par cupidité ou par envie, se seraient faits les dénonciateurs de leurs collègues, et en terminant il exhorta les professeurs à ne pas perdre courage, mais à se montrer prudents et réservés. Les paroles du recteur n'avaient pas la vertu de modifier la situation; elles ne servirent qu'à en faire connaître la gravité à ceux qui l'ignoraient. Quant à M. Demontempuys, les dénonciations dirigées contre lui avaient si peu de fondement, son cartésianisme était si mitigé, qu'il justifia sans peine les propositions extraites de ses cahiers et déférées à l'archevêque de Paris. Qui croirait que parmi les assertions qui lui étaient reprochées avec amertume par deux ou trois docteurs de Sorbonne figurât cette proposition, assurément bien innocente : « La matière est une substance étendue? » M. de Noailles se déclara satisfait des explications qui lui furent fournies; et, pour mieux témoigner sa confiance dans l'orthodoxie du professeur incriminé si mal à propos, il voulut que, cette année même, son neveu, le jeune abbé de Noailles, suivît les classes de philosophie du collège du Plessis. L'enseignement de Dagoumer et le cours en trois volumes qu'il venait de publier (1) donnaient bien autrement prise à la critique. On y avait relevé en effet un certain nombre de propositions tout au moins malsonnantes sur les points les plus controversés de la métaphysique, l'éternité de Dieu, l'étendue intelligible, les notions d'espace et d'immensité. Afin d'ôter tout prétexte aux accusations contre l'Université, M. de Noailles jugea opportun de convoquer encore une fois les professeurs, quoiqu'ils se fussent déjà réunis six mois auparavant, et de réclamer d'eux une nouvelle déclaration de leurs sentiments. Le recteur se montrait peu favorable à cette démarche; il demandait avec tristesse où s'arrêteraient de pareilles exigences, et si les régents de philosophie

(1) *Philosophia ad usum scholæ accommodata*, Parisiis, apud Bartholomæum Girin, 1703, 3 vol. in-12.

auraient incessamment à signer des formulaires, garantie humiliante et superflue de leur orthodoxie. Toutefois, l'archevêque ayant insisté, il fallut obéir. Le 31 mars 1705, M⁰ Viel manda chez lui les régents et leur communiqua les intentions de M. de Noailles, en leur donnant l'assurance, au nom du prélat, que l'acte qui leur était demandé serait le dernier et que dorénavant ils ne seraient plus inquiétés. Il les exhorta de nouveau, avec instance, à ne pas sortir de leur domaine propre, à ne pas empiéter sur celui de la théologie. Mais des paroles échangées entre quelques-uns des assistants et le recteur il résulta que M. de Noailles n'allait pas jusqu'à prétendre qu'on s'abstînt, dans les classes de philosophie, de parler de certaines matières qui sont communes au théologien et au philosophe, telles que l'existence de Dieu, ses attributs connus par la raison, l'immortalité de l'âme, la liberté et les autres vérités qu'on peut connaître par les lumières naturelles. M. de Noailles accordait que la juste limite de l'enseignement philosophique était marquée par la portée même de l'intelligence humaine, et qu'il embrassait nécessairement toutes les questions qui se décident par les principes de la raison, à l'exception de celles qui ne s'établissent que par l'Écriture sainte et la tradition. Quelques jours furent employés à rédiger un nouveau formulaire, conforme à celui de l'année précédente, sauf l'addition des propositions relevées dans les cahiers de Dagoumer, et que M. de Noailles avait donné l'ordre d'ajouter, sans nommer l'auteur, à la liste de celles que les régents devaient prendre l'engagement de ne pas enseigner. Ce formulaire fut signé le 6 avril 1705, en présence du recteur, par vingt professeurs de philosophie des collèges de plein exercice. Parmi eux se trouvait Dagoumer lui-même, qui donna un gage particulier de sa soumission en faisant disparaître d'une nouvelle édition de son cours les assertions signalées comme téméraires. A ce prix, l'enseignement philosophique recouvra un peu de sécurité dans l'école de Paris, non toutefois que ses adversaires fussent devenus plus tolérants; car longtemps encore ils poursuivirent de sourdes accusations les régents soupçonnés d'attachement aux idées nouvelles, et par idées nouvelles une partie de la Sorbonne et la société de Jésus entendaient encore, à ce moment, la doctrine de Descartes et celle de Malebranche. Comment oublier les vexations qu'un jésuite, le P. André, eut à subir de la part de ses supérieurs, parce qu'il faisait profession d'admirer le pieux auteur de la *Recherche de la vérité?* Cependant l'esprit humain, toujours inquiet et agissant, ne s'arrêtait pas dans sa marche, et le jour approchait où la philosophie de Descartes, si longtemps et si durement accusée, allait devenir, entre les mains des théologiens eux-mêmes, l'arme la plus puissante, et peut-être alors la seule efficace, pour combattre et le scepticisme et le matérialisme, tristes fruits de la doctrine de Locke, importée en France par Voltaire. Mais au commencement du dix-huitième siècle ces jours d'épreuve n'étaient encore venus ni pour l'Église, ni pour l'Université de Paris; et, à part quelques génies prévoyants, le plus grand nombre des esprits ne pressentaient pas dans l'avenir des orages plus terribles que ceux qui avaient si souvent troublé la paix des écoles.

En comparaison des disputes soit théologiques, soit même philosophiques, les questions purement scolaires paraissent froides et indifférentes; et, pour s'y intéresser, il faut se détacher du temps présent et songer à l'influence que l'éducation exerce à la longue sur les destinées d'un peuple. Durant les années que nous parcourons, les événements qui composent la vie intérieure, la vie propre des écoles publiques, n'ont pas eu, à beaucoup près, le même retentissement que les débats sur le jansénisme ou sur le quiétisme. A peine ces événements ont-ils laissé quelque faible trace dans le souvenir des contemporains; mais ce ne saurait être là un motif de ne pas nous y arrêter, puisqu'ils se rattachent de la manière la plus étroite au sujet spécial que nous nous sommes proposé de traiter.

Mentionnons d'abord la naissance et les premières luttes d'une communauté charitable, l'institut des frères des Écoles chrétiennes, fondé à la fin du siècle précédent pour l'instruction gratuite des enfants pauvres. Le fondateur, Jean-Baptiste de La Salle, était un chanoine de l'Église de Reims, dont le père occupait une charge de conseiller au siège présidial de cette ville (1). Entré dès sa première jeunesse dans l'état ecclésiastique et associé de bonne heure à des œuvres de charité, La Salle avait été frappé des funestes effets que le défaut de toute instruction engendre, surtout parmi les classes nécessiteuses, réduites à vivre péniblement du travail de leurs mains. Dès lors il s'était promis de consacrer ce qu'il avait de forces à guérir cette plaie sociale. Ayant réuni, sous son propre toit, quelques maîtres animés des mêmes vues, il leur donna une règle et un habit uniformes, les constitua en communauté sous le nom de Frères de la Doctrine chrétienne; et, avec leur coopération, il se mit à ouvrir d'abord dans sa ville natale, et ensuite dans les villes voisines, des écoles gratuites où étaient enseignés la lecture, l'écriture, le catéchisme et les éléments du calcul. Encouragé par ses premiers succès, La Salle vint à Paris, au mois de février 1688, sur l'appel du curé de Saint-Sulpice, qui le chargea d'organiser les écoles de la paroisse. Il ne se borna pas à remplir cette mission trop restreinte pour son zèle; successivement il fonda un noviciat, et établit plusieurs écoles dans les quartiers qui en étaient le plus dépourvus, au faubourg Saint-Marceau, au faubourg Saint-Antoine et sur la paroisse Saint-Roch. Lorsque M. de Noailles prit possession du siège de Paris, ce prélat trouva le nouvel institut déjà florissant, et il se montra disposé à en favoriser les progrès dans le diocèse; car quelle autre communauté pouvait rendre plus de services à la religion et à l'humanité, dans une ville populeuse où se cachaient d'indicibles misères, fruit, le plus souvent, de l'ignorance! Mais les maîtres des petites écoles n'avaient pas vu sans appréhension ces rivaux pleins d'ardeur qui se présentaient pour partager avec eux l'éducation du peuple. De son côté, le chantre de Notre-Dame craignait que son antique juridiction sur l'enseignement populaire ne fût

---

(1) *La Vie de M. J.-B. de La Salle, instituteur des frères des Écoles chrétiennes* (par l'abbé Blin, chanoine de Rouen), Rouen, 1733, 2 vol. in-4°; *la Vie de M. de La Salle, prêtre*, etc., par le P. Garreau, de la compagnie de Jésus, Rouen, 1760, in-12; *Notes et documents sur les établissements d'instruction primaire de la ville de Reims*, publiés par J.-B.-Ernest Arnould, Reims, 1848, in-8°, p. 12 et s.

accepté moins docilement par une association que par de simples particuliers. On suscita aux compagnons de La Salle des difficultés de tout genre. La calomnie s'efforça, quoique inutilement, de leur disputer la bienveillance de M. de Noailles; des procès leur furent intentés, et un arrêt du 5 juin 1706 confirma une sentence du chantre qui les condamnait à cinquante livres d'amende applicables à l'Hôtel-Dieu, et leur faisait défense « de tenir aucunes petites écoles, sans en avoir obtenu la permission, avec assignation d'un quartier. » Déjà La Salle avait transporté le noviciat de sa communauté dans un faubourg de Rouen, au monastère de Saint-Yon, d'où est venu le nom de Frères de Saint-Yon, sous lequel les frères des Écoles chrétiennes sont quelquefois désignés. Malgré l'utilité de sa mission, le nouvel institut, objet de vexations sans nombre, ne parvint à se constituer définitivement que quelques années plus tard, sous le règne de Louis XV, lorsqu'il eut enfin obtenu du roi des lettres patentes, et du souverain pontife une bulle, qui confirmèrent son existence et ses statuts.

Les maîtres des petites écoles et le chantre de Notre-Dame, si mal disposés pour l'œuvre de La Salle, ne se montraient pas plus tolérants à l'égard des maîtres ès arts qui ouvraient des pensionnats, ou même qui se contentaient de réunir autour d'eux quelques élèves, non pour les dispenser de suivre les classes d'un collège, mais pour leur répéter la leçon du professeur. Fatigués des visites domiciliaires, des saisies, des procès et quelquefois même des condamnations qu'ils avaient à subir, les maîtres ès arts nommèrent des délégués qui vinrent en leur nom solliciter l'aide et l'appui de l'Université. Ils demandaient que l'Université les prît sous son patronage, qu'elle leur donnât des règlements communs, qu'elle eût juridiction sur eux et fît surveiller leurs maisons, enfin que nul ne pût ouvrir un pensionnat sans sa permission expresse et sans des lettres par elle délivrées. La Faculté des arts accueillit cette requête, mais sous la condition, stipulée très expressément par le syndic Pourchot, que les maîtres de pension se conformeraient aux lois académiques, et notamment que, passé l'âge de neuf ans, ils enverraient les élèves de leurs pensionnats, comme le voulait l'édit de Henri IV, aux classes de l'Université. On prit soin de dresser un règlement qui leur traçait les obligations dont ils étaient tenus et la conduite qu'ils devaient garder à l'égard des enfants confiés à leurs soins. L'article 35 et dernier portait que deux fois l'année, une première fois le jeudi ou le vendredi qui suivait la Saint-Martin, une seconde fois après Pâques, le recteur manderait près de lui tous les maîtres ès arts autorisés à recevoir chez eux des élèves, et qu'il leur adresserait une allocution pour les exhorter à remplir fidèlement tous leurs devoirs; qu'en outre il aurait la surveillance de tous les pensionnats, soit qu'il voulût l'exercer par lui-même, soit qu'il préférât la confier à des délégués (1). Ces statuts, homologués quelques mois après au Parlement de Paris, servirent désormais de loi aux maîtres de pension, que cependant ils ne garantirent pas entièrement contre les entreprises du chantre, comme le prouvèrent de nouveaux procès.

Si nous passons maintenant aux écoles publiques de haut enseignement, nous aurons à relever quelques mesures qui les concernent. Par une déclaration du mois de janvier 1700 (2), la réforme et l'organisation de l'enseignement du droit furent complétées. Le roi confirma les dispositions des édits précédents, qui fixaient à trois années la durée des études juridiques. Les étudiants étaient tenus de s'inscrire dès la rentrée des classes, du 10 au 30 novembre. Durant la première année, ils devaient suivre le cours d'*Institutes*; durant la seconde année, le même cours, et en outre le cours de droit canon; durant la troisième année, l'un ou l'autre de ces deux cours à leur choix, et le cours de droit français. A la fin de chaque année, ils étaient interrogés sur les matières de l'enseignement; de plus, au terme de leur scolarité, ils subissaient un examen spécial sur la jurisprudence française; les candidats incapables étaient ajournés à trois mois. La déclaration de 1700 réduisit

(1) *Statuts de l'Université pour les maistres ès arts tenants pensionnaires*, etc., Paris, 1733, in-12. p. 27, et s. Arch. U., Reg. XLI. Cf. fol. 14 v° et s.; 38 v°.
(2) *Preuves justificatives des droits des docteurs régents*, etc., p. 200 et s.; Isambert, *Anciennes Lois françaises*, t. XX, p. 349 et s.

à douze le nombre des docteurs honoraires de la Faculté de droit de Paris. Elle introduisit dans l'institution des agrégés une innovation plus importante : elle décida qu'à l'avenir, au lieu d'être élus directement, ils seraient choisis à la suite d'un concours qui aurait lieu en présence de deux conseillers au Parlement. Nul ne pouvait se porter candidat s'il n'avait trente ans accomplis ; mais, par un nouvel édit du 7 janvier 1703, la condition d'âge fut abaissée à vingt-cinq ans, afin d'accroître le nombre des candidats, et surtout « afin de fixer dans l'étude de la jurisprudence une partie de ceux, portent les considérants de l'édit, qui se lassaient à attendre une légère récompense de leurs travaux pendant un temps aussi long que celui qui s'écoulait depuis la fin de leurs études jusqu'à ce qu'ils eussent atteint l'âge de trente ans. » Un magistrat, jeune encore, mais qui commençait à marquer dans l'tÉat, François d'Aguesseau, procureur général au parlement de Paris, était l'artisan le plus actif de ces améliorations, si utiles au progrès des études juridiques. S'il faut en croire son propre témoignage (1), la déclaration de janvier 1700 est son œuvre. Vingt années auparavant, son père Henri d'Aguesseau, alors intendant du Languedoc, avait participé aux mesures destinées à relever l'enseignement du droit civil et canonique ; et lui-même, jaloux de suivre les traces paternelles, travaillait à perfectionner et à compléter cette œuvre libérale, couronnement nécessaire des réformes opérées par Louis XIV dans les différentes parties de la législation française.

La médecine, comme le droit, fut l'objet de sages ordonnances ; mais elles ne s'appliquaient pas exclusivement à l'Université de Paris. L'édit de mars 1707 (2), portant règlement pour l'étude et l'exercice de l'art de guérir, contient cette clause remarquable : « Attendu que, par l'examen que nous avons fait faire des statuts et usages de la Faculté de médecine de notre bonne ville de Paris, il a été reconnu qu'on n'y peut rien ajouter pour le bon ordre et l'utilité publique, nous déclarons que nous n'entendons point com-

---

(1) Lettre du 17 mai 1738, Œuv. compl., t. X, p. 224.
(2) Isambert, Anciennes Lois, t. XX, p. 500 et s.

prendre ladite Faculté dans notre présent édit, ni rien changer à ses statuts, que nous voulons à jamais être observés selon leur forme et teneur, comme ils l'ont été par le passé. » Cependant la Faculté de Paris était celle qui avait été agitée le plus profondément, soit par les prétentions et les entreprises des médecins provinciaux, soit par les querelles des médecins et des chirurgiens de Paris même. Il est vrai que ces nombreux différends avaient été apaisés, sur la fin du dernier siècle, par plusieurs actes émanés du pouvoir royal; mais le germe des anciennes contestations n'était pas étouffé, et elles n'attendaient que l'occasion de renaître, comme l'événement le prouva bientôt. Malgré le silence qu'il garde sur ces tristes débats, et tout étranger qu'il paraisse à l'école de Paris, l'édit de 1707 n'en contient pas moins des dispositions qui méritent d'être signalées en raison de l'influence qu'elles devaient exercer d'une manière générale sur les études. Ainsi l'article 13 porte que « nul ne pourra être admis à s'inscrire sur les registres de la Faculté de médecine, qu'auparavant il n'ait représenté et fait enregistrer dans lesdits registres ses attestations d'étude de philosophie pendant deux ans dans une des Universités du royaume : lesquelles attestations seront certifiées par le recteur desdites Universités, et légalisées par les juges des lieux; le tout à peine de nullité. » L'article 18 n'a pas moins d'importance : « Aucun de nos sujets ne pourra être admis à prendre des degrés dans les Facultés de médecine, s'il n'est maître ès arts de quelques-unes des Universités du royaume. » Ces sages dispositions promettaient au corps médical des praticiens initiés à la philosophie et aux humanités, en même temps qu'elles contribuaient à élever dans les collèges le niveau de l'instruction classique.

L'Université de Paris secondait les intentions du gouvernement de Louis XIV en travaillant elle-même à réformer les abus qui tendaient à l'affaiblissement des études. Au mois de juin 1705, le syndic Pourchot se plaignit que les examens pour le baccalauréat, qui terminaient l'année de philosophie, fussent devenus tout à fait superficiels, à force d'être abrégés en raison du nombre excessif des candidats. Sur sa requête, la Nation de France, qui l'avait alors pour censeur, décida qu'à l'avenir douze candidats seulement, parmi ceux qui appartiendraient à la Nation, seraient examinés chaque jour, six le matin et six le soir (1). L'année suivante, des instructions furent données aux principaux par les soins du recteur, Pierre Billet, pour le règlement des exercices littéraires que l'usage avait introduits dans la plupart des collèges. Il fut recommandé que ces exercices fussent proportionnés avec soin à l'intelligence des élèves, que la matière en fût sagement circonscrite, qu'elle fût choisie de préférence dans les auteurs grecs et latins désignés par les statuts de l'Université; qu'indépendamment des exercices de traduction, il y en eût d'autres sur la mythologie et sur l'histoire, tant sacrée que profane : ils pouvaient avoir lieu, au choix des principaux, en latin ou en français. M⁰ Billet proposa en même temps et fit adopter par la Faculté des arts les mesures nécessaires pour réprimer le luxe, inconvenant quelquefois déployé par les candidats qui avaient à soutenir une thèse. Il fut décidé que la salle où l'épreuve serait subie devrait recevoir la décoration la plus simple; que les thèses dédiées à de grands personnages pourraient seules être ornées de portraits et autres dessins; que les thèses ordinaires seraient, au gré des professeurs, imprimées sur une seule feuille, ou, ce qui vaudrait mieux, distribuées en plusieurs pages comme un livre. Le mandement rectoral qui contenait ces dispositions fut accueilli, si nous en croyons le recteur, par d'unanimes applaudissements; elles ne trouvèrent d'autres contradicteurs que quelques marchands d'images, dont elles blessaient les intérêts, et qui adressèrent d'inutiles réclamations au cardinal de Noailles (2).

Citons un dernier trait, qui prouve mieux que tout le reste la vive sollicitude des autorités scolaires pour la discipline et les bonnes études. Parmi ses maîtres ès arts, l'Université possédait un savant helléniste, engagé dans la carrière ecclésiastique,

---

(1) Cette délibération a été insérée dans les statuts de la Nation de France, édit. de 1757, in-12, p. 47.
(2) Voy. Pièces justificatives, n⁰ˢ CL et CLII.

Claude Capperonnier. Outre quelques pièces de vers grecs, Capperonnier avait écrit un *Traité de l'ancienne prononciation de la langue grecque*, ouvrage dans lequel il se déclarait pour la prononciation suivie par les Grecs modernes, et rejetait le mode vicieux et purement conventionnel introduit dans les classes des collèges à la faveur du nom d'Érasme. Malgré la nouveauté de ses conclusions, Capperonnier n'avait pas craint de les soumettre à la Faculté des arts; il se proposait même de les publier sous les auspices de l'Université, si elle le permettait. Il annonçait un second ouvrage, beaucoup plus considérable, à savoir une traduction latine du commentaire d'Eustathe sur l'*Iliade* et l'*Odyssée*, accompagnée du texte grec, revu sur les manuscrits avec des notes. Ces travaux reçurent dans la Faculté des arts l'accueil le plus favorable. M. Billet loua sans réserve l'incomparable érudition de l'auteur, l'étendue de ses recherches, le service qu'il rendait aux lettres. Le procureur de la Nation de Normandie, Nicolas Morain, s'associa pleinement à ces éloges. Pourchot déclara que, suivant lui, nulle entreprise ne serait plus utile aux études, ni plus honorable pour l'Université, que le projet de Capperonnier, s'il était mené à bonne fin. Il demanda qu'un si savant maître obtînt les encouragements dus à son mérite et qu'une pension annuelle lui fût accordée sur les fonds de la compagnie, ce qui ne s'était jamais vu en pareille occasion. Telle était la satisfaction, nous pourrions dire l'enthousiasme de la Faculté des arts, que la proposition de Pourchot fut adoptée unanimement. Par délibération du 7 mai 1707(1), l'Université porta le jugement le plus favorable sur le *Traité de la prononciation grecque*; toutefois elle n'en accepta la dédicace que sous toutes réserves, redoutant peut-être le succès d'un ouvrage qui rompait ouvertement avec les traditions de l'enseignement classique. Quant au projet de donner une édition nouvelle et une traduction latine du commentaire d'Eustathe, l'Université y accorda une complète approbation; elle accorda même pour ce travail une pension annuelle de 400 livres, que

---

(1) Voy. Pièces justificatives, n° CLI.

néanmoins Capperonnier ne devait toucher qu'après avoir justifié de l'avancement de l'ouvrage à cinq commissaires désignés. Cette pension fut payée à Capperonnier jusqu'en 1712, époque où il y renonça pour entrer comme précepteur chez un célèbre financier, Antoine Crozat. Dans la suite il devint professeur de grec au Collège de France, en remplacement de l'abbé Massieu. Il mourut en 1744, à l'âge de soixante-treize ans, avec le renom d'un des philologues les plus habiles que la France eût possédés depuis longtemps (1). Mais il ne paraît pas qu'il eût mis la dernière main aux travaux qui dans sa jeunesse lui avaient mérité l'approbation et les encouragements de l'Université. La traduction du commentaire d'Eustathe n'a jamais paru, et il est douteux qu'elle ait été terminée (2).

Capperonnier ne fut pas le seul qui éprouva l'effet des dispositions généreuses de l'Université à l'égard de ceux qui la servaient et qui l'honoraient. Edmond Pourchot, qui remplissait depuis plusieurs années les fonctions de syndic avec autant de zèle que de prudence et de fermeté, obtint, en considération de ses services, une décision qui élevait ses émoluments et, de quatre-vingts livres anciennement attribuées à sa charge, les portait à plus de six cents livres. Cet acte de justice rencontra quelques opposants. Les ennemis de Pourchot, car il en comptait plus d'un, surtout parmi ceux qui redoutaient sa sévérité, alléguèrent que la délibération prise en sa faveur par le tribunal académique n'était pas régulière et qu'elle devait être annulée, l'affaire n'ayant pas été instruite en la forme ordinaire, ni les différentes compagnies consultées. Mais ces réclamations trouvèrent peu d'écho; ou plutôt les Facultés de théologie, de droit et de médecine, se réunissant à la Faculté des arts, confirmèrent par leur vote l'équitable rémunération accordée au dévouement de Pourchot (3).

L'Université de Paris, longtemps effacée par les splendeurs du

---

(1) Goujet. *Mém. sur le Collège de France*, t. I, p. 609 et s.
(2) L'ouvrage est resté inédit; la Bibliothèque nationale en conserve le manuscrit, Fonds français, n° 9185, in-fol.
(3) *Arch. U.*, Reg. XLI. f. 49 et s.; 54, 58, 74 et 79.

règne de Louis XIV, possédait alors une réunion de maîtres accomplis, hommes de goût autant que de savoir, alliant à l'érudition et au jugement cette vivacité, et quelques-uns même cette délicatesse, qui préservent de la routine et répandent du charme sur les leçons les plus austères. Au collège du Plessis enseignait M° Billet, célèbre alors par le précieux talent de communiquer à ses élèves l'ardeur pour les lettres dont il était lui-même animé (1); au collège de La Marche, M° Jean Couture, qui fut professeur au Collège royal et membre de l'Académie des Inscriptions (2); au collège Mazarin, Balthazar Gibert, à qui une faute contre la langue ne pouvait échapper, ainsi que Boileau lui-même en fit l'expérience (3); au collège des Grassins, Michel Godeau, que nous trouverons plus tard compromis dans les querelles du jansénisme; enfin, pour citer un dernier nom, la chaire de rhétorique du collège d'Harcourt était occupée avec éclat par Bénigne Grenan, facile et ingénieux esprit, doué de tous les dons naturels qui constituent le brillant professeur; aussi avait-il été appelé dès l'âge de vingt-deux ans à une chaire d'humanités. Nous ne parlons pas ici du collège de Beauvais; nous avons fait connaître plus haut les collaborateurs vraiment dignes de lui que Rollin s'était donnés, tels que Guérin, Heuzet, Coffin, Crevier. La plupart des excellents maîtres que nous venons de nommer ont peu écrit, Crevier seul excepté; mais tous s'adonnaient aux lettres avec amour, et leur exemple a contribué à répandre cette noble passion. L'étude assidue de l'antiquité classique, la lecture de ses orateurs et de ses poètes n'était pas seulement pour eux l'occupation professionnelle qui leur assurait des moyens d'existence; c'était le charme de leur vie et la plus douce distraction de leurs loisirs. A l'imitation des modèles qu'ils expliquaient chaque jour, ils composaient, d'une main plus ou moins exercée, des pièces de vers, des harangues, ou même de simples traductions de quelques-uns des chefs-d'œuvre de la langue française. Malgré

---

(1) Gaullyer, *Selecta carmina*, etc., p. 424.
(2) Gaullyer, *ibid.*, p. 396; Goujet, *Mém. hist. du Collège royal*, t. II, p. 451 et s.
(3) Lettre du 3 juillet 1703 à Brossette.

le dédain que Boileau affecte pour les vers latins des modernes (1), Michel Godeau traduisit en vers latins les *Satires*, les *Épitres* et l'*Art poétique*. Sur le plan d'*Athalie*, Grenan composa une tragédie, *Joas*, qui reproduisit les beautés du chef-d'œuvre de Racine. Un ouvrage moins sérieux, mais qui donne la plus haute idée de la verve spirituelle de Grenan, c'est son ode célèbre en l'honneur du vin de Bourgogne; Coffin y répondit avec non moins de feu et d'éclat par une ode en l'honneur du vin de Champagne. Ainsi s'exerçait sur des sujets légers et gracieux le talent poétique des maîtres de l'Université de Paris les plus habiles à manier la langue de Virgile et d'Horace. Sans doute, il ne faut pas s'exagérer la valeur de ces compositions, qui ne furent le plus souvent qu'un docte badinage, oublié de la postérité. Toutefois on ne saurait disconvenir qu'elles attestent non seulement une grande culture et une saine érudition, mais un vif sentiment des beautés antiques, l'heureuse activité des esprits, l'ardeur et l'élan nécessaires chez le professeur pour animer l'élève et rendre l'enseignement fécond. Les beaux jours de l'Université de Paris semblaient refleurir. Le renom de ses meilleurs maîtres franchissait l'étroite enceinte des écoles et acquérait une sorte de popularité, même à la cour. Les familles se laissaient gagner par l'éclat modeste de ces illustrations scolaires fondées sur le talent et sur la vertu; et dans les collèges qui possédaient quelque régent estimé, la jeunesse affluait de jour en jour plus nombreuse.

A cette prospérité renaissante il y avait toutefois de fréquentes exceptions. Les boursiers, qui résidaient dans les collèges en vertu des actes mêmes de fondation, n'étaient pas toujours d'accord entre eux, ni surtout avec les principaux, sur l'étendue de leurs droits respectifs. De là résultaient d'interminables contestations,

(1) Boileau avait composé un dialogue contre ceux qui font des vers latins; Brossette nous en a conservé de mémoire un fragment qu'il avait entendu réciter à l'auteur : ce qui n'empêchait nullement Boileau d'accueillir avec un sentiment de joie très peu dissimulé les traductions latines de ses ouvrages, comme on le voit par une lettre à Brossette du 6 décembre 1707. Sur tous ces points on ne lira pas sans intérêt le curieux ouvrage de M. l'abbé Vissac, *De la poésie latine en France au siècle de Louis XIV*, Paris, 1862, in-8°.

telles que nous en avons vu souvent se produire, et durant lesquelles les liens de la discipline se relâchaient, les études étaient abandonnées, les revenus et même le patrimoine de l'institution compromis. Au collège du Trésorier, à la suite de longs débats pour la principalité, le désordre en vint à ce point qu'en 1711 la nomination aux bourses de la communauté fut suspendue pour deux années par les archidiacres du petit Caux et du grand Caux, supérieurs de la maison. Au collège d'Arras, qui relevait de l'abbaye de Saint-Waast, il avait fallu de même, au commencement du siècle, suspendre les bourses, afin d'éteindre les dettes anciennement contractées, que les revenus de plusieurs années suffirent à peine à rembourser. Le collège de Maître Gervais n'était pas dans une situation plus favorable; toute tranquillité, toute subordination en avait disparu; à la fin de 1706, les dettes s'élevaient en capital à plus de cinquante mille livres; et comme les arrérages n'étaient pas payés régulièrement, les créanciers avaient opéré la saisie des biens appartenant à la maison. Au collège des Cholets s'était introduit un autre genre de désordre : il y avait là des boursiers maîtres ès arts, se destinant à la théologie, qui étaient en possession de leurs bourses depuis plus de vingt ans, sans avoir pris leurs degrés. Ailleurs les bâtiments, loués à des étrangers, nonobstant les édits, étaient transformés en boutiques et en magasins; abus d'autant plus grave que les agents du fisc en prenaient occasion de réclamer le payement des taxes dont l'Université cessait d'être exempte lorsqu'elle passait des marchés interdits par ses propres règlements. Même au collège de Navarre, cette maison de fondation royale, « les affaires, » porte un arrêt du conseil d'État, « n'étaient pas en aussi bon ordre qu'on aurait pu le désirer; » les revenus des fondations ne suffisaient pas pour en acquitter les charges, qui n'eussent pas tardé à écraser le collège si le cardinal de Noailles n'avait suspendu provisoirement une partie des obits et simplifié le cérémonial usité dans la chapelle (1). A Montaigu, la dépense était réglée avec plus

---

(1) Voy. Pièces justificatives, n⁰ˢ CLV et CLVI.

d'économie; mais l'insuffisance de la nourriture et l'austérité du régime excitaient les justes plaintes des boursiers.

Organe de la loi, gardien officiel de la discipline, le Parlement s'efforçait de maintenir partout l'empire de la règle. Averti des infractions par les procès mêmes qu'il avait à juger, il ordonnait des enquêtes, en confiait le soin à quelques-uns de ses membres, et sur leur rapport décrétait les réformes jugées utiles. Ce fut ainsi qu'en 1701 une commission composée de conseillers, auxquels devaient s'adjoindre quelques docteurs de l'Université, fut chargée par un arrêt de la cour de visiter tous les collèges, d'en vérifier la discipline et l'enseignement, et de proposer les moyens de pourvoir à la répression des abus. Un des fruits de cette inspection, ce furent les nouveaux règlements donnés en 1703 au collège d'Harcourt (1). L'article le plus important était le premier, qui réunissait les charges, autrefois séparées, de proviseur et de principal. Désormais le proviseur, chef unique du collège, devait tenir seul le pensionnat et en percevoir les bénéfices, sous la condition de payer annuellement 2,000 livres à la communauté des boursiers pour le loyer des bâtiments affectés à l'habitation des pensionnaires. L'année suivante, le Parlement, continuant ses enquêtes, délégua au collège des Cholets le chancelier de Notre-Dame, Edmond Pirot, et le syndic de l'Université, l'austère Pourchot. Il paraît que Pourchot fut peu édifié de la tenue de ce collège, et que surtout il se montra fort sévère à l'égard des boursiers; car ceux-ci, dans un mémoire pour leur défense, n'hésitent pas à le désigner comme un homme emporté et violent, étranger à tout sentiment de compassion, et n'ayant jamais ménagé personne dans ses réquisitoires devant la Faculté des arts.

Sans doute il eût mieux valu pour l'Université de Paris qu'elle eût recours moins souvent à la magistrature, et qu'une active surveillance, dirigée par elle-même, prévînt les fréquents désordres que l'autorité judiciaire était appelée, sinon à punir, du moins à

---

(1) Félibien, *Hist. de Paris*, t. IV, p. 397 et s.

réprimer. Mais si cette surveillance, que tous les bons esprits recommandaient, ne s'exerçait pas utilement, c'est que le mode et les instruments en étaient mal définis par les lois; ce qui donnait lieu, comme on l'a déjà vu, à des rivalités et par conséquent à des discussions entre les différentes compagnies. L'édit de Henri IV portait que, dans le mois qui suivait son entrée en fonctions, chaque recteur, accompagné de quatre censeurs, devait inspecter tous les collèges. Mais à qui le droit de désigner les censeurs appartenait-il? Était-ce exclusivement aux Nations qui composaient la Faculté des arts? Ou bien chaque Faculté devait-elle avoir son délégué spécial qui la représentât dans la visite des écoles? La question, souvent débattue au siècle précédent, fut de nouveau agitée en 1709 avec plus de vivacité que jamais; cette fois du moins, tout le monde était d'accord que la solution n'en pouvait pas être ajournée plus longtemps sans péril pour l'Université. Pourchot exprima un avis qui tendait à concilier toutes les prétentions : c'était que chaque collège fût inspecté à la fois par les doyens des Facultés dont les boursiers du collège étaient tenus de suivre les cours, et par les procureurs des Nations auxquelles ces boursiers devaient appartenir selon la teneur des actes de fondation. Ainsi le collège des Cholets, composé de boursiers théologiens originaires de Picardie, aurait été visité par le doyen de la Faculté de théologie et par le procureur de la Nation de Picardie. Le collège des Grassins, fondé pour des étudiants du collège de Sens, aurait été soumis au procureur de la Nation de France, dont ce diocèse faisait partie. Quel que fût le crédit de Pourchot, l'expédient ingénieux, mais un peu compliqué, qu'il proposait, ne prévalut pas. Les Facultés et les Nations ayant d'abord délibéré séparément, donnèrent chacune leur avis, le 21 février 1709, dans une assemblée tenue au collège Mazarin, chez le recteur, Antoine de Bacq; et là il fut décidé, par un vote unanime, que la visite des collèges se ferait annuellement par le recteur, accompagné des membres qui composaient le tribunal académique, à savoir les doyens, les procureurs, le syndic et le greffier. Le lendemain, cette délibération fut présentée au Parlement et homologuée presque aussitôt (1). Le recteur la promulgua le 4 avril suivant, par un mandement qui contenait en outre diverses recommandations adressées aux principaux. Ceux-ci étaient invités à se mettre en mesure de recevoir prochainement les commissaires de l'Université, à réunir en conséquence les actes de propriété et les règlements de chaque collège, à publier le récit sommaire de sa fondation, enfin à dresser l'inventaire des vases et ornements sacrés, du mobilier, de la bibliothèque et des titres. Quant aux économes et receveurs qui n'avaient pas rendu de comptes depuis un an ou deux, ils furent avertis d'avoir à s'acquitter de cette obligation au premier jour.

L'inspection générale que le mandement du recteur annonçait commença le 24 avril; elle se prolongea, par suite d'interruptions fréquentes, jusqu'à la fin du mois d'août, époque de l'ouverture des vacances, et s'étendit à tous les collèges, excepté celui de Navarre et celui du cardinal Lemoine, qui, étant gouvernés par des grands maîtres, élevèrent la prétention étrange et peu raisonnable de se soustraire à l'inspection de la Faculté des arts, comme l'avait fait la Sorbonne en 1666. Les commissaires de l'Université constatèrent des infractions nombreuses à la discipline, des irrégularités dans les comptes de plusieurs établissements, et des tiraillements intérieurs produits par des rivalités opiniâtres et tenaces. Ainsi, au collège d'Harcourt, les efforts du Parlement n'avaient pas réussi à ramener la concorde; et, malgré la sagesse des statuts nouvellement promulgués, d'affligeantes divisions se perpétuaient entre les chapelains et le proviseur, M. de Louvancy de la Brière. Cependant, à envisager la situation dans son ensemble, il y avait lieu plutôt de se réjouir que de s'affliger. Le désordre affectait principalement la partie financière et économique de l'administration; il devait presque partout être imputé aux boursiers, non pas aux petits boursiers, mais à ceux qu'on appelait les grands boursiers, et qui suivaient ou étaient censés suivre les cours de droit et de théologie. Le tribunal aca-

---

(1) Félibien, *Hist. de Paris*, t. IV, p. 434; Pièces justificatives, n° CLIII.

démique y pourvut par des règlements qui furent donnés successivement à plusieurs collèges, entre autres à ceux du Trésorier, de Saint-Michel, de Presles, de Boissy, de Lisieux, de Dainville, de Séez et de Sainte-Barbe. Quant aux études classiques à proprement parler, elles étaient en général mieux dirigées et plus florissantes qu'elles ne l'avaient été à aucune autre époque. Deux collèges surtout, celui du Plessis et celui de Beauvais, se faisaient remarquer par le zèle infatigable des maîtres et le succès de l'enseignement (1). Nous connaissons déjà le principal du collège du Plessis : c'était Thomas Durieux, docteur en théologie de la maison de Sorbonne, esprit éclairé, actif, libéral, moins pourvu sans doute des qualités qui font le professeur et l'écrivain, mais possédant à un haut degré le talent, si précieux et si rare, de bien gouverner une grande maison d'éducation. Son dévouement, ses habitudes larges et généreuses, son expérience consommée lui avaient acquis le plus juste ascendant sur tous ses subordonnés, et sur beaucoup de familles nobles qui lui confiaient leurs enfants. Outre son collège, M. Durieux dirigeait plusieurs pensionnats, composés de jeunes étudiants qu'il avait recueillis par un sentiment de charité quand il n'était pas encore principal. Le plus nombreux de ces pensionnats était la communauté de Sainte-Barbe, ainsi appelée parce qu'elle se trouvait établie dans les dépendances du collège de ce nom. Ses élèves suivaient les cours du Plessis, qui gagnait ainsi en renommée et en population. Quant au collège de Beauvais, il était resté sous la direction de Rollin, de qui l'exemple et le seul nom suffisaient pour entretenir autour de lui le bon ordre, la discipline et l'amour du travail, pour inspirer aux familles la confiance, à la jeunesse une généreuse ardeur, à ses maîtres un dévouement infatigable. Rollin ne faisait qu'un reproche à ses collaborateurs : c'était de s'imposer un travail excessif et de faire plus que ne comportaient les forces humaines. Les régents, de leur côté, suppliaient le principal de se ménager, de donner au sommeil et au repos le temps

---

(1) *Arch. U.*, Reg. XLI, f. 85, 88 et 89. Voy. Pièces justificatives, n° CLIV.

nécessaire, de ne pas s'épuiser en veillant la nuit, après avoir fatigué tout le jour. L'Université de Paris, témoin de cette noble émulation, se sentait fière de posséder de pareils maîtres, comparables pour l'instruction et l'honnêteté aux plus habiles et aux plus vertueux qui se fussent jamais offerts pour élever la jeunesse; elle les entourait de sa vénération et applaudissait à leurs succès, qui la relevaient elle-même à ses propres yeux, et semblaient appelés à raffermir sa fortune et son crédit ébranlés.

Toutefois il y avait un écueil contre lequel ces espérances pouvaient se briser : c'étaient les querelles théologiques et la part que beaucoup de maîtres de l'école de Paris y avaient prise; part très active, dont le gouvernement de Louis XIV se montrait offensé, et qui devait, à un jour donné, faire éclater des orages sur les établissements les plus tranquilles et les plus florissants. Rollin, malgré son calme et sa prudence habituels, n'était pas celui de tous qui s'était le moins avancé pour la défense du jansénisme, sans songer qu'il compromettait par des démarches inopportunes, non seulement sa propre sécurité, mais l'avenir de son cher collège de Beauvais (1). Il était lié depuis longtemps avec le P. Quesnel, ce nouveau champion des doctrines de Port-Royal sur la grâce; il l'avait vu secrètement à Paris en 1702, lorsque Quesnel y passait en fugitif, et depuis lors il n'avait cessé de correspondre avec lui. Cette correspondance étant tombée entre les mains du roi, Rollin avait été mandé chez le lieutenant de police, M. d'Argenson; ses papiers avaient été visités, et il n'avait échappé à la Bastille qu'à force de présence d'esprit, et par l'intercession du P. La Chaise, confesseur de Louis XIV. Ce fâcheux incident, suivi d'une notable diminution dans le nombre des élèves du collège de Beauvais, ne modéra pas l'ardeur théologique du principal. En 1707, il admit parmi ses régents deux ecclésiastiques de province, que leur évêque refusait d'employer parce qu'ils étaient jansénistes : l'un d'eux était l'abbé Mésenguy, auquel on doit de

(1) Tous les détails qui suivent sont empruntés aux notes qui accompagnent l'éloge de Rollin par M. de Boze, secrétaire perpétuel de l'Académie des inscriptions et belles-lettres, dans le recueil des *Opuscules de Rollin*, Paris, 1771, in-12.

bons ouvrages d'éducation religieuse. De pareilles nominations, dans les circonstances critiques où se trouvait l'Église, étaient un véritable défi jeté au pouvoir épiscopal; elles furent dénoncées à Louis XIV, qui voulait sévir, et qui se laissa enfin apaiser par le plus fidèle des protecteurs de Rollin, M. Lepelletier, premier président au parlement de Paris. Mais d'année en année le gouvernement se montrait plus soupçonneux, plus irritable, moins porté à la clémence. En 1712, Rollin se trouva exposé de nouveau à des dénonciations, qui cachaient toutefois sous un prétexte religieux l'égoïsme et la cupidité de leurs auteurs; car elles partaient de quelques-uns des chapelains et des boursiers du collège de Beauvais, qui ne voulaient se débarrasser du principal qu'afin de pouvoir expulser ensuite les régents, se rendre seuls maîtres du collège, le gouverner à leur guise, et en tirer dans leur intérêt le meilleur parti possible. Malgré l'appui du P. Le Tellier, ce plan détestable échoua presque entièrement, et l'exercice, nom sous lequel on désignait alors les classes de grammaire, d'humanités et de philosophie, fut maintenu au collège de Beauvais. Mais le vertueux et illustre principal qui avait porté si haut la gloire de cette maison, Rollin, fut sacrifié. Au commencement du mois de juin 1712, il reçut, de la part du roi, l'ordre de quitter le collège qui depuis seize ans était l'objet de ses soins les plus tendres. On lui permettait seulement d'y rester jusqu'aux vacances prochaines. Mais cette permission, s'il en avait usé, aurait porté un coup funeste à la prospérité des classes : les élèves dispersés par les vacances ne se seraient plus rassemblés au mois d'octobre. Rollin résolut de prévenir ce danger en ne profitant pas du délai qui lui était accordé. Il se chercha aussitôt un successeur, jeta les yeux sur Coffin, celui de ses régents qu'il jugeait le plus capable de maintenir les études et la discipline, et eut la satisfaction de voir ce choix agréé par le premier président, Antoine de Mesmes, qui venait de remplacer M. Lepelletier. L'ancien principal, M° Boutilier, dont Rollin n'était que le coadjuteur, vivait encore, bien que son grand âge ne lui permît plus de prendre aucune part à l'administration. Il fut réglé que Coffin obtiendrait son agrément, et qu'ensuite, muni de l'autorité du premier président, il prendrait le gouvernement des classes, sans attendre qu'il fût investi d'un titre régulier. « Il ne fallut que peu de jours, dit un contemporain, pour prendre ces mesures : et lorsqu'elles furent concertées, le dimanche 5 juin, M. Rollin, dans une courte instruction qu'il fit après vêpres, parla de sa situation actuelle, mais en termes couverts et qui ne furent entendus qu'après l'événement, car le secret avait été exactement gardé. En commentant le psaume XXII, il représenta un chrétien soumis à la conduite de la Providence, et qui, chargé par elle d'une bonne œuvre, s'y attache avec une affection où il entre peut-être quelque chose de trop humain : un coup de houlette du souverain pasteur l'avertit de quitter son poste, et il se soumet avec résignation, consolé même par la confiance qu'il a dans la bonté paternelle de celui qui l'afflige. Le lundi 6, M. Rollin exécuta sa résolution; et, après avoir été dans la chapelle faire son sacrifice à Dieu, il sortit sur les cinq heures du soir, sans bruit et sans que personne dans le collège, excepté M. Coffin et peut-être quelques-uns des principaux maîtres, en eût connaissance. Pendant le souper, le bruit s'en répandit parmi les écoliers, et après les grâces M. Coffin notifia la triste nouvelle. C'est alors qu'il parut jusqu'à quel point M. Rollin était aimé de la jeunesse qu'il instruisait. Dès que l'on sçut avec certitude qu'il était sorti du collège pour n'y plus rentrer, ce ne furent que pleurs et sanglots. La récréation devait suivre le souper; au lieu de jouer, les écoliers se promenèrent tristement dans la cour pendant quelques moments, fondant tous en larmes comme s'il eussent perdu un père; bientôt, ils se retirèrent chacun dans leurs chambres, sans ordre, pour se livrer plus librement à leur douleur. »

Tel fut le triste résultat de quelques démarches imprudentes d'un homme de bien, qui ne cherchait ni le bruit, ni les honneurs, ni la fortune, et qui ne demandait qu'à se vouer obscurément à l'éducation de la jeunesse dans le poste auquel un ordre subit vint l'arracher. Heureusement le collège de Beauvais allait retrouver dans le successeur et le disciple de Rollin, Charles

Coffin, quelques-unes des meilleures qualités du maître, son dévouement, sa fermeté, son savoir, l'esprit de ses traditions. Quant à Rollin, il n'était pas entièrement perdu pour la jeunesse, car il restait professeur d'éloquence latine au Collège royal, et il conservait le rang et les droits de professeur émérite de l'Université, titre qu'il avait eu la sagesse de se faire décerner par la Nation de France à la veille de sa disgrâce. Il se retira dans une petite maison, entourée d'un jardin, qu'il possédait rue Neuve Saint-Étienne; sur une porte intérieure, il avait fait graver ces deux vers, touchante expression de sa piété et de la modestie de ses goûts :

> Ante alias dilecta domus, qua ruris et urbis
> Incola tranquillus, meque Deoque fruor.

C'est là, dans cette tranquille demeure, objet de ses affections, que Rollin devait achever ses jours. Mais en 1712 il ne touchait pas encore au terme de sa carrière; de nombreuses années lui étaient réservées; de nouvelles charges, de nouveaux titres l'attendaient dans l'Université de Paris; et, ce qui vaut mieux que le pouvoir et les dignités, il allait honorer son loisir et son nom par des ouvrages excellents qui manquaient aux lettres françaises.

Cependant les jours brillants et heureux du règne de Louis XIV étaient écoulés sans retour. Les hommes d'État, les généraux, les poètes, les orateurs les plus illustres, Colbert, Louvois, Condé, Molière, Lafontaine, Racine, Bourdaloue, Boileau, Bossuet étaient successivement descendus dans la tombe, où Fénelon ne devait pas tarder à les suivre. Aux prospérités avaient succédé les revers; aux victoires, les défaites; à l'enivrement du succès, aux pompes et aux divertissements de la cour, la tristesse, le désenchantement, de sombres appréhensions, l'affreuse misère du peuple, le sourd mécontentement des grands. En 1709, la famine et un hiver rigoureux mirent le comble aux malheurs du pays. Bientôt mourut le dauphin, fils de Louis XIV et de Marie-Thérèse, et après lui son fils, le duc de Bourgogne, l'élève de Fénelon; puis le duc de Bretagne, fils du duc de Bourgogne. Ainsi trois générations, l'espoir de la monarchie, s'éteignirent en quelques mois, sous les yeux de leur père et de leur aïeul. Ces coups répétés, que la Providence frappait d'une manière si imprévue, pouvaient faire douter si le pays n'était pas réservé à de nouvelles calamités, et si un règne longtemps victorieux ne se terminerait pas fatalement par l'extinction de l'antique maison de France et par le démembrement du royaume.

L'Université de Paris, destituée depuis un demi-siècle de tout rôle politique, suivait avec résignation, comme tous les bons citoyens, le cours douloureux des événements qu'elle n'était point appelée à régler. En parcourant les procès-verbaux des délibérations de la Faculté des arts, on voit percer en plus d'un passage la profonde affliction dont tous les cœurs étaient pénétrés à l'aspect des maux de la patrie. Au mois de mai 1709, lorsque la gelée semblait avoir tout détruit dans les campagnes et que le prix du pain s'élevait de jour en jour, « à proportion du désespoir de la récolte (1), » le recteur, Antoine de Bacq, ne put contenir sa douleur, et il traça le tableau le plus lamentable de la misère qui sévissait dans Paris et qui n'avait pas épargné le quartier des écoles. De Bacq aurait voulu qu'à l'exemple du Parlement, l'Université s'imposât quelque sacrifice extraordinaire en faveur des indigents; mais elle disposait d'une fortune bien modique, et tout ce qu'elle crut possible de faire, ce fut de venir en aide à quelques-uns de ses maîtres les moins rétribués, qui ne se suffisaient plus à eux-mêmes (2). Au mois de juin suivant, le cardinal de Noailles ordonna une procession et un jeûne pour apaiser la colère du ciel. A cette occasion, de Bacq s'apitoie de nouveau sur les malheurs du pays; et, maudissant les victoires et l'orgueil des ennemis de la France, il loue le roi d'avoir refusé, malgré son amour de la paix, les conditions ignominieuses qui étaient proposées, et que pas un Français, dit le patriotique recteur, ne pourrait écouter sans indignation (3).

---

(1) Saint-Simon, *Mémoires*. Cf. Chéruel, *Hist. de l'admin. mon.*, t. II, p. 423 et s.
(2) *Arch. U.*, Reg. xli, fol. 79 v°, 80 v°, 110 et 113 v°.
(3) *Arch. U.*, Reg. xli, fol. 81 v°.

L'épuisement des finances et la nécessité de pourvoir aux dépenses de la guerre avaient fait établir l'impôt de la capitation et celui du dixième du revenu (1). L'obligation de payer les nouvelles taxes n'admettait aucune exception fondée sur des privilèges, quels qu'ils fussent. L'Université de Paris y fut donc soumise (2), comme l'étaient la noblesse et le clergé. Toutefois elle parvint à faire affranchir de la contribution du dixième les bâtiments de ses collèges, à condition qu'ils seraient affectés aux seuls usages permis par les statuts, c'est-à-dire qu'ils seraient habités seulement par les régents et les écoliers (3).

Au milieu de l'affliction universelle, les questions de préséance conservaient la vertu d'engendrer des conflits, même dans les circonstances les plus tristes. En 1711, aux obsèques du grand dauphin, les procureurs des Nations et les régents des Facultés de théologie, de droit et de médecine, qui sous le titre d'adjoints accompagnaient les doyens, se disputèrent les premières places; et, pour vider ce litige, il fallut deux arrêts du Parlement, qui prononça en faveur des procureurs (4). A la mort du duc de Bourgogne, quand tous les corps de l'État allèrent présenter au roi leurs compliments de doléances, un conflit du même genre s'éleva entre l'Université et l'Académie française, jusque dans les appartements de Versailles; les académiciens disputèrent le pas au cortège du recteur, et peut-être l'eussent-ils emporté, grâce à la connivence du maître des cérémonies, si le recteur, les gagnant de vitesse, n'était arrivé le premier aux portes du salon où se tenait Louis XIV (5).

La victoire de Denain releva la fortune de la France, et permit

---

(1) *Ordonnance du* 18 *janvier* 1695, *et déclarations du* 12 *mars* 1701 *et du* 14 *octobre* 1710. V. Isambert, *Anc. Lois franç.*, t. XX, p. 381 et s., et p. 558 et s. Cf. Chéruel, *Hist. de l'admin. monarchique*, t. II, p. 421 et s.

(2) Nous avons retrouvé dans les papiers de M. Demontempuys, que possède la bibliothèque de l'Université, et nous avons publié dans nos Pièces justificatives, n° CLXI, le rôle de la capitation acquittée en 1717 par les maîtres et suppôts de l'Université de Paris.

(3) *Arch. U.*, Reg. XLI, fol. 153 v°, 156, 160 et 164.

(4) Arrêts du 16 avril et du 7 mai 1712.

(5) *Arch. U.*, Reg. XLI, fol. 158.

d'espérer que le pays touchait au terme de ses malheurs. Les négociations furent reprises activement, et au bout de quelques mois, en mai 1713, la paix put être conclue, à des conditions honorables, avec l'Angleterre, la Hollande, le Portugal et le Piémont. Ces heureux événements amenèrent de nouveau l'Université à Versailles. Cette fois, son rang ne lui fut pas contesté; elle fut admise immédiatement après le Parlement et avant l'Académie française. Le recteur Dagoumer prononça au nom de sa compagnie quelques paroles de filial dévouement qui touchèrent le roi. « Monsieur le recteur, répondit Louis XIV, vous pouvez assurer l'Université de ma bienveillance, et que dans les occasions qui se présenteront, je lui en donnerai des marques. Par rapport à vous, je voudrois avoir des expressions aussi faciles et aussi touchantes que vous en avez. Je m'en servirois pour témoigner mes sentiments envers mes sujets. Je vous suis obligé de l'avoir fait pour moi (1). » L'année suivante, au mois de mars, fut signé à Radstadt, entre la France et l'empereur d'Allemagne, le traité qui consommait la pacification de l'Europe. Des réjouissances publiques eurent lieu à Paris. L'Université fit célébrer un *Te Deum* solennel dans tous ses collèges; deux jours de congé furent accordés aux écoliers (2).

Nous venons de retracer brièvement l'attitude de l'Université de Paris durant les années les plus désastreuses du règne de Louis XIV. Mais tandis que, touchée de la situation affligeante du royaume, elle s'alarmait de la durée de la guerre, tandis qu'elle appelait de tous ses vœux une paix honorable et bénissait Dieu et le roi de l'avoir procurée à la France, l'esprit de secte, toujours en éveil, suscitait de nouvelles controverses qui allaient partager en deux camps le clergé comme les écoles, agiter la cour et la ville, irriter le vieux monarque, et le pousser à des mesures extrêmes, compromettre enfin l'autorité de l'Église et de la religion elle-même : nous voulons parler des stériles et funestes débats occasionnés par les *Réflexions morales sur le Nouveau Testament*,

---

(1) *Arch. U.*, Reg. XI *bis*, p. 242; Reg. XLI, fol. 185.
(2) *Arch. U.*, Reg. XLII, fol. 8.

ouvrage du P. Quesnel, condamné par le pape Clément XI, dans la fameuse bulle *Unigenitus*.

En 1672, le P. Quesnel, de l'Oratoire, avait publié à Châlons-sur-Marne, un petit volume contenant de courtes réflexions sur les quatre Évangiles (1). L'évêque de Châlons, M. Vialard, à qui l'ouvrage fut soumis, l'approuva, à la suite de quelques corrections qu'il avait lui-même indiquées. Huit ans après, parut une seconde édition, beaucoup plus ample que la première, car elle se composait de quatre volumes, et le commentaire ajouté par Quesnel à chaque verset du texte sacré embrassait cette fois, non plus seulement les Évangiles, mais les *Actes des Apôtres* et les *Épitres,* c'est-à-dire le Nouveau Testament tout entier. L'ouvrage, sous sa nouvelle forme, réussit au delà de toute espérance parmi les fidèles, et fut réimprimé un grand nombre de fois. En 1680, M. de Noailles avait succédé sur le siège de Châlons à M. Vialard. Il crut devoir à la mémoire de son prédécesseur de ne pas désavouer l'approbation que celui-ci avait accordée à Quesnel; il fit même davantage, il adressa un mandement à tous ses curés pour leur recommander le livre des *Réflexions morales.* « On y trouve ramassé, leur disait-il (2), tout ce que les saints Pères ont écrit de plus beau et de plus touchant sur le Nouveau Testament. Les plus sublimes vérités de la religion y sont traitées avec cette force et cette douceur du Saint-Esprit qui les fait goûter aux cœurs les plus durs. Vous y trouverez de quoi vous instruire et vous édifier. Vous y apprendrez à enseigner les peuples que vous avez à conduire. Ce livre vous tiendra lieu d'une bibliothèque entière. » Cependant l'ouvrage de Quesnel était loin de produire sur tous les esprits une impression aussi favorable. Bossuet y trouvait à reprendre un grand nombre de propositions erronées (3); d'autres juges plus sévères prétendaient y découvrir toutes les hérésies, sur la prédestination et sur la grâce, déjà condamnées dans Jan-

---

(1) Lafiteau, *Histoire de la Constitution Unigenitus*, Liège, 1741, in-12, l. I, p. 33 et s.
(2) Lafiteau, *ibid.,* p. 40 et 41.
(3) *Hist. de Bossuet*. l. XI, 14; *Œuvres de Bossuet,* édit. de Versailles, t. I, p. LXIII. Voyez cependant, t. IV, p. 193 et s., l'*Avertissement sur le livre des Réflexions morales.*

sénius et dans Port-Royal; quelques-uns même y signalaient des maximes contraires à l'autorité des rois, et non moins propres à favoriser la sédition que le schisme (1). Après sa translation du siège de Châlons à l'archevêché de Paris, M. de Noailles, averti par le bruit qui commençait à se faire autour du nom et des opinions de Quesnel, avait eu la prudence de ne pas renouveler l'approbation accordée à son ouvrage; mais il refusa de se joindre aux évêques qui l'avaient censuré, et il persista dans cette attitude indécise, même après un bref de Clément XI qui condamnait les *Réflexions morales*. Le débat prit peu à peu des proportions inattendues, et une partie de l'épiscopat s'y trouva engagée. L'Université n'était pas encore appelée à intervenir; la Faculté de théologie n'avait pas été consultée; et quant aux autres compagnies, la controverse qui s'élevait n'était pas de leur compétence. Mais personne alors ne se croyait désintéressé dans les querelles théologiques. Quesnel soutenait, avec l'ardeur d'un sectaire, une cause chère à beaucoup d'esprits; et sa vie errante et cachée, sa fuite en Hollande, sa prison à Bruxelles, son évasion heureuse donnaient à sa personne le prestige que procure la persécution. Ses partisans étaient nombreux, même dans la Faculté des arts; il y comptait jusqu'à des amis, tels que Rollin, qui voyaient en lui un nouvel Arnauld, non moins digne d'admiration que l'illustre et impétueux disciple de Saint-Cyran.

La question fut portée à Rome. Le pape institua une commission spéciale pour l'examen des *Réflexions morales sur le Nouveau Testament*. Saint-Simon raconte que le gouvernement de Louis XIV, pressé par le P. Letellier, se donna beaucoup de mouvement pour obtenir une condamnation (2); il est plus naturel d'expliquer par la fausseté des maximes contenues dans l'ouvrage de Quesnel la sentence qui le frappa. Le 8 septembre 1713, parut la constitution célèbre qui commence par ces mots: *Unigenitus Dei Filius* (3).

---

(1) Il parut en 1705 un écrit sous ce titre: *Quesnel séditieux et hérétique*. V. Lafiteau, *Hist. de la Constit.*, l. I, p. 87.
(2) *Mémoires*, t. X, p. 378 et s.
(3) D'Argentré, *De nov. err.*, t. III b, p. 461 et s.

Cent et une propositions extraites du livre des *Réflexions morales* y sont condamnées comme étant respectivement fausses, captieuses et malsonnantes; susceptibles d'offenser les oreilles pieuses et de causer du scandale; injurieuses tout à la fois pour l'Église et pour les puissances séculières; funestes au repos des Etats, à l'obéissance des peuples; renouvelées enfin de Jansénius, et déjà plusieurs fois condamnées par le Saint-Siège. Quelles étaient ces erreurs si sévèrement qualifiées par Clément XI? On n'attend pas de nous assurément que nous en déroulions ici la liste fastidieuse. Contentons-nous de dire que Quesnel, comme Jansénius et Port-Royal, laissait croire que la liberté de l'homme n'a aucune part dans sa destinée; que la grâce de Dieu décide seule de nos vertus et de nos vices; que nul ne résiste à l'opération toute-puissante de la grâce, de même que nul ne peut s'en passer; que l'accomplissement de certains préceptes nous est impossible, parce que le secours d'en haut, nécessaire pour les observer, nous a été refusé; que Dieu prédestine éternellement, comme il lui plaît, les uns au salut, les autres à la damnation, et que ce décret absolu de sa providence est indépendant des mérites humains. Ces dures maximes étaient étayées dans le livre des *Réflexions morales* sur des passages de l'Écriture sainte, dont le sens avait été forcé par l'interprète, mais qui n'en paraissaient pas moins donner à sa doctrine la consécration de la parole de Dieu : de sorte que les partisans de Quesnel, abrités derrière les textes du Nouveau Testament, pouvaient se figurer qu'ils combattaient pour la défense de l'Évangile. Enfin, parmi les propositions censurées, il y en avait une dont la condamnation, bien que facile à justifier par les circonstances, allait être une pierre d'achoppement pour beaucoup d'esprits; c'était celle-ci : « La crainte d'une excommunication injuste ne doit pas nous empêcher de faire notre devoir. » Fallait-il conclure de l'anathème lancé contre cette maxime que toute parole descendue de la chaire de Saint-Pierre devait nécessairement étouffer le cri de la conscience, délier l'homme de ses obligations naturelles, affranchir, par exemple, les sujets du serment de fidélité, détrôner les princes et disposer des couronnes? Ces conséquences extrêmes ne pouvaient échapper aux partisans de Quesnel (1); quelques-uns les exploitèrent avec une habileté insidieuse. Rapprochées des doctrines contraires à l'autorité royale, que les adversaires des Jésuites reprochaient à ces derniers et que le parlement de Paris venait tout récemment de condamner dans l'histoire de la Société par le P. Jouvency (2), elles ne contribuèrent pas médiocrement à l'opposition violente, opiniâtre, que la bulle *Unigenitus*, comme nous allons le voir, rencontra dans le clergé de France.

Quand la bulle était parvenue à Versailles, Louis XIV avait hésité s'il ne l'adresserait pas immédiatement à la Faculté de théologie; mais il s'arrêta à l'idée de la communiquer d'abord aux évêques qui se trouvaient alors en assez grand nombre à Paris ou à la cour, et qui pouvaient tenir une sorte d'assemblée pour y concerter entre eux les mesures à prendre. M. de Noailles s'était enfin décidé à condamner l'ouvrage de Quesnel; mais, trop fidèle à cette attitude hésitante qui fut le malheur de son épiscopat, il soutint que la bulle contenait des ambiguïtés, et il finit par déclarer qu'avant de l'accepter, il demanderait au pape des explications. Huit prélats partagèrent son sentiment; quarante, à la tête desquels se trouvait le cardinal de Rohan, évêque de Strasbourg et grand aumônier de France, furent d'un avis opposé, et proclamèrent leur adhésion immédiate et entière au jugement du Saint-Siège. La constitution *Unigenitus* fut aussitôt transmise au Parlement, qui l'enregistra sans difficulté, sous les réserves d'usage en faveur des libertés de l'Église gallicane et des droits de la couronne. Le moment était venu de la présenter aussi à la Faculté de théologie; mais là s'étaient retranchés, comme dans une citadelle, les débris de Port-Royal, les derniers défenseurs de la grâce efficace, unis aux adversaires de la suprématie pontificale. Tous ensemble allaient opposer la résistance la plus opiniâtre,

---

(1) Voyez sur ce point une curieuse conversation de Saint-Simon et du P. Letellier, *Mémoires de Saint-Simon*, t. XI, p. 10 et s.

(2) Arrêts des 22 février et 24 mars 1713. V. *Censures de la Faculté de théologie touchant l'autorité des rois, la fidélité que leur doivent leurs sujets*, etc., p. 448 et suiv.

au risque d'ébranler l'Église catholique jusque dans ses fondements.

La Faculté de théologie avait alors pour doyen un vieillard de quatre-vingt-six ans, M° François Huart (1), de la maison de Navarre, et pour syndic, M° Lerouge, de la même maison (2). Tous les deux, et six des anciens de la compagnie, furent mandés le 28 février dans l'après-midi chez le cardinal de Rohan (3). Ce prélat leur remit des lettres patentes, qui avaient été signées dans la matinée, par lesquelles le roi transmettait la bulle à la Faculté, et enjoignait de tenir la main à ce que, ni dans les leçons ni dans les thèses, il ne fût avancé aucune proposition contraire à la décision du Saint-Siège. La Faculté devait se réunir le lendemain 1er mars. Malgré le sentiment bien connu de beaucoup de ses membres, on avait l'espoir qu'ils n'oseraient pas contredire les ordres du roi, et que la réception de la bulle se ferait sans bruit. Mais dans l'intervalle le cardinal de Noailles se hâta de faire paraître une ordonnance qu'il avait préparée en secret, et qui devait singulièrement compliquer et embarrasser la délibération. Il y déclarait « qu'un grand nombre de propositions condamnées dans la constitution étaient, de l'aveu de tout le monde, obscures et ambiguës; » qu'il avait cru que le parti le plus sage, le plus modéré et le plus respectueux pour le Saint-Siège était de recourir au pape; qu'il attendait du pape des explications : jusqu'à ce qu'elles fussent venues, il défendait, « conformément aux saints décrets, à la discipline de l'Église en général et à celle de l'Église gallicane en particulier, à toutes communautés et à toutes personnes ecclésiastiques de son diocèse, de quelque qualité et condition qu'elles fussent, se disant exemptes et non exemptes, sous peine de suspense encourue par le seul fait, d'exercer aucune fonction ni acte de juridiction à l'égard de la constitution ou de la recevoir, indépendamment de l'autorité qu'il avait plu à Dieu d'attacher

---

(1) Huart mourut le 2 mai 1716, âgé de 88 ans. V. *Gazette de France* du 9 mai 1716.
(2) Lerouge avait été nommé syndic le 2 octobre 1713, en remplacement de Garson, de qui les pouvoirs étaient expirés. V. *Conclusions de la Faculté de théologie* (Arch. nat., MM. 255), p. 226.
(3) *Conclusions de la Faculté de théologie*, ibid., p. 238 et s.

à son caractère, et contre la subordination établie par l'ordre hiérarchique (1). » Les membres de la Faculté de théologie, en se rendant le 1ᵉʳ mars à la séance, trouvèrent ce mandement affiché aux portes de la Sorbonne; un colporteur en distribuait les exemplaires, sortant de la presse et encore humides, à tous ceux qui entraient (2). La Faculté avait de tout temps élevé la prétention de n'être pas soumise à la juridiction de l'ordinaire et de relever immédiatement du Saint-Siège; on pouvait donc soutenir, en s'appuyant sur de nombreux précédents, que l'ordonnance de M. de Noailles ne la concernait pas. Toutefois c'était un spectacle étrange, et peu fait assurément pour inspirer le respect de l'autorité, que le conflit inattendu qui venait de s'élever entre l'archevêque de Paris et le roi sur une question purement théologique; d'un côté, le roi enjoignant de se soumettre au jugement du Saint-Siège, et de l'autre côté, l'archevêque lançant une ordonnance pour défendre, au moins provisoirement, de faire acte de soumission. Les consciences furent profondément troublées (3) au sein de la Faculté de théologie comme au dehors, et, malgré les efforts du syndic pour précipiter le vote, la délibération à peine ouverte fit éclater le partage des opinions et menaça de devenir tumultueuse. Un vieux docteur janséniste, rompu aux luttes religieuses, Mᵉ Habert, auteur d'une théologie censurée, développa un avis captieux : c'était d'enregistrer la bulle, puisque le roi le demandait, mais sans l'accepter ni l'approuver. Cette dis-

---

(1) *Relation des délibérations de la Faculté de théologie au sujet de l'acceptation de la bulle Unigenitus, avec une relation particulière des assemblées de la maison de Sorbonne pour l'élection d'un professeur à la place de M. Witasse* (1714, in-12, sans indication de lieu ni d'imprimeur), p. 13. Cette relation est l'ouvrage d'une plume janséniste. Voyez, en sens contraire, la *Relation fidelle des assemblées de Sorbonne touchant la Constitution Unigenitus*, Anvers, 1716, in-12.

(2) Lafiteau, *Hist. de la Const.*, t. II, p. 27; *Relation fidelle*, etc., p. 18.

(3) Legendre, *Mémoires*, p. 310 : « La vue principale du mandement du cardinal étoit de jeter la division et de semer l'alarme dans la Faculté de théologie... Ce mandement fut un coup de tocsin qui répandit l'effroi et le trouble parmi les docteurs. Quelques-uns, sous la crainte d'encourir la suspense, se retirèrent de l'assemblée; d'autres plus fermes opinèrent fièrement à la Constitution; d'autres à l'accepter avec des modifications; quelques autres simplement à l'enregistrer sans la reconnoître comme loi; quelques-uns, tournant comme des girouettes à tout vent, changèrent d'avis quatre et cinq fois. »

tinction subtile entre l'acceptation et l'enregistrement permettait aux adversaires de la bulle qui ne voulaient pas se brouiller avec la cour de faire preuve de docilité sans renoncer à leurs convictions intimes, et en se réservant le droit de les défendre publiquement, si jamais la liberté de parler et d'agir leur était rendue. Peut-être la portée de l'avis exprimé par M° Habert ne fut-elle pas tout d'abord bien comprise ; quoi qu'il en soit, un certain nombre de docteurs se contentèrent de parler en faveur de l'enregistrement de la constitution pontificale, en n'ajoutant pas expressément qu'ils l'acceptaient comme une règle de foi. Le roi, surpris de la résistance qu'il rencontrait, et voulant prémunir les esprits contre le mandement de M. de Noailles, avait adressé dès le 2 mars une seconde lettre de jussion à la Faculté pour lui réitérer l'ordre d'en finir. Le bruit courait que les membres récalcitrants, et notamment M° Habert, allaient être exilés. La délibération continua sous ces tristes impressions, au milieu de l'agitation la plus vive. Enfin, le 5 mars, tous les membres présents ayant successivement donné leur avis, le moment vint de compter les suffrages et de rédiger la conclusion. Il se trouva que, cent trente et un docteurs ayant opiné, quatre-vingt-neuf s'étaient prononcés pour l'enregistrement de la bulle. La conclusion fut adoptée en ces termes, proposés par M° Léger, chanoine de la Sainte-Chapelle : « La Faculté est d'avis que l'on reçoive avec grand respect la constitution de N. S. P. le pape Clément XI, qui commence par ces mots *Unigenitus Dei Filius;* que, conformément à ce qui s'est passé en 1705, elle soit enregistrée avec les lettres du roi, et qu'on députe les six anciens à Sa Majesté pour lui rendre de très humbles actions de grâces. » Suivant un usage en quelque sorte immémorial, cette conclusion, une fois adoptée, devait être rédigée par le syndic en forme de décret, pour être ensuite relue et confirmée dans la prochaine assemblée. Le syndic alors en fonctions, M° Lerouge, un des adversaires les plus ardents du jansénisme, dressa le décret suivant, qui ne s'écartait pas, quant au fond, de la conclusion précédente, mais qui en développait tous les termes dans le sens le plus défavorable aux partisans de Quesnel : « 1° La Faculté a reçu et accepté avec un grand respect et avec une parfaite obéissance la constitution de N. S. P. le pape Clément XI, qui commence par ces mots *Unigenitus Dei Filius*. 2° Elle a ordonné que cette constitution et les lettres du roi seront insérées et transcrites dans ses registres. 3° Elle a ordonné à tous et à chacun des maîtres, docteurs, bacheliers et candidats d'avoir le même respect et la même soumission pour cette constitution, leur défendant d'écrire et de faire rien qui puisse être contraire aux choses qui y sont définies, sous peine d'être exclus de tout degré et de l'espérance d'en obtenir aucun : laquelle peine sera encourue par ce seul fait. 4° Elle a chargé les six anciens et M. le syndic de remercier Son Altesse Sérénissime et Éminentissime M. le cardinal de Rohan de la bienveillance particulière dont il honore la Faculté, de lui rendre compte de ce que la Faculté a aujourd'hui conclu, et de le prier d'employer son crédit auprès du roi pour obtenir une audience dans laquelle la Faculté, par son doyen, les six anciens et le syndic, ait l'honneur de féliciter Sa Majesté sur le zèle constant qu'elle témoigne en toute occasion pour l'intérêt de la religion et pour le bien de l'Église, et de lui rendre de très humbles actions de grâces de la faveur qu'elle lui a faite en lui envoyant la constitution (1). » La Faculté s'étant réunie le 10 mars suivant, le greffier donna lecture du décret ainsi rédigé, sans que personne élevât la voix pour en contredire les dispositions. Peu de jours après, les anciens de la compagnie obtinrent du roi l'audience qu'ils avaient sollicitée. Le roi leur témoigna sa vive satisfaction et les invita à redoubler de vigilance contre le jansénisme, hérésie non moins funeste, dit-il, au repos de l'État qu'au bien de la religion ; il ajouta que le dernier décret de la Faculté méritait d'être publié et connu comme tout ce qui est juste et raisonnable (2). Cette épineuse affaire semblait donc terminée à la confusion des adversaires de la bulle, lorsque, dans la séance de la Faculté du 4 avril suivant, de violentes protestations se firent entendre contre la manière dont les suffrages avaient été comptés, et l'avis

---

(1) *Relation fidelle*, etc., p. 214 et s. *Relation*, etc., p. 227 et s.
(2) *Relation fidelle*, etc., p. 219.

de la majorité rédigé. Le P. Noël Alexandre, qui était rangé parmi les adhérents à la bulle, écrivit pour déclarer qu'il avait opiné seulement pour qu'elle fût enregistrée ; lecture de sa lettre fut donnée, en dépit des efforts du syndic, par M° Garson, curé de Saint-Landry. Plusieurs membres élevèrent des réclamations et des plaintes qui tendaient à enlever toute certitude et toute autorité au résultat des délibérations précédentes. Le gouvernement jugea nécessaire de sévir, afin d'étouffer, s'il le pouvait, ce nouveau germe de discorde et de sédition. Le vieux Habert, alors âgé de quatre-vingts ans ; Witasse, professeur de théologie au collège de Sorbonne ; Bragelonne, chanoine de Notre-Dame, furent exilés de Paris ; six autres docteurs se virent exclus des assemblées de la Faculté. Ces rigueurs, en grande partie méritées, imposèrent silence aux mécontents et rendirent quelques jours de paix à la Faculté de théologie. Mais le calme n'existait qu'à la surface ; les bouches, fermées par la crainte, se taisaient sans que les cœurs fussent convaincus, et, pour éclater, elles n'attendaient que le moment prochain où la mort du roi les aurait affranchies.

La Faculté des arts n'avait pas eu d'avis à exprimer sur la constitution *Unigenitus*; elle se tenait à l'écart, non par indifférence, mais par circonspection, dans l'attente des événements, lorsqu'une circonstance inattendue compromit son repos et ses privilèges en faisant éclater les véritables sentiments de plusieurs de ses membres.

Le 15 mai, le recteur, Michel Godeau, devait prononcer le panégyrique de Louis XIV, dans la chapelle du collège de Navarre, selon la fondation faite par les échevins de Paris trente ans auparavant, et acceptée par l'Université. S'il faut en croire les registres de la Faculté des arts, l'orateur s'acquitta de cette tâche avec une éloquence persuasive, bien propre à faire passer dans l'âme de ses auditeurs les sentiments de respect et d'amour dont il était lui-même pénétré pour la personne du roi. La beauté du style répondait à la noblesse du sujet ; en plusieurs passages on sentait un souffle cicéronien qui devait charmer les oreilles délicates (1). Mais d'autres relations (2), plus instructives que ces éloges vulgaires, nous apprennent que Michel Godeau n'avait pas ménagé les allusions aux événements religieux qui préoccupaient alors tous les esprits; qu'à l'éloge de Louis XIV il avait su mêler celui de M. de Noailles, si bien qu'on pouvait se demander lequel, du roi ou du cardinal, était l'objet de son discours; qu'il avait dépeint ce prélat comme l'unique défenseur de la vérité, comme l'arbitre plein de sagesse de qui l'Église attendait une règle de foi et la paix des consciences; qu'en un mot, une cérémonie consacrée à l'expression de la reconnaissance publique envers le souverain, s'était trouvée transformée en une démonstration presque séditieuse.

Le jansénisme comptait dans les rangs de l'Université un grand nombre de partisans qui applaudirent à l'imprudente conduite du recteur; mais il n'en fut pas de même à la cour. Informé des paroles téméraires prononcées par M° Godeau, Louis XIV voulait qu'il fût révoqué sur-le-champ de ses fonctions. Le cardinal de Rohan parvint néanmoins à faire comprendre au monarque irrité qu'il était plus sage d'attendre l'époque très prochaine où l'Université s'occuperait de l'élection d'un nouveau recteur : il suffirait alors, pour écarter Michel Godeau, de s'opposer à ce que ses pouvoirs fussent prorogés (3). Dans les premiers jours de juin, le roi écrivit en effet la lettre que voici « à ses chers et bien amez les recteur, docteurs, régens et suppôts, » de sa fille aînée, l'Université de Paris : « Étant informez que vous devez procéder le 23 de ce mois à l'élection du recteur de l'Université, comme vous pourriez, suivant votre usage ordinaire, et en conséquence

---

(1) *Arch. U.*, Reg. XLII, fol. 8 v°.
(2) *Journal de M. l'abbé Dorsanne*, Rome, 1753, in-4°, t. I, p. 116 : « Le discours du recteur fut au moins autant un éloge de M. le cardinal de Noailles que du roi. Il y représenta cet archevêque comme le seul défenseur de la vérité, celui de qui toute l'Église attendoit la règle de la foi et qui devoit donner la paix à l'Église... » Voyez aussi la *Lettre d'un bachelier de Sorbonne de la tribu de Bourges, dans la Nation de France, à un chanoine de Toulouse, sur ce qui s'est passé dans l'Université de Paris, le 10 octobre 1715, au sujet de la déposition du sieur Poirier, recteur de l'Université de Paris*, in-12, p. 5.
(3) *Journal de l'abbé Dorsanne*, t. I, p. 116.

de l'arrest du Parlement du 14 mars dernier, continuer une seconde fois dans ce poste le sieur Godeau, qui en est actuellement pourveu, nous vous écrivons cette lettre pour vous dire qu'ayant de justes sujets d'être mécontents dudit sieur Godeau, nous ne voulons point qu'il soit continué, et qu'ainsy notre intention est que dans votre prochaine élection vous fassiez choix d'un autre sujet pour remplir la place de recteur. »

Cette dépêche avait été envoyée par M. de Pontchartrain au syndic, Edmond Pourchot. Celui-ci s'assura du désistement volontaire de Michel Godeau, espérant pouvoir se dispenser de lire le message royal, désormais inutile, et épargner ainsi à ses collègues et à lui-même la mortification d'enregistrer une lettre de cachet qui portait l'atteinte la plus grave à la liberté de leurs délibérations.

Le roi s'était déclaré satisfait de la soumission et du repentir de Godeau, et, comme l'écrivit M. de Pontchartrain (1), il consentait à ce que la lettre de cachet ne fût pas lue publiquement, à moins de nécessité. Mais, soit curiosité, soit respect exagéré de la personne du prince, cette lecture fut réclamée par la Faculté des arts elle-même, qui semblait la plus intéressée à l'empêcher. Le 25 juin, comme on allait procéder à l'élection du nouveau recteur, des voix nombreuses insistèrent pour qu'il fût donné communication des ordres du roi, et Pourchot dut se résigner à lire le texte même de l'injonction sévère qu'il avait reçue de la cour (2). Aussitôt Godeau déclara ne pouvoir conserver un seul instant de plus ses fonctions, puisqu'il avait eu le malheur de déplaire au roi; il déposa les insignes de la dignité rectorale entre les mains de Dagoumer, son prédécesseur, qui, suivant l'usage, siégeait à sa droite, et il quitta l'assemblée.

Ce qui dut lui causer, comme à beaucoup des assistants, une vive amertume, ce fut la désignation du candidat choisi pour le

---

(1) Lettre du 22 juin à Pourchot. (*Bibl. de l'Université*, papiers de M. Demontempuys.)

(2) Lettre de Pourchot à M. de Pontchartrain, du 23 juin. Voyez aussi nos Pièces justificatives, n° CLVIII.

remplacer par le roi lui-même, ainsi que M. de Noailles et le cardinal de Rohan avaient été chargés d'en informer Pourchot. Il se nommait Philippe Poirier, et enseignait la philosophie au collège de la Marche, dont le principal, Me de la Pierre, docteur en théologie, avait parlé avec force dans les dernières assemblées de la Sorbonne pour l'acceptation de la bulle *Unigenitus*. Avant d'appartenir au collège de la Marche, Poirier avait été, durant quelques années, simple précepteur, et le bruit courait qu'alors, au mépris des règlements académiques, il faisait suivre à ses élèves les classes des Jésuites. Ceux-ci, par un échange de bons procédés, s'étaient entremis pour lui procurer des fonctions plus stables; la société de Jésus, alors toute-puissante, passait même pour avoir suggéré à Louis XIV, par l'entremise du P. Letellier, la résolution de le faire élire recteur, sûre de trouver en lui aide et soutien, si jamais elle avait besoin d'invoquer son autorité (1). Un pareil candidat avait d'autant moins la sympathie des vieux maîtres de l'Université, qu'il était appuyé par leurs éternels adversaires. Cependant Pourchot recommanda l'obéissance au roi; Dagoumer tint le même langage, et rappela que l'école de Paris s'était toujours fait gloire de donner à la jeunesse l'exemple aussi bien que le précepte de la soumission à Dieu et au prince. Comme le procureur de la Nation de France parlait de nommer les intrants, de former le conclave, Dagoumer répliqua qu'il ne pouvait permettre qu'une élection pour laquelle le roi avait pris soin de faire connaître ses intentions fût abandonnée aux chances toujours incertaines d'un scrutin. Tous les assistants s'écrièrent qu'ils entendaient se soumettre à la volonté du roi. Poirier se trouva ainsi promu au rectorat sans que les formes traditionnelles eussent été suivies, et par une sorte d'acclamation qui ne s'adressait pas à sa personne, mais qui signifiait, dans l'opinion du plus grand nombre, que la liberté de ses délibérations et de ses votes venait d'être enlevée à l'Université de Paris. Le nouveau recteur prêta serment entre les mains de Dagoumer, et fut ensuite recon-

---

(1) *Lettre d'un bachelier de Sorbonne de la tribu de Bourges*, etc., p. 6 et s.

duit avec le cérémonial d'usage au collège de la Marche. Le lendemain eut lieu son installation; seul des recteurs anciens, Antoine de Bacq y assista, entouré des procureurs des quatre Nations et des doyens. Le syndic de la Faculté de théologie, M⁰ Lerouge, qui remplaçait le doyen absent, se plut à louer la vertu singulière et la science de M⁰ Poirier (1). En effet, tous deux appartenaient au même camp, soutenaient la même cause, et devaient éprouver la même opposition et les mêmes attaques de la part des mêmes adversaires.

A l'expiration du trimestre, les pouvoirs du recteur, nonobstant quelques velléités de résistance, furent prorogés par exprès commandement du roi; cette fois même, pour cacher l'arbitraire sous les apparences de la liberté, la Faculté des arts fut contrainte de procéder à un simulacre d'élection. Il en fut de même au mois d'avril et au mois de juin suivant (2). Les fonctions rectorales de Poirier se continuèrent ainsi durant une période d'un peu plus de quinze mois, depuis sa première nomination jusqu'à son remplacement après la mort de Louis XIV. Son administration, subie en silence par l'Université, ne vit pas se produire d'autres incidents que ceux qui formaient alors le cours habituel de la vie scolaire : des processions, des cérémonies, parmi lesquelles les obsèques du dernier petit-fils de Louis XIV; des visites officielles aux grands personnages de l'État; de nombreuses questions relatives à la discipline des collèges, à l'administration de leurs biens et à l'ordre des études; des procès entre les candidats qui, dans chaque Nation, prétendaient au décanat de leur tribu; beaucoup d'affaires privées, de réclamations et de suppliques présentées par les aspirants aux bénéfices ou par de simples étudiants. Apaiser les ressentiments et se faire pardonner son élévation singulière en faisant bon usage du pouvoir et en ne se montrant pas homme de parti, telle semble avoir été la préoccupation honorable de Poirier. Cependant ses nombreux adversaires lui reprochaient de favoriser

---

(1) *Arch. U.*, Reg. xi bis, p. 255 et s.; Reg. xlii, f. 11 et s. V. nos Pièces justificatives, n° CLVIII.

(2) V. Pièces justificatives, n° CLIX.

les Jésuites, et de pousser la condescendance pour eux jusqu'à leur ménager secrètement les moyens de se faire agréger à l'Université. Bien que ce reproche ne fût pas fondé, Poirier y donna quelque prise par des démarches irréfléchies. Un jour, il autorisa une thèse sous l'invocation de saint François-Xavier, l'un des patrons de la compagnie de Jésus. Au mois de juin 1715, comme il prononçait dans la chapelle de la Sorbonne le panégyrique annuel du roi, il mit au nombre des bienfaits du règne la protection accordée aux Jésuites; il alla jusqu'à les représenter comme l'unique appui de l'Église et de la religion (1). Ce discours fit scandale dans la Faculté des arts, habituée à entendre parler des disciples de saint Ignace sur un ton qui n'était pas celui de l'éloge.

Malgré son amour de la paix, Poirier se trouva mêlé personnellement à un procès entre l'Université et les chanceliers de Notre-Dame et de Sainte-Geneviève. Il s'agissait de savoir si, lors de la réception des maîtres ès arts, le chancelier présent à la cérémonie se contenterait de donner au candidat la bénédiction apostolique, ou si, de plus, il leur imposerait le bonnet magistral. Le droit d'imposer le bonnet était réclamé par les recteurs comme une attribution de leur charge; attribution qu'ils avaient souvent exercée, et qui ne leur était contestée ouvertement que depuis peu d'années. Le débat, qui semblait porter sur un détail de pure étiquette, ne manquait pas au fond d'une sérieuse importance. L'imposition du bonnet étant le symbole de l'agrégation au corps de l'Université, il n'était pas indifférent qu'elle se fît par les mains du chancelier, qui représentait l'Église, ou par les mains du recteur, qui représentait l'autorité civile. Me Roble, qui fut recteur en 1711, avait déjà porté la question devant le Parlement. L'affaire traîna en longueur et était restée indécise, lorsque Poirier eut à s'en occuper, c'est-à-dire à rédiger des requêtes et à poursuivre un arrêt. Il paraît qu'il se conduisit avec mollesse, et que, pouvant obtenir un jugement définitif, il se contenta de solliciter de M. de Pontchar-

---

(1) *Lettre d'un bachelier de Sorbonne*, p. 11 et 12.

train une lettre de cachet qui ordonnait aux parties d'en référer aux gens du roi et de se conformer à leur avis. Les gens du roi décidèrent, en juillet 1715, qu'à la suite des examens qui allaient être subis, le bonnet magistral serait imposé au candidat par le recteur. Mais cette décision, qui n'était que provisionnelle, ne consacrait pas les prétentions de l'Université aussi complètement que celle-ci l'aurait voulu. Les adversaires de Poirier trouvèrent là un nouveau sujet de déclamations contre lui, et le blâmèrent avec amertume d'avoir compromis par son insigne faiblesse les droits qu'il était chargé de soutenir (1).

Ces incidents, les seuls que l'histoire ait à relever dans le rectorat de Philippe Poirier, nous conduisent aux derniers jours de Louis XIV. Le 1er septembre 1715, ce prince mourut à Versailles à l'âge de 77 ans, après un règne qui en avait duré soixante-douze. Qu'était devenue l'Université de Paris durant cette longue période, qui vit le génie national s'élever si haut et briller d'un si noble éclat? Avait-elle suivi le mouvement des esprits? La discipline et les études avaient-elles fleuri dans ses collèges? Quelques-uns de ses maîtres avaient-ils figuré à côté des grands écrivains qui furent à cette époque l'honneur des lettres françaises? Il faut bien l'avouer, le progrès de la littérature et des arts, sous le règne de Louis XIV, s'est accompli en dehors de l'Université de Paris; son antique renommée a été obscurcie, effacée par l'éclat glorieux qui se répandit autour d'elle. On ne la voit se relever que vers la fin du règne avec Rollin, et à ce moment ses efforts les plus méritoires sont compromis par l'esprit de secte et l'ardeur des débats théologiques. Jamais Louis XIV ne refusa de l'entendre et de la protéger; cependant elle ne put échapper à la concurrence et aux menées des Jésuites, qui s'emparèrent de deux de ses collèges, celui de Marmoutiers en 1643, celui du Mans en 1680. Quoiqu'elle eût réussi à conserver la plupart de ses privilèges, elle n'évita pas, lorsque les temps furent

(1) *Requête des recteurs, procureurs des Nations et autres membres et suppôts de la Faculté des arts, fondée en l'Université de Paris, contre les chanceliers de Notre-Dame et de Sainte-Geneviève*, in-4°, p. 12 et 13. (Bibl. de l'Université, H. F. a. u. 19.)

devenus mauvais, l'impôt de la capitation, ni celui du dixième. Sa liberté elle-même ne fut pas toujours respectée; et, ce qui ne s'était jamais vu, elle eut à sa tête pendant quinze mois un recteur qu'elle n'avait pas volontairement choisi. A tout prendre, l'Université de Paris, depuis un demi-siècle, avait donc éprouvé de nombreux mécomptes, et la mort de Louis XIV ne la privait pas d'un protecteur qui se fût montré bien attentif à la soutenir et à la favoriser. Aussi, tout en se montrant toujours respectueuse, par un sentiment de fidélité monarchique, envers la mémoire du prince qui avait si longtemps et si glorieusement gouverné la France, elle ne plaça jamais son nom parmi ceux des rois qui avaient contribué par leurs bienfaits à la splendeur de l'école de Paris.

CHAPITRE II.

Changements dans le gouvernement après la mort de Louis XIV. — Rappel des maîtres exilés. — La liberté rendue à la Faculté des arts. — Déposition de Poirier, il est remplacé par Demontempuys. — Discours du nouveau recteur au régent. — Panégyrique de Louis XIV. Grenan et le P. Porée. — Débats à la Faculté de théologie. — La Faculté révoque son acceptation de la bulle *Unigenitus*. — Le régent interpose son autorité, afin de modérer l'ardeur du parti janséniste. — Alarmes de l'épiscopat. — Mandement de l'évêque de Toulon contre la Faculté de théologie. — Le recteur prend la défense de la Faculté. — Appel au concile général contre la bulle *Unigenitus*, interjeté par l'évêque de Senez et trois autres prélats. — Le régent prend des mesures pour empêcher les adhésions à cet appel. — La Faculté de théologie publie le recueil de ses délibérations en faveur de l'autorité royale. — Règlements pour divers collèges. — Enseignement de l'hébreu dans l'Université de Paris. — Nouveaux démêlés de la Faculté des arts avec les deux chanceliers. — Les Jésuites à Caen. — Querelles intérieures. — Rollin en procès avec l'Université. — Visite de Pierre le Grand à la Sorbonne. — Suite de l'affaire de la constitution. — Appel du cardinal de Noailles. — Appel de l'Université de Paris. — Exposition des motifs de l'appel de l'Université. — Danger d'un schisme. — Efforts du régent pour ménager un accommodement avec le Saint-Siège. Ses démarches sont contrariées par l'Université. — Rollin élu recteur. — Son discours en faveur de l'appel. — Lettre de cachet faisant défense à l'Université de proroger les pouvoirs de Rollin. — Exil des maîtres de la Faculté de théologie les plus opposés à la constitution. — Élection d'un nouveau syndic, en vertu des ordres du roi.

A peine Louis XIV a-t-il rendu le dernier soupir, tous les ressorts du gouvernement, qu'il avait réunis entre ses mains, se détendent; sa politique est abandonnée; le Parlement, qu'il croyait avoir abattu, relève la tête et se trouve dès le premier jour assez de puissance et d'énergie pour annuler le testament du prince, écarter le duc du Maine de toute participation aux affaires et confier au duc d'Orléans la régence du royaume. Jamais la fragilité du despotisme n'apparut aux yeux des peuples avec un éclat plus douloureux et plus instructif (1).

Un des premiers actes du régent fut de placer le cardinal de

---

(1) *Conclusions de la Faculté de théologie*. (Arch. nat., MM. 255, p. 380.)

Noailles à la tête du conseil de conscience, chargé des affaires ecclésiastiques. Les docteurs exilés et ceux qui s'étaient vu exclure des assemblées de la Faculté de théologie à cause de leur opposition à la bulle *Unigenitus*, comme Habert, Witasse, Boileau, Bragelonne, Garson, Courcier, Navarre, eurent l'autorisation de rentrer à Paris et de venir reprendre leur siège en Sorbonne. De son côté, la Faculté des arts vit tomber les défenses qui pesaient sur ses délibérations et sur ses choix. Le 21 septembre, Pourchot et quelques-uns des anciens de l'Université, Poirier seul excepté, furent mandés à l'hôtel de M. Antoine de Mesmes, premier président du parlement de Paris, et là, en présence du procureur général, M. François d'Aguesseau, ce magistrat leur fit savoir que toute liberté leur était rendue; que désormais ils pouvaient délibérer sans contrainte, et choisir pour recteur, conformément à leurs usages, celui qu'ils auraient jugé le plus capable et le plus digne (1). Ainsi toutes les compagnies de l'Université ressentaient le contre-coup des changements profonds que le nouveau règne venait d'apporter à la situation de la France. Comme les autres corps de la nation, l'école de Paris avait plié sous cette volonté superbe et enivrée d'elle-même, si longtemps maîtresse de toutes les forces de l'État; affranchie maintenant par la mort du vieux roi, elle croyait renaître à la liberté et partageait l'enthousiasme, poussé parfois jusqu'à l'ingratitude et au scandale, que le peuple et les grands, soulagés d'une longue oppression, ne se lassaient pas de faire éclater. Il était à désirer sans doute qu'elle sût modérer elle-même son ardeur, user avec sagesse des franchises qui lui étaient rendues, et, avant tout, se tenir en garde contre les misérables passions qui la poussaient à des actes de rancune et de vengeance. Mais les querelles religieuses étaient bien loin d'être apaisées, et les mesures vexatoires par lesquelles le gouvernement de Louis XIV espérait y mettre un terme avaient au contraire excité une irritation profonde qui ne permettait guère d'écouter les conseils de la justice et de la prudence.

(1) *Arch. U.*, Reg. xlii, fol. 35 v° et 36. Cf. la *Vie de Philippe d'Orléans*, etc., par M. D. M., Londres, 1737, in-12, t. I, p. 152, 162, et 1.

Le temps approchait où l'Université devait procéder au choix d'un nouveau recteur. Poirier, avant de résigner ses fonctions, aurait voulu payer un dernier hommage à la mémoire du prince qui l'avait tiré de son obscurité pour le placer à la tête de l'école de Paris. Il se mit en devoir de composer un panégyrique de Louis XIV, et il se proposait de le prononcer soit en Sorbonne, soit au collège de Navarre, lors de la messe qui serait célébrée pour le repos de l'âme du roi défunt (1). Mais la Faculté des arts n'était pas disposée à confier l'honneur de parler en son nom, dans une occasion aussi solennelle, à un orateur qu'elle avait entendu, le mois de juillet précédent, mêler l'éloge des Jésuites à celui du roi. Quand Poirier communiqua son dessein aux doyens et aux procureurs des Nations, Pourchot et Billet élevèrent de nombreuses fins de non-recevoir. Ils alléguèrent les usages de l'Université, qui d'ordinaire ne se pressait pas autant; la pénurie de ses ressources, qui devait faire écarter tous frais superflus; enfin l'absence de beaucoup de professeurs que les vacances retenaient loin de Paris. Poirier comprit qu'il était sage, dans la situation nouvelle des affaires, d'éviter les occasions de conflit, et il n'insista pas pour prononcer le discours qu'il avait préparé. Il sentait lui-même que les temps étaient bien changés, qu'il avait perdu par la mort du roi, suivie de la disgrâce du P. Le Tellier, ses plus fermes soutiens, et que désormais sans appui, sans protecteur, il se trouvait à la merci, pour ainsi dire, des mécontentements soulevés, dès le principe, par sa nomination irrégulière. Il espérait encore se ramener les esprits par la douceur; mais, ainsi que l'événement le prouva, sa condescendance ne lui fut d'aucun secours.

Le 10 octobre, lendemain de la Saint-Denis, était le jour fixé pour l'élection du recteur. Ce jour-là, la curiosité avait attiré au cloître des Mathurins une assistance plus nombreuse que d'habitude, et composée en partie de personnes étrangères à l'Université. A l'ouverture de la séance, Poirier prit la parole. Il dit que le

---

(1) *Arch. U.*, Reg. XLII, fol. 36 et s.

moment était venu pour lui de résigner ses fonctions; qu'il n'avait pas brigué la pourpre rectorale, et qu'il la déposait comme il l'avait reçue, pure et sans tache; qu'il s'était efforcé d'administrer pour le mieux la chose publique, mettant tous ses soins à maintenir la concorde et la paix dans la compagnie, et à ne causer de tort à personne. Il s'appliqua ces paroles de Samuel : « Déclarez devant le Seigneur, si j'ai calomnié, si j'ai opprimé, si j'ai reçu d'aucune main des présents contre la justice. » Puis, prenant à témoin les collègues qui avaient siégé à ses côtés au tribunal de l'Université, il rappela, que par esprit de conciliation et pour éviter de funestes conflits, il s'était abstenu de prononcer, comme il en avait le dessein et le droit, l'éloge du roi défunt.

Cette allocution, qui n'était pas dépourvue de dignité, fut accueillie froidement. Pourchot s'étant levé prit à son tour la parole. « La liberté, » dit-il en commençant, et, après ce premier mot, l'orateur s'arrêta, comme pour écouter le frémissement de joie qui courait dans l'assemblée (1). « La liberté, reprit-il, ce présent si précieux que les hommes ont reçu de la nature, c'est-à-dire de Dieu même, et qui a été refusé aux animaux privés de raison, la liberté, sans laquelle la vie, dépourvue de tout charme, serait difficile à supporter, la liberté est rendue aux lettres, qui gémissaient qu'elle leur eût été ravie. Respirez donc à cette heure, vous tous, maîtres de l'Université de Paris; jouissez de votre indépendance, non pour repousser ce que la raison et nos propres lois vous commandent, mais pour vous attacher volontairement à ce qui est juste et honnête. La contrainte exercée sur vous par quelques membres infidèles de votre corps ne subsiste plus. Vous n'avez plus à redouter les intrigues de ces ennemis secrets qui faisaient arriver d'une autre Caprée de longues et verbeuses dépêches. Cessez de craindre de pareils adversaires, et appliquez-leur ces paroles du roi prophète : « Dites aux méchants : Vous ne com-

---

(1) On trouvera dans nos Pièces justificatives, n° CLX, un extrait des conclusions de l'Université, dans lequel sont racontés tout au long les principaux incidents de cette séance mémorable. Voyez aussi *Arch. U.*, Reg. xi *bis*, p. 274 et s.; Bibl. Mazar., Cod. 1935 A, fol. 197; et *Lettre d'un bachelier de Sorbonne de la tribu de Bourges*.

« mettrez plus d'iniquités; et aux pécheurs : Cessez de vous élever
« avec orgueil; car ni de l'orient, ni de l'occident, ni du côté du
« désert, ni du côté de la montagne, votre malice ne doit attendre
« de secours. » Servons-nous de notre liberté pour bien agir; faisons briller devant Dieu et devant les hommes la prudence, la modération et la sagesse qui sont en nous, de peur que si nous manquions à notre devoir, nous ne retombions dans une servitude pire que la première. »

Il y a bien de l'emphase dans ces paroles, et elles étonnent de la part d'un syndic de l'Université s'exprimant au nom de sa compagnie. Nous aimerions à trouver dans son langage plus de simplicité, plus de calme et plus de modération; mais que ne pardonnet-on pas aux exagérations de la rhétorique, quand elle répond chez l'orateur et chez l'auditeur à une émotion sincère et vraie?

Pourchot continua en faisant connaître ce qui s'était passé le 20 septembre précédent à l'hôtel de M. de Mesmes, et les assurances données par ce magistrat aux anciens de la Faculté des arts, en présence du procureur général. Il engagea les intrants qui seraient désignés pour le choix d'un nouveau recteur à se pénétrer de l'importance de leur mission, dans une circonstance où chacun était attentif au nom qu'ils allaient proclamer; puis, arrivant à l'administration de M⁰ Poirier, il s'exprima en ces termes : « Sans doute j'aurois beaucoup à louer dans la conduite de M. le recteur; mais j'y trouve aussi de nombreux sujets de plainte. Je me plains des éloges qu'en pleine Sorbonne, sans nécessité, au mépris des traditions de nos pères, à la honte de l'Université, M⁰ Poirier n'a pas craint d'accorder à nos éternels ennemis. Devant un pareil acte, je croirois manquer à tous mes devoirs et me déshonorer, si je gardois le silence. Il importe à l'Université, à son intérêt, à son honneur, que désormais le même scandale ne se renouvelle pas. Toutefois, comme cette plainte ne m'est inspirée ni par l'envie ni par la malveillance, et que je connois d'ailleurs votre sagesse et votre circonspection, je vous abandonne le soin de décider quelles sont les mesures à prendre. »

Mᵉ Poirier répliqua modestement qu'il avait cru se conformer aux intentions du roi en louant les Jésuites; qu'il pouvait s'être trompé, mais qu'il n'avait fait de tort à personne; qu'il s'était toujours montré pacifique; que si d'autres l'emportaient sur lui par le génie ou la science, il croyait, sous le rapport de la probité, n'avoir à redouter aucune comparaison; qu'au reste, s'il avait commis des fautes, il demandait qu'elles lui fussent pardonnées. Après quoi, il invita les Nations à se retirer chacune dans leurs salles respectives pour délibérer. Il était aisé de prévoir que les résolutions les plus violentes seraient celles qui prévaudraient. Les Nations se montrèrent unanimes à demander qu'une enquête s'ouvrît sur l'administration de Mᵉ Poirier, et que provisoirement, dans l'élection qui allait avoir lieu, il fût, au cas de partage des intrants, privé du droit qui appartenait au recteur de faire pencher la balance en faveur du candidat de son choix. Parmi les commissaires à qui l'enquête devait être confiée se trouvait Rollin, que trois années de disgrâce et de retraite n'avaient pas fait oublier par l'Université de Paris. Poirier, menacé dans son honneur, en appela de la Faculté des arts aux Facultés de droit, de médecine et de théologie; et toutefois il se résigna, pour ne pas augmenter le scandale, à ne prendre, le cas échéant, aucune part à l'élection du nouveau recteur. Mais ce sacrifice d'amour-propre devait se trouver sans objet; car nul désaccord ne se manifesta parmi les intrants; tous, d'une voix unanime, déférèrent les fonctions rectorales à Mᵉ Petit Demontempuys, qui occupait encore au collège du Plessis la chaire de philosophie où nous l'avons rencontré en 1704. L'élection allait être confirmée, lorsque Pourchot reprit la parole avec une insistance peu charitable contre le malheureux Poirier. Non content de lui reprocher de nouveau sa partialité en faveur des Jésuites, il l'accusa d'avoir mal soutenu les droits de l'Université contre les prétentions des chanceliers de Sainte-Geneviève et de Notre-Dame. Comme les faits étaient notoires, Pourchot concluait à ce que l'on statuât immédiatement et sans plus ample informé. Les Nations n'étaient que trop disposées à suivre ce sévère réquisitoire. Elles déclarèrent qu'elles blâmaient la lâche attitude de l'ancien recteur à l'égard des chanceliers; qu'enfin elles défendaient au sieur Poirier de prendre le titre de *Vir rectorius*, et de siéger dans les assemblées à côté du recteur en exercice, bien que ses anciennes fonctions lui en donnassent le droit. Vainement Poirier protesta, vainement il annonça qu'il en appelait du jugement de la Faculté des arts à celui des autres Facultés, et non seulement à l'Université tout entière, mais au Parlement; sa protestation fut étouffée par les murmures. Lorsqu'il vit qu'on ne lui permettait même pas de proclamer son successeur et que le nouvel élu prêtait le serment d'usage entre les mains de Dagoumer, il descendit de son siège, gagna un des coins du chapitre des Mathurins, quitta les ornements rectoraux, et se retira seul et à petit bruit, tandis que Demontempuys, revêtu des insignes de sa dignité nouvelle, était reconduit en grande pompe au collège du Plessis.

Les scènes que nous venons de retracer, d'après des documents authentiques, ne sont pas l'incident le moins curieux de la lutte qui s'établit, à la mort de Louis XIV, entre les partisans de sa politique, gardiens fidèles de sa mémoire, et ceux qui s'en prétendaient les victimes. L'attitude sévère, impitoyable, de Pourchot causa quelque surprise. On se rappelait les témoignages d'affection que M. de Pontchartrain s'était plu à lui donner, et on s'étonnait qu'ayant souvent protesté de son dévouement au vieux roi, il eût comparé les messages de ce prince à la lettre fameuse, venue de Caprée, qui sous un Tibère avait suffi pour la perte d'un Séjan. Les amis de Pourchot essayèrent inutilement de le justifier; caractère honnête, mais plutôt dur que vraiment fort, il avait montré une fois de plus que la fermeté ne s'allie pas toujours à la rudesse, et que beaucoup d'esprits qui se croient inflexibles se laissent entraîner par la passion du moment à des actes que la raison désavoue.

Poirier avait déclaré qu'il en appellerait au Parlement. Non content d'avoir signifié son appel, il refusa provisoirement d'obéir à la délibération prise contre lui par la Faculté des arts; et, malgré la défense qui lui était faite de porter jamais le titre de *Vir rectorius*, il inscrivit son nom, accompagné de cette qualification, au bas d'une thèse de philosophie qui devait être soutenue au collège de la Marche. De là résulta un procès au Parlement de Paris, procès terminé par un arrêt du 16 mai 1716 qui donna gain de cause à Poirier (1). Celui-ci eut la sagesse de ne pas triompher de son succès; car nous avons sous les yeux une seconde thèse, postérieure de quelques semaines à la sentence de la cour, et dans laquelle il prend seulement le titre de licencié en théologie. Il rentra peu à peu en grâce avec l'Université, et dans la suite, lorsqu'un nouveau retour de la fortune eut rendu le pouvoir à ceux de son parti, il fut investi des fonctions de procureur de la Nation de France, charge qu'il occupait en 1742.

Cependant un des premiers soins de M. Demontempuys, après son élection, avait été d'aller offrir au duc d'Orléans, régent du royaume, les hommages de l'Université. Le 26 novembre 1715, un nombreux cortège, formé des maîtres des différentes Facultés, se dirigea vers le Palais-Royal, où s'était rendu de son côté l'archevêque de Paris, en sa triple qualité de maître ès arts, de docteur en théologie et de proviseur du collège de Sorbonne. Le recteur, selon l'usage, porta la parole. Son discours respire la satisfaction et la confiance que les premiers actes du régent avaient fait naître dans toutes les classes de la société :

« Déjà, Monseigneur, l'on ressent les effets de votre régence : prudente et habile, elle pourvoit à tout besoin; active, elle prend sur elle les travaux les plus grands; clairvoyante, elle distingue le bien et le mal, le vrai et le séduisant; réglée, elle conserve les droits de chaque état; puissante, elle contient tout dans le devoir et le respect; bienfaisante, elle ne se fait sentir que par le bien qu'elle fait. La distribution des grâces est l'unique chose qu'elle veuille se réserver sur tous ses droits. Puissions-nous avoir part aux bontés de Votre Altesse Royale! J'ose le dire de la compagnie au nom de laquelle j'ai l'honneur de parler, nous pouvons y prétendre par l'ancienneté et la noblesse de notre établissement, par

(1) Les pièces relatives à cette affaire font partie des papiers de M. Demontempuys qui existent à la bibliothèque de l'Université.

la pureté de nos maximes, par l'utilité de nos fonctions, par la simplicité de nos mœurs (1). »

Une obligation plus sacrée encore que ces hommages intéressés au nouveau pouvoir qui s'élevait, c'était la dette de l'Université envers la mémoire de Louis XIV. Demontempuys, dès les premiers jours de son administration, avait mis un louable empressement à s'occuper du choix de l'orateur qui serait chargé de prononcer, au nom de la compagnie, le panégyrique d'usage. Tous les suffrages se portèrent sur Grenan, le brillant professeur de rhétorique du collège d'Harcourt. Son attachement aux traditions de l'école de Paris n'était pas douteux, et on avait la certitude qu'il ne s'y montrerait pas infidèle en déclamant contre le jansénisme ou en faisant l'éloge des Jésuites, comme Poirier se l'était permis. Le service funèbre pour le repos de l'âme du feu roi eut lieu le 4 décembre suivant, dans l'église de la Sorbonne, en présence du cardinal de Noailles, des membres du Parlement et d'une foule d'illustres personnages. Grenan célébra dignement les hautes qualités du grand prince que le royaume venait de perdre. Sur le jansénisme, il garda un silence prudent et il ne le mit pas au nombre des hérésies attaquées par Louis XIV. Quant aux Jésuites, non seulement il ne leur accorda aucune louange, mais il dirigea contre eux, sous le voile de l'allusion, plus d'un trait qui fut avidement saisi par la malignité de l'auditoire. Le P. Porée, l'honneur du collège de Clermont, qui lui-même avait prononcé un panégyrique de Louis XIV, se plaignit de ces attaques dans une lettre à Grenan qui fut rendue publique (2). « Est-ce donc, répliqua Grenan (3) avec vivacité, est-ce donc caractériser les Jésuites, que de peindre le mensonge toujours prêt à jeter un voile sur la vérité pour empêcher ses rayons de parvenir jusqu'au

---

(1) *Harangues faites à Son Altesse Monseigneur le duc d'Orléans, régent du royaume*, par M. Demontempuys, recteur de l'Université, Paris, 1716, in-4°.
(2) *Lettre du R. P. Porée à M. Grenan, au sujet de l'Oraison funèbre du roy qu'il a prononcée en Sorbonne, le 11 décembre 1715*, in-12.
(3) *Réponse de l'auteur de l'oraison funèbre du roy à la lettre du P. Porée*. Voyez aussi la *lettre de M... à un de ses amis au sujet de l'oraison funèbre de Louis XIV, prononcée par le R. P. Porée, jésuite*, 1716, in-12.

trône? C'est à vous, mon père, d'examiner si la Société est si bien marquée à ces couleurs, qu'on ne puisse s'y méprendre. Pour moy, je n'ay point d'autre réponse à vous faire que celle que me fournit un ancien : « Si quelqu'un veut s'attribuer ce que « je dis en général, son imprudence découvrira le fond de son « cœur et fera connoître qu'il est coupable. *Si quis rapiet ad* « *se quod est commune, stulte nudabit animi conscientiam.* »

Grenan n'était que l'écho de l'immense majorité des maîtres de la Faculté des arts, et en particulier de ce groupe d'élite auquel appartenaient Rollin, Billet, Pourchot, Coffin, Dagoumer et le recteur Petit Demontempuys. Mais les mêmes sentiments régnaient aussi dans les autres Facultés; et au moment où l'orateur du collège d'Harcourt les exprimait à mots couverts, ils éclataient avec force dans la Faculté de théologie, celle de toutes les compagnies que la constitution *Unigenitus* avait le plus agitée et qui s'était sentie le plus atteinte par les rigueurs de Louis XIV.

Nous avons raconté les orageuses discussions et les coups d'autorité qui s'élevèrent lorsque l'enregistrement de la bulle fut demandé à la Faculté, au nom du roi. Le décret en vertu duquel cet enregistrement s'opéra avait été délibéré, porté et confirmé suivant les formes prescrites par les statuts; il était donc assez embarrassant de le faire casser. Mais l'esprit de parti est habile à imaginer des expédients pour donner l'apparence de la légalité à ses démarches les plus irrégulières (1). Le 1er octobre 1715,

(1) Outre le registre officiel des conclusions de la Faculté de théologie (Arch. nat., MM. 255, p. 380 et s.), nous avons eu sous les yeux, en écrivant le récit qu'on va lire, et contrôlé l'un par l'autre, deux documents contemporains, tous deux d'un grand prix, mais d'un caractère et d'un esprit tout opposés. Le premier, sorti d'une plume janséniste, est la *Relation des délibérations de la Faculté de théologie de Paris, au sujet du prétendu décret du 5 mars 1714* (1716, in-12, sans indication de lieu ni d'imprimeur). Cette relation fait suite à celle que nous avons citée au chapitre précédent. Comme on devait s'y attendre, elle ne brille pas par l'impartialité; aussi fut-elle dénoncée par les défenseurs de la bulle *Unigenitus*, comme un libelle « digne du mépris de tout ce qu'il y a de gens de goût et d'honneur. » Ils y opposèrent, peu de temps, après la *Relation fidelle des assemblées de Sorbonne touchant la Constitution Unigenitus, avec le Mémoire des sieurs Charton et consors* (à Anvers, 1716, in-12). La lecture de cette seconde relation est indispensable, ici comme plus haut, pour rectifier les exagérations et les erreurs contenues dans la première.

expiraient les pouvoirs du syndic, M⁰ Lerouge. A chaque élection nouvelle, il était de tradition que la Faculté déclarât, par un vote spécial, si elle approuvait les actes du syndic qui sortait de charge : tel fut le point par lequel les opposants à la bulle essayèrent d'abord d'introduire leurs protestations. La séance du 1ᵉʳ octobre était présidée par l'abbé Boileau, un des docteurs exilés qui venaient d'obtenir du régent l'autorisation de rentrer à Paris et de reparaître dans les assemblées. Boileau posa la question d'usage : « Approuvez-vous les actes du syndic? » Une certaine hésitation, qui n'était que trop prévue, se manifesta. M⁰ Chaudière, qui s'était signalé par son ardeur janséniste dans les délibérations du mois de mars de l'année précédente, fit la proposition de nommer une commission, composée de douze membres, à laquelle serait renvoyé l'examen des actes de M⁰ Lerouge; il désigna même le nom de ceux qui, suivant lui, devaient être choisis; tous, ou du moins le plus grand nombre, étaient adversaires déclarés de la constitution *Unigenitus*. Cent dix-huit voix se prononcèrent en faveur de la double proposition de M⁰ Chaudière. Le même jour, et à la même majorité, la Faculté pourvut au remplacement de Lerouge dans le syndicat par la nomination de M⁰ Ravechet, ancien précepteur et ami fidèle de l'abbé de Pomponne, qu'il avait accompagné dans ses ambassades à Rome et à Venise. Sans l'intervention du duc d'Orléans, la commission qui venait d'être nommée aurait déposé son rapport dès le mois suivant. Le prince, qui s'appliquait à calmer les esprits et qui ne désespérait pas encore d'y réussir, obtint par des voies amiables un ajournement. Toutefois il ne put empêcher l'explosion que préparaient et que souhaitaient d'ardentes inimitiés. Le 4 novembre 1715, le nouveau syndic, en prenant possession de sa charge, harangua la Faculté. Il la remercia de l'honneur qu'elle lui faisait, passa rapidement sur l'éloge du roi défunt, s'étendit davantage sur les grandes qualités du duc d'Orléans, et insista sur le rappel des docteurs exilés par Louis XIV pour s'être déclarés contre la constitution. Il félicita la Faculté de ce qu'elle avait enfin revu dans ses rangs « ces hommes forts dans la foi, ces défenseurs de la vérité, lesquels, obligés de dire leur sentiment, avaient suivi les mouvements de leur conscience et parlé en catholiques. » Ce discours, œuvre de parti, ne souleva d'abord aucun orage; mais, à la séance du premier lundi de décembre, un docteur, M° Humbelot, se plaignit de l'allocution du syndic, dans laquelle il avait remarqué, disait-il, plusieurs traits injurieux au pape, injurieux à la mémoire du feu roi et au clergé de France, injurieux même au prince régent et à la Faculté. Le syndic somma M° Humbelot de s'expliquer. Celui-ci, au milieu des murmures de l'assemblée, répéta son accusation et la consigna par écrit; il ajouta qu'assurément c'était injurier et le feu roi, et le pape, et le régent, et la Faculté, que de s'efforcer d'affaiblir par d'imprudentes paroles l'autorité d'une constitution pontificale, solennellement approuvée, et que la Faculté de théologie avait reçue tout d'une voix. A ces mots, des protestations s'élevèrent et une discussion tumultueuse s'engagea. Il semblait que le débat ne dût porter que sur les paroles prononcées par M° Ravechet, et il roula tout entier sur l'acceptation de la bulle par la Faculté de théologie. On vit alors se produire toutes les conséquences de la distinction établie vingt mois auparavant par M° Habert, entre l'acceptation et l'enregistrement; distinction favorable aux capitulations de conscience et à la versatilité des opinions. Beaucoup de ceux qui s'étaient prononcés pour que la bulle fût enregistrée purement et simplement, s'en vinrent déclarer qu'ils n'avaient pas entendu l'accepter par ce vote comme une règle de croyance, mais seulement faire preuve de soumission aux ordres du roi. L'abbé d'Asfeld, plus sincère et plus ardent, s'écria que, pour lui, il s'était toujours opposé à ce que la bulle fût reçue, et qu'il espérait bien avec la grâce de Dieu s'y opposer encore jusqu'au dernier soupir. Tous les efforts pour ramener la discussion à son point de départ furent inutiles. Après avoir marché péniblement au but que les meneurs du parti janséniste poursuivaient, elle se termina par la conclusion suivante : « La Faculté déclare que l'accusation intentée par M° Humbelot contre M. le syndic est injurieuse et pleine de calomnie; et elle ordonne que ledit sieur Humbelot sera exclu des assemblées et privé de toutes fonctions de docteur jusqu'à ce qu'il se soit publiquement rétracté, et qu'il ait demandé très humblement pardon à la Faculté et à M. le syndic. La Faculté déclare encore qu'il est faux que la constitution *Unigenitus* ait été reçue par la Faculté, comme le prétend ledit sieur Humbelot. » Dans une séance extraordinaire, qui se tint le 5 décembre, cette conclusion fut de nouveau lue et confirmée ; le 16 décembre, l'impression en fut ordonnée ; le 3 janvier, la Faculté refusa d'approuver le compte des dépenses occasionnées par la publication du décret du 5 mars 1714, et elle décida que ces dépenses seraient laissées à la charge de ceux qui les avaient effectuées. Elle voulut en outre que ce décret fût biffé de ses registres, comme une pièce fausse, apocryphe, qu'elle ne pouvait reconnaître pour son ouvrage.

Ainsi se succédaient les résolutions les plus violentes, sans respect pour l'autorité de la chose jugée et sans ménagement pour les personnes. Il devenait urgent, dans l'intérêt de la justice et de la tolérance, que le gouvernement modérât cette fougue dangereuse. Le duc d'Orléans interposa une seconde fois son autorité par la lettre suivante, adressée au syndic : « Monsieur Ravechet, je vous ai fait mander, il y a quelques jours, que je ne voulois pas qu'on fît imprimer vos conclusions. Je vous réitère aujourd'hui la même défense. Je ne veux pas que dans vos assemblées il se fasse dorénavant aucune mention directe ni indirecte de la constitution. S'il arrive quelque chose de contraire à mes ordres, je m'en prendrai à vous. Si quelques échauffés s'avisoient encore de parler de ces matières, vous pourrez faire usage de cette lettre pour leur notifier mes intentions. »

Les ordres du régent étaient si positifs qu'il fallut se résigner à obéir. Les docteurs jansénistes protestèrent en faveur de la liberté des délibérations de la compagnie ; mais ni leurs réclamations ni leurs démarches ne changèrent les résolutions qui leur avaient été signifiées. La Faculté de théologie cessa donc pendant quelques mois de s'occuper officiellement de la constitution *Unigenitus*. Cependant le coup était porté, les positions étaient prises, la Sorbonne inclinait à se prononcer contre le jugement du souverain pontife, et le jansénisme, qu'on croyait étouffé depuis la destruction de Port-Royal, reparaissait avec plus d'éclat, plus d'audace, plus de chances de succès qu'à aucune autre époque de son histoire. Déjà même ses partisans, longtemps persécutés, abusaient de leur victoire éphémère pour devenir à leur tour persécuteurs, car ils prétendaient exclure des délibérations de la Faculté ceux qui ne concluaient pas comme eux. Ce qu'il y a de plus triste, c'est qu'ils obtinrent du Parlement un arrêt conforme à leurs rancunes, non seulement contre Me Humbelot, mais contre les docteurs, au nombre de vingt-deux, qui persistaient à soutenir que la constitution *Unigenitus* avait été reçue en mars 1714 par la compagnie. Quiconque, adversaire du jansénisme, avançait des propositions équivoques, était aussitôt dénoncé et poursuivi avec solennité. Un docteur de Paris, qui enseignait la théologie à Reims, Me Leroux, ne partageait pas l'ardeur générale contre la bulle; comme il avait émis des assertions contestables sur le sacrement de pénitence, il eut à subir les ennuis d'un long procès en Sorbonne et une censure flétrissante, qui fut un coup de parti.

L'épiscopat commençait à s'alarmer de l'effervescence des esprits. On put juger de ses appréhensions par un mandement dans lequel l'évêque de Toulon, M. de La Tour du Pin de Montauban, dénonça « ces Facultés de théologie qui se croyoient en droit de rejeter les décisions du Saint-Siège, reçues du corps des évêques et revêtues de l'autorité du prince : écoles dangereuses dont il convient de s'éloigner jusqu'à ce qu'elles soient purifiées, pour ne point s'empoisonner en voulant s'instruire. » M. de La Tour du Pin terminait en déclarant « que désormais il n'admettroit à l'état ecclésiastique et aux saints ordres aucun de ceux qui se trouveroient avoir étudié dans les écoles qui n'auroient pas reçu la constitution *Unigenitus* ou qui voudroient revenir sur l'acceptation qu'elles en auroient faite. » Bien que l'école de Paris ne fût pas nommée, il était trop évident que les imputations et les menaces de l'évêque de Toulon s'adressaient à ses docteurs. Jamais reproches aussi graves, aussi amers, n'avaient frappé cette illustre compagnie, fière de son autorité, plus jalouse encore de sa renommée, et que les éloges donnés à son orthodoxie par un si grand nombre de papes autorisaient à se regarder comme le plus solide rempart de la foi. Le syndic, M° Ravechet, saisit la première occasion qui lui fut offerte de réfuter dans un prolixe discours les allégations de l'évêque de Toulon; plainte fut portée par la Sorbonne au régent; le mandement audacieux fut déféré au Parlement et condamné (1); le recteur lui-même, M. Demontempuys, en présence de l'Université solennellement assemblée aux Mathurins le 22 juin 1716, crut devoir prendre la défense de la Faculté de théologie (2). Il rappela les services qu'elle avait rendus en tout temps à l'Église, les louanges qu'elle avait reçues, la prudence et la piété qu'elle avait montrées; puis, changeant de rôle et élevant le ton : « J'en appelle, s'écria-t-il, à la foi publique, et je demande qu'elle décide entre les docteurs de la Faculté et ceux qui osent l'accuser d'hérésie et de schisme. Qui sont ceux qui méritent le juste reproche d'être tombés dans de profanes nouveautés de paroles et d'enseigner une doctrine qui porte faussement le nom de science? Qui sont ceux qui allient Jésus-Christ avec Bélial, le fidèle avec l'infidèle, le temple de Dieu avec les idoles? Qui sont ceux qui ont substitué à la charité, qui contient seule l'esprit d'adoption des enfants, la crainte servile par laquelle nous ne pouvons crier : Mon père, mon père? Qui sont ceux qui ont tellement exténué la grâce de Jésus-Christ, qu'elle demeure sans force et s'évanouit entre leurs mains, sans qu'il en reste presque de traces? Qui sont ceux qui ont renversé de fond en comble la discipline de l'Église, altéré et corrompu la morale de l'Évangile ? » De bruyantes acclamations accueillirent les paroles du recteur. La Faculté de théologie envoya vers lui des députés pour le remercier, et l'Université triomphante ordonna que ce discours, qui répondait si bien à ses propres sentiments, fût inséré au registre de ses délibérations.

Mais plus les adversaires de la bulle déployaient d'ardeur opiniâ-

---

(1) *Conclusions de la Faculté de théologie*, ibid., p. 400 et s.; *Journal de l'abbé Dorsanne*, t. I, p. 263; *Journal de la Régence*, de J. Buvat, t. I, p. 134.
(2) *Arch. U.*, Reg. XLII, fol. 60 v°, 62 et s.

tre dans la résistance, plus les évêques unis au Saint-Siège se montraient émus de cette rébellion. Tandis que les écoles de Paris retentissaient des louanges décernées à Demontempuys, l'archevêque de Reims, M. de Mailly, publiait contre lui un mandement amer et méprisant. Le prélat y taisait ce titre de recteur dont M. Demontempuys se montrait si fier, et il mettait une certaine affectation à le représenter comme un simple ecclésiastique, auteur inconsidéré d'un discours de parade dans lequel étaient outragés et le pape et les évêques. « Une telle audace, s'écriait M. de Mailly indigné, demeurera-t-elle impunie? Le sacerdoce et l'empire ne concourront-ils pas à réprimer le mouvement que des esprits séditieux excitent en divers endroits de l'église gallicane? » La cour de Rome à son tour lança un bref courroucé contre « ces enfants rebelles, ces disciples dégénérés de l'ancienne école de Paris, qui s'écartaient honteusement des vestiges de leurs pères et oubliaient les devoirs que leur imposait le titre de docteurs. » Pour les punir de leur témérité, Clément XI suspendait provisoirement tous les privilèges accordés à la Faculté de théologie par ses prédécesseurs (1). Le bref du pape et le mandement de l'archevêque de Reims furent supprimés par sentence du Parlement. L'Université se donna une petite satisfaction à elle-même en ordonnant, sur la proposition du syndic, que le discours de Demontempuys, qui était seulement transcrit sur ses registres, fût imprimé et distribué (2).

Ce qu'il y a d'étrange, c'est qu'au moment même où les partis opposés s'attaquaient si vivement, des négociations très actives se suivaient entre la cour de France, le Saint-Siège et M. de Noailles. Tout espoir d'accommodement n'était pas sans doute évanoui; mais les esprits étaient trop animés pour écouter des paroles de conciliation, et surtout pour se résigner à l'obéissance. Comme le bruit circulait que M. de Noailles se montrait disposé à une transaction, la Faculté de théologie, poussée par son syndic, décida

---

(1) Bref du 18 novembre 1716. Lafiteau, *Hist. de la Const.*, l. III, p. 264; Picot, *Mém. pour servir à l'hist. ecclésiastique*, t. I, p. 381.
(2) *Journal de l'abbé Dorsanne*, t. I, p. 301 et s.; *Arch. U.*, Reg. XLII, fol. 95.

que ses membres iraient sur-le-champ au palais du cardinal « pour lui déclarer et lui assurer que la compagnie lui serait inviolablement attachée, tant qu'il continuerait à l'être lui-même aux intérêts de la patrie, de l'Église et de la vérité; ce qu'elle attendait de lui avec une confiance entière. » A peine cette conclusion fut-elle adoptée, que plus de cent docteurs, conduits par le doyen, coururent la porter à l'archevêché (1). C'était le jour même où le cardinal donnait ses audiences, un grand nombre de personnes se pressaient aux portes de son palais; si bien que l'arrivée de ce cortège inattendu causa dans la foule quelque tumulte, qui faillit dégénérer en sédition. Malgré la faiblesse de son caractère, M. de Noailles ne put s'empêcher de répondre à l'allocution qui lui fut adressée par le doyen « que la démarche de la Faculté n'était pas nécessaire, et qu'avec la grâce de Dieu il espérait bien ne pas manquer aux devoirs de sa charge. » Le régent témoigna un vif mécontentement. Ravechet, mandé chez le premier président, reçut une admonition sévère de la bouche de M. de Mesmes, en présence du procureur général d'Aguesseau; de plus, ordre fut donné à la Faculté de théologie d'avoir à biffer de ses registres la délibération qu'elle venait de présenter au cardinal.

Mais ce commandement exprès n'était pas encore exécuté, que déjà un nouvel incident venait accroître les embarras de la situation. Quatre évêques, M. de La Broue, évêque de Mirepoix, M. Soanen, évêque de Senez, M. Colbert, évêque de Montpellier, et M. de Langle, évêque de Boulogne, en appelèrent de la constitution *Unigenitus* au concile général; et comme ils n'étaient pas certains de trouver un notaire qui consentît à dresser acte de leur appel, ils résolurent de prendre à témoin la Faculté de théologie, où ils se connaissaient de nombreux adhérents. Le 6 mars 1717, la compagnie, assemblée en Sorbonne, délibérait sur divers points de doctrine, quand l'arrivée des quatre prélats fut annoncée par M° Jollain, curé de Saint-Hilaire. Six docteurs, choisis parmi les

---

(1) *Journal de la Régence*, de Buvat, t. I, p. 241.

anciens, allèrent au-devant d'eux et les conduisirent aux places d'honneur réservées aux évêques sur le même banc que le doyen. M. de Mirepoix parla le premier, comme étant le plus âgé : il loua en peu de mots la Faculté de son zèle inébranlable pour la défense de la foi, déplora les malheurs de l'Église, et fit connaître les motifs et le but de la démarche que ses collègues et lui-même venaient faire. M. de Senez lut ensuite, d'une voix distincte, l'acte d'appel. Alors le syndic, prenant à son tour la parole, remercia les prélats, approuva vivement leur dessein, et conclut en déclarant « qu'il adhérait à l'appel interjeté par nos Seigneurs les prélats, et que, Dieu aidant, il y adhérerait toujours. » A ces mots, plusieurs voix s'écrièrent : « Nous adhérons! nous adhérons! » La délibération qui suivit ne démentit pas les espérances que ces cris tumultueux encourageaient. La plupart des docteurs se prononcèrent en faveur de l'appel; un petit nombre hésitèrent; les membres qui appartenaient à des communautés religieuses s'étaient retirés pour ne pas avoir à donner leur avis. M° Vivant, curé de Saint-Merry, fut le seul qui ne céda pas à l'entraînement général; il essaya de faire comprendre que l'appel servirait seulement à susciter de nouveaux embarras, et, dans le cas où la majorité passerait outre, il menaça de former opposition. Malgré ses efforts, quatre-vingt-onze suffrages, contre dix ou douze, approuvèrent l'imprudente conclusion par laquelle la Faculté de théologie adhérait à l'appel des quatre évêques (1). Quand cette conclusion eut été rendue publique, elle souleva d'énergiques protestations, surtout de la part des docteurs exclus de la Faculté. Mais que pouvaient-ils espérer dans l'état d'effervescence où étaient les esprits?

L'Université presque tout entière brûlait de suivre l'exemple des théologiens, et au dehors tout conspirait à enflammer son ardeur. Le chancelier Voysin, un des favoris de Louis XIV et de Mme de Maintenon, « ministre unique, dit Saint-Simon, de l'affaire de la constitution, » venait d'être enlevé par une mort

---

(1) *Arch. nat.*, MM. 256, p. 15 et s.; *Journal de la Régence*, de Buvat, t. I, p. 256 et s.

subite; le régent lui avait donné pour successeur d'Aguesseau, signalé par son attachement aux maximes de l'Église gallicane et par l'opposition courageuse qu'il avait faite sous le dernier roi à la bulle *Unigenitus* (1). Quand l'Université vint offrir ses félicitations au nouveau chancelier, elle eut l'agréable surprise d'entendre l'éminent magistrat répondre en latin au compliment du recteur; preuve d'affection et de savoir que bien peu de chanceliers avaient donnée à l'école de Paris. Mais, quelles que fussent les sympathies personnelles de d'Aguesseau, il avait trop de lumières et de patriotisme pour prêter son appui à des démarches qui ne pouvaient qu'ajouter au trouble des consciences. Quant au régent, contrarié dans ses projets de conciliation, sollicité d'ailleurs par le cardinal de Rohan et par les vieux généraux de Louis XIV, Villars, d'Huxelles, Villeroi, fidèles aux traditions du dernier règne, il ne témoignait pas pour les jansénistes la même condescendance qu'autrefois. Il voyait clairement que l'excès de leurs prétentions plaçait de jour en jour l'Église et l'État sur la pente du schisme; et, pour conjurer ce péril, sa prudence ne lui montrait pas d'autres voies que les mesures de sévérité si durement reprochées au roi défunt. Il se rangea donc à l'avis de ceux qui conseillaient d'user de rigueur. Le lendemain même du jour où la Faculté de théologie avait adhéré à l'appel des quatre évêques opposants, ceux-ci reçurent l'ordre de quitter Paris dans les vingt-quatre heures. Un notaire, appelé Thouvenot, qui avait consenti à leur prêter son ministère, fut conduit à la Bastille; Ravechet fut exilé à Saint-Brieuc; la Faculté elle-même eut la douleur d'apprendre que ses réunions étaient suspendues par commandement du roi. De son côté, le recteur fut mandé avec le syndic chez le premier président, et ce magistrat leur intima, de la part du régent, la défense expresse de se joindre à l'appel des évêques (2). L'Université à ce moment se trouvait partagée entre deux impressions également puissantes, la crainte de désobéir et la

---

(1) Monnier, *le Chancelier d'Aguesseau, sa conduite, ses idées politiques*, etc., Paris, in-8°, p. 141 et s.
(2) *Arch. U.*, Reg. XLII, fol. 85. Cf. *Journal de Dorsanne*, t. I, p. 321 et s.

honte de se soumettre. Elle crut qu'elle concilierait ses convictions et ses devoirs si, tout en ne formant plus appel sur-le-champ au concile général, elle déclarait cet appel nécessaire et sollicitait du régent l'autorisation de l'introduire. Tel fut l'avis concerté entre les procureurs des différentes Nations, avis que chacun d'eux exprima dans l'assemblée générale du 12 mars 1717, non sans protester contre les atteintes prétendues que la constitution *Unigenitus* portait à l'autorité des évêques, aux droits du roi et du royaume, aux dogmes de la foi et aux règles des mœurs (1). Demontempuys, qui présidait, se réunit avec ardeur à ces conclusions qu'il avait sans doute préparées; mais son adhésion faillit abréger le temps de son rectorat. Le régent, irrité de ces résistances cachées sous le voile de la soumission, fut sur le point d'expédier une lettre de cachet portant défense à la Faculté des arts de proroger les pouvoirs du recteur, et même de lui donner pour successeur Michel Godeau. Les bons offices du doyen de la Faculté de médecine, M° Douté, qui soignait la duchesse de Berry, fille du régent, prévinrent ce nouvel acte de rigueur. Malgré son zèle pour la cause janséniste, Demontempuys fut conservé en fonctions. Suivant les convenances passagères de sa politique incertaine, le régent inclinait tour à tour à la rigueur et à la sévérité. Après avoir fait tous ses efforts pour contenir l'Université, il accueillit avec une faveur manifeste le mémoire qu'elle avait composé en réponse aux accusations lancées contre elle par dix-huit prélats (2). Ainsi, dans les courts intervalles où la discussion se trouvait interrompue, soit en Sorbonne, soit à la Faculté des arts, par les ordres du régent, des écrits échangés de part et d'autre continuaient la controverse et l'envenimaient.

Au milieu des luttes que la majorité de ses membres soutenait avec plus d'ardeur que de sagesse contre la bulle *Unigenitus*, l'Université de Paris, et surtout la Faculté de théologie, attachait

---

(1) *Arch. U.*, Reg. XLII, f. 86 et s.; Reg. XI bis, f. 206; Bibl. Maz., Cod. 1935 A, f. 207.
(2) *Mémoire présenté à S. A. R. Mgr le duc d'Orléans, régent du royaume, pour la défense de l'Université contre un mémoire de quelques prélats de France*, Paris, 1717, in-4°.

le plus grand prix à ne jamais paraître s'écarter de l'obéissance due au prince et aux magistrats. Plus elle s'éloignait du Saint-Siège, plus elle sentait la nécessité de se tenir étroitement attachée au pouvoir royal, afin que sa propre cause parût se confondre avec celle du souverain. Aussi, de toutes les imputations dirigées contre elle dans le cours de la plus ardente polémique, nulle ne lui fut plus amère que le reproche de n'être pas restée aussi ferme qu'elle le prétendait dans sa foi monarchique; d'avoir eu des jours d'égarement et de rébellion; enfin de s'être, au temps de la Ligue, laissé dominer par les factions jusqu'à porter les décrets les plus séditieux contre Henri III et Henri IV. Étrange retour des opinions humaines! Ces accusations partaient des Jésuites et de leurs amis, c'est-à-dire de l'école et du parti qui, au seizième siècle, avait produit Mariana, et dont l'exemple, les doctrines et les menées audacieuses avaient alors poussé la Sorbonne à ces délibérations de funeste mémoire, tournées contre elle par ses nouveaux adversaires. Afin de défendre l'honneur de sa compagnie, M° Ravechet avait fait statuer, dès le mois de janvier 1717, que « la Faculté ne reconnaissait pas, bien plus, qu'elle n'avait jamais reconnu pour son ouvrage les décrets faussement publiés sous son nom pendant les règnes de Henri III et Henri IV; qu'elle désavouait la doctrine contenue dans ces décrets; qu'elle avait toujours combattu, qu'elle ne cesserait de combattre une doctrine aussi détestable (1). » Il fut décidé en outre qu'on rassemblerait les censures et conclusions de la Faculté en faveur de l'autorité des rois, et que le recueil en serait imprimé. Ce dernier travail, qui n'était pas sans importance pour la bonne renommée de l'école de Paris, ne fut terminé qu'en août. Ravechet, dans l'intervalle, était mort à Rennes (2), comme il se rendait au lieu de son

(1) *Arch. nat.*, MM 256, p. 3 et s.; d'Argentré, *De nov. err.*, t. II a, p. 482 et s.
(2) Il succomba le 24 avril 1717, dans la maison conventuelle de l'abbaye de Saint-Melaine. Les jansénistes firent circuler une *Relation abrégée de la maladie et de la mort de M. Ravechet, docteur de la maison et société de Sorbonne et syndic de la Faculté de théologie de Paris*, in-12. Cette relation nous apprend que, le jour même de sa mort, Ravechet signa un écrit portant « qu'il ne révoquoit rien de ce qu'il avoit fait comme syndic. » Cf. *Arch nat.*, MM. 256, p. 32 et s.; *Journal de Dorsanne*, t. I, p. 331; *Journal de la Régence*, t. I, p. 286 et s.

exil; mais il laissait derrière lui un groupe animé du même esprit et tout aussi ardent que lui-même pour la défense de sa compagnie. Celle-ci jugea utile à ses intérêts d'apporter une certaine solennité à la distribution du recueil de ses censures. Elle choisit en conséquence des députés qui allèrent en son nom présenter ce nouveau recueil au roi, au duc d'Orléans, au duc de Chartres, au prince de Conti, à l'archevêque de Paris, au chancelier d'Aguesseau, au premier président, au procureur général et au duc de Bourbon. M° Lehideux conduisait la députation. A chaque visite, il prononça un discours; mais le personnage qui reçut de la bouche de l'orateur le plus de louanges et d'hommages, ce ne fut ni le jeune roi, ni le duc d'Orléans, ni le duc de Chartres, ni même d'Aguesseau, ce fut le procureur général, Joly de Fleury, auquel était dévolue la mission de requérir contre les mandements des évêques. M° Lehideux fit admirer dans le savant et éloquent magistrat, « une étendue de lumières à qui aucune connaissance n'échappe, une pénétration d'esprit qui approfondit les matières les plus abstraites, une solidité de jugement qui perce à travers les nuages dont la malignité et le mensonge s'efforcent de couvrir l'innocence et la vérité (1). » Ainsi l'Université de Paris, à l'exemple de tous les corps et de tous les partis, ménageait habilement, complimentait, exaltait ceux qui se montraient dévoués à sa cause. Quelquefois même, en témoignage de reconnaissance, elle se hasardait à leur offrir quelques cadeaux; vieille tradition qui n'était pas encore tout à fait perdue au temps où nous sommes arrivés, car l'abbé Tressan, premier aumônier du duc d'Orléans, depuis évêque de Nantes et archevêque de Rouen, qui s'était entremis, à la mort de Louis XIV, pour le rétablissement des privilèges de l'Université, reçut d'elle, par une délibération spéciale, un exemplaire du grand ouvrage de Du Boulay.

Nous avons insisté sur le tableau des controverses religieuses qui furent, au commencement du dix-huitième siècle, la grande

---

(1) *Censures et conclusions de la sacrée Faculté de théologie de Paris, touchant la souveraineté des rois, la fidélité que leur doivent leurs sujets, la sûreté de leurs personnes et la tranquillité de l'État*, Paris, 1720, in-4°, p. 457.

préoccupation de l'Université de Paris. Cependant elles ne forment pas à elles seules toute l'histoire de cette époque; et, pour compléter notre récit, nous devons y rattacher divers événements qui se passèrent alors et qui ne sont pas dénués d'intérêt pour nous.

Malgré les soucis que lui causait l'affaire de la constitution, Demontempuys, scrupuleux observateur des règlements de l'Université, se gardait bien de négliger la surveillance des collèges. Il en visita plusieurs, accompagné des doyens, des procureurs, du syndic et du greffier, suivant le statut de 1709, et il employa ses soins et son autorité à réformer les abus qu'il découvrait. Contenir les boursiers dans le devoir; veiller sur leur conduite et leur travail; les obliger à se présenter aux examens dans les délais voulus; faire cesser la jouissance de leur bourse à l'expiration du temps fixé par les actes de fondation; maintenir une exacte discipline dans l'intérieur des collèges; en interdire l'habitation aux femmes et à tous ceux qui n'avaient pas le droit d'y résider; empêcher, ou du moins régler sévèrement, les communications avec le dehors; pourvoir à la bonne administration des biens, garantie surtout par l'exacte reddition des comptes; prévenir ou apaiser les conflits et les querelles : ce sont là, plutôt encore que l'enseignement luimême, les objets de continuelle sollicitude pour l'Université, qui attirèrent principalement l'attention du recteur et de son conseil (1). Cependant les études proprement dites furent aussi l'occasion de quelques sages mesures. Ainsi les statuts qui furent donnés en 1717 au collège de Dainville renferment trois articles concernant les exercices scolaires, conférences, répétitions et disputes que les élèves de philosophie et d'humanités et les étudiants en théologie sont tenus de suivre dans l'intérieur de la maison, sous la direction du principal ou de celui que le principal a chargé de le remplacer (2). La même année, Demontempuys rédigea de nouveaux règlements pour le collège des Lombards, ou plutôt des

---

(1) Voyez, entre autres, les statuts donnés au collège de Bayeux en 1705 et en 1713. Félibien, *Histoire de Paris*, t. I, p. 522; t. V, p. 855 et s.
(2) *Arch. U.*, Reg. XLII, fol. 95.

Irlandais (1); circonstance d'autant plus remarquable que cet établissement, bien que soumis à l'autorité du recteur, relevait de l'archevêque de Paris, qui lui avait donné des statuts en 1677. Comme les Irlandais annonçaient le dessein de choisir un principal qui n'était pas maître ès arts, Demontempuys forma opposition, en vertu des lois immémoriales de l'Université de Paris, et la fonction vacante fut donnée à un docteur en théologie, M° Fogarty. Ailleurs des recommandations furent adressées aux principaux et aux régents pour qu'ils eussent à exiger la plus grande assiduité de la part des étudiants en philosophie. Cette mesure était surtout dirigée contre les jeunes clercs du séminaire de Saint-Sulpice, assez mal vus de la Faculté des arts; car, afin d'obtenir les certificats nécessaires pour l'obtention des grades, ils donnaient leurs noms dans les collèges de l'Université, mais ils se dispensaient d'en fréquenter les classes. Dans une séance du tribunal académique (2), Pourchot tonna avec sa véhémence ordinaire contre ce nouvel abus; il le dénonça comme une fraude coupable, commise au préjudice des lettres par des hommes destinés au service des autels, et qui devaient avoir appris par le témoignage des livres saints que Dieu déteste le mensonge.

Un fait curieux et peu connu, c'est que la langue hébraïque était enseignée dans plusieurs collèges concurremment avec le grec et le latin. Au nombre de leurs élèves, les Jésuites comptaient quelques enfants originaires des contrées de l'Orient, qui étaient confiés par le gouvernement à la société de Jésus, et qui se préparaient sous sa direction à servir d'interprètes à la diplomatie et au commerce français dans les échelles du Levant. Comme l'institution n'avait pas donné tous les fruits qu'on en espérait, le gouvernement substitua en 1721 (3) aux élèves orientaux des enfants nés de parents français, qui, outre la langue latine, devaient étudier le turc et l'arabe sous des maîtres payés par le roi.

---

(1) Règlement du 17 avril 1717. *Ibid.*, fol. 90 et s.
(2) Séance du 16 décembre 1716. Voy. *Arch. U.*, Reg. XLII, f. 78 v° et 79.
(3) Félibien, *Hist. de Paris*, t. II, p. 1530; t. IV, p. 503 et s.; Buvat, *Journal*, t. II, p. 267.

Telle est l'origine de l'école dite des *Jeunes de langues*, qui s'est conservée jusqu'à nos jours. L'Université de Paris n'entrait pas dans les préoccupations, moins littéraires que politiques, qui ont donné naissance à cet utile établissement; mais quelques-uns de ses maîtres se sentaient poussés vers l'étude de l'hébreu, non seulement par un motif de piété, mais par le vif sentiment de la sublime poésie et de l'éloquence de l'Écriture sainte. Au collège du Plessis-Sorbonne, Pierre Billet consacra, durant plusieurs années, une partie des classes à expliquer les psaumes d'après le texte original, dont il développait les beautés à ses rhétoriciens. A Sainte-Barbe, Pourchot institua un enseignement régulier de la langue sacrée, selon la méthode de l'abbé Masclef, laquelle consistait à lire l'hébreu sans le secours des points. Le collège d'Harcourt, qui ne comptait pas seulement des grammairiens et des humanistes, mais plusieurs étudiants en théologie, voulut aussi posséder, à l'usage de ces derniers, sinon un véritable cours, du moins des conférences d'hébreu. La direction en fut confiée par le proviseur, Dagoumer, à Étienne Fourmont, professeur d'arabe au Collège royal, et adversaire déclaré de la méthode adoptée par Pourchot. Mais Fourmont faillit tout compromettre par l'annonce bruyante de ses leçons, dont le programme fut affiché dans le quartier latin. On lui objecta qu'il n'était pas autorisé par sa Nation à enseigner, et il fallut le crédit et l'habileté de Dagoumer pour que cette infraction aux lois académiques ne fût pas sévèrement réprimée (1).

Fourmont ne fut pas le seul à faire l'épreuve du zèle jaloux de la Faculté des arts pour l'exacte observation de ses règlements. Au mois d'août 1717, des exercices scolaires sur l'éloquence pro-

---

(1) *Arch. U.*, Reg. XLII, fol. 114 v° et s. Voy. nos Pièces justificatives, n° CLXIV. L'étude de l'hébreu ne recevait pas partout les mêmes encouragements qu'au collège d'Harcourt, qu'à Mazarin et qu'au Plessis. Fourmont fut chassé du collège des Trente-trois parce que le supérieur s'était aperçu qu'il cultivait la langue hébraïque et qu'il s'efforçait d'en inspirer le goût à ses compagnons. Le supérieur déclara qu'il le regardait comme homme capable de mettre le trouble dans la maison. Fourmont se retira au collège de Montaigu, puis au collège de Navarre. (*Mém. de l'Acad. des Inscriptions*, t. XVIII, p. 414 et 415.) Sur la vie et les travaux d'Étienne Fourmont, voyez aussi Goujet, *Mém. sur le Collège royal*, t. III, p. 330 et s.

fane et sacrée étaient annoncés dans une maison particulière (1), rue des Gravilliers, sous la présidence de M° Jean Olivier et avec le concours de M° Germain Regnault, qui se disaient tous deux maîtres ès arts. Le recteur, averti par le syndic et pressé par le vœu unanime des Nations, assigna sur-le-champ Olivier et Regnault. Ceux-ci effrayés renoncèrent à leur projet sans attendre des poursuites plus rigoureuses.

Demontempuys eût désiré sans doute mener à bonne fin aussi rapidement une autre affaire bien plus grave, la contestation de l'Université avec les deux chanceliers de Notre-Dame et de Sainte-Geneviève; mais il avait à lutter contre des parties non moins convaincues de leur bon droit et non moins opiniâtres qu'il ne l'était lui-même. Était-ce le chancelier ou bien le recteur qui devait poser le bonnet magistral sur la tête des nouveaux licenciés? Ce point demeurait indécis, et la discussion en se prolongeant s'élargissait. Écoutons le langage de la Faculté des arts dans sa requête au Parlement : « Qu'est-ce, disait-elle, que la dation ou imposition du bonnet? C'est une action, ou cérémonie par laquelle un sujet est fait membre de l'Université dans la Faculté des arts, c'est-à-dire membre d'une compagnie établie dans le royaume par autorité du roi. Or, il est sans difficulté que c'est à l'officier institué par le roi, tel qu'est le recteur, tels que sont aussi les procureurs des Nations, les doyens des Facultés ou des tribus, les professeurs et autres sujets dépendant du roi et agissant sous son autorité, et non pas à ceux qui représentent une puissance étrangère, tels que sont les chanceliers de Notre-Dame et de Sainte-Geneviève, qu'appartient le droit d'établir un sujet membre de l'Université, qui est une compagnie de l'État, pour y avoir droit de suffrage dans les délibérations, droit d'enseigner publiquement, droit d'entrer dans les charges dont les fonctions ont un rapport immédiat aux lois de l'État et touchent souvent les devoirs les plus réels et les plus essentiels dont nous sommes tenus envers notre souverain. La maxime est incontestable : c'est un droit qui

(1) *Bibl. de l'Université,* papiers de M. Demontempuys. Voy. Pièces justificatives, n° CLXII.

est attaché naturellement à la souveraineté, auquel on ne peut pas toucher sans donner atteinte aux droits du roi et à l'indépendance de sa couronne de toute autre puissance qui soit sur la terre... Quel fond pourrait-on faire, continuaient les avocats de la Faculté des arts, dans des temps difficiles, sur un membre de l'Université qui se trouverait en charge dans la compagnie, ou préposé à l'instruction de la jeunesse, et qui s'imaginerait devoir son état à une puissance différente de celle à laquelle il a été soumis par le sort de sa naissance, ou plutôt par l'ordre de la Providence divine? » A ces attaques vigoureuses les chanceliers opposaient qu'eux aussi, malgré leur caractère sacerdotal, étaient, aussi bien que le recteur, les sujets du roi, et qu'ils n'exerçaient leur ministère qu'avec son agrément. Ils ajoutaient que les plus zélés défenseurs des libertés gallicanes n'avaient jamais traité d'attentats contre les droits et la souveraineté de la couronne les actes de la puissance ecclésiastique en matière temporelle, quand cette puissance agissait de concert avec le pouvoir séculier et sous le bon plaisir du prince. Enfin ils signalaient avec force les dangereuses conséquences des maximes invoquées, maximes qui ne tendaient pas seulement à refuser toute part dans la collation des grades académiques aux juridictions et aux pouvoirs émanés de la cour de Rome, mais qui par la même raison frappaient de suspicion le corps entier de l'épiscopat. Car si, par rapport à l'intérêt de l'État, toute prérogative, toute attribution venant des papes est un juste motif d'alarme, « quel fond, comme le disaient les deux chanceliers, peut-on faire sur les évêques, qui sont à la tête du premier ordre du royaume, eux qui tiennent de l'autorité apostolique les degrés qu'ils ont reçus dans les universités et leur institution canonique dans leurs sièges? » Avouons-le : la prévoyance des chanceliers ne les trompait pas, et les appréhensions qu'ils exprimaient n'étaient que trop motivées. La lutte qu'ils soutenaient sur une question d'étiquette, frivole en apparence, avait un fond très sérieux : n'était-ce pas une des formes du débat qui s'agitait entre l'Église et la société laïque, celle-ci travaillant de plus en plus à séculariser ses institutions, celle-là s'efforçant de conserver l'influence qui lui échappait, et de retenir au moins l'enseignement sous les lois et la discipline du pouvoir ecclésiastique, premier fondateur des plus anciennes écoles de l'Europe?

L'Université de Paris se trouva mêlée indirectement à une autre contestation, dans laquelle était engagée son éternelle rivale, la compagnie de Jésus (1). Les Jésuites possédaient à Caen un florissant collège, agrégé depuis plus d'un siècle à l'Université de cette ville; ce qui permettait au principal de délivrer des certificats d'études valables pour l'admission aux grades de la Faculté des arts. Là, comme ailleurs, la Compagnie, très désireuse de s'étendre, sollicita du roi de nouveaux privilèges qui devaient la rendre apte premièrement à former des sujets pour les grades en théologie, et secondement à faire siéger ses propres maîtres parmi les examinateurs. C'était en quelque sorte le renouvellement des démarches faites autrefois par les Jésuites de Tournon pour que leur collège fût reconnu comme université; démarches qui étaient, comme nous l'avons raconté (2), sur le point de réussir quand la résistance de toutes les universités du royaume, liguées entre elles à la voix de l'Université de Paris, les fit échouer. Les maîtres de Caen, alarmés à juste titre, réclamèrent l'appui de l'école de Paris, à laquelle ils étaient affiliés. Celle-ci, fidèle à son passé, se montra d'autant mieux disposée à leur venir en aide qu'ils partageaient ses maximes et s'étaient prononcés comme elle, malgré la résistance de quelques théologiens, contre la bulle *Unigenitus*. Michel Godeau, qui venait de succéder à Demontempuys dans les fonctions rectorales, adressa une requête au conseil d'État, devant lequel l'affaire avait été portée. Il y exposa les motifs que l'Université de Paris avait d'intervenir dans cette cause, soit par respect de ses traditions, soit pour la garantie de ses intérêts. Elle pouvait craindre en effet que ses privilèges, son influence, les droits de ses gradués ne fussent atteints, si, par une faveur singulière et inouïe, les Jésuites de Caen étaient autorisés non seulement à préparer aux grades aca-

---

(1) *Ach. U.*, Reg. XLII, f. 103 v°, 104, 110 v°, 113 et s. V. Pièces just., n° LXIII.
(2) Voyez plus haut, l. I, ch. v, p. 196 et s.

démiques, mais encore à les dispenser eux-mêmes à leurs écoliers. Toutefois elle s'aperçut bientôt que le danger n'était pas aussi grave qu'elle l'avait appréhendé; aussi la requête déposée par Michel Godeau fut la seule part, autant que nous pouvons le conjecturer, qu'elle eut dans cette affaire. Ses revenus étaient modestes et elle redoutait les procès dispendieux. Il en coûta 3,000 livres à l'Université de Caen pour s'opposer à l'entreprise des Jésuites (1). Ce sacrifice, qui paraissait lourd aux intéressés, ne fut pas du moins inutile; car, les parties ayant été renvoyées par un arrêt du conseil d'État devant le parlement de Rouen, la compagnie de Jésus se désista de ses poursuites.

Au sein même de l'Université de Paris, la concorde, si nécessaire à son influence et à la discipline de ses collèges, faillit être compromise, au mois d'avril 1718, par une contestation qui ne mériterait pas de nous arrêter si elle n'avait pas mis aux prises l'un avec l'autre deux personnages considérables, Pourchot et Rollin. Il s'agissait de la cure de Saint-Côme, un des plus importants bénéfices à la nomination de la Nation de France. Cette cure était vacante depuis peu par la mort de son dernier titulaire, M° Berbis. La Nation de France fut convoquée par Rollin, qui exerçait alors les fonctions de procureur, pour délibérer sur la vacance et y pourvoir. Trois candidats se trouvaient en présence : Michel Godeau, que nous connaissons déjà et que nous retrouverons bientôt; M° Dufranc, et M° Besoigne, docteur de la maison de Sorbonne et auteur de divers ouvrages sur l'histoire ecclésiastique. Les tribus de Sens et de Tours se prononcèrent pour Godeau; les tribus de Reims et de Paris, pour Besoigne; la tribu de Bourges, pour Dufranc. Voyant les suffrages aussi partagés, Rollin se crut autorisé par l'usage à faire pencher la balance en faveur du candidat de son choix, qui était Besoigne. Celui-ci fut donc présenté au tribunal académique comme ayant été nommé par la Nation de France à la cure de Saint-Côme. Mais sa nomination, ainsi qu'on devait s'y attendre, parut peu régulière. Elle souleva

---

(1) Nous empruntons ce détail à un *Mémoire pour l'Université de Caen contre les Jésuites de la même ville*. (Arch. U., cart. xxv), in-fol., p. 8.)

une sourde opposition, et Pourchot ne fut pas un des moins ardents à la contester. Le tribunal académique témoigna, par son hésitation, qu'il se décidait avec peine à désapprouver Rollin; toutefois il finit par se ranger au sentiment de Pourchot, et il ordonna qu'il fût procédé à une élection nouvelle. Rollin, blessé, en appela au Parlement avant même d'avoir pris l'avis de la Nation de France, précipitation qui lui fut reprochée amèrement par plusieurs maîtres de la Nation. Besoigne, heureusement, trouva dans l'intervalle une autre position : M⁰ Durieux se l'adjoignit comme sous-principal dans la direction du Plessis. Dès lors Godeau restait sans compétiteur sérieux ; il fut nommé à l'unanimité, avec l'approbation et l'appui de Rollin lui-même; et cette querelle de famille, qui pouvait avoir des suites pénibles, se trouva pleinement apaisée (1).

Dans cette revue rapide des principaux événements qui ont occupé les écoles de Paris durant les premières années de la Régence, nous ne pouvons omettre la visite faite par le czar Pierre le Grand au collège des Quatre Nations et à la Sorbonne (2). Génie impétueux et irascible, par moments aussi barbare que ses sujets, mais l'emportant sur eux par le sentiment profond des avantages de la civilisation, Pierre le Grand avait quitté ses États, poussé par la passion de s'instruire; et s'il avait longtemps souhaité voir la France, c'est qu'il pensait y trouver, en plus grand nombre que dans aucun pays de l'Europe, des sujets d'observation utiles au chef d'un vaste empire. Au mois de juin 1717, après avoir employé les premiers temps de son séjour à parcourir les plus curieux établissements de la capitale, entre autres l'Observatoire et la manufacture des Gobelins, il voulut connaître aussi le collège des Quatre Nations et la Sorbonne, attiré sans doute par le prestige qui entourait à ses yeux la mémoire de Mazarin

---

(1) Conclusion du 9 août 1717. *Arch. U.*, Reg. XLII, fol. 117, 125 v°; Bibl. Maz., Cod. 1935 A, f. 215 et s.

(2) *Le nouveau Mercure*, juin 1714, p. 191 ; *Gazette de France*, juin 1717, p. 300; Duclos, *Mémoires secrets* (Coll. Michaud et Poujoulat), p. 521; Voltaire, *Hist. de Pierre le Grand;* Lévesque, *Hist. de Russie*, Paris, 1812, t. IV, p. 469; Lemontey, *Hist. de la Régence*, Paris, 1832, in-4°, t. II, p. 114.

et celle de Richelieu. Au collège des Quatre Nations, il visita l'église et la bibliothèque, témoigna une bienveillance toute particulière à Varignon, qui passait alors pour le meilleur géomètre du royaume, et mit beaucoup de soin à s'informer des dépenses de la maison et de la manière dont elles étaient couvertes, annonçant le projet d'établir sur le même plan de nouveaux collèges dans ses États. A la Sorbonne, il ne fut pas moins gracieux avec les docteurs en théologie chargés de le recevoir, et il leur permit de lui soumettre un projet pour la réunion de l'Église latine et de l'Église grecque. Il parut même accueillir cette ouverture avec faveur, et elle fut suivie d'une sorte de négociation pour laquelle le savant Boursier composa des mémoires que l'on possède encore (1). Mais ce qui paraît avoir causé le plus d'impression sur le czar, ce fut l'aspect du tombeau de Richelieu. S'adressant à l'ombre du grand cardinal : « J'aurais donné, s'écria-t-il, la moitié de mon empire à un homme tel que toi, pour qu'il m'aidât à gouverner l'autre ! » Ainsi Napoléon, transporté par les sublimes beautés de la poésie de Corneille, s'écriait : « Si Corneille eût vécu de mon temps, je l'aurais fait prince ! »

Mais le sentiment de curiosité que la présence du czar à Paris avait causé fut bientôt effacé par les émotions plus vives de la controverse théologique. Nous sommes ramenés par le cours des événements à ces tristes débats, que le régent s'efforçait d'apaiser et qui se renouvelaient sans cesse comme un feu mal éteint. A Rome et à Paris, les négociations ne discontinuaient pas pour l'acceptation de la bulle; mais les faux-fuyants, les ruses, les lenteurs calculées, les questions captieuses, en un mot l'opiniâtreté de l'esprit de secte, mettaient perpétuellement en défaut l'habileté des négociateurs. Dès le 3 avril 1717, M. de Noailles avait joint son appel à celui des quatre évêques opposants; mais il voulait encore le tenir secret (2), il protesta même contre la publication

---

(1) Picot, *Mémoires pour servir à l'histoire ecclésiastique*, t. II, p. 19 et s.; *Biographie universelle*, art. BOURSIER.

(2) Lafiteau, *Hist. de la Const.*, t. IV, p. 23; *Journal de Dorsanne*, t. I, p. 332.

prématurée qui en fut faite par une main janséniste. Malgré les influences qui le poussaient à se mettre ouvertement en désaccord avec le Saint-Siège, il ajournait cette extrémité; il essayait d'éluder à la fois l'obéissance et la rébellion, tout en étant plus près de la seconde que de la première. Le pape, de son côté, ne se hâtait pas de sévir; il écoutait patiemment les propositions d'accommodement qui lui étaient faites, rejetait celles qu'il jugeait inconciliables avec les droits du Saint-Siège, insistait pour l'acceptation pure et simple de la bulle, et ne désespérait pas d'y ramener les esprits sincères. Toutefois, après plusieurs mois de pourparlers inutiles, s'apercevant que le mal empirait, loin de décroître, il estima que toutes les voies de conciliation se trouvaient épuisées et que le temps de frapper un grand coup était venu. Le 8 septembre 1718, il lança donc la bulle *Pastoralis officii*, par laquelle il déclarait tous les opposants, quels qu'ils fussent, retranchés de la communion de l'Église (1). A cette nouvelle, le cardinal de Noailles, poussé à bout, modifia lui-même son attitude et publia solennellement son appel au concile général. Il l'accompagna d'un mandement amer dans lequel il reprochait au souverain pontife de violer les droits les plus essentiels de l'épiscopat, de détruire les maximes fondamentales de nos libertés, d'attaquer toutes les lois de la discipline, et de jeter des semences de trouble dans l'Église et dans l'État.

L'Université de Paris n'attendait que cette occasion pour faire éclater ses propres sentiments. Elle avait alors à sa tête Michel Godeau, qui, après avoir remplacé Demontempuys dans le rectorat depuis une année environ, touchait lui-même au terme de ses pouvoirs. Godeau, frappé de disgrâce sous Louis XIV pour avoir fait l'éloge de M. de Noailles, n'était que trop disposé à suivre l'exemple du cardinal. Le 26 septembre 1718, il convoqua extraordinairement les députés de l'Université au collège des Cholets et les entretint des résolutions que la gravité des circonstances lui paraissait commander. Les registres de la Faculté des

---

(1) Lafiteau, *Hist. de la Const.*, l. IV, p. 114 et s.; *Journal de Dorsanne*, t. I, p. 26 et s.; Picot, *Mémoires*, etc., t. II, p. 41 et s.

arts nous ont conservé la substance de son discours (1). Il représenta « que toute la France avait depuis longtemps les yeux arrêtés sur l'Université de Paris; que tout ce qu'il y avait de gens de bien dans le royaume, de personnes attachées à la doctrine de leurs pères, attendaient avec impatience que cette mère commune des sciences divines et humaines, qui avait donné de tous temps des preuves de son zèle pour la défense de la vérité, vînt enfin à son secours dans le péril extrême où elle se trouvait; qu'on s'était longtemps flatté que la même main qui avait fait une si profonde plaie à la religion y apporterait le seul remède capable de la guérir, en ôtant la cause du mal, mais qu'enfin toutes ces espérances étaient évanouies; que le Saint-Père, obsédé par des esprits brouillons et artificieux, avait absolument fermé l'oreille aux prières de ceux de ses enfants qui l'honoraient le plus sincèrement; qu'il ne restait qu'un moyen de se pourvoir contre la bulle *Unigenitus*, moyen connu dès les premiers siècles du christianisme et mis en usage dans tous les temps, qui était de recourir au souverain tribunal de l'Église, laquelle seule a reçu du Saint-Esprit le privilège de l'infaillibilité; qu'on savait que dans tout le monde chrétien il n'y avait point d'ordre qui eût un attachement plus véritable pour le siège apostolique que l'Université de Paris; que cependant il n'y en avait aucun qui eût appelé plus souvent des jugements des papes, même sur des objets de médiocre importance. A combien plus forte raison, continuait le recteur, au milieu de cette tempête, où l'appel est notre seule ressource pour sauver du naufrage la vérité et la justice, devons-nous y avoir recours contre une bulle qui ébranle les fondements de la religion, donne atteinte à la doctrine des saints Pères, à la morale évangélique, à l'autorité des évêques, aux droits et à la

---

(1) *Arch. U.*, Reg. XLII, fol. 128 v°. Toutes les délibérations de l'Université relatives à son appel de la bulle *Unigenitus* ont été recueillies sous ce titre : *Acta Universitatis studii Parisiensis super appellatione solemniter interjecta, nomine ejusdem Universitatis, ad futurum concilium generale, a constitutione pontificia quæ incipit* Unigenitus Dei filius. Lutetiæ Parisiorum, 1718, in-4°. Il existe une édition du même recueil où le texte latin est accompagné de la traduction française : *Actes et exposition des motifs de l'appel interjeté par l'Université de Paris le 5 octobre 1718*, etc., in-4°.

sûreté des rois ! » Là, Michel Godeau retraçait avec vivacité ce qu'il appelait les progrès du mal ; il montrait l'erreur, trop longtemps épargnée, levant la tête avec plus d'audace que jamais, et de faux docteurs débitant, sous l'abri de la constitution, leurs dogmes cent fois condamnés. En conséquence, il invitait les députés de l'Université à réunir leurs compagnies et à prendre les avis de tous les maîtres sur ce qu'il convenait de faire pour la défense de la religion et pour l'honneur de l'école de Paris. Ce discours du recteur fut suivi de quelques paroles de Pourchot qui se prononça dans le même sens ; après quoi l'assemblée se sépara. Le 1er octobre, se tint au collège des Cholets une nouvelle réunion extraordinaire dans laquelle les doyens et les procureurs devaient faire connaître le résultat des délibérations de leurs compagnies respectives. La Faculté de théologie avait envoyé à cette séance plusieurs de ses membres ; par l'organe de l'un d'eux, Me Lambert, ceux-ci demandèrent tout d'abord qu'il leur fût donné acte de leur ancien appel au concile général contre la bulle *Unigenitus*. Gaspard Brès, doyen de la Faculté de droit ; Amand Douté, doyen de la Faculté de médecine ; Rollin, au nom de la Nation de France ; Alexandre Levasseur, Marin Roussel, et Sigebert Antoine, au nom des Nations de Picardie, de Normandie et d'Allemagne, prirent successivement la parole : tous se prononcèrent en faveur de l'appel. Le recteur appuya ces conclusions et annonça qu'elles seraient relues, et au besoin confirmées, dans une assemblée générale de l'Université qui se tiendrait le 5 octobre. Au jour indiqué, un grand nombre de docteurs et de régents de toutes les Facultés se pressaient dans la salle des Mathurins. Il y avait peu de jours que Me Godeau venait d'être appelé par le suffrage unanime de ses collègues à la cure de Saint-Côme. Il commença par remercier l'assistance ; puis, arrivant à l'affaire de la constitution, il loua le concert unanime des Nations et des Facultés et le zèle qui les animait également à la défense de la religion. Il avoua que c'était une triste et fâcheuse extrémité de se voir réduit à la nécessité d'un appel : « Mais, dit-il, puisqu'il nous est impossible d'allier ensemble la vérité et la paix, et qu'on oppose des obstacles invincibles au désir sincère que nous avons de conserver l'une et l'autre, courons sans balancer au secours de la vérité dans le péril où elle est ; de la vérité, qui ne flatte personne, qui ignore l'art des pernicieuses complaisances, qui ne séduit personne, qui dit ouvertement : « Malheur à celui qui est auteur du scandale ; » de la vérité, à laquelle, selon saint Augustin, il est infiniment glorieux de se soumettre ; de la vérité, pour la défense de laquelle nos ancêtres ont tout entrepris et tout souffert. » Pourchot prit la parole, en sa qualité de syndic, après le recteur ; il insista de nouveau sur les motifs qui ne permettaient pas à l'Université de Paris, dans les conjonctures présentes, d'accepter le jugement du Saint-Siège, et il déposa des conclusions tendant à ce qu'elle interjetât appel au concile général. Conformément à ses conclusions, l'appel fut déclaré en ces termes : « Nous, les recteur et Université de Paris, après avoir préalablement protesté de ne nous éloigner jamais du profond respect et de l'obéissance légitime qui est due à N. S. Père le pape, et de ne rompre jamais le lien de la charité qui nous attache à la chaire de saint Pierre, que nous respectons comme le centre de l'unité catholique : dans la seule vue de conserver sans altération la vérité de la foi, la pureté de la doctrine des saints Pères, la paix de l'Église, la tranquillité de l'État, les droits de l'épiscopat, les libertés de l'Église gallicane, et de pourvoir, autant qu'il est en nous, à la sûreté de la personne sacrée de nos rois : pour ces causes et autres, que nous sommes prêts de déduire en temps et lieu, appelons en notre nom au futur concile général, libre et légitimement assemblé, de la constitution qui commence par ces mots : *Unigenitus Dei filius,* donnée à Rome le 8 septembre 1713 : nous mettant, nos droits, notre état, nos maîtres, docteurs, professeurs, licenciés, bacheliers, officiers, et tous autres, à nous attachés par quelque degré ou office, et adhérant à notre présent appel, de quelque qualité et en quelque lieu qu'ils puissent être, sous la protection de Dieu et dudit concile général, contre tous les torts et griefs portés ou à porter contre nous et les nôtres par quelque puissance ou autorité que ce soit ; et nous demandons avec toutes les instances possibles les lettres ordinaires appelées *Apostolos*. De plus, après avoir réitéré les mêmes protestations que dessus, nous appelons encore en notre nom au même concile général des lettres de N. S. P. le pape, publiées à Rome, le huitième jour de septembre de la présente année 1718, protestant de poursuivre aux présents appels par nos députés, où, quand et devant qui il conviendra. »

L'appel une fois interjeté, il parut nécessaire d'y joindre, en le publiant, la déclaration des motifs qui avaient poussé à une détermination aussi grave la plus ancienne et la plus illustre des universités, si fidèle en toute circonstance à la religion catholique. Mais dans l'intervalle Michel Godeau avait résigné les fonctions de recteur entre les mains de Charles Coffin, principal du collège de Beauvais. Nul dans l'école de Paris ne s'était montré plus que Coffin ardent pour l'appel; en cela, comme en beaucoup de choses, il suivait avec une sorte de passion les traces de Rollin, son maître et son ami. Ce fut lui qui signa la déclaration de l'Université, rédigée en grande partie, au témoignage de Pourchot (1), par Rollin lui-même. Quel qu'en soit le rédacteur, cette pièce n'est qu'un prolixe réquisitoire dans lequel se trouvent accumulés non seulement les griefs des jansénistes contre la bulle *Unigenitus*, mais les imputations ordinaires des ennemis de l'Église contre le Saint-Siège. « Cette envie de dominer, disait l'Université de Paris par la bouche de Coffin, cette envie de dominer que saint Bernard craignoit tant pour le pape Eugène, et qui depuis longtemps s'est emparée de la cour de Rome, a rendu inutiles tous les efforts et tous les vœux, non seulement de l'Université, mais de l'Église, qui dans ses extrêmes calamités imploroit avec instance

---

(1) Pourchot en remercia publiquement Rollin dans l'assemblée de l'Université du 13 janvier 1720 (*Arch. U.*, Reg. XLIII, f. 1) : « Nuperrimam Academiæ declarationem, in subsidium impugnatæ veritatis comparatam, quæ sanam atque antiquitus retentam scholarum nostrarum doctrinam tam eleganter exposuit, scire nos omnes, et scituros ex commentariis nostris posteros, quantam in eo opere partem magister Rollin habuerit... » L'*Exposition des motifs de l'appel de l'Université* fut répandue dans toute l'Europe. Pourchot en envoya un exemplaire au prince Eugène, qui avait étudié à Paris. Elle entraîna la cour de Vienne à prendre parti contre la bulle. Voyez à ce sujet le *Journal de Buvat*, t. 1, p. 352.

le secours et l'autorité des conciles. De là ont commencé insensiblement à s'altérer ces saintes lois, aussi anciennes que l'Église de Jésus-Christ, nées avec elle et consacrées par l'usage constant et non interrompu de tant de siècles, pour le maintien desquelles on ne peut dire combien de fois ni avec quel courage et quelle fermeté nos pères ont élevé leur voix. De là s'est fortifiée dans la suite des temps l'idée que les papes se sont formée de leur infaillibilité et de leur pleine puissance, et dont ils ne se sont prévenus qu'en prêtant l'oreille aux dangereuses maximes d'une foule de flatteurs qui avoient intérêt de les tromper. Ils ont voulu faire croire qu'ils étoient supérieurs aux conciles généraux; que leur autorité ne dépendoit nullement de celle de l'Église universelle, et que leurs décrets particuliers devoient être reçus comme des oracles du Saint-Esprit. Il se sont donnés pour les seuls maîtres et pour les seuls juges du monde chrétien, pour les seuls interprètes de la vérité, pour les seuls, en un mot, à qui Jésus-Christ ait transféré immédiatement sa puissance. De là ils en sont venus jusqu'à renverser tout l'ordre judiciaire prescrit par l'Église et réglé par les canons. Ils se sont attribué, contre la justice et contre les lois, le droit de juger toutes les causes ecclésiastiques. Ils ont dépouillé autant qu'ils ont pu les évêques, leurs frères, de l'autorité que Jésus-Christ même leur a confiée. Ils n'ont pu souffrir qu'ils jugeassent avec eux, ni avant eux, ni après eux; te ne leur laissant que la seule gloire d'obéir au pontife romain et d'exécuter ponctuellement ses décrets, ils ont tâché de réduire la sublime dignité du corps épiscopal aux basses fonctions d'un servile ministère. Non contents de s'être emparés de toute la puissance spirituelle, ils ont entrepris d'envahir la temporelle, quoique Jésus-Christ eût déclaré expressément que son royaume n'étoit pas de ce monde. Ils ont voulu étendre leur domination sur ceux mêmes qui pour le temporel n'ont d'autre maître que Dieu. Détrôner les rois, disposer arbitrairement de leurs États, absoudre les peuples du serment de fidélité, commander aux sujets la révolte, et leur mettre même quelquefois les armes à la main contre leurs princes, c'est ce que quelques papes ont osé regarder comme un privilège singulier de leur prétendue pleine puissance... »

A entendre ces récriminations amères contre la papauté, ne semblerait-il pas que l'Université de Paris, qui les applaudit et sous le nom de laquelle on les voit se répandre, est au moment de se séparer pour toujours du centre de la catholicité? Plus d'une fois le schisme a été préparé par des actes moins violents. S'il faut en croire Lafiteau, des pourparlers eurent lieu entre l'ambassadeur anglais et les théologiens les plus exaltés, pour la réunion de l'Église de France et de l'Église d'Angleterre. Un projet fut même dressé en conséquence et remis aux mains d'Ellies Dupin, dans les papiers duquel il fut découvert lors d'une saisie opérée par le gouvernement (1). Ce qui n'est pas douteux, c'est que la Faculté de théologie porta un décret qui condamnait comme erronée la doctrine favorable à l'infaillibilité du pape (2). Peu après, elle restitua dans tous ses droits un des signataires du *Cas de conscience,* le seul qui ne l'eût pas désavoué, Nicolas Petitpied, qui, à peine revenu d'exil, avait introduit dans la paroisse d'Asnières une liturgie toute nouvelle empruntée aux jansénistes de Hollande (3). Il était depuis longtemps question d'annuler la censure portée en 1654 contre Antoine Arnauld, et déjà les candidats aux grades n'étaient plus obligés de la souscrire (4). Quesnel, du fond de sa retraite, suivait d'un œil plein d'espoir et encourageait de tous ses efforts le mouvement rapide qui entraînait la Sorbonne sur la pente du schisme et de l'hérésie (5). Cependant, malgré ces symptômes trop évidents, les esprits n'étaient pas frappés du péril, et Coffin se rendait l'inter-

---

(1) Lafiteau, *Hist. de la Constitution*, t. II, p. 139; Lemontey, *Hist. de la régence,* t. I, p. 164 et 165.

(2) Déclaration du 17 janvier 1719. *Suite de la relation des délibérations de la Faculté de théologie au sujet des affaires de la Constitution, de* 1718 à 1721, t. I, p. 72; *Arch. U.*, Reg. XLII, f. 80.

(3) Lafiteau, *Hist. de la Const.*, t. II, p. 150 et s.

(4) Lafiteau, *Hist. de la Constitution*, t. II, p. 149. Voyez l'avis d'une commission de docteurs en théologie, en date du 23 août 1717. *Suite de la Relation,* etc., 3ᵉ partie, p. 70 et s.

(5) Voyez aussi deux lettres de Quesnel, l'une à l'Université de Paris, et l'autre à Coffin, datées toutes deux d'Amsterdam, la veille de l'Épiphanie 1719. *Arch. U.*, Reg. XLII, f. 175 et 179.

prête du sentiment de la majorité, lorsque le 13 décembre 1718, dans l'assemblée tenue aux Mathurins peu de jours après la publication de l'appel au concile général, il félicitait les maîtres de l'école de Paris « d'avoir fait ce que le nom de chrétien et de Français, ce que la qualité de membre de cette Université, exigeoit d'eux, dans une extrémité fâcheuse, pour garantir d'une ruine totale les dogmes de la foi, les maximes de la morale, les droits du royaume, les libertés de l'Église. »

Heureusement ce périlleux enthousiasme n'était point partagé par le gouvernement du régent, qui n'épargnait ni les prières, ni les promesses, ni les menaces pour modérer l'effervescence des partis et pour les réconcilier. Le duc d'Orléans avait fait entrer dans les conseils son ancien précepteur, l'abbé Dubois, homme perdu de mœurs, mais consommé dans l'art de conduire une affaire difficile. Dubois saisit avidement l'occasion de s'attirer par un service éclatant la bienveillance du Saint-Siège, et de se frayer ainsi la voie aux premières dignités de l'Église (1). A force de dextérité, il parvint à ménager un accommodement entre les évêques qui avaient accepté la bulle et ceux qui la rejetaient. M. de Noailles lui-même, l'espoir des appelants, se laissa ébranler par les paroles de paix qui retentissaient autour de lui. S'il ne fit pas sa soumission pure et simple, il promit du moins, et, après mille hésitations, il donna son assentiment et sa signature aux nouvelles explications de la bulle *Unigenitus* qui lui étaient présentées, et que déjà quatre-vingt-dix-sept évêques (2) avaient approuvées. Tous les amis de la concorde se félicitèrent de ce résultat. D'Aguesseau, qui venait de rentrer aux affaires après les avoir quittées en 1718, d'Aguesseau travaillait lui-même à la pacification de l'Église. Le roi se préparait à donner de nouvelles lettres pour l'acceptation de la bulle; et, malgré les sentiments bien connus des membres du Parlement, tout portait à croire que ces lettres seraient enregistrées sans une trop vive résis-

---

(1) Ce rôle de l'abbé Dubois dans les affaires de la constitution est très bien indiqué par l'auteur de la *Vie de Philippe d'Orléans*, t. II, p. 149 et s.

(2) Lafiteau, *Hist. de la Constitution*, t. II, p. 179.

tance. Si de quelque point des objections et des obstacles paraissaient devoir s'élever, c'était de la part de Rome; car M. de Noailles n'avait rien désavoué, il prétendait même avoir « mis la vérité à couvert par de bonnes explications (1); » ce qui était insinuer que la vérité avait été tout au moins menacée par la constitution de Clément XI. Cependant le Saint-Siège, sans approuver tout ce qui s'était fait, n'en témoigna en public aucun mécontentement; et, cette fois encore, l'opposition vint des maîtres de l'Université et du plus honnête de tous, Rollin, qui au mois d'octobre 1720 remplaça Coffin dans le rectorat.

Dès le commencement d'août, le syndic Pourchot, accompagné du greffier Viel, se présenta devant le Parlement, qui siégeait à Pontoise. Il venait déclarer, au nom de l'Université, qu'elle n'avait eu aucune part à l'accommodement sur l'affaire de la constitution, qu'elle ne connaissait pas les termes de cet accommodement, et qu'il ne pouvait préjudicier à l'appel qu'elle avait interjeté au concile général contre la bulle *Unigenitus* (2).

Au mois de septembre suivant, cette déclaration fut renouvelée, et il en fut demandé acte dans une requête adressée à la cour par Coffin et par les doyens, procureurs, régents et autres suppôts de l'Université.

La Faculté de théologie, qui avait des intérêts directs dans la question, adressa une requête particulière, conçue dans des termes à peu près semblables.

Deux mois après, dans l'assemblée trimestrielle qui se tint le 11 décembre aux Mathurins avant la procession rectorale, Rollin parla avec feu du zèle que l'Université de Paris avait déployé en tout temps pour la défense de l'ancienne doctrine. Il rappela les conciles de Constance et de Bâle, où elle avait joué un si grand rôle. « Mais, continua-t-il, pourquoi chercher des exemples dans les temps passés? Dignes successeurs de ceux qui vous ont précé-

---

(1) Lettre circulaire aux curés de Paris. *Journal de Dorsanne*, t. I, p. 513 et 525; Lafiteau, t. II, p. 180; *Journal de la Régence*, par Jean Buvat, t. II, p. 55.
(2) *Arch. U.*, Reg. XLIII, f. 17 v° et 18; *Journal de Mathieu Marais*, t. I, p. 382, 414 et s.

dés, n'ai-je pas le droit de vous féliciter vous-mêmes et de l'ardeur qui vous anime pour la vérité, et de l'appel éclatant que vous avez interjeté au concile général, et de la requête que vous avez présentée au Parlement? Vous avez voulu témoigner que vous n'avez eu aucune part à de récentes capitulations, mais que vous vous tenez attachés à cet appel comme à l'ancre inébranlable de la foi (1). »

A quoi tendaient ces discours passionnés, ces démarches imprudentes, sinon à perpétuer la discorde, quand tout semblait conspirer au rétablissement de la paix? Le chancelier d'Aguesseau en éprouvait un chagrin amer (2), partagé qu'il était entre d'anciennes amitiés, toujours chères à son cœur, et les devoirs pénibles de sa nouvelle situation. L'attitude presque factieuse de l'Université de Paris et de son recteur appelait une prompte répression, quelque douloureux qu'il fût d'avoir à sévir contre des gens de bien, coupables seulement d'opiniâtreté. Rollin ne fut pas inquiété personnellement; mais une lettre de cachet supprima son dernier discours et enjoignit à la Faculté des arts de choisir pour recteur, lors de l'élection qui était à la veille de se faire, « un sujet plus modéré (3). » Le nouveau choix eut lieu dès le lendemain; il se fixa encore sur Coffin, à qui Rollin avait succédé moins de trois mois auparavant, et qui partageait, comme on a pu le voir, toutes les convictions de son maître. La Faculté des arts protestait par là, autant qu'il était en son pouvoir, contre l'atteinte, au fond assez douce, qui venait d'être portée par le roi à sa liberté.

(1) *Arch. U.*, Reg. XLIII, fol. 24 v° et 25; *Suite des délibérations de la Faculté de théologie au sujet des affaires qui ont rapport à la Constitution Unigenitus*, 1722, in-12, t. I, p. 350 et s.; *Recueil des pièces au sujet de la Constitution Unigenitus*, 1722, in-12, t. I, p. 166 et s.

(2) Il faut lire dans le *Journal de Dorsanne*, t. II, p. 13, le récit de l'accueil sévère que Coffin reçut du chancelier après avoir porté au Parlement la requête de l'Université. Ce récit est confirmé par une indication rapide, mais précise, de Barbier, *Journal historique du règne de Louis XV*, publié par A. de la Villegeville, Paris, 1847, in-8°, t. I, p. 47.

(3) *Arch. U.*, Reg. XLIII, f. 26; *Recueil des pièces au sujet des affaires de la Constitution*, t. I, p. 180; *Journal de Marais*, t. II, p. 23. *la Vie de Philippe d'Orléans*, t. II, p. 222.

Afin d'amortir l'opposition de la Faculté de théologie, le régent y rappela, par un nouveau coup d'autorité (1), dix-huit membres que la majorité janséniste avait exclus peu d'années avant, à cause de leur soumission à la bulle *Unigenitus*. Parmi eux se trouvaient M⁰ de la Pierre, principal du collège de la Marche, M⁰ Leullier, principal du collège du Cardinal Lemoine, son frère Jacques Leullier, curé de Saint-Louis, Duplessis d'Argentré, de la maison de Sorbonne, enfin M. Nicolas Charton, alors âgé de plus de quatre-vingts ans, qui vint occuper le siège du doyen, rempli en son absence par M⁰ Chaudière. Quelques docteurs en théologie, signalés pour leur turbulence, auteurs présumés de pamphlets qui circulaient à Paris, furent enfermés à la Bastille ou exilés dans les provinces, entre autres un des amis les plus fidèles de Rollin, l'abbé d'Asfeld (2). Le syndic, M⁰ Jollain, avait été tout d'abord épargné, malgré ses opinions et sa constance à les soutenir; mais au mois de juin, à la suite d'un discours véhément où il avait épanché son cœur, il reçut de la cour l'ordre de résigner ses fonctions et même de s'abstenir provisoirement d'assister aux séances de sa compagnie. Ce qu'il y eut de plus grave, c'est qu'une seconde lettre de cachet indiqua le successeur qui, par la volonté du roi, devait remplacer M⁰ Jollain : c'était le neveu de M⁰ Charton, l'abbé de Romigny, partisan déclaré de la bulle, résolu à faire tous ses efforts, quand le moment paraîtrait favorable, pour la faire accepter par la Faculté (3). Les opposants, qui sentaient la prépondérance leur échapper, s'efforcèrent d'entraîner la majorité à faire des remontrances au roi. Peut-être la majorité les aurait-elle suivis; mais de nouveaux ordres plus rigoureux de la cour empêchèrent la protestation qui se préparait. Le régent, conseillé par Dubois, se montrait plus jaloux de pacifier le clergé que de

(1) Lettre de cachet du 30 janvier et du 14 février 1714, *Arch. nat.*, MM. 226, p. 241 et s.; *Suite des délibérations de la Faculté de théologie*, t. I, p. 357; *Journal de Marais*, t. II, p. 63.

(2) *Journal de la Régence*, par Jean Buvat, t. II, p. 247; *Journal de Marais*, t. II, p. 113 et 117.

(3) Lettre de cachet du 30 juin 1721. *Suite des délibérations*, etc., t. II, p. 63 et s. *Journal de la Régence*, t. II, p. 261; *Journal de Marais*, t. II, p. 169 et s.; Barbier, *Journal*, etc., t. I, p. 97.

recueillir les applaudissements intéressés des partisans de Quesnel. Sa fermeté un peu tardive prévint de nouveaux scandales. Le calme se rétablit, du moins pour un temps, à la surface; les affaires ecclésiastiques parurent destinées à reprendre leur cours naturel; et la Faculté de théologie elle-même s'accoutuma peu à peu au syndic qu'elle avait reçu des mains du roi, et qu'elle ne tenta pas de remplacer durant plusieurs années.

Cependant le trouble profond des consciences n'était pas apaisé; et les scrupules invincibles que quelques âmes honnêtes et opiniâtres nourrissaient contre la bulle *Unigenitus* allaient entretenir au sein de l'Église de France, et surtout dans l'Université de Paris, en face de l'impiété qui faisait des progrès, un foyer constant de disputes, de rébellions et d'intrigues les plus funestes à l'autorité du Saint-Siège et à la religion catholique.

CHAPITRE III.

De la rémunération des professeurs dans l'Université de Paris. — Mémoire de M. Demontempuys en faveur de l'instruction gratuite. — Autre mémoire sur la translation de quelques-uns des anciens collèges dans un autre quartier de Paris. — Accueil favorable fait au projet de rendre l'instruction gratuite. — Demontempuys résigne les fonctions rectorales avant d'avoir pu réaliser le plan qu'il avait lui-même proposé. — L'affaire est reprise par Coffin. — Discours de Coffin au régent, le 2 février 1719. — La Faculté des arts est consultée. — A quelles conditions elle consent à la réunion de ses messageries à celles du roi. — Lettres patentes du mois d'avril 1719, portant augmentation du revenu des messageries de l'Université et établissement de l'instruction gratuite. — Joie de l'Université. — Discours de Rollin. — Projets de revision des statuts de la Faculté des arts. — Tendances nouvelles qui se font jour dans ces projets. — Soins donnés à l'amélioration des livres de classe. — Lettres patentes du mois d'avril 1720 relatives à l'impression de ces livres. — Confirmation des privilèges de l'Université. — Vive opposition que soulève l'érection de deux universités nouvelles à Pau et à Dijon. — L'Université de Caen traduite sur la scène par les Jésuites. — Les Jésuites à Reims. — Mémoire de Dagoumer contre la compagnie de Jésus. — Mort de Quesnel, du cardinal Dubois et du régent. — Ministère du duc de Bourbon. — Ordonnance en faveur de l'instruction obligatoire. — Affaires du collège du cardinal Lemoine. — Procès de l'Université de Paris et des libraires. — Arrêt du conseil d'État qui maintient les libraires sous la juridiction du recteur. — Projet d'une bibliothèque pour l'Université. — Rollin publie son *Traité des études*. — Heureuses innovations qui se trouvent proposées dans cet ouvrage.

Après avoir conduit le récit des disputes théologiques jusqu'aux premiers mois de l'année 1721, nous devons revenir sur nos pas pour retracer avec détail un événement considérable, qui intéressait au plus haut point l'Université de Paris et qui causa dans ses rangs un enthousiasme universel ; nous voulons parler de l'établissement de l'instruction gratuite.

Dans les collèges des Jésuites, les classes étaient ouvertes à tous les enfants que leurs familles jugeaient à propos d'y envoyer, sans qu'elles eussent à payer de frais d'études. Il en était de même au collège des Quatre Nations, en vertu des lettres patentes qui servaient de règlement à la fondation du cardinal Mazarin (1).

(1) Voyez plus haut. t. II, p. 25 et suiv.

Dans les autres collèges dépendant de la Faculté des arts, une rétribution, fixée par les statuts (1), était au contraire exigée de chaque élève externe; et quand le professeur jouissait de quelque crédit, cette rétribution formait la meilleure partie de ses émoluments. Il résultait de là que l'enseignement de l'Université devenait de moins en moins suivi, l'attrait de l'économie poussant de préférence plus d'une famille vers les établissements assez riches pour dispenser libéralement l'instruction sans la faire payer. La position de beaucoup de maîtres devenait très précaire, outre que la dépendance où ils se trouvaient vis-à-vis des parents nuisait un peu à leur considération et à leur dignité. Une des premières pensées de M. Demontempuys, dès son entrée dans les fonctions rectorales, fut de modifier cette situation (2). Il crut trouver la solution de la difficulté dans l'élévation du produit des messageries, qui permettrait d'assurer à chaque professeur un traitement fixe, et par conséquent de supprimer la rémunération acquittée jusque-là par les pères de famille. A la fin du siècle précédent, le revenu des messageries avait été affermé pour 47,000 livres, que se partageaient inégalement les différentes Nations; mais ce chiffre, quoique supérieur à celui des anciens baux, était loin d'égaler la rente que l'Université aurait obtenue soit en gérant elle-même ses messageries, soit en les cédant à un fermier de son choix. Ses prétentions n'allaient pas jusque-là; mais, en admettant qu'elle n'eût pas d'autre fermier que ceux des postes du roi, elle demandait qu'on fixât plus équitablement la part qui lui serait attribuée dans le bail général. Telle était la préoccupation, tel était le vœu de tous les membres, il faut le dire, de la Faculté des arts. Aussi

---

(1) *Statuta Facultatis artium*, art. 32; Appendix, art. 5.
(2) Cette situation est dépeinte vivement, mais sous un jour peu favorable à l'Université, par l'auteur de la *Vie de Philippe d'Orléans*, t. II, p. 64 : « La multitude d'écoliers qui fréquentaient le collège des Jésuites, pour y apprendre les humanités, chagrinoit depuis longtemps M. le recteur et ses suppôts. En effet, la disproportion étoit étonnante et avoit quelque chose de bien humiliant : six ou sept professeurs, la plupart trop jeunes pour être prêtres, faisoient seuls plus que les professeurs de l'Université, tous maîtres ès arts, presque tous barbons. » Ce qui suit, dans le même ouvrage, offre un tableau assez fidèle de l'établissement de l'instruction gratuite dans l'Université de Paris.

Demontempuys n'eut-il rien de plus pressé que d'entamer cette affaire, si importante pour la prospérité du corps qu'il était appelé à représenter et à défendre. Il excita le zèle de ses collègues, s'assura des appuis à la cour, pénétra jusqu'au duc d'Orléans, et, lorsqu'il se crut certain d'être écouté avec bienveillance par le prince, n'hésita pas à lui présenter un mémoire, habilement rédigé, qui mettait en pleine lumière les services, le désintéressement, la pauvreté et les droits de l'école de Paris (1).

« L'Université, disait Demontempuys au régent, est peut-être la compagnie la plus ancienne du royaume; mais elle est sans contredit la moins riche. Ses privilèges ne sont que des privilèges d'honneur ou d'utilité publique. Ce n'est pas que les occasions de devenir opulente lui aient manqué : elle a eu ses temps de faveur et de crédit, marqués par les services importants qu'elle a rendus à la religion, à l'Église entière et à l'État. Établie dans une grande et puissante ville, dont tous les citoyens lui ont été redevables à elle seule, pendant plusieurs siècles, de l'éducation de leurs enfants, il ne lui était pas difficile de s'acroître, ni d'obtenir pour ses collèges des exemptions d'impôts et d'autre contribution pu-

---

(1) Nous avons trouvé ce mémoire dans les papiers de M. Demontempuys, conservés à la bibliothèque de l'Université. On lit à la marge les lignes suivantes, qui ne laissent aucun doute sur l'époque de la composition : « Je fis ce mémoire après avoir fait à M. le régent l'ouverture d'établir dans l'Université l'instruction gratuite, le jour même que j'eus l'honneur de le complimenter sur sa régence, en qualité de recteur, le 26 novembre 1715; et je le présentai au mois de décembre suivant au duc de Noailles, qui était alors à la tête des finances. » Les renseignements qui précèdent sont confirmés et complétés par le procès-verbal de la séance de la Faculté des arts du 16 décembre 1716. *Arch. U.*, Reg. XLII, fol. 48 verso : « Die lunæ 16 decembris... Rector amplissimus orationem exorsus est, cujus hæc fere summa fuit... Sibi quidem, ex quo ad rectoratum evectus sit, volventi animo qua ratione Universitatis honori perinde et utilitati plurimum consuleret, nihil occurrisse majus, quam si quo modo nunciatuum proventus in tantum possent augeri, ut inde gymnasiarchis et professoribus præclaræ Artium Facultatis, stipendium sufficiens ad victum, cultumque honestum suppeditaretur; quo juvenes gratuito ab omnibus instituerentur, demeretur tandem illa necessitas honorarii a discipulis vel accipiendi vel exigendi. Id se consilium suum, non modo Academicis, sed cum primariis quibusque viris, apud serenissimum regentem gratiosis, communicasse, qui illud vehementer approbarint ac sua gratia operaque polliciti sint adjuturos... Tum super inconcusso jure nostro in prædictos nunciatus prælegit memoriale gallice a se confectum, serenissimo regenti una cum libello supplice quam primum offerendum. Itaque postulavit copiam fieri sibi, illud negotium, prout se dabunt tempora et occasiones promovendi... »

blique. Elle a vu sans envie, mais non sans inquiétude, surtout dans les derniers temps, passer ailleurs d'énormes revenus, par des réunions ou plutôt des extinctions de bénéfices sans nombre, et d'autres voies aussi éloignées de ses maximes et de son esprit, sous le spécieux prétexte d'élever la jeunesse. L'Université conserve encore aujourd'hui le même désintéressement; elle connaît le prix d'une honnête et modeste pauvreté; et lorsqu'elle demande à faire valoir le revenu de ses messageries pour gager ses maîtres, elle ne songe point à les enrichir; elle tend uniquement à décharger le public, à rendre les emplois de littérature libres et indépendants, à ne laisser à ses professeurs d'autre soin que celui de se rendre habiles dans leur profession; à peupler également tous ses collèges, dont l'extrême différence en ce point ne peut pas ne la point inquiéter et attrister; à ouvrir plus que jamais les écoles aux pauvres, qui souvent sont nécessaires aux enfants des riches pour leur donner de l'émulation et pour attirer sur eux la bénédiction de Dieu. Elle travaille même en cela pour l'honneur de la nation française... Presque tous les collèges du royaume sont richement dotés, pendant que l'Université de Paris, la mère de toutes les autres, se trouve réduite à la triste nécessité d'exiger des écoliers un bas et vil salaire pour faire subsister ses maîtres. Enfin... elle croit par cet établissement contribuer à la véritable gloire et entrer dans le goût et dans les vues d'un prince qui a toujours aimé à cultiver et à protéger les sciences et les beaux-arts. »

Mais l'établissement de l'instruction gratuite, moyennant une augmentation du revenu des messageries, n'était pas le seul projet de M. Demontempuys. A cette mesure il en rattachait une autre qui, à ses yeux, était en quelque sorte aussi essentielle : c'était de diminuer le nombre des anciens collèges établis dans le quartier Latin, à peu de distance les uns des autres, et d'en transporter quelques-uns sur la rive droite de la Seine, dans les quartiers qui ne possédaient encore que des écoles privées. Dans une note écrite de sa main (1), Demontempuys fait valoir plusieurs motifs

---

(1) *Bibl. de l'Université*, papiers de Demontempuys, n° 65.

à l'appui de cette mesure. Quels résultats l'agglomération des collèges de plein exercice dans un même quartier avait-elle produits? Le plus petit nombre seulement étaient fréquentés, et ils l'étaient beaucoup plus qu'il n'importait à la bonne et solide instruction de la jeunesse. La plupart étaient déserts; les professeurs découragés s'y négligeaient, et les principaux s'efforçaient inutilement de réveiller leur zèle ou de les remplacer par des maîtres en renom. Dans les quartiers lointains, les parents qui ne conservaient pas leurs enfants avec eux se gardaient bien de les confier à l'Université; ils les envoyaient soit dans les petites écoles, soit dans les pensions des faubourgs, dont quelques-unes se trouvaient ainsi plus peuplées que beaucoup de collèges, soit enfin dans les institutions des environs de Paris. Assurément cette situation fâcheuse ne pouvait pas être changée en un jour, et le remède devait être calculé avec une prudence et une réserve extrêmes. Comment songer à déplacer le collège de Navarre, le collège Mazarin, les collèges d'Harcourt, du Plessis, de la Marche et du cardinal Lemoine? Demontempuys épargnait même le collège de Beauvais à cause de sa prospérité; mais il demandait qu'on transportât sur la rive droite de la Seine les collèges en décadence, dont les classes délaissées offraient l'image de la solitude, comme les Grassins, Lizieux et Montaigu. Ne pouvait-on pas ménager avec certaines communautés religieuses des échanges qui permissent à l'Université d'avoir des écoles sur la paroisse Saint-Roch, par exemple, ou dans le quartier Saint-Denis, tandis que ces communautés viendraient elles-mêmes s'établir sur la montagne Sainte-Geneviève? Mais le prudent recteur estimait que ces déplacements, pour porter tous leurs fruits, devaient précéder l'établissement de l'instruction gratuite; la raison qu'il en donne est curieuse, quoique assez triste : « Quand les chaires des professeurs seront gagées, dit-il, ceux qui ont des places dans des collèges peu fréquentés préféreront leur état tranquille à une situation plus laborieuse. »

Ce nouveau projet souleva-t-il, quelque raisonnable qu'il paraisse, des répugnances et des résistances de la part des principaux, qui cependant étaient le plus intéressés à son exécution?

C'est ce que nous ignorons. Quoi qu'il en soit, le projet fut provisoirement mis de côté, et il n'a pas même laissé de traces dans les délibérations de la Faculté des arts. Mais les vues de M. Demontempuys sur l'éducation gratuite reçurent un meilleur accueil. Après les avoir fait partager autour de lui par ses collègues les plus autorisés, il réussit à y intéresser le régent lui-même, qui promit de donner toute satisfaction aux vœux de l'Université. L'affaire souffrit d'assez longs délais, à raison des calculs qu'il fallut établir avant de concilier les intérêts qui se trouvaient en jeu. Demontempuys, qui l'avait entamée, n'eut pas la consolation de la conclure avant de rentrer dans la vie privée (1), et son successeur, Michel Godeau, en résignant lui-même les fonctions rectorales, ne put que signaler l'instruction gratuite comme l'objet le plus digne d'occuper le nouveau recteur, Charles Coffin (2).

C'est à Coffin effectivement qu'était réservé l'honneur de réaliser cette importante réforme et d'y attacher son nom. Dès le mois de février 1719, en présentant, selon l'usage, un cierge au duc d'Orléans, il rappela les espérances que le prince avait encouragées, et que le moment paraissait venu d'accomplir. « Nous savons, dit-il au régent, que vous n'avez point perdu de vue ce grand objet; vous en avez donné plus d'une fois des assurances à l'Université, et nous ne croyons pas que la difficulté des temps doive nous faire perdre l'espérance d'une faveur qui ne saurait être à charge à l'État, qui peut se tirer, par les vues supérieures de Votre Altesse royale, du fonds même et de l'ancien patrimoine de l'Université, et que nous obtiendrions aisément de votre

---

(1) Demontempuys cessa d'être recteur le 11 octobre 1717, et dans la suite, malgré les services qu'il avait rendus, il ne fut pas appelé de nouveau à ce poste élevé. On ne le vit plus reparaître qu'en 1739, sous le rectorat de l'abbé de Ventadour, lorsqu'il se réunit aux adversaires de la bulle *Unigenitus* pour s'opposer à la révocation de l'appel interjeté vingt ans auparavant par la Faculté des arts. Il mourut en 1762, laissant sa riche bibliothèque à l'Université. Une étrange aventure, qui lui arriva en 1726, explique l'isolement dans lequel il acheva sa carrière. Voyez à ce sujet, Barbier, (*Journal du règne de Louis XV*, t. I, p. 250 et s., et le *Journal de Mathieu Marais*, t. III, p. 465 et s. Barbier se trompe toutefois sur l'âge de Demontempuys, lequel, en 1726, n'avait pas 62 ans, mais tout au plus 50.

(2) *Arch. U.*, Reg. XLII, f. 142.

justice, si nous n'aimions mieux la devoir tout entière à votre bonté... Rendez, continuait Coffin, rendez nos arts véritablement libéraux : affranchissez la fille aînée de nos rois de toute dépendance qui la dégrade; ne lui laissez que celle qui lui fait honneur, et comptez sur le dévouement entier et sur le souvenir éternel d'un corps qui fait encore moins profession de science et de littérature que de la plus parfaite reconnaissance (1). »

Ce véhément appel fut entendu par le prince, qui prit des mesures pour hâter la conclusion de l'affaire. A la suite de conférences avec le garde des sceaux, M. d'Argenson, et avec un conseiller d'État, M. Fagon, fils du célèbre médecin, la Faculté des arts fut invitée à délibérer sur la réunion des messageries de l'Université à celles du roi. Les quatre Nations, s'étant assemblées le 8 avril 1719, nommèrent des députés chargés de consentir à la réunion proposée, mais sous deux conditions : la première, que la propriété de leurs messageries leur serait conservée; la seconde, que la part de la Faculté des arts dans le bail général des postes serait non pas une somme fixe, mais une quotité variable, qui fut évaluée au vingt-huitième effectif soit du bail courant, soit des baux à venir. Condition essentielle; car si l'Université s'était contentée d'une somme fixe, si elle avait converti son antique patrimoine en une simple créance, elle n'aurait pu profiter de la plus-value que le temps devait amener dans le produit des messageries; et, réduite à un revenu invariable, tandis que le prix des choses nécessaires à la vie augmentait, elle aurait exposé ses régents, elle se serait exposée elle-même à la gêne et aux privations les plus douloureuses. Quant aux traitements des régents, on convint que sur la part du produit des messageries attribuée à la Faculté des arts il serait prélevé annuellement la somme nécessaire pour assurer, dans les collèges de plein exercice, 1,000 livres d'émoluments fixes aux professeurs de philosophie et de rhétori-

---

(1) *Les Œuvres de M. Coffin, ancien recteur de l'Université et principal du collège de Dormans Beauvais,* Paris, 1755, in-12, t. II, p. 47 et s. En tête du premier volume se lit l'éloge historique de M. Coffin; l'établissement de l'instruction gratuite s'y trouve raconté très exactement. Cf. *Journal de la Régence,* de Jean Buvat, t. I, p. 354.

que, 800 livres à ceux de seconde et de troisième, 600 livres à ceux de quatrième, de cinquième et de sixième. Ce prélèvement opéré et toutes autres charges acquittées, l'excédent de revenu devait être distribué par parties égales entre les principaux et régents des mêmes collèges. Le collège Mazarin, assez richement doté pour rétribuer son personnel avec ses revenus propres, n'était pas compris dans la première répartition; mais il devait participer à la seconde, qui constituait une sorte de traitement supplémentaire, acquis indistinctement à tous les maîtres. Ces conditions, ayant été débattues entre les quatre Nations de la Faculté des arts, et toutes acceptées par les commissaires royaux, furent consignées le jour même dans un acte authentique. Enfin le 14 avril, après que le conseil d'État en eût délibéré, le roi signa les lettres patentes qui consacraient le nouvel ordre de choses. Ces lettres portaient : 1° que le bail des messageries appartenant à l'Université de Paris serait désormais compris, ou censé compris dans le bail général des postes et messageries du royaume; 2° que le prix en demeurerait pour toujours fixé au vingt-huitième du prix porté dans le bail général; ce qui, pour l'année 1719 et les années subséquentes, assurait à la Faculté des arts un revenu d'environ 120,000 livres pour rétribuer ses maîtres; 3° qu'à dater du 1er avril 1719, l'instruction de la jeunesse serait donnée gratuitement dans les collèges de plein exercice, sans que, sous quelque prétexte que ce fût, les régents pussent exiger aucuns honoraires de leurs écoliers (1).

On se ferait difficilement une idée de l'enthousiasme que la publication de l'édit du roi fit éclater parmi les maîtres de la jeunesse. Il semblait que l'école de Paris fût appelée à une nouvelle vie, et que Louis XV, ou plutôt le duc d'Orléans, fût son second fondateur. Par mandement du recteur, un *Te Deum* fut chanté dans tous les collèges, et deux jours de congé accordés aux élèves. L'Université en corps alla remercier le régent, le garde des sceaux. Coffin, heureux de servir d'interprète aux sentiments de ses col-

(1) *Pièces concernant les Messageries de l'Université de Paris*, Paris, 1772, in-4°, p. 57 et s. Voyez nos Pièces justificatives, n° CLXV.

lègues, exprima, en termes bien sentis, les motifs de leur reconnaissance : « Vous avez compris, Monseigneur, dit-il au régent, que l'éducation de la jeunesse est le premier et le plus solide fondement de la gloire et de la félicité des États; que l'honneur et la liberté sont l'âme des lettres; que, pour servir plus utilement le public dans nos professions, il faut en être indépendant, et que c'est cette indépendance même à l'égard du public qui attache plus étroitement au prince, en réunissant à lui tous les sentiments de reconnaissance qu'on serait obligé de partager entre les particuliers. C'est par des vues si nobles et si élevées, Monseigneur, que vous avez formé le dessein de l'instruction gratuite dans l'Université de Paris, et que vous en avez avancé l'exécution avec un empressement qui pourrait faire douter si vous avez eu plus de joie en nous accordant cette faveur que nous en la recevant (1). »

Après un nouveau congé de trois jours donné par le roi aux écoliers (2), une procession extraordinaire eut lieu le 13 juin à l'église Saint-Roch. Toutes les compagnies y furent représentées par une foule, plus nombreuse que jamais, de docteurs et autres maîtres en costume de cérémonie. Le cortège, parti des Mathurins à dix heures du matin, défila devant le Louvre, où le jeune roi se tenait à un balcon, puis devant le Palais-Royal, demeure du régent (3). La messe fut chantée par le cardinal de Noailles, assisté de docteurs en théologie. Depuis longtemps, l'Université de Paris n'avait pas donné aux habitants de la capitale le spectacle d'une fête scolaire célébrée avec autant de pompe. Les accents de la joie générale se prolongèrent jusqu'à la fin de l'année 1719. Au

(1) *Les Œuvres de M. Coffin*, t. II, p. 59 et s.; Félibien, *Hist. de Paris*, t. IV, 485 et s.
(2) Ce congé, il faut le dire, fut réparti par la Faculté des arts sur plusieurs semaines, « de peur, porte le mandement du recteur (*les Œuvres de M. Coffin*, t. II, p. 88), que, par une interruption trop longue de l'exercice des classes, les jeunes gens, comme il arrive souvent, ne se laissent insensiblement séduire par les charmes de l'oisiveté. » C'est d'ailleurs le moyen de ménager la grâce du prince, ajoutait Coffin, et d'en mieux goûter la douceur, en la faisant durer plus longtemps, et en y revenant à plusieurs reprises avec une satisfaction nouvelle.
(3) *Arch. U.*, Reg. XLII, f. 182 : « Rex Christianissimus cum aulicis e fenestris Luparæ suam Universitatem vidit incedentem; vidit etiam e podio palatii sui cum castissima uxore suo regens augustus, ac filius utriusque dux Carnotensis. » Cf. Félibien *Hist. de Paris*, t. IV, p. 488 et s.

mois de décembre, devant l'Université assemblée au cloître des Mathurins, Rollin prononça son célèbre discours sur l'instruction gratuite (1); œuvre d'une éloquence un peu compassée, mais par la justesse et la solidité tout à fait digne de l'admiration qu'elle excita. C'est là que, préludant au *Traité des études*, Rollin donnait cette belle définition de l'enseignement des collèges de Paris :

« Si nos écoles sont ouvertes à la jeunesse, c'est pour que son esprit, cultivé et préparé par les lettres, puise dans leur commerce cette finesse et cette urbanité nécessaires à tous les emplois de la vie : de là, Messieurs, le nom d'*humanités* donné à l'objet de nos études. Que faisons-nous pour atteindre à ce but? Nous offrons à nos élèves les écrits de l'antiquité; ils se familiarisent parmi nous avec ces hommes immortels qui sont, sans aucun doute, les plus sûrs de tous les maîtres, et leur âme se forme et se nourrit par une lecture assidue de leurs ouvrages. Mais à ces grands modèles nous joignons ce que notre siècle, ce que notre pays a produit d'excellent dans chaque genre, et nous évitons qu'on ne puisse nous reprocher d'être, après tant d'études, étrangers dans notre patrie. Cette variété de connaissances, quelle que soit son étendue, n'est encore que la base de l'éducation que nous devons à la jeunesse. Le goût, ce sentiment délicat qui saisit toujours le véritable beau, est le fruit le plus précieux des études; tous nos efforts se portent donc à l'inspirer aux disciples qui nous sont confiés. Estimer les choses plus que les mots; préférer les pensées aux figures qui leur servent d'ornements; trouver dans un jugement sain des ressources contre la douceur dangereuse de ce style recherché qui ne plaît à la jeunesse que parce qu'il est aussi léger qu'elle-même; rejeter ces vaines lueurs qui frappent sans éclairer; enfin, s'attacher de préférence aux auteurs dont l'expression pure, et pleine de vigueur, peut faire connaître cette élégance simple, qui est le coloris de la nature : voilà,

(1) *Opuscules de feu M. Rollin*, t. I, p. 400 et s. Pour ce discours mémorable, Rollin reçut assez tardivement, en vertu d'une délibération de l'Université du 27 mai 1724, trois cents livres d'honoraires sur la caisse de la compagnie. (*Arch. U.*, Reg. XLIII, fol. 93 verso.)

Messieurs, les impressions que nous travaillons à communiquer à la plus tendre enfance, en sorte que l'esprit ne semble devoir qu'à lui-même ce qu'il doit à une heureuse habitude, et s'ouvre sans peine à tous les genres de travail qu'on lui destine dans le cours de la vie. C'est le propre, en effet, soit des lettres humaines, dont je parle ici, soit des arts plus relevés qui y mettent le comble, je veux dire la philosophie et les mathématiques, que ces belles connaissances, lors même qu'elles ne se montrent pas à découvert dans le sujet que l'on traite et qui leur est étranger, agissent néanmoins par une vertu secrète, et se font sentir dans celui qui parle ou qui écrit, de manière que le citoyen dont l'esprit a été cultivé par des arts si dignes de l'homme imprime à tout ce qu'il fait une grâce qui le trahit, en quelque sorte, et qui fait connaître malgré lui l'éducation qu'il a reçue dans ses premières années. »

Dans une autre partie de son discours, Rollin développe les avantages de l'instruction gratuite, avantages dont le premier sans doute, à ses yeux, était d'épargner aux instituteurs de la jeunesse les soucis cuisants et les honteuses démarches que leur coûtait autrefois le salaire exigé des écoliers. Désormais un revenu fixe leur était assuré; la récompense de leur travail se trouvait à l'abri des caprices de la mode et de l'avarice des parents; ils se sentaient délivrés de tous ces liens qui exposaient la plus noble des professions à la dépendance et aux anxiétés du négoce. Rollin ne fut pas le seul à exalter ce précieux bienfait, ou plutôt sa voix éloquente et applaudie excita la verve des orateurs et des poètes de l'Université, dont plusieurs composèrent des pièces de vers en faveur de l'instruction gratuite. Nous avons sous les yeux le recueil où quelques-unes de ces poésies ont été réunies (1) : elles portent les noms de Jean Dupuis, du collège de Mazarin; de François Guérin, du collège de Beauvais; de Jean d'Hérouville, du

---

(1) *Carmina a viris academicis scripta, cum M. Carolus Rollin, antiquus rector Universitatis et regius eloquentiæ professor, fundatam in Parisiensis Academiæ collegiis gratuitam institutionem Ludovico XV, nomine et jussu ejusdem Universitatis publica oratione gratularetur, die martis* 19 decembris 1719 *in exterioribus Sorbonæ scholis,* Lutetiæ Parisiorum, 1719, in-4°.

collège de la Marche; de Joseph Thiberge et de Louis Marin, du collège du Plessis; de Jean Marie, du collège du cardinal Le-Moine; de Pierre Fromentin, du collège de Montaigu; d'Alexandre de Neez et de Philippe Ruxi, du collège de Navarre. Une ode en grec, avec la traduction en vers latins, offre un curieux spécimen de l'état des études grecques dans les collèges de Paris.

Outre la garantie d'un traitement fixe pour les professeurs, l'ordonnance de Louis XV sur l'enseignement gratuit réalisait une amélioration qui devait profiter à la société tout entière. A l'avenir, dix collèges de plein exercice allaient distribuer l'instruction à tous ceux qui se présentaient pour la recevoir, et non pas seulement l'instruction élémentaire, ces premiers rudiments des connaissances nécessaires à tout homme, mais l'instruction secondaire, c'est-à-dire les humanités, la philosophie et les sciences (1). Les sources du savoir le plus élevé devenaient accessibles à quiconque aurait la vocation d'y puiser, sans qu'il eût à payer les frais de son éducation ni à justifier de son indigence devant aucun magistrat.

Nous ne sommes pas les détracteurs de notre siècle, et nous n'avons pas pris la plume pour exalter à ses dépens les institutions du passé. Cependant ne nous sera-t-il pas permis de demander où sont aujourd'hui les écoles publiques, lycées ou collèges, qui ouvrent leurs portes à la jeunesse, sans exiger d'elle aucune rétribution? Qu'est devenu l'établissement de l'instruction gratuite, fondée, il y a un siècle et demi, aux applaudissements de nos pères, et qu'ils croyaient destinée à durer toujours? Cette

(1) Nonobstant les ordres du roi et les engagements pris par l'Université, quelques régents continuèrent à se faire payer une rétribution par leurs écoliers; mais cet abus, dénoncé au gouvernement de Louis XV, fut sévèrement réprimé, comme le prouve la lettre suivante du garde des sceaux, M. d'Armenonville, au recteur, Couvillard Delaval : « De Fontainebleau, le 21 octobre 1726. Monsieur, j'ay été informé que quelques régens de l'Université, surtout de la philosophie, exigeoient ou recevoient un écu de chacun de leurs écoliers pour chaque inscription qui se répète deux fois l'année. Je vous prie de vous informer exactement de ce fait, et de vous donner la peine de passer chez moy le jeudi 31 de ce mois, à Paris, où je serai pour tenir le sceau, et d'apporter avec vous le titre par lequel ces inscriptions sont établies. Je suis, Monsieur, à vous très sincèrement. » (*Arch. U.*, Reg. XLIII, fol. 153.)

création généreuse de l'ancienne monarchie a été emportée par le flot des révolutions; et, en un siècle qui se dit l'âge des lumières et du progrès, on a vu abroger de fait et annuler par des règlements rigoureux les édits qui venaient ménager aux écoliers de toutes les conditions, petits et grands, pauvres et riches, l'accès des hautes études. Peut-être cette libéralité manquait-elle de prévoyance; peut-être allait-elle créer un danger pour l'État, en développant outre mesure l'étude des lettres et en poussant au hasard vers les professions libérales beaucoup de jeunes gens sans patrimoine et sans vocation, qui pouvaient n'y recueillir que des mécomptes. Mais il y a des périls que les gouvernements s'honorent d'affronter, surtout quand le but est l'amélioration morale du peuple. Aussi, parmi tant de reproches qui peuvent être élevés contre la mémoire de Louis XV, ce sera pour ce monarque, ou plutôt pour le régent, un sujet d'éternelle louange d'avoir voulu propager et mettre libéralement à la disposition de toutes les familles, par les mains désintéressées de l'Université de Paris, ces pures traditions de la littérature et du goût sans lesquelles l'éducation de l'homme ne saurait être complète.

Grâce aux mesures qui venaient d'être ordonnées par le roi, le patrimoine de l'Université se trouvait presque triplé : les émoluments personnels de ses régents étaient accrus et garantis. L'Université jugea aussi conforme à son intérêt qu'à son devoir de justifier par de nouveaux efforts, par une surveillance plus active sur elle-même, les bienfaits équitables du gouvernement. Il ne manquait pas en effet d'esprits chagrins qui blâmaient le duc d'Orléans d'avoir favorisé la paresse et l'incurie des professeurs en assurant leur avenir (1); certains comme ils l'étaient de recevoir une rémunération honorable, quels efforts feraient-ils désormais pour la mériter? Combien n'en verrait-on pas s'engourdir,

---

(1) « Cette grâce, dit Duclos en parlant de l'instruction gratuite (*Mémoires secrets*, etc., Coll. Michaud et Poujoulat, p. 557), a peut-être beaucoup nui à l'émulation. Il ne faut pas que les gens de lettres soient dans le besoin, mais qu'ils aient intérêt de réussir et de se distinguer. Je sais que depuis cet établissement plusieurs professeurs se sont fort relâchés. Le gratis fera dans les lettres ce que l'ordre du tableau fait dans le militaire. »

se négliger, sacrifier les devoirs de leurs fonctions à l'amour du repos? Rollin lui-même n'était pas éloigné de partager ces appréhensions : « Mais, disait-il avec sagesse, il existe un moyen pour prévenir le mal dont nous sommes menacés, et pour écarter autant qu'il sera en nous les inconvénients qui peuvent résulter de l'instruction gratuite. Ce moyen, c'est de nous imposer à nous-mêmes de nouvelles lois, avec le consentement du prince et sous l'autorité du Parlement (1). » Rollin aurait voulu que les règlements de l'école de Paris, qui dataient du règne de Henri IV, fussent revisés, et qu'une main à la fois circonspecte et sévère y introduisît les modifications indiquées par l'expérience, et qui paraissaient le plus propres à élever les études et à resserrer les liens de la discipline, tant parmi les maîtres que parmi les écoliers. Ce vœu était partagé par tout ce qu'il y avait d'esprits éclairés dans l'Université, Coffin, Dagoumer, Grenan, Demontempuys. Le gouvernement s'y associait et le chancelier d'Aguesseau, parlant au nom du régent, donna en plus d'une occasion à la Faculté des arts le conseil, sinon l'ordre exprès, de travailler à sa propre réforme (2). Mais toute innovation, même partielle, a ses difficultés quand il s'agit d'un corps qui vit de traditions. Aussi ne s'étonnera-t-on pas que, surtout en présence de l'agitation causée par les disputes religieuses, la revision des statuts de l'Université n'ait pas eu de résultat immédiat, entravée qu'elle était par l'esprit de routine et par de basses rivalités. L'opposition qu'elle souleva fut même assez puissante pour empêcher que Coffin, partisan avoué des réformes, ne fût maintenu dans les fonctions de recteur, lors de l'élection qui eut lieu au mois de juin 1721 (3). La Nation de Normandie protesta inutilement contre l'affront fait en cette circonstance à l'un des hommes qui avaient le mieux servi et qui honoraient le plus l'école de Paris (4). Ce qui put adoucir pour Coffin la douleur de son échec immérité, c'est qu'il eut pour successeur M⁰ Gibert,

(1) *Disc. sur l'instr. grat.* (*Mémoires secrets*, p. 442).
(2) *Arch. U.*, Reg. XLIII, fol. 34 verso.
(3) *Nouvelles ecclésiastiques*, 1721, in-4°, p. 77.
(4) *Arch. U.*, Reg. XI bis, fol. 333.

un ancien recteur, professeur émérite du collège des Quatre Nations, habile et savant humaniste, que consultait Boileau, comme nous l'avons rappelé ailleurs, et qui n'était pas disposé à trahir la cause des bonnes études, tout en différant d'opinion avec quelques-uns de ses collègues, notamment avec Rollin, sur quelques points secondaires de méthode et de discipline scolaires.

Au reste, les pensées de réforme que nous venons de voir poindre ne restèrent pas à l'état de vagues aspirations; elles furent l'objet de délibérations sérieuses de la part des différentes compagnies, et de là résultèrent quelques travaux préparatoires destinés à être placés sous les yeux du régent (1). Bien que la sanction de l'autorité publique ait manqué à ces projets, ils ne sont pas entièrement dénués d'intérêt, si l'on en juge par un plan de nouveaux statuts qui nous a été heureusement conservé (2). Là les dispositions des anciennes ordonnances qui concernent le gouvernement général de l'instruction publique sont pour la plupart maintenues; et en effet on voulait seulement, au siècle de Rollin, améliorer les institutions du passé et non les bouleverser de fond en comble. Mais à côté des vieux statuts se glissent quelques articles dictés par l'esprit des temps nouveaux. S'agit-il, par exemple, de l'enseignement des lettres, la liste des auteurs qui peuvent être expliqués dans les écoles s'accroît de plusieurs noms choisis entre les historiens, Tite Live, Tacite, Hérodote, Xénophon, Plutarque. Ajoutons que les éléments de la langue française, accompagnés de lectures et compositions dans l'idiome maternel, commencent à obtenir une place à côté de l'étude des langues anciennes, afin, porte le règlement, que les enfants ne soient pas comme des étrangers dans leur propre pays (3). En ce qui concerne la philosophie, la différence, disons mieux, le progrès est encore plus remarquable. Les livres d'Aristote ne sont plus les seuls qui soient recom-

---

(1) *Arch. U.*, Reg. xi *bis*, fol. 331 verso et 334; *Bibl. Mazar.*, Cod. H. 1935 A. fol. 245 verso, et 247 verso.

(2) V. Pièces justificatives, n° CLXVII.

(3) Art. 12 : « Ne vernaculam linguam ignorent, et in sua patria hospites sint et peregrini, Gallicæ etiam linguæ clementis imbuentur et gallicis tum lectionibus, tum scriptionibus, accurate et pure loquendi facultatem excolent. »

mandés; à côté de l'*Organon* et de la *Métaphysique*, figurent les ouvrage des modernes. Un quart de siècle auparavant, Descartes était proscrit dans les écoles, et voilà que, par un revirement d'opinions qui n'est pas sans exemple dans l'histoire des lettres, les *Méditations* et le *Discours de la Méthode* sont rangés au nombre des livres classiques par les réformateurs anonymes de l'Université (1). Ces maîtres judicieux se gardent bien de prêcher le mépris des anciens; mais ils n'entendent pas que le culte de l'antiquité dégénère en une idolâtrie qui pourrait nuire à la recherche de la vérité (2). Ces tendances libérales du nouveau projet de statuts ont-elles contribué à le faire avorter? D'injustes préventions contre les nouveautés en philosophie auraient pu avoir cette puissance au temps de Louis XIV; elles la perdirent sous le régent. Mais au moment où les traditions de la politique du grand roi étaient abandonnées, il est curieux d'observer comment l'Université de Paris faisait effort sur elle-même pour élargir les bases de son enseignement, s'écartait doucement d'Aristote et de la scolastique, et inclinait vers les doctrines cartésiennes, si longtemps dénoncées comme dangereuses pour la foi, et maintenant devenues, aux yeux de juges sévères, le plus ferme rempart contre les menaçants progrès du matérialisme et de l'athéisme.

Un autre indice du zèle éclairé qui animait alors la Faculté des arts, ce sont les soins qu'elle se donne pour améliorer les livres de classe. Ceux qu'on mettait alors entre les mains des écoliers étaient mal imprimés et fort incorrects; il parut opportun, dans l'intérêt même des études, d'y substituer des textes revus avec soin, et accompagnés, aux passages difficiles, de notes dans le genre de celles qui avaient fait naguère le succès des éditions à l'usage du dauphin. Nous avons plus d'une fois entendu discuter

---

(1) Art. 22 : « Logicæ præcepta desumunt tum ex Aristotelis *Organo*, tum etiam ex recentiorum philosophorum libris, maximeque ex Cartesii *Methodo* et ex *Arte cogitandi*. Metaphysicam pariter ex libris *Metaphysicorum* Aristotelis ducent; itemque ex Cartesii *Meditationibus metaphysicis*, quibus doctrina Platonis mirum in modum fuit illustrata, et ad doctrinam Christianam propius admota. »

(2) *Ibid.* : « Ut neque novitatis studium venerandæ antiquitati quidquam detrahat; neque nimius antiquitatis amor noceat veritati. »

si des textes corrects, sans aucune annotation, n'étaient pas, pour l'enseignement des langues anciennes, préférables aux textes annotés. On voit dans quel sens l'Université de Paris avait tranché cette question de pédagogie : elle n'hésitait pas à user de tous les moyens qui pouvaient faciliter à ses écoliers l'intelligence des écrivains classiques. Les notes à joindre aux éditions publiées sous ses auspices devaient être préparées par des régents de la Faculté des arts; l'impression devait en être par eux surveillée. Gaullyer, qui professait au collège du Plessis, et à qui l'on doit un recueil de discours et de pièces de vers composées par des maîtres de l'Université, est un de ceux qui ont pris le plus de part à cet utile dessein (1). Mais, pour assurer le succès, il fallait que les nouvelles éditions fussent autant que possible à l'abri de la contrefaçon. Tel est l'objet d'une ordonnance promulguée en avril 1720, et par laquelle Louis XV concède à l'Université, durant cinquante années, un privilège pour l'impression des livres de classe, et notamment pour celle des ouvrages grecs et latins suivis dans les collèges (2). L'édit du roi permettant la cession de ce privilège, il fut transporté par l'Université à l'un de ses vingt-quatre

(1) Dans la séance du 10 juillet 1710, les députés de l'Université, assemblés au collège du Plessis, reçurent de Gaullyer l'hommage de six ouvrages qu'il venait de terminer; en voici les titres : *Rudiment, ou premiers principes de la langue latine avec une syntaxe;* — *Méthode contenant les premiers principes pour traduire le françois en latin;* — *Règles d'élégance pour la prose latine;* — *Règles pour la versification latine et françoise;* — *Règles pour traduire le latin en françois;* — *Collecta D. Gregorii Nazianzeni plurima poemata in Latinum conversa cum notis grammaticalibus.* Sur la requête de Pourchot, précédée de l'avis favorable des maîtres qui les avaient examinés, ces six ouvrages furent adoptés pour l'usage des classes. Dans la suite, Gaullyer publia d'autres ouvrages pour lesquels il sollicita également l'approbation de l'Université, savoir : *Lettres de Cicéron à ses amis, rangées par ordre chronologique.* — *Recueil des fables d'Ésope, de Phèdre et de Lafontaine, qui ont rapport les unes avec les autres.* — *Recueil de pièces de vers, les plus belles et les plus faciles, tirées des poètes latins et surtout de Martial.* — *Cornelius Nepos.* — *Abrégé de la grammaire françoise.* — *Règles de poétique, tirées d'Aristote, d'Horace, de Despréaux et d'autres célèbres auteurs, tant anciens que modernes.* Ces ouvrages avaient été approuvés dans les termes les plus favorables par M. Couture, professeur au Collège de France et censeur royal; mais cette approbation ne parut pas suffisante à l'Université, qui fit examiner de nouveau les derniers ouvrages de M. Gaullyer avant de les adopter. V. *Arch. U.*, Reg. XLII, f. 123.

(2) V. Pièces justificatives, nº CLXVIII.

libraires jurés, M⁰ Lambert Coffin, ancien régent au collège de Beauvais et le propre frère du recteur de ce nom (1). Mais de vives réclamations ne tardèrent pas à s'élever de la part de la communauté des imprimeurs et des libraires. Ceux-ci protestaient à la fois contre le monopole, selon eux très injuste, que le roi avait créé en faveur de l'Université, et contre l'abandon que l'Université en avait fait au profit de l'un de ses membres. Ils alléguaient l'intérêt public, surtout leurs droits méconnus, et menaçaient de rendre inutile la concession royale en refusant de l'enregistrer. Ces plaintes bruyantes paraissent avoir trouvé de l'écho; car Lambert Coffin dut renoncer au privilège qui lui avait été transféré (2), et l'Université elle-même se vit réduite à faire la déclaration suivante : 1° qu'elle n'entendait pas, en vertu de son privilège, s'approprier les livres qui jusqu'alors avaient été de droit et d'usage commun, et dont l'impression était permise à tous les libraires du royaume; 2° qu'elle considérait comme tels les rudiments, méthodes, Despautères, Clénards, grammaires, racines, manuels, textes grecs ou latins non accompagnés de notes, Bible, Nouveau Testament, Imitation de Jésus-Christ, etc.; 3° qu'elle rangeait dans la même catégorie tous les livres pouvant servir aux étudiants, et dont les privilèges étaient abandonnés, comme les dictionnaires et les éditions des écrivains classiques *ad usum Delphini*; 4° que son privilège ne devait s'appliquer, dans ce qu'il avait d'exclusif, qu'aux ouvrages annotés qu'elle publierait elle-même ou qu'elle ferait publier; 5° que ces annotations ne seraient pas une simple reproduction des anciens commentaires; 6° enfin qu'elle n'entendait porter aucune atteinte à la liberté que les libraires de Paris avaient de faire venir des différentes provinces du royaume et des pays étrangers tous les auteurs et livres classiques, tant grecs que latins, avec ou sans notes. La communauté des libraires et imprimeurs se fit donner acte de cette déclaration, et ce fut seulement à ce prix qu'elle se désista de son opposition aux lettres patentes du 8 août 1720. L'année suivante, ces lettres

---

(1) *Arch. U.*, Reg. XLIII, fol. 21.
(2) *Arch. U.*, Reg. XLIII, fol. 57 verso.

furent transcrites sur ses registres, en vertu d'un arrêt du conseil d'État (1), pour être exécutées sous le bénéfice des réserves convenues entre les parties.

La confirmation des anciens privilèges de l'Université souleva moins de difficultés, car elle était conforme aux traditions de la monarchie et n'alarmait aucun intérêt. Elle fut accordée sans bruit par le roi, de l'avis du régent et de son conseil, au mois de février 1722 (2). Les lettres patentes qui furent expédiées à cette occasion reproduisent à peu près textuellement l'édit de Louis XIV sur le même objet; on y retrouve les mêmes louanges en l'honneur de l'école de Paris, et la longue énumération des grâces et faveurs que les rois de France avaient prodiguées « à cette mère fameuse des bonnes lettres, afin de la rendre de plus en plus florissante pour le bien universel de la chrétienté et l'ornement de leur royaume. »

Mais à peine l'Université de Paris avait-elle reçu ce nouveau témoignage des intentions bienveillantes du gouvernement de Louis XV, qu'elle apprit, non sans la plus vive émotion, un événement inattendu qui lui paraissait menacer sa prospérité : nous voulons parler de l'établissement de deux universités nouvelles, l'une à Pau, l'autre à Dijon.

A l'époque la plus sanglante des guerres de religion, la reine de Navarre, Jeanne d'Albret, mère de Henri IV, avait érigé dans la ville d'Orthez une université protestante; elle y avait même affecté les biens du clergé catholique. Cette fondation, confirmée, dit-on, par Henri IV avant son avènement à la couronne de France, n'avait eu aucune suite, et paraissait tombée dans le plus complet oubli, lorsque le souvenir en fut réveillé en 1722 par une requête énergique des états de Béarn. Les états exposaient que, faute de trouver, même dans la province, des écoles où elle pût s'instruire, la jeunesse du Béarn perdait ses plus belles années, demeurait dans l'ignorance des devoirs les plus essentiels, et s'abandonnait trop souvent à des excès ruineux pour les familles. Ils deman-

---

(1) Arrêt du 29 octobre 1721. V. Pièces justificatives, n° CLXIX.
(2) *Arch. U.*, Reg. XLIII, fol. 52; *Bibl. Maz.*, Cod. 1935 A, fol. 255.

daient en conséquence au roi deux faveurs : la première, que l'université promise au pays sous Jeanne d'Albret et Henri IV lui fût rendue ; la seconde, qu'elle fût transportée de la petite ville d'Orthez dans celle de Pau, capitale de la province, siège du parlement et de l'assemblée des états. Une particularité assez curieuse, c'est que cette université du Béarn, établie par ses premiers fondateurs pour les calvinistes, était destinée, par ceux qui proposaient de la restaurer, à la compagnie de Jésus. Le contrat était passé ; les premières mesures d'exécution étaient prises, et les Jésuites n'attendaient que la permission du roi pour entrer en possession de l'école que d'habiles négociations, favorisées par la piété des catholiques du Béarn, avaient ouvertes au zèle entreprenant de la Société.

Tandis que les préparatifs du nouvel établissement s'achevaient à Pau, les élus de Bourgogne, réunis à Dijon, suppliaient, de leur côté, le roi d'ériger dans cette ville une vaste université, comprenant les quatre Facultés, arts, médecine, droit et théologie. Là, comme en Béarn, les Jésuites se trouvaient mêlés très directement à l'affaire. Possesseurs à Dijon d'un collège florissant, ils avaient proposé de l'incorporer aux deux nouvelles Facultés de théologie et des arts, et cette proposition avait été accueillie avec beaucoup de faveur par les élus de Bourgogne. La requête au roi faisait valoir habilement les avantages que la création de l'université de Dijon offrirait non seulement à la province, mais à tout le royaume. La province était pauvre, et il en coûtait aux familles d'envoyer au loin leurs enfants chercher l'instruction et les grades nécessaires à leur carrière. A la vérité, Besançon était à une vingtaine de lieues seulement ; mais la capitale de la Franche-Comté, malgré ses écoles, était plutôt une ville de garnison que d'études. Quant au royaume, quels fruits n'avait-il pas retirés de l'accroissement du nombre des universités ? Les lumières s'étaient de plus en plus répandues dans la nation, et on avait vu les sciences, les lettres et les arts briller d'un éclat inespéré. L'ouverture d'un nouveau foyer d'instruction ne favoriserait-elle pas ce progrès salutaire et glorieux pour le pays ?

La requête des états de Béarn et celle des élus de Bourgogne ne tardèrent pas à être connues de l'Université de Paris. A ce moment, elle avait encore à sa tête comme recteur, M° Balthazar Gibert, que cinq élections successives avaient maintenu en fonctions depuis plus d'une année, et qui justifiait la prorogation répétée de ses pouvoirs par le dévouement le plus éclairé aux intérêts de sa compagnie. Gibert s'effraya du préjudice que l'érection de deux universités nouvelles allait causer à l'école de Paris. Sa vive émotion, partagée par tous les membres qui composaient le tribunal académique, s'accrut encore quand il eut sous les yeux la preuve que l'enseignement et la haute direction, dans ces universités, devaient être abandonnés aux Jésuites, de sorte qu'après un siècle et demi de sollicitations, d'intrigues et d'espérances tant de fois déçues, la compagnie de Jésus allait enfin acquérir dans deux villes importantes le droit de diriger les exercices scolaires qui conduisaient aux grades (1). Les Nations de France, de Picardie, de Normandie et d'Allemagne, ainsi que les Facultés de droit et de médecine, protestèrent énergiquement contre un pareil projet et invitèrent le recteur à s'y opposer par toutes voies de droit. La Faculté de théologie elle-même, malgré les bons rapports de beaucoup de ses membres avec les Jésuites, appuya cette réclamation unanime. Plusieurs mémoires furent adressés au roi (2) : ils résumaient avec force tous les arguments que la politique, la tradition, l'intérêt des études et celui de l'Église pouvaient fournir contre l'érection des universités nouvelles. On y rappelait cette maxime de Richelieu, consignée dans le testament politique du grand cardinal : « Tout de même qu'un corps qui auroit des yeux en toutes les parties seroit monstrueux, de même si on profanoit les lettres à toutes sortes d'esprits, on verroit plus de gens capables de former des doutes que de les résoudre, et beaucoup seroient plus propres à s'opposer aux vérités qu'à les défendre. » Mais le point

---

(1) *Arch. U.*, Reg. XLIII, fol. 58 et s.
(2) Quelques-uns de ces mémoires sont conservés dans les archives de l'Université, cart. XXV, dossier 8. Voyez aussi une note curieuse du savant ouvrage de M. de la Cuisine, *le Parlement de Bourgogne*, etc., Dijon et Paris, 1864, in-8°, t. III, p. 190.

sur lequel les avocats de l'Université insistaient le plus vivement, c'étaient les dangers que présentait, soit pour l'État, soit pour l'Église, la juridiction que la compagnie de Jésus prétendait s'arroger à Pau comme à Dijon. Les Jésuites n'étaient-ils pas liés envers leur général par le vœu d'une obéissance étroite et aveugle? Pouvaient-ils contracter des engagements nouveaux au préjudice de cette obligation principale et absolue? Leurs doctrines n'étaient-elles pas en opposition avec les maximes et les libertés de l'Église gallicane? Sauraient-ils inspirer à la jeunesse l'amour du souverain et le respect des lois? Tandis que ces requêtes véhémentes étaient placées sous les yeux du roi, le recteur informait de ce qui se passait les autres universités du royaume, et essayait de former entre elles une sorte de ligue semblable à celle qui en 1624 avait empêché l'érection de l'université de Tournon. La plupart répondirent à cet appel. Poitiers, Nantes, Angers, Reims, Caen, Bourges, Toulouse, Bordeaux, Aix et Besançon adhérèrent aux conclusions prises par l'Université de Paris et unirent leurs requêtes à ses propres réclamations. Besançon avait dans l'affaire un intérêt tout particulier, à cause de la proximité de Dijon. Aussi le recteur, M. Bret, vint-il en personne à Paris présenter au roi un long mémoire où il invoquait en faveur des écoles de la Franche-Comté le texte même des traités qui, sous Louis XIV, avaient réuni cette province à la France. Avec leur vigilance et leur souplesse ordinaires, les Jésuites détournèrent l'orage qui se formait contre eux. Afin d'amortir l'opposition des Francs-Comtois, ils renoncèrent à l'idée d'avoir à Dijon une Faculté des arts et une Faculté de théologie dans leur dépendance; et, au lieu de cela, ils proposèrent que le beau collège qu'ils avaient dans cette ville fût agrégé à l'université de Besançon. Celle-ci s'empressa d'accepter cet arrangement qui lui évitait de sérieux mécomptes, tout au moins un grave péril, et qui promettait d'accroître le nombre de ses bacheliers et de ses licenciés. L'Université de Paris n'avait pas les mêmes motifs d'être satisfaite; elle se plaignit amèrement que Besançon eût déserté la cause commune, et elle persista plus que jamais dans son opposition; car, que les Jésuites étendissent leur influence dans la Faculté des arts et dans celle de théologie à Besançon ou bien à Dijon, la situation restait à peu près la même et prêtait aux mêmes alarmes. M° Gibert fut appelé au conseil des dépêches, où l'affaire devait se traiter; et là, en présence du cardinal Dubois, du garde des sceaux et des secrétaires d'État, il put développer à loisir les motifs qui s'opposaient à l'établissement des nouvelles universités. L'honneur singulier qu'il avait eu d'être écouté en si haut lieu paraissait de bon augure pour l'heureuse issue de cet important litige (1). Le zélé recteur se croyait certain de gagner sa cause, et par avance il s'en félicitait et remerciait publiquement tous ceux qui lui avaient prêté appui, entre autres le proviseur du collège d'Harcourt, Dagoumer. Mais l'événement trompa, en partie du moins, son attente. Dès le mois de septembre 1722, des lettres patentes, datées de Versailles, érigèrent l'université de Pau pour l'enseignement du droit civil et des arts (2). Au mois de décembre suivant fut établie l'université de Dijon, mais sous la condition expresse que le droit civil y serait seul enseigné (3). Le préambule de l'édit mentionne que cette restriction avait été introduite sur les représentations de plusieurs universités du royaume. Mais si la compagnie de Jésus s'était par prudence effacée à Dijon, elle avait pris en Béarn une forte position qu'elle mit tous ses soins à consolider. La déclaration du 4 décembre 1725, portant règlement pour l'université de Pau, délègue en effet les fonctions de recteur et de vice-chancelier au supérieur du collège des Jésuites; la Faculté des arts est incorporée à ce collège, lequel est choisi pour être le chef-lieu de la nouvelle université. C'est là un des succès les plus mémorables que les disciples de saint Ignace aient remportés sur l'esprit séculier; succès éphémère et dangereux, que les vainqueurs devaient expier avant peu d'années par une chute éclatante.

Sur d'autres points du territoire, où ils possédaient d'anciens

---

(1) *Arch. U.*, Reg. XLIII, fol. 62; *Journal de Mathieu Marais*, t. II, p. 357.
(2) Cet édit fut confirmé par celui de février 1724. V. le recueil des *Édits et règlemens pour l'Université de Pau en Béarn, avec les anciens édits, déclarations et règlemens*, à Pau, 1726, in-4°, p. 1 et s.
(3) *Édits et règlemens pour l'Université de Dijon*, etc., Dijon, 1723, in-4°, p. 1 et s.

établissements, les Jésuites, jaloux d'acquérir de nouveaux avantages, ne cessaient pas d'être en lutte avec les universités provinciales, que troublaient leurs ambitieux desseins. Nous avons vu la prétention qu'ils avaient élevée à Caen : ils demandaient que les candidats sortis de leur collège fussent admis aux examens non seulement dans la Faculté des arts, ce qui s'était fait de tout temps, mais dans la Faculté de théologie, ce qui n'avait jamais été accordé. Ce vœu n'ayant pu s'accomplir, ils en éprouvèrent de vifs regrets qu'ils ne surent pas maîtriser; car ils s'oublièrent jusqu'à laisser jouer par leurs élèves, sur la fin de 1720, une pièce déjà représentée à Amiens, et dans laquelle l'enseignement séculier était livré à la risée publique. Les maîtres de Caen s'émurent, et retranchèrent les Jésuites de leur sein. Ces derniers en appelèrent au roi, et, après plusieurs mémoires et requêtes échangés de part et d'autre, l'intervention de l'Université de Paris menaçait de compliquer le débat, lorsqu'un arrêt du conseil d'État du 22 novembre 1722 vint y mettre fin. Il ordonnait que deux jésuites du collège de Caen comparaîtraient devant l'université réunie en assemblée générale, et que là ils déclareraient, au nom de leurs confrères, n'avoir eu aucune intention de manquer à l'honneur et au respect dus au recteur et à ses collègues, encore moins de les offenser et de se soustraire à leur juridiction. Sous le bénéfice de cette déclaration, le collège des Jésuites devait demeurer agrégé à l'université de Caen. Celle-ci triompha du succès d'amour-propre qu'elle venait d'obtenir, et qui, sans la délivrer de ses rivaux, les faisait rentrer sous son étroite dépendance. La joie qu'elle en éprouva fut partagée dans l'école de Paris, associée à sa cause. Aussi le greffier Pierre Vel a-t-il eu soin de transcrire textuellement sur ses registres l'arrêt du conseil d'État (1).

A Reims, la rivalité, ou plutôt la lutte, n'était pas moins vive. Elle datait de l'établissement même des Jésuites dans cette ville, et au dix-septième siècle elle avait donné lieu à de fréquents procès,

---

(1) *Arch. U.*, Reg. XLIII, fol. 46 verso. Cet arrêt a été imprimé avec d'autres actes qui s'y rapportent, in-4°, 8 pages. Cf. *Journal de Mathieu Marais*, t. II, p. 90.

qui n'avaient jamais été clos par un arrêt définitif. Le collège des Jésuites était-il agrégé à l'université de Reims? La Compagnie le prétendait; elle produisait même un acte d'agrégation et une sorte de concordat anciennement souscrit. L'université contestait la validité de ces actes, arrachés, suivant elle, à la faiblesse d'un recteur complaisant. Depuis plusieurs années le débat était assoupi, lorsqu'il se réveilla en 1722, à la faveur des divisions causées par l'affaire de la bulle *Unigenitus*. L'université de Reims ayant écarté des examens deux candidats qui avaient étudié chez les Jésuites, la Compagnie adressa une requête au roi pour être maintenue en possession des avantages que l'agrégation assurait à son collège. La cause aurait dû être portée au Parlement, conservateur légal des libertés académiques et juge ordinaire des contestations qui s'y référaient : le crédit des Jésuites obtint qu'elle fût évoquée par le roi. Mais l'Université de Paris, que celle de Reims avait appelée à son aide, descendit dans l'arène, et son concours fut décisif pour le succès. Balthazar Gibert venait de résigner les fonctions rectorales; mais il avait eu pour successeur Dagoumer, non moins dévoué que lui aux intérêts de la Faculté des arts, encore plus ardent contre les disciples de Loyola, et particulièrement versé dans l'histoire de leurs différends avec les écoles séculières. Il écrivit un mémoire au roi (1), plus développé et plus véritablement éloquent qu'aucun de ceux que l'Université avait fait paraître jusqu'alors. Tous les griefs que la raison politique, la passion et le préjugé pouvaient invoquer contre la compagnie de Jésus s'y trouvaient méthodiquement résumés sous huit chefs principaux, dans un style nerveux, semé de traits acérés et pénétrants. Le fond des arguments offrait peu de nouveauté; les accusations rou-

---

(1) Les archives de l'Université (cart. xxv) possèdent un exemplaire in-fol. de l'édition originale de ce mémoire. Il a été réimprimé en 1761 dans le recueil qui a pour titre: *Requêtes au roi, mémoires et décrets des Universités de Paris et de Reims contre les Jésuites, où, à l'occasion des entreprises de ces pères contre les Universités, on développe les vices de leur institut, leurs violements de toutes les conditions auxquelles ils ont été reçus et rappelés en France, l'étendue de leurs projets, les moyens qu'ils emploient pour les exécuter, et les maux qui en résulteroient pour l'Église et pour les États.* 2 vol. in-12, sans nom de lieu ni d'imprimeur. Cf. *Arch. U.*, Reg. XLIII, fol. 41, 94 verso, 99, 101, etc.

laient sur de vieux thèmes rebattus, comme l'absolu pouvoir attribué par les constitutions de l'ordre au supérieur général des Jésuites, ce serment d'obéissance exigé de chaque membre, la puissance redoutable de la Société, son esprit ambitieux et remuant, ses maximes contraires à la souveraineté des rois et aux libertés gallicanes; mais la vigueur de la discussion, la précision lumineuse et implacable des reproches imprimaient au mémoire de l'Université de Paris un caractère particulier et vraiment original, qui devait frapper l'opinion publique, le gouvernement de Louis XV et la compagnie de Jésus elle-même. Quand cette requête véhémente fut parvenue entre les mains de M. d'Armenonville, alors garde des sceaux, on raconte qu'il fit venir Dagoumer et l'apostropha en ces termes, d'un ton irrité : « Vous êtes bien hardi de nous présenter un mémoire tel que le vôtre, et d'y diffamer, comme vous le faites, une compagnie aussi respectable que celle des pères Jésuites. En quelle conscience pouvez-vous les traduire sous des couleurs si odieuses? — Vous êtes donc, Monseigneur, répondit sans se troubler Dagoumer, bien étonné de ce que j'ai dit des pères Jésuites? Il n'est pas encore temps de vous récrier : ceci n'est qu'un prélude. Vous verrez bien d'autres choses dans les mémoires qui suivront. Il faut vous apprendre à connaître ces pères. » Les Jésuites jugèrent prudent de ne point attendre l'effet de pareilles menaces; ils se désistèrent de leur pourvoi contre l'université de Reims, sous la condition que l'Université de Paris ne donnerait aucune suite à sa propre requête et ne la répandrait pas. Ainsi se termina cette affaire qui faillit, à un moment, prendre des proportions considérables. Elle eut ce résultat de faire entrevoir la profondeur des ressentiments qui s'étaient amoncelés depuis un siècle contre la société de Jésus, et qui n'attendaient que l'occasion favorable d'éclater au grand jour et de triompher.

Cependant la mort avait fait des vides nombreux et éclatants parmi les personnages que nous avons vus figurer sur la scène durant ces dernières années. Le P. Quesnel était mort en Hollande, sur la fin de 1719, âgé de quatre-vingt-cinq ans. Clément XI, le pontife sous lequel fut promulguée la constitution *Unigenitus*, termina ses jours en 1721. Il eut pour successeur Innocent XIII, qui fut lui-même remplacé, après un pontificat de moins de trois années, par Benoît XIII. L'abbé Dubois, l'habile négociateur de l'accommodement qui prépara la pacification de l'Église, l'abbé Dubois, devenu archevêque de Cambrai, cardinal et premier ministre, fut enlevé par une mort prématurée au mois d'août 1723. Le régent, son ancien élève et le premier auteur de sa fortune, le suivit de près dans la tombe : il mourut presque subitement au mois de décembre de la même année, à peine âgé de quarante-trois ans; prince loyal, courageux et humain, qui conserverait dans l'histoire un nom plus honoré s'il n'avait pas contribué à la corruption des mœurs publiques par le scandale de sa vie intime. La majorité du roi était déclarée depuis quelques mois; le jeune prince, héritier de la couronne de France, confia les rênes de l'État au duc de Bourbon, qui ne tarda pas à être remplacé dans ce poste éminent par l'abbé de Fleury, ancien évêque de Fréjus et depuis cardinal.

Sous le ministère du duc de Bourbon parut un édit sur la religion, ou plutôt contre les calvinistes échappés aux rigueurs de l'ancien gouvernement (1). Cet édit est une œuvre d'intolérance : il continue, il dépasse même les plus sévères ordonnances de Louis XIV, et nous n'aurions pas eu la pensée de nous y arrêter s'il ne renfermait plusieurs dispositions, singulièrement remarquables, concernant l'instruction primaire. Ainsi le roi veut « qu'il soit établi, autant qu'il sera possible, des maistres et des maistresses d'écoles dans toutes les paroisses où il n'y en a point, pour instruire tous les enfants de l'un et l'autre sexe des principaux mystères et devoirs de la religion catholique, apostolique et romaine, les conduire à la messe tous les jours ouvriers autant qu'il sera possible, leur donner les instructions dont ils ont besoin sur ce sujet, et avoir soin qu'ils assistent au service divin les dimanches et les fêtes, comme aussy pour apprendre à lire,

---

(1) Déclaration du 14 mai 1724. V. Isambert, *Anciennes Lois françaises*, t. XXI, p. 261 et s.

et mesme escrire, à ceux qui pourront en avoir besoin, le tout ainsy qu'il sera ordonné par les archevesques et évesques. Voulons à cet effet, que dans les lieux où il n'y aura pas d'autres fonds, il puisse être imposé sur tous les habitants la somme qui manquera pour l'establissement desdits maistres et maistresses, jusqu'à celle de cent cinquante livres par an pour les maistres, et de cent livres pour les maistresses. »

L'article qui suit impose aux parents l'étroite obligation de profiter des moyens d'instruction qui leur sont offerts :

« Enjoignons à tous les pères, mères, tuteurs et autres personnes qui sont chargées de l'éducation des enfans, de les envoyer aux écoles et aux catéchismes jusqu'à l'âge de quatorze ans, mesme pour ceux qui sont au-dessus de cet âge jusqu'à celui de vingt ans, aux instructions qui se font les dimanches et fêtes, si ce n'est que ce soient des personnes de telle condition, qu'elles doivent les faire instruire chez elles, ou les envoyer au collège, ou les mettre dans des monastères ou communautés religieuses. »

Mais toute obligation suppose une sanction; aussi l'édit ajoute : « Voulons que nos procureurs et ceux des sieurs hauts justiciers se fassent remettre tous les mois par les curés, vicaires, maîtres ou maîtresses d'école, ou autres qu'ils chargeront de ce soin, un état exact de tous les enfants qui n'iront pas aux écoles ou aux catéchismes, de leurs noms, âge, sexe, et des noms de leurs pères et mères, pour faire ensuite les poursuites nécessaires contre les pères et mères, tuteurs ou curateurs, ou autres qui sont chargés de leur éducation. »

Dans les articles qu'on vient de lire, n'y a-t-il pas une première ébauche de ces mesures de coercition que beaucoup de partisans de l'éducation populaire réclament aujourd'hui contre les pères de famille qui n'enverraient pas leurs enfants chez l'instituteur? Chose remarquable! ce fut l'intolérance religieuse qui inventa le système de l'instruction obligatoire. Est-ce le vague souvenir d'une telle origine et des protestations excitées par le rigoureux édit de Louis XV qui a soulevé contre ce système les défiances de la majorité du pays? L'État est intéressé sans doute à combattre l'ignorance, à répandre des lumières; mais pour atteindre ce noble but, pour surmonter les résistances, devra-t-il donc recourir à la contrainte? Imitons le zèle politique et religieux de l'ancienne monarchie pour le développement de l'instruction; mais respectons mieux la liberté du père de famille, et ne laissons pas introduire dans nos lois ces clauses vexatoires et inefficaces que nos mœurs repoussent et que la nécessité ne justifie pas.

Nous revenons à des sujets moins élevés sans doute et moins importants que l'édit de 1724, mais liés plus étroitement à l'histoire de l'Université de Paris. Les procédures et les débats judiciaires occupent dans cette histoire une place considérable, que nous cherchons à restreindre aux faits les plus essentiels. Durant les années que nous parcourons, deux procès, tous les deux entamés depuis assez longtemps, qui intéressaient à des degrés divers la juridiction académique, se poursuivaient au nom de l'Université, l'un avec le collège du cardinal Lemoine, l'autre contre les libraires.

Nous avons signalé les velléités d'indépendance que témoignaient les principaux ou grands maîtres de certains collèges, et les prétextes qu'ils imaginaient pour échapper à la visite du recteur (1). A l'exemple de la Sorbonne et de Navarre, le collège du cardinal Lemoine avait élevé cette prétention un peu ambitieuse, très contraire aux anciens statuts de l'école de Paris, mais autorisée, il faut le reconnaître, par les termes d'un arrêt du conseil d'État du 9 mars 1680, qui déléguait au doyen et au chancelier de Notre-Dame le droit de visiter ce collège et de le réformer, nonobstant toute opposition et appellation. Sous l'empire de cet arrêt, la concorde entre les maîtres, la discipline parmi les écoliers ne s'étaient pas toujours maintenues. Des désordres, des conflits d'autorité, des procès avaient éclaté, et l'Université de Paris s'était hâtée d'intervenir et de revendiquer ses droits, en quelque sorte traditionnels, de surveillance et de haute direction. Durant plusieurs années, les citations, requêtes et autres pièces de pro-

---

(1) Voyez plus haut, t. I, p. 428, et t. II, p. 93.

cédure se succédèrent de part et d'autre avec une déplorable rapidité. Le choix d'un simple régent de sixième avait suffi pour exciter entre le principal et les boursiers ce long dissentiment. Les boursiers prétendaient que les régents devaient être choisis exclusivement parmi eux; le principal, appuyé en cela par l'Université, repoussait cette obligation, et soutenait que la seule condition essentielle était que le candidat préféré fût pourvu du titre de maître ès arts. Cette question, si simple en apparence, avait pris des proportions inattendues et ranimait toutes les contestations que pouvait soulever le régime intérieur du collège. Ce qu'il y avait de grave, c'est que l'archevêque de Paris, M. de Noailles, figurait comme partie au procès pour la défense des droits que le règlement de 1680 avait attribués au chancelier et au doyen de Notre-Dame. Cependant, malgré ce puissant adversaire, l'Université gagna sa cause devant le roi. Un arrêt du conseil, en date du 19 janvier 1726, maintint au recteur le droit « de faire les visites au collège du cardinal Lemoine et d'y exercer la juridiction, suivant l'article 75 de l'ordonnance de Blois et l'article 70 des statuts généraux de la Faculté des arts. » Toute liberté fut laissée au principal pour le choix de ses régents, que néanmoins il était invité à choisir, autant que possible, parmi les boursiers reçus maîtres ès arts (1).

Quant au procès contre les libraires, il datait presque d'aussi loin que le précédent, et il se termina vers la même époque.

L'Université de Paris n'avait jamais pris son parti de l'édit de 1686, qui détruisait de fait la haute juridiction qu'elle avait exercée durant plusieurs siècles sur la fabrication et sur la vente des livres (2). Mais tandis qu'elle demandait à être maintenue, ou plutôt rétablie, dans tous ses droits « d'intendance et de direction » les libraires inclinaient de plus en plus à lui interdire toute immixtion dans les affaires de leur communauté; ils allaient jusqu'à lui contester le droit d'avoir vingt-quatre libraires jurés, par elle choisis, avec mission de la représenter. Il est vrai

---

(1) V. Pièces justificatives, n° CLXXI.
(2) Voyez plus haut, t. II, p. 26 et suiv.

qu'en cherchant à s'affranchir de la surveillance des autorités académiques, les libraires n'entendaient nullement renoncer aux privilèges, immunités et exceptions attribuées aux écoliers; aussi attachaient-ils le plus grand prix à cette disposition de l'article 1er de l'édit du 28 février 1723 : « Les libraires et imprimeurs seront censés et réputés du corps et des suppôts de l'Université de Paris, distingués et séparés des arts mécaniques, maintenus, gardés et conservés en la jouissance de tous les droits, franchises, immunités, privilèges et prérogatives attribués à ladite Université; et en cette qualité sera et demeurera la communauté des imprimeurs et libraires franche, quitte et exempte de toutes contributions, prêts, taxes, levées, subsides et impositions, mises et à mettre, imposées et à imposer sur les arts et métiers. » Mais l'Université de Paris s'armait elle-même de cet article contre les libraires, et soutenait avec raison que s'ils faisaient partie de son corps, s'ils participaient à ses immunités, ils devaient être soumis à sa juridiction. Elle ne distinguait pas, comme elle l'avait fait à une autre époque, entre les libraires jurés et ceux qui ne lui étaient attachés par aucun serment; elle consentait à reconnaître les uns comme les autres pour ses suppôts, et à les admettre tous également à la jouissance de ses privilèges, pourvu qu'ils reconnussent eux-mêmes l'autorité du recteur. Ce long débat fut terminé par un arrêt du conseil d'État du 10 décembre 1725 (1), qui conféra à l'Université de Paris des prérogatives dont elle pouvait ressentir quelque fierté. Ainsi nul ne peut être admis comme apprenti en librairie et imprimerie, s'il n'a été présenté au recteur par le syndic de la communauté, pour être examiné sur le grec et sur le latin, et s'il n'a obtenu du recteur des lettres testimoniales de capacité. Nul n'est reçu libraire ou imprimeur, nul ne peut jouir des privilèges attachés à cette profession, s'il n'a prêté serment entre les mains du recteur devant le tribunal de l'Université, et si des lettres d'immatriculation ne lui ont été délivrées par le greffier. Les libraires et imprimeurs assistent, au nombre de douze pour le

---

(1) *Arch. U.*, Reg. XLIII, fol. 126. V. Pièces justificatives, n° CLXX.

moins, aux processions de l'Université. Enfin, chaque année, à la fête de la Purification de la sainte Vierge, les syndics et adjoints en charge sont tenus de présenter au recteur un cierge de cire blanche du poids d'une livre. A côté de ces dispositions si respectueuses envers les autorités scolaires, on trouve un seul article sur la visite des imprimeries et librairies : c'est celui qui maintient cette importante attribution au syndic de la communauté. Ainsi, tout en obtenant la consécration éclatante de ses prérogatives purement honorifiques, l'Université ne recouvre pas la juridiction qu'elle avait exercée anciennement et dont la perte lui causait d'amers regrets. Toutefois elle se montra satisfaite ; elle célébra même bruyamment les concessions qu'elle avait emportées, et qui lui permettaient de se faire illusion à elle-même sur sa propre décadence.

En exécution de l'arrêt du conseil d'État, les libraires et imprimeurs qui n'étaient pas encore immatriculés sur les registres de l'Université reçurent l'invitation de se réunir le 9 mars 1726, dans la grande salle des Mathurins, pour y prêter un serment solennel entre les mains du recteur, M. Couvillard de Laval. Deux cents d'entre eux environ se rendirent à cet appel ; quarante, qui se trouvaient en voyage ou malades, firent excuser leur absence. Les procureurs des Nations, les doyens des Facultés et les autres membres du tribunal académique, assistaient en costume à la cérémonie. Après une allocution du recteur, le greffier lut à haute voix la formule du serment : « Vous jurez que vous faites profession de la religion catholique, apostolique et romaine? Vous jurez que vous porterez respect, obéissance et honneur au recteur de l'Université et à sa charge, à quelque état que vous puissiez parvenir? Vous jurez que vous conserverez les droits, les usages et les libertés de l'Université de Paris, et que vous défendrez ses privilèges, autant qu'il sera en vous? Vous jurez que vous vous acquitterez fidèlement de l'emploi de libraire imprimeur de l'Université, et qu'en vous en acquittant, vous ne ferez tort à personne, soit maître, soit écolier, soit citoyen, soit étranger? Vous jurez que vous ne vendrez aucun livre qui ne soit approuvé ; aucun, quel qu'il puisse être, qui soit contre la foi, contre le roi, le royaume, les bonnes mœurs ou la réputation de qui que ce soit? Vous jurez que vous n'accepterez aucun livre, soit neuf, soit qui ait déjà servi, de qui que ce soit qui ne soit libre de sa personne, soit écolier, soit serviteur ou servante? Vous jurez que vous ne vendrez pour entier aucun livre dans lequel quelque feuillet ou manquerait, ou serait transposé, sans avertir du défaut celui qui l'achètera? Vous jurez que vous observerez les quatorze articles établis de l'autorité du roy par l'arrêt du conseil rendu le 10 décembre 1725? » A l'appel de son nom, chaque libraire, en manteau noir, s'avança devant le recteur, s'agenouilla, et prêta ces divers serments, la main sur l'Évangile; après quoi, un des adjoints de la communauté, le sieur Rondet, adressa quelques paroles de remerciement au recteur. Afin d'effacer jusqu'à la dernière trace des anciens débats, le tribunal académique, sur la proposition de Pourchot, déclara, avant de lever la séance, que les libraires étaient rentrés dans les bonnes grâces de l'Université, qu'elle les prenait sous son patronage, et qu'en toutes choses licites et honnêtes, sa protection leur était acquise désormais (1).

Ainsi s'acheva cette cérémonie, où l'école de Paris venait de retrouver quelque reflet de ses pompes et de sa grandeur d'autrefois. La communauté des libraires n'avait pas à se plaindre : elle s'était assuré, à peu de frais, des immunités précieuses, et même de chauds défenseurs, comme elle en fit bientôt l'expérience. A l'occasion du changement de règne, le fisc réclamait des libraires une imposition de 14,000 livres pour confirmation de leurs privilèges. L'Université n'hésita pas à intervenir; et, dans une requête fortement motivée (2), elle établit que, les libraires étant devenus ses suppôts par décision du conseil d'État, on ne pouvait sans inconséquence les frapper d'une taxe contraire aux franchises académiques.

L'occasion paraissait propice pour l'accomplissement d'un vœu

(1) *Arch. U.*, Reg. XLIII, fol. 130 verso.
(2) *Arch. U.*, cart. XI, dossier 4, nos 15 et 16.

souvent exprimé par l'Université de Paris. Moins favorisée que la plupart des couvents et quelques universités étrangères, Oxford entre autres, elle ne possédait pas une bibliothèque à l'usage de ses écoliers et de ses maîtres; et elle souhaitait vivement leur procurer, aux uns et aux autres, ce précieux moyen de travail. Mais, pour assurer le succès d'une telle fondation, il fallait obtenir du gouvernement un exemplaire des ouvrages nouveaux, selon la demande qui en avait été faite dès 1686. Sur la fin de 1725, le recteur adressa au roi une requête; elle fut communiquée par le garde des sceaux, M. d'Armenonville, au bibliothécaire de Louis XV, l'abbé Bignon; et, l'avis de ce savant homme s'étant trouvé favorable, le gouvernement informa l'Université qu'il consentait à lui attribuer un exemplaire des livres nouveaux, sous une condition toutefois, c'est qu'elle fit choix d'un local et qu'elle l'appropriât à ses frais pour l'installation de sa bibliothèque. M. d'Armenonville ajouta au prix de cette faveur en promettant qu'il enverrait son portrait pour être placé dans la salle de lecture. Ces bonnes nouvelles, portées à la connaissance du tribunal académique, y répandirent la joie la plus vive; et, lors de la procession rectorale qui eut lieu au mois de mars 1726, le recteur, Me Couvillard, ne manqua pas d'acquitter, dans l'allocution d'usage aux Nations et aux Facultés assemblées, la dette de la reconnaissance publique envers le généreux garde des sceaux. Cependant il était plus facile à l'Université de remercier ses bienfaiteurs que de profiter de leurs bienfaits. En dépit de ses vœux et de ses efforts, elle ne trouvait pour l'établissement de sa bibliothèque ni local ni argent. Le syndic de la Faculté de droit, Joseph de Ferrière, avait indiqué les dépendances du collège de Sainte-Barbe, qui comprenaient un vaste emplacement non encore utilisé. Pourchot appuyait lui-même cette proposition; mais il fallait se résoudre à bâtir et, pour bâtir, à emprunter, ce qui devenait grave et ne pouvait se faire sans l'autorisation du Parlement. Les difficultés parurent si sérieuses qu'on finit par désespérer de pouvoir en triompher, et ce projet d'une bibliothèque, caressé si longtemps, et qui avait semblé toucher à sa réalisation, fut ajourné de nouveau pour près d'un demi-siècle (1).

Tandis que l'Université de Paris se laissait distraire de sa mission par des procès qui ne profitaient pas à la jeunesse, Rollin employait ses loisirs à développer les aperçus éloquents, mais rapides, de son discours sur l'instruction gratuite. Cette ébauche brillante de l'éducation universitaire offrait le plan d'une œuvre plus ample, dans laquelle les meilleures méthodes suivies par l'école de Paris dans l'enseignement des belles-lettres pouvaient être exposées avec une étendue convenable. Sur le vœu de la Faculté des arts, Rollin entreprit cet important travail, un des plus nobles qui pût occuper sa retraite et tempérer l'amère douleur que lui causait la direction donnée aux affaires ecclésiastiques. Les deux premiers volumes furent achevés au commencement de 1725. Avant de les livrer au public, l'auteur les présenta à l'Université; il y joignit une lettre en latin, dans laquelle, après avoir exprimé en termes touchants sa reconnaissance envers ses premiers maîtres et envers ses collègues, il indiquait brièvement le but qu'il s'était proposé. « Ma première vue, disait-il, pour ne point toucher ici à ce qui concerne la piété et les bonnes mœurs, a été de mettre par écrit et de fixer la méthode d'enseigner usitée depuis longtemps parmi vous, et qui jusqu'ici ne s'est transmise que de vive voix et par une espèce de tradition; d'ériger, autant que j'en suis capable, un monument durable des règles et de la pratique que vous suivez dans l'instruction de la jeunesse, afin de conserver dans toute son intégrité le vrai goût des belles-lettres, et de le mettre à l'abri, s'il est possible, des altérations et des injures du temps. » La Faculté des arts accueillit, comme un titre de gloire pour elle, avec des applaudissements que nous voudrions dire unanimes, le solide et précieux ouvrage qui lui était offert si modestement par le plus populaire et le plus vénéré de ses maîtres; et, pour donner de la solennité à son approbation, elle ordonna que le témoignage en fût consigné dans

(1) *Arch. U.*, Reg. XLIII, fol. 123 verso, 125, 129, etc.

ses registres. Quelques voix cependant troublèrent par des critiques assez peu mesurées le concert des éloges. Un ancien recteur, qui avait enseigné lui-même la rhétorique, et que son savoir solide, sa longue expérience auraient dû élever au-dessus de l'envie, Gibert, dans ses *Observations sur le traité des études* (1), s'oublia jusqu'à soutenir que la méthode de Rollin était impraticable; qu'elle péchait contre le bon goût, le bon sens, la raison; qu'elle tendait à gâter l'esprit des jeunes gens, à les jeter dans des erreurs de grande conséquence. Rollin ne crut pas pouvoir se dispenser de répondre à ces injustes reproches : il le fit en peu de mots, avec douceur et modération, en se bornant, pour toute vengeance, à citer textuellement les expressions les plus acerbes échappées à la jalousie, aux petites rancunes et à l'amour-propre blessé de son censeur. Ces misérables attaques, désavouées par le sentiment public, n'étaient pas capables de nuire au succès du *Traité des études*. Dès son apparition, l'ouvrage fut placé au rang des meilleurs, des plus sensés, des mieux écrits, qui eussent été publiés depuis longtemps : « J'envie presque à ceux qui étudient à présent, écrivait d'Aguesseau à Rollin (2), un bonheur qui nous a manqué, je veux dire l'avantage d'être conduits dans la carrière des belles-lettres par un guide dont le goût est si sûr, si délié, si propre à faire sentir le vrai et le beau dans tous les ouvrages anciens et modernes. Vous ne vous contentez pas de donner des préceptes à la jeunesse; vous y joignez des exemples par la justesse et l'élégance de votre style.

---

(1) *Observations adressées à M. Rollin, ancien recteur et professeur royal, sur son Traité de la manière d'enseigner et d'étudier les belles-lettres*, par M. Gibert, ancien recteur et professeur de rhétorique au collège Mazarin, Paris, 1727, in-12. — *Lettre de M. Rollin à M. Gibert, ancien recteur de l'Université, au sujet de ses Observations sur le Traité de la manière d'enseigner et d'étudier les belles-lettres*, Paris, 1727, in-12. — *Réponse de M. Gibert à la lettre de M. Rollin*, Paris, 1727, in-12. L'avocat Mathieu Marais juge sévèrement Gibert : « M. Rollin, dit-il (*Journal et Mémoires*, etc., t. III, p. 480), a répondu à M. Gibert par une lettre trop courte; et il arrive de ce différend que le livre de M. Rollin, quoique bien critiqué en plusieurs endroits, mais qui est composé de grâces et de choses qui plaisent, l'emportera toujours sur la critique de son adversaire, qui tient du collège, et qui a un peu trop orgueilleusement raison. »

(2) *Opuscules de Rollin*, t. I, p. 163.

Vous parlez le français comme si c'était votre langue naturelle; et vous faites voir ce que j'ai souvent pensé, qu'il y a une beauté de style qui est, pour ainsi dire, de toutes les langues et à laquelle elles ne fournissent que des mots, parce que le tour, l'arrangement et les grâces du discours sont dans l'esprit de celui qui écrit, beaucoup plus que dans la langue qu'il met en œuvre. » Ce jugement, si délicat, porté par d'Aguesseau sur le *Traité des études* fut celui de la plupart des contemporains, et la postérité l'a ratifié. Quant à nous, qui devons nous renfermer dans notre rôle d'historien, ce que nous avons surtout à rechercher dans le chef-d'œuvre de Rollin, ce n'est pas la sagesse pratique des vues, ni la beauté simple et sévère de l'expression, toujours appropriée au sujet avec le tact le plus exquis; c'est un témoignage sur l'enseignement de l'Université de Paris, tel qu'il se donnait dans les dernières années du règne de Louis XIV, lorsque les vieilles traditions fléchissaient déjà même dans les écoles, et que cependant l'heure des réformes profondes qui devaient bouleverser et renouveler toutes choses n'avait pas encore sonné.

Le but de l'éducation est de former les mœurs encore plus que le goût. Aussi les bons maîtres, comme le remarque Rollin, « estiment peu les sciences, si elles ne conduisent à la vertu... Ils préfèrent l'honnête homme à l'homme savant, et, en instruisant les jeunes gens, ils songent moins à les rendre habiles qu'à les rendre vertueux, bons fils, bons pères, bons amis, bons citoyens. » Ce qui a toujours caractérisé l'enseignement de l'Université de Paris, c'est que, sans perdre jamais de vue ce but suprême, elle a cru l'atteindre en proposant pour modèles à ses écoliers les chefs-d'œuvre de la Grèce et de Rome. Elle unissait l'admiration de l'antiquité à la ferveur religieuse, et faisait servir le génie et même les exemples des païens à l'instruction de la jeunesse chrétienne. Cette tradition revit dans l'ouvrage de Rollin, et nulle part elle n'est expliquée avec plus de conviction, d'autorité et de charme. Mais, malgré tout le respect qu'il professe pour les anciens, le judicieux maître ne leur a pas voué un culte exclusif, et en lisant son traité on s'aperçoit que les modernes commencent à partager avec les Grecs et les Romains l'empire des écoles. Ne lui arrive-t-il pas d'emprunter des citations aux écrivains du siècle de Louis XIV? Mascaron et Fléchier lui ont fourni le texte de plus d'un exercice oratoire. Nous serions en droit de conclure de ce fait seul, fût-il isolé, que dans les classes on en usait de même, et que beaucoup de régents ne se refusaient pas au plaisir de faire admirer par leurs élèves les beautés de nos orateurs et de nos poètes.

Quelque chose de plus remarquable peut-être, c'est l'importance accordée à l'étude grammaticale de la langue française. Les maîtres de Port-Royal s'étaient élevés avec force contre l'usage d'écrire en latin les livres élémentaires destinés à des enfants qui ne possédaient que leur langue maternelle; les nouvelles *Méthodes,* ouvrage de Lancelot et d'Arnauld, furent écrites en français, et cet exemple, suivi par des imitateurs nombreux, eut raison du vieux préjugé. Mais avec le *Traité des études* nous assistons à un nouveau progrès, que les plans de réforme élaborés en 1720 faisaient au reste pressentir. L'auteur introduit la langue nationale dans le cadre de l'enseignement classique; il veut qu'on la sache par principes, disons plus encore, qu'on s'applique à en approfondir le génie, à en démêler toutes les délicatesses. « Les Romains, dit-il, nous ont appris, par l'application qu'ils donnaient à l'étude de leur langue, ce que nous devrions faire pour nous instruire de la nôtre. Chez eux, les enfants, dès le berceau, étaient formés à la pureté du langage. Ce soin était regardé comme le premier et le plus essentiel après celui des mœurs. » La connaissance du latin et du grec, si longtemps préférée à toute autre branche de savoir, se trouve ainsi reléguée au second plan; ses avantages sont moins appréciés; les humanistes avouent eux-mêmes qu'elle se réduit à posséder des idiomes morts, et qu'en général elle ne sert qu'à l'intelligence des auteurs. De là cet abandon de l'exercice du thème, que l'Université avait pratiqué autrefois à peu près exclusivement, et auquel l'usage mêla peu à peu l'exercice de la version, que Rollin, sans condamner absolument les thèmes, estimait bien plus utile, même pour les commençants. En effet, pour écrire dans une langue, ne faut-il pas connaître un peu le tour, les locutions, les règles de cette langue, et avoir fait amas d'un nombre assez considérable de mots dont on sente bien la force, et dont on soit en état de faire une juste application? « Or, continue Rollin, tout cela ne peut se faire qu'en expliquant les auteurs, qui sont comme un dictionnaire vivant et une grammaire parlante, où l'on apprend par expérience même la force et le véritable usage des mots, des phrases et des règles de la syntaxe. »

Il serait trop long de relever en détail toutes les opinions de Rollin qui touchent à l'enseignement des belles-lettres. Toutefois mentionnons encore son sentiment sur la manière de prononcer le grec. Il appuie fortement en faveur de ce mode de prononciation qui apprend, dit-il, à prononcer comme on écrit, et qui fait que, pour entendre ce que d'autres lisent, on n'a pas besoin de joindre le secours des yeux à celui des oreilles. » C'est la prononciation attribuée avec plus ou moins de fondement à Érasme, et suivie par l'Université de Paris, tout au moins depuis la fin du seizième siècle. Il est à regretter sans doute qu'elle ait prévalu en France, où l'autorité de Rollin a dû contribuer à en prolonger l'usage. Elle ne répond, en effet, ni à la prononciation des anciens ni à celle des Grecs modernes; elle est toute de convention, sans antécédent historique et sans usage hors de l'enceinte des classes. Grâce à la méthode que nous persistons à suivre, les élèves de nos lycées, les plus rompus au grec, partagent la condition du vulgaire ignorant, et ne sauraient se passer d'interprètes lorsqu'ils visitent les contrées où se parle encore la langue de Platon et d'Homère.

A l'amour des lettres, Rollin joignait le goût de l'histoire. « Je regarde l'histoire, disait-il, comme le premier maître qu'il faut donner aux enfants, également propre à les amuser et à les instruire, à leur former l'esprit et le cœur, à leur enrichir la mémoire d'une infinité de faits aussi agréables qu'utiles. Elle peut même beaucoup servir, par l'attrait du plaisir qui en est inséparable, à piquer la curiosité de cet âge, avide d'apprendre, et à lui donner du goût pour l'étude. Aussi, en matière d'éducation, c'est un principe fondamental et observé dans tous les temps, que l'étude de l'histoire doit précéder toutes les autres et leur préparer la voie. » Rollin s'est montré fidèle à ce principe dans la composition du *Traité des études;* et ce n'est pas assurément un des côtés les moins originaux de son ouvrage que cette suite variée de récits tirés des anciens, et contenant les plus belles leçons de patriotisme et de probité. L'auteur en cela devançait un peu son siècle, et il avoue que l'Université de Paris n'était pas dans l'usage d'accorder autant de place à l'enseignement historique, quelque prix qu'elle y attachât comme moyen d'éducation. Cependant, même aux yeux de Rollin, cette étude si essentielle pour la jeunesse peut à peine, dans les classes des collèges, dépasser l'antiquité. Il aimerait sans doute à y faire entrer l'histoire de France, féconde aussi en grands hommes et en beaux traits; mais il hésite devant les difficultés de l'entreprise; le temps et les livres manquent également, selon lui, aux jeunes gens pour s'occuper des annales de leur patrie d'une manière suivie. Défaut regrettable de l'enseignement universitaire, mais défaut qui ne fut jamais pleinement corrigé sous l'ancienne monarchie.

La philosophie, ce couronnement de l'éducation libérale, occupe assez peu de place dans l'ouvrage de Rollin, non qu'il en méconnaisse l'utilité, soit pour le règlement des mœurs, soit pour l'ornement de l'esprit et la bonne direction de l'entendement; mais les services qu'elle peut rendre à l'intelligence dans le cours d'une éducation bien réglée sont le seul point qu'il eût à traiter pour rester fidèle à son plan. Toutefois, sur la manière dont l'enseignement philosophique était donné, nous trouvons un indice précieux à recueillir. Rollin nous apprend que, dans certains collèges, « outre les cahiers de la classe, on faisait lire, soit en public, soit en particulier, aux écoliers les plus forts, certaines parties de traités de philosophie, comme les six livres de la *Recherche de la vérité*, du P. Malebranche, les *Méditations* de Descartes, ses *Principes* de physique; et, après qu'on avait lu avec eux et qu'on leur avait expliqué ces traités, on leur en faisait faire des extraits et des précis, chacun à leur manière, mais toujours avec un certain ordre et une certaine méthode, en établissant d'abord bien clairement l'état de la question, posant les principes, apportant les différentes preuves sur lesquelles ils sont appuyés, rapportant exactement toutes les difficultés qu'on peut y opposer, et en donnant la solution... Voilà certainement, continue Rollin, ce qui est bien capable de donner aux jeunes gens un esprit d'ordre, d'exactitude, de précision, de pénétration, qualités si nécessaires pour tous les emplois de la vie. » Mais cette méthode excellente aurait-elle pu être suivie et louée publiquement un demi-siècle, que dis-je, un quart de siècle plus tôt? Qu'on se rappelle les persécutions exercées contre les partisans de Descartes jusque dans les dernières années du règne de Louis XIV, alors que Dagoumer, Demontempuys et bien d'autres cartésiens étaient réduits à d'humiliants désaveux. Rollin est ici pour nous le témoin du changement qui s'était opéré dans les esprits, et dont nous avons déjà retrouvé la trace dans le projet de statuts dressé en 1720. Comme les auteurs de ce projet, auquel il avait peut-être lui-même travaillé, Rollin, ce fervent admirateur des anciens ne veut pas que le respect d'Aristote dégénère en une idolâtrie funeste à la découverte de la vérité et aux progrès de l'esprit humain.

La dernière partie du *Traité des études*, celle qui concerne le gouvernement intérieur des classes et des collèges, nous offre d'abord, comme un gage d'opinions et de vues sagement réformatrices, le nom de deux écrivains célèbres, d'un génie bien différent, mais tous deux esclaves de la raison et ennemis de la routine et des préjugés : Locke et Fénelon. Le traité de *l'Éducation des enfants* était fort goûté de Rollin; toutefois il y trouvait à reprendre des opinions singulières; et d'ailleurs n'était-il pas séparé par un véritable abîme des doctrines de l'auteur sur l'origine des idées et sur la nature de l'âme? Au fond, Rollin a fait à ses modèles des emprunts moins fréquents qu'on ne le supposerait d'après ses paroles. La seule partie où l'influence de Locke se fasse fortement sentir dans son livre, c'est l'article des châtiments. Rollin se sert des propres expressions du philosophe anglais pour condamner, sinon l'usage, du moins l'abus de la verge et du fouet,

« ressource presque unique, dit-il avec reproche, que connaissent ou emploient plusieurs de ceux qui sont chargés de l'éducation de la jeunesse. » Il blâme assurément la faiblesse qui permet tout et ne réprime rien ; mais il voudrait que l'on s'appliquât à gouverner les enfants par la persuasion, en usant avec eux de douces remontrances, et en leur faisant aimer la raison et la justice. En ce point, comme en d'autres, Rollin devançait, non pas sans doute le vœu des philosophes, mais la pratique de la plupart des universités, qui ont hésité longtemps avant de renoncer aux durs et vieux moyens de discipline, si redoutés des écoliers, si contraires à la dignité des maîtres.

En résumé, le *Traité des études* constate d'importants progrès dans l'enseignement public et en prépare de nouveaux. Jamais les grands buts de l'éducation, la culture de l'âme, le perfectionnement moral de l'élève, ne furent définis plus clairement ni poursuivis avec plus de sincérité qu'au siècle de Rollin. En même temps, la tyrannie de la coutume est détruite et la raison aspire à la remplacer. L'enseignement de la grammaire maternelle, l'explication des orateurs et des poètes français, la lecture de Descartes et de Malebranche renouvellent les traditions classiques, introduisent dans les collèges l'élément moderne et national, à côté des exemples fournis par l'antiquité. Le goût de l'histoire se répand, et l'on s'accorde à reconnaître l'heureuse influence qu'une pareille étude, fût-elle bornée aux Grecs et aux Romains, peut avoir sur l'esprit des jeunes gens. Que faut-il pour compléter le cadre de l'enseignement universitaire? Que les éléments de l'histoire de France y pénètrent à leur tour, et que la physique s'y détache plus nettement des mathématiques ; enfin, que cette partie nombreuse de la jeunesse que réclament l'industrie, le commerce ou les soins de la terre, ait à sa portée un genre de leçons appropriée à sa condition future. Mais l'impulsion est donnée, et tôt ou tard ces derniers progrès s'accompliront par la seule puissance des mœurs et au nom des besoins nouveaux de la société, fût-ce même au détriment de l'étude des lettres, cependant si nécessaire pour former le cœur de l'homme.

CHAPITRE IV.

Retour aux controverses théologiques. — L'évêque de Senez et le concile d'Embrun. — Mort de M. de Noailles. — Son successeur, M. de Vintimille, très contraire au jansénisme. — Discours de Coffin à l'occasion de la naissance d'un dauphin, fils de Louis XV et de Marie Leczinska. — Lettre de cachet adressée par le roi à la Faculté de théologie contre ceux de ses membres qui refusaient d'adhérer à la bulle *Unigenitus*. — Rapport de M. Tournely sur l'affaire de la bulle. — La bulle est acceptée solennellement par la Faculté. — Protestation des membres exclus. — La légende de Grégoire VII et le parlement de Paris. — Sentiments de la Faculté des arts. — Expulsion de deux régents du collège du Plessis. — Lettre de la Faculté des arts en leur faveur. — Réponse du cardinal de Fleury. — Affaire de Sainte-Barbe. — Les anciens supérieurs de Sainte-Barbe, compromis dans les querelles du jansénisme, sont remplacés par de nouveaux maîtres, imbus de sentiments opposés. — Vexations éprouvées par Rollin. — Haine de plus en plus générale des classes populaires contre les Jésuites, nonobstant la prospérité de leur collège. — Les prédicateurs et les confesseurs de la Compagnie exclus des chapelles de l'Université. — Délibération de la Faculté des arts faisant défense aux professeurs de philosophie de traiter des matières théologiques. — Contestations avec les parcheminiers. — Projet d'une Académie de médecine expérimentale et pratique. — Le collège de Besançon est menacé d'être uni au séminaire de ce diocèse. — Détresse de beaucoup de petits collèges. — Mort de Pourchot. Son testament. — Gibert lui succède. — État florissant des finances de l'Université. — Prêt de 50,000 francs fait à la Nation de Picardie. — Nomination d'un curé de la paroisse Saint-André des Arts. — Vifs débats que cette nomination soulève. — Controverses sur l'âge des intrants. — Requête au Parlement. — Arrêt du conseil d'État. — L'abbé Rohan de Ventadour est élu recteur. — Séance extraordinaire de la Faculté des arts. — Discours du nouveau recteur pour l'acceptation de la bulle *Unigenitus*. — Les quatre Nations révoquent leur appel au concile général et adhèrent à la bulle. — Protestations de quatre-vingts maîtres de la Faculté des arts. — Exil et mort de Gibert. — Vive satisfaction causée au Saint-Siège et au gouvernement de Louis XV par la déroute du jansénisme dans l'Université de Paris.

En quittant les hauteurs sereines où l'analyse de l'ouvrage de Rollin nous avait conduit, nous retombons dans les agitations et dans les luttes stérilement opiniâtres. C'était en vain que par ses déclarations, ses ordres menaçants et quelques actes de rigueur, le gouvernement de Louis XV avait cru rétablir la paix dans l'Église, en imposant silence à tous les partis sur les affaires de la constitution. Les esprits ne s'étaient ni calmés ni rendus. Loin de là, la plupart de ceux qui en avaient appelé de la bulle de Clément XI au concile général persistaient dans leur appel; quelques-uns même le renouvelèrent avec éclat. C'était dans les rangs des universités, surtout à Paris, que l'opposition était plus nombreuse et s'annonçait comme devant être plus tenace. Coffin, Gibert, Rollin, Demontempuys, pour ne citer que les noms les plus connus, ne pouvaient prendre leur parti de la condamnation du livre de Quesnel et de la flétrissure infligée par le Saint-Siège à des propositions qu'ils considéraient, les unes, comme la plus fidèle expression de la doctrine chrétienne, les autres, comme la sauvegarde des libertés de l'Église gallicane. Ils s'encourageaient mutuellement à la résistance, et autour d'eux leur exemple ne trouvait que trop d'imitateurs. Dans les rangs de l'épiscopat, la soumission se fit plus facilement. La plupart des évêques qui s'étaient joints à M. de Noailles pour repousser la constitution *Unigenitus* adhérèrent aux explications qu'il avait lui-même souscrites, et publièrent des mandements pour recommander aux fidèles de leurs diocèses l'obéissance et la paix. Dix ou douze seulement persistèrent dans leur opposition; parmi eux se trouvait le vieil évêque de Senez, Soanen, alors âgé de quatre-vingts ans, que ni les remontrances, ni les prières, ni les menaces ne purent ramener. Comme il avait mis son diocèse en feu, et que dans les diocèses voisins son attitude factieuse encourageait la discorde, il fut cité, malgré son grand âge, devant les évêques de la province ecclésiastique, réunis en concile à Embrun, sous la présidence de M. de Tencin, archevêque de cette ville. Soanen n'essaya même pas de se justifier, et se renferma dans de vagues protestations. Après une procédure qui dura trois semaines, il fut déclaré suspens de tout pouvoir et de toute juridiction épiscopale. Cette sentence du concile fut accueillie par les imprécations unanimes des jansénistes, comme un attentat sacrilège aux lois de l'Église et du royaume, à la dignité de l'épiscopat, à la justice et à la vérité. Cinquante avocats de Paris signèrent une consultation pour la défense de l'évêque de Senez; la plupart des curés de la capitale, et nombre de docteurs en théologie, embrassèrent sa cause; douze évêques et archevêques adressèrent au roi une lettre en sa faveur : à leur tête se trouvait le cardinal de Noailles, qui n'avait pas voulu abandonner le vieux prélat à côté duquel il avait combattu autrefois dans les mêmes rangs et pour la même cause. Malgré l'éclat de cette démarche, l'âge et la réflexion avaient profondément modifié les dispositions et les sentiments de M. de Noailles; de jour en jour il se séparait des partisans de Quesnel, ses anciens amis, et se montrait plus disposé à un rapprochement complet avec le Saint-Siège. En 1728, il franchit le dernier pas en publiant un mandement où il déclarait son acceptation pure et simple de la bulle *Unigenitus*, et engageait le clergé et les fidèles à suivre son exemple. Le cardinal de Noailles ne survécut que peu de mois à cet acte de soumission important pour la paix de l'Église, mais trop tardif; il mourut le 3 mai 1729, à l'âge de 78 ans, laissant le diocèse de Paris en proie à des divisions funestes, que, malgré d'éminentes vertus, les intentions les plus pures, la piété la plus sincère, et une admirable charité, le prélat pouvait se reprocher d'avoir lui-même encouragées par ses tergiversations et sa faiblesse. Il eut pour successeur sur le siège de Paris l'archevêque d'Aix, M. de Vintimille; au collège de Sorbonne, dont il était proviseur, il fut remplacé par le cardinal de Fleury, qui occupait depuis trois ans le poste de premier ministre (1).

M. de Vintimille n'avait ni les mêmes antécédents que M. de Noailles, ni les mêmes liens avec les jansénistes. Il n'était pas tenu de garder la même réserve ni d'user des mêmes ménagements que son prédécesseur. Ayant adhéré un des premiers à la constitution *Unigenitus*, il arrivait dans son nouveau diocèse avec le ferme dessein d'en imposer l'acceptation à tout le clergé. Le chapitre métropolitain, allant au-devant des intentions du prélat, rétracta par une délibération spontanée l'appel qu'il avait interjeté autrefois au concile général. Il paraissait plus difficile de ramener la Faculté de théologie, engagée si avant dans la résis-

(1) *Arch. U.*, Reg. xliii a, fol. 74 et 76.

tance; mais la mort, la prison et l'exil avaient peu à peu éclairci les rangs des opposants; le parti de la soumission, devenu plus nombreux, n'attendait que le moment de se montrer et d'agir; enfin, si pour enlever et dominer le vote un nouveau coup d'autorité devenait nécessaire, le cardinal de Fleury n'y répugnait pas, et l'opinion publique, par ses appréhensions mêmes, y semblait préparée.

Durant quelques jours, les esprits furent distraits de ces graves préoccupations par la naissance d'un dauphin, issu du mariage de Louis XV avec Marie Leczinska, fille de Stanislas, roi de Pologne. Cet événement, qui assurait un héritier à la couronne de France, causa dans le royaume un enthousiasme général. L'Université de Paris ne fut pas la dernière à le partager et à se joindre aux démonstrations de la joie publique (1). Une procession solennelle fut ordonnée par le recteur; la rentrée des classes fut retardée de dix jours; d'abondantes aumônes furent distribuées aux indigents; des secours furent accordés aux étudiants pauvres. De leur côté, les maîtres les plus renommés, Guérin, Crevier, Coffin, Charles Lebeau, qui commençait à enseigner au collège du Plessis, composèrent à l'envi des discours et des vers en l'honneur de l'enfant royal, nouveau rejeton de cette race illustre qui occupait depuis huit cents ans le trône de France, et dont les grandeurs séculaires semblaient à l'abri de la colère des peuples et des coups de la justice de Dieu. Parmi ces pièces de circonstance, la plus remarquée et celle assurément qui méritait le mieux de l'être, c'est le discours solennel que Coffin, désigné par le recteur pour être l'interprète des sentiments de sa compagnie, fut appelé à prononcer en Sorbonne, devant les quatre Facultés. Un grand nombre de magistrats s'étaient joints à l'assistance; mais on n'y apercevait aucun évêque, tous les prélats qui se trouvaient de passage à Paris s'étant donné le mot pour ne pas paraître à une cérémonie dans laquelle un appelant, c'est-à-dire à leurs yeux un sectaire, re-

---

(1) Le recteur, Louis Benet, professeur de philosophie au collège de Beauvais, se rendit l'interprète du sentiment général dans un mandement qui respire la confiance et l'allégresse la plus vive. (*Arch. U.*, Reg. XLIII a, fol. 83.)

belle aux lois de l'Église, devait porter la parole (1). L'orateur avait choisi pour thème les avantages politiques de la naissance du jeune prince et les garanties précieuses qu'elle donnait à la prospérité comme à la sécurité du pays. Rarement la langue de Cicéron fut parlée avec plus d'élégance et de pureté par un moderne. Le portrait du roi, chef-d'œuvre de goût et de flatterie savante, fut si applaudi, que Louis XV, quelques jours après, voulut se faire lire par le médecin Helvétius ce morceau d'éloquence. Au témoignage de son biographe, Coffin recueillit les plus chaleureuses félicitations, même à l'étranger, de la part de plusieurs têtes couronnées (2).

Mais la joie dura peu dans les écoles; bientôt les appréhensions, les soucis, le trouble des consciences, la persécution y firent oublier les fêtes. L'enthousiasme qui venait d'éclater à la naissance du dauphin, et la force qui en résultait pour le gouvernement, affermirent le cardinal de Fleury dans la résolution d'étouffer à tout prix les résistances opiniâtres qui entretenaient une dangereuse agitation parmi le clergé de la capitale.

Le 4 novembre 1729, la Faculté de théologie s'était assemblée à la Sorbonne, dans la salle ordinaire de ses réunions, sous la présidence de son doyen, M° Jacques Leullier. A l'ouverture de la séance, le syndic, M° de Romigny, donna lecture de la lettre suivante, adressée par les ordres du roi à la Faculté (3) :

« Chers et bien amez, l'espérance que nous avions conçue que ceux d'entre vous qui s'étoient élevez contre la constitution *Unigenitus*, rentreroient enfin dans leur devoir et se soumettroient sincèrement à cette bulle, que nous avions déclaré plusieurs fois devoir être regardée comme une loy de l'Église et de l'État, nous a fait différer jusqu'ici de les punir suivant la rigueur de nos or-

---

(1) *Nouvelles ecclésiastiques*, 1729, p. 227.
(2) *Éloge historique de M. Coffin*, au tome premier du recueil de ses œuvres, p. 20. Cf. *Arch. U.*, Reg. xliii a, f. 87.
(3) *Arch. nat.*, MM. 256, p. 442; *Acta et decreta sacræ Facultatis theologiæ Parisiensis, super constitutione S. D. N. papæ Clementis XI, quæ incipit Unigenitus Dei Filius, observanda et executioni demandanda*, Parisiis, 1730, in-4°, p. 1 et s.; d'Argentré, *De nov. err.*, t. III a, p. 173 et s. Cf. Lafiteau, *Hist. de la Constitution*, l. VI, p. 280 et s.; Picot, *Mém.*, etc., t. II, p. 259 et s.

donnances. Mais loin que notre clémence les ait portés à changer de conduite, nous avons été informez que plusieurs de ces docteurs ont renouvellé cet appel téméraire de cette constitution, contre les défenses expresses portées par notre déclaration du 4 août 1720; que la plupart d'eux ont adhéré à l'évêque de Senez; qu'il y en a qui lui ont écrit pour s'unir à sa doctrine, et qu'ils ont même révoqué la signature du formulaire, qu'ils avoient faite pour être admis dans votre Faculté : démarche qui, aux termes de vos conclusions, les prive et exclut pour toujours des degrez de la Faculté et des prérogatives qui y sont attachées. Ainsi ne pouvant dissimuler plus longtems une si grande témérité et une révolte si criminelle, nous vous faisons cette lettre pour vous dire que nous voulons que tous ceux qui, depuis notre déclaration du 4 aoust 1720, ont appelé de la constitution *Unigenitus,* ou qui en quelque façon que ce soit ont adhéré à l'évêque de Senez, et pareillement ceux qui ont rétracté la signature qu'ils avoient faite du formulaire, soient privez de toutes fonctions et droits de docteurs, et exclus de vos assemblées : leur défendant d'y assister et à vous de les y recevoir, le tout à peine de désobéissance. Enjoignons à votre syndic de leur notifier nos ordres à ce sujet, et de tenir la main à l'exécution des présentes, qui seront lues à votre prochaine assemblée, et inscrites sur vos registres. Si n'y faites faute : car tel est notre bon plaisir. Donné à Versailles, le 22 octobre 1729. *Signé* LOUIS. »

Environ cent docteurs se trouvaient atteints par la lettre de cachet; la moitié au moins assistaient à la lecture qui en fut faite. Le syndic fit observer que toute délibération devenait impossible, eux présents, et il proposa de remettre la séance à un autre jour. « A la prochaine réunion, ajouta-t-il, ne se trouveront pas ceux qui doivent s'en abstenir; la volonté du roi leur est suffisamment connue, et je suis trop persuadé de leur prompte et fidèle obéissance pour croire qu'ils puissent manquer à s'y conformer. De mon côté, je veillerai, comme c'est mon devoir, à ce que les intentions du roi soient remplies. » La Faculté s'assembla de nouveau le 8 novembre. Dans l'intervalle, le syndic avait averti individuellement par une lettre chacun des membres qui étaient exclus; nul d'entre eux ne se rendit à la séance. Après quelques mots de compassion sur la disgrâce qu'ils avaient encourue, M° de Romigny conjura la Faculté de mettre un terme aux discussions qui depuis tant d'années avaient été si funestes à la religion, au royaume, et à la compagnie elle-même. Et quel était le moyen de rétablir la paix? Une parfaite soumission à l'autorité de l'Église. M. le cardinal de Noailles, longtemps avant sa mort, avait compris cette vérité, et il venait de la confirmer aux yeux de tous par son exemple. Le chapitre de Paris avait voulu honorer la mémoire du prélat défunt en marchant sur ses traces; il avait été suivi par un grand nombre de particuliers et par des communautés entières. Pourquoi donc tarder à se prononcer? Était-il convenable que la Faculté de théologie, en gardant un silence opiniâtre, devînt en quelque sorte une pierre de scandale et une occasion de chute pour plusieurs? M° de Romigny concluait à ce que douze commissaires fussent chargés sur-le-champ d'examiner les mesures à prendre, et de préparer un projet de résolution. Parmi ceux qui furent désignés par la Faculté pour cette mission délicate, le plus actif et le plus fameux était M° Tournely, de la maison de Sorbonne, théologien consommé, l'épouvante des jansénistes, que son esprit et les traits pénétrants de sa plume acérée avaient plus d'une fois surpris et déconcertés. Dans la séance du 15 décembre, Tournely, au nom des commissaires ses collègues, présenta un rapport rédigé avec art, dans lequel il retraçait ce qui s'était passé depuis la promulgation de la bulle *Unigenitus*. Il s'étudiait à prouver que la bulle avait été acceptée en 1714 par la Faculté de théologie; que cette acceptation régulière et authentique n'avait pas été invalidée par les délibérations tumultueuses des années suivantes; enfin que l'appel interjeté en 1718 était nul et non avenu, comme entaché de précipitation, d'emportement et de violence. L'habile rapporteur demandait en conséquence que l'appel fût révoqué, le décret de 1714 confirmé, et la bulle acceptée comme une règle de foi. L'issue de la délibération était facile à prévoir: Tournely n'avait fait que traduire les sentiments de la majorité devant laquelle il parlait. Sur cent un docteurs présents à la séance, quatre-vingt-quinze votèrent en faveur des conclusions du rapport, déclarant qu'ils recevaient la constitution du pape Clément XI avec une entière soumission, comme un jugement dogmatique de l'Église universelle. L'appel au concile général et tous les actes contraires à l'obéissance due au souverain pontife furent solennellement révoqués. Enfin il fut résolu que les candidats aux grades en théologie seraient tenus désormais, sous peine d'exclusion, de déclarer qu'ils adhéraient de cœur et d'esprit à la bulle *Unigenitus*.

Cependant les docteurs de la Faculté qui se trouvaient exclus de ses assemblées par une simple lettre de cachet n'avaient pas courbé la tête sous le coup qui venait de les frapper. Pleins de confiance dans la justice de leur cause, ils essayèrent de la soutenir par tous les moyens que la loi du pays leur ouvrait. Dès les premiers jours de novembre, quarante-neuf d'entre eux firent signifier à la Faculté une protestation qui fut suivie, peu de jours après, d'une requête au Parlement revêtue de quatre-vingt-quatre signatures. Les plaignants contestaient énergiquement la légalité des dernières assemblées de la Sorbonne. Une partie des membres qu'on avait vus y siéger n'avaient-ils pas été chassés en 1716 de la compagnie, et leur exclusion n'avait-elle pas été ratifiée par arrêt du Parlement? Sans doute le roi les avait rétablis en 1721; mais la sentence qui les excluait, n'ayant jamais été rapportée, subsistait toujours, et ils étaient sans aucun droit, disaient leurs adversaires, pour annuler des délibérations régulièrement prises et pour adhérer, au nom de la Faculté de théologie, à une constitution apostolique que la Faculté avait solennellement repoussée par son appel au concile général. Un fait récent donnait du poids à ces récriminations et fournissait de nouvelles armes à l'esprit de parti. Le pape Benoît XIII venait d'introduire dans le bréviaire l'office de Grégoire VII, au grand scandale de quelques évêques et de la plupart des magistrats (1). Ce culte

---

(1) Picot, *Mémoires*, etc., t. II, p. 219 et s.; Monnier, *le Chancelier d'Aguesseau*, p. 370 et s.

d'un grand pape, célèbre dans l'histoire par les luttes qu'il soutint pour la liberté de l'Église contre les empereurs d'Allemagne, fut dénoncé comme une atteinte, ou du moins comme une menace inquiétante pour la souveraineté royale. Les jansénistes profitèrent habilement de ces alarmes. Lorsque la cour de Rome, disaient-ils, laisse percer ses vieilles prétentions à la suprématie, est-ce le moment de les encourager en imposant la bulle *Unigenitus* comme règle de foi?

Un conseiller clerc au Parlement, ancien ami du cardinal de Noailles, et fort mêlé sous l'administration de ce prélat aux affaires ecclésiastiques, le célèbre abbé Pucelle, s'était chargé de présenter la requête des docteurs en théologie. Il la remit entre les mains du premier président, M. Portail; mais à peine eut-elle été communiquée par ce magistrat aux gens du roi, qu'un ordre de la cour leur fit défense de s'en dessaisir et d'y donner suite (1). Quelques jours s'écoulèrent; et, le 3 avril 1730, le roi vint en personne au Parlement tenir un lit de justice pour l'enregistrement d'une nouvelle déclaration en faveur de la constitution *Unigenitus* (2). Cette fois ce n'était plus seulement le silence, mais la soumission que le roi exigeait. La bulle, contre laquelle s'élevaient naguère de si puissantes réclamations, était proclamée une loi de l'État; à l'avenir les bénéfices ecclésiastiques ne devaient être accordés qu'à des sujets qui auraient fait profession de rester soumis à cette nouvelle loi. Le chancelier d'Aguesseau, que le cardinal de Fleury avait rappelé aux affaires, eut la mission de servir d'interprète en cette circonstance à la volonté royale; mission plus difficile pour lui que pour tout autre, car au début de sa carrière il s'était signalé par son opposition à la bulle. Mais l'âge et la pratique des affaires avaient peu à peu modifié le cours de ses pensées, et, sans répudier les maximes gallicanes, sans démentir entièrement son passé, comme ses ennemis l'en accusaient dans les termes les plus amers, il avait compris que si l'autorité est

---

(1) *Nouvelles ecclésiastiques*, 1729, p. 220.
(2) Isambert, *Anc. Lois franc.*, t. XXI, p. 830 et s.; Barbier, *Journal*, etc., t. I, p. 310 et s.; Monnier, *le Chancelier d'Aguesseau*, p. 372 et s.

nécessaire quelque part, c'est surtout en matière de religion, et que la meilleure des autorités pour fixer les doutes, arrêter les contestations, assurer la paix et l'union des consciences, c'est le Saint-Siège.

Il n'entre pas dans notre sujet de raconter les incidents qui signalèrent le lit de justice du 30 avril 1730, ni les protestations véhémentes que le chancelier recueillit de la bouche de plusieurs magistrats, appelés à donner leur vote sur le nouvel édit. Six semaines après cette séance mémorable, un arrêt contre une thèse soutenue en Sorbonne excita dans le sein de la Faculté de théologie les appréhensions et les doléances les plus vives. La Faculté adressa au roi de très humbles supplications, protestant qu'elle serait toujours inviolablement attachée aux maximes du royaume, aux droits de la couronne, aux libertés de l'Église gallicane, à l'observation des édits promulgués pour maintenir ces antiques libertés. A la suite de cette requête, favorablement accueillie par le roi, une sentence du conseil d'État, préparée par d'Aguesseau, évoqua les divers procès suscités par les délibérations de la Sorbonne qui se trouvaient pendants au Parlement. Défenses furent faites à tous juges d'en connaître, et à tous particuliers, sous peine de trois mille livres d'amende, de traduire la Faculté devant tout autre tribunal que celui du roi.

Cependant les professions de foi favorables à la bulle se multipliaient de jour en jour; elles étaient provoquées sans doute par l'attitude du gouvernement de Louis XV; mais elles répondaient aussi à cet impérieux besoin de silence et de paix que produit la fatigue des longs débats, et qui contribue à calmer les injustes préventions. Il se passait peu de séances où la Faculté de théologie n'eût à enregistrer des adhésions plus ou moins nombreuses à ses actes des derniers mois. Les universités naguère les moins dociles à l'autorité du Saint-Siège, Angers, Nantes, Reims, Caen, Toulouse, Poitiers, notifièrent tour à tour leur soumission. Désormais, malgré l'opposition bruyante des jansénistes, malgré les miracles attribués au diacre Paris et les scènes tumultueuses du cimetière de Saint-Médard, la défaite du parti ne faisait plus de doute; et, après de longues vicissitudes préjudiciables aux intérêts privés, encore plus funestes à l'autorité de l'Église et à la religion, la bulle *Unigenitus* devenait insensiblement, d'un bout de la France à l'autre, une règle de foi acceptée et suivie dans toutes les écoles de théologie.

Mais si le jansénisme avait vu la Sorbonne échapper à son influence, il se maintenait à la Faculté des arts, comme dans une citadelle inexpugnable que les assauts de ses adversaires n'étaient pas parvenus à enlever. Là, Rollin, Gibert, Coffin, et leurs amis, entretenaient avec opiniâtreté la résistance, sans se laisser décourager par de nombreuses défections, présage de futurs mécomptes. Deux députés de la Faculté de théologie étant venus notifier au tribunal académique les décrets de leur compagnie pour l'acceptation de la bulle, le procureur de la Nation de France, M° Genevaux, se leva au milieu du silence général, et protesta qu'il adhérait à ces décrets. Mais, interpellé par le recteur s'il parlait en son propre nom ou au nom de sa Nation, il fut obligé d'avouer qu'il avait exprimé un sentiment tout personnel, et sa protestation resta sans écho (1). Le cardinal de Fleury n'essaya pas de vaincre tout d'abord par la force les scrupules de conscience et les rancunes de la Faculté des arts : il préféra laisser agir le temps, qui à la longue ne modifie pas moins les dispositions des assemblées que l'organisme individuel ; et il avisa lui-même aux moyens de rompre insensiblement la majorité janséniste en faisant admettre dans l'Université et en poussant aux charges académiques des sujets jeunes et dociles, soumis à la constitution *Unigenitus*. Toutefois, quel que fût son penchant pour la modération, l'habile et patient ministre jugea nécessaire d'user de rigueur envers quelques maîtres qui s'étaient compromis par des démarches imprudentes. Le proviseur du collège de Narbonne, M° de Russon, fut expulsé. Deux régents de philosophie du collège du Plessis, M° Loudier et M° Guillaume, se virent dépossédés de leur chaire. Vainement la Faculté des arts prit leur défense et

---

(1) *Nouvelles ecclésiastiques*, 1730, p. 151 et s.

représenta au cardinal de Fleury, par l'organe du recteur, M° Benet, « que les places des professeurs étaient des titres dont on n'avait jamais dépouillé ceux qui en étaient revêtus que pour des fautes dont ils avaient été convaincus juridiquement ; qu'une conduite contraire favorisait les fausses accusations que la haine, la jalousie, les antipathies personnelles et l'animosité des partis pouvaient inspirer ; qu'elles jetteraient le découragement parmi les professeurs et éloigneraient de la carrière les bons sujets que l'espérance d'un établissement fixe et honnête aurait attirés. » Vainement le recteur ajouta « que les deux professeurs à qui on ôtait leur titre enseignaient l'un depuis dix ans, l'autre depuis dix-sept ans, et qu'ils l'avaient toujours fait avec zèle, avec une capacité supérieure et à la satisfaction du public. » Ces remontrances furent inutiles, et la Faculté des arts n'eut d'autre réponse du cardinal de Fleury qu'une lettre conçue en termes sévères, qui méritent d'être rapportés : « J'ai eu l'honneur de rendre compte au roy, messieurs, de la lettre que vous avez pris la peine de m'écrire au sujet des sieurs Guillaume et Loudier, professeurs du collège du Plessis ; et Sa Majesté m'ordonne de vous mander que, quand elle a donné des ordres pour les destituer de leurs chaires, elle ne l'a fait qu'avec une entière connoissance de cause et pour de bonnes raisons. Sans examiner s'il est bien certain que les chaires de professeurs dans l'Université sont des titres dont ceux qui en sont revêtus ne puissent être dépossédés que pour des fautes dont ils soient juridiquement convaincus, je ne crois pas que vous prétendiez assujettir le roy à ces sortes de formalités, qui ne sont pas même généralement pratiquées dans tous les collèges. Le roy, comme père et protecteur de l'Université, a de droit une inspection spéciale sur tous les membres qui la composent ; et Sa Majesté a d'ailleurs un intérêt général que la jeunesse de son royaume soit élevée dans les sentiments de soumission que tout chrétien doit avoir pour les décisions de l'Église. Le sieur Loudier est non seulement appelant, mais il a encore renouvelé son appel de la constitution *Unigenitus*, au mépris de la déclaration de 1720 ; et le sieur Guillaume, outre la certitude qu'on a qu'il a déclaré plusieurs fois qu'il ne se départiroit jamais de l'appel qu'il en avoit interjetté, enseignoit dans ses cahiers une doctrine plus que suspecte. Ce seroit à vous, messieurs, par la place que vous occupez, à veiller sur la conduite et les sentiments des professeurs, et le roy veut bien croire que vous n'avez pas été instruits de ceux des sieurs Loudier et Guillaume, dont vous semblez embrasser la deffense. Quand Sa Majesté se détermine à faire de pareils exemples, ce n'est qu'après avoir pris toutes les informations les plus exactes, et tous ceux qui s'acquittent fidèlement de leurs devoirs n'auront jamais rien à craindre de semblable. L'Université de Paris a été depuis sa naissance un des plus grands ornements du royaume par les grands hommes qu'elle a produits, mais surtout par son attachement à l'Église. Elle ne peut conserver son éclat qu'en suivant les traces de ses anciens, et le roy se fera toujours un plaisir de la protéger. Sa Majesté a trop bonne opinion de vous, messieurs, pour ne pas croire que vous soyez dans ces dispositions; et en mon particulier, je me feray toujours un grand honneur d'être un des membres d'un corps si célèbre, que je feray profession d'honorer toute ma vie (1). »

Si la dépêche qu'on vient de lire avait laissé subsister quelque doute sur les intentions du gouvernement, les rigueurs qui furent exercées peu de temps après contre la communauté de Sainte-Barbe dissipèrent les dernières illusions que l'Université aurait pu conserver.

La communauté de Sainte-Barbe occupait, comme on l'a vu ailleurs, la portion des bâtiments du collège de ce nom que les grands boursiers avaient cédée à l'Université en 1683, et que celle-ci avait louée à M⁰ Thomas Durieux. Les élèves suivaient les classes du collège du Plessis avant même que M. Durieux fût devenu principal de ce collège. Les leçons qu'ils y recevaient, les exemples qu'ils avaient sous les yeux, l'austérité de leur régime, qui rappelait celui de Port-Royal, tout avait contribué à leur inculquer les doctrines et surtout l'esprit des jansénistes. La mort

---

(1) *Arch. U.*, Reg. XLIII a, fol. 85 v° et 86. Cf. *Nouvelles ecclésiastiques*, 1729, p. 195.

de Mᵉ Durieux, survenue en 1727, ne changea pas ces dispositions; mais la communauté se trouva privée du crédit et des conseils du seul homme qui pût la diriger au milieu des écueils de ces temps orageux. Livrée à elle-même, elle se précipita de plus en plus sur la pente du jansénisme, et bientôt elle ne compta plus parmi ses théologiens que des appelants qui, s'étant prononcés contre la bulle *Unigenitus*, embrassèrent tous la cause de l'évêque de Senez. L'attitude qu'ils avaient prise fut d'autant plus remarquée, qu'à côté d'eux l'ancien collège de Sainte-Barbe, qui s'était relevé par les efforts de son nouveau principal, Simon Ménassier, inclinait vers le parti opposé; de sorte qu'on voyait dans l'enceinte des mêmes murs comme deux camps ennemis, celui des défenseurs et celui des adversaires de la constitution de Clément XI. Mais ces derniers devaient tôt ou tard succomber dans la lutte qu'ils avaient engagée contre l'autorité de l'Église, énergiquement soutenue par le pouvoir civil. Déjà, sous le cardinal de Noailles, il avait été question d'éteindre ce foyer de rébellion, où, disait-on, se préparaient les *Nouvelles ecclésiastiques;* mais sous M. de Vintimille, lorsque la Faculté de théologie eut révoqué son appel, et que le roi lui-même eut recommandé solennellement la soumission et l'obéissance à la bulle, les menaces proférées contre Sainte-Barbe ne tardèrent pas à s'accomplir.

Le samedi 7 octobre 1730, sur les sept heures et demie du matin, la communauté de Sainte-Barbe était réunie dans la chapelle pour la célébration de la messe, lorsque arriva le lieutenant de police, M. Hérault, accompagné du procureur du roi au Châtelet, de deux commissaires, du commandant du guet et d'environ quarante archers (1). Une partie des exempts se saisirent des portes, quelques-uns se postèrent dans la cour, d'autres investirent le dehors. Les supérieurs furent aussitôt avertis; l'office terminé, ils sortirent seuls de la chapelle et se rendirent à l'un des réfectoires, où le lieutenant de police les attendait. « Vous avez le malheur d'avoir encouru la disgrâce du roi, leur dit M. Hé-

---

(1) *Nouvelles ecclésiastiques*, 26 octobre 1730, p. 225 et s.; *Histoire de Sainte-Barbe*, par M. Jules Quicherat, t. II, p. 228 et s.

rault. Sa Majesté est informée que depuis longtemps on inspire ici à la jeunesse des principes de révolte. — La religion du roi a été visiblement surprise, répondit le supérieur des théologiens, M. Roussel; car il y a peu de maisons où l'on ait une plus haute idée de l'autorité royale et du respect qui lui est dû, que dans celle-ci. Nous savons, monsieur, la doctrine de saint Paul dans le treizième chapitre de l'*Épître aux Romains*, et nous l'enseignons aux jeunes gens. » M. Hérault repartit que les intentions du roi étaient formelles; que Sa Majesté avait donné l'ordre de renvoyer les supérieurs actuels et d'en mettre à leur place de nouveaux, choisis par l'archevêque de Paris; qu'il ne s'agissait pas de détruire Sainte-Barbe; qu'une abbaye de huit mille livres de revenu venait d'être affectée à ce collège; que dans la suite le roi ferait mieux encore, s'il était nécessaire; que les règlements et les exercices ordinaires seraient maintenus; mais qu'il fallait renouveler les maximes et l'esprit de la maison. L'un des supérieurs ayant demandé à M. Hérault de produire sa commission, le lieutenant de police lut un ordre du roi qui lui commandait de se transporter à Sainte-Barbe et d'en faire sortir huit personnes, savoir : M. Roussel, qui se trouvait tout à l'heure en scène; M. Lenglet, supérieur des humanistes; M. Creusot, supérieur des philosophes; M. Lassai, coadjuteur de M. Lenglet dans la supériorité des humanistes, et deux autres maîtres qui étaient alors absents du collège, M. Chrétien et M. Duhamel. Le commandant du guet exhiba huit lettres de cachet, adressées à chacun d'eux, pour leur enjoindre de quitter le collège sur-le-champ, et Paris dans quatre jours. Ceux qui se trouvaient présents durent signer la promesse d'obéir; mais, en donnant sa signature, M. Roussel ne put contenir sa douleur : « Vous rompez, dit-il à Hérault, un pont de la miséricorde de Dieu pour une multitude de jeunes gens qui recevaient ici une éducation chrétienne. »

Les successeurs que le roi destinait aux maîtres jansénistes exilés de Sainte-Barbe étaient des prêtres de la communauté de Saint-Sulpice. Sans partager tous les sentiments de la compagnie de Jésus, sans faire cause commune avec elle, les Sulpiciens avaient su se préserver de l'influence du jansénisme et s'étaient prononcés hautement pour la constitution de Clément XI. L'Université de Paris, comme on l'a vu plus haut (1), goûtait peu leur enseignement, qu'elle jugeait trop favorable aux prétentions du Saint-Siège ; mais ils jouissaient de beaucoup de crédit à la cour, surtout depuis l'avènement du cardinal de Fleury. Six d'entre eux, que l'archevêque de Paris avait agréés, furent donc envoyés à Sainte-Barbe. C'étaient MM. Guimbert, Parent, de la Haute-Maison, Salmon, Hameau et Tandeau. Ils entrèrent dans le collège à la suite du lieutenant de police ; un vicaire général de M. de Vintimille, et le syndic de la Faculté de théologie, M° de Romigny, les accompagnaient. Dès que M. Hérault eut signifié aux anciens supérieurs l'ordre de leur expulsion, il conduisit les nouveaux venus à la chapelle, où les élèves et les autres personnes de la communauté se trouvaient encore réunis. Après quelques mots sur les événements qui venaient de se passer et sur les intentions du roi, M. Hérault s'adressa aux élèves : « Pensez-y bien, mes enfants, leur dit-il ; ce jour est décisif pour votre fortune. S'il y en avait parmi vous en qui les anciens préjugés eussent fait une telle impression qu'on ne pût les en faire revenir, ils n'auraient qu'à se résoudre à suivre leurs maîtres dans l'exil et dans la disgrâce. » M° de Romigny balbutia ensuite une allocution où il exhortait la communauté à l'obéissance envers les nouveaux supérieurs, blâmant les anciens d'avoir élevé la jeunesse dans un esprit de rébellion et d'erreur, contre ce précepte de saint Paul : « Que chacun soit soumis aux puissances. » Un morne silence, selon les relations contemporaines, régnait parmi les élèves et parmi les maîtres. M. Hérault avait appréhendé des scènes de désordre qui n'eurent pas lieu. Les écoliers surent en général se contenir ; les plus turbulents lancèrent des pierres contre les fenêtres du collège de Clermont, où s'étaient montrées quelques têtes de Jésuites qui semblaient applaudir à la catastrophe de Sainte-Barbe. Mais cette résignation muette cachait une amère douleur et un ressentiment

---

(1) T. II, p. 141.

profond. Beaucoup de familles retirèrent leurs fils de Sainte-Barbe. Plus d'un maître que les ordres d'expulsion donnés par le roi ne concernaient pas aima mieux quitter la communauté qu'y rester avec des collègues nouveaux, sans les supérieurs vénérés que les rigueurs de la cour en avaient exclus. Quelques-uns n'avaient pas attendu la catastrophe pour s'éloigner. De ce nombre fut un jeune régent, Louis Savouré, qui s'était retiré dès l'année précédente, en compagnie d'un prêtre plus âgé que lui, l'abbé David, et qui peu de temps après fonda, rue Copeau, dans le voisinage et sous les auspices de Rollin, une maison d'éducation que les héritiers de son nom se sont transmise successivement jusqu'à nous, comme un patrimoine de traditions laborieuses, intelligentes et honorables (1).

En dehors de Sainte-Barbe, l'émotion fut très grande, même dans les rangs les plus humbles. Le sort malheureux de la communauté inspira des complaintes populaires et des estampes satiriques contre ses persécuteurs (2). Cependant, fait digne de remarque, la Faculté des arts n'éleva pas la voix en faveur des maîtres proscrits dont les disgrâces la touchaient de si près. Il est vrai qu'elle se savait elle-même menacée, et que la prévoyance de son propre danger la disposait à la circonspection et au silence. Ses membres les plus vénérés n'étaient-ils pas devenus suspects ? Rollin lui-même, malgré la considération qui s'attachait à sa personne, n'avait-il pas subi l'affront d'une visite domiciliaire, comme prévenu de cacher dans sa cave une imprimerie clandestine où se fabriquaient les *Nouvelles ecclésiastiques* (3) ?

Mais plus les appréhensions de la Faculté des arts étaient vives, plus elle éprouvait de ressentiment et d'indignation contre ceux qu'elle regardait comme les auteurs de son infortune. Elle n'hésitait pas à l'attribuer aux Jésuites, et dans les coups répétés qui frappaient les siens elle croyait apercevoir la main de la Compa-

---

(1) Voyez la *Notice historique sur l'institution Savouré*, par M. Louis Lacroix, ancien élève de cette institution. Paris, 1853, in-8°.
(2) *Hist. de Sainte-Barbe*, par M. J. Quicherat, t. II, p. 297.
(3) Voyez la lettre de Rollin au cardinal de Fleury, du 27 janvier 1732, et la réponse du cardinal, *Opuscules de Rollin*, t. I, p. 237 et s.

gnie. Celle-ci, puissante et redoutée, voyait les pères de famille accourir à elle et lui confier l'éducation de leurs enfants. Le collège Louis le Grand comptait cinq cents élèves de tous états, nobles et bourgeois; au témoignage de l'avocat Barbier (1), « il fallait y retenir une chambre un an d'avance. » Cependant, malgré cette prospérité surprenante, les Jésuites étaient de moins en moins populaires; la haine contre eux devenait générale parmi les gens de robe. A la suite d'un procès vivement débattu, que la Société perdit en 1729 au parlement de Paris, quatre de ses pères furent reconduits par la foule avec des huées jusque dans la grande cour du Palais. Lors d'une représentation théâtrale qui était annoncée au collège Louis le Grand, on trouva affiché à la porte du collège le placard suivant, imprimé en gros caractères : « Les comédiens ordinaires du pape représenteront aujourd'hui sur leur théâtre de la rue Saint-Jacques *les Fourberies d'Ignace*, et pour petite pièce *Arlequin Jésuite*. » L'Université de Paris encourageait ces dispositions malveillantes des habitants de la capitale en repoussant elle-même les Jésuites de tous ses établissements. Non seulement elle ne leur permettait pas d'y enseigner, elle les empêchait même d'y prêcher. Tour à tour ils essayèrent de pénétrer au collège des Irlandais (2) et dans la nouvelle Sainte-Barbe; partout ils se virent exclus, même quand les principaux étaient de connivence avec eux. A Sainte-Barbe, leur exclusion eut lieu avec solennité. Peu de temps avant de mourir, le vieux principal, Simon Ménassier, les avait appelés à venir prêcher dans la chapelle du collège. Le recteur, Nicolas Piat, et le syndic, Pourchot, avertis trop tard pour s'opposer à ce projet, en portèrent plainte devant le tribunal de la Faculté des arts, et firent adopter une résolution, renouvelée d'anciens statuts, qui défendait aux prin-

(1) *Journal historique et anecdotique du règne de Louis XV*, t. I, p. 294 et 295.
(2) Les Irlandais avaient fait afficher dans Paris l'avis suivant : « Aux âmes dévotes à saint Patrice. Vous êtes avertis que vendredy, 17 mars 1730, on célébrera la fête de saint Patrice, apôtre d'Irlande, dans la chapelle du collège des Lombards, rue des Carmes. La grande messe s'y dira à dix heures précises; la prédication ensuite par le R. P. de Tournemines, de la Compagnie de Jésus, et les vespres après. » Sur la requête de Pourchot, le recteur, Louis Benet, signifia au principal la défense la plus expresse de laisser le prédicateur monter en chaire. (*Arch. U.*, Reg. XLIII a, f. 97 et v°.)

cipaux de recevoir dans leur collège « aucun membre de cette Société qu'on appelle ordinairement la société de Jésus, » d'en autoriser aucun à faire des conférences sur la religion, à enseigner le catéchisme, à confesser, à prendre part aux disputes et autres exercices, en quelque manière que ce fût. La délibération fut imprimée, distribuée à profusion dans la capitale, et affichée. Comme l'archevêque de Paris et quelques autres prélats témoignaient leur mécontentement de cette résolution, et affectaient de voir là un empiétement condamnable sur leurs propres droits, la Faculté des arts prit une nouvelle délibération pour protester de son respect envers l'autorité épiscopale; elle déclara qu'elle n'avait pas entendu interdire à ses suppôts de choisir, s'ils en avaient le goût, des Jésuites pour confesseurs; mais en même temps elle maintint, comme la vraie tradition de ses pères, le décret qui refusait l'entrée de ses collèges, et notamment de ses chapelles, aux membres de la compagnie de Jésus (1).

La majorité du Parlement, animée du même esprit et des mêmes passions que les jansénistes de l'Université, combattait sans relâche la politique du cardinal de Fleury. Les démarches, les remontrances, le courage et l'éloquence du plus habile et du plus ardent de ses membres, l'abbé Pucelle, avaient eu peu de succès auprès du roi, et n'avaient empêché ni l'épuration de la Faculté de théologie, ni l'enregistrement de la bulle *Unigenitus,* ni la destruction de Sainte-Barbe. Mais, malgré tant d'échecs douloureux, la magistrature persistait à intervenir dans la controverse ecclésiastique avec la prétention de la juger et de la régler. Tandis que la Faculté de théologie sévissait contre les derniers partisans de Quesnel, l'abbé Pucelle dénonçait au Parlement, et le Parlement condamnait, comme contraire aux lois du royaume et aux libertés de l'Église de France, plus d'une thèse, favorable aux droits du Saint-Siège, que le syndic, l'abbé de Romigny, avait approuvée. Ce n'était pas la première fois qu'on voyait les juges séculiers s'ériger en arbitres de la doctrine et flétrir, au nom des

---

(1) *Arch. U.*, Reg. XLIII a, fol. 169 et s., 178.

vieilles maximes gallicanes, les écrits religieux, les sermons, les thèses, et même les mandements épiscopaux, où la magistrature croyait apercevoir un danger pour l'État. Mais jamais la répression n'avait eu ce caractère d'intolérance acrimonieuse. On sent que la lutte s'est envenimée et que l'esprit de contention, poussé jusqu'aux derniers excès, va bientôt produire ses fruits ordinaires, non pas tout à fait la persécution, mais les abus de pouvoir, les empiétements scandaleux, les vexations odieuses; d'une part, les billets de confession et les rigueurs stériles de l'autorité ecclésiastique contre tous ceux qu'elle aura soupçonnés de n'être pas soumis de cœur et d'esprit à la constitution de Clément XI; d'autre part, ces arrêts inouïs par lesquels le parlement de Paris s'arrogeait les droits du sacerdoce jusqu'à prétendre disposer de l'administration des sacrements.

On n'attend pas de nous que nous tirions de l'oubli où ils sont tombés tous les incidents de ces tristes controverses; cependant, parmi ce grand nombre de thèses qui servirent d'aliment à la polémique, nous ne saurions passer sous silence celle qui fut soutenue au mois de février 1733 par le professeur de philosophie du collège des Grassins, Mᵉ Basselin. Le collège des Grassins, d'après le titre de sa fondation, dépendait de l'archevêché de Sens, alors occupé par M. Languet (1), fougueux partisan de la bulle *Unigenitus*. Languet avait peuplé son collège de maîtres dévoués à cette cause. Mᵉ Basselin, l'un d'eux, énonça dans un acte public la proposition suivante : « Les enfants à qui l'éternelle béatitude est refusée tombent dans cet état de perdition à cause des péchés que Dieu prévoit qu'ils auraient commis, s'ils avaient vécu. » C'était trancher dans un sens absolument contraire à Jansénius l'une des questions les plus obscures qui se rattachent au dogme de la grâce et de la prédestination. Sur la plainte du recteur, Nicolas Piat, la Faculté des arts nomma une commission d'enquête, dont firent partie Gibert et Claude Besoigne, tous deux adversaires déclarés

---

(1) Languet eut l'honneur d'appartenir à l'Académie française; il y fut remplacé par Buffon, qui, chose fort singulière, ne l'a pas même nommé dans son discours de réception.

de la bulle. Les plus exaltés prétendaient que Basselin se rétractât publiquement. La Faculté de théologie prenait au contraire sa défense, et se plaignait, non sans raison, que le tribunal de la Faculté des arts, composé en grande partie de laïques, se fût immiscé, contre tout droit, dans une question de doctrine qui était du ressort de l'autorité ecclésiastique. Pour prévenir un scandale, il fallut que le roi évoquât l'affaire à son conseil, avec défense à l'Université d'en connaître. Ce débat eut toutefois un résultat utile : Pourchot fit remettre en vigueur l'ancien statut qui défendait que les matières théologiques fussent traitées dans les cours de philosophie (1). L'oubli de cette défense exposait le professeur à des dénonciations qui compromettaient le corps lui-même; en travaillant à la faire revivre, Pourchot se montra ce qu'il fut toujours, le gardien vigilant et austère de la discipline et des intérêts de l'Université.

Les affaires religieuses préoccupaient trop vivement les esprits pour ne pas les laisser indifférents à tout autre sujet. Aussi les années que nous parcourons sont-elles fort stériles en événements scolaires dignes d'être enregistrés. Les questions étrangères à la controverse ecclésiastique, qui s'agitent soit au tribunal du recteur, soit devant les Facultés ou les Nations séparées, ne concernent pour la plupart que des intérêts privés : tantôt la délivrance des lettres de scolarité, tantôt la compétition des charges académiques ou des bénéfices à la nomination de l'Université de Paris; tantôt de mesquines querelles, comme nous en avons vu s'élever si fréquemment dans l'intérieur des collèges, entre les principaux et les boursiers. Les incidents qui présentent un intérêt plus général sont en petit nombre. Tel fut le procès qui s'éleva en 1728, à l'occasion des lettres patentes contenant de nouveaux statuts pour la confrérie des parcheminiers. Nous avons eu plus d'une fois l'occasion de parler de l'impôt que le recteur prélevait sur la vente du parchemin, et qui composait la partie la plus claire de ses émoluments. Les parcheminiers ne se refusaient pas au

---

(1) *Arch. U.*, Reg. XLIII a, f. 177 et 183 v°; *Arch. nat.*, MM. 257, p. 90 et 92; Pièces justificatives, n° CLXXIV.

payement de cet impôt, consacré par la plus ancienne tradition; ils se résignaient même à subir la surveillance des agents nommés par l'Université, pourvu que celle-ci eût la sagesse de ne pas se montrer exigeante; mais ils cherchaient à s'affranchir de liens gênants et à constituer parmi eux, comme tous les autres corps de métier, une jurande qui serait chargée de maintenir l'ordre et de veiller à la défense des intérêts de la communauté. Après de nombreuses démarches, ils croyaient avoir touché le but en obtenant du roi, au mois de mars 1728, des règlements qui leur permettaient d'élire annuellement deux jurés, lesquels seraient préposés, entre autres fonctions, à la visite des parchemins amenés dans Paris. Mais l'Université se récria : elle prétendit que ses privilèges étaient violés; que les parcheminiers ne pouvaient avoir d'autres jurés que ceux qu'elle aurait elle-même choisis; qu'à ces derniers seulement appartenait le droit de vérifier les marchandises apportées à la halle du parchemin, et d'en estimer la valeur. Cette contestation, soutenue très vivement de part et d'autre, dura près de trois ans; elle fut terminée au commencement de 1731 par un arrêt du parlement de Paris qui, tout en confirmant les nouveaux statuts accordés à la confrérie des parcheminiers, réserva la vieille juridiction des parcheminiers jurés de l'Université (1). Ces derniers continuèrent en conséquence à inspecter, au nom du recteur, le commerce de leurs confrères, et leurs attributions ne prirent fin qu'à l'époque de la Révolution.

Une cause de soucis plus sérieuse pour l'Université, mais aussi plus passagère que ce litige, ce fut un projet que le premier médecin du roi, Pierre Chirac, avait soumis à Louis XV, et qui faillit s'accomplir. Il s'agissait de créer à Paris, en dehors de la Faculté de médecine, une Académie de médecine expérimentale et pratique (2). Cette Académie, composée de trente à quarante membres, aurait eu, dans les provinces et à l'étranger, des correspondants chargés de recueillir les observations pathologiques. Quatre correspondants régnicoles devaient en faire partie, avec pouvoir

---

(1) Arrêt du 16 mars 1731. *Arch. U.*, carton XII, dossier 4°, n°° 34 et 35.
(2) Voy. Pièces justificatives, n° CLXXIII.

d'exercer la médecine dans la capitale. Chirac n'était-il inspiré que par l'amour de son art et par le désir d'être utile aux hommes? Ou bien, étant de Montpellier, obéissait-il à ces sentiments de jalousie contre Paris et à ces vues intéressées qui s'étaient fait jour plus d'une fois, notamment à la fin du siècle précédent, lorsque les médecins provinciaux avaient eu l'idée de constituer une association particulière sous le nom de *Chambre royale?* Ce qu'il y a de certain, c'est que la nouvelle institution portait l'atteinte la plus directe aux antiques prérogatives de la Faculté de médecine. Celle-ci protesta énergiquement et soutint qu'elle avait seule, à l'exclusion de toute autre compagnie, qualité et compétence pour émettre un avis sur les questions qui concernent l'art de guérir. Elle alla jusqu'à déclarer qu'elle exclurait de ses rangs tout médecin qui serait affilié à l'Académie dont l'établissement était annoncé. L'Université en corps prit fait et cause pour la Faculté et s'unit à ses conclusions. Chirac avait longtemps caressé son projet; une opposition si générale ne l'effrayait pas, et il eut assez de crédit pour obtenir un ordre d'exil contre deux médecins, MM. Delaleu et Martinencq, qui l'avaient combattu le plus vivement (1). Mais, lorsqu'il avait tout préparé pour le succès, il mourut, et sa mort rendit le calme et la sécurité à la Faculté de médecine. Les plans de Chirac furent abandonnés, et on ne parla plus de son Académie. Cependant le dessein d'une semblable institution n'était pas entièrement chimérique; et cinquante ans plus tard, nous verrons un projet analogue non seulement reparaître, mais se réaliser, en dépit de tous les obstacles, par la fondation de la Société royale de médecine.

Parmi les faits qui eurent quelque retentissement dans les sphères les plus élevées de l'Université, nous ne saurions passer sous silence les démarches de l'archevêque de Besançon, M. de Grimaldi, pour faire confier aux prêtres de son séminaire diocésain la direction du collège de Bourgogne. Ce collège, fondé au treizième siècle par la reine Jeanne, femme de Philippe VI de Valois,

---

(1) *Arch. U.*, Reg. xliii a, fol. 150, 153. Cf. Astruc, *Mémoires pour servir à l'histoire de la Faculté de médecine de Montpellier*, p. 82 et suiv.

était composé d'étudiants originaires de la Franche-Comté, ce qui semblait à certains égards autoriser la requête du prélat. Mais la Faculté des arts n'apprit pas sans une vive douleur qu'on s'apprêtait à bouleverser un de ses plus anciens établissements et à le confier à des maîtres venus de loin, qui peut-être n'auraient pas toute la déférence convenable pour la personne du recteur. Elle trouvait d'ailleurs qu'il n'était pas sans inconvénient d'introduire dans les collèges un personnel et un régime destinés à les transformer en séminaire. Son opinion à ce sujet se trouve clairement exprimée dans un mémoire qui est resté anonyme, mais auquel Besoigne paraît avoir mis la main (1) : « La fin des séminaires, dit l'auteur, est très différente de celle des collèges. L'intention de ceux qui ont fondé des collèges a été qu'en inspirant aux jeunes gens l'amour de la vertu et de la religion, on les formât à la science ; qu'on leur apprît les belles-lettres grecques et latines, source de toute bonne science, qu'on les instruisît dans la philosophie, qui est une entrée dans toutes les connaissances humaines, aussi bien que dans la théologie. Les séminaires sont établis pour former aux fonctions ecclésiastiques ceux qui ont embrassé cet état ou qui s'y destinent. Les jeunes gens qui viennent étudier dans les collèges, à l'âge de 14 ou 15 ans, ne sont pas tous destinés à l'état ecclésiastique ; quand même ils seroient clercs, il y en a plusieurs dont la vocation n'est point encore décidée ; il s'agit donc de les former d'abord aux bonnes sciences ; et en cas qu'heureusement ils se trouvent appelés à l'état ecclésiastique, ils en apprendront les fonctions particulières dans les séminaires que leur évêque leur indiquera. » Les lignes précédentes, écrites il y a plus d'un siècle, ne trouveraient-elles pas leur application, même de nos jours, et ne font-elles pas ressortir avec évidence les avantages de cette culture de l'esprit que donne le collège, et qui profite à toutes les professions, même au sacerdoce?

Un des motifs que l'archevêque de Besançon faisait valoir à l'appui de sa requête était la décadence du collège de Bourgogne.

---

(1) *Arch. U.*, carton XIX, n°s 29 et 30.

La Faculté des arts voulut lui enlever ce prétexte. Le recteur et son conseil opérèrent une visite dans la maison, et le procès-verbal constate qu'ils furent satisfaits de la manière dont elle était tenue et dirigée. La requête dont la Faculté des arts s'était alarmée n'eut donc aucune suite, et l'archevêque de Besançon ne paraît pas avoir lui-même insisté pour qu'elle fût accueillie. Cependant l'Université ne pouvait se faire illusion sur la situation de plus en plus précaire des petits collèges. Ce qu'on appelait l'*exercice*, c'est-à-dire l'enseignement de la grammaire, des belles-lettres et de la philosophie, en avait disparu depuis longtemps, et n'existait guère plus que dans les grands collèges, au nombre de dix, savoir : Harcourt, le Plessis, les Grassins, le Cardinal Lemoine, la Marche, Navarre, Beauvais, Lisieux, Mazarin et Montaigu. Les revenus suffisaient à peine à l'entretien des boursiers; dès que survenait une dépense extraordinaire, comme des bâtiments à réparer, les ressources manquaient pour y faire face, et les comptes annuels de l'institution se réglaient en déficit. Souvent la situation était tellement aggravée, soit par l'incurie, soit même par les malversations des principaux, que, pour prévenir une ruine complète, il fallait recourir à des moyens extrêmes. Dans ce cas, la Faculté des arts en appelait au Parlement, et réclamait la suspension des bourses et le séquestre des biens de la maison : ainsi arriva-t-il au petit collège de Saint-Michel. Mais ces mesures elles-mêmes n'étaient que des palliatifs qui n'atteignaient pas le mal dans sa source. A mesure qu'on avance, il devient plus évident que les petits collèges sont trop nombreux, que l'isolement leur est funeste, qu'ils ne peuvent désormais subsister dans les conditions premières de leur établissement. Le jour approche où ces vieilles fondations, qui remontaient pour la plupart au quatorzième siècle, doivent subir une réforme radicale. Elles ne seront ni détruites, ni même confondues; chacune gardera son caractère et sa destination propre ; mais toutes ensemble, suivant un ancien projet dont nous avons déjà trouvé la trace au temps de Richelieu, seront groupées en une même communauté, assujettie à des règlements d'études et de discipline uniformes.

Durant cette décadence des petits collèges, quelques-uns des grands collèges étaient florissants; leurs classes étaient la plupart fréquentées par de nombreux écoliers; les maîtres habiles et dévoués s'y succédaient, et l'esprit de Rollin, de Gibert et de Coffin semblait y revivre, sous leurs yeux, dans les Crevier et les Lebeau. Le vieux Pourchot, alors octogénaire, continuait de veiller avec sa sévérité d'autrefois au maintien de la discipline et des règlements académiques. En février 1733, il lança devant la Faculté des arts un réquisitoire véhément contre l'usage qui s'introduisait dans plusieurs collèges de tirer, les jours de fête, des pièces d'artifice. Nous n'oserions répondre qu'en cette circonstance le rigide syndic, implacable adversaire de la compagnie de Jésus, ne se fût pas proposé d'atteindre par un blâme indirect et public les divertissements tolérés au collège de Clermont. Quel qu'ait été son dessein, Pourchot n'eut aucune peine à convaincre la Faculté des arts, qui se hâta de prendre une délibération pour interdire à ses écoliers ces dangereux amusements. Il faut reconnaître que la défense, quoique promulguée solennellement, fut assez mal observée; car dix mois n'étaient pas écoulés, qu'un feu d'artifice fut tiré au collège d'Harcourt. Pourchot se plaignit amèrement; mais le proviseur d'Harcourt était un personnage considérable dans l'école de Paris. M° Gilles Asselin, qui en 1731 avait succédé à Dagoumer dans cette charge importante, fournit des explications à peu près satisfaisantes, en protestant de son respect pour les règlements; la Faculté des arts se contenta de renouveler le décret qu'elle avait porté, et l'affaire ne fut pas poussée plus avant (1).

Il était plus difficile pour l'Université de régler les divertissements que les études des écoliers. Combien de fois n'avait-elle pas condamné les représentations théâtrales, même lorsqu'il s'agissait de pièces composées en latin! Cependant au collège Mazarin l'usage s'était introduit de faire chaque année, à l'occasion de

---

(1) *Arch. U.*, Reg. xliii a, f. 173 v°, et 174; Reg. xliv, fol. 2. Ce fut sous M° Asselin que le célèbre critique Labarpe fut admis comme boursier au collège d'Harcourt et y fit les plus brillantes études. Deux années de suite, en 1756 et 1757, il remporta au concours général le prix d'honneur.

la distribution des prix, une tragédie qui souvent n'était pas même composée par des personnes de la maison. Cet usage, interrompu en 1757, fut repris peu d'années après (1). Au collège du Plessis, Nicolas Piat, qui fut recteur et greffier, et dont nous rencontrerons le nom plus d'une fois, fit jouer par ses écoliers une comédie en vers français de sa façon, qui avait pour titre *les Mécontents*. Goujet nous apprend que cette comédie fut soumise au célèbre acteur Baron, qui s'en montra fort satisfait, au point d'embrasser l'auteur avec effusion. Ajoutons qu'elle fut représentée une seule fois, et que Nicolas Piat, « qui était un maître chrétien, » dit Goujet, eut le courage de supprimer ce fruit hasardé de sa veine poétique (2).

Nous venons d'assister aux derniers actes de Pourchot. Au mois de juin 1734, son grand âge et la maladie l'obligèrent à résigner les fonctions de procureur syndic, qu'il exerçait depuis quarante ans. Il succomba peu de jours après, dans sa quatre-vingt-troisième année. Sa retraite et sa mort causèrent d'unanimes regrets dans la Faculté des arts. Il s'était attiré quelques inimitiés personnelles, tant par la nature de son emploi que par l'inflexible sévérité qu'il y déployait; mais nul n'avait servi l'Université plus longtemps, et avec plus de zèle, de lumières et d'autorité; nul n'avait contribué davantage à relever les études et la discipline.

En mourant, Pourchot laissa un dernier témoignage des sentiments qui avaient été la règle de sa vie : il légua par son testament cinq cents livres de rente à l'Université. Trois cent cinquante livres devaient être affectées à l'entretien d'un boursier, originaire du diocèse de Sens, au collège des Grassins ou dans tout autre collège de Paris; le surplus, c'est-à-dire cent cinquante livres, devait servir à rétribuer deux professeurs, qui, du premier lundi de carême à la fête de saint Jean-Baptiste, se chargeraient d'enseigner trois fois la semaine, l'un, la grammaire grecque, et l'autre, la grammaire hébraïque. La rémunération était modeste : Pourchot

---

(1) A. Franklin, *Recherches historiques sur le collège des Quatre Nations*, p. 113 et 114; *Journal de Verdun*, octobre 1757, p. 302.

(2) *Mém. sur le Collège royal*, t. II, p. 472 et 473.

en convenait. « Mais, disait-il, avant l'affliction où je me trouve de la privation presque entière de ma vue, j'ai enseigné l'hébreu sans aucune rétribution pendant plusieurs années et j'ai fait répondre avec succès, en public, des jeunes gens sur les *Psaumes*, sur les *Lamentations* de Jérémie et sur d'autres parties de l'Écriture sainte. Il faut faire quelque chose pour l'amour de Dieu, pour le bien de l'Église et pour l'honneur de l'Université, notre mère. » La donation de Pourchot fut acceptée avec reconnaissance par ses anciens collègues, mais ses intentions ne furent remplies que très imparfaitement. Des deux enseignements accessoires qu'il s'était proposé de créer, un seul, celui du grec, fut organisé au collège des Grassins; il absorba la totalité des cent cinquante livres comprises dans le legs, et la chaire d'hébreu, objet des rêves du pieux et savant donateur, ne fut jamais fondée. Quant à la bourse qu'il avait également voulu établir, le revenu de trois cent cinquante livres qui s'y trouvait affecté ne parut pas suffisant aux administrateurs du collège des Grassins. Cette bourse resta sans emploi par leur fait durant plus d'un quart de siècle. Transportée au collège Louis le Grand en 1778, elle ne profita qu'à partir de cette époque aux familles pauvres du diocèse de Sens (1).

Pourchot semblait difficile à remplacer comme syndic. Coffin convenait à cette charge sous beaucoup de rapports. La majorité des suffrages se serait sans doute portée sur lui s'il n'eût été repoussé par la cour comme janséniste. Averti des répugnances qu'il excitait, il renonça volontairement aux droits que son titre d'adjoint aurait pu lui donner. A son défaut, on choisit Balthasar Gibert, qui remplissait alors pour la quinzième fois la charge de recteur, après avoir fait ses débuts dans ces hautes fonctions en l'année 1707. Formé par une expérience aussi longue et aussi répétée à la pratique des affaires, le nouveau syndic marcha fidèlement sur les traces de l'ancien; il déploya la même ardeur pour la défense des intérêts de sa compagnie, le même zèle pour la répression des abus qui compromettaient l'ordre des études.

(1) *Recueil de toutes les délibérations importantes prises depuis* 1763 *par le bureau d'administration du collège Louis le Grand*, Paris, 1781, in-4°, p. 591 et s.

Dès les premiers mois qui suivirent son élection, et avant même qu'il eût résigné les fonctions rectorales, Gibert eut la plus grande part aux nouveaux statuts qui furent promulgués pour le collège de Séez et pour celui de Bayeux (1). Le règlement du collège de Bayeux contient une disposition, renouvelée d'anciennes lois, qui impose aux boursiers l'obligation de subir deux fois par an un examen en présence du principal et du procureur de la maison.

La tenue des classes de philosophie appelait quelques réformes : la Faculté des arts y pourvut, à la requête de Gibert. Une délibération du 14 août 1737 interdit d'enseigner dans des chambres particulières, en dehors des salles affectées aux exercices publics. Il fut enjoint aux professeurs de donner leurs leçons régulièrement, de ne pas se permettre des absences qui devenaient autant de véritables congés, de se contenter de ceux qui étaient accordés par l'Université. Enfin on exigea que, suivant le vieil usage, chaque professeur eût soin de dicter des cahiers à ses élèves sur toutes les parties de la philosophie, au lieu de se borner, comme beaucoup le faisaient, à des leçons purement orales. Comme sanction de ces règles, il fut décidé que les régents qui s'en écarteraient à l'avenir ne pourraient pas délivrer des certificats valables pour l'admission aux examens de la maîtrise ès arts (2).

Ce fut également sous le syndicat de Gibert, que les maîtres de pension de Paris demandèrent l'autorisation d'avoir un agent chargé de les représenter et de gérer leurs intérêts communs. L'Université n'éleva pas d'objections; mais elle voulut que le nouvel agent fût choisi par le recteur, qui le nommerait pour deux ans, avec pouvoir, ce temps révolu, de le maintenir en charge (3). Cette condition fut acceptée d'assez mauvaise grâce par les intéressés, et dans la suite elle amena des conflits qui aboutirent, sous le rectorat d'Antoine Malthor, comme on le verra plus loin, à un procès au Parlement.

Tandis que Pourchot et, après lui, Gibert veillaient aux intérêts

---

(1) *Arch. U.*, Reg. XLIV, fol. 51 v°, et 57.
(2) V. Pièces justificatives, n° CLXX.
(3) *Arch. U.*, Reg. XLIV, fol. 130, et v°.

moraux de l'Université, ses intérêts financiers se trouvaient entre les mains du receveur Claude Besoigne, ancien procureur de la Nation de France, et parent de l'abbé Jérôme Besoigne, qui fut le coadjuteur de M° Durieux dans la principalité du collège du Plessis. Jamais l'école de Paris n'avait goûté les douceurs de l'opulence. Pendant longtemps ses modestes revenus s'étaient à peine élevés au niveau de ses charges. Aussi, afin d'être assurée qu'elle pourrait se suffire, elle se condamnait à une sévère économie, qui dans certains cas paraissait excessive. A la mort de Pierre Viel, qui décéda étant recteur (1), il fut résolu que ses obsèques auraient lieu, selon l'usage, aux frais de la compagnie; mais la dépense fut ménagée, et on supprima la partie la plus dispendieuse des cérémonies funéraires, au risque de prêter à la médisance des bourgeois de Paris, dont la curiosité se trouvait désappointée. Cependant, à force de vigilance, une réserve avait pu être constituée; et, accrue chaque année de l'excédent de la recette sur la dépense, elle s'était peu à peu élevée à un chiffre assez important. En 1738 (2), elle dépassait 50,000 livres, et désormais elle semblait destinée à s'augmenter annuellement dans une proportion beaucoup plus forte que par le passé; car un arrêt du Parlement, rendu à la suite de longs débats, venait de retrancher les subsides annuels que les différentes compagnies de l'Université avaient pris l'usage de prélever sur le fonds commun : seule, la Faculté de médecine était autorisée à se faire délivrer 1,200 livres par an, pour le traitement de ses régents, jusqu'à l'époque où la dotation de ses chaires aurait été complétée. Il ne paraissait pas conforme aux règles d'une bonne administration de laisser improductive une réserve de 50,000 livres et plus, mais les avis étaient partagés sur l'emploi à faire des fonds. Fallait-il les placer ou en rentes, ou en fonds de terre, ou en maisons? Un placement en terres était jugé préférable, comme étant plus sûr. On avait donc jeté les yeux sur

(1) Au mois de mars 1728. *Arch. U.*, Reg. XLIII a, fol. 30. Cf. Barbier, *Journal historique et anecdotique sur le règne de Louis XV*, t. I, p. 273.

(2) Nous avons publié dans nos Pièces justificatives, n° CLXXX, un extrait du compte de 1738.

un enclos sis à la porte de Paris, et d'une valeur à peu près égale à la somme dont l'Université pouvait disposer. Mais sur ces entrefaites la Nation de Picardie fit connaître la détresse où elle se trouvait. Elle venait alors de faire reconstruire à grands frais une maison qu'elle possédait rue Galande et rue du Fouarre; les ouvriers n'étaient pas payés, et elle se voyait sous le coup d'une saisie. Pour se tirer d'embarras, il ne lui fallait pas moins de 50,000 livres, qu'elle ne savait comment se procurer, et qu'elle demandait à l'Université de lui prêter; mais à quelles conditions? Au denier vingt-cinq, c'est-à-dire à quatre pour cent, avec ajournement des intérêts durant les douze premières années. Il paraissait dur à l'Université de placer ses épargnes à de telles conditions. Elle consulta ses avocats, MM^es Langlois, Aubry, de Héricourt et Gibert. Ceux-ci se montrèrent moins rigoureux que ne le sont ordinairement les hommes de loi. « S'il s'agissoit, répondirent-ils, d'un prêt à faire par un particulier à un autre particulier, qui lui seroit étranger, on ne lui conseilleroit pas d'accepter des conditions semblables à celles que la Nation de Picardie fait à l'Université... Mais une mère tendre, qui voit un de ses enfants dont les affaires sont embarrassées, et qui veut le secourir, ne le traite pas avec la même rigueur avec laquelle elle traiteroit un étranger. Il lui suffit pour la déterminer à prendre ce parti qu'elle voie un degré raisonnable de certitude morale qu'elle peut secourir cet enfant, sans exposer son fonds et ses arrérages en lui faisant des avantages particuliers... Des frères bien unis, même de vrais amis, peuvent se secourir de cette manière, sans qu'on puisse les accuser de n'avoir pas agi en bons économes et en bons pères de famille (1). » En résumé, les avocats de l'Université concluaient à ce que le prêt sollicité par la Nation de Picardie lui fût accordé aux conditions qu'elle avait indiquées, sauf certaines clauses additionnelles destinées à garantir le capital engagé. Toutes les compagnies, moins la Faculté de droit, qui se montra jusqu'à la fin récalcitrante, embrassèrent cet avis. Leur délibération fut ho-

---

(1) *Arch. U.*, Reg. XLIV, fol. 123.

mologuée au Parlement le 23 mai 1738, et la Nation de Picardie, déjà débitrice de 11,500 livres envers la caisse commune, y puisa ce nouveau prêt de 50,000 livres, qui devait lui servir à rembourser d'anciens créanciers, mais qui allait pour longtemps priver l'Université du fruit de ses pénibles économies (1).

Ces arrangements, qu'on peut appeler de famille, conclus par un vote presque unanime, semblaient indiquer que des jours de paix et de concorde commençaient, après de longs orages, à luire pour l'école de Paris; mais, hélas! ce temps heureux n'était point arrivé. Les passions religieuses étaient plus excitées que jamais. Les adversaires de la bulle *Unigenitus*, quoique leurs rangs fussent bien éclaircis, persistaient à se poser en défenseurs de la vérité et de la justice outragées. Le parti contraire, qui sentait derrière lui l'Église et le roi, s'irritait de cette opposition schismatique et ne cachait pas le dessein de réduire l'Université de Paris elle-même, et de l'amener, ou par force ou par persuasion, à révoquer l'appel qu'elle avait autrefois interjeté au concile général. Est-il vrai qu'une manœuvre, plus habile que loyale, eût introduit frauduleusement dans les différentes compagnies une armée entière de jeunes bacheliers acquis par avance à toutes les mesures favorables à la constitution de Clément XI? Les *Nouvelles ecclésiastiques* le prétendent, mais elles n'en fournissent aucune preuve. Qu'était-il besoin de menées souterraines? Il suffisait de gagner du temps, et de laisser peu à peu s'éteindre cette majorité récalcitrante qui se trouvait liée à la cause du jansénisme par ses antécédents non moins que par ses préjugés. La nouvelle génération qui s'élevait pour la remplacer, n'ayant ni le même passé ni les mêmes intérêts, professait d'autres sentiments, et ne pensait pas que la réconciliation de l'école de Paris avec le Saint-Siège fût payée trop chèrement au prix de quelques sacrifices d'amour-propre.

Un incident de médiocre importance, le choix d'un curé pour la paroisse Saint-André des Arts, mit les partis aux prises et leur

(1) La créance de l'Université lui fut remboursée au mois de mai 1781, comme on le voit par le registre de la Nation de Picardie, *Arch. U.*, Reg. XLVIII b, fol. 61.

fournit l'occasion de mesurer leurs forces (1). Cette cure était l'un des plus anciens bénéfices dont la nomination était dévolue à l'Université de Paris. Chacune des Facultés de théologie, de droit et de médecine, et chacune des Nations de la Faculté des arts y nommait tour à tour, c'est-à-dire, en cas de vacance, faisait choix d'un sujet qui devait ensuite demander son institution canonique à l'autorité diocésaine. En 1738, la présentation appartenait à la Nation de Picardie; et, le poste s'étant trouvé tout à coup vacant par suite de la démission du dernier titulaire, M⁰ Thierry, ce fut cette Nation qui eut à désigner le nouveau pasteur. Deux candidats se trouvaient en présence : l'un, qui s'appelait Vernon, et qui était vicaire à Saint-Eustache, avait pour lui tous les jansénistes; l'autre, qui se nommait Léger, et qui enseignait la philosophie au collège de Lisieux, était poussé par le principal de ce collège, M⁰ Gaillande, personnage considérable, mêlé depuis longtemps aux querelles théologiques et devenu le chef à peu près avoué des partisans de la bulle. Parmi les intrants que les cinq tribus de la Nation de Picardie avaient désignés, deux se prononcèrent pour M⁰ Vernon, un seul pour M⁰ Léger, et les deux autres pour un troisième candidat très inoffensif, nommé Belot, qui était curé de Saint-Côme. Le procureur de la Nation, M⁰ Petit, appelé dans le conclave pour départager les intrants, se prononça en faveur de Vernon; et dès lors ce dernier, ayant réuni la majorité, fut proposé comme le candidat de la compagnie pour la cure de Saint-André des Arts. Mais ce choix était à peine connu, qu'il souleva les plus vives réclamations. Un des plus jeunes partisans du candidat évincé, M⁰ Fouquier, qui avait été d'abord désigné comme intrant et que son âge avait ensuite fait exclure, protesta. Sa protestation fut suivie de plusieurs autres, et l'affaire devint assez grave pour être évoquée, par ordre du roi, au conseil d'État, avec défense au tribunal du recteur et à tous autres juges d'en connaître. Quelques semaines après, il fut

---

(1) *Arch. U.*, Reg. XLIV, fol. 129 v⁰, et s.; *Nouvelles ecclésiastiques*, année 1739, p. 45 et s.; *Mémoire et consultation sur la prétendue désignation à la cure Saint-André des Arts*, in-fol. de 15 pages.

ordonné par le conseil que la Nation de Picardie procéderait à une nouvelle élection et que, malgré sa jeunesse, M° Fouquier y prendrait part en qualité d'intrant. Cette fois M° Vernon se vit écarté, et son compétiteur, M° Léger, l'emporta. Gibert, en sa qualité de syndic, fit un dernier effort pour que la présentation ne fût par confirmée par l'Université; tout ce qu'il obtint, c'est qu'on prit acte de ses réserves et qu'elles fussent consignées à la suite de la délibération.

Mais cette contestation si animée n'était que le prélude des débats bien autrement graves auxquels l'élection du recteur allait incessamment donner lieu. Les fonctions rectorales étaient remplies depuis le 10 octobre 1736 par M° Nicolas Piat, régent de rhétorique au collège du Plessis, excellent humaniste, orateur disert et élégant, très goûté dans l'Université, qui l'avait choisi pour greffier à la mort de Couvillard de Laval (1). M° Piat avait une qualité rare et précieuse à cette époque de trouble : il était doué d'une certaine modération d'esprit et de cœur, fort étrangère aux passions qui se faisaient la guerre autour de lui. Mais cette vertu même le rendait incapable de conduire à bonne fin le projet difficile, en quelque sorte le coup d'État, que complotaient les partisans de la bulle, d'accord avec le cardinal de Fleury : nous voulons dire la révocation de l'appel de l'Université au concile général. Aussi M° Gaillande et les autres meneurs de cette entreprise délicate résolurent d'écarter M° Piat et de le remplacer par un recteur entièrement dévoué à leur cause. Après avoir hésité entre plusieurs candidats, ils jetèrent les yeux sur un jeune bachelier en théologie, qui était âgé de vingt-deux ans seulement, mais qui rachetait son extrême jeunesse par l'illustration de sa naissance, le prince Armand Rohan de Ventadour. Son oncle, le cardinal de Rohan, grand aumônier de France et évêque de Strasbourg, avait pris sous la Régence une part très active aux affaires de la constitution. Le jeune prince, après ses études terminées, avait reçu le bonnet de maître ès arts, au mois de juil-

---

(1) Couvillard de Laval mourut au mois de mars 1731. (*Arch. U.*, Reg. XLIII a, f. 132 v°.)

let 1734, à la suite d'un examen *extra tempora*. Gibert, alors recteur et déjà élu syndic, s'était empressé de lui faire accorder cette faveur (1), sans se douter que le noble candidat serait bientôt porté par une cabale puissante aux honneurs du rectorat pour accomplir un dessein qui attirerait de mortels ennuis et d'injustes vexations à beaucoup de maîtres de l'école de Paris, et à Gibert lui-même.

Cependant, quels que fussent l'éclat de sa naissance et le crédit de ses protecteurs, l'abbé de Ventadour allait avoir à subir une opposition violente. Son élection, ouvertement combattue par les anciens, ne pouvait réussir qu'avec le concours de ces nouvelles générations que le jansénisme voyait de plus en plus lui échapper, et qui commençaient à faire sentir leur influence dans la Faculté des arts. Mais il existait un statut de la fin du dernier siècle qui permettait d'écarter du scrutin les plus jeunes maîtres : c'était l'arrêt du parlement de Paris du 29 avril 1670, lequel avait fixé à trente ans l'âge requis pour être admis à prendre part aux élections académiques. Cet arrêt, tombé en désuétude, n'était cependant pas abrogé, et il pouvait, avec toute apparence de justice et de raison, être invoqué contre ceux qui n'auraient pas l'âge légal, comme il l'avait été récemment par la Nation de Picardie à l'égard de M° Fouquier, dans l'affaire de la cure de Saint-André des Arts.

La lutte s'engagea dès le mois d'octobre 1738, à l'occasion du choix des intrants qui devaient élire le recteur. Dans la Nation de France, où ce choix était dévolu alternativement à chaque tribu, celle de Sens, dont le tour était venu, écarta, contre l'usage, son propre doyen, M° Guillier, et lui préféra un janséniste, M° Rousselot, professeur émérite au collège Mazarin. La tribu de Paris, dont Rollin et Coffin faisaient partie, confirma cette nomination; mais les autres tribus, celles de Reims, de Tours et de Bourges,

---

(1) *Arch. U.*, Reg. XLIV, fol. 25, et v°. Deux ans auparavant, le jeune Armand de Ventadour, qui entrait alors en philosophie, avait été dispensé par la Faculté des arts, sur le rapport très louangeux de Pourchot, de tenir les cahiers écrits que les élèves de philosophie étaient obligés de représenter avant d'être admis aux examens. (*Arch. U.*, Reg. XLIII a, f. 164 et 169.)

refusèrent de l'approuver, et ce ne fut pas sans une vive opposition que Gibert réussit à la faire maintenir par la Faculté des arts (1). Dans la Nation de Normandie, le débat ne fut pas moins ardent. Nulle part les jeunes bacheliers immatriculés par les soins de M⁰ Gaillande ne se rencontraient plus nombreux, ni plus résolus contre le jansénisme. Comme on allait procéder au choix de l'intrant qui devait représenter la Nation, le procureur, Louis Parisy, l'arrêt de 1670 à la main, invita ceux qui n'avaient pas l'âge requis pour voter à s'abstenir de prendre part au vote. Un effroyable tumulte accueillit cet avertissement, et M⁰ Parisy fut contraint de se retirer avec la plupart des anciens. Les autres étaient restés en séance avec les plus jeunes, sous la présidence du principal du collège de Justice, M⁰ Lerat. Dès qu'ils se virent maîtres du terrain, ils consommèrent l'élection en nommant pour intrant M⁰ Josse, régent au collège de Lisieux. Mais, quelques heures après, cette nomination fut cassée au tribunal du recteur, par la même majorité qui avait validé le choix de M⁰ Rousselot. Aussitôt, à une seconde élection, les suffrages des Normands se portèrent sur M⁰ Parisy lui-même, qui se joignit aux intrants des autres compagnies pour maintenir la charge de recteur aux mains de Nicolas Piat (2).

Les jansénistes triomphaient, mais leur joie fut de courte durée. Tandis que Gibert portait au Parlement les questions litigieuses que ces incidents avaient fait naître, et qu'il réclamait énergiquement le maintien et l'exécution de l'arrêt de 1670, ceux du parti contraire suivaient la marche qui leur avait toujours réussi en pareil cas : ils introduisaient un pourvoi au conseil d'État contre la prétention injuste, selon eux, de remettre en vigueur à l'improviste un vieux règlement depuis longtemps abandonné. Ils demandaient que, provisoirement du moins, et jusqu'à plus ample information, la pratique suivie par l'Université dans les délibérations les plus récentes fût maintenue, et que tous ceux

---

(1) *Bibl. Maz.* Cod. 1935 B, p. 214 et 216; *Arch. U.*, Reg. XLIV, f. 135 et s.
(2) *Arch. U.*, Reg. XLIV, fol. 134 v°, 186 v°; Reg. XI *bis*, fol. 467 v°, et s. *Nouvelles ecclésiastiques*, 1739, p. 138 et s.

qui se trouvaient immatriculés dans les différentes compagnies fussent admis, quel que fût leur âge, à prendre part au vote. Ce qui donnait un poids particulier à cette requête, c'est qu'elle portait la signature de cent trente-cinq (1) maîtres de la Faculté des arts : symptôme remarquable du changement qui s'était peu à peu opéré dans la composition et dans l'esprit de la Faculté. Déjà le Parlement avait rendu, le 9 et le 16 décembre, deux arrêts provisoires dont le second suspendait, jusqu'à nouvel ordre, toute élection dans la Faculté des arts; la sentence définitive ne pouvait tarder, et il était facile de prévoir qu'elle ne satisferait pas les partisans de la constitution. Le cardinal de Fleury estima que le moment d'agir était venu. Le 24 décembre, un arrêt du conseil d'État, que le chancelier d'Aguesseau avait préparé (2), évoqua les contestations pendantes, avec défense au syndic de l'Université de poursuivre les procédures commencées. Trois commissaires furent nommés pour instruire l'affaire : c'étaient MM. Louis d'Argenson, de Fortia et Machault d'Arnouville, le même qui dans la suite fut contrôleur des finances et garde des sceaux. Mais il arriva, ce qu'on voit rarement, que l'avis des commissaires ne répondit pas aux vues secrètes de ceux qui les avaient désignés, car il fut entièrement favorable à la requête présentée par M⁰ Gibert. Sur ce point, le témoignage de d'Argenson est précieux à recueillir (3) : « Le pauvre chancelier, dit-il, nous faisait peine; il cherchait et feuilletait de tous côtés pour trouver par où prendre une mauvaise besogne... Pour nous, nous avons trouvé : 1° que le règlement de 1670, qui exclut les suffrages au-dessous de l'âge de trente ans, est très sage; 2° qu'il est émané d'un juge fort compétent, qui est le parlement de Paris, toujours commis à la discipline de l'Université; 3° qu'il a toujours été connu, respecté et suivi. » D'actives démarches

---

(1) Ce chiffre est constaté par l'arrêt du conseil d'État du 24 décembre 1738. *Arch. U.*, Reg. XLIV, fol. 142 v°. Suivant les *Nouvelles ecclésiastiques*, 1739, p. 128, on ne tarda pas à recueillir des adhésions qui portèrent le nombre des signataires de la requête à cent quatre-vingt-un.

(2) *Journal du marquis d'Argenson*, t. II, p. 108 et 109.

(3) *Journal*, ibid., p. 109. Cf. *Nouvelles ecclésiastiques*, 1738, p. 128.

furent tentées pour amener les commissaires à modifier leurs conclusions. Les pourparlers allaient grand train pour les séduire. « Mais, continue d'Argenson, nous sommes demeurés constants. » Toutefois il paraissait si important de conquérir la majorité dans la Faculté des arts, et, ce premier résultat obtenu, M⁰ Gaillande laissait entrevoir au cardinal de Fleury d'autres suites si heureuses pour la paix de l'Église, que le conseil d'État ne crut pas pouvoir reculer. En dépit des scrupules de quelques-uns de ses membres, il se prononça dans le sens même que ceux-ci déclaraient opposé aux usages et aux lois de l'école de Paris. S'il faut en croire les contemporains, le roi s'intéressait personnellement à la conclusion du débat, et ce fut lui-même qui dicta les termes de la décision destinée à couper court aux difficultés survenues (1). Quoi qu'il en soit, par un arrêt définitif du 11 mars 1739, il fut ordonné que provisoirement l'élection du recteur aurait lieu en la forme accoutumée, c'est-à-dire conformément à l'édit de Henri IV, et qu'en ce qui concernait le choix des intrants, chaque Nation suivrait ses propres statuts; ce qui revenait à dire que nulle condition d'âge ne serait requise pour le vote, car cette condition n'avait été stipulée que dans la sentence du Parlement de 1670. Cet ordre du conseil d'État tranchait la question qui tenait depuis plusieurs mois l'Université en suspens. Dès lors la nomination de l'abbé de Ventadour au poste de recteur se trouvait assurée. En effet, le 24 mars suivant, jour fixé pour l'élection, la Faculté des arts s'étant réunie aux Mathurins, les intrants furent choisis pour chaque Nation dans les rangs de ceux que les *Nouvelles ecclésiastiques* appellent la faction des Gaillandistes. C'étaient, pour la Nation de France, M⁰ Neveu, régent de philosophie au collège de la Marche; pour la Nation de Picardie, M⁰ Queruel, régent de grammaire au collège du cardinal Lemoine; pour la Nation de Normandie, M⁰ Josse, que nous con-

(1) *Mémoires du duc de Luynes sur la cour de Louis XV*, publiés par MM. L. Dussieux et Soulié, Paris, 1860, in-8°, t. II, p. 387 : « M. le chancelier avoit proposé que l'on nommât des commissaires; ils ont été nommés et ont trouvé plusieurs difficultés. M. le cardinal Fleury disoit, il y a trois jours, chez le cardinal de Rohan, qu'ayant rendu compte au roi de ces difficultés, Sa Majesté avoit elle-même dicté l'arrêt... »

naissons déjà ; et pour la Nation d'Allemagne, M° Farely, l'un des proviseurs du collège des Irlandais. A peine entrés dans le conclave, les intrants en sortirent après une courte délibération, et vinrent annoncer, par l'organe de M° le Neveu, que leurs suffrages s'étaient portés sur le prince sérénissime, M° Armand de Rohan Ventadour, bachelier en théologie. L'élection fut confirmée par la Faculté des arts, sous la condition que le nouvel élu se ferait immatriculer dans sa Nation, qui était celle de France : formalité qu'il avait négligé de remplir. Une députation de quatre membres, parmi lesquels se trouvait Dagoumer, fut chargée d'aller annoncer au jeune prince la dignité qui venait de lui être conférée. Bientôt il fut introduit dans l'assemblée, revêtu, selon l'usage, d'une robe rouge, prêta les serments accoutumés, puis vint s'asseoir à la droite de l'ancien recteur dont les pouvoirs expiraient (1).

Jamais l'Université de Paris n'avait vu à sa tête un chef si jeune. Cependant, quoique sorti à peine des bancs, l'abbé de Ventadour n'était pas dépourvu de certaines qualités que ses adversaires ne pouvaient se dispenser de reconnaître. L'avocat Barbier avoue qu'il passait « pour un homme très aimable, de beaucoup d'esprit, parlant bien, séduisant par des manières polies et gracieuses. » La mission qu'il venait remplir convenait mieux à un personnage de son rang qu'au maître le plus expérimenté dans l'art d'élever la jeunesse. En effet, à ce moment, les questions purement scolaires s'effaçaient devant la question religieuse, et le point essentiel, c'était d'amener l'Université de Paris à révoquer volontairement son appel au concile général et à recevoir enfin la constitution de Clément XI. Les esprits les moins clairvoyants s'attendaient, il faut

---

(1) *Arch. U.*, Reg. XLIV, fol. 149 et s. Barbier nous apprend (*Journal*, t. II, p. 226) que, peu de jours avant l'élection de M. de Ventadour, on fit courir dans Paris le billet suivant : « M., vous êtes prié d'assister au convoi et enterrement de très haute et très puissante dame, Mme l'Université de Paris, fille aînée du roi, décédée, à son hôtel des sciences, le 2 mars 1739. Son corps mort sera déposé dans l'église des révérends pères Jésuites, pour y attendre la résurrection du bon sens en France. *Requiescat in pace.* Son éloge funèbre sera prononcé le même jour, dans l'hôtel de Soubise, par M. l'abbé de Ventadour, son unique héritier par droit de confiscation. »

le dire, à cette démarche décisive, objet d'espérance pour les uns, et de crainte ou d'indignation pour les autres. Chacun sentait que l'école de Paris ne pouvait pas soutenir indéfiniment l'attitude presque séditieuse qu'elle avait prise, et dans ses rangs beaucoup de ceux qui s'étaient prononcés autrefois en faveur de Quesnel inclinaient maintenant pour la soumission au jugement de l'Église. Parmi eux se faisaient remarquer Dagoumer, l'implacable adversaire des Jésuites, et le dernier recteur, Nicolas Piat, qui n'éprouvait ni regret d'avoir résigné les honneurs du rectorat, ni rancune contre son noble successeur. Tous deux usaient de leur autorité pour calmer les consciences et rallier des suffrages aux importantes propositions qui devaient être présentées incessamment à la Faculté des arts, et auxquelles, disaient-ils, son salut se trouvait attaché. Néanmoins le syndic Gibert ne partageait pas ces sentiments, et, bien loin de se laisser gagner, il s'apprêtait, comme Rollin et ses amis, à compromettre, s'il le fallait, son repos, sa charge et sa liberté pour la défense des délibérations et des actes que le parti qui triomphait voulait abolir. Quand le terrain parut suffisamment préparé, et que par des exhortations et des caresses, mêlées de quelques menaces, le recteur se fut assuré des suffrages de la majorité, il lança un mandement par lequel il convoquait extraordinairement, le 11 mai suivant, une assemblée générale de la Faculté des arts « pour être délibéré sur des sujets de la plus haute importance (1). » Au jour indiqué, les bancs de la grande salle des Mathurins s'étaient garnis, dès le matin, d'une foule impatiente et agitée, composée des maîtres des différentes Nations. Sur les huit heures, l'abbé de Ventadour, qui s'était fait un peu attendre, arriva entouré d'un nombreux cortège d'amis. Son entrée fut saluée par des applaudissements chaleureux; ce qui fit dire à l'un des assistants, l'abbé

---

(1) *Arch. U.*, Reg. XLIV, f. 153 et s. Ce mandement et tous les actes relatifs à la révocation de l'appel de la Faculté des arts ont été réunis sous ce titre : *Acta et decreta præclaræ artium Facultatis Parisiensis, tam super revocatione appellationis a Constitutione S. D. N. papæ Clementis XI, quæ incipit* Unigenitus, *die quinta octobris 1718, ad futurum generale concilium interjectæ, quam super obsequio eidem Constitutioni exhibendo*, Parisiis, 1739, in-4°.

d'Eaubonne, chanoine de Notre-Dame, « qu'on voyait bien qu'il y avait là plus de mains que de têtes. » C'était la première fois, depuis son élection, que le nouveau recteur présidait une réunion aussi solennelle. Le succès de son début dépassa les espérances de ses partisans, et il montra une dextérité qu'on n'était pas en droit d'attendre de sa jeunesse.

En prenant la parole, il commença par exprimer la reconnaissance qu'il éprouvait pour l'Université en général; puis il insista sur l'éloge de la Faculté des arts : « Cette Faculté, dit-il, fut le berceau des autres compagnies que l'Université renferme dans son sein; elle est devenue la source féconde de toutes les sciences qui peuvent être utiles à la religion, à la justice et à la conservation des hommes. C'est elle qui, nous ayant, pour ainsi dire, donné la première nourriture, nous présente ensuite à ces sciences supérieures qui demandent en nous plus de force et plus de maturité; et si l'on voit depuis si longtemps les lettres honorées en France, l'inclination et le goût que l'on a pour elles ne sont-ils pas le fruit de vos soins et de vos travaux? » L'éloge de la Faculté des arts fut suivi de l'éloge du roi; puis, par une transition rapide, l'orateur aborda le véritable sujet de son discours et de la délibération qui allait s'ouvrir. Il exposa qu'il avait reçu de plusieurs suppôts de la Faculté des arts une proposition consistant en deux points : le premier, que les Nations fussent appelées à donner leur sentiment sur l'appel que l'Université avait interjeté de la bulle *Unigenitus* au futur concile général, et sur tous les actes qui avaient précédé ou suivi cet appel; le second, qu'il leur fût permis de s'expliquer sur l'obéissance qui était due à la bulle. Les motifs que l'assemblée avait de déférer à ce double vœu furent présentés habilement. L'abbé de Ventadour retraça en termes pleins de mesure l'histoire de la constitution de Clément XI. Il rappela les fausses interprétations qu'elle avait d'abord reçues et l'émotion qui s'en était suivie dans les rangs des fidèles, puis les éclaircissements donnés à différentes reprises, par le Saint-Siège et par les évêques, sur les points qui avaient paru souffrir des difficultés; l'impression produite sur l'immense majorité des esprits par ces explications authentiques; le consentement et la soumission de l'Église universelle, entraînant l'adhésion de tous les prélats du royaume, deux ou trois seulement exceptés; les communautés religieuses qui s'étaient montrées hésitantes faisant taire leurs scrupules, et acceptant la constitution après l'avoir repoussée; la Faculté de théologie elle-même rétractant son opposition, afin de rentrer dans la droite voie qu'elle n'avait délaissée qu'involontairement. « Serions-nous donc le seul corps, demandait M. de Ventadour, qui voulût persister dans son appel et s'exposer au reproche mérité d'une coupable désobéissance? » L'orateur fit remarquer ensuite que sur toutes ces questions les deux puissances étaient d'accord, que la bulle de Clément XI avait reçu la sanction de l'autorité royale, qu'en vertu des déclarations réitérées du souverain, elle avait été reconnue dans tous les parlements pour une loi de l'État aussi bien que de l'Église. « Il est temps, s'écria le recteur en terminant, il est temps d'imposer silence aux préjugés et aux préventions. Que toute animosité, que tout esprit de parti disparaisse; n'écoutons plus que la raison, la justice et les puissances auxquelles Dieu lui-même nous ordonne d'obéir. La saine doctrine, la discipline ecclésiastique, les libertés de l'Église gallicane, tout est en sûreté. Que la voix des successeurs de saint Pierre, que les instructions et les explications des évêques, la prudence et les lumières supérieures du prince qui nous gouverne, également attentif aux intérêts de la religion et de l'État et dont les conseils furent toujours animés et conduits par la sagesse; que tous ces motifs réunis dissipent et bannissent à jamais de vos esprits toute inquiétude et toute défiance. Et s'il se trouvait quelqu'un parmi vous qui éprouvât encore quelques scrupules par rapport aux maximes du royaume, ne doit-il pas être entièrement rassuré par la vigilance et par la circonspection des parlements? Que l'esprit de paix et de charité naisse donc dans nos cœurs; qu'il règne dans nos discours. Soumettons-nous à la règle, et ne cherchons pas à la maîtriser. Inviolablement attachés à la chaire de saint Pierre, d'où dépend l'unité du sacerdoce, donnons enfin des preuves non suspectes de notre obéissance au Saint-Siège; écoutons et suivons la voix de la catholicité; et marquons d'une manière éclatante et solennelle notre respect et notre empressement à répondre aux intentions de l'auguste monarque, fils aîné de l'Église. »

Quand l'abbé de Ventadour eut terminé, M° Gibert prit la parole comme syndic, pour donner, selon l'usage, ses conclusions; mais, fidèle aux convictions de sa vie entière, il s'éleva énergiquement contre la proposition qui venait d'être présentée par le recteur, et il déclara s'opposer à toute délibération, tant sur la révocation de l'appel que sur l'obéissance due à la constitution *Unigenitus*. Ses paroles furent écoutées avec une attention religieuse; toutefois il ne réussit pas à entraîner l'auditoire. Les Nations se retirèrent, chacune dans la salle affectée à ses réunions particulières, pour y délibérer. La discussion fut courte, mais très vive, surtout dans la Nation de France. Coffin, qui était alors censeur, et qui devait, en cette qualité, tenir la plume, se démit instantanément de sa charge plutôt que d'avoir à rédiger une conclusion qui blessait sa conscience. Rollin refusa par le même motif de présider la tribu de Paris, dont il était doyen. D'autres protestations isolées s'élevèrent dans la plupart des tribus. Néanmoins une forte majorité se prononça partout pour la révocation de l'appel et pour l'acceptation de la bulle. Après deux heures de délibération séparée, les quatre Nations, s'étant réunies de nouveau en assemblée générale, firent connaître ce résultat par l'organe de leurs procureurs : M° Jamoays, pour la Nation de France; M° Daveluy, pour la Nation de Picardie; M° Durant, pour la Nation de Normandie, et M° Bresson, pour la Nation d'Allemagne. Tout semblait donc terminé; mais, au moment où le recteur se disposait à conclure, quatre des anciens maîtres de la Faculté des arts, Rollin, Mésenguy, Bourrey et Guillaume, s'avancèrent au milieu de la salle pour notifier leur opposition, en donner les motifs et en demander acte. Rollin s'était chargé de porter la parole. En le choisissant pour être l'interprète de leurs sentiments, les jansénistes avaient eu l'espoir que la voix d'un personnage aussi respecté rallierait les suffrages, ou que du moins il commanderait le silence et pourrait s'exprimer en toute liberté. Mais la considération et le juste crédit dont jouissait Rollin ne furent en cette circonstance d'aucun secours ni à lui-même ni à sa cause. A peine eut-il prononcé quelques mots, il fut, au grand scandale de ceux de son parti, interrompu par le recteur, qui l'empêcha de continuer et allégua la défense faite par le roi de rien dire et de rien entendre en faveur de l'appel (1). Tout aussitôt le recteur résuma la délibération en ces termes : « 1° Toutes les Nations estiment que c'est sans fondement que la constitution *Unigenitus*, acceptée par le corps des évêques, revêtue de l'autorité royale, et publiée dans tout le royaume, est attaquée comme étant contraire aux droits de la couronne et aux libertés de l'Église gallicane; auxquels droits et libertés lesdites Nations protestent d'avoir toujours été et de demeurer très attachées. 2° Elles improuvent ce qui a été dit par M. le syndic. 3° Elles approuvent le discours que nous avons prononcé dans cette assemblée. Elles demandent qu'il soit inscrit tant sur leurs registres particuliers que sur celui de l'Université, et qu'il soit imprimé en latin et en français. 4° Sans avoir égard à l'opposition de M. le syndic, elles croient qu'il est à propos de révoquer l'appel interjeté au nom de l'Université, le 5 octobre 1718, de la constitution du souverain pontife Clément XI, qui commence par ces mots : *Unigenitus Dei Filius*, au futur concile général, et elles révoquent ledit appel, chacune pour la part qu'elle peut y avoir, comme aussi les appels précédemment interjetés au nom de chacune d'elles en particulier. De plus, elles veulent que tous les actes écrits dans leurs registres et qui concernent lesdits appels, tant ceux qui les ont précédés que ceux qui les ont suivis, soient cancellés. Elles demandent, en outre, que dans le registre de l'Université, à côté de l'appel commun, il soit mis une note marginale qui avertisse que les Nations ont révoqué cet appel, chacune pour la part

---

(1) *Nouvelles ecclésiastiques*, p. 140 : « Non licet quidquam audire vel dicere ad retinendam appellationem : sanctiones regiæ vetant. » Cf. Barbier, *Journal*, t. II, p. 230 et 231 ; d'Argenson, *Journal*, t. II, p. 156.

qu'elle y a. 5° Lesdites Nations déclarent et protestent qu'elles sont soumises de cœur et d'esprit à la constitution *Unigenitus*, comme étant un jugement dogmatique de l'Église universelle et une loi de l'État. Et je conclus ainsi avec vous. » Ces paroles furent couvertes d'applaudissements, et plus de quatre cents maîtres des différentes Nations accompagnèrent le recteur à sa sortie et allèrent le reconduire jusque chez lui. Quoiqu'il eût un appartement au collège du Plessis, il avait loué une maison particulière rue des Maçons-Sorbonne, et c'est là qu'il demeurait habituellement. Barbier nous apprend que cette maison avait appartenu autrefois à l'avocat Aubry et qu'on y avait rédigé la célèbre consultation du barreau de Paris contre le concile d'Embrun. Après avoir servi de centre aux réunions des jansénistes, elle était fréquentée maintenant par leurs adversaires, et ceux-ci venaient d'y nouer leurs trames heureuses pour l'abrogation de tous les actes de la Faculté des arts contre la bulle *Unigenitus* (1).

La cause des appelants était perdue dans l'Université; cependant ils résolurent de tenter un dernier effort, et, le jour même où la majorité venait de se prononcer d'une manière si éclatante, le syndic Gibert et quatre-vingts maîtres ès arts, parmi lesquels figurait Rollin, signifièrent au recteur et au greffier un acte juridique d'opposition à tout ce qui venait de se passer. Trois jours après, ils adressèrent une requête au Parlement, dont beaucoup de membres leur étaient favorables, et qu'ils espéraient entraîner par l'influence de l'abbé Pucelle (2). Mais le cardinal de Fleury, secondé par d'Aguesseau, prévint les mouvements de la magistrature par ses décisions aussi promptes que rigoureuses. Dès le 14 mai, un ordre du roi, délibéré en conseil d'État, supprima la requête des appelants et leur acte d'opposition, comme contraire aux édits et à la tranquillité publique. Gibert fut exilé dans la ville d'Auxerre, révoqué des fonctions de syndic et exclu de toutes les assemblées. La même exclusion fut prononcée contre tous les signataires des protestations en faveur de l'appel; elle devait

---

(1) *Journal historique et anecdotique*, etc., t. II, p. 231.
(2) *Nouvelles ecclésiastiques*, etc., p. 141 et s.

être maintenue aussi longtemps qu'ils refuseraient de faire acte de soumission. La Faculté des arts ne songea pas à réclamer contre les ordres sévères qui séparaient d'elle ses maîtres les plus vénérés, les Rollin, les Demontempuys, les Coffin, les Mésenguy. Non seulement elle garda le silence, mais elle se rendit elle-même en quelque sorte complice des rigueurs du cardinal de Fleury : elle décida que nul désormais ne serait immatriculé au nombre de ses maîtres s'il n'avait adhéré à la délibération du 11 mai. Un régent du collège des Grassins, nommé Pitet, qui s'était signalé par son ardeur contre les jansénistes, fut appelé au syndicat en remplacement de Gibert, victime infortunée de son dévouement à la cause de Quesnel. Par égard pour l'âge et les longs services de Gibert, ses anciens collègues inclinaient à lui conserver une modeste pension de 540 livres, qu'il avait obtenue en 1734 comme complément des émoluments de sa charge; mais une lettre de M. de Maurepas (1), trop visiblement destinée à prévenir l'effet de ces bonnes intentions, fit savoir au recteur que Sa Majesté ne permettrait pas qu'aucune pension fût accordée désormais sur les fonds de l'Université. Rollin offrit sa bourse et celle de ses amis au vieux syndic (2); mais celui-ci ne voulut rien accepter, déclarant qu'il remerciait Dieu d'avoir à souffrir pour la vérité, et que d'ailleurs il conservait un revenu suffisant pour vivre. Il mourut deux ans après, au lieu même de son exil, à l'âge de soixante-dix-neuf ans, sans obtenir pour sa mémoire ce tribut d'hommages ou de pieux souvenir que la Faculté des arts payait en général à ceux qui avaient occupé avec honneur ses emplois les plus élevés.

Tandis que les jansénistes faisaient éclater une indignation impuissante, le parti qui venait de l'emporter s'abandonnait à la joie du triomphe comme s'il se fût relevé tout à coup d'une longue oppression. Il existe un curieux monument de cet enthousiasme aveugle et injuste : c'est le discours que le procureur de

---

(1) *Nouvelles ecclésiastiques*, p. 164.
(2) Note sur l'éloge de Rollin, par M. de Boze, dans les *Opuscules de feu M. Rollin*, Paris, 1771, in-12, t. I, p. 56.

la Nation de France, M⁰ Jamoays, prononça le 10 octobre 1739, en résignant ses pouvoirs expirés (1). A ne consulter que cette violente invective, il semblerait que la Nation de France, avant la révocation de l'appel, fût courbée sous le joug le plus odieux; qu'une faction ambitieuse, turbulente et tyrannique, y disposât despotiquement, dans son propre intérêt, des emplois, des bénéfices et des honneurs; que la liberté des suffrages fût opprimée, tous les droits méconnus, et que la justice et la paix n'eussent daté que du renversement de cette faction, c'est-à-dire de la disgrâce de Rollin et de ses amis : triste exemple des calomnies et des violences que trop souvent la rancune inspire aux partis, même dans l'ivresse de la victoire. Quelque chose de plus sérieux que l'allocution triomphale de M⁰ Jamoays, ce fut la délibération par laquelle la Faculté de théologie témoigna la part qu'elle prenait aux événements qui venaient de s'accomplir dans le sein de la Faculté des arts. Pour mieux marquer son approbation, elle accorda au recteur, qui n'était encore que simple bachelier en théologie, la dispense des deux examens qui précédaient les épreuves définitives pour la licence.

Cependant la nouvelle que l'Université de Paris avait enfin accepté la constitution *Unigenitus* était accueillie dans la plupart des diocèses par les démonstrations de la joie la plus sincère. Un grand nombre d'évêques et d'archevêques écrivirent à la Faculté des arts pour la féliciter de sa soumission au jugement de l'Église. La plupart des Universités du royaume joignirent leurs félicitations à celles de l'épiscopat. A Rome, la satisfaction fut extrême et le pape l'exprima dans un bref adressé à M. de Ventadour. Celui-ci reporta l'honneur du succès au cardinal de Fleury et l'en remercia par une lettre qui fut rendue publique. Le cardinal s'empressa d'exprimer sa gratitude et complimenta de son côté le recteur. « Votre nom, lui écrivait-il, votre douceur et une prudence au-dessus de votre âge, aussi bien que les soins de M. le cardinal de Rohan, sont les principales causes de cet événe-

(1) V. Pièces justificatives, n° CLXXXI.

ment, si flatteur pour vous, et si utile en même temps pour le bien de l'Église. »

La mission de l'abbé de Ventadour était remplie, puisque la réconciliation de l'Université de Paris avec le Saint-Siège se trouvait consommée. Cependant, pour se conformer aux intentions de la cour, il conserva le rectorat jusqu'à la fin de décembre 1739. Ses pouvoirs, s'il l'eût souhaité, eussent été prorogés par la Faculté des arts pour un temps beaucoup plus long. Cet heureux apprentissage de la vie publique lui avait acquis, malgré sa jeunesse, un véritable prestige en dehors des écoles. Chacun présageait les plus brillantes destinées au noble bachelier en théologie qui, dès l'âge de vingt-trois ans, s'était montré recteur si habile. L'avocat Barbier allait jusqu'à dire, dans le plus familier des langages, que son chapeau de cardinal serait mis sur-le-champ à la teinture. L'abbé de Ventadour ne trahit pas ces pronostics favorables. Il parcourut la même carrière que M. de Rohan, son oncle; après lui et comme lui, il fut cardinal, grand aumônier de France et évêque de Strasbourg.

CHAPITRE V.

Louables efforts du recteur Vallette Leneveu pour rétablir le calme dans l'Université. — Affaires diverses. — Union du chapitre Saint-Germain l'Auxerrois à celui de Notre-Dame. — Déclaration du roi touchant les bénéfices à charge d'âmes. — Situation financière. — Accroissement des droits de présence payés au recteur et aux autres officiers. — Introduction de la langue française dans la rédaction des procès-verbaux d'enquêtes scolaires. — Mort de Rollin. — Vifs débats dans la Nation de France pour le choix d'un intrant. — La paix des écoles est de nouveau compromise. — Arrêt du Parlement sur les questions en litige. — Querelles des médecins et des chirurgiens. — Édit d'avril 1743 en faveur des chirurgiens. — Écoliers exemptés du service militaire. — Testament de l'abbé Legendre. — Institution du concours général. — Prix fondé par Coffin. — Donation Coignard. — Donation Collot. — Fondation d'une chaire d'hébreu aux écoles de Sorbonne, et d'une chaire de physique expérimentale au collège de Navarre. — L'abbé Nollet. — L'abbé La Caille. — Disputes entre les Nations au sujet de l'émérital. — Autres querelles scolaires. — Agrégation des séminaires aux universités. — Affaires religieuses. — Mort et obsèques de Coffin. — Antagonisme croissant du clergé et de la magistrature. — Vicissitudes de la philosophie. — La doctrine de Locke est importée en France et y remplace le cartésianisme. — Deux discours de Turgot en Sorbonne. — Scandale causé par une thèse de l'abbé de Prades. — Injustes rigueurs du Parlement contre la Faculté de théologie. — Efforts du gouvernement de Louis XV pour apaiser les conflits qui se sont élevés. — Détresse du trésor royal. — Les collèges reçoivent l'ordre de porter leur argenterie aux hôtels des monnaies. — Ministère du duc de Choiseul. — Procédures entamées contre les Jésuites. — L'Université de Paris s'abstient d'intervenir. — Suppression de la compagnie de Jésus. — Services que cette compagnie a rendus à l'instruction publique.

Nous venons d'assister aux derniers combats du jansénisme dans l'Université de Paris, à sa défaite inévitable et aux rigueurs déployées contre ceux qui s'étaient compromis pour sa cause. Sans doute le jansénisme n'est pas entièrement étouffé, et chez plus d'un maître de la Faculté des arts et de la Faculté de théologie ses traditions se conservent d'autant plus religieusement qu'elles sont devenues un motif de persécution. Mais ces défenseurs obstinés de Quesnel et d'Arnauld cessent d'occuper les premiers rangs et de former un parti redoutable. On n'a plus à craindre qu'ils se rendent maîtres de la majorité dans les assemblées, ni qu'ils exposent le clergé à pousser jusqu'au schisme la résistance envers le Saint-Siège. Leur courage, leur vertu même s'épuise d'une manière obscure en efforts qu'ils croient héroïques, et qui ne sont que stériles pour eux-mêmes, dangereux pour l'Église. Tantôt ils harcèlent le pouvoir royal, ligué contre eux avec l'autorité ecclésiastique, et ils essayent d'échapper aux ordres rigoureux qui les pressent de toutes parts. Tantôt ils dirigent les coups les plus violents contre la société de Jésus, qui est, à leurs yeux, la première cause des disgrâces de leur secte. Secondés dans cette lutte implacable par l'imprudence et les fautes de quelques pères de la Société, encouragés d'ailleurs par les méfiances et les rancunes du Parlement, ils réussissent à ébranler la puissance de leurs adversaires, et le jour approche où ils auront la joie de voir les disciples de Loyola flétris, dépouillés et bannis du royaume. Mais ce succès, chèrement payé, tournera contre le parti vainqueur, et, loin de consacrer les maximes qui sont chères aux jansénistes, il ne favorisera que les progrès de l'impiété.

C'est le tableau des événements accomplis depuis la révocation de l'appel au concile général jusqu'à l'expulsion des Jésuites qui doit nous occuper dans le présent chapitre, le dernier du troisième livre de cette histoire.

Après l'agitation que les derniers incidents avaient produite, le plus pressant besoin de l'Université, son intérêt principal était le rétablissement de la paix. Le parti qui venait de l'emporter sentait lui-même que la lutte ne pouvait pas être prolongée sans péril, et que le moment était venu de travailler à l'apaisement et à la réconciliation des esprits. C'est l'avis que le successeur immédiat de l'abbé de Ventadour dans les fonctions rectorales, M. Vallette Leneveu, exprima formellement au mois d'octobre 1740, en soumettant à la Faculté des arts le tableau des premiers actes de son administration. Il déclara « qu'il n'avait pas cherché à s'illustrer par des entreprises nouvelles qui auraient pu donner ouverture à de nouvelles disputes, mais qu'il avait mis tous ses soins à ramener et à entretenir la concorde (1). »

(1) *Arch. U.*, Reg. XLV, fol. 6.

Sous la paisible magistrature de M⁰ Leneveu, on vit donc l'Université de Paris plus occupée à panser ses plaies qu'à se créer des embarras et des dangers en courant la carrière des aventures. Tandis que dans l'intérieur des collèges, les études classiques suivaient leur marche accoutumée, le tribunal académique se contentait de régler les affaires quotidiennes et évitait d'en susciter d'extraordinaires. Un des sujets qui paraissent avoir le plus occupé les esprits dans ces moments trop courts de silence et d'apaisement, ce fut l'union, comme on disait alors, du chapitre de Saint-Germain l'Auxerrois à celui de Notre-Dame, ou, comme nous dirions aujourd'hui, en termes plus clairs, la suppression du premier de ces chapitres et l'affectation de ses revenus aux dépenses du chapitre métropolitain (1). L'archevêque de Paris, M. de Vintimille, ne cachait pas qu'il avait pris cette mesure dans l'intérêt de son église cathédrale, et afin d'accroître ses ressources annuelles qui ne suffisaient ni pour rétribuer les chanoines, ni pour exécuter dans la vieille basilique les réparations les plus urgentes, ni même pour y célébrer le culte divin avec la dignité qui convenait à la première église cathédrale du royaume. L'Université de Paris réclama, non sans amertume, à cause du préjudice qu'elle éprouvait; et en effet le nombre des bénéfices ecclésiastiques auxquels ses gradués pouvaient prétendre allait nécessairement se trouver diminué par la suppression proposée. Elle n'hésita donc pas à joindre sa protestation à celle des marguilliers et du chapitre de Saint-Germain. Mais, le conseil d'État ayant évoqué la connaissance de l'affaire, l'Université n'osa point persévérer dans son opposition; elle se désista de toute poursuite et déclara qu'elle s'en remettait entièrement à la décision du roi. Le litige, qui n'offrait du reste qu'un médiocre intérêt, n'eut pas d'autres suites, et, selon que M. de Vintimille l'avait ordonné, Saint-Germain l'Auxerrois resta une simple paroisse, et son opulente collégiale vint augmenter et enrichir le chapitre diocésain.

---

(1) *Arch. nat.*, Ordonn., X 8737, fol. 175, 197, 201 et 203. Hurtaut, *Dictionnaire historique de la ville de Paris et de ses environs*, Paris, 1779, in-8°, t. III, p. 134 et s. Arch. U., Reg. XLV, f. 97 v°.

Quelques années plus tard, en 1745, le roi, cédant aux instances de plusieurs membres de l'épiscopat, promulgua un édit qui reconnaissait aux évêques le droit de disposer des bénéfices ecclésiastiques à charge d'âmes, c'est-à-dire des cures, sans tenir compte de l'expectative des gradués. Dans cette conjoncture, l'Université se montra de moins facile composition que dans l'affaire du chapitre de Saint-Germain. Elle adressa au roi, contre le nouvel édit (1), un mémoire aussi long que véhément. Elle y réclamait le maintien des ordonnances en vertu desquelles ses bacheliers et ses licenciés en théologie avaient obtenu jusque-là des lettres de présentation pour toute espèce de bénéfices, et se voyaient de droit pourvus, à leur rang d'ancienneté, si le bénéfice devenait vacant dans les mois de janvier et de juillet. Mais quelque vive que fût cette réclamation, quelque motivée qu'elle pût paraître, à ne considérer que les précédents historiques, elle n'eut pas le pouvoir de modifier les résolutions du gouvernement de Louis XV. Les évêques, de leur côté, invoquaient de graves motifs à l'appui de leurs demandes; leur voix prévalut, et désormais ils conservèrent une latitude plus grande que par le passé dans le choix des prêtres chargés de l'administration paroissiale.

La situation de l'Université, si triste, si douloureuse même à beaucoup d'égards, continuait du moins, malgré de funestes dissensions, à devenir plus satisfaisante sous le rapport financier. Non seulement les recettes suffisaient à couvrir les dépenses, mais chaque année le receveur, lorsqu'il rendait ses comptes, avait la bonne fortune de constater un excédent de revenus. Cette prospérité, lentement acquise par de loyaux services et par une sage économie, aurait reçu l'atteinte la plus grave, dans les épreuves difficiles que le royaume traversait, si l'impôt du dixième, établi sur toutes les fortunes, avait également frappé la partie principale des revenus scolaires, je veux dire la rente annuelle accordée

---

(1) Guy de Lacombe, *Recueil de jurisprudence canonique et bénéficiale*, Paris, 1755, in-fol., p. 255. *Très humbles et très respectueuses représentations de l'Université de Paris au Roi, au sujet de la déclaration du 27 avril 1745 contre l'expectative des gradués*, 1746, in-4°.

par le roi aux quatre Nations de la Faculté des arts sur les produits des postes. On n'avait que trop de motifs de redouter qu'une interprétation désastreuse pour l'école de Paris ne fût donnée par les agents du fisc à l'édit royal qui avait établi l'impôt. Mais, grâce aux dispositions bienveillantes du cardinal de Fleury, ce péril fut évité, et la Faculté des arts n'eut à subir aucune retenue sur les sommes qui devaient lui être payées par les fermiers des postes. Dans une lettre au recteur, M⁰ Josse, qui venait de remplacer Valette Leneveu, l'avisé ministre ne manqua pas de faire remarquer que la faveur accordée à l'Université de Paris était le prix du zèle qu'elle avait fait paraître « dans tout ce qui regardait la religion et le service du roi (1). » Avant même que ce nouveau témoignage de la protection du prince eût été obtenu, le tribunal académique, édifié par le receveur sur l'état prospère des finances de la compagnie, avait voté l'augmentation des droits de présence qui étaient alloués à ses membres, soit dans les assemblées, soit dans la visite des collèges. Le droit du recteur fut porté de six à douze livres; celui des doyens, des procureurs, du greffier, du syndic et du receveur lui-même, de trois à six livres (2). La dépense était donc doublée. En d'autres temps, où l'école de Paris s'était sentie pauvre, une pareille mesure aurait excité des tempêtes dans son sein. Que d'objections n'avait pas soulevées, un siècle auparavant, l'établissement d'un tarif bien plus modeste que celui que nous venons de rapporter! Mais les circonstances n'étaient plus les mêmes : les idées, les usages, la valeur des métaux précieux, le prix des objets de consommation, la fortune publique et privée, tout s'était modifié, transformé; et chacun commençait à comprendre que la rémunération de ceux qui consacraient leurs veilles à l'enseignement public devait participer au progrès général.

Signalons encore, parmi les événements scolaires de ces années, un acte assez curieux : nous voulons dire la délibération par la-

---

(1) *Arch. U.*, Reg. xlv, fol. 45.
(2) Délibération du 20 avril 1741. *Arch. U.*, Reg. xlv, f. 21. V. Pièces justificatives, nᵒˢ CLXXXIII et CLXXXIV.

quelle la Faculté des arts ordonna l'emploi exclusif du français dans la rédaction des procès-verbaux et des ordonnances qui terminaient habituellement la visite de chaque collège. Quelle que fût la vénération de l'Université pour le latin, il avait bien fallu renoncer dans les enquêtes à l'emploi de cette langue, car elle n'était comprise ni des agents inférieurs ni des jeunes enfants qu'on avait souvent à entendre comme témoins; cependant elle continuait à être employée dans les actes qui servaient de conclusion et de sanction aux enquêtes académiques. Ce dernier état de choses fut changé en 1741. La charge de syndic se trouvait alors remplie par Me Leneveu, qui s'y était vu appeler, durant son rectorat, par suite de la retraite volontaire de Pitet. Leneveu, en sa nouvelle qualité, prit lui-même devant la Faculté des arts l'initiative d'une proposition pour l'emploi plus général de la langue française. Il fit valoir que beaucoup de témoins, dont les dépositions devaient figurer aux procès-verbaux, ne savaient pas le latin; il ajouta que chacun avait dû éprouver combien il était difficile d'exprimer dans cette langue, d'une manière intelligible, les formules de la procédure moderne, si différente de celle des Romains. Ces arguments décisifs entraînèrent facilement le vote de l'assemblée (1); et comment n'y eût-elle pas cédé? Mais n'est-il pas intéressant de voir l'Université elle-même, si attachée à ses vieux usages, reconnaître enfin le changement qui s'était opéré dans les mœurs, et la langue française forcer, pour ainsi dire, au nom de la raison, ce sanctuaire des études classiques dans lequel se conservaient les traditions de la latinité?

Au milieu de ces soins divers, l'Université reçut la nouvelle de la mort de Rollin, qui venait de succomber le 14 septembre 1741, âgé de quatre-vingts ans et quelques mois. Les persécutions n'avaient ni découragé ni aigri ce noble cœur, et s'il était resté fidèle jusqu'à son dernier souffle à d'anciennes convictions, en partie erronées, son ardeur opiniâtre à les défendre n'avait pas rompu les liens d'affection qui l'attachaient à ses collègues. Même depuis

---

(1) V. Pièces justificatives, n° CLXXXII.

qu'il s'était vu éloigner des assemblées, et qu'il ne prenait plus aucune part aux délibérations, il n'avait pas cessé d'offrir à la Faculté des arts, suivant son habitude, chacun des ouvrages qu'il publiait. C'est ainsi qu'elle reçut de lui les premiers volumes de l'*Histoire romaine*, comme elle avait eu précédemment l'hommage du *Traité des études* et de l'*Histoire ancienne*. Avec Rollin s'éteignait une des plus pures lumières qui eût brillé sur l'enseignement public. Aux qualités de l'esprit, à la science, au jugement et au goût, il alliait les dons du cœur et toutes les vertus que le père de famille peut désirer dans le précepteur de ses enfants : l'honnêteté, la vigilance, le dévouement, un mélange de douceur inaltérable et de fermeté imposante. Sa vie avait été consacrée tout entière au bien public. Après avoir débuté, dès sa première jeunesse, par les labeurs du professorat, il avait rempli au collège de Beauvais les rudes fonctions de principal ; puis, quand un ordre subit du roi l'eut arraché à ce poste, il s'était créé dans sa retraite des occupations nouvelles, utiles aux lettres, utiles surtout à la jeunesse et aux maîtres chargés de l'instruire. Esprit droit et ouvert, à la fois circonspect et hardi, attaché à la tradition sans être esclave de la routine, on l'avait vu signaler et seconder, de sa parole et de sa plume, toutes les réformes, toutes les améliorations, tous les progrès qu'il jugeait compatibles avec l'organisation de l'Université. Et cependant, malgré les services rendus par Rollin dans le cours de sa longue carrière, malgré le lustre qu'il avait jeté sur l'école de Paris, il n'obtint pas, après sa mort, les honneurs dûs à son rang, à ses vertus et à son génie. L'Université fut présente à ses funérailles ; mais le cardinal de Fleury ne souffrit pas qu'aucun discours fût prononcé à la louange de cet homme de bien devant les Facultés et les Nations réunies. Crevier seul, qu'il avait élevé, acquitta en termes émus la dette de sa reconnaissance personnelle dans une allocution aux écoliers du collège de Beauvais (1). Rollin s'était tellement compromis dans les querelles du jansénisme, que son nom semblait un signe de ralliement pour un parti ; il n'é-

---

(1) Crevier, *Hist. de l'Université*, t. II, p. 491 et s. Cf. *Arch. U.*, Reg. XLV, f. 29.

tait pas encore ce qu'il est devenu pour la postérité, une des gloires de son siècle. L'Académie des inscriptions et belles-lettres, dont il était membre, fut traitée avec moins de rigueur que l'Université : elle entendit de la bouche de son secrétaire, M. de Boze, l'éloge du savant humaniste, de l'historien éminent qui l'avait honorée par de mémorables travaux. Mais cet éloge même, selon les contemporains, fut une affaire d'État, et M. de Boze n'obtint de le prononcer que sous la condition expresse d'éviter toute allusion aux tristes débats qui naguère avaient partagé l'Église de France (1).

Mais quelque zèle que mît le gouvernement de Louis XV à jeter un voile sur le passé, afin d'éviter des souvenirs irritants, quelque secondé qu'il fût sous ce rapport par les nouveaux chefs que l'Université s'était donnés, le calme n'existait qu'à la surface, et les vieux ressentiments, comme on le vit bientôt, n'attendaient que l'occasion d'éclater. Le recteur, M⁰ Josse, mourut dans l'exercice de ses fonctions au mois d'avril 1742. Provisoirement la vacance fut remplie par son prédécesseur, Vallette Leneveu, qui eut lui-même un suppléant comme syndic, sans que personne élevât de réclamations. Mais le trimestre étant révolu, lorsque le moment fut arrivé de procéder au choix d'un nouveau recteur, une sérieuse agitation se manifesta dans la Faculté des arts. La Nation de France avait alors pour procureur Philippe Poirier, personnage bien connu de nous. Les ordres de la cour l'avaient jadis élevé au rectorat dans les derniers mois du règne de Louis XIV; une réaction, aussi facile à prévoir que douloureuse pour lui, l'avait fait rentrer dans la vie privée dès les premiers jours de la Régence. Après avoir été oublié durant plus de vingt-cinq ans, M⁰ Poirier avait reparu sur la scène depuis le triomphe de son parti, c'est-à-dire depuis la révocation de l'appel; et tout porte à croire qu'il avait contribué personnellement de tous ses efforts à cet acte décisif contre le jansénisme. D'après un ancien usage, la charge qu'il remplissait au moment de la mort de M⁰ Josse semblait lui donner

---

(1) *Opuscules de Rollin*, t. I, p. 80.

le droit de représenter sa Nation en qualité d'intrant, lors de l'élection du nouveau recteur; et il se sentait d'autant plus enclin à user de cette prérogative, que dans l'état des esprits elle offrait le moyen d'écarter le choix d'un adversaire et de favoriser la candidature d'un ami. Mais pendant les trois dernières années le personnel de la Nation de France s'était insensiblement renouvelé. Elle renfermait maintenant un assez grand nombre de jeunes maîtres qui n'approuvaient pas, ou du moins qui cherchaient l'occasion de faire oublier les rigueurs déployées contre Gibert, Rollin et leurs amis. A M⁰ Poirier ils opposèrent M⁰ Hamelin, qui enseignait alors la philosophie au collège Mazarin ; et comme on contestait le droit de voter à ceux qui n'avaient pas trente ans, ils répondirent que la nomination de l'abbé de Ventadour avait été faite, en vertu d'un arrêt du conseil privé, par des électeurs de tout âge. La prétention qu'ils soutenaient triompha d'abord devant la tribu de Paris, puis devant la Nation de France ; et M⁰ Hamelin fut, à une grande majorité, élu intrant de la compagnie. Poirier protesta contre l'élection et annonça qu'il en appelait au tribunal du recteur. Mais c'était une question de savoir si le recteur et son tribunal avaient compétence pour réformer les choix faits par une Nation qui usait de sa liberté. M⁰ Poirier le prétendait avec tous ses amis; mais il était contredit non moins vivement par M⁰ Hamelin. Après avoir entendu les parties adverses et les conclusions de M⁰ Lallemand, faisant les fonctions de syndic, le recteur, sur l'avis unanime des membres de son conseil, prononça en faveur de M⁰ Poirier et le reconnut en qualité d'intrant de sa Nation. Aussitôt M⁰ Hamelin se leva, revendiqua de nouveau son droit et déclara qu'il n'acceptait pas la sentence du recteur. Des applaudissements tumultueux, partis de tous les coins de la salle, accueillirent ses paroles. « Croyez-vous donc assister à une comédie ? » s'écria le recteur. « Oui, sans doute, » repartit une voix. M⁰ Leneveu fit d'inutiles efforts pour rétablir le calme, et la séance fut levée sans que les intrants fussent parvenus à se réunir pour procéder à l'élection du nouveau recteur. L'agitation s'était communiquée au dehors, et à l'instant où les membres du tribunal académique sortirent de la salle, ils furent accueillis par des huées (1).

Ce qui compliquait encore l'affaire, c'est que le Parlement ne pouvait pas en délibérer tant que subsisterait l'arrêt du conseil d'État, qui lors de la candidature de l'abbé de Ventadour avait évoqué le jugement des contestations relatives au choix du recteur. Mais le cardinal de Fleury eut la sagesse de faire rapporter par le roi les défenses contenues dans cet arrêt, et la justice ordinaire reprit son libre cours. Le débat fut long et animé; il donna lieu de part et d'autre à beaucoup de requêtes, mêlées de quelques projets d'accommodement qui n'aboutirent pas. Il s'agissait non seulement de prononcer entre Me Hamelin et Me Poirier, mais encore d'établir des règles soit pour l'élection des officiers de l'Université, soit pour la compétence du tribunal académique à l'égard des Nations. Le choix d'un nouveau recteur se trouvait indéfiniment ajourné; et en attendant, Me Leneveu, maintenu dans sa charge, en défendait avec énergie les prérogatives contre les prétentions de la Nation de France. Enfin, après deux années d'attente, le Parlement rendit, le 31 juillet 1744, un jugement par lequel Me Hamelin fut reconnu, à l'exclusion de Me Poirier, comme intrant de la compagnie, et admis à prendre part en cette qualité à la prochaine élection du recteur. La cour fixa l'élection à quinzaine, et, confirmant l'arrêt de 1670 invoqué tant de fois dans le cours du débat, elle décida qu'à l'avenir nul n'aurait droit de suffrage dans les élections avant l'âge de trente ans. Enfin elle ordonna provisoirement qu'en cas de contestation les officiers et suppôts des Nations seraient tenus de se pourvoir devant le recteur et les procureurs, lesquels, avant de statuer, prendraient l'avis des anciens de chaque compagnie. Conformément à cet arrêt, la Faculté des arts se réunit le 14 août suivant pour procéder au choix d'un nouveau chef. Me Leneveu prononça une allo-

---

(1) *Arch. U.*, Reg. XLV, fol. 60. Voyez aussi le *Mémoire pour Jean-Nicolas Lallemand, professeur de rhétorique au collège de La Marche, et vice-syndic de l'Université, demandeur et défendeur; contre les procureurs, doyens et suppôts des Nations de France, Picardie et Normandie, et le sieur Hamelin, défendeurs et demandeurs, en présence des procureur, doyens et suppôts de la Nation d'Allemagne, et du sieur Poirier*, in-fol. 36 pages. (*Arch. U.*, carton X, n° 32.)

cution mesurée et conciliante, qui ne laissait percer d'autre sentiment que l'amour de la paix et la joie d'être parvenu au terme d'une controverse embarrassée qui avait troublé si longtemps la paix académique (1). Les Nations se formèrent ensuite en conclave, et bientôt M° Hamelin vint annoncer en leur nom que les suffrages s'étaient réunis sur M° Pierre Fromentin, régent de rhétorique au collège Mazarin. Ce choix, que recommandaient les longs et estimables services de l'élu, ne souleva aucune opposition, et dès lors il sembla que tout fût pacifié dans l'école de Paris : tant l'ordre extérieur s'y rétablissait facilement, même quand le trouble régnait dans le fond des âmes!

Tandis que la Faculté des arts était en proie à des dissensions intérieures, la Faculté de médecine voyait renaître, plus ardente que jamais, l'interminable querelle des médecins et des chirurgiens. Ceux-ci au siècle précédent avaient perdu leur cause devant le parlement de Paris; mais ils ne s'étaient jamais résignés à leur échec et n'avaient pas cessé de protester contre la sentence qui les frappait. Sans remonter jusqu'à Ambroise Paré, n'avaient-ils pas eu parmi eux non seulement des praticiens habiles, mais de véritables savants qui pouvaient soutenir la comparaison avec les médecins les plus renommés? La chirurgie d'ailleurs, quelle que soit l'étymologie du nom, devait-elle être confondue avec les arts purement manuels qui n'exigent d'autre talent que la dextérité? Ne supposait-elle pas la connaissance la plus exacte du corps humain et des lésions qui peuvent altérer chaque organe? Que ferait, dans un cas nouveau et difficile, l'opérateur le plus exercé si la science n'éclairait pas sa pratique et ne dirigeait pas en quelque sorte son bras? Mais si une instruction sérieuse, qui ne pouvait s'acquérir que par de fortes études, était nécessaire aux chirurgiens, comment maintenir leur profession dans un état d'infériorité que rien ne justifiait, pas même les anciens édits, et que le bon sens public ne comprenait pas? Tels étaient les arguments que les défenseurs de la chirurgie faisaient valoir avec

---

(1) *Arch. U.*, Reg. XLV a, fol. 11 et s.

persévérance, et qui n'avaient pas laissé que de produire sur le gouvernement de Louis XV l'impression la plus favorable à leur cause. En 1724, cinq places de démonstrateurs royaux en chirurgie furent créées pour l'enseignement de l'anatomie et des opérations chirurgicales dans l'amphithéâtre public de Saint-Côme. En 1743 parut un nouvel édit (1), qui faisait droit aux justes réclamations des chirurgiens : d'une part, en exigeant des élèves en chirurgie le diplôme de maître ès arts; d'autre part, en séparant la communauté des chirurgiens d'avec celle des barbiers, et en interdisant à ceux-ci, gens illettrés et sans instruction, l'exercice de l'art de guérir. Il semblait que ces dispositions n'auraient dû trouver que des approbateurs. Mais l'édit de 1743 touchait aux privilèges de la Faculté de médecine et à ceux de l'Université; car il autorisait les chirurgiens à former un collège qui ferait subir des examens aux étudiants et qui devait leur conférer de véritables grades, en dehors de la juridiction académique. Enfin l'édit royal plaçait, ou plutôt maintenait les chirurgiens de Paris sous la dépendance du premier chirurgien du roi, et cette juridiction, quelque ancienne qu'elle fût, offusquait singulièrement les médecins. La controverse fut des plus vives et dura plusieurs années. L'Université en corps y prit part, et réclama énergiquement contre des innovations qu'elle regardait comme autant d'atteintes portées à ses droits. « Les privilèges de l'Université, disait le recteur, ne sont point à elle; elle en est comptable aux Facultés qui la composent, et ne peut jamais souffrir qu'on les communique à d'autres qu'à ses membres. Le droit de donner des grades, celui de lire et enseigner publiquement, sont ses apanages les plus précieux; chacune de ses Facultés en a l'usage et l'exercice dans son corps et sur ses sujets, qui s'adonnent aux exercices qu'on y professe. La chirurgie n'étant, suivant les chirurgiens eux-mêmes, que la médecine chirurgicale, c'est sous les étendards de la Faculté de médecine qu'ils paroissent devoir se ranger; c'est dans cette Faculté qu'ils doivent chercher les

---

(1) *Recherches critiques et historiques sur l'origine et sur les progrès de la chirurgie en France*, Paris, 1744, in-4°, p. 514 et s.

grades et les leçons publiques (1). » Le conseil d'État, juge impartial du procès, ne céda point à ces sollicitations trop intéressées; et deux arrêts successifs consacrèrent, dans ses dispositions essentielles, l'organisation qui venait d'être donnée à la communauté des chirurgiens (2). Peu à peu les esprits se calmèrent, et la chirurgie française, favorisée par de bons règlements, prit un essor rapide qu'elle n'aurait pas eu si elle avait conservé dans ses rangs une classe nombreuse de praticiens dépourvus de science et à peine doués d'une certaine dextérité manuelle.

Dans le cours de ces débats, souvent plus passionnés que la matière ne le comportait, le cardinal de Fleury était mort au mois de mars 1743, à l'âge de quatre-vingt-neuf ans, après avoir occupé le poste de premier ministre durant près de vingt années. Sa perte ne paraît avoir causé dans les rangs de l'Université ni émotion ni regrets bien profonds. A la mort de M. de Noailles, il était devenu proviseur de la maison de Sorbonne. Ce titre créait entre l'école de Paris et le cardinal ministre un lien honorable pour tous deux, et qui, en des temps meilleurs, aurait pu être fort avantageux aux études. Mais la nécessité de rétablir la paix dans l'Église de France obligea plus d'une fois Fleury à sévir contre ceux dont il était le collègue. Nous l'avons vu tour à tour épurer la Faculté de théologie, renouveler violemment le personnel de Sainte-Barbe, ordonner les visites domiciliaires chez Rollin, expulser des collèges les régents signalés par leur opposition à la bulle de Clément XI, arracher enfin à la Faculté des arts la révocation de son appel au concile général. Ces rigueurs, souvent arbitraires, furent mêlées de quelques bienfaits. Ainsi, malgré la pénurie du trésor, l'Université fut exemptée des taxes qui auraient pesé le plus lourdement sur ses revenus : faible compensation des atteintes que subirent ses libertés et du préjudice qui fut causé injustement à plusieurs de ses maîtres.

(1) *Réponse des recteur, doyens, procureurs et suppôts de l'Université de Paris au mémoire du sieur de la Peyronnie*, etc., 1744, in-fol., p. 22.
(2) Arrêts du 12 avril 1749 et du 4 juillet 1750, portant règlement entre la Faculté de médecine de Paris et les maîtres en l'art et science de la chirurgie de la même ville.

Le cardinal de Fleury ne saurait être comparé à Mazarin, ni encore moins à Richelieu. Cependant, au milieu de circonstances difficiles, il n'était pas resté au-dessous de sa tâche; et son administration économe, circonspecte et vigilante s'était appliquée, non sans succès, à réparer peu à peu les maux que les années calamiteuses du règne de Louis XIV et les désordres de la Régence avaient accumulés sur le pays. Quand il succomba sous le poids de la vieillesse, les plaies du royaume, à peine fermées, menaçaient de s'ouvrir de nouveau; et la France, engagée dans la guerre de succession, y consumait sans profit ses meilleures troupes et ses trésors. Après plusieurs campagnes douloureuses, l'amour-propre national fut consolé des sacrifices que coûtait la guerre par les brillantes victoires de Fontenoy, de Rocoux et de Lawfeld. L'Université, fidèle à ses vieilles traditions, célébra le succès des armées françaises par de nombreux morceaux de poésie et d'éloquence. Elle s'associa non moins vivement aux démonstrations de la joie publique lors de la convalescence de Louis XV que, durant le siège de Metz, en août 1744, la violence d'un mal soudain avait failli emporter. A cette occasion, le recteur, Pierre Fromentin, publia un mandement qui respirait le dévouement le plus chaleureux pour la personne du prince; les vacances furent prolongées de quinze jours; une messe d'actions de grâces fut chantée dans la chapelle du collège Mazarin.

Au reste, l'Université n'était pas aussi désintéressée dans les affaires de la guerre que sa mission pacifique aurait pu le faire supposer; car il n'était pas rare de voir ses écoliers s'enrôler secrètement et rejoindre les armées, au grand déplaisir de leurs parents et de leurs maîtres. L'autorité militaire ne se montrait pas alors inflexible : sur la demande du père de famille, l'écolier qui s'était engagé mal à propos pouvait être rendu à ses foyers. Mais cette condescendance avait donné lieu à des abus nombreux qui excitèrent les réclamations et les plaintes des chefs de corps. En 1746, le ministre de la guerre, M. d'Argenson, fit savoir au recteur que l'intention du roi n'était sans doute pas de retirer aux étudiants un privilège consacré par l'usage et utile aux lettres, mais que certaines précautions devaient être prises pour en régler l'exercice (1). Il fut ordonné, en conséquence, que tous les trois mois chaque professeur dresserait le catalogue des élèves qui composaient sa classe; que ces catalogues seraient remis au lieutenant de police; que par des inspections fréquentes et des appels nominaux le recteur s'assurerait de la présence des élèves inscrits; que l'étudiant enrôlé ne serait rendu à sa famille que sur la présentation d'un certificat d'études; qu'après deux enrôlements jugés nuls et rompus, s'il s'engageait une troisième fois, ce nouvel engagement serait définitif et ne pourrait être cassé. Ces dispositions sévères furent-elles fidèlement exécutées? Tout porte à le croire. Cependant il est à remarquer que, dix ans plus tard, M. d'Argenson, encore ministre de la guerre, signalait de nouveau à l'Université les mesures à prendre pour la libération des étudiants qui étaient entrés sous les drapeaux contre le gré de leur famille. La Faculté des arts fit à cette occasion un règlement qui fut affiché dans tous les collèges : il reproduisait à peu de chose près les dispositions prescrites en 1746 et que nous venons d'analyser.

Arrivons à un événement qui touche de plus près aux études, et qui a laissé une trace profonde et utile dans la législation actuelle de l'instruction publique : nous voulons parler de l'établissement du concours général entre les élèves des grands collèges de l'Université (2).

En 1734 était mort un chanoine de Notre-Dame appelé Legendre, auteur judicieux d'une *Histoire de France* estimable, et de *Mémoires*, récemment publiés, qui se lisent avec intérêt. Sa fortune se composait d'une rente perpétuelle de 3,563 livres, d'une maison qu'il estimait 10,000 livres, et d'une réserve en argent à

---

(1) Lettre du 31 mars 1746. V. Pièces justificatives, n° CLXXXVII.
(2) Tous les faits et documents relatifs à l'établissement du concours général ont été recueillis par M. Taranne dans une série d'articles insérés d'abord au *Journal général de l'instruction publique*, année 1845, et réunis plus tard en brochure. On ne saurait désirer un travail plus exact et plus complet sur ce point curieux de l'histoire de l'enseignement public. C'est dans le mémoire de M. Taranne que nous avons puisé les éléments du récit qu'on va lire. Voyez aussi nos Pièces justificatives, n° CLXXXV et s.

peu près d'égale somme. Il laissa un testament qui contenait plusieurs libéralités, entre autres la donation à la ville de Rouen d'une rente de 1,100 livres, qui servit à fonder l'Académie des sciences, belles-lettres et arts de cette ville. Mais la disposition la plus importante était assurément celle que voici :

« J'ai toujours eu du zèle pour la gloire de la nation; c'est ce qui me fit entreprendre, dès que je fus débarrassé des occupations que me donnoit mon attachement à M. de Harlai, archevesque de Paris, de faire une nouvelle histoire de France, qui se fit lire avec plaisir. Dans la vue de perpétuer ce zèle, je fonde des prix qui seront donnés aux personnes, de quelque sexe, de quelque nation, état et profession qu'elles soient, qui auront fait les trois plus belles pièces de prose françoise, d'environ demi-heure de lecture chacune; les trois plus belles pièces en vers héroïques françois, au moins au nombre de cent; trois odes latines, au moins de dix strophes, chaque strophe de quatre vers, de la mesure de l'ode d'Horace : *Odi profanum vulgus et arceo;* et les trois plus belles pièces de musique, toutes à la louange de la nation, ou de quelques-uns des grands hommes qu'elle a produits dans l'Église, dans l'épée, dans la magistrature, dans les sciences et les arts, suivant le sujet qui sera désigné par les juges du prix.

« Ces prix se donneront de quatre ans en quatre ans, à l'instar de ceux qui se donnoient en Grèce aux jeux olimpiques. Le sujet sur lequel on travaillera sera annoncé dans les gazettes, mercures et journaux, et par des affiches à Paris, deux ans avant la première olimpiade françoise, je veux dire avant la première distribution des prix; et ainsi des suivantes. La distribution des prix de prose se fera le premier dimanche de juillet; celle des prix de vers françois, le dimanche suivant; celle des prix des odes latines, le dimanche d'après; et celle des prix de musique, ou le quatrième dimanche de juillet ou le premier du mois d'aoust. »

« Mon portrait, par Jouvenet, sera mis dans la salle où se fera la distribution, pour exciter les gens plus riches que moi à concourir à la gloire de la nation...

« Le premier prix de prose françoise, le premier prix des vers héroïques françois, et celui des odes latines, sera chacun de 1,000 livres; le second, chacun de 400 livres, et le troisième de 300 livres. A l'égard des prix de musique, ne pouvant pas être si forts, attendu qu'il en coûtera pour faire chanter les pièces des aspirants aux prix, le premier sera de 400 livres, et les deux autres de 300 livres chacun. Tous ces prix seront des médailles d'or de la valeur marquée ci-dessus, où sera d'un côté la France assise sur un trosne, couronnée de lauriers et revêtue du manteau royal, aiant à droite les simboles des différentes dignités, et à gauche les simboles des sciences et des arts, et au revers, mon portrait, et pour légende : *Lud. Legendre, Historiæ Francicæ scriptor*. Si ceux qui ont remporté des prix aiment mieux de l'argent comptant, on leur en paiera la valeur à petit bruit. »

Deux mille livres de rente, prélevées sur les biens du défunt, étaient affectées à la fondation précédente, et léguées à cet effet aux chanoines de Notre-Dame. Le legs, en cas de refus du chapitre, devait être transporté aux Cordeliers du grand couvent de Paris; et si de leur côté les Cordeliers refusaient, pouvoir leur était donné, instante prière leur était faite par le testateur « de placer sa fondation où ils jugeroient à propos. »

Les dispositions testamentaires de l'abbé Legendre furent attaquées en justice par ses collatéraux, et il ne fallut pas moins de dix ans pour terminer ce litige laborieux. Le chapitre de Paris s'était montré peu jaloux d'accepter un héritage qui l'exposait aux soucis et aux charges dispendieuses d'un procès. Les Cordeliers avaient imité la prudente réserve des chanoines; et, usant du droit qui leur était donné, ils avaient déclaré s'en remettre au Parlement du soin d'accomplir les volontés du testateur. Un arrêt définitif du 1er juillet 1744, ayant débouté de leurs prétentions les héritiers de l'abbé Legendre, ce fut alors que le procureur général, M. Joly de Fleury, conçut un projet qui ne dérogeait pas essentiellement aux intentions du généreux et savant chanoine, mais qui rendait sa munificence plus avantageuse aux lettres : c'était d'attribuer le legs de 2,000 livres de rente à l'Université de Paris, sous la condition d'acquitter trois obits fondés par le testateur, et « d'employer le surplus à une distribution de prix, soit de prose ou poésie latine et françoise, à des étudiants ès arts de ladite Université. »

Le Parlement accepta cette ingénieuse et libérale interprétation du testament de l'abbé Legendre; et de son côté l'Université de Paris saisit avec empressement et reconnaissance l'occasion d'offrir un précieux aliment à l'émulation de ses écoles, et même de ses régents. Elle ne fit de réserve que pour le cas où, par suite d'événements imprévus, les fondations qui devaient servir à l'acquittement des obits et des prix se trouveraient diminuées : dans cette hypothèse, elle n'entendait pas être tenue de couvrir le déficit avec ses propres deniers. Deux commissaires, M⁰ Lallemand, professeur de rhétorique au collège de la Marche, et M⁰ Piat, greffier de la compagnie, furent choisis pour s'adjoindre au recteur Fromentin et régler de concert avec lui les conditions et les formes de la joute littéraire qui était sur le point de s'ouvrir entre les collèges de Paris. Leurs conclusions furent adoptées dans une assemblée générale tenue aux Mathurins le 7 novembre 1744, et le Parlement, les ayant à son tour approuvées, rendit enfin, le 8 mars 1746, un arrêt définitif qui servit de règlement pour le concours, du moins pendant les premières années.

Les seules classes admises à concourir étaient celles de rhétorique, de seconde et de troisième. La classe de philosophie, chose remarquable, avait été laissée en dehors : non que les études philosophiques fussent négligées, mais parce qu'en raison de leur importance même il paraissait inutile de stimuler, par la perspective d'un prix, le zèle et l'application des étudiants. La Nation de Normandie proposait d'étendre le bénéfice du concours aux élèves des classes de grammaire; mais cette idée ne fut pas d'abord accueillie, tant à cause du surcroît de dépense qui en serait résulté qu'à raison de l'extrême jeunesse et de l'inexpérience des écoliers de sixième, de cinquième et de quatrième; la Faculté des arts hésitait à les exposer au périlleux honneur des exercices publics. Pour les classes qui devaient concourir, voici quelles furent les épreuves. En rhétorique, quatre compositions : deux discours en prose, l'un en latin, l'autre en français; une pièce de vers latins et une version grecque. En seconde, trois compositions : une traduction de français en latin, une pièce de vers latins et une version grecque. En troisième, trois compositions : du français à mettre en latin, du grec et du latin à mettre en français. Dans chaque Faculté, il y avait deux prix et quatre accessits, sauf en rhétorique, où les prix et les accessits obtenus par les élèves qui doublaient cette classe, autrement dit par les vétérans, ne se confondaient pas avec les nominations réservées aux nouveaux. Les régents choisissaient eux-mêmes ceux de leurs élèves qu'ils jugeaient les plus capables de concourir; toutefois nul n'était admis au concours s'il n'avait commencé à suivre la classe avant la seconde semaine de carême. Les compositions se faisaient dans le mois de juin, sous la surveillance de deux maîtres; la matière en était donnée par le recteur, qui la transmettait sous un pli cacheté. La forme des copies était la même qu'aujourd'hui; le recteur les recevait de la main des surveillants; il en faisait couper le haut, où était le nom de l'écolier, et gardait tous ces noms chez lui, jusque après le jugement de la composition. Ce jugement était confié à des maîtres désignés à cet effet, sur la proposition du recteur et le rapport du syndic, par les doyens des Facultés et les procureurs des Nations. La distribution des prix, annoncée par mandement du recteur, devait avoir lieu solennellement; et les personnages de distinction, les magistrats surtout, devaient être invités à l'honorer de leur présence. Elle s'ouvrait par une allocution en latin, que prononçait un régent de la Faculté des arts; puis le greffier proclamait les noms des lauréats, qui s'avançaient vers le recteur et recevaient de ses mains une couronne de laurier et des livres portant d'un côté les armes de l'Université et de l'autre, celles de l'abbé Legendre. On estimait que le nombre des prix à distribuer, y compris ceux des vétérans, s'élèverait, année moyenne, à 27; à raison de 20 livres l'un, c'était une dépense de 540 livres. Ajoutez-y, pour l'orateur, 200 livres; pour la tenture de la salle et la menuiserie, 560 livres; pour huit suisses, 48 livres; pour les trompettes et timbales, 36 livres; pour frais divers,

111 livres : on arrivait à un total de 1,495 livres, somme à laquelle étaient évalués les frais annuels que devait entraîner la nouvelle institution. Les ressources provenant du legs de l'abbé Legendre suffisaient donc largement à couvrir le sdéboursés; et, sans parler de l'impulsion donnée aux études, quel avantage n'était-ce pas pour l'Université, que d'avoir chaque année sa fête publique, d'y convier les familles, de les intéresser à son enseignement et à sa renommée!

L'année même qui suivit l'arrêt du Parlement, c'est-à-dire en 1747, le concours promis fut inauguré. Un mandement du recteur, Jean Cochet, qui venait de succéder à Fromentin, en fixa l'ouverture au 15 juin, et le terme au 28 du même mois. Les compositions eurent lieu dans la grande salle des assemblées de l'Université, au cloître des Mathurins. Elles commençaient toutes à 7 heures du matin, à l'issue d'une messe dans la chapelle du couvent; celles de vers et d'amplification se prolongeaient jusqu'à 6 heures du soir; les autres jusqu'à 4 heures seulement. Le 1er juillet, les doyens et les procureurs des Nations s'assemblèrent pour dresser la liste des régents qui seraient chargés, sur la proposition du recteur, de l'examen et du classement des compositions. Parmi ceux qui furent choisis figuraient Lebeau, alors dans tout l'éclat de sa renommée, et l'abbé Le Batteux, maître ès arts de l'Université de Reims, arrivé depuis peu à Paris pour enseigner la rhétorique au collège de Navarre. La distribution des prix fut fixée par un mandement du recteur au 23 août, à 4 heures du soir, dans les écoles extérieures de la Sorbonne. Rarement l'Université de Paris avait convoqué ses écoliers, leurs parents, leurs maîtres, la magistrature et le clergé, à une fête aussi brillante et qui fît naître dans tous les cœurs d'aussi douces émotions. M. de Maupeou, premier président du Parlement, les présidents à mortier, et un grand nombre de conseillers, voulurent témoigner par leur assistance l'intérêt éclairé et sincère qu'ils portaient à l'éducation publique et à l'institution du concours général, fondé en quelque sorte sous les auspices de la magistrature. La jeunesse elle-même fut représentée par cent cinquante élèves des classes de troisième, de seconde et de rhétorique. C'étaient tous ceux qui avaient concouru ; mais tous ne devaient pas être couronnés. Rangés sur des gradins, en face de l'estrade où se tenaient le recteur et les membres de son conseil, ils attendaient avec impatience que la voix du greffier proclamât les noms des vainqueurs, encore ignorés d'eux-mêmes. M° Fromentin, qui de recteur était redevenu simple professeur de rhétorique, ouvrit la séance par un discours latin sur l'émulation. Quand il eut terminé, la parole fut donnée à M° Collet, qui remplissait les fonctions de greffier en l'absence de Nicolas Piat, alors malade. L'Université avait soumis aux gens du roi la formule par laquelle la proclamation des prix devait être annoncée ; on s'était arrêté d'un commun accord à la rédaction suivante :

« Quod religioni, rei litterariæ, totique adeo reipublicæ, felix faustum fortunatumque sit : anno reparatæ salutis humanæ MDCCXLVII, ex quo regnare cœpit Ludovicus XV, trigesimo secundo, die 23 mensis augusti, alma studiorum parens, primogenita regum filia, Universitas Parisiensis, amplissimo viro D. D. Joanne Cochet rectore, in scholis Sorbonicis congregata ad solemnem præmiorum litterariorum distributionem, senatus consulto, die 8 martii 1746, apud se ex posthuma liberalitate viri clarissimi Ludovici Legendre, ecclesiæ Parisiensis, dum viveret, canonici et succentoris, institutam : post habitam a viro clarissimo magistro Petro Fromentin, ex-rectore, orationem ; annuente et præsente supremo senatu, athletas suos hoc ordine coronat et remuneratur. »

Après avoir donné lecture de cette formule, le vice-greffier proclama en ces termes le premier prix de rhétorique : « In rhetorica primum orationis latine scriptæ præmium inter veteranos meritus et consecutus est Jacobus Wilkinson, e collegio Grassinæo. » L'heureux vainqueur s'avança pour être couronné de la main du recteur ; mais celui-ci, voulant tout ensemble honorer le lauréat et la magistrature, invita M. de Maupeou à remettre lui-même au jeune Wilkinson la couronne et le prix. De là est venue au premier prix de discours latin la dénomination de *prix d'hon-*

neur. Parmi les lauréats de cette année, se rencontrent quelques noms devenus célèbres à des titres divers. L'auteur de l'*Essai sur les Éloges*, Antoine Thomas, était alors élève de seconde au collège de Beauvais; il remporta le premier prix de thème et le premier prix de vers latins. Charles-Marie de Beauvais, du collège d'Harcourt, dans la suite évêque de Senez, obtint dans la même classe le troisième accessit de vers latins et le premier prix de version grecque. Alexandre de Calonne, le futur ministre de Louis XVI, alors élève du collège Mazarin, remporta en troisième le deuxième prix de vers latins et le premier prix de version grecque. On a vu que le prix d'honneur fut décerné à un élève du collège des Grassins, où enseignait Lebeau. Les prix et les accessits se trouvèrent ainsi partagés entre les différentes maisons : le collège du Plessis eut 8 prix et 10 accessits; les Grassins, 5 prix et 10 accessits; Beauvais, 5 prix et 6 accessits; Harcourt, 4 prix et 7 accessits; Mazarin, 2 prix et 15 accessits; Lizieux et la Marche, 3 accessits; Montaigu, 1 accessit. Deux collèges, Navarre et le Cardinal Lemoine, n'obtinrent pas une seule nomination. Comme le remarque le savant historien du concours général, Navarre prit sa revanche dans les années suivantes, et le Cardinal Lemoine ne fut pas toujours aussi maltraité; cependant il ne se releva guère au-dessus du dernier rang.

Ainsi s'acheva, au milieu des démonstrations de la joie universelle, la première distribution générale des prix aux élèves des grands collèges de Paris. Le Parlement n'eut pas à se repentir de la destination intelligente qu'il avait donnée aux libéralités du chanoine Legendre. Elle fut accueillie par les familles avec non moins de reconnaissance que par la jeunesse elle-même; et, dès son établissement, la nouvelle institution obtint la popularité qu'elle a gardée depuis. Comme toutes les œuvres utiles, elle ne tarda pas à s'étendre et à se compléter par les dons généreux de quelques hommes de bien. En 1749, lorsque Coffin n'avait plus que quelques semaines à vivre, il fit une donation de 50 livres de rente pour fonder deux prix de version latine, qui devaient être décernés en seconde. La même année, un libraire, Jean-Baptiste

Coignard, « désirant donner à l'Université une preuve de son attachement, » lui abandonna un capital de 10,000 livres, produisant 400 livres de rente. L'objet de la donation n'avait pas été d'abord indiqué; mais, sur l'avis même du donateur, elle fut affectée à un prix qui devait être accordé annuellement au maître ès arts auteur du meilleur discours sur le sujet que l'Université aurait proposé. A raison des frais occasionnés par l'arrêt d'enregistrement, la valeur de ce prix se trouva réduite à 300 livres; mais il a subsisté jusqu'à la Révolution française. Parmi les lauréats qui l'ont obtenu, nous voyons figurer deux maîtres qui devaient acquérir plus tard quelque renom : le journaliste Geoffroy, et l'habile traducteur de Pline, Claude Gueroult. Enfin en 1755, un ancien principal du collège de Fortet, chanoine honoraire de Notre-Dame, Bernard Collot, marchant à son tour sur les traces de l'abbé Legendre, légua une rente de 400 livres pour un prix extraordinaire de version grecque à disputer entre les écoliers de troisième, de seconde et de rhétorique. C'était une idée bizarre de récompenser par une somme aussi forte la traduction d'une page de grec, et il n'était pas moins étrange de songer à faire concourir ensemble des écoliers appartenant à des classes différentes et n'ayant ni la même instruction ni le même âge. Aussi le Parlement, cette fois encore, ne se fit aucun scrupule de modifier les clauses de la fondation qui lui était soumise. Sur la requête de l'Université, il retint le legs du chanoine Collot; mais il l'appliqua tout autrement que ne l'avait ordonné le testateur. Au lieu d'un seul prix de version grecque, l'arrêt de la cour établit dix-huit prix nouveaux, à savoir quatre prix de version latine pour les vétérans et pour les nouveaux, en rhétorique; deux prix de vers latins en troisième; deux prix de thème et deux prix de version latine, en quatrième, en cinquième et en sixième. A dater de ce moment, la lice fut ouverte pour les élèves de toutes les classes, même pour ceux des classes inférieures, suivant le vœu exprimé dès l'origine par la Nation de Normandie; et l'institution du concours général, embrassant à la fois la grammaire et les humanités, complétée à certains égards, en ce qui regardait la philosophie par le prix Coignard, servit désormais de couronnement et de sanction à toutes les parties de l'enseignement universitaire.

Deux fondations, marquant l'une et l'autre un sensible progrès dans des directions différentes, suivirent de près l'établissement du concours général. La première, qui se fit au mois de juillet 1751, fut celle d'une chaire de langue hébraïque au collège de Sorbonne (1). Elle était due à la libéralité du duc d'Orléans, qui affecta une rente de quatorze cents livres au nouvel enseignement. Le professeur avait pour charge essentielle, non d'enseigner la grammaire, mais d'expliquer les livres saints dans le texte original. Il était dispensé de dicter des cahiers aux élèves qui fréquentaient son cours, pourvu qu'il prît soin de les interroger. Cette chaire, si importante à une époque où la Bible était l'objet de tant d'interprétations impies, échut en partage, par le choix du fondateur, à M. Jean-Baptiste Ladvocat, docteur et bibliothécaire de Sorbonne, auquel on doit un *Dictionnaire historique* qui a eu quelque succès à la fin du siècle dernier. La nomination de Ladvocat fut portée à la connaissance de l'Université, et celle-ci la ratifia par une délibération expresse, en promettant au nouveau professeur et à ses élèves les mêmes droits qu'à tous les autres suppôts de l'école de Paris. Une circonstance particulière contribua au succès de l'institution. Le collège ou séminaire des Trente-trois, fondé par Anne d'Autriche et récemment relevé de ses ruines par le duc d'Orléans, envoya ses jeunes clercs suivre les cours de l'abbé Ladvocat. Cet exemple trouva des imitateurs dans quelques autres communautés, et le professeur réunit un assez nombreux auditoire, composé d'ecclésiastiques curieux d'étudier l'idiome sacré.

L'autre fondation, plus caractéristique peut-être, qui eut lieu vers la même époque, c'est le cours de physique expérimentale établi en 1752 au collège de Navarre. Dans ce collège, les élèves de grammaire, ou grammairiens, et ceux d'humanités et de philosophie, ou artiens, formaient, comme on l'a vu ailleurs, deux com-

---

(1) Lettres patentes du mois de juillet 1751, et conclusion de l'Université du 4 décembre suivant. V. Pièces justificatives, n° CXCI. Cf. *Année littéraire*, année 1766, t. II, p. 282 et s.

munautés distinctes qui avaient chacune un principal; d'où résultait annuellement pour le budget de la maison un surcroît de dépense assez inutile. Une vacance étant survenue le roi saisit l'occasion de supprimer l'un des deux emplois de principaux et de réunir les deux communautés en une seule. Quelques ressources devinrent par là disponibles et elles servirent, selon le vœu général, à développer l'enseignement de la physique proprement dite, jusque-là confondue avec la philosophie (1). On remarquait alors chez plus d'un maître de l'école de Paris cette curiosité à la fois judicieuse et hardie qui est si favorable aux progrès des sciences. Ainsi le professeur de physique du collège du Plessis, l'abbé Sigorgne, s'était signalé par des attaques aussi sensées que vigoureuses contre la physique cartésienne, que Privat de Molières enseignait au Collège de France (2), et par une exposition élégante et fidèle des découvertes et du système de Newton. Il aurait pu occuper avec honneur la chaire qui venait d'être fondée à Navarre s'il ne s'était attiré une disgrâce imprévue par des productions légères peu dignes de sa profession et de son habit. Ce fut le roi lui-même qui désigna le professeur auquel serait confié le nouvel enseignement. Son choix tomba sur le célèbre abbé Nollet, qui s'était fait connaître à la cour par des conférences scientifiques accueillies avec beaucoup de faveur (3). Ce savant prêtre, un des plus habiles physiciens du temps, non moins attaché que l'abbé Sigorgne à la doctrine de Newton, alliait la sagacité qui pénètre les secrets de la nature au talent de les exposer avec clarté et de les rendre en quelque sorte sensibles par d'ingénieuses expériences. Ses leçons, au témoignage des contemporains, eurent un succès prodigieux, et elles sont restées une date mémorable dans l'histoire de l'enseignement public. Après l'étude de la langue

(1) Lettres patentes de juillet 1752. Voy. Pièces justificatives, n° CXCII.
(2) Dortous Mairan, *Éloges des académiciens de l'Académie royale des sciences*, Paris, 1747, in-12, p. 201 et s.; Goujet, *Mém. hist. sur le Collège de France*, t. II, p. 315 et s.; Lalande, *Bibliographie astronomique*, Paris, 1803, in-4°, p. 432.
(3) *Histoire de l'Académie des sciences*, année 1770, in-4°, p. 127 et s. Sur les expériences de physique que l'abbé Nollet fit à la cour en présence de la reine et des autres membres de la famille royale, on trouve quelques détails intéressants dans les *Mémoires du duc de Luynes*, t. V, p. 452, et t. VI, p. 479.

française, après celle de l'histoire, voilà désormais que la physique elle-même pénètre dans un collège de fondation royale (1); non pas la physique abstraite, stérile en résultats positifs, mais celle qui s'écrit, selon le précepte de Bacon et l'exemple de Galilée, sous la dictée de la nature, et qui prépare les applications utiles à l'humanité : progrès remarquable qui répondait aux aspirations les plus vives de la société du dix-huitième siècle et présageait de prochaines et profondes réformes dans le système de l'éducation nationale.

Au collège Mazarin, la chaire de mathématiques se trouvait alors occupée par l'abbé Louis La Caille, qui continuait, en les surpassant, les traditions de Varignon. Les catalogues d'étoiles dressés par La Caille, ses travaux de triangulation pour la mesure du méridien terrestre, et bien d'autres services rendus à l'astronomie, lui ont assigné un rang élevé, à côté des savants les plus illustres que la France ait produits au dix-huitième siècle. Cassini le protégeait, et l'Académie des sciences, qui l'avait admis dans son sein, le désigna en 1750 pour aller au cap de Bonne-Espérance observer les étoiles de l'hémisphère austral. Durant l'absence de La Caille, Louis XV voulut « qu'il fût réputé présent dans l'Université, afin que le zèle avec lequel il se livrait à des opérations intéressantes pour le service du roi, écrivait le ministre d'Argenson à la Faculté des arts (2), ne le privât pas dans la suite de l'avantage d'acquérir le privilège d'émérite. »

Quand on considère l'heureuse ardeur qui enflammait alors tous les esprits, on éprouve le regret qu'elle ait été si fréquemment dépensée par l'Université en mesquines querelles et en débats stériles. Lorsque la nouvelle de l'ouverture prochaine du concours général excitait de tous côtés la confiance et l'allégresse, un

---

(1) Au mois de juillet 1755, le prince Ferdinand de Rohan, qui étudiait au collège du Plessis, y soutint des thèses en faveur de la physique de Newton. Un régent du collège du Plessis, l'abbé Guénée, le même à qui l'on doit les *Lettres de quelques Juifs à Voltaire*, adressa au jeune prince une ode en vers latins, la traduction libre et élégante de l'épître célèbre de Voltaire sur le système de Newton. V. *Journal des Savants*, août 1755, p. 572 et s.

(2) Lettres du 8 octobre 1750. *Arch. U.*, Reg. XLV b, fol. 70.

débat s'élève entre les Nations au sujet de ces privilèges de l'éméritat, que la sagesse de Louis XV sut garantir à La Caille. Les Nations de Picardie et d'Allemagne, s'appuyant sur leurs coutumes propres et leurs statuts particuliers, veulent que la pension d'émérite soit acquise à leurs régents après quatorze années d'exercice. Les Nations de France et de Normandie, de leur côté, réclament pour elles-mêmes le bénéfice de cette règle indulgente : sinon elles prétendent que la disposition plus sévère qu'elles avaient suivie jusque-là, et qui exigeait pour l'éméritat vingt années de services, et non pas seulement quatorze, devienne la loi commune de toutes les Nations. La question n'était pas sans intérêt pour l'Université, car la pension d'émérite était prélevée sur la part du produit des postes payée annuellement à la Faculté des arts. Un procès s'engage : il dure dix-huit mois, et se termine en septembre 1748 par un arrêt qui pour le passé réserve les droits acquis, mais qui pour l'avenir donne raison à la Nation de France, en fixant à vingt ans la durée de service exigée dans chaque Nation pour l'éméritat (1).

Nous n'insisterons pas sur bien d'autres contestations que suscita, tantôt dans compagnie, tantôt dans une autre, le choix de ses officiers, procureur, censeur et autres suppôts. Nous ne parlerons même pas du conflit orageux, nous devrions dire scandaleux, qui s'éleva un peu plus tard à l'occasion des comptes de l'Université, et qui fut terminé en 1755 par un arrêt sévère, condamnant le procureur de la Nation de Normandie, M° Le Vacher, à cinq cents livres d'amende, applicables aux écoliers pauvres, en réparation de ses calomnies contre le recteur, le greffier et le receveur (2). Mais nous ne saurions passer sous silence les démarches de l'évêque de Périgueux pour faire agréger son séminaire à l'Université de Bordeaux, ni l'opposition vigoureuse que ce dessein, dès qu'il fut connu, souleva dans les rangs de l'école de Paris.

La question n'était pas sans importance. Sous l'ancienne monarchie, les élèves des séminaires se trouvaient dans une con-

---

(1) *Statuta Nationis Gallicanæ*, Parisiis, 1757, in-12, p. 82 et s.
(2) Arrêt du Parlement du 6 septembre 1755. *Arch. U.*, Reg. XLV c, fol. 95 et s.

dition encore plus dure que ceux de nos écoles secondaires ecclésiastiques avant les lois récentes en faveur de la liberté de l'enseignement : ils n'étaient pas admis à subir les examens pour les grades académiques. Pour leur conférer ce droit, qui devait leur ouvrir la carrière des bénéfices ecclésiastiques, un seul moyen se présentait, c'était d'agréger les séminaires aux universités, de sorte que les études faites dans ces établissements fussent considérées comme universitaires. Tel est l'expédient qui avait été mis en usage, avec autant d'habileté que de succès, par l'évêque de Viviers, et, à son exemple, par l'évêque du Puy et par l'archevêque de Lyon. Les trois prélats avaient fait agréger leur séminaire à l'université de Valence, sans que celle-ci eût élevé aucune objection (1). L'évêque de Périgueux espérait que l'université de Bordeaux ne se montrerait pas moins facile et qu'il réussirait à son tour à faire valider d'une manière indirecte les études de ses séminaristes. Mais le succès ne répondit pas à son attente. Non seulement les maîtres de Bordeaux firent entendre des réclamations; mais, avertie par eux, l'école de Paris intervint elle-même dans le débat, elle prit une délibération et adressa au roi une requête contre le projet de M. de Périgueux (2). Cette cause n'était-elle pas celle de toutes les universités? Si la prétention du séminaire de Périgueux était admise, les séminaires des autres diocèses ne seraient-ils pas en droit de réclamer la même faveur, et alors que deviendraient les privilèges attachés aux études académiques? Outre ce motif, suffisant pour justifier son intervention, l'Université de Paris faisait valoir que les écoles qui relèvent des universités doivent être toutes situées dans le même lieu; que cette unité de lieu est commandée par les anciennes ordonnances, et qu'elle

---

(1) *Histoire de l'Université de Valence*, par l'abbé Nadal, Valence, 1861, in-8°, p. 231 et s.

(2) *Arch. U.*, Reg. XLV a, f. 86 v°, et s.; *Requeste de l'Université de Paris au roi contre le projet d'agrégation des séminaires du diocèse de Périgueux à l'Université de Bordeaux*, in-4°, 1748. Cette requête a été insérée par Piales dans son traité de *l'Expectative des gradués*, Paris, 1757, in-12, t. III, p. 368 et s.; on en trouve aussi d'assez longs extraits dans le *Recueil de plusieurs des ouvrages de M. le président Rolland*, Paris, 1783, in-4°, p. 80 et s.; et dans le mémoire de M. Troplong, *Du pouvoir de l'État sur l'enseignement*, Paris, 1844, in-8°, p. 264 et s.

l'est aussi par la nature des choses, un recteur ne pouvant pas surveiller efficacement des écoles qui seraient situées à vingt ou trente lieues de sa résidence. Enfin que pouvait-on attendre des séminaires? Destinés au clergé, soumis à l'autorité de l'évêque, ils possédaient une organisation qui leur était propre et qui répondait au but particulier de leur institution, très différent de celui des autres écoles; mais une assez longue expérience avait fait connaître que les études y étaient faibles et languissantes, et qu'elles n'offraient pas les garanties que le concordat et les lois du royaume exigeaient des candidats aux grades académiques. Nous ne pouvons qu'indiquer rapidement les principales difficultés que l'Université de Paris opposait au projet de M. de Périgueux. Ces arguments, déduits avec force, firent impression sur l'esprit du chancelier d'Aguesseau, qui avait approuvé autrefois l'agrégation des séminaires de Viviers, du Puy et de Lyon à l'université de Valence, et qui repoussa formellement celle du séminaire de Périgueux à l'université de Bordeaux (1). Désormais on ne vit plus se reproduire, de la part des évêques, des tentatives de ce genre. Les études faites dans les universités conservèrent les prérogatives que la coutume et les lois y avaient attachées; et les jeunes clercs eux-mêmes ne furent pas affranchis de l'obligation de fréquenter les classes des collèges, c'est-à-dire de se mêler à la jeunesse laïque et de vivre de l'esprit du siècle avant de pouvoir prendre leurs degrés en théologie.

Les préoccupations passagères que cette affaire avait fait naître furent bientôt effacées par l'éclat et le bruit des controverses théologiques, que le temps n'avait pas éteintes, quoiqu'il eût enlevé au débat son intérêt et sa grandeur. Comme nous l'avons dit ailleurs, la cause du jansénisme était perdue pour toujours; mais il conservait assez de vitalité pour entretenir de funestes divisions, mettre aux prises la magistrature et le clergé, et compromettre à la fois la paix de l'Église et le repos de l'État. L'autorité ecclésiastique, qui se sentait méconnue même dans les rangs du

(1) Lettres des 18 mars 1739, 20 octobre 1747 et 19 novembre 1748, *Œuv.*, t. X, p. 228, 254 et 260.

sacerdoce, crut devoir recourir, pour dompter les consciences, à des mesures extrêmes que la loi canonique autorisait. Elle donna aux curés des instructions sévères, afin que la participation aux sacrements et la sépulture ecclésiastique ne fussent pas accordées aux récalcitrants. De là vint, ou plutôt fut renouvelé, l'usage des billets de confession, qui devaient être délivrés par un prêtre soumis au pape et à la bulle *Unigenitus*, et sans lesquels les mourants dont l'orthodoxie était suspecte se voyaient privés des secours de la religion. La magistrature protesta énergiquement contre ces rigueurs, qui l'atteignaient en la personne de quelques-uns de ses membres ; et abusant elle-même de son pouvoir, usurpant la juridiction spirituelle, elle rendit arrêt sur arrêt pour contraindre de pauvres prêtres à venir apporter le saint viatique, malgré la défense de leur évêque, à des malades qui ne s'étaient pas réconciliés avec l'Église (1).

Nous n'aurions pas à réveiller d'aussi affligeants souvenirs si les collèges de l'Université n'avaient été le foyer où s'entretenaient les résistances, et le théâtre où se sont passées quelques-unes des scènes les plus douloureuses de ces temps de discorde. Au mois de juin 1749, le vénéré principal du collège de Beauvais, Charles Coffin, sentant sa fin approcher, demande à recevoir les derniers sacrements. Comme son maître Rollin, il était aussi pieux que savant ; il avait même composé plusieurs hymnes sacrées, introduites par M. de Vintimille dans le nouveau bréviaire du diocèse de Paris. Mais on n'aura pas oublié qu'il occupait le poste de recteur lorsque l'Université interjeta son appel de la bulle *Unigenitus* au prochain concile général. Depuis lors Coffin n'avait pas désavoué sa conduite et son langage dans cette circonstance mémorable. Le curé de Saint-Étienne du Mont, sa paroisse, le traita en janséniste endurci et refusa de lui donner l'extrême-onction. En vain sa famille porte plainte à l'archevêque ; M. de Beaumont, successeur de M. de Vintimille, donne raison au curé. Sur ces entrefaites, Coffin meurt sans avoir été administré ; et c'est avec

(1) Picot, *Mémoires pour servir à l'histoire ecclésiastique*, t. III, p. 40, 123, 153 et s.

peine que sa dépouille obtient la sépulture ecclésiastique. Ses funérailles se firent à Saint-Étienne du Mont, au milieu d'un immense concours de peuple. L'Université y fut représentée par le recteur alors en charge, M° Hamelin, par les procureurs des quatre Nations de la Faculté des arts, et par quatre anciens recteurs, qui tenaient les cordons du poêle (1). La cérémonie terminée, le corps fut transporté à la chapelle de Saint-Jean de Beauvais pour y être inhumé. Les pensionnaires du collège, si longtemps et si habilement dirigé par le défunt, accompagnaient le cercueil, rangés deux à deux, en chantant le *Miserere* et le *De profundis*. L'impression causée par cette scène fut profonde dans Paris. Mais ces témoignages de la vénération publique et de la reconnaissance de l'Université ne suffirent pas aux héritiers de Coffin. Son neveu, conseiller au Châtelet, saisit le Parlement d'une requête, en forme de plainte, contre le curé de Saint-Étienne; et comme des doutes s'élevaient dans l'esprit de quelques magistrats sur leur propre compétence en pareille matière, quatre consultations, signées de soixante avocats, établirent que le refus de sacrements constituait une injure dont la réparation pouvait être poursuivie par les familles devant les juges séculiers. Un arrêt du conseil supprima ces consultations véhémentes et arrêta les poursuites commencées, mais sans remédier au scandale qui s'était produit et sans pouvoir conjurer les nouvelles difficultés qui allaient créer l'antagonisme le plus funeste entre l'Église et la magistrature.

Cependant un mouvement rapide emportait les esprits dans des sentiers inexplorés et périlleux. Une nouvelle école philosophique s'était élevée, bien différente de celle qui avait dominé en France au dix-septième siècle. A l'exemple de Descartes, cette école s'annonçait comme l'adversaire des notions mal définies et des aveugles préjugés, pires que l'ignorance: mais elle n'avait hérité ni de l'attachement que Descartes montra toujours envers la religion

---

(1) *Arch. U.*, Reg. XLV b, fol. 39; Barbier, *Journal du règne de Louis XV*, t. III, p. 83 et s.; *Nouvelles ecclésiastiques*, 1749, p. 113 et s.; Picot, *Mém.*, etc., t. III, p. 155 et s.

chrétienne, ni même des doctrines si profondément spiritualistes exposées dans le *Discours de la Méthode* et dans les *Méditations*. Parmi ses adeptes elle comptait sans doute plus d'un noble esprit, plus d'un cœur généreux, qui, à défaut des dogmes révélés, s'efforçait de retenir, comme une règle nécessaire, comme une consolation suprême, les vérités que la lumière naturelle nous découvre; mais le plus grand nombre inclinait à reléguer parmi les superstitions toutes les croyances qui élèvent l'homme au-dessus de la matière, et n'assignait à nos idées d'autre origine que les sens, aux aspirations les plus sublimes de la nature humaine d'autre fin que le bien-être, à la volonté d'autre règle que l'intérêt. Les uns s'arrêtaient à des conclusions indécises, qui favorisaient le matérialisme, mais qui laissaient douter si le philosophe avait entrevu la portée de ses propres maximes; les autres, plus téméraires, niaient presque ouvertement la spiritualité de l'âme, le libre arbitre, l'existence et la providence de Dieu, la distinction du bien et du mal, la vie future. Par une contradiction qui n'est pas sans exemples dans l'histoire, l'amour le plus ardent pour le genre humain s'alliait alors aux erreurs les plus monstrueuses sur le monde et sur l'homme. On cessait de croire à une âme spirituelle, à un Dieu créateur et rémunérateur, et l'on travaillait avec une sorte d'enthousiasme à extirper les abus, à réformer les institutions, à préparer le règne de la justice et de la vérité. Comment s'était accomplie l'évolution morale qui, en moins d'un demi-siècle, avait remplacé Descartes par Condillac, la *Politique tirée de l'Écriture sainte* par l'*Esprit des lois*, puis qui, dépassant elle-même son propre but, allait entraîner les esprits sur la pente du matérialisme et de l'athéisme? Beaucoup de causes y contribuèrent sans doute. Une des principales fut l'exemple de l'Angleterre, nation chez laquelle l'esprit d'examen, secondé par la liberté politique, avait pris un développement singulier dans les matières qui touchent à la religion et au gouvernement. Accueillis avec faveur sur le sol qui les avait vus naître, les sages traités de Locke et les écrits audacieux des Collins, des Mandeville, des Tindal et des Toland, ne tardèrent pas à s'introduire en France, où ils firent éclore d'anciens germes que les splendeurs du règne de Louis XIV n'avaient pas détruits et que les controverses théologiques, jointes aux mœurs dépravées de la Régence, venaient de ranimer. Les *Lettres persanes* avaient donné le signal et le modèle du scepticisme railleur, quand parut Voltaire, qui, gagné un des premiers aux maximes des nouveaux docteurs, mit tous ses soins à les propager. Ses *Lettres philosophiques sur les Anglais*, publiées en 1736, consacrèrent parmi nous la renommée de Locke et même celle de quelques-uns des apôtres les plus dangereux de l'incrédulité. L'ouvrage fut condamné au Parlement; les *Pensées philosophiques* de Diderot, l'*Histoire naturelle de l'âme* par La Mettrie, le livre des *Mœurs*, de Toussaint, eurent le même sort. La Faculté de théologie ne déployait pas moins de vigilance que la magistrature. Elle censura l'*Esprit des lois,* et peu s'en fallut qu'elle n'usât de la même rigueur à l'égard des premiers volumes de l'*Histoire naturelle* de Buffon. Mais que pouvaient ces rigueurs contre le mouvement de plus en plus prononcé de l'opinion publique? Malgré les barrières qui protégeaient les vérités traditionnelles, la nouvelle philosophie ne cessait pas de s'étendre; elle répandait à la fois des maximes excellentes, qui préparaient les réformes les plus salutaires, et des semences pernicieuses, qui ne pouvaient porter que le trouble et la corruption dans la société. Ses doctrines, en partie bonnes et en partie mauvaises, pénétrèrent toutes les branches de la littérature, les genres les plus sérieux, comme la morale et l'histoire, aussi bien que les plus frivoles, comme le roman; elles ne tardèrent pas à gagner l'Université, où Condillac avait des disciples; et, chose plus étonnante, on les vit se produire, sous des formes diverses, jusque dans le sein de la Faculté de théologie.

En 1750, les bacheliers de la maison de Sorbonne avaient pour prieur un jeune étudiant en théologie que ses talents devaient élever aux premiers postes de l'État, Jacques Turgot. Pendant l'exercice de sa charge, Turgot, âgé de vingt-trois ans seulement, eut à porter deux fois la parole. Son premier discours, prononcé en juillet, présente le tableau des avantages que l'établissement du christianisme a procurés au genre humain (1). C'est le riche développement de cette pensée de Montesquieu : « Chose admirable! la religion chrétienne, qui ne semble avoir d'objet que la félicité de l'autre vie, fait encore notre bonheur dans celle-ci (2). » Mais il est remarquable que le jeune orateur, élevé dans la plus célèbre école de théologie qui fût au monde, n'envisage que le côté moral du christianisme et en néglige absolument le côté dogmatique, comme si les dogmes pouvaient être séparés de la morale et relégués par les esprits sages au rang des superfluités. Le second discours prononcé par Turgot, quelques mois plus tard, a pour sujet les progrès de l'esprit humain dans la suite des âges. « Les phénomènes de la nature, dit-il, soumis à des lois constantes, sont renfermés dans un cercle de révolutions toujours les mêmes. Tout renaît, tout périt; et dans ces générations successives, par lesquelles les végétaux et les animaux se reproduisent, le temps ne fait que ramener à chaque instant l'image de ce qu'il a fait disparaître. La succession des hommes, au contraire, offre de siècle en siècle un spectacle toujours varié. La raison, les passions, la liberté produisent sans cesse de nouveaux événements. Tous les âges sont enchaînés par une suite de causes et d'effets qui lient l'état du monde à tous ceux qui l'ont précédé. Les signes multipliés du langage et de l'écriture, en donnant aux hommes le moyen de s'assurer la possession de leurs idées et de les communiquer aux autres, ont formé de toutes les connaissances particulières un trésor commun qu'une génération transmet à l'autre, ainsi qu'un héritage toujours augmenté d'âge en âge; et le genre humain, considéré depuis son origine, paraît aux yeux d'un philosophe un tout immense qui lui-même a, comme chaque individu, son enfance et ses progrès... Les mœurs s'adoucissent, continue Turgot, l'esprit humain s'éclaire, les nations isolées se rapprochent les unes des autres, le commerce et la politique réunissent enfin toutes les parties du globe; et la masse du genre humain, par des alternatives de calme et d'agitations, de

---

(1) *Œuvres de Turgot*, nouv. édit., Paris, 1844, in-8°, t. II, p. 586 et s.
(2) *Esprit des lois*, l. XXIV, ch. III.

biens et de maux, marche toujours, quoique à pas lents, à une perfection plus grande. » Ces idées sans doute n'étaient pas entièrement neuves. Pascal n'avait-il pas devancé Turgot en comparant le genre humain, dans la suite des siècles, à un même homme qui subsiste toujours et qui apprend continuellement? Mais l'idée de la perfectibilité humaine était à peine sortie des livres de philosophie; avec Turgot elle se produit pour la première fois dans l'enseignement public, et sur quel théâtre? En pleine Sorbonne. A ce point de vue, le choix seul du sujet traité par l'orateur était l'indice de la révolution qui s'opérait. La philosophie s'est introduite au foyer des études théologiques, et s'y substitue à la science religieuse. Elle anime, elle inspire les générations formées pour le sanctuaire; elle remplace dans leurs préoccupations le dogme sacré, tout comme, à la même époque, elle poussait la plupart des prédicateurs à développer dans la chaire chrétienne tantôt des lieux communs, tantôt des sujets étrangers à la religion, plus dignes, comme l'abbé Maury en fait la remarque (1), du Portique ou du Lycée que du ministère évangélique.

Cependant on pouvait admirer chez Turgot l'élan généreux de la pensée, le vif sentiment de la supériorité sociale du christianisme, l'éloquente expression de la reconnaissance la plus sincère et la plus éclairée envers cette religion bienfaisante. Si jamais les novateurs n'eussent donné que de pareils exemples, il est probable qu'ils n'auraient causé de vives alarmes qu'aux consciences timorées. Mais la nouvelle philosophie ne s'arrêtait pas aux mêmes limites que Turgot, et plus d'une fois les doctrines qu'elle produisit dans les écoles parurent entachées de matérialisme et d'impiété. En 1733, la Faculté de médecine s'était émue lorsqu'un de ses bacheliers était venu lui soumettre une thèse qui subordonnait la vigueur de l'esprit à la santé des organes. Le candidat et son maître, M. de Lépine, protestèrent de la pureté de leurs intentions, de leur foi inébranlable dans la spiritualité de l'âme; aussi l'affaire n'eut pas d'autres suites (2). Mais dix-huit ans plus

---

(1) *Essai sur l'éloquence de la chaire*, ch. XXI.
(2) Arch. nat., MM. 257, p. 103 et s.; d'Argentré, *De nov. err.*, t. III a, p. 194 et s.

tard, au temps même de Turgot, un scandale bien autrement grave éclata en Sorbonne.

Au mois de novembre 1751, un bachelier en théologie, nommé Martin de Prades, se présentait devant la Faculté pour soutenir sa *majeure*, un des derniers actes qu'il eût à subir avant d'être admis à la licence (1). Pour épigraphe de sa thèse, il avait choisi ce verset de l'Écriture : « Quel est celui sur la face duquel Dieu a répandu le souffle de vie? » Son but apparent était la défense de la religion chrétienne contre les juifs, les mahométans, les païens et les déistes. Après avoir retracé à grands traits la mission de Moïse, il traitait de la divinité de Jésus-Christ, et il exposait les principales preuves qui l'attestent, comme les prophéties, les miracles et la sublime simplicité de l'Évangile. Cette thèse fut soumise à tous les contrôles que l'usage avait établis. Le manuscrit en fut examiné par celui des docteurs qui avait dirigé les études du candidat, M⁰ de Langle; par le président de l'épreuve publique, M⁰ Hooke; enfin par le syndic de la Faculté, M⁰ Dugard. Au jour indiqué, l'acte se passa suivant les formes accoutumées. Le candidat eut à essuyer quelques objections, mais il y répondit avec succès, et nul de ses juges n'exprima l'avis que ses sentiments fussent répréhensibles. Cependant lorsque la thèse de l'abbé de Prades eut été répandue dans le public, des réclamations s'élevèrent de toutes parts contre la tendance générale de l'ouvrage et quelques-unes des assertions de l'auteur. Bientôt le bruit s'accrédita que l'abbé de Prades, qui venait de donner quelques articles à l'*Encyclopédie*, en partageait les doctrines, et que sous le voile de la piété il s'était fait volontairement l'écho hypocrite et l'interprète audacieux des adversaires de la religion chrétienne.

---

(1) Sur l'affaire de l'abbé de Prades, voyez les conclusions de la Faculté de théologie, *Arch. nat.*, MM. 257, p. 387 et s.; 427 et s.; *Acta sacræ Facultatis Parisiensis circa Joannem Martinum de Prades, adjunctis instrumentis ad deliberata decretaque pertinentibus*, Parisiis, 1754, in-4°; *Nouvelles ecclésiastiques*, 1752, p. 33 et s.; *Apologie de M. l'abbé de Prades*, Amsterdam, 1753, in-8°; *le Tombeau de la Sorbonne*, Œuv. de Voltaire, éd Beuchot, t. XXXIX, p. 530 et s.; Picot, *Mémoires pour servir à l'histoire ecclésiastique*, t. III, p. 185 et s.; Barbier, *Journal du règne de Louis XV*, t. III, p. 333 et s.; t. IV, p. 1 et 27.

Au début de sa thèse n'affirmait-il pas que toutes les idées de l'homme naissent des sensations, comme les branches naissent du tronc? et ailleurs, que le seul fondement de la société est l'intérêt, et que les notions morales dérivent de la législation civile? Ces propositions et bien d'autres dénotaient sans doute un système opposé aux saines maximes de la théologie; cependant elles causèrent moins de scandale que le passage dans lequel l'abbé de Prades comparait les miracles de Jésus-Christ aux guérisons opérées par Esculape et les déclarait aussi peu concluants que ces cures prétendues. Une des bases traditionnelles de l'apologétique chrétienne avait donc été attaquée clandestinement en pleine Sorbonne, sans que l'attaque eût été remarquée par les défenseurs officiels de l'orthodoxie. La Faculté avertie trop tard s'efforça du moins de réparer sa faute; elle consacra onze séances à examiner de nouveau la thèse de l'abbé de Prades, et y releva dix propositions qui furent censurées comme respectivement blasphématoires, hérétiques, erronées, favorisant le matérialisme, contraires à l'autorité de Moïse, renversant les fondements de la religion chrétienne et dérogeant à la vérité et à la divinité des miracles de Jésus-Christ. Les docteurs jansénistes n'étaient pas les moins ardents à sévir. Méconnus, persécutés, ils s'appliquaient à prouver par leur attitude que le dépôt de la foi aurait couru moins de périls sans les vexations dont ils étaient l'objet. On avait, disaient-ils, privé la religion de ses plus fidèles défenseurs, et elle restait exposée à la haine et aux blasphèmes des incrédules. D'autres docteurs qui n'étaient engagés dans les liens d'aucun parti, et que peut-être à leur insu la contagion de l'esprit du siècle avait gagnés, inclinaient à l'indulgence et tâchaient d'expliquer dans un sens favorable les propositions incriminées. Mais leur avis ne prévalut pas. Après que la thèse de l'abbé de Prades eut été censurée, lui-même fut exclu, non seulement de la Faculté de théologie, mais de la Faculté des arts. Un arrêt du Parlement l'exila du royaume, et il se vit contraint d'accepter un asile à la cour du roi de Prusse, Frédéric II, qui le nomma son lecteur. Peut-être les relations qu'il entretenait avec d'Alembert et Diderot contribuèrent-elles à lui faire prêter des desseins qu'il n'avait pas. Ce qui est constant, c'est qu'il protesta toujours de la pureté de ses intentions et de sa doctrine. Dans la suite il rétracta publiquement les erreurs qui lui étaient attribuées, rentra en grâce avec le Saint-Siège, et fut réintégré dans tous ses droits par la Faculté de théologie. Quant aux trois docteurs de Sorbonne qui pouvaient justement se reprocher d'avoir été l'occasion de tout ce scandale en approuvant une thèse qu'ils n'avaient pas lue, ils furent réprimandés sévèrement par la compagnie. Le syndic, Dugard, ne put conserver ses fonctions. Hooke perdit la chaire de théologie qu'il occupait, et il ne parvint à obtenir un nouveau poste qu'à la suite d'un long procès contre l'archevêque de Paris, M. de Beaumont. A l'époque de la Révolution, il était bibliothécaire du collège Mazarin; il honora sa vieillesse en se laissant dépouiller de cette modeste charge plutôt que de prêter le serment exigé par la constitution civile du clergé.

Les temps étaient si difficiles, la position si grave pour l'Église de France et pour la religion elle-même, que les esprits sincèrement attachés à la foi de leurs pères auraient dû s'unir dans l'intérêt de la défense commune. Mais le sentiment du péril était en quelque sorte étouffé par la passion des controverses théologiques. La scission entre la magistrature et le clergé devenait de jour en jour plus profonde. Tandis qu'une partie des évêques lançaient l'anathème contre les jansénistes endurcis qui persistaient à repousser la bulle *Unigenitus*, les magistrats de leur côté condamnaient au feu les mandements épiscopaux et décrétaient de prise de corps les curés qui refusaient aux malades les derniers sacrements. Sur ces entrefaites, le chancelier d'Aguesseau, chargé d'années et attristé par les pertes de famille les plus cruelles, fit déposer entre les mains du roi la démission de toutes ses charges. Sa retraite, qui fut suivie de sa mort à quelques mois de distance, laissa un libre cours aux préjugés, aux rancunes et aux entraînements des partis que la ferme sagesse de l'illustre magistrat s'efforçait de maîtriser. Il eût été souhaitable que l'Université de Paris ne compromît pas dans ces conflits stériles son influence et son nom. Mais quand même elle aurait voulu conserver sa neutralité, comment l'eût-elle pu? Par sa composition comme par ses doctrines, la Faculté de théologie se trouvait fatalement engagée dans la plupart des discussions qui mettaient aux prises le pouvoir ecclésiastique et l'autorité judiciaire. En 1752, à l'occasion d'une thèse soutenue chez les Carmes de Lyon, le parlement de Paris avait fait « défense à toute personne, séculière ou régulière, de soutenir ès écoles de théologie ou ailleurs, aucunes propositions directement ou indirectement contraires à la déclaration du clergé de France de 1682 et aux libertés de l'Église gallicane. » L'arrêt fut transmis au recteur et au syndic de la Faculté de théologie, avec injonction d'en certifier à la cour l'enregistrement. Mais cet arrêt était précédé d'un réquisitoire dans lequel l'avocat général Pierson n'avait pas craint d'avancer que « la puissance souveraine et législative attribuée au pape, le droit qu'on lui donne de déposer des évêques, sont des opinions aussi contraires à l'antiquité qu'à l'indépendance de l'Église de France. » Ces paroles excitèrent les plus vives réclamations, comme poussant au schisme. La Faculté des arts néanmoins passa outre ; mais la Faculté de théologie montra plus de fermeté et, s'autorisant d'une lettre du roi, elle se dispensa d'obtempérer aux ordres du Parlement. Afin de la contraindre à l'obéissance, deux conseillers, accompagnés d'un substitut du procureur général, du greffier de la grand'-chambre et de deux huissiers, se rendirent à la Sorbonne et firent procéder en leur présence à l'enregistrement de l'arrêt contesté. La Faculté se voyait menacée de poursuites en justice pour fait de rébellion, lorsqu'une décision du conseil privé mit à néant la procédure. Trois semaines après, un nouvel arrêt du Parlement sur ces matières rencontra moins de résistance, parce qu'il n'offrait pas les mêmes considérants. La Faculté s'y soumit d'autant plus volontiers, comme elle le déclara, « que c'étoit pour elle une occasion de prouver son attachement aux maximes de l'assemblée de 1682, maximes qu'elle avoit elle-même prolamées en toute circonstance (1). »

(1) *Arch. U.*, Reg. XLV c, fol. 24 et s.; *Arch. nat.*, MM. 257, p. 413; Barbier,

Malgré ces dispositions pacifiques et en dépit des efforts du gouvernement de Louis XV pour calmer les esprits, la bonne harmonie ne fut pas de longue durée entre les théologiens et les magistrats. Au mois de mai 1755, lorsque de part et d'autre le débat venait de reprendre et de s'envenimer, l'avocat général d'Ormesson lance contre la Faculté de théologie un réquisitoire rempli de reproches blessants, d'insinuations perfides. Il accuse la Faculté « de se livrer aux détours d'une procédure artificieuse, d'avoir permis qu'on insérât dans les thèses des propositions indiscrètes, contraires à la lettre ou à l'esprit de la loi du silence, des semences d'opinions suspectes, et jusqu'à des expressions sur les droits de l'autorité temporelle qui pourroient paroître assez fautives pour devenir l'objet d'une censure. » Sur cette dénonciation, le Parlement ajourne le syndic de la Faculté, et lui enjoint de veiller à ce qu'il ne soit soutenu en Sorbonne aucune thèse contraire aux lois du royaume et au silence prescrit par le roi sur des matières qui ne pouvaient être agitées sans nuire au bien de la religion et de l'État. La Faculté proteste contre un commandement qu'elle regarde comme injurieux, et elle se refuse à l'enregistrer. Le syndic est de nouveau cité devant le Parlement. Il y comparaît accompagné du doyen, des professeurs de Sorbonne et de Navarre, et de six docteurs choisis parmi les anciens de la compagnie. Le premier président leur reproche avec dureté l'étrange égarement dans lequel ils sont tombés en refusant d'obéir : « La cour, leur dit-il, pouvoit-elle s'imaginer que, peu jaloux de suivre les exemples de prudence et de soumission que vous ont donnés vos prédécesseurs, vous opposeriez une vaine résistance à l'exécution des lois? La cour veut vous donner le temps de réfléchir sur vous-mêmes. Elle vous défend, par toute l'autorité qu'elle a sur vous, de tenir aucune assemblée jusqu'à ce qu'il en ait été ordonné autrement. » Le greffier de la Faculté assistait à cette scène. Il est interpellé par le président et sommé de produire ses registres. Séance tenante, les arrêts de la cour y sont transcrits.

Journal, t. III, p. 450 et 456; Picot, *Mém. pour servir à l'hist. ecclés.*, t. III, p. 238 et s.

L'année suivante, le Parlement alla plus loin; il rendit un arrêt pour annuler la délibération par laquelle, au mois d'octobre 1729, la Faculté de théologie, révoquant son ancien appel au concile général contre la bulle *Unigenitus*, avait accepté cette bulle comme règle de foi. Le roi intervint pour arrêter les suites de cet abus de pouvoir qui menaçait de replacer le pays sur la pente du schisme (1).

Toutefois Louis XV, fatigué et inquiet de tant de conflits, se montrait peu disposé à y compromettre inutilement son autorité. Sans trahir la cause qu'il avait soutenue jusqu'alors, sans renoncer à maintenir la constitution de Clément XI, il se refusait à encourager, ne fût-ce que par la tolérance, les excès de zèle où les défenseurs imprudents de cette constitution se laissaient entraîner. Ce qu'il souhaitait, c'était la fin des disputes; ce qu'il recommandait, et ce qu'il se décida bientôt à ordonner, c'était le silence, un silence absolu sur les questions qui troublaient la tranquillité publique. Tel fut l'objet de deux déclarations ayant force d'édit : la première, du 2 septembre 1754; la seconde, plus ferme et plus impérative, du 10 décembre 1756. Vainement la Faculté de théologie réclama la liberté de ses délibérations et le droit de porter les jugements que sa conscience lui dictait dans les matières où la foi se trouvait engagée. Elle ne put rien obtenir; et au moment où l'Université en corps se disposait à prendre fait et cause pour elle et à intercéder en sa faveur, le recteur, M° Lebel, reçut de M. de Saint-Florentin une lettre qui invitait, au nom du roi, les quatre Facultés à s'abstenir de toute controverse inopportune et à consacrer leurs efforts au maintien de la paix, seul moyen de rétablir l'école de Paris dans sa splendeur (2).

Non seulement les délibérations de la Faculté de théologie se trouvaient suspendues; mais, conformément aux déclarations du roi, la discussion ne devait pas porter dans les actes publics sur

---

(1) Arrêts du Parlement des 6, 14 et 15 mai 1755, et du 18 mai 1756; arrêt du conseil d'État du 25 mai 1756. V. *Arch. nat.*, MM. 257, p. 464 et s.; Barbier, *Journal*, t. IV, p. 83 et s.; p. 141.

(2) *Arch. U.*, Reg. XLV d, fol. 42.

les matières controversées, en sorte que les candidats soupçonnés de ne pas recevoir la constitution *Unigenitus* se trouvaient dispensés, de par le magistrat civil, de faire acte de soumission aux décrets du Saint-Siège. La Faculté aima mieux ajourner à des temps meilleurs toute espèce d'examen que d'en faire passer un seul à de telles conditions. Ce fut alors que l'archevêque de Paris, M. de Beaumont, publia son instruction célèbre pour la défense de la liberté de l'Église, de ses écoles et de ses ministres; monument remarquable de la piété, de l'éloquence et de la courageuse fermeté de l'illustre prélat. Comme le cours des mesures oppressives ne se ralentissait pas, et que déjà plus d'un docteur s'était vu exilé sous prétexte de désobéissance, les assemblées du clergé élevèrent à leur tour la voix. Elles n'eurent pas de peine à démontrer combien la situation de la Faculté de théologie était devenue fausse sous le coup des derniers arrêts du Parlement, et à quels périls la pureté de la foi était exposée par l'obligation de garder le silence, même sur les matières que l'Église avait définies. Les remontrances de l'assemblée de 1755 contiennent une protestation énergique contre les empiétements de la magistrature. Trois ans après, le mal n'ayant fait qu'empirer, les mêmes plaintes, les mêmes vœux furent renouvelés avec non moins de vigueur. « Rendez, disaient au roi les évêques, rendez à la Faculté, nous vous en conjurons, la liberté dont elle a toujours joui par sa propre constitution, et dont elle n'a jamais abusé. Ne permettez pas que les jeunes ecclésiastiques, sans guides, se livrent plus longtemps à une oisiveté dangereuse, ou à des études arbitraires, souvent plus dangereuses que l'oisiveté elle-même. Ordonnez que le calme si nécessaire à l'étude de la religion leur soit rendu; qu'ils puissent, sans être distraits, consulter dans la retraite ces monuments antiques que leur présente la Faculté, et puiser dans ces sources respectables la science propre à combattre l'irréligion, l'impiété et l'erreur (1). »

Ces prières, ces remontrances ne mirent pas fin sur-le-champ

---

(1) *Procès-verbaux des assemblées du clergé*, Paris, 1778, in-fol, t. VIII, Pièc. justif., col. 239 et 243; Picot, *Mém. pour servir à l'hist. ecclés.*, t. III, p. 376.

aux épreuves de la Faculté de théologie; néanmoins, accueillies avec faveur par le roi, elles contribuèrent à les adoucir. Louis XV exprima ses intentions dans les termes les moins équivoques : « Il entendait, disait-il, que la bulle *Unigenitus* fût respectée et observée comme loi de l'Église et de l'État. Jamais il n'avait eu la pensée de prononcer sur des matières spirituelles, ni de restreindre la juridiction de l'enseignement des pasteurs. Il avait cru entrer dans les besoins de l'Église et ne pas s'éloigner de son langage, soit en interdisant des qualifications qu'elle n'avait point autorisées, soit en prescrivant pour quelque temps un silence aussi nécessaire à l'affermissement de la soumission qu'à celui de la paix. » — « J'approuve toujours, disait le roi dans une autre occasion, j'approuve le zèle que la Faculté de théologie témoigne pour la bulle *Unigenitus*. Elle doit avoir d'autant plus confiance dans mes dispositions à cet égard, qu'elle tient de moi la liberté d'instruire, et que son enseignement n'est gêné sur aucun point de doctrine. »

Ces paroles étaient de bon augure, et les espérances qu'elles avaient fait concevoir aux députés du clergé ne furent pas trompées. Peu à peu le gouvernement se relâcha de sa rigueur. La Faculté de théologie recouvra la plus précieuse de ses libertés, celle de vérifier l'orthodoxie de ses candidats et de s'assurer s'ils étaient soumis au Saint-Siège, c'est-à-dire s'ils avaient accepté la bulle *Unigenitus*. A ces conditions, elle ouvrit ses rangs à un grand nombre de bacheliers et de licenciés qui attendaient impatiemment leur admission. Le seul privilège qu'elle ne parvint pas de longtemps à se faire rendre, ce fut celui de nommer elle-même son syndic. Elle vit avec douleur durant plusieurs années cette fonction remplie, en vertu des ordres du roi, par l'abbé Gervaise, qu'elle n'avait pas choisi, et qui, étant mort en 1765, eut un successeur désigné lui-même par une lettre de cachet, l'abbé Riballier. Mais ces mécomptes domestiques avaient perdu le pouvoir d'agiter les écoles. Le jansénisme voyait ses rangs s'éclaircir de plus en plus. L'émotion que les refus de sacrements avaient excitée commençait à se calmer. Au sein de la nation, dans les rangs du clergé comme dans ceux de la magistrature, l'ardeur des esprits se portait sur d'autres objets, sur les problèmes redoutables que la nouvelle philosophie venait de poser avec audace, et qui, embrassant à la fois la nature, l'homme et la société, intéressaient les sciences de tout ordre, donnaient l'éveil à toutes les ambitions, et ne soulevaient pas moins d'alarmes et de colères chez les uns que d'enthousiasme et d'espérance chez les autres.

Durant les controverses que nous venons de raconter rapidement, le pays avait eu à soutenir plusieurs guerres difficiles dans lesquelles la victoire n'était pas toujours restée fidèle à ses drapeaux : les hontes de Rosbach avaient flétri les lauriers de Fontenoy. La situation des finances était déplorable. Pour couvrir les dépenses, il avait fallu établir de nouvelles taxes qui pesaient lourdement sur toutes les classes. L'Université elle-même n'avait pu se soustraire entièrement à cette aggravation des charges publiques. Elle avait obtenu, il est vrai, que sa part dans le revenu des messageries fût augmentée de 20,000 livres ; faveur précieuse qu'elle avait due aux démarches actives de son recteur, M° Lebel, et à une pièce de vers français, adressée par l'un de ses plus jeunes maîtres, lauréat de ses concours, Antoine Thomas, au contrôleur général des finances, M. Moreau de Séchelles (1). Mais à ce témoignage de munificence peut-être eût-elle préféré la conservation, plus utile encore, de ses vieux privilèges qui l'exemptaient des charges publiques. Elle subit la dure loi des circonstances, qui commandaient d'user de tous les moyens d'accroître les ressources de l'État. En 1760, les embarras du trésor royal étaient devenus si sérieux, l'argent était si rare, que les fabriques, corps et communautés furent autorisés, disons mieux, furent contraints à porter leur argenterie aux hôtels de monnaies pour être convertie en espèces. Les collèges de Paris ne s'étaient pas empressés de déférer à l'invitation du roi, mais elle leur fut rappelée par M. de Saint-Florentin, dans une lettre qui peint la misère du temps. Voilà les tristes expédients financiers auxquels

---

(1) Voyez la *Notice sur la jeunesse de Thomas*, dans le recueil de ses *Œuvres posthumes*, Paris, 1802, in-8°, t. I, p. XIII.

le gouvernement de Louis XV était réduit, non moins par les désordres de l'administration que par les calamités d'une longue guerre à la fois continentale et maritime!

Le duc de Choiseul venait alors de succéder au cardinal de Bernis, en qualité de ministre des affaires étrangères. Il avait l'esprit ouvert et enjoué, le caractère vif et entreprenant; il aimait en grand seigneur la littérature et les arts, et ne cachait ni son aversion pour les disputes théologiques, ni son amitié pour les philosophes, qui le payaient de retour en célébrant sur tous les tons le génie de leur protecteur. Sous son règne ministériel il semblait que l'Université de Paris ne dût éprouver aucune vicissitude ni en bien ni en mal. Elle était trop attachée à ses vieilles et austères traditions pour captiver les bonnes grâces du ministre; d'autre part, elle conservait trop de prestige pour avoir à craindre des réformes qui eussent pour résultat de détruire ses privilèges ou de modifier son organisation intérieure. Cependant, lorsqu'elle se reposait doucement sur sa gloire passée et qu'elle n'entrevoyait dans un avenir prochain aucun sujet d'alarme ni d'espérance, elle fut réveillée par un coup inattendu qui comblait enfin, après un siècle et demi d'attente, les vœux les plus ardents de sa haine et de son ambition. La compagnie de Jésus, qui semblait si solidement affermie, avait succombé en quelques mois sous les arrêts des parlements. Ses membres étaient dispersés et bannis, ses biens confisqués; les collèges, chers aux familles, où elle avait réuni une jeunesse florissante étaient livrés aux mains de ses rivaux.

Il n'entre pas dans notre sujet de raconter l'histoire de la chute des Jésuites. Disons seulement que les jansénistes n'avaient jamais pardonné à la société de Jésus leurs propres mécomptes, qu'ils l'avaient incessamment dénoncée comme l'auteur de tous les maux de l'Église, et que la vivacité des controverses théologiques durant les dernières années avait exalté au plus haut point ces sentiments de colère et de vengeance. Après l'attentat de Damiens en 1757, quelques voix accusèrent les Jésuites d'en avoir été les instigateurs; misérable calomnie dont le mépris public fit d'abord justice. Mais, l'année suivante, un orage s'élève contre eux en Portugal. Le marquis de Pombal réussit à les envelopper dans une accusation de complot contre la vie du roi. Trois d'entre leurs membres périssent sur un bûcher, les autres sont chassés du royaume. Cette catastrophe inattendue fournit de nouveaux prétextes aux nombreux adversaires que la Compagnie avait en France, et ranime leur espérance et leur zèle. Sur ces entrefaites éclate la scandaleuse banqueroute du P. La Valette, qui de missionnaire dans les Antilles s'était fait marchand, et dont les spéculations blâmables causèrent une perte d'environ trois millions à ses créanciers. Ceux-ci appellent en garantie la Société et prétendent l'obliger à l'acquittement de la dette contractée par l'un des siens. Les Jésuites, entraînés par les nécessités de leur défense, allèguent imprudemment les règles écrites dans leurs constitutions. On leur répond en les sommant de produire ces constitutions fameuses, que l'œil des magistrats n'a jamais examinées, et qui sont dénoncées comme renfermant des maximes contraires au bien de l'État. Dès lors l'action judiciaire, que des intérêts purement privés avaient entamée sans en calculer les suites, se trouve transformée en une vaste enquête qui embrasse l'organisation entière de la compagnie de Jésus, ses règlements particuliers, ses doctrines, ses livres, son histoire. La procédure était dirigée par des arbitres prévenus, qui méritaient plutôt le nom d'adversaires que celui de juges. Les Jésuites néanmoins n'auraient peut-être pas succombé s'ils se fussent ménagé des appuis à la cour de Louis XV. Mais, loin de là, ils s'étaient aliéné Mme de Pompadour par un sentiment de rigidité chrétienne qui les honore; et, pour s'être montrés moins complaisants qu'ils n'avaient la réputation de l'être, ils se virent abandonnés et sacrifiés par le roi. Différents ouvrages d'auteurs de la Société, au nombre de vingt-quatre, furent d'abord condamnés à être lacérés et brûlés, comme séditieux et destructifs des principes de la morale chrétienne. Quarante collèges que la Compagnie dirigeait dans le seul ressort du parlement de Paris lui furent enlevés pour être confiés à des maîtres nouveaux. L'institut que tant de brefs pontificaux avaient approuvé et recommandé fut flétri par sentence judiciaire, comme inadmissible dans tout État policé, comme contraire au droit naturel, et attentatoire à toute autorité spirituelle et temporelle. Défense fut intimée à ses membres d'en porter l'habit, de vivre sous l'obéissance du supérieur général, d'entretenir avec lui aucune correspondance directe ou indirecte, et même de vivre en communauté. Tous les parlements suivirent l'exemple de celui de Paris et fulminèrent des jugements non moins rigoureux contre les disciples de saint Ignace. Enfin ces arrêts implacables furent couronnés, au mois de novembre 1764, par un édit du roi portant suppression de la société de Jésus dans le royaume (1).

L'Université de Paris accueillit avec un sentiment de satisfaction facile à comprendre la nouvelle des actes décisifs qui la débarrassaient de rivaux odieux. A ce moment même, elle venait de recevoir deux lettres des universités de Zamosk et de Cracovie qui la suppliaient de leur venir en aide contre les entreprises de la compagnie de Jésus en Pologne (2). Elle avait mis beaucoup d'empressement à recommander leur cause à M. de Choiseul, sans soupçonner que le temps était proche où cette recommandation serait rendue inutile par la disgrâce même des oppresseurs redoutés contre lesquels on l'invoquait. Néanmoins il est à remarquer que l'Université de Paris ne prit aucune part directe à l'expulsion des Jésuites. Ce n'est pas qu'elle n'eût été invitée, par les juges eux-mêmes, à se porter partie au procès qui se débattait devant le Parlement, et que plusieurs de ses membres ne fussent d'avis qu'elle devait intervenir pour se montrer fidèle aux traditions de ses pères, en tout temps si opposés à l'institut de saint Ignace. Mais la voix de la prudence l'emporta cette fois sur les inspirations de la rancune et de la colère. Les avocats ordinaires de l'Université furent consultés; et, tout en ayant soin de rappeler les motifs qu'elle avait de se jeter dans la mêlée, ils émirent l'opinion qu'elle ne devait le

---

(1) Isambert, *Anc. Lois franc.*, t. XXII, p. 328 et s.
(2) La lettre de l'université de Zamosk est du 9 avril, et celle de l'université de Cracovie du 26 avril 1761. V. *Arch U.*, Reg. XLVI, fol. 24 et s.; 26 et s.

faire qu'à la dernière extrémité et si la tournure de l'affaire l'exigeait (1). Ce sentiment n'eut pas de peine à prévaloir, et les plus impatients se résignèrent d'autant mieux à modérer leur zèle, que les dispositions bien connues du Parlement ne laissaient aucun doute sur l'issue définitive du débat.

C'est le droit de toutes les grandes institutions de se montrer attachées à leurs privilèges et de les soutenir énergiquement contre ceux qui les menacent ; l'ardeur même qu'elles déploient pour se défendre témoigne qu'elles ont foi en elles-mêmes et qu'elles se sentent la volonté et le pouvoir de servir le pays. L'Université de Paris comptait quatre cents ans d'existence, elle exerçait sur toutes les écoles une suprématie incontestée, lorsque les Jésuites vinrent tout à coup lui disputer la direction de l'enseignement public. Il n'est pas étonnant qu'elle ait fait ses efforts pour les repousser ; que, n'ayant pu les empêcher de s'établir, elle les ait combattus sans relâche, et qu'enfin elle ait applaudi à leur disgrâce comme si cette disgrâce eût été une victoire pour elle-même. Cependant, lorsqu'on s'élève au-dessus des préjugés de l'esprit de corps et des petites jalousies de profession, comment méconnaître les services éminents que la société de Jésus avait rendus à la jeunesse et aux familles, depuis son rétablissement sous Henri IV? Ceux de ses ennemis qui veulent être impartiaux et sincères avouent que ses collèges étaient bien tenus ; que la discipline en était à la fois ferme et douce, exacte et paternelle ; que la routine scolastique s'y trouvait corrigée par de sages innovations, appropriées habilement au progrès des mœurs et aux convenances sociales ; que les maîtres étaient modestes, dévoués, instruits, le plus grand nombre consommés dans l'art d'élever la jeunesse, ceux-ci humanistes éprouvés, ceux-là savants de premier ordre, si réguliers dans les habitudes de leur vie, que jamais aucun reproche d'inconduite ne fut articulé contre eux. Dira-t-on que, malgré des apparences qui séduisent, l'éducation donnée par les Jésuites manquait de solidité, et qu'ils substituaient trop souvent aux sérieux travaux, seuls ef-

---

(1) *Arch. U.*, Reg. XLVI, fol. 57 et 60.

ficaces pour le développement moral de l'homme, des pratiques frivoles ou de mondains exercices? L'Université de Paris leur en adressa plus d'une fois le reproche; mais ils pouvaient répondre en citant les noms des élèves qu'ils avaient formés, et qui figuraient avec honneur dans les sciences et dans les lettres, à la cour et dans les armées, dans les rangs de la bourgeoisie et dans ceux de la noblesse. Un grief plus grave s'élève contre les Jésuites : on les accuse d'avoir eu des doctrines incompatibles avec le bon ordre des États. Nous ne prétendons pas justifier les assertions téméraires de quelques-uns des casuistes de la Société; mais les erreurs qui leur ont été reprochées avaient-elles pénétré dans l'enseignement des classes? Aucun indice sérieux n'autorise à le supposer. Au collège de Clermont, Aristote était assurément plus honoré que Descartes, et le doute méthodique, exposé dans les *Méditations*, paraissait un procédé moins sûr que les règles de l'argumentation syllogistique. Mais il y a loin de cette préférence pour la philosophie péripatéticienne aux théories pernicieuses d'une morale relâchée et d'une politique subversive, qui méconnaîtraient l'ordre civil et les souverainetés temporelles. Si de pareils écarts s'étaient produits dans un seul des collèges dirigés par la compagnie de Jésus, il n'est pas douteux qu'ils n'eussent été aussitôt dénoncés et réprimés. Comme instituteurs de la jeunesse, les Jésuites étaient donc à l'abri de tout blâme, et plutôt dignes de reconnaissance que de persécution. La concurrence même qu'ils firent à l'Université tourna bientôt à l'avantage de celle-ci, en l'obligeant à exercer sur ses écoliers et sur ses maîtres une surveillance de plus en plus active, salutaire à la discipline et à l'enseignement. Nous ne discuterons pas si, dans les autres rôles joués par les disciples de saint Ignace, ils ne s'étaient pas laissé emporter à des excès d'orgueil, d'ambition et d'intolérance, qui devaient leur attirer de cruelles représailles; ce qui appartient et ce qui suffit à notre sujet, c'est de constater que, dans l'ordre des études et de l'éducation publique, leur action se manifesta en général par des bienfaits. La sentence inexorable qui détruisit soudainement leurs collèges s'explique au point de vue historique par les préjugés et les haines accumulées contre la Société. Mais, après avoir recueilli les applaudissements intéressés des contemporains, cet arrêt, tristement fameux, doit-il être confirmé par le jugement équitable de l'histoire? Nous ne le pensons pas : car il blessa la justice et la vérité sous beaucoup de rapports ; et, comme la suite des événements l'a prouvé, il ne servit ni l'Église ni l'État, ni même l'Université, en dépit des espérances que celle-ci avait fondées sur la ruine de ses adversaires.

LIVRE IV.

DEPUIS L'EXPULSION DES JÉSUITES JUSQU'A LA SUPPRESSION DE L'UNIVERSITÉ DE PARIS.

CHAPITRE PREMIER.

Mesures prises au Parlement pour combler les vides formés dans plusieurs collèges par l'expulsion des Jésuites. — Projet d'une réforme générale de l'instruction publique. — Invitation adressée à cet effet à toutes les universités du ressort. — Attitude de l'Université de Paris. — Renouvellement des anciens arrêts contre les pensionnats clandestins. — Translation du collège de Lisieux dans les bâtiments du collège Louis le Grand, et réunion à ce collège des boursiers des petits collèges de Paris. — Collèges de province. — Lettres patentes du mois de février 1763. — Mode d'administration établi par ces lettres. — Règlement du mois de janvier 1766. — Forme de la procédure à suivre contre les professeurs trouvés en faute. — Examens de fin d'année. — Mémoires de La Chalotais et de Guyton de Morveau sur l'éducation nationale. — Préjugés contre les établissements ecclésiastiques. — Sentiments de l'Université de Paris. — Divergence d'opinions dans les villes de province. — Rapport au Parlement sur la réunion des boursiers des petits collèges. — Vingt-sept collèges sont supprimés. — Dispositions adoptées pour l'administration du collège Louis le Grand. — Chef-lieu de l'Université. — Symptômes de mécontentement dans la Faculté des arts et surtout dans la Nation de Normandie. — Le collège de Beauvais est substitué au collège de Lisieux et incorporé en sa place au collège Louis le Grand. — Collège de la Flèche; son agrégation à l'Université de Paris. — Opposition croissante de la Faculté des arts. — Lettre sévère du roi. — Défense de proroger les pouvoirs du recteur, M° Camyer. — Séance tumultueuse. — Arrêt du Parlement. — Camyer fait ses soumissions. — Élection d'un nouveau recteur, M° Lebel. — Legs de M. Demontempuys. — Fondation de la bibliothèque de l'Université.

Au moment où s'engagea le fatal procès qui devait se terminer par leur expulsion, les Jésuites ne comptaient pas moins de quarante collèges dans le seul ressort du parlement de Paris : c'étaient les collèges d'Aire, d'Amiens, d'Angoulême, d'Arras, d'Aurillac, d'Auxerre, de Bapaume, de Bar-le-Duc, de Béthune, de Billom, de Blois, de Bourges, de Charleville, de Châlons-sur-Marne, de Chaumont en Bassigny, de Clermont-Ferrand, de Compiègne, d'Eu, de Fontenay-le-Comte, d'Hesdin, de la Flèche, de Langres, de Laon, de la Rochelle, de Mâcon, de Mauriac, de Moulins, de Nevers, d'Orléans, de Reims, de Roanne, de Saint-Flour, de Saint-Omer, de Sens, de Tours. A Lyon, la Société possédait les deux collèges de la Trinité et de Notre-Dame de Bon-Secours ; à Poitiers, les collèges de Sainte-Marthe et de Puy-Gareau ; enfin, à Paris, le collège Louis le Grand.

L'expulsion violente, imprévue, immédiate, de tant de maîtres habiles, chargés de la direction des classes dans ces quarante collèges, devait y produire un vide soudain, tout aussi difficile que nécessaire à combler. Dès les premiers arrêts qui préparaient la dissolution de la société de Jésus, le Parlement s'efforça de pourvoir aux embarras du présent et d'obvier à ceux de l'avenir. Il avertit les officiers municipaux des différentes villes, et les invita en termes pressants à chercher de nouveaux régents et à passer tous les contrats qu'ils jugeraient nécessaires pour le remplacement des membres de la Compagnie. On était généralement porté à croire qu'il existait dans le royaume un assez bon nombre de maîtres ès arts inoccupés, qui ne refuseraient pas de consacrer leurs soins à l'éducation de la jeunesse et de recueillir cette partie de l'héritage des Jésuites. On espérait même que les maîtres séculiers seraient assez nombreux pour suffire seuls à la tâche, sans qu'il devînt nécessaire de faire appel aux communautés religieuses ; mesure extrême que la Faculté des arts, sinon l'Université de Paris tout entière, repoussait énergiquement. Les prévisions du Parlement ne furent pas tout à fait trompées, et sur un assez grand nombre de points l'enseignement de la jeunesse, enlevé aux Jésuites, passa sans trop de secousses entre les mains de nouveaux maîtres, la plupart séculiers. Mais ce personnel, en quelque sorte improvisé, n'avait ni l'expérience ni l'ascendant désirable. D'ailleurs, aux yeux des meilleurs esprits, c'était peu d'avoir changé les hommes, si le fond des choses ne subissait pas des modifications profondes, telles que le progrès des lumières et de la philosophie paraissait les réclamer. Rousseau venait de publier l'*Émile*. Son éloquence enflammée, ses nombreux paradoxes mêlés à quelques vues utiles, les protestations et le scandale même qui s'en étaient suivis, donnèrent un nouvel à-propos à toutes les questions qui se rattachent à l'éducation de l'homme et du citoyen. Tout semblait donc se réunir pour engager le Parlement à entreprendre une réforme générale de l'instruction publique. Il confia le soin d'en élaborer le projet à quatre de ses membres, MM. de Laverdy, Roussel de la Tour, l'abbé Terray et le président Rolland, qui eut la direction du travail, lorsque M. de Laverdy fut devenu contrôleur général des finances. Les délégués du Parlement devaient se concerter avec cinq autres commissaires désignés pour ce même objet par le roi : M. de La Roche Aymon, archevêque de Reims; M. de Jarente, évêque d'Orléans; MM. d'Aguesseau et Gilbert, conseillers d'État, et M. Taboureau, maître des requêtes. Ce dernier était chargé des fonctions de rapporteur (1). Il n'eût été ni juste ni sage de ne pas faire appel aux lumières des universités elles-même. Les statuts qui régissaient les études et la discipline des écoles publiques étaient sans doute susceptibles de perfectionnements; mais ces perfectionnements, qui pouvait mieux les apprécier que les maîtres laborieux et éprouvés qui avaient voué leur vie à l'éducation de la jeunesse? Aussi, dès le 3 septembre 1762, un arrêt fut rendu pour ordonner « que les Universités de Paris, de Reims, de Bourges, de Poitiers, d'Angers et d'Orléans, enverroient dans le délai de trois mois, au procureur général du roi, tels mémoires qu'elles aviseroient être bon, contenant les règlements d'études et de discipline qu'elles croiroient devoir proposer pour être observés dans les collèges des différentes villes du ressort de la cour. » Ces mémoires devaient indiquer « les plans les plus propres pour remplir les trois principaux objets de l'instruction de la jeunesse, la religion, les mœurs, les sciences, c'est-à-dire : 1° pour imprimer dans le cœur des jeunes gens les premiers principes de la religion, leur en apprendre et

---

(1) Rolland, *Mém. sur l'adm. du collège Louis le Grand*, dans le *Recueil de plusieurs ouvrages de M. le président Rolland*, Paris, 1783, in-4°, p. 163.

leur en faire pratiquer les devoirs et les appliquer utilement à l'étude de l'histoire sainte; 2° pour former leurs mœurs par l'étude et par la pratique de la vertu; 3° pour leur apprendre les éléments et les principes des langue française, grecque, latine ou autres, l'histoire, les belles-lettres, la rhétorique, la philosophie et les autres sciences qui peuvent convenir à cet âge. » Il semblait que, l'instruction de la jeunesse étant ainsi réglée, elle dût procurer au pays des « chrétiens et des citoyens capables de remplir, dans le respect et la soumission qu'ils devoient au roi, aux lois de l'Église et de l'État et aux maximes du royaume, les différents emplois auxquels ils pourroient être appelés. » Enfin, par une dernière disposition qui n'était ni la moins neuve ni la moins féconde, le Parlement ordonna aux universités d'indiquer par quels moyens il serait possible de rattacher à leur juridiction et à leur enseignement les collèges situés dans le ressort de la cour. En groupant ainsi les écoles publiques autour de quelques centres principaux, d'où la lumière et la règle devaient désormais rayonner, on préparait les voies à l'unité de l'éducation (1); et la magistrature ne cachait pas que cette unité, combattue alors par des préjugés puissants, était un des buts qu'elle poursuivait avec le plus de sollicitude.

Entre toutes les universités du ressort, la plus intéressée au succès des vues du Parlement, celle qui devait les seconder avec le plus de zèle et d'ardeur, c'était sans contredit l'Université de Paris. Les réformes qui paraissaient sur le point de s'accomplir n'ouvraient-elles pas le champ le plus vaste à son influence, pourvu toutefois qu'il n'en résultât aucune atteinte à ses vieux privilèges? Tous ceux qui étaient accoutumés à la vénérer comme la mère des sciences et des lettres sollicitaient les directions de sa vieille expérience. Le Parlement poussa la confiance envers elle jusqu'à décider que les mémoires transmis par les officiers municipaux et les bailliages des différentes villes lui seraient renvoyés, et qu'elle

---

(1) L'Université de Paris attachait le plus grand prix à l'établissement d'un système uniforme d'éducation, et à l'avance elle en exaltait l'utilité et les bienfaits. V. *Arch. U.*, Reg. XLVII, fol. 57 et 66.

serait appelée à en donner son avis. L'Université voulut prouver qu'elle saurait remplir les intentions du Parlement. Elle fit donc appel aux lumières de ses membres les plus autorisés, et leur demanda de préparer des rapports sur les principales questions que le remplacement des Jésuites allait bientôt soulever. Mais les formes de son gouvernement intérieur se prêtaient peu à la promptitude des délibérations, surtout quand les esprits n'étaient pas d'accord. Dans une lettre du 11 janvier 1762, le procureur général, M. Joly de Fleury, fait savoir au recteur que le Parlement, n'ayant pas encore reçu les rapports qu'il avait demandés à l'Université de Paris, intime à celle-ci l'ordre de les fournir sans délai (1). La Faculté de théologie gardait une attitude fort réservée et paraissait disposée à s'abstenir. Tout ce que le recteur put obtenir, ce fut qu'elle voulût bien nommer des commissaires chargés de recueillir les censures portées à différentes époques contre les doctrines des membres de la société de Jésus (2). La Nation de Picardie n'approuvait pas les réponses préparées dans le sein des autres compagnies. Elle alla même jusqu'à prendre à ce sujet des conclusions qui furent dénoncées au Parlement comme injurieuses à l'Université et à son chef, blessantes pour la magistrature, ouvertement contraires aux maximes que l'Université avait de tout temps gardées et proposées. Le procureur de la Nation, M⁰ Turmine avait eu, comme tous ses collègues, communication des mémoires qui devaient être envoyés à M. de Joly de Fleury. Il retint frauduleusement le manuscrit de ces mémoires, et, pour qu'il le restituât, il fallut prendre arrêt contre lui (3).

Ces conflits domestiques, ces divergences, où les amours-propres blessés avaient la plus grande part, témoignaient tristement que l'esprit de contention n'était pas éteint dans les écoles et qu'il pourrait opposer un obstacle sérieux aux réformes les plus opportunes. Néanmoins, à la Faculté des arts et dans les Facultés

---

(1) *Arch. U.*, Reg. XLVI, fol. 56. Cf. *Ibid.*, fol. 61.
(2) *Arch. nat.*, MM. 258, p. 42, 44 et 49; *Nouvelles ecclésiastiques*, 1762, p. 42 et s.
(3) Arrêt du 5 mars 1762. *Arch. U.*, Reg. XLVI, fol. 66 v° et s.; V. Pièces justificatives, n° CXCIV; *Nouvelles ecclésiastiques*, 1762, p. 100 et s.

de droit et de médecine, la grande majorité suivait docilement l'impulsion et les ordres du Parlement; elle n'était même que trop portée à s'unir, en ce qui la concernait, aux mesures de proscription décrétées contre les Jésuites. L'arrêt célèbre du 6 août 1762 avait enjoint à ces derniers « d'avoir à quitter sous huit jours toutes les maisons, collèges, séminaires, maisons professes, noviciats, résidences, missions, ou autres établissements de la Société, et de se tenir en tels endroits du royaume que bon leur sembleroit, autres néanmoins que les collèges et séminaires, ou autres maisons destinées à l'instruction de la jeunesse, si ce n'est qu'ils y entrassent à titre d'étudiants. » Cet arrêt ne fut pas signifié à l'Université de Paris. Toutefois elle s'empressa d'en ordonner la transcription sur les registres et, renouvelant d'anciennes défenses, elle interdit aux principaux de ses collèges de recevoir dans leurs établissements aucunes personnes « ayant porté en 1761 l'habit de la compagnie de Jésus. » Ce décret, voté avec précipitation, décelait plus de rancune que de prudence et ne pouvait qu'appauvrir le personnel de l'enseignement public dans une conjoncture grave où les maîtres étaient devenus rares. Heureusement il n'obtint pas l'approbation des ministres de Louis XV. M⁰ Fourneau, alors recteur, fut mandé à Fontainebleau par ordre du roi; et là il reçut communication d'un arrêt du conseil d'État qui annulait la délibération de l'Université et lui « faisoit défense de rendre à l'avenir de pareils décrets, et au recteur d'en proposer, ou souffrir qu'il en fût proposé de semblables (1). »

Une autre démarche de l'Université de Paris contre la compagnie de Jésus reçut un meilleur accueil. Sur la requête de M⁰ Fourneau, le Parlement homologua la délibération par laquelle la Faculté des arts, au mois d'août 1677, avait ordonné l'exécution des anciens statuts qui défendaient de donner l'enseignement, dans des maisons particulières, à des enfants âgés de moins de neuf ans. La défense était portée « sous peine de privation de toutes digni-

---

(1) *Arch. U.*, Reg. XLVII, fol. 21.

tés, immunités et privilèges académiques, de déchéance de grades contre ceux qui se seroient immiscés dans une pareille instruction, et d'incapacité d'en acquérir de la part de ceux qui auroient fait de pareilles études (1). » Il fut également décidé que les candidats qui se présenteraient pour obtenir les grades seraient tenus de déposer, entre les mains du syndic et du greffier de l'Université, des pièces authentiques constatant sous quel maître ils avaient étudié depuis l'âge de neuf ans. Ces pièces devaient être visées et vérifiées par le syndic et le greffier, avant que les candidats fussent admis au serment par le recteur.

Les dispositions qui précèdent, et surtout l'homologation solennelle qui venait d'en être demandée et obtenue au Parlement, avaient pour but immédiat de fermer à la compagnie de Jésus les voies détournées par où elle aurait pu ramener entre ses mains une partie de l'éducation. Mais ces mesures rigoureuses concernaient aussi les écoles clandestines qui pullulaient dans la capitale. Ces écoles dataient de loin, et la concurrence active qu'elles faisaient aux collèges de l'Université donna déjà lieu, sous Louis XIV, à de vives réclamations, dont nous avons recueilli quelques échos dans le cours de cette histoire. Sur la fin de 1762, la position n'était pas améliorée, si nous en jugeons par le passage suivant d'un mémoire adressé au Parlement de Paris (2) : « On voit de toutes parts dans la ville et aux environs, disait l'Université, des hommes sans qualité, souvent sans capacité, qui de leur autorité privée osent prendre le titre d'instituteurs de la jeunesse et en faire les fonctions, ouvrir leurs maisons au public et y tenir pensions et écoles, et qui prétendent y enseigner toutes les parties de la littérature, même la rhétorique et la philosophie. Ces charlatans, dans des prospectus qu'ils ont soin de répandre à la ville, à la cour et dans les provinces, annoncent hautement qu'ils sont inventeurs de nouvelles méthodes d'éducation, plus courtes, plus faciles et plus agréables que celles qui sont em-

---

(1) Arrêt du 7 sept. 1762. *Arch. U.*, Reg. XLVII, fol. 16 et s.
(2) *Mémoire présenté à nos seigneurs du Parlement par le recteur et son conseil, en conséquence de l'arrêt du 6 août* 1762. *Arch. U.*, Reg. XLVII, fol. 23 v° et s.

ployées dans l'Université, sous les yeux et par l'autorité de la cour. Ils publient que leurs systèmes ont des succès extraordinaires, et qu'ils produisent des effets si merveilleux, que par eux les enfants acquièrent sans peine et sans travail toutes les connaissances auxquelles ils ne parviennent qu'après une longue suite d'années et par des efforts continuels, en suivant la route ordinaire. Ces promesses flatteuses en imposent à des parents peu instruits et crédules. Séduits par les dehors d'un habit uniforme, de quelques institutions militaires, de quelques exercices frivoles que la sagesse de nos pères avait soigneusement écartés des écoles publiques, ils confient ce qu'ils ont de plus cher au monde à l'impéritie de ces hommes mercenaires, et ils ne s'aperçoivent qu'ils ont été trompés, dans les choses où il leur importerait le plus de ne l'être pas, que lorsqu'il n'est plus temps de faire donner à leurs enfants les principes d'une éducation solide. Un pareil abus peut-il être toléré dans une ville où est la première et la plus célèbre des Universités? Ne suffit-il pas d'en représenter les inconvénients à des magistrats aussi éclairés qu'intègres? »

Afin d'arrêter cette concurrence désastreuse que l'expulsion des Jésuites semblait devoir encourager et alimenter, l'Université ne proposait pas seulement des mesures de rigueur; elle demandait l'établissement d'un certain nombre de collèges loin du quartier latin, dans les parties de la ville où les institutions particulières s'étaient surtout multipliées. Ce vœu, que M. Demontempuys avait émis en 1715, non sans l'appuyer de raisons très plausibles, semblait alors favorisé par les circonstances. La dispersion de la compagnie de Jésus avait laissé sans destination les bâtiments qu'elle occupait : ne pouvait-on pas y transporter quelques communautés établies dans les quartiers où l'on voulait ériger un nouveau centre d'instruction, et installer à la place des Jésuites un des anciens collèges de l'Université, lequel eût trouvé dans ce changement le principe d'une vie nouvelle et d'une prospérité à peu près certaine? Toutefois le projet n'eut pas de suite immédiate, et l'Université elle-même paraît y avoir renoncé, préoccupée qu'elle était d'une affaire tout autrement importante à ses yeux : nous voulons parler de la translation de l'ancien collège de Lisieux dans les bâtiments du collège Louis le Grand.

Le collège de Lisieux, fondé au quatorzième siècle par un évêque de Normandie, était situé sur le sommet de la montagne Sainte-Geneviève, tout proche de l'abbaye de ce nom, de laquelle il se trouvait séparé par un simple mur de clôture. Une partie des terrains qu'il occupait étaient nécessaires au dégagement de l'église qui commençait à s'élever, sous l'invocation de la patronne de Paris, d'après les plans de l'architecte Soufflot. Mais comment parvenir à changer l'affectation de ces terrains? Lorsque la dissolution des Jésuites eût été prononcée et que leurs biens furent mis sous le séquestre, les Génovéfains imaginèrent un expédient qui paraissait concilier tous les intérêts : c'était de transporter le collège de Lisieux dans les bâtiments du collège Louis le Grand, arraché à ses anciens possesseurs. Cette proposition fut soumise au Parlement, qui l'accueillit avec faveur, et la cour décida qu'il en serait donné communication à l'Université, à la ville et au Châtelet (1). Les amis secrets que la société de Jésus avait conservés dans sa disgrâce éprouvèrent une douleur profonde en apprenant que le plus bel établissement de la Compagnie était sur le point d'être cédé à ses rivaux. Ils n'épargnèrent pas les démarches afin d'éviter un résultat aussi affligeant pour eux, et ils réussirent à gagner des appuis jusque dans le camp opposé. En dépit de leurs efforts, la combinaison indiquée par les Génovéfains ne souleva aucune objection sérieuse, ni de la part de l'Université, ni de la part de la ville. Comment l'Université n'aurait-elle pas applaudi à un tel plan? Elle échangeait de vieilles masures contre des bâtiments en bon état, aussi spacieux et aussi aérés qu'il en existait alors, tels en un mot que les Jésuites savaient habilement les choisir et les disposer, partout où ils s'établissaient. Mais l'Université avait encore d'autres motifs pour appeler de tous ses vœux une solution favorable. La situation des petits collèges, comme on a pu en juger, n'était rien moins que

---

(1) Arrêt du 28 août 1762. *Arch. U.*, Reg. XLVIII, fol. 6 v°. V. Pièces justificatives, n°ˢ CXCVI, CXCVII et CXCVIII.

florissante. La plupart étaient endettés ou en procès. Leurs biens, mal administrés par des principaux négligents ou infidèles, étaient à peine suffisants pour acquitter les intérêts des emprunts et les frais de justice. Le nombre des bourses avait été réduit à ce point que, sur 384 bourses comprises dans les anciennes fondations, 196 seulement étaient occupées en 1762 (1). Les boursiers faisaient de tristes études, se querellaient fréquemment avec les principaux, n'observaient aucune discipline, et menaient en général une assez mauvaise vie. Que de fois n'avait-on pas vu le Parlement réduit à intervenir pour ramener parmi eux la paix et le bon ordre! Il fallait une réforme radicale pour remédier à des abus aussi invétérés. La plus efficace, comme la plus simple, était de restreindre le nombre des petits collèges, ou plutôt de les réunir en un seul, qui remplaçât cette foule inutile d'institutions déchues ou incomplètes. Là, tous les boursiers, soumis à une discipline exacte et uniforme, acquerraient le sentiment de la règle et du devoir, l'amour du travail, et une instruction bien supérieure à celle qu'ils recevaient jusque-là. Par une direction prévoyante, il était aisé de tourner de bonne heure vers la carrière de l'enseignement leur vocation et leurs efforts; et ainsi pouvait se former une pépinière de sujets instruits, de maîtres habiles, qui seraient aptes à remplir un jour les chaires vacantes, non seulement dans l'Université de Paris, mais encore dans toutes les écoles de France. Le chancelier d'Aguesseau, dès 1730, avait eu communication d'un projet tout semblable et l'avait vivement approuvé. Le seul motif sérieux d'ajournement, c'était la difficulté de l'exécution, car dans les années précédentes les moyens pratiques avaient toujours manqué. Mais l'obstacle était levé, si l'ancien collège des Jésuites passait aux mains de l'Université : les boursiers des petits collèges pouvaient dès lors y être réunis, en même temps que ceux du collège de Lisieux. Enfin cette acquisition inespérée permettait à l'Université d'accomplir un autre projet qu'elle caressait depuis longtemps, la création

(1) *Recueil de divers ouvrages du président Rolland*, p. 207 et s.

d'un chef-lieu où elle pût tenir ses assemblées, en même temps qu'elle y réunirait sa bibliothèque et ses archives. Il était aisé de découvrir dans les vastes constructions du collège Louis le Grand un local approprié à ces fins différentes; et en supposant même que le voisinage des classes, et une sorte de prééminence accordée au nouveau collège sur les anciens, offrît des inconvénients sérieux, la majorité des esprits n'en était pas encore frappée et appréciait surtout l'avantage de posséder un centre de réunion plus fixe et plus convenable que l'habitation particulière du recteur. Ces divers motifs engagèrent l'Université à appuyer de tous ses efforts la proposition des religieux de l'abbaye de Sainte-Geneviève; elle y ajouta seulement l'expression de ses vœux personnels en faveur de la réunion des boursiers et de l'établissement d'un chef-lieu pour elle-même (1). Les officiers du Châtelet, ainsi que le prévôt des marchands et les échevins de la ville, émirent de leur côté un avis favorable. En conséquence, le 7 septembre 1762, le Parlement rendit un arrêt pour enjoindre que les classes du collège de Lisieux fussent ouvertes, à partir du 1er octobre prochain, dans les bâtiments du collège Louis le Grand. La réunion définitive des boursiers ne fut pas ordonnée sur-le-champ, car elle parut toucher à des intérêts complexes qu'il était juste de ménager et qui ne permettaient pas une décision immédiate; mais la cour donna un gage de ses intentions favorables en décidant que les élèves de tous les collèges où l'exercice des classes n'existait pas seraient tenus provisoirement de fréquenter les cours du collège de Lisieux (2). Cet ordre impliquait en principe l'approbation du plan proposé par l'Université.

La cérémonie de l'installation du collège de Lisieux dans le nouveau local qui venait de lui être affecté eut lieu le 4 octobre 1762, en présence des délégués du Parlement, MM. Rolland, Roussel et de Laverdy, de tout le tribunal de l'Université, ayant à

(1) *Mémoire présenté à nos seigneurs du Parlement par le recteur et son conseil, en conséquence de l'arrêt rendu le 28 août* 1762. Arch. U., Reg. XLVIII, fol. 7 v° et s. V. Pièces justificatives, n° CXCVIII.
(2) Arrêt du 7 sept. 1762. Arch. U., Reg. XLVII, fol. 20; Rolland, *Mém. sur l'administration*, etc., p. 158.

sa tête le recteur, M° Fourneau, des principaux des collèges, des régents et de tous les boursiers. Quand la remise des bâtiments eut été achevée, les assistants se rendirent à la chapelle, où le principal du collège de Lisieux, M° Leseigneur, entonna le *Te Deum*, qui fut suivi d'une messe solennelle chantée par M. Bergeron, procureur du même collège. Soit malicieuse intention, soit inadvertance, le célébrant, au lieu de la messe votive du Saint-Esprit, avait choisi l'office de la Pentecôte, qui prêtait à quelques allusions aux derniers événements. A ces mots de l'Introït : *Exsurgat Dominus et dissipentur inimici ejus, et fugiant qui oderunt faciem ejus*, l'assemblée tressaillit et n'hésita pas à faire aux Jésuites l'application des paroles du prophète (1). Les rancunes universitaires étaient si vives qu'elles se ménageaient, jusqu'au pied des autels, de puérils triomphes contre des ennemis abattus. La cérémonie se termina, selon l'usage, par un discours en latin sur la rentrée des classes. La prise de possession continua les jours suivants jusqu'au 20 octobre. Ce jour-là, comme l'avaient réglé les commissaires du Parlement, eut lieu l'installation des pensionnaires, qui s'était trouvée retardée de quelques jours, sur l'avis du doyen de la Faculté de médecine, afin que les dortoirs et les réfectoires, nouvellement réparés, pussent être séchés et assainis.

Tandis que le florissant collège des Jésuites se transformait ainsi, sans décheoir, entre les mains de ses nouveaux possesseurs, le Parlement se préoccupait de la situation des collèges de province, surtout de ceux qui ne dépendaient pas des universités. La plupart se trouvaient dans l'état le plus fâcheux, ne possédant qu'un revenu précaire et n'ayant pas de règles fixes d'administration. Pour y relever la discipline et l'enseignement, il fallait toucher à tous les points de leur constitution intérieure; entreprise d'autant plus délicate que l'attention publique était éveillée et se portait avec avidité sur ces matières. Les commissaires du Parlement eurent la sagesse d'ajourner les questions qui ne

---

(1) Rolland, *ibid.*, p. 160; *Nouvelles ecclésiastiques*, 1765, p. 196.

réclamaient pas de solution immédiate et de se borner aux points qui leur étaient signalés comme les plus urgents. Provisoirement ils négligèrent les collèges qui trouvaient leur garantie de stabilité dans la présence d'une communauté religieuse et ils réservèrent leur sollicitude pour ceux qui étaient aux mains des séculiers. La tâche, même renfermée dans ces limites, était laborieuse; elle exigea beaucoup de temps, d'études et de pourparlers. Enfin, après plusieurs mois d'enquêtes et de délibérations, les commissaires parvinrent à dresser un règlement général qui reçut l'approbation du roi, et qui parut en février 1763, sous la forme de lettres patentes (1). Ces lettres étaient accompagnées d'un préambule que la plume sévère de M. de Laverdy avait rédigé, et qui mérite d'être connu :

« Dans les siècles d'ignorance et de confusion, disait le roi, les lettres trouvèrent un asile dans les églises cathédrales et dans les monastères les plus célèbres, qui purent conserver leur liberté et leur repos sous la protection et la garde de nos prédécesseurs, tandis que l'Université de Paris, de l'origine la plus ancienne, traçoit dès lors le modèle d'un autre genre d'école, plus régulier et plus complet. A l'exemple de cette première Université, formée sous les yeux des rois nos prédécesseurs, et appuyée de toute leur faveur et de toute leur protection, il en a été établi d'autres en plusieurs villes principales de notre royaume, où chacune d'elles présente un ensemble d'études et de savoir universel, érigé en corps d'*Université*, composé de personnes ecclésiastiques et séculières, partagé en autant de Facultés qu'on a cru distinguer de genres principaux de sciences relatives au service de l'Église et de l'État, et non seulement destiné à les faire fleurir et à les enseigner, mais encore à conférer des degrés, sur la foi desquels ceux qui les obtiennent après les épreuves requises puissent être admis au titre et à l'exercice des différentes fonctions de l'ordre ecclésiastique et civil : en sorte que l'institution des Universités fait une partie essentielle de

---

(1) *Arch. U.*, Reg. XLVII, fol. 35 v° et s.; *Recueil de plusieurs ouvrages de M. le président Rolland*, introd., p. XXVIII et s.; Isambert, *Anciennes Lois françaises*, t. XXII, p. 389 et s.

l'ordre public, puisque, par les degrés qu'elles confèrent, ce sont elles qui ouvrent l'accès à la plus grande partie des fonctions publiques, et jusqu'aux dignités même les plus éminentes de l'Église et de l'État. Au grand ouvrage de l'établissement des Universités il en a été ajouté un autre, d'un ordre moins élevé, mais d'un détail plus étendu, auquel l'autorité et la sagesse des rois nos prédécesseurs ne se sont pas moins intéressées. Comme les écoles des Universités, fixées dans un certain nombre de villes, ne pouvoient servir qu'à ceux qui étoient en état de les fréquenter, la jeunesse se trouvoit privée partout ailleurs, même dans les autres villes les plus nombreuses et les plus distinguées, du secours et des avantages de l'éducation publique. Pour y remédier autant qu'il étoit possible, la plupart des villes de notre royaume ont successivement obtenu l'établissement de collèges particuliers, bornés à l'éducation et à l'instruction, si utiles en elles-mêmes, indépendamment des degrés, et propres en même temps à y préparer ceux qui, pour les obtenir, voudroient dans la suite passer aux Universités et y accomplir le cours des études académiques. Tout a concouru à la dotation de ces collèges : le clergé à celle de la plupart, par l'application des prébendes préceptoriales, destinées à l'instruction de la jeunesse, aux termes des ordonnances d'Orléans et de Blois, et par l'union des bénéfices ecclésiastiques ; les corps municipaux, par les engagements qu'ils ont pris pour aider à en soutenir les charges ; les particuliers de tout ordre et de toute condition, par leurs dons et leurs libéralités ; les rois même, par leurs grâces et par leurs bienfaits. C'est ainsi que sous l'autorité des rois nos prédécesseurs et la nôtre, sans laquelle il ne peut être permis d'établir aucune école publique dans notre royaume, se sont établies les deux sortes d'écoles qui existent aujourd'hui dans nos États ; les unes gouvernées par les Universités, sous leur inspection et leur discipline, soumises à leurs lois et à leurs statuts ; les autres subsistantes chacune par son propre établissement, et dispersées dans toute l'étendue de notre royaume. Nous devons également à toutes notre protection royale et notre attention paternelle, et dans l'intention où nous sommes de porter successivement nos vues sur les différentes parties d'un objet si intéressant et si étendu, nous ne négligerons pas, sans doute, ce qui regarde le bon ordre, le maintien et la splendeur des Universités, leur réformation même, s'il en est besoin. Mais ce qui nous paroît le plus instant, c'est d'apporter un meilleur ordre à l'état de tant de collèges particuliers, répandus partout. La multiplicité de ces collèges, l'obscurité et l'indigence de revenu d'un grand nombre d'entre eux, peuvent faire craindre qu'il ne s'en trouve plusieurs dont l'établissement peu solide, le défaut de règles, ou les vices de l'administration exigent une entière réforme, ou une réunion à d'autres collèges plus utiles et mieux établis, quelques-uns même une entière suppression. C'est dans cette vue que nous jugeons à propos, d'un côté, d'ordonner qu'il nous sera rendu nécessairement un compte exact de l'établissement de chacun de ces collèges, et de tout ce qui peut nous faire connoître quelle est la situation actuelle; et, de l'autre, de donner, dès à présent, à ces collèges, autres néanmoins que ceux dont l'administration seroit entre les mains de congrégations régulières ou séculières, pour les desservir et gouverner, une forme d'administration qui leur soit commune, et qui sans préjudicier aux droits légitimes des fondateurs, ni aux conditions primitives des fondations bien et dûment autorisées, puisse satisfaire à ce qui regarde la conservation et l'amélioration des bourses, la dispensation régulière des revenus, le choix des sujets pour les places à remplir, la discipline pour les études et pour les mœurs, et, en général, veiller à tout ce qui est du bien et de l'avantage de chaque établissement. »

Quel était le mode d'administration que ces dernières lignes annonçaient? Il consistait dans la création, près de chaque collège, d'un bureau administratif, dans lequel le clergé, la magistrature, les municipalités, les familles seraient représentés, et qui feraient pour ainsi dire passer aux mains de la société tout entière la surveillance et la direction des établissements d'instruction publique. Dans les villes de parlement, le bureau devait se composer de l'archevêque ou évêque, du premier président de la cour, du procureur général, des deux premiers officiers municipaux, de deux notables et du principal. Dans les autres villes, le président et le procureur général étaient remplacés par le premier officier de la justice royale ou seigneuriale du lieu et par les magistrats chargés du ministère public. Le bureau devait s'assembler deux fois au moins tous les mois. Ses décisions étaient prises à la pluralité des suffrages. A l'exception des professeurs de théologie, dont la nomination était réservée à l'autorité diocésaine, il nommait et révoquait tous les autres professeurs ou régents et le principal. Il arrêtait les heures et la durée de l'enseignement, accordait les congés et les vacances, et préparait les règlements généraux de discipline intérieure, sauf l'homologation du Parlement. Il fixait les traitements des fonctionnaires et les pensions des émérites, régissait les biens et revenus des collèges, vérifiait les comptes de dépenses et de recettes, ordonnait les réparations et constructions, réglait les beaux à ferme et à loyer, les emprunts, les remboursements, les acquisitions et ventes de biens. Aucun procès ne pouvait être entrepris au nom du collège, ni aucun appel interjeté, si ce n'est en vertu d'une délibération du bureau. Le principal conservait la nomination aux emplois subalternes et la police des classes. Tous les professeurs de théologie étaient tenus de souscrire la déclaration du clergé de France de 1682 et d'y conformer leur enseignement.

L'édit célèbre dont nous venons d'analyser les dispositions principales était sagement conçu et faisait honneur aux lumières et à l'habileté de ses auteurs. Ce qu'il avait surtout de remarquable, c'est qu'il s'étendait non pas seulement aux collèges situés dans le ressort du parlement de Paris, mais à tous ceux du royaume, à l'exception des établissements dirigés par les communautés religieuses. Il allait imprimer à l'organisation administrative d'une partie considérable de l'enseignement public l'uniformité qui existait déjà dans certaines parties de la législation civile. L'innovation était grave et empiétait à quelques égards sur les droits des autorités locales, qui perdaient la direction exclusive de leurs propres collèges. Cependant l'édit de 1763 ne paraît pas avoir été accueilli avec défaveur dans les provinces. Il n'excita de sérieuses réclamations que de la part du clergé. Quelques chapitres investis de la haute direction de certains collèges se plaignirent d'avoir été dépossédés de leurs droits. Beaucoup d'évêques réclamèrent pour un motif plus grave : ils exprimèrent la crainte que la nouvelle organisation des collèges n'eût pour effet de les soumettre à des influences purement laïques et d'affaiblir ainsi la juste et nécessaire influence de la religion sur l'éducation de la jeunesse.

Il appartenait aux parlements de développer les dispositions de l'édit du roi, et de régler, sous forme d'arrêt, les mesures de détail et d'application. A cet effet, le parlement de Paris ordonna qu'il fût déposé au greffe copie de tous les états de situation et mémoires qui, d'après l'art. 1ᵉʳ de l'édit, devaient être dressés par les bureaux des collèges. Ceux-ci, de leur côté, reçurent communication de plusieurs projets de règlements, soit pour les études, soit pour la discipline. Cet échange de documents entre la cour et les collèges du ressort, et l'examen auquel il fallut se livrer, durèrent près de deux ans. Lorsque toutes les pièces eurent été recueillies et contrôlées avec soin, le procureur général soumit à la cour un arrêté de règlement qu'elle homologua en janvier 1765, et qui devait être mis à exécution dans tous les collèges du ressort. Cet arrêté ne fait que développer et compléter l'édit de 1763 (1). C'est une sorte de règlement d'administration publique, dont les détails échappent à l'analyse et, pour la plupart, sont dénués d'intérêt pour nous. Cependant on y trouve certaines dispositions qui offrent avec la législation actuelle des points de comparaison assez curieux.

La première que nous rappellerons concerne les formes de la procédure à suivre à l'égard des professeurs qui ont commis quelque faute. On verra, par ce qui va suivre, de combien de garanties la position et l'honneur des maîtres de la jeunesse avaient été entourés.

Art. XI. Dans le cas où il seroit porté des plaintes contre aucun

---

(1) *Recueil de plusieurs ouvrages*, etc., introd., p. xxxvii et s.

des principaux, professeurs ou régents, il en sera rendu compte par l'un des administrateurs, et si lesdits faits sont jugés à la pluralité des deux tiers des voix être de nature à exiger la destitution, il sera arrêté de convoquer un bureau pour y délibérer. Il sera fait mention de ladite délibération sur le registre des délibérations, mais lesdits motifs n'y seront pas transcrits; ils seront seulement, sans déplacer, rédigés par écrit sur une feuille séparée, signés en fin, et parafés à toutes les pages par tous ceux qui auront assisté audit bureau et par le secrétaire. — Art. XII. Ledit écrit sera déposé ès archives du bureau, et ne pourra être, à peine de destitution contre ledit secrétaire, communiqué à personne sous aucun prétexte, si ce n'est aux membres dudit bureau qui ne se seroient pas trouvés en l'assemblée où il auroit été décidé que les motifs de plainte paraissent de nature à exiger la destitution. — Art. XIII. Le bureau qui sera indiqué en exécution de la délibération mentionnée en l'article XI, ne pourra être tenu qu'à la quinzaine. Tous les membres du bureau qui ne se seroient pas trouvés à la séance mentionnée audit article XI seront, par le secrétaire, dans les vingt-quatre heures de la tenue dudit bureau, avertis de ladite délibération et de son objet. — Art. XIV. Celui contre lequel il aura été porté des plaintes sera, dans la même forme et dans le même délai mentionné en l'article précédent, averti de se rendre au bureau indiqué pour l'entendre sur les plaintes formées contre lui; et le secrétaire sera obligé, lors de la tenue des assemblées où sera entendu le principal, professeur ou régent contre lequel il aura été porté des plaintes, de certifier le bureau qu'il a exécuté l'article XIII et le présent; et, en cas qu'il n'ait pas trouvé quelques-uns de ceux qu'il devoit avertir, de déclarer les personnes auxquelles il aura parlé dans la maison de ceux qu'il étoit chargé d'avertir, dont sera fait registre. — Art. XV. Ledit principal, professeur ou régent, entré au bureau et assis près du secrétaire, il lui sera fait lecture de l'écrit dressé en exécution de ce qui est ordonné par l'article XI. Il sera tenu de répondre sur-le-champ sur chacun des faits mentionnés dans ledit écrit; ses réponses seront écrites à la suite de l'écrit contenant les plaintes. Il sera, de plus, loisible à chaque membre du bureau de faire au principal, professeur ou régent mandé, telles demandes, ou de porter contre lui telles nouvelles plaintes qu'ils aviseront bon être, lesquelles, ensemble ses réponses, seront également inscrites à la suite les unes des autres, paraphées à toutes les pages, et signées en fin de tous ceux qui seront en séance audit bureau, et du secrétaire, ainsi que dudit principal, professeur ou régent, qui pourra apposer à sa signature telles réserves qu'il avisera bon être; et s'il refuse absolument de signer, il en sera fait mention avant les signatures de ceux qui seront alors en séance. — Art. XVI. Il sera loisible audit principal, professeur ou régent, de demander, pour répondre plus amplement, un délai, lequel lui sera accordé, mais ne pourra cependant être plus long que de huitaine... — Art. XVII. Ledit principal, professeur ou régent, retiré, lecture faite de l'écrit dressé aux séances mentionnées, articles XI, XV et XVI, il sera délibéré sur ladite destitution, laquelle ne pourra être arrêtée qu'à la pluralité des deux tiers des voix. — Art. XVIII. Dans le cas où aura été décidé qu'il n'y a pas lieu à la destitution, les écrits dressés en exécution des articles XI, XV et XVI seront dans l'instant brûlés en présence dudit principal, professeur ou régent (pour ce de nouveau mandé), à moins qu'il ne requiert que lesdits écrits seront déposés ès archives du bureau : ce qui sera, sur sadite réquisition, exécuté... — Art. XIX. Dans le cas où la destitution auroit été prononcée, les écrits mentionnés ès articles XI, XV et XVI resteront déposés aux archives du bureau sans pouvoir être, et ce sous les peines portées en l'article XII, communiqués à personne, ni en être délivré d'expédition... — Art. XXI. La délibération du bureau portant destitution sera exécutée par provision, sauf à celui qui aura été destitué à envoyer au procureur général du roi tels mémoires et pièces qu'il avisera bon être; et sur lesdits mémoires et pièces, ensemble sur celles mentionnées en l'article précédent, il sera, sur la requête du procureur général du roi et sans frais, statué ce qu'il appartiendra sur ladite destitution; et l'arrêt définitif, soit qu'il confirme, soit qu'il annule ladite destitution, sera, à la requête du procureur général du roi, signifié audit principal, professeur ou régent, et notifié par les substituts du procureur général du roi audit bureau, pour être inscrit sur les registres... »

Ferons-nous un reproche au législateur de nos jours de n'avoir pas conservé cette lente et minutieuse procédure? Non sans doute. Quand il serait démontré que des formes aussi compliquées ont eu autrefois leur utilité, chacun comprend qu'elles se trouvent en dehors des conditions actuelles de la société française; et ce motif suffit pleinement pour empêcher de les regretter. Admirons cependant, afin de nous montrer justes envers le passé, comment autrefois, sous le régime du bon plaisir, le pouvoir judiciaire avait établi, pour l'instruction publique, des règlements qui poussaient la prévoyance jusqu'à la minutie, en vue de mieux protéger la personne et les droits du professeur. On croyait alors que si la société peut imposer des conditions particulières d'honnêteté et de savoir aux maîtres à qui elle confie ses enfants, elle doit en retour leur accorder à eux-mêmes des garanties sérieuses contre les décisions arbitraires qui pourraient les frapper. Ces maximes n'étaient pas abandonnées lorsque l'empereur Napoléon Ier fonda l'Université de France; aussi avait-il institué des conseils ayant mission de juger les membres du corps enseignant, et sans l'avis desquels ces derniers ne pouvaient être privés de leur emploi. Comment ne pas déplorer les circonstances cruelles qui, de notre temps et sous nos yeux, ont un jour entraîné le gouvernement du pays à effacer la dernière trace des antiques franchises du professorat, et à livrer la fortune et l'avenir des maîtres de la jeunesse à la merci de l'omnipotence administrative? Il est vrai que des jours meilleurs ont commencé à luire pour l'Université de France, et que, sous un chef sorti de ses rangs, elle a recouvré quelques-unes des formes protectrices que la sagesse et l'équité de son fondateur avaient maintenues. Mais quelle latitude les règlements actuels ne laissent-ils pas encore à l'arbitraire et au caprice dans une profession qui devrait participer aux garanties de la magistrature, dont elle rappelle la vie austère et désintéressée!

Le second point que nous signalerons dans le règlement de 1765 est relatif aux examens de fin d'année : Art. LI. Quelques jours avant les vacances, le principal et le professeur de chaque classe examineront tous les écoliers... Le dernier jour, on nommera publiquement ceux qui devront être admis dans une classe supérieure avec plus ou moins de distinction, et quelquefois avec éloge. Les écoliers qui se trouveront trop faibles seront laissés douteux; après les vacances, ils seront examinés de nouveau en la forme ci-dessus prescrite. Ceux qui se présenteront pour fréquenter lesdits collèges seront examinés en la même forme par le principal et le professeur de la classe dans laquelle ils demanderont à entrer, sauf néanmoins à faire pendant l'année, et notamment après les deux premières compositions qui seront faites dans le courant du premier mois de l'ouverture des classes, tel changement qu'il seroit, pour le progrès et l'avancement des écoliers, jugé nécessaire par les professeurs et régents, et conjointement avec le principal, et dans la forme ci-dessus ordonnée. Et il ne pourra être admis dans aucune classe aucuns écoliers, sans une permission par écrit du principal. — Art. LII. Si, lors de l'examen prescrit en l'article précédent, quelques écoliers étoient jugés absolument incapables de suivre le cours des études, lesdits principaux, professeurs ou régents auront soin d'en avertir les parents, et lesdits parents seront tenus de les retirer. »

Ces dispositions n'étaient pas nouvelles, et nous en avons trouvé d'analogues dans les règlements de plusieurs collèges et dans les statuts même donnés à l'école de Paris sous le règne de Henri IV. Sagement appliquées, elles contribuaient à exciter le zèle des écoliers et à tenir éloignés des classes les paresseux et les incapables. Nous les mentionnons comme une tradition excellente, que l'ancienne Université a transmise à la nouvelle, et que les familles elles-mêmes ont intérêt à ne pas sacrifier.

Les mesures successives dont l'éducation publique était l'objet, les changements accomplis et ceux qui paraissaient prochains, entretenaient dans les esprits une sorte d'agitation favorable aux réformes, et faisaient naître de tous côtés des projets, des espérances et des craintes que la suite des événements ne devait réaliser qu'en partie. Parmi ce grand nombre de plans d'études qui virent alors le jour, deux surtout, dus à la plume de deux magistrats, frappèrent l'attention des contemporains, et ne sont pas indignes de celle de la postérité : ce sont l'*Essai d'éducation nationale*, présenté au parlement de Rennes par La Chalotais, et le mémoire de Guyton de Morveau au parlement de Dijon (1). Ce qui domine dans ces deux écrits, très différents d'ailleurs par la forme et par les détails, ce qui en fait l'unité et en donne pour ainsi dire la date historique, ce n'est pas seulement la sévérité envers le passé, la foi dans l'avenir, une ardeur moins éclairée que généreuse, sujette à se méprendre sur la nature de l'homme et sur les conditions de son développement; c'est un système d'éducation qui tend surtout à former des citoyens et à graver dans l'âme de l'enfant la forte empreinte de la patrie, en même temps que les connaissances qui préparent aux diverses fonctions de la vie civile. Cette éducation patriotique est l'idéal que La Chalotais et Guyton de Morveau poursuivent, comme beaucoup de leurs contemporains, et qu'ils croient avoir atteint dans leurs plans d'études. De là découlait à leurs yeux, comme conséquence presque nécessaire, la supériorité des maîtres laïques sur ceux qui portaient l'habit sacerdotal. S'ils reprochent aux Jésuites d'avoir sacrifié, dans leurs collèges, les intérêts de la société française à l'intérêt particulier de la congrégation, ils ne jugent pas avec plus d'indulgence les autres communautés religieuses, ni même le clergé séculier. Dans leur pensée intime, les devoirs du sacerdoce se concilient difficilement avec l'éducation de la jeunesse; et des laïques, époux et pères, sont de meilleurs maîtres que le simple prêtre à qui des vœux solennels ne permettent pas

---

(1) *Essai d'éducation nationale, ou plan d'études pour la jeunesse*, par messire Louis-René de Caradeuc de la Chalotais, procureur général du roi au parlement de Bretagne, 1763, in-12. — *Mémoire sur l'éducation publique avec le prospectus d'un collège suivant les principes de cet ouvrage*, par M. Guyton de Morveau, avocat général du roi au parlement de Bourgogne, 1764, in-12.

de connaître la douceur de pareils liens. En un mot, ils demandent que la mission de former des citoyens ne soit confiée qu'à des citoyens dévoués à l'État et animés de son esprit. « Comment a-t-on pu penser, s'écriait M. de La Chalotais, que des hommes qui ne tiennent point à l'État... seroient capables d'élever et d'instruire la jeunesse d'un royaume? L'enthousiasme et les prestiges de la dévotion avoient livré les François à de pareils instituteurs, livrés eux-mêmes à un maître étranger. Quelle inconséquence et quel scandale! Je prétends revendiquer pour la nation, continuait-il, une éducation qui ne dépende que de l'État, parce qu'elle lui appartient essentiellement, parce que toute nation a un droit inaliénable et imprescriptible d'instruire ses membres, parce qu'enfin les enfants de l'État doivent être élevés par les membres de l'État. »

Les répugnances et les vœux exprimés si vivement par La Chalotais, reproduits avec moins de chaleur, mais non pas moins de conviction, par Guyton de Morveau, répondaient à une disposition des esprits, que la nouvelle philosophie avait préparée et qui n'était nulle part plus répandue et plus ardente que dans l'Université de Paris. La Faculté des arts possédait plusieurs collèges dirigés par des communautés religieuses qu'elle s'était agrégées, comme les Dominicains et les Franciscains, après les avoir longtemps combattues. Elle était chaque jour témoin des services que ces communautés rendaient à l'enseignement public, et cependant elle demandait avec instance que l'éducation de la jeunesse fût exclusivement confiée à des séculiers. « Un religieux, lié par des vœux, disait-elle (1), ne tient à rien aussi étroitement qu'à l'ordre auquel ces nœuds sacrés l'attachent... Il n'a point l'esprit de la patrie; il a celui de sa communauté... Cet objet, dont il est essentiellement occupé, lui fait oublier ses parents, sa famille, ses amis et ses concitoyens... Ne seroit-ce pas renoncer aux lumières de la raison que de juger un tel homme propre à tourner la jeunesse vers le bien général de l'État?... Le bien de

---

(1) *Mémoire de l'Université sur les moyens de pourvoir à l'instruction de la jeunesse et de la perfectionner*, in-12, p. 11 et s.

l'État demande l'exclusion la plus légale et la plus authentique des ordres religieux, et peut-être des congrégations particulières, de tout enseignement public... »

Les sentiments de l'Université de Paris n'étaient que trop manifestement partagés par la grande majorité du Parlement. Ces magistrats, qui s'étaient montrés si rigoureux envers la compagnie de Jésus, nourrissaient contre l'éducation ecclésiastique des défiances mal contenues et qui n'attendaient que l'occasion d'éclater. Ils délibéraient entre eux, comme on le voit par les rapports du président Rolland (1), s'il ne fallait pas enlever la direction des écoles aux communautés religieuses et séculariser tout l'enseignement. Les décrets de l'Assemblée constituante et de la Convention sur le clergé étaient déjà dans la pensée des légistes de 1762. Mais les esprits n'étaient pas encore mûrs pour une révolution aussi radicale. Les plus audacieux reculaient devant la témérité de pareils projets; et cependant ces projets étaient la conséquence logique de quelques-unes de leurs maximes, la fidèle expression de leurs véritables sentiments. A mesure que les délégués du Parlement avancèrent dans l'enquête qui leur avait été confiée, ils n'eurent pas de peine à reconnaître combien il serait inopportun et imprudent d'alarmer les intérêts nombreux qui se rattachaient aux établissements tenus par les communautés religieuses. Dans les villes de province, l'opinion était loin de se montrer unanime. Le plus grand nombre sans doute applaudissait aux changements effectués, s'en rapportait pour les autres à la sagesse du Parlement, et ne demandait pas mieux que de se conformer en tout aux exemples de l'Université de Paris. Mais quelques cités, moins dociles, moins confiantes, ne cachaient pas le profond regret que la dispersion des Jésuites leur faisait éprouver. « Il n'y a pas un citoyen, disaient les habitants de Mauriac (2), qui ne soit d'accord que tout ce qu'il sait, il le tient des Jésui-

---

(1) *Recueil de plusieurs des ouvrages de M. le président Rolland*, etc., p. 33 et s., p. 166 et s.

(2) Passage cité dans le rapport de Rolland sur le collège que les Jésuites occupaient à Mauriac.

tes; qu'il n'a reçu d'eux que d'excellents principes de religion et d'éducation; que, dans tous les temps, il les a vus se comporter avec une édification salutaire et exemplaire. Cette conduite de leur part, les secours qu'ils prêtent journellement pour la prédication, pour les confessions, pour l'instruction du peuple et principalement pour la bonne éducation de la jeunesse, donnent lieu de croire qu'ils ne sauroient être que très imparfaitement remplacés... » Il faut dire, pour être fidèle, que quelques mois après, par un de ces retours qui ne sont pas sans exemple, les officiers municipaux de Mauriac rétractèrent vivement ce témoignage favorable, en s'excusant de n'avoir pas connu « la méchanceté des Jésuites et la perversité de leur doctrine morale. » Mais ailleurs, comme à Angoulême et à Moulins, la majorité, moins facile à ébranler, témoigna par des regrets persévérants, l'affection qu'elle avait toujours portée aux disciples de saint Ignace. En général, les villes qui offraient cette dernière attitude insistèrent pour que leur collège, à défaut des Jésuites, fût remis aux mains d'une congrégation. Cette variété de sentiments et de préférences ne causait pas de médiocres soucis aux commissaires du Parlement. Toutefois il n'était pas à craindre que la réforme de l'enseignement public fût compromise, alors même que les magistrats feraient acte de justice en déférant, sur quelques points du territoire, aux vœux légitimes des populations. Ces vœux furent en général accueillis par les commissaires du Parlement et par le roi. Sur les quarante collèges que la compagnie de Jésus avait naguère possédés dans le ressort de la cour, vingt-huit, confiés à des séculiers, restèrent dans leur direction jusqu'en 1789; les autres, soit immédiatement, soit dans le cours des années suivantes, passèrent au pouvoir de différentes communautés, telles que les Oratoriens, les Doctrinaires, les Barnabites et les Bénédictins. Mais il est à remarquer que dans les collèges tenus par les séculiers les ecclésiastiques se trouvaient très nombreux. Ainsi le clergé conserva une part considérable dans l'éducation de la jeunesse malgré les efforts qui tendaient à la lui enlever et à la remettre aux mains des laïques.

Quelque part que l'Université de Paris eût prise à la transformation des collèges de province autrefois dirigés par les Jésuites, le sort de ces institutions pour la plupart lointaines l'intéressait moins, comme on peut le présumer, que la transformation de ses propres établissements. Sous les yeux mêmes du recteur et de son conseil, les boursiers des petits collèges qui relevaient de la Faculté des arts avaient commencé à suivre les classes du collège de Lisieux, transporté dans les bâtiments de l'ancien collège de Clermont. Il restait à poursuivre et à consommer cette grave innovation en ordonnant, selon le vœu des esprits les plus éclairés, la suppression de tous les petits collèges et la réunion des bourses épargnées par le temps qui formaient les débris des anciennes fondations.

Avant de s'arrêter à aucun parti et de toucher à un ordre de choses que son antiquité rendait respectable, le Parlement épuisa tous les moyens de s'éclairer. Les principaux furent sommés d'avoir à produire des états de situation, accompagnés de mémoires qui devaient indiquer les revenus et les charges de chaque collège, les faits les plus saillants de son histoire et l'avis du principal sur la meilleure manière de l'administrer. Ces mémoires furent renvoyés au recteur en exercice, Mᵉ Fourneau, et à cinq commissaires que nous avons vus remplir les fonctions rectorales, MM. Vallette Le Neveu, Cochet, Hamelin, Guérin et Gigot (1). Le rapport qu'ils adressèrent à la cour est un document très curieux, dans lequel on peut voir toute la suite de l'affaire. Les avantages de la réunion des boursiers y sont présentés avec beaucoup de force, et les objections très habilement combattues. Funeste effet de l'esprit de rivalité qui régnait entre les collèges! Un des arguments les plus spécieux que faisaient valoir les adversaires de la mesure était la supériorité qu'elle pouvait donner au collège Louis le Grand sur les autres écoles. Les anciens recteurs répondaient victorieusement à cette mauvaise chicane de la vanité et

---

(1) Arrêt du 4 février 1762. *Arch. U.*, Reg. XLVII, fol. 32 et s.; *Recueil des délibérations du bureau d'administration du Collège Louis le Grand*, Paris, 1781, in-4°, p. 16 et 17.

de l'intérêt : « Est-ce donc un inconvénient, disaient-ils (1), qu'on rende, s'il est possible, les études plus fortes dans le collège des boursiers que dans aucun autre? N'est-ce pas au contraire un avantage que l'on doit désirer? Oui, c'est précisément parce qu'il est à présumer que les boursiers rassemblés dans un même collège feront de très fortes études, et même supérieures à celles qui se font dans les grands collèges, qu'il est du bien public qu'on les y rassemble. S'ils remportent la plus grande partie des prix de l'Université, en justifiant les mesures qu'on aura prises pour leur éducation, ils obligeront les maîtres et les écoliers des autres collèges à faire de plus grands efforts pour se mettre en état de leur disputer les couronnes. » D'ailleurs il importait surtout de mettre à profit les anciennes fondations pour former des sujets capables et instruits, qui pourraient, dans la suite, occuper les chaires de l'Université, aller enseigner dans les provinces du ressort, ou être attachés en qualité de précepteurs à quelques grandes familles. Or ce but essentiel serait manqué infailliblement si les boursiers se trouvaient répartis entre plusieurs collèges, s'ils n'étaient pas élevés sous le même toit et assujettis à une discipline commune, appropriée à leur future profession. « Des boursiers distribués dans les collèges, disaient les anciens recteurs, ne seront élevés ni instruits de la manière la plus propre à faire d'eux d'excellents maîtres pour les collèges de Paris, pour ceux des provinces, et pour les enfants qui sont élevés dans les maisons particulières sous les yeux des parents. Il faut, pour réussir à former de tels maîtres, des soins, des attentions, une règle et des exercices particuliers (2). » En un mot, la réunion des boursiers était, au jugement des meilleurs esprits, le seul moyen de procurer à l'Université de

(1) *Mémoire sur la réunion des petits collèges fondés en l'Université de Paris*, in-4° de 97 pages.

(2) La pensée première d'une école normale remonte au rectorat de Demonstier, en 1645 (voyez plus haut, tom. I, p. 294); mais, comme on a pu le remarquer, elle n'avait eu aucune suite, lorsque l'Université conçut le plan d'une maison d'institution pour former des maîtres et en développa les avantages dans ses requêtes au Parlement. Les vues de l'Université furent secondées avec sens et conviction par l'abbé Pélissier, auteur anonyme d'un *Recueil de mémoires touchant l'éducation de la jeunesse, surtout par rapport aux études*, Paris, 1763, in-12.

Paris un établissement très nécessaire, dont elle n'avait jamais mieux senti le besoin depuis l'expulsion des Jésuites : nous voulons dire une maison d'institution pour les maîtres, ou, comme on dirait aujourd'hui, une école normale.

Les raisons données par les anciens recteurs parurent décisives aux commissaires du Parlement; et il fut convenu qu'ils proposeraient à la cour de décréter, sous la réserve de l'approbation royale, la réunion des boursiers des petits collèges au collège Louis le Grand. Mais comment le nouvel établissement serait-il administré? Les anciens recteurs étaient d'avis de ne pas se contenter d'un simple bureau d'administration, comme il en existait dans tous les collèges de province en vertu de l'édit de février 1763, mais d'établir aussi un bureau de discipline et de l'investir de pouvoirs suffisamment étendus pour maintenir le bon ordre dans un établissement destiné à recevoir un personnel nombreux, tant de maîtres que d'étudiants. Ainsi le bureau de discipline devait être consulté sur le choix des professeurs et de tous les agents attachés au service du collège; il devait juger les contestations qui s'élèveraient entre le principal et ses subordonnés de tous les degrés; enfin il était chargé de préparer les règlements d'étude et de police intérieure. Il y avait de graves inconvénients, comme on s'en aperçut bientôt, à établir à côté du principal une autorité égale ou même supérieure à la sienne. Toutefois l'avis des recteurs prévalut, et la création du bureau de discipline fut décidée. On arrêta qu'il se composerait, outre le principal, de sept membres appartenant à la Faculté des arts, savoir : le recteur en exercice, le syndic et cinq professeurs émérites. Le gouvernement de la maison se trouvait donc abandonné à l'Université, sinon directement, du moins en la personne de quelques-uns de ses membres, et le bureau d'administration ne conservait dans ses attributions que le régime économique, comprenant la gestion des biens, le soin des bâtiments, l'entretien des élèves, etc.

Lorsque ces divers arrangements eurent été pris, M. de Laverdy fut désigné pour en présenter le rapport à la cour, qui par l'arrêt du 19 août 1763 approuva les conclusions de ses commissaires. Les lettres patentes données le 21 novembre suivant confirmèrent la sentence du Parlement et réglèrent d'une manière définitive tout ce qui concernait la suppression des petits collèges et la réunion des boursiers. « Notre attention, disait le roi, pour tout ce qui touche à l'éducation et à l'instruction de nos sujets, surtout de ceux dont les facultés ne leur permettent pas de jouir des mêmes avantages que les autres, nous a fait envisager que rien ne seroit plus utile que de réunir dans le collège de Louis le Grand tous les boursiers fondés en différents collèges de notre bonne ville de Paris, dont le peu de revenu y a depuis longtemps fait cesser l'instruction publique. En mettant par ce moyen tous lesdits boursiers en état de profiter des exercices publics qui seront faits dans ledit collége par ceux qui desserviront le collége de Lisieux, nous les ramènerons à leur première institution, où ils avoient l'avantage d'être instruits dans leurs colléges par des maîtres de notre Université; nous leur procurerons une éducation sûre du côté des mœurs et de la discipline, extrèmement affoiblie par leur partage en différens colléges. Nous chargerons notre Université d'y veiller continuellement par un bureau qui sera composé de ses différens principaux membres; et par une institution si utile nous formerons une pépinière abondante de maîtres dont notre État a besoin, et qui y répandront partout cette émulation si désirable pour l'éducation de nos sujets. Nous maintiendrons en même temps avec soin les droits et les intentions des fondateurs; et comme nous avons lieu d'espérer que la bonne administration que nous établirons aussy de tous les biens desdits colléges en augmentera le revenu, l'usage qui en sera fait suivant les règles que nous prescrirons à cet égard ajoutera encore aux droits desdits fondateurs, en mettant un plus grand nombre d'enfants des pauvres, qu'ils ont eus principalement en vue, à portée d'en ressentir les effets par l'augmentation desdites bourses. Et si un arrangement, aussy favorable à tous égards, nous oblige de supprimer des places qui, trop multipliées, ne pouvoient être remplies au gré de nos désirs, le dédommagement que nous procurerons à ceux qui en sont actuellement revêtus fera connoître qu'aucun objet n'a échappé à notre attention et à notre justice (1). »

En exécution des ordres du roi, vingt-sept collèges, dont quelques-uns ne possédaient plus de bâtiments et conservaient seulement de faibles revenus affectés à des bourses, furent définitivement supprimés, savoir : ceux d'Arras, d'Autun, de Bayeux, de Boissy, de Bourgogne, de Cambray, de Cornouailles, de Dainville, de Fortet, d'Huban, de Justice, de Laon, de Lisieux, du Mans, de Maître Gervais, de Narbonne, de Presles, de Reims, de Sainte-Barbe, de Saint-Michel, de Séez, de Tours, de Tréguier, du Trésorier, des Bons-Enfants, des Dix-huit et des Cholets (2). Ce qui subsistait des anciennes fondations faites en faveur de ces collèges fut affecté au collège Louis le Grand pour l'entretien des boursiers qui allaient s'y trouver réunis. Le roi nomma immédiatement les membres du bureau d'administration du nouveau collège. C'étaient le grand aumônier, M. de la Roche Aymon; les quatre commissaires du Parlement, MM. Rolland, de Laverdy, Roussel de la Tour et l'abbé Terray; quatre notables, MM. Valette Le Neveu, ancien recteur, l'abbé Legras, chanoine de la Sainte-Chapelle, M. Poan, conservateur des hypothèques, et M. Lempereur, ancien échevin; enfin un grand maître du temporel, personnellement chargé de la surveillance et des mesures d'exécution. Ces dernières fonctions furent dévolues à M⁰ Fourneau, qui venait de quitter le rectorat et de reprendre son ancienne charge de greffier de l'Université. Tous ces personnages, les uns du rang le plus élevé, les autres de condition modeste, étaient environnés de la considération publique; et le choix qui avait été fait d'eux pour diriger le collège Louis le Grand était la meilleure garantie d'une administration vigilante, active et éclairée.

L'Université eut en même temps un autre sujet de joie. L'éta-

(1) *Arch. U.*, Reg. XLVII, fol. 80 et s.; *Recueil des délibérations du bureau d'administration*, etc., p. 47 et s. Voy. Pièces justificatives, n° CCI.

(2) Il faut y ajouter le collège de Mignon, qui fut réuni au collège Louis le Grand en 1765, à la suite de la suppression de l'ordre de Grandmont, auquel il avait été cédé au commencement du dix-septième siècle. Voyez plus haut, tom. I, p. 73.

blissement de son chef-lieu était décidé. Selon le vœu qu'elle avait exprimé, on affectait provisoirement à cette destination une partie des bâtiments du collège Louis le Grand. La prise de possession eut lieu le 9 septembre 1763, avant même que le roi eût donné son approbation officielle aux dispositions délibérées en parlement. MM. Rolland, Roussel et de Laverdy, assistés d'un huissier qui dressa procès-verbal, installèrent le recteur et les membres de son conseil dans les salles destinées à leurs travaux; après quoi, le tribunal académique entra immédiatement en séance et statua en la forme accoutumée sur les affaires portées à l'ordre du jour (1).

Ainsi une année à peine s'était écoulée depuis la dispersion des Jésuites, et l'Université avait reçu de la munificence de l'État, en échange de vieilles masures, des terrains spacieux autrefois occupés par ses rivaux. Elle avait pu supprimer tous les petits collèges dont la surveillance était devenue un fardeau pour elle, en réunir les boursiers dans un même établissement, et jeter les bases d'une grande école qui fournirait des maîtres à toute la France. Enfin elle s'était fait attribuer le chef-lieu dont elle avait besoin pour ses réunions, pour son greffe et pour ses archives; et elle ne cachait pas l'espérance de détacher du collège Louis le Grand ce chef-lieu provisoire et de le transporter dans des bâtiments mieux appropriés à cette destination. Ces nombreux avantages, obtenus dans un laps de temps si court, devaient faire bénir par l'Université la sentence du Parlement qui l'avait débarrassée d'adversaires importuns et qui ouvrait de nouvelles voies à sa prospérité et à son influence. Toutefois son triomphe n'était pas sans mélange d'inquiétude. Les esprits chagrins faisaient observer que le tribunal académique n'avait pas été consulté sur les mesures définitives qui venaient de consommer la réunion des boursiers, et que le Parlement s'était réservé à lui-même le soin de préparer les règlements destinés au nouveau collège. Une pareille marche était-elle bien conforme aux vieux

---

(1) *Arch. U.*, Reg. XLVII, fol. 62; *Recueil de plusieurs ouvrages*, etc., p. 281; *Recueil des délibérations du collège Louis le Grand*, etc., p. 12 et s.

usages? Les antiques privilèges de l'Université n'avaient-ils pas été dans cette occasion méconnus? Avait-elle la garantie qu'ils seraient mieux respectés à l'avenir? La Nation de Normandie, excitée par le proviseur du collège d'Harcourt, M° Louvel, s'annonçait comme pouvant devenir le centre d'une opposition assez vive. Elle n'approuva que sous des réserves dont elle se fit donner acte la conduite tenue par le recteur, M° Fourneau, pendant le dernier trimestre de 1763. La délibération qu'elle prit à cet égard insinuait que les intérêts de la Faculté des arts avaient été lésés par les derniers arrêts du Parlement et du conseil d'État; elle exprimait l'espérance qu'une déclaration du roi accorderait bientôt les satisfactions nécessaires (1). De son côté, le tribunal académique, dans sa séance du 7 janvier suivant, jugea la situation assez grave pour désigner des commissaires qui devaient examiner jusqu'à quel point les droits de la compagnie avaient été violés et aviser dans ce cas aux mesures à prendre. M° Fourneau venait alors de résigner ses fonctions rectorales. Son successeur était un régent de philosophie du collège de Lisieux, qui se nommait Camille Camyer (2). Quoiqu'il fût originaire de Lyon et qu'en conséquence il appartînt à la Nation de France, M° Camyer partageait les préjugés de la Nation de Normandie contre les récentes réformes, et il figurait parmi ceux qui avaient le plus contribué à répandre l'alarme et l'agitation dans les esprits. Il s'empressa de voir quelques-uns des membres du Parlement (3), leur porta ses doléances et les consulta sur la conduite qu'il devait garder. On lui fit entendre que provisoirement il fallait s'abstenir de soulever aucune difficulté, et attendre prudemment l'époque où, le texte définitif des nouveaux règlements d'administration et de discipline du collège Louis le Grand étant arrêtés, ces règlements devaient être avant toute homologation soumis à l'Université. Ce sage avis donnait l'espoir que la juridiction scolaire ne serait pas

(1) *Arch. U.*, Reg. xi *ter*, fol. 232.
(2) Il était né en 1723, et avait débuté dans l'enseignement en 1746, comme nous l'apprenons par le livre des censeurs de la Nation de France. (*Bibl. Maz.*, cod. 1935 C, fol. 46.)
3) *Arch. U.*, Reg. xlvii, fol. 97.

à l'avenir méconnue. Il suffit durant quelques semaines pour calmer les inquiétudes, comme il arrive d'ordinaire dans les assemblées, qui se rassurent aussi facilement qu'elles s'alarment.

Mais les protestations officieuses de quelques magistrats n'écartaient pas le danger que la prévoyance des parties intéressées avait soupçonné. La magistrature penchait de jour en jour à considérer la haute direction de l'enseignement public comme une de ses plus belles attributions, et elle ne devait pas consentir aisément à s'en dépouiller au profit de qui que ce fût. Sous ce rapport, elle ne distinguait pas entre les communautés religieuses, comme les Jésuites, et les corporations purement séculières, comme l'Université. Bien que favorablement disposée pour ces écoles, presque aussi anciennes que la monarchie française, dans lesquelles s'élevait la plus grande partie de la jeunesse, elle entendait arrêter elle-même, sous la seule autorité du roi, tous les règlements d'étude et de discipline. En réalité, c'en était fait des vieilles franchises et de l'antique indépendance de l'Université de Paris, et elle ne devait pas tarder à se convaincre que, bien qu'elle eût sauvé les formes de sa juridiction traditionnelle, cette juridiction elle-même était détruite pour toujours.

Le principal et les boursiers de Lisieux n'avaient pas vu sans regret la translation de leur collège dans les bâtiments de Louis le Grand. Leurs réclamations étaient appuyées par les supérieurs majeurs de la maison, l'évêque de Lisieux et l'archevêque de Reims, celui-ci en sa qualité d'abbé de Fécamp (1). Il se trouva sur ces entrefaites que le principal de Beauvais, Paul Hamelin, offrit d'aller s'établir avec tous ses boursiers au collège Louis le Grand et d'abandonner les bâtiments qu'il quitterait à ceux de Lisieux. Cette proposition qui conciliait tout fut agréée, et des lettres patentes en date du 7 avril 1764 ordonnèrent la translation du collège de Lisieux dans celui de Beauvais et l'incorporation du collège de Beauvais dans le collège Louis le Grand (2).

---

(1) Rolland, *Recueil de plusieurs ouvrages*, etc., p. 296; *Recueil des délibérations*, etc., p. 15; *Nouv. ecclés.*, 1764, p. 131.

(2) *Arch. U.*, Reg. XLVII, fol. 102; *Recueil des délibérations*, etc., p. 353 et s.

Hamelin avait succédé, comme principal, à Coffin; il résigna ce poste, qui devait lui être cher, et conserva seulement ses fonctions de receveur de l'Université, qui lui avaient été déférées au mois de février 1750, en remplacement de Nicolas Durand (1). Au reste, comme nous le verrons, il ne tarda pas à être dédommagé, par de nouveaux emplois, de la perte de celui qu'il avait sacrifié. Quant à l'administration du collège Louis le Grand, elle fut confiée à un humaniste, alors professeur de rhétorique au collège d'Harcourt, Gardin Dumesnil, l'auteur d'un traité des *Synonymes de la langue latine*, qui a conservé jusqu'à nos jours un juste renom (2). Tous ces arrangements avaient été pris, pour ainsi dire en famille, par les administrateurs du collège Louis le Grand, ou plutôt par les commissaires du Parlement, assistés du recteur et du syndic, sans que l'Université en corps eût été consultée.

Le même jour, parurent d'autres lettres patentes qui concernaient une des plus célèbres maisons des Jésuites, le collège de la Flèche (3). Après la dispersion de la Compagnie, les avis furent très partagés sur l'affectation que l'établissement pouvait recevoir. L'université d'Angers demandait qu'il fût supprimé, ou que du moins les études y fussent renfermées dans les limites les plus étroites, afin de ne pas préjudicier aux collèges voisins. Les ha-

---

(1) *Arch. U.*, Reg. XLV b, fol. 53 v°.

(2) *Recueil des délibérations*, etc., p. 20. Gardin Dumesnil conserva son poste durant dix années environ. Les *Nouvelles ecclésiastiques* (1757, p. 110 et s.; 1758, p. 97 et s.) le représentent comme « un homme sans talents pour sa place, ni naturels, ni acquis, ne connaissant d'autres ressorts pour la conduite de son collège qu'une violence excessive. » Mais Gardin Dumesnil ne doit pas être jugé sur ces diatribes calomnieuses d'une plume janséniste. Après avoir quitté le collège Louis le Grand, il se retira au village de Saint-Cyr, près Valognes, et il y fonda une école gratuite. « Malgré la médiocrité de sa fortune, il avait fait bâtir à ses frais, pour le logement du maître et la tenue des classes, une maison commode et agréable, et avait assuré pour toujours, par une rente constituée, la subsistance et les honoraires de l'instituteur : celui-ci devait non seulement donner l'instruction primaire et indispensable, mais encore savoir le latin et l'enseigner aux deux enfants de l'arrondissement qui montreraient le plus de dispositions pour cette étude. » (*Biogr. univ.*, art. GARDIN DUMESNIL.) Ce fut dans cette modeste école de village que fut élevé un des hommes de notre temps qui ont le mieux mérité des lettres anciennes, M. Burnouf. Le savant grammairien a consacré à Gardin Dumesnil, son bienfaiteur, une notice touchante qui accompagne la troisième édition des *Synonymes latins*, Paris, 1813, in-8°.

(3) *Arch. U.*, Reg. XLVII, fol. 105 et s.; Rolland, *Recueil de plusieurs écrits*, etc., p. 91.

bitants de la Flèche exprimaient un vœu tout contraire, et pardessus tout ils repoussaient la juridiction de l'université d'Angers. L'administration de la guerre convoitait elle-même pour son propre usage les constructions et les terrains y attenant, et un moment il fut question d'établir là les carabiniers. Les commissaires du Parlement, après s'en être entendus avec M. de Choiseul, firent prévaloir une proposition beaucoup plus conforme à la vieille renommée de la maison et aux intérêts de l'enseignement public : c'était de transporter à la Flèche une partie de l'école militaire fondée par le roi en 1751, c'est-à-dire les élèves de huit à quatorze ans, avec faculté pour les plus âgés, qui se destineraient à l'état ecclésiastique ou à la magistrature, de terminer dans l'établissement le cours de leurs études classiques. Ce plan offrait l'avantage, comme le constate très sagement l'édit de Louis XV, de donner pour base à l'éducation militaire cette éducation générale qui prépare à toutes les professions indistinctement. Le nouveau collège fut maintenu dans la jouissance des biens et bénéfices qui s'y trouvaient réunis du temps des Jésuites; on détacha seulement de ces biens quelques terres situées en Bretagne. Le personnel devait se composer d'un principal, d'un sous-principal, de deux professeurs de philosophie, d'un professeur de rhétorique et de cinq régents pour les classes de seconde, troisième, quatrième, cinquième et sixième. En cas de vacance, l'Université de Paris devait présenter trois sujets, maîtres ès arts, entre lesquels le roi choisirait. Cette présentation était elle-même précédée d'examens et de concours, qui avaient lieu au collège Louis le Grand, sous la présidence du recteur, assisté, s'il s'agissait d'une simple chaire, de quatre régents émérites, et, s'il s'agissait du poste de principal, de quatre principaux, pris parmi ceux des collèges de plein exercice. Trois chaires étant devenues vacantes en 1764, une chaire de philosophie, la chaire de rhétorique et celle de seconde, un concours fut, cette année même, annoncé pour le mois d'octobre. Les administrateurs de la Flèche conjurèrent l'Université de Paris de n'admettre que des sujets dignes de confiance, pour la religion comme pour les mœurs, et de préserver le collège des « suppôts de la nouvelle philosophie. » Il se présenta si peu de candidats, que les épreuves auraient été ajournées sans un ordre de M. de Choiseul qui obligea de passer outre. Le concours terminé, le roi nomma les professeurs qui avaient été proposés par les juges (1). On voit par ce seul exemple que la juridiction de l'autorité académique sur le collège de la Flèche n'était pas une prérogative purement nominale. Lors de l'établissement de l'agrégation au mois de mai 1766, de nouvelles dispositions furent adoptées pour le choix des professeurs : on décida que les chaires du collège seraient données à de simples agrégés, sans que les candidats eussent à subir les épreuves d'un nouveau concours (2). L'année suivante, le collège de la Flèche fut régulièrement affilié à l'Université de Paris, et ses étudiants obtinrent la faveur de pouvoir se présenter aux examens de la maîtrise sous les mêmes conditions et dans les mêmes formes que les écoliers des autres collèges de la Faculté des arts. Le principalat fut confié à l'ancien principal du collège de Beauvais, Me Hamelin. Les bases essentielles de cette organisation subsistèrent jusqu'aux premières années du règne de Louis XVI. En 1776, les élèves de l'école militaire ayant été répartis entre différents collèges de province, l'établissement de la Flèche fut cédé aux Doctrinaires, cessa de faire partie de l'Université de Paris et fut rattaché à celle d'Angers.

Le Parlement procédait avec autorité, mais avec prudence, à la réforme des études. Ses décisions étaient des lois, mais il prenait soin qu'elles fussent aussi bonnes que la situation le comportait. Lorsque ses commissaires eurent notifié à l'Université l'édit qui substituait le collège de Lisieux au collège de Beauvais et incorporait ce dernier au collège Louis le Grand, le recteur et le syndic déclarèrent que dans les dispositions des lettres royales « ils ne pouvoient que reconnoître la sagesse et la libéralité du souverain dont elles étoient émanées. » Mais cette apparente approbation cachait un sourd mécontentement que les faveurs ac-

(1) V. Pièces justificatives, n° CCIV.
(2) Lettres patentes du 10 août 1766. V. Pièces justificatives, n° CCIX.

cordées ou promises n'avaient pas calmé. Les mesures les plus sages, les plus utiles, devenaient un sujet de plainte et de récriminations, toutes les fois que l'Université n'avait pas été appelée à en délibérer. La translation du collège de Beauvais était elle-même critiquée en particulier, après avoir été louée publiquement. Il en était de même des autres décisions qui l'avaient précédée et préparée. Les choses en vinrent à ce point que, dans la séance du tribunal académique qui se tint le 25 avril 1764, la majorité décida, contre l'avis du syndic, que d'humbles observations seraient adressées au roi. Mais l'Université connut alors combien elle était déchue, même aux yeux de ses protecteurs, qui consentaient bien à veiller sur ses intérêts et à la favoriser, mais à la condition qu'elle resterait en tutelle et sous leur entière dépendance. En effet, cinq jours après elle reçut de Versailles une lettre de Louis XV qui lui défendait de donner suite à sa délibération. L'ordre était formel, et conçu même dans des termes assez durs. « Notre intention, disait le roi, est que vous ayez à suspendre toute délibération à cet égard, vous défendant de passer outre, soit au tribunal, soit dans les assemblées particulières desdites Facultés et Nations sous peine de désobéissance. » L'Université se soumit, dans l'espoir que le gouvernement lui tiendrait compte de sa résignation et qu'elle serait dispensée de transcrire sur ses registres l'ordre sévère qu'elle avait reçu. Elle attendit quelques jours, écrivit à Versailles, demanda à voir le roi. Mais, bien qu'elle continuât de s'appeler la « fille aînée des rois de France, » et de réclamer dans les circonstances critiques les privilèges que ce titre semblait lui donner, elle n'obtint pas même la faveur d'être admise; et pour toute réponse M. de Saint-Florentin adressa au recteur la lettre suivante : « J'ai reçu, Monsieur, la lettre que vous avez pris la peine de m'écrire, avec celle des doyens, procureurs et officiers composant le tribunal de l'Université. J'ai rendu compte de l'une et de l'autre au roi. Sa Majesté a été exactement informée sur tous les faits. Elle est contente de la prompte obéissance à ses ordres de la part du tribunal. Elle l'exhorte à ne plus se prêter aux insinuations qui pourroient lui être faites contre ses volontés clairement énoncées en ses lettres patentes, d'autant qu'elles ne tendent toutes qu'au bien de ses sujets, et en particulier à celui de l'Université. Au surplus, Sa Majesté ne juge point à propos que je change rien aux ordres que je vous ai envoyés de sa part, et son intention est qu'ils soient enregistrés à l'assemblée qui doit se tenir samedi, cinq de ce mois. Ainsi il est inutile que vous veniez à Versailles (1). »

Le poste de recteur se trouvait encore occupé par M° Camyer, que les suffrages de la Faculté des arts avaient, à l'expiration du trimestre, maintenu dans ses fonctions. M° Camyer, dont nous avons déjà signalé les défiances à l'égard du Parlement, n'était pas revenu à des sentiments meilleurs. Comme président du tribunal académique, il avait profité avec un singulier empressement de la prérogative de sa charge pour amener la délibération sur le terrain des derniers édits; le bruit courait même qu'il avait rédigé à l'avance le plan des représentations qui devaient être soumises au roi. Sa conduite mécontenta profondément la magistrature, qui ne tarda pas à l'en punir.

Les statuts qui fixaient à trois mois la durée des pouvoirs du recteur n'avaient jamais été abrogés, quoiqu'ils fussent tombés depuis longtemps en désuétude. Afin d'écarter M° Camyer, il suffisait de rappeler la Faculté des arts à l'observation de ses propres règles, sauf à en adoucir la rigueur en prolongeant un peu l'exercice légal de l'autorité académique. C'est à ce dernier parti que le Parlement se rangea. Un arrêt du 28 mai 1764 fit défense de maintenir aucun recteur en fonctions durant plus de six mois, à moins d'une autorisation expresse accordée par la cour (2). Cet arrêt fut communiqué au tribunal de l'Université dans la séance du 2 juin. Les Facultés de théologie, de droit et de médecine étaient d'avis qu'il fût purement et simplement enregistré; mais les Nations firent ajouter cette clause significative : « Sous la réserve et sans préjudice des droits de la Faculté des arts. » A la séance qui suivit, M° Camyer, dont les pouvoirs allaient expi-

(1) *Arch. U.*, Reg. xlvii, fol. 118 et s.
(2) V. Pièces justificatives, n° CCII.

rer, et que l'arrêt touchait personnellement, exhala sa douleur dans un discours élégant et concis, dit le procès-verbal, mais véhément, où il exhortait tous les membres de l'Université à s'unir pour la défense de la liberté commune. Malgré les réclamations de M° Xaupy, vice-doyen de la Faculté de théologie, et de M° Belle-Teste, doyen de la Faculté de médecine, la majorité des membres de l'assemblée approuva la conduite du recteur. La réponse du Parlement ne se fit pas attendre. Le syndic de l'Université, M° Guérin, ayant sollicité, dans les formes prescrites par l'arrêt du 28 mai, la prorogation des pouvoirs de M° Camyer, cette faveur ne fut pas accordée. Le 23 juin, le tribunal de l'Université se réunit pour procéder aux élections d'usage. La séance eut lieu aux Mathurins. M° Camyer fit, selon l'usage, le résumé des principaux actes de son administration pendant le dernier trimestre. Emporté par le ressentiment, il n'épargna pas les épithètes injurieuses à ceux qu'il supposait lui être contraires. Il les appela traîtres, calomniateurs, avares, amoureux du gain. Il les dépeignit courant chez les magistrats, de maison en maison, et semant de toutes parts des bruits mensongers, injurieux pour l'Université et pour son chef. Il paraît que ces attaques si peu mesurées s'adressaient surtout au greffier, M° Fourneau, qui avait pris la part la plus directe aux réformes décrétées depuis l'expulsion des Jésuites. Au reste, M° Camyer ne se contenta pas de tonner contre ceux de ses collègues qui ne partageaient pas sa manière de voir; il se permit des allusions détournées contre les membres mêmes du Parlement. Quand il eut cessé de parler, lecture fut donnée des récents arrêts de la cour. Le syndic demanda que ces arrêts fussent inscrits sur les registres de la compagnie. Les Nations y consentirent; mais elles insistèrent pour que le dernier discours du recteur, et celui qu'il avait prononcé dans la séance du 19 juin, fussent également insérés dans les registres de chaque Nation et dans ceux de l'Université. Le syndic déclara qu'il n'aurait pas d'objection à élever s'il s'agissait seulement de la transcription de ces discours sur les registres des Nations, mais qu'il ne pouvait permettre qu'elle fût ordonnée sur ceux de l'Université. Il ajouta que, s'il était passé outre, il se pourvoirait par toutes voies de droit. Un orage se préparait. Sur de nouvelles instances de plusieurs membres des différentes Nations, le syndic se lève pour la troisième fois. Il annonce qu'il prend la parole avec regret, mais qu'il croit remplir un devoir en faisant connaître les motifs de son opposition. Il s'attaque alors au discours prononcé par Mᵉ Camyer, « discours, dit-il, qu'il vaudrait mieux oublier que transmettre à la postérité. » Il relève les invectives de l'orateur contre les membres de l'Université les plus éminents et les plus dévoués aux intérêts du corps; ses attaques déguisées contre des magistrats dignes de l'amour et de l'estime de tous les gens de bien; ses adjurations aux membres du tribunal pour la défense des franchises académiques, comme si ces franchises étaient menacées. Mᵉ Guérin somme ses adversaires de déclarer s'ils entendent que l'Université soit soustraite à la juridiction du Parlement. Il termine en les avertissant que, pour l'honneur de sa charge, pour celui de la Faculté des arts, et par égard même pour l'auteur d'une harangue qui renferme de calomnieuses insinuations, il doit s'opposer et il s'oppose à ce qu'elle reçoive la consécration d'un enregistrement officiel. Le discours du syndic avait été interrompu par les murmures et les sifflets d'une jeunesse nombreuse qui assistait à la séance. Si le débat continuait, nul ne pouvait prévoir quelles proportions il prendrait. Mᵉ Camyer jugea prudent de ne pas pousser plus avant les choses; et il exprima le vœu que, dans l'intérêt de la paix, la proposition faite par les Nations fût écartée, et que l'assemblée, passant à l'ordre du jour, procédât à la désignation d'un nouveau recteur. Cet avis ayant prévalu, les suffrages se portèrent sur François Lebel, professeur au collège Mazarin, qui avait déjà rempli les fonctions rectorales.

Le Parlement avait été informé de ce qui se passait. Résolu à faire respecter son autorité, il ordonna, par un arrêt en date du 25 juin, que le procès-verbal de la dernière assemblée du tribunal académique fût déposé au greffe pour être communiqué au procureur général; jusqu'à plus ample informé, il devait être sursis à l'installation du recteur nouvellement élu. Sur la réquisition du procureur général, un second arrêt en date du 2 juillet fit injonction à M° Camyer de représenter le texte même de son discours, pour être pris par le procureur général telles conclusions et être ordonné par la cour telles mesures qu'il appartiendrait. L'arrêt fut signifié le jour même. M° Camyer répondit à l'huissier du Parlement « qu'il remplirait avec respect et soumission les ordres de la cour s'il était en son pouvoir de le faire; mais que, par amour de la paix, et après avoir vu ce qui s'était passé dans l'assemblée de la Faculté des arts, le 23 juin, où il avait cru devoir supplier les Nations de ne pas ordonner la transcription de son discours, il s'était empressé de le brûler en rentrant chez lui; qu'au reste il n'avait jamais eu l'intention de blesser personne, ni surtout d'offenser aucun des magistrats; qu'il était pénétré de respect pour chacun d'eux en particulier et pour tous en général; qu'en ce qui regardait l'Université, il serait désespéré d'avoir donné à aucun de ses membres des sujets de plainte; qu'il tenait en grande estime ceux-là même des officiers du tribunal académique qui avaient pu lui imputer de les avoir eus en vue dans son discours, et singulièrement M° Fourneau; qu'il les regardait comme des personnes recommandables, ayant rempli leurs fonctions avec honneur. » Cette réponse était la meilleure réparation que le Parlement pût recevoir. Après avoir ordonné qu'elle fût jointe à son arrêt et transcrite sur les registres de la Faculté des arts, il accorda main levée de son opposition à l'entrée en charge du nouveau chef que la Faculté des arts s'était donné (1). M° Lebel fut aussitôt reconnu comme recteur par les Facultés de théologie, de droit et de médecine, et dans la séance du 4 juillet suivant il prit possession de sa nouvelle dignité. Il allait la conserver durant plus de deux années en vertu de neuf élections successives, toutes précédées de l'expresse autorisation de la cour.

Parmi les affaires qui restaient à régler et qui pouvaient encore devenir une occasion de discorde, se trouvait l'établissement de

---

(1) V. Pièces justificatives, n° CCIII.

la bibliothèque. Ce fut un des premiers objets qui occupèrent le long rectorat de M° Lebel. La plupart des collèges de Paris, dès l'époque de leur fondation, avaient possédé une bibliothèque plus ou moins considérable, qui s'était accrue peu à peu par des dons ou des legs. Il n'en était pas de même de l'Université. Sa bibliothèque propre datait de 1762 seulement; elle était due à la générosité d'un ancien recteur, M. Demontempuys, qui venait de mourir dans un âge avancé, en laissant comme souvenir à ses collègues les livres et manuscrits qu'il possédait, avec une petite rente pour en assurer la garde et l'entretien. Après la suppression des petits collèges, les ouvrages qui composaient leurs collections particulières furent attribués, comme tous leurs biens, au collège Louis le Grand et vinrent s'ajouter à l'ancienne bibliothèque des Jésuites, composée de 43,000 volumes et de 280 manuscrits. Comme il fallait se procurer des ressources pour acquitter les charges du nouveau collège, le bureau d'administration prit le parti d'aliéner ce fonds précieux; seulement il ordonna qu'une somme d'environ 20,000 francs serait employée à racheter une partie des ouvrages mis en vente. Moyennant ces dispositions, le collège Louis le Grand devint immédiatement possesseur d'une assez riche bibliothèque, provenant à la fois de celles des collèges supprimés et de celle des Jésuites, et dont la place était naturellement marquée dans l'établissement même qui venait de l'acquérir. Mais devait-on y joindre les livres légués à l'Université par M. Demontempuys? Il semblait que cette réunion n'offrît que des avantages, et le bureau d'administration n'hésita pas à la demander, en se réservant la nomination du bibliothécaire. Ce fut dans ces conditions que M° Lebel, quelques mois après son avènement au rectorat, eut à traiter d'affaire et à la soumettre aux députés des Facultés et des Nations, qui composaient le tribunal du recteur. Mais ceux-ci, par une délibération du 5 janvier 1765, refusèrent de ratifier les arrangements proposés et conclurent à ce que la bibliothèque de l'Université restât séparée de celle du collège Louis le Grand. Le Parlement rendit un arrêt pour enjoindre aux opposants d'avoir à déduire les motifs de leur opposition. Ces motifs n'étaient que trop manifestes : c'était la crainte que le bureau d'administration du nouveau collège, déjà si puissant, ne confisquât au profit de son autorité le legs de M. Demontempuys. Heureusement, un esprit conciliant, M. Cochin, qui avait remplacé M. de Laverdy comme membre du bureau, proposa une transaction qui mit d'accord tous les intéressés : elle consistait à laisser au tribunal du recteur l'administration des deux bibliothèques réunies et le choix du bibliothécaire, avec cette garantie donnée au collège Louis le Grand, que les livres qui lui appartenaient recevraient une estampille à ses armes, et que le bibliothécaire de l'Université les prendrait en charge, conformément au catalogue qui en serait dressé. Après avoir été acceptées par M° Lebel et le tribunal académique, ces conditions furent homologuées au Parlement en vertu d'un arrêt du 11 février 1765 (1). Cet arrêt, à la vérité, laissait en suspens plus d'une difficulté ; néanmoins, tout incomplet qu'il soit, il a pour l'historien une importance manifeste, car il a proprement fondé la bibliothèque de l'Université de Paris. Mais déjà s'élevait ou plutôt commençait à renaître une question d'un intérêt plus général, celle du recrutement du professorat. Nous verrons, dans le chapitre suivant, par quels moyens le Parlement essaya de la résoudre, non sans éprouver de sérieux obstacles de la part d'une fraction considérable de l'Université.

(1) *Recueil des délibérations du collège Louis le Grand*, p. 528 et s.

CHAPITRE II.

Difficultés que présente le recrutement du professorat. — Plan formé par les commissaires du Parlement. — Circonstances qui favorisent l'exécution de ce plan. — Augmentation du revenu des messageries. — A quel objet cette augmentation doit être affectée. — Lettres patentes du 3 mai 1766, portant création dans la Faculté des arts de soixante places de docteurs agrégés. — Impression éprouvée par l'Université à la nouvelle de cette création. — Mouvements divers des esprits. — Opposition prononcée de la Nation de Normandie, de la Faculté de théologie et de la Faculté de médecine. — Suppression d'un mémoire du proviseur du collège d'Harcourt. — Règlement du 16 août 1766. Conditions d'admissibilité. Épreuves. — Ouverture du premier concours d'agrégation. — Le poëte Jacques Delille, candidat pour les classes d'humanités. — Agrégation de philosophie; sujets de composition, d'argumentation et de leçon. — Adversaires et défenseurs du concours. — Réclamations réitérées de la Nation de Normandie. — Fermeté inflexible du Parlement et des ministres de Louis XV. — Débats à la Faculté de droit. — Situation difficile de la Faculté de théologie. — Censure de *Bélisaire*. — Impopularité de la Sorbonne. — Affaires du collège Louis le Grand. — Nouveaux règlements. — Violente opposition qu'ils soulèvent. — *Réflexions d'un universitaire*. — Mémoire de la Nation de Normandie. — Représentation des supérieurs majeurs des petits collèges réunis à Louis le Grand. — Les lettres patentes du mois de juillet 1769 font droit en partie à ces réclamations. — Analyse du compte rendu présenté au Parlement par le président Rolland sur l'instruction publique. Uniformité de l'éducation. Maison d'institution. Comité dirigeant. Enseignement de l'histoire. Enseignement des sciences physiques. — Règlement d'étude et de discipline pour les boursiers du collège Louis le Grand.

Quatre années s'étaient écoulées depuis la dispersion des Jésuites, et le vide que leur départ avait laissé n'était pas comblé; loin de là, il semblait s'agrandir à mesure qu'on s'éloignait de l'époque où la sentence d'expulsion avait été portée. Les nouveaux règlements pour les collèges y avaient maintenu et rétabli l'ordre; mais les élèves manquaient, et plus encore les maîtres. On demandait de tous côtés des sujets instruits, honnêtes, ayant la vocation de l'enseignement et la capacité nécessaire pour préserver les études d'une décadence prochaine. La réunion des boursiers des petits collèges dans les bâtiments du collège Louis le Grand avait eu principalement pour objet de répondre à ce vœu général. L'Université et le Parlement de Paris, comme nous l'avons vu, nourrissaient l'espoir que ces jeunes gens, élevés en commun, d'une manière simple et austère, dans l'amour de l'étude et des lettres, deviendraient une pépinière féconde de maîtres excellents. Mais les résultats ne pouvaient être immédiats, et, en attendant, la plupart des chaires restaient désertes ou mal remplies. Alarmés des suites d'un pareil état de choses, les commissaires du Parlement imaginèrent un projet qui n'était d'abord dans leur pensée qu'un expédient commode, et qui est devenu avec le temps une des institutions les meilleures léguées par l'Université de Paris à son heureuse héritière l'Université de France. Il s'agissait d'établir près la Faculté des arts un certain nombre de docteurs agrégés, destinés à succéder un jour aux professeurs en titre, et provisoirement chargés de les suppléer en cas d'absence ou de maladie. Les agrégés devaient être partagés en trois ordres correspondant aux trois branches principales de l'enseignement, la philosophie, les belles-lettres et la grammaire. Ils devaient recevoir un traitement fixe de deux cents livres, sans préjudice des honoraires éventuels qu'ils pourraient se procurer par les suppléances et autres missions dont ils seraient chargés. Enfin leur nomination devait avoir lieu, non pas au choix, mais à la suite d'un concours public; et à ce concours seraient conviés les maîtres ès arts de toutes les universités du royaume, afin que partout une salutaire émulation s'établît entre ceux que leurs goûts portaient vers la carrière de l'instruction publique. Le président Rolland assure que ces sages et prévoyantes dispositions avaient été concertées entre les commissaires du Parlement et les meilleurs esprits de l'Université, notamment avec M. Lebeau, l'élégant historien du Bas-Empire (1). La difficulté la plus sérieuse, ou plutôt la seule qui pût être opposée, était la dépense que l'établissement de l'agrégation allait entraîner. L'Université ne disposait, comme toujours, que de modestes revenus, et il ne fallait pas songer à diminuer le traitement

---

(1) *Mém. sur l'administration du collège Louis le Grand*, p. 188.

déjà si modique de ses professeurs. Heureusement, il se présenta en 1766 un concours de circonstances qui étaient de nature à faciliter la combinaison projetée. En cette année même expirait le bail des postes, sur lequel les lettres patentes du 14 août 1719 avaient attribué à l'Université une somme de 140,000 francs, portée en 1757 à 160,000 francs. Le gouvernement n'avait pas à se repentir de sa munificence, ni à regretter le chiffre de cette subvention, prélevée d'ailleurs sur ce qui formait autrefois le patrimoine des écoles publiques; car elle avait servi, selon les intentions du roi, à établir l'instruction gratuite dans les collèges de Paris, en permettant de remplacer par des traitements fixes les rétributions éventuelles que les régents avaient reçues jusque-là de leurs écoliers. Ceux qui s'intéressaient au progrès de l'éducation publique espéraient que le roi ne se refuserait pas à de nouvelles et faciles largesses en vue d'un objet aussi important. Ils faisaient valoir d'ailleurs que les lettres patentes de 1719 affectaient au service de l'enseignement, non pas une somme fixe, mais le vingt-huitième effectif de la recette des postes, vingt-huitième qui en 1766 se trouvait dépasser de près de 100,000 francs l'allocation encaissée annuellement par les quatre Nations de la Faculté des arts. Il paraissait donc de toute justice que le chiffre de cette redevance annuelle fût élevé dans la même proportion, comme l'Université en avait exprimé le vœu à plusieurs reprises. Ces raisons furent présentées avec beaucoup de force à M. de Laverdy, devenu depuis peu contrôleur général des finances, et que la part qu'il avait prise à la réforme des études disposait à accueillir favorablement tout projet d'amélioration. Sur le rapport de M. de Laverdy, le roi décida en principe qu'un supplément de subvention, proportionné à l'accroissement du produit des messageries, serait accordé à l'Université. Ce supplément, calculé avec exactitude, porta de 160,000 livres à 253,273 livres 15 s. 10 d. l'allocation que la compagnie devait toucher tous les ans. Cette ressource inespérée pouvait être employée à plusieurs fins différentes et toutes nécessaires. Elle permettait d'améliorer le sort des professeurs, d'accorder des pensions aux plus anciens des émérites, de créer un fonds pour l'entretien de la bibliothèque et des collections, d'agrandir les bâtiments du collège Louis le Grand et même, au besoin, d'établir ailleurs le chef-lieu académique. Mais son premier objet, sa principale utilité aux yeux du Parlement, c'était l'agrégation, qui promettait de donner bientôt de bons maîtres aux collèges qui en étaient dépourvus.

Lorsque la nouvelle des intentions libérales du roi se répandit dans l'Université, elle y fut en général accueillie par un vif sentiment de satisfaction et de gratitude. Néanmoins la joie fut moins unanime, les avis furent plus partagés qu'on ne devait s'y attendre. Les partisans des anciens usages ne voyaient pas sans déplaisir s'élever une institution nouvelle. Les principaux des collèges, habitués à choisir librement leurs professeurs, redoutaient les obligations qui allaient leur être imposées en faveur des agrégés. De leur côté, les maîtres ès arts, qui n'étaient pas disposés à courir les chances du nouveau concours, gémissaient de l'atteinte portée à ce pouvoir d'enseigner et de régenter qu'ils avaient reçu des mains du chancelier de Notre-Dame avec la bénédiction apostolique, après avoir subi des épreuves difficiles sur les belles-lettres et la philosophie. Les esprits défiants signalaient avec amertume ce nouvel empiétement de la magistrature sur les privilèges de l'Université, dont les plus chers intérêts se trouvaient réglés sans son aveu et presque à son insu. Enfin l'esprit de rivalité s'irritait de plus en plus de l'ascendant que prenait peu à peu le collège Louis le Grand, qui avait d'abord recueilli les boursiers de tous les petits collèges, qui était devenu ensuite le chef-lieu de l'Université, et vers lequel paraissaient se concentrer tous les efforts et toutes les espérances des commissaires du Parlement. Ces réclamations, comme toutes les précédentes, trouvaient surtout de l'écho dans la Nation de Normandie, qui cette fois réussit à entraîner dans son opposition la Faculté de médecine elle-même. Au fond, elles ne reposaient sur aucun grief sérieux, et qui pût balancer les avantages manifestes et importants d'une institution devenue presque nécessaire, et destinée à étendre l'influence des méthodes et de l'enseignement de l'Université jusque sur les collèges indépendants de sa juridiction. Le gouvernement eut la sagesse de ne pas céder à des objections aussi peu raisonnables ; et, le 3 mai 1766, le roi signa au palais de Versailles les lettres patentes qui portaient établissement, pour la Faculté des arts de l'Université de Paris, de soixante places de docteurs agrégés. Ce célèbre édit, un des bienfaits de la monarchie sur son déclin, est du plus haut intérêt historique pour nous, et nous ne saurions nous dispenser d'en reproduire textuellement la plupart des dispositions (1) :

Article Ier. Il sera établi à perpétuité dans la Faculté des arts de notre Université de Paris, comme nous les établissons par ces présentes, soixante places de docteurs aggrégés, dont un tiers sera attaché spécialement à l'enseignement de la philosophie, un tiers à l'enseignement des belles-lettres dans les classes de rhétorique, seconde et troisième, et l'autre tiers à l'enseignement de la grammaire et des éléments des humanités dans les classes de quatrième, cinquième et sixième. Voulons néanmoins qu'il ne soit pourvu, quant à présent, qu'à la nomination de trente desdites places, en la forme qui sera ci-après prescrite, et que chaque année il soit pourvu à six autres desdites places jusqu'à ce que leur nombre entier soit rempli : nous réservant, dans le cas où il ne se trouveroit pas un nombre suffisant de sujets pour les remplir, d'en suspendre et remettre à une autre année la nomination en tout ou en partie, ainsi que nous aviserons bon être.

II. Lesdits docteurs aggrégés seront tenus de résider à Paris, d'assister aux assemblées de ladite Faculté, de l'aider dans les exercices, dans les comités, dans les compositions pour les prix de l'Université, dans le concours, et partout où elle pourra avoir besoin de leurs services ; comme aussi de suppléer aux professeurs et régents qui se trouveroient hors d'état de vaquer à leurs classes, pour cause de maladies ou autres empêchements légitimes ; d'assister aux thèses de philosophie et aux exercices publics des écoliers, à l'effet d'argumenter contre eux ou de les interroger quand ils en seront requis par celui qui y présidera ; le tout suivant le

---

(1) *Arch. U.*, Reg. XLVII a, fol. 30 v° et s.; Rolland, *Recueil de plusieurs ouvrages*, p. 216 et s.

règlement qui sera fait à ce sujet par ladite Faculté des arts, et homologué préalablement par la Grand'Chambre de notre cour de Parlement de Paris, sans frais et sur la seule requête de notre procureur général.

III. Voulons qu'à compter du 1ᵉʳ octobre prochain, il ne puisse être choisi des professeurs ou régents pour les collèges d'Harcourt, du Cardinal Le Moine, de Navarre, de Montaigu, du Plessis, de Lisieux, de la Marche, des Grassins, de Mazarin et de Louis le Grand, auquel celui de Dormans-Beauvais a été incorporé, que parmi ceux qui sont actuellement professeurs ou régents dans lesdits collèges, ou parmi les docteurs aggrégés affectés à la classe vacante et actuellement en exercice ou ayant conservé l'éligibilité, suivant ce qui sera ci-après prescrit. Voulons que les chaires qui viendront à vaquer à compter du jour de l'enregistrement de nos présentes lettres, ne puissent être remplies que par des professeurs ou régents d'autres collèges, ou par autres qui les desserviront provisoirement jusqu'après l'établissement desdits docteurs aggrégés. Ordonnons en outre qu'à compter du 1ᵉʳ avril 1770, aucun d'iceux ne pourra être nommé pour remplir une chaire dans l'un desdits collèges, qu'après s'être acquitté pendant deux ans, au moins, des fonctions affectées à ladite place de docteur aggrégé.

IV. Lesdits docteurs aggrégés seront choisis par préférence par les principaux desdits collèges, pour remplir les places de sous-principaux, maîtres de quartier, ou autres relatives à l'instruction de la jeunesse. Voulons même qu'ils puissent être choisis par les parents des enfants pour leur servir d'instituteurs, soit dans les maisons domestiques, à condition toutefois que ladite éducation ne les empêchera pas de remplir leurs fonctions de docteurs aggrégés : faute de quoi ladite place sera réputée vacante, et il y sera pourvu.

V. Lesdits docteurs aggrégés pourront accepter la place de sous-bibliothécaire de notre Université, même celle de principal, de professeurs et de régents dans les collèges de notre royaume par nous confirmés depuis notre édit de février 1763 : auquel cas il sera pourvu à leurs places de docteurs aggrégés après l'expiration de l'année du jour de leur nomination aux susdites places, pendant laquelle ils auront la faculté d'opter entre elles et celle d'aggrégé. Voulons néanmoins qu'en cas qu'ils quittent celle d'aggrégé, ils puissent être choisis pour remplir les chaires en notre dite Université de Paris, pourvu toutefois que depuis leur option, ils aient rempli sans interruption l'une des susdites places; comme aussi dans le cas où lesdits docteurs aggrégés auroient passé dans une Faculté supérieure, ils ne pourront en aucun cas jouir de ladite éligibilité.

VI. Il sera, par le receveur de la Faculté des arts, payé pour honoraires à chacun desdits docteurs aggrégés la somme de deux cents livres, sans qu'elle puisse être diminuée, à raison des honoraires qu'ils recevroient dans les autres places qu'il leur est permis d'exercer, en conservant celles d'aggrégés; et en cas qu'ils desservent des chaires pour cause de maladie, ou autres empêchements légitimes du professeur ou du régent, il leur sera réglé, s'il y a lieu, pour honoraires, par le tribunal de ladite Faculté, telle somme qu'il appartiendra, à prendre sur l'actualité du professeur ou régent, suivant le temps pendant lequel ils auront rempli ladite chaire, ou autres circonstances.

VII. Les places de docteurs aggrégés seront données au concours. Voulons que le premier soit ouvert au mois d'octobre prochain, pour y procéder au choix et nomination de trente docteurs aggrégés ci-dessus établis, et qu'il en soit ensuite ouvert un tous les ans dans ledit mois pour y remplir celles desdites places qui se trouveroient vacantes, ou qu'il y auroit lieu d'ajouter, suivant ce qui est porté par l'article 1er de nos présentes lettres.

VIII. Les juges desdits concours seront au nombre de sept, savoir : le recteur de notre dite Université et six docteurs de la Faculté des arts, dont trois seront pris parmi les docteurs émérites retirés, qui auront été professeurs ou régents dans les classes auxquelles le docteur aggrégé sera affecté, suivant ce qui a été prescrit par l'article 1er de nos présentes lettres, ou dans les classes supérieures, et trois parmi les docteurs aggrégés affectés à ladite classe.

IX. Lesdits juges seront tirés au sort par le tribunal de la Faculté des arts, et seront choisis, pour la première fois, parmi lesdits émérites retirés, ou, en cas qu'il ne s'en trouve pas un nombre suffisant, parmi les professeurs ou régents de notre dite Université.

X. Il ne pourra être admis audit concours que ceux qui auront justifié auxdits juges d'icelui de leur catholicité, mœurs et bonne conduite, qui seront maîtres ès arts en notre dite Université, ou en une autre de notre royaume, et qui auront atteint l'âge de vingt-deux ans accomplis pour les aggrégés affectés aux chaires de philosophie, de vingt ans pour les aggrégés affectés aux chaires inférieures. Voulons que ceux qui se présenteront audit concours, soient tenus de remettre les preuves justificatives desdites qualités ès mains du syndic de notre Université, quinze jours au moins avant l'ouverture dudit concours, pour être, sur le vu d'icelles, dressé une liste des aspirants, dans laquelle ils seront inscrits suivant la date de leurs lettres de maîtres ès arts.

XI. Le recteur de notre Université présidera audit concours, et, en son absence, le plus ancien des susdits juges du concours; et où il se trouveroit partage d'opinions, la décision passera à l'avis de celui qui présidera. Le syndic de l'Université y assistera pour remplir les fonctions qui appartiennent à sa place; et le résultat du concours sera rédigé par le greffier de la Faculté des arts, et déposé dans ses archives.

XII. Ledit concours sera tenu en notre collège de Louis le Grand, dans une salle qui sera à ce destinée; et deux mois avant son ouverture, il sera publié et affiché en notre bonne ville de Paris, avec mention du nombre des places à remplir, et de leur qualité...

XVI. Et voulant récompenser les services des officiers actuels de notre Université, et exciter de plus en plus le zèle de ceux qui leur succéderont, ordonnons que les deniers nécessaires pour le payement des honoraires desdits docteurs aggrégés, fixés par l'article VI des présentes, seront pris sur les sommes que nous nous proposons d'accorder à ladite Faculté des arts, outre et par-dessus celles qu'elle touche actuellement sur la ferme générale des postes et messageries de France ; et voulons en outre qu'il soit payé sur lesdites sommes 1,200 livres par chacun an au recteur, 1,000 livres à chacun desdits syndic et receveur, greffier, bibliothécaire, 800 livres au sous-bibliothécaire, 600 livres à celui qui sera nommé par ledit bibliothécaire pour avoir soin, sous ses ordres, de ladite bibliothèque, et 1,000 livres pour fournir à l'entretien desdits livres, ainsi qu'il sera réglé par délibération du tribunal de notre dite Université. Voulons pareillement qu'à commencer du 1er juillet prochain, il soit payé une somme de 300 livres à chacun des vingt anciens émérites retirés, qui, suivant les constitutions de notre dite Université, jouissent de la pension d'émérite, et qu'il soit réservé une somme de 2,000 livres pour les dépenses extraordinaires des assemblées du tribunal de notre dite Université, de la Faculté des arts, du concours pour le choix des professeurs ou régents du collège de la Flèche, et pour celui desdits docteurs aggrégés, ou autres dépenses extraordinaires, de toutes lesquelles il sera rendu compte tous les ans à ladite Faculté des arts, ainsi qu'il sera réglé par une délibération homologuée en la forme ci-dessus prescrite, le tout sans préjudice des autres sommes que lesdits recteur, syndic, receveur, greffier, bibliothécaire et émérites sont en droit et possession de toucher, suivant les règlements et statuts de notre dite Université et de ladite Faculté des arts. Et quant au sous-bibliothécaire, voulons qu'indépendamment des honoraires à lui accordés par le présent article, il partage avec les autres membres de ladite Faculté dans la portion appelée émérite....

XIX. Nos lettres patentes du 14 avril 1719, portant établissement de l'instruction gratuite dans les susdits collèges de notre dite Université, seront exécutées suivant leur forme et teneur. Voulons en conséquence que l'instruction continue d'être gratuite dans tous les collèges de plein exercice, et que les postes et messageries à elle appartenantes demeurent, comme par le passé, réunies au bail général des postes de France; le tout aux charges, clauses et conditions portées par lesdites lettres patentes.

XX. Voulons pareillement que le vingt-huitième, appartenant à notre dite Université dans ledit bail, continue d'être employé à l'instruction et à l'éducation de la jeunesse dans le sein de notre dite Université, et soit passé en compte au fermier général desdites postes, sur les simples quittances de ceux qui sont ou seront autorisés à le recevoir...

Les lettres patentes qu'on vient de lire furent homologuées le 7 mai 1766 au parlement de Paris. Cinq jours après, selon l'ordre qu'il en avait reçu du procureur général, le recteur les notifia aux députés de l'Université, assemblés extraordinairement; et ceux-ci en ordonnèrent la transcription sur les registres des différentes compagnies. Cette formalité remplie, M. Lebel sollicita la faveur de venir à Versailles offrir au roi le témoignage de la reconnaissance de la Faculté des arts. Admis en présence du prince, avec les officiers de l'Université et les procureurs des Nations : « Votre Majesté, dit-il, voit ici les chefs et les anciens d'une compagnie consacrée par état et appliquée avec zèle à former dans la capitale de votre empire et à perpétuer, de règne en règne, une succession de sujets fidèles à leurs rois, d'enfants dociles à l'Église et de citoyens utiles à la patrie. Comblés de vos dons, depuis l'heureux jour où le ciel remit entre vos mains le sceptre françois, nos cœurs vous étoient dévoués tout entiers, par l'inclination autant que par le devoir. Un nouveau bienfait que votre main paternelle vient de répandre sur nous, acquiert à Votre Majesté un nouveau droit sur notre reconnaissance. Nous nous hâtons, Sire, d'en apporter, avec le respect et l'amour, le juste et doux tribut aux pieds du trône; et si quelque chose est capable de modérer les transports de notre joie, c'est la douleur de ne pouvoir égaler par la force de nos paroles la grandeur du bienfait et la mesure de notre reconnaissance. Mais au défaut des expressions, Sire, nous ferons parler pour nous nos travaux, et par un redoublement de zèle à nous acquitter des fonctions que Votre Majesté nous confie, nous ferons en sorte que cette faveur signalée ne soit plus qu'une récompense royale et paternelle de nos services. » Le roi répondit : « Comme je suis content de mon Université, j'ai été bien aise de lui faire cette faveur (1). »

Il était au moins étrange, et la remarque en fut faite par plusieurs, que M. Lebel, en remerciant le roi de l'accroissement des revenus universitaires, n'eût pas dit un seul mot de l'agrégation. Cette réserve était commandée au recteur par la variété des jugements auxquels la nouvelle institution donnait lieu, et par les objections qu'elle soulevait. Nonobstant cette disposition des esprits, on s'occupa sans relâche de la préparation des règlements qui devaient pourvoir à l'exécution des lettres patentes. La Faculté des arts, pour se conformer aux ordres du roi, avait chargé huit commissaires choisis dans son sein de dresser à cet effet des projets et des mémoires (2). Parmi eux se trouvaient M⁰ Camyer et d'autres mécontents. Ils n'épargnèrent pas les observations critiques et mirent tout en œuvre pour ruiner l'institution des agrégés par des amendements et des réserves en faveur des simples maîtres ès arts et de l'initiative des principaux. La Faculté de médecine, de son côté, s'agitait. Elle cherchait à s'entendre avec les procureurs de la Faculté des arts, affectait de demander des éclaircissements, et se préparait à faire des remontrances. Les dispositions n'étaient pas meilleures à la Faculté de théologie. L'établissement des agrégés ne semblait pas la toucher, et cependant elle en éprouvait un sérieux préjudice ; car, à moins de subir les épreuves de l'agrégation, ses bacheliers et ses licenciés se voyaient fermer l'accès de beaucoup de chaires auxquelles ils pouvaient prétendre jusque-là, en vertu de leur titre seul. Le syndic se crut obligé d'avertir la compagnie, afin qu'elle détournât le coup dont elle était menacée (3). Aussitôt quelques-uns de ses membres rédigèrent un projet de requête au roi. Ils y représentaient que les gradués de la Faculté avaient justifié en tout temps la confiance des familles et la faveur du roi, par leur dévouement à l'éducation de la

---

(1) *Arch. U.*, Reg. xi *ter*, fol. 296; Reg. xlvii a, fol. 38.
(2) Délibération du 12 mai 1766. V. Pièces justificatives, n° CCV.
(3) *Arch. nat.*, MM. 258, p. 146.

jeunesse, au bien de la religion et à celui de l'État. Ils se plaignaient que l'agrégation tendît à remplacer dans les chaires des collèges les ecclésiastiques par des laïques. Enfin, s'attaquant à l'institution elle-même, envisagée comme moyen de se procurer des professeurs, les auteurs de la requête déclaraient ce moyen mal choisi, le concours ne faisant pas connaître si un sujet a toutes les qualités requises dans ceux qui sont préposés à l'enseignement public. Durant ces démarches des différentes compagnies, le proviseur du collège d'Harcourt, Mᵉ Louvel, avait publié un mémoire qui résumait avec vivacité les griefs des adversaires de l'agrégation (1). L'opposition, d'abord cachée, et peu à peu plus ouverte, que les lettres patentes du 3 mai avaient excitée, parut avoir assez de consistance pour que le gouvernement jugeât utile de la réprimer. La séance dans laquelle la Faculté de théologie devait prendre une résolution définitive fut ajournée en vertu d'ordres supérieurs (2), et le projet de requête dont il avait été question n'eut pas de suite. Un arrêt du conseil d'État supprima la lettre de la Faculté de médecine à la Faculté des arts, avec défense à celle-ci d'en connaître (3). Deux autres arrêts (4) supprimèrent également le mémoire du proviseur d'Harcourt, et un libelle en sens opposé, qui ne pouvait servir qu'à prolonger la controverse. Quant au projet élaboré par les commissaires de la Faculté des arts, il subit au conseil d'État des amendements qui le ramenèrent sur la plupart des points à l'exécution pure et simple des lettres patentes du mois de mai. Dans un conseil tenu à Compiègne le 6 août 1766, le roi approuva un règlement très détaillé qui conservait sous une forme encore plus précise toutes les dispositions essentielles des précédents. Malgré ce grave échec, les adversaires de l'agréga-

---

(1) *Mémoire et consultation pour le proviseur du collège d'Harcourt*, Paris, 1766, 30 pages in-4°. Ce mémoire porte la date du 26 juin. Il provoqua une réponse, qui fut mise en circulation le jour de la distribution des prix, sous le titre de *Lettre d'un universitaire à M. le proviseur du collège d'Harcourt*, 19 pages in-4°. M. Louvel répliqua vigoureusement dans un écrit intitulé *Mémoire à consulter et consultation pour le proviseur du collège d'Harcourt*, 28 pages in-4°.
(2) Ordre du roi, du 5 août 1766. *Arch. nat.*, MM. 258, p. 162.
(3) Arrêt du 21 juillet 1766.
(4) Arrêts du 12 et du 15 août 1766. V. Pièces justificatives, n° CCX.

tion ne se tinrent pas encore pour battus, et, avant que la nouvelle ordonnance eût été homologuée, ils mirent tout en œuvre pour en prévenir l'enregistrement. Les procureurs des Nations se rendirent au Palais de justice, et, saisissant pour ainsi dire les magistrats au passage, ils laissèrent à plusieurs d'entre eux une note qui contenait une protestation à peine déguisée contre tout ce qui s'était passé depuis l'expulsion des Jésuites (1). Ils y représentaient avec affliction « que depuis trois ans l'Université n'avoit pu parvenir, attendu des ordres supérieurs, à se faire entendre sur ses véritables intérêts; qu'elle avoit vu paroître différentes lettres patentes contraires à sa constitution fondamentale; lettres expédiées *motu proprio*, quoique notoirement sollicitées par quelques personnes attachées au collège Louis le Grand; qu'elle venoit d'apprendre que de nouvelles lettres avoient été envoyées au Parlement, et que, sous prétexte de règlements pour un concours inutile et dangereux, on avoit inséré dans ces lettres des dispositions destructives de ses statuts et de sa constitution, et ne pouvant qu'aggraver ses malheurs; qu'elle supplioit le Parlement de lui en donner officiellement communication, et de l'entendre, avant de rien statuer. » La Faculté de médecine et la maison de Sorbonne s'associèrent aux démarches de la Faculté des arts, et remirent l'une et l'autre aux magistrats qu'elles rencontrèrent une note explicative, contenant l'expression très vive de leurs doléances.

Mais il n'est pas rare que les hommes, surtout quand ils sont réunis en corps, se fassent illusion sur leur pouvoir ou leur influence. Tandis qu'une partie de l'Université se livrait à une agitation stérile, le Parlement poursuivait son œuvre, et on apprit un jour qu'il venait d'enregistrer les lettres patentes portant règlement pour le concours de l'agrégation (2). Les Nations de France, de Picardie et d'Allemagne acceptèrent sans opposition apparente ce dénouement trop facile à prévoir; la Nation de Normandie protesta autant qu'il dépendit d'elle, en insérant dans sa délibération qu'elle se soumettait au nouveau statut par pur es-

---

(1) *Arch. U.*, Reg. xi *ter*, fol. 272, 294 v° et s.
(2) Arrêt du 10 août 1766. V. Pièces justificatives, n° CCIX.

prit d'obéissance, *obsequii et obedientiæ causa*. Quant aux Facultés de théologie et de médecine, elles avaient obtenu l'une et l'autre une demi-satisfaction; car il était accordé, par une disposition spéciale, que les licenciés en théologie et les bacheliers en médecine, qui voudraient se présenter aux concours de l'agrégation, seraient dispensés d'une partie plus ou moins étendue des épreuves, selon le rang de mérite qu'ils avaient obtenu dans les examens devant leurs Facultés respectives.

Nous n'insisterons pas sur les deux premiers titres, qui concernent le nombre des agrégés et les juges du concours : ces titres ne font que reproduire, en les développant, les dispositions correspondantes des lettres patentes. Mais nous croyons utile de placer sous les yeux de nos lecteurs le texte même de quelques-uns des articles sur l'admission des candidats aux épreuves du concours et sur ces épreuves elles-mêmes.

Voici d'abord un court extrait du titre III : *De ceux qui seront admis au concours :*

ART. Ier. — Les maîtres ès arts des Universités du royaume, qui auront vingt-deux ans révolus, pourront se présenter pour la classe d'aggrégés affectés à la philosophie; ceux qui auront vingt ans accomplis, pour celle des aggrégés de la rhétorique et des humanités, et ceux qui auront dix-huit ans révolus, pour celle des grammairiens.

ART. II. — Il ne sera admis aucun régulier.

ART. III. — Les aspirants à l'aggrégation seront tenus de remettre au syndic de l'Université, trois semaines au moins avant l'ouverture du concours, leurs lettres de maîtres ès arts, et des certificats en bonne forme, donnés par des personnes dignes de foi, pour constater leur catholicité, leurs mœurs et leur bonne conduite.

ART. IV. — Et à l'égard de ceux qui ne seront pas maîtres ès arts de l'Université de Paris, ils seront tenus de remettre en outre au syndic un diplôme ou certificat authentique du recteur de l'Université où ils auront fait leur cours de philosophie, qui justifie le temps de leurs études, et qu'ils ont étudié dans un collège desservi par des maîtres séculiers.

Nous passons sous silence le titre IV, concernant les opérations préliminaires du concours, et nous arrivons au titre V, qui détermine les épreuves pour les différents ordres d'agrégation. Le titre se compose de trente-sept articles, que voici :

Art. Ier. — Il y aura trois sortes d'épreuves; savoir : celle de la composition, celle de la thèse, ou exercice public, et celle de la leçon.

Art. II. La première épreuve consistera, pour les philosophes, à composer deux dissertations en langue latine; l'une, sur un sujet, soit de logique, soit de métaphysique, soit de morale; l'autre, sur la physique et les mathématiques.

Art. III. — Ladite épreuve consistera, pour la seconde classe d'aspirants, à composer un discours latin et une pièce de poésie latine.

Art. IV. — Elle consistera, pour la troisième classe, à traduire du latin en françois, du françois en latin, et du grec en françois.

Art. V. — Pour les compositions de la première et seconde classe d'aggrégés, le sujet en sera seulement indiqué.

Art. VI. — La veille du jour fixé pour lesdites compositions, le recteur assemblera les juges de chacune desdites deux classes, à l'effet de convenir entre eux de quatre sujets différents pour chacune desdites compositions.

Art. VII. — Chacun desdits sujets sera écrit sur un billet séparé, et sera signé dudit recteur et desdits juges, et cacheté du sceau du recteur.

Art. VIII. — Lesdits quatre billets seront remis à deux desdits juges, qui seront chargés de présider le lendemain à la composition.

Art. IX. — Le jour de la composition, après que tous les aspirants seront réunis, un desdits aspirants, en présence des autres, tirera au sort l'un desdits quatre billets; ledit billet sera à l'instant décacheté, lu, et le sujet qui s'y trouvera sera déclaré être celui de la composition.

Art. X. — Quant aux compositions pour la troisième classe d'aggrégés, il sera, en la forme prescrite par l'art. VI ci-dessus, fait choix de trois auteurs du nombre de ceux qu'il est d'usage d'expliquer en quatrième, cinquième et sixième. Le nom de chacun desdits auteurs sera inscrit sur des billets qui seront signés, cachetés et remis à deux desdits juges, ainsi qu'il est porté aux articles VII et VIII ci-dessus.

Art. XI. — L'un desdits trois billets sera tiré au sort de la manière prescrite par l'art. IX ci-dessus; et après que l'auteur désigné dans ledit billet aura été ouvert par un des aspirants, celui des juges qui présidera, dictera ce qui sera présenté à l'ouverture du livre pour servir de matière à la composition, et en fixera l'étendue.

Art. XII. — Pendant tout le temps de la composition, qui se fera sans interruption et pourra durer une journée, les aspirants resteront sous l'inspection de ceux qui auront été choisis pour présider, lesquels veilleront à ce que lesdits aspirants travaillent sans se troubler les uns les autres.

Art. XIII. — Lesdits aspirants auront soin de se munir de papier, plume et encre; ne porteront aucun ouvrage, soit manuscrit, soit imprimé; n'auront aucune communication ni entre eux, ni au dehors, et ne pourront tirer aucun secours étranger, à peine d'exclusion dudit concours.

Art. XIV. — Lesdits aspirants signeront leur composition, la remettront à celui des juges qui présidera; lequel la signera sans la lire, et la renfermera dans une boîte qui sera déposée au greffe de la Faculté des arts, et dont la clef restera entre les mains du recteur.

Art. XV. — Tout aspirant sera tenu de se trouver aux compositions de la classe d'aggrégés pour laquelle il concourra, à peine d'être exclu dudit concours.

Art. XVI. — La seconde épreuve consistera, pour la classe de philosophie, à faire et soutenir une thèse publique sur toute la philosophie.

Art. XVII. — Ladite thèse sera soutenue en deux actes de deux heures chacun, l'un sur la logique, métaphysique et morale, et l'autre sur la physique et les mathématiques.

Art. XVIII. — A l'égard des autres classes d'aggrégés, la seconde épreuve consistera à soutenir un exercice public de la durée de deux heures, sur les auteurs qui leur auront été indiqués dans l'assemblée qui sera tenue en exécution de l'art. VIII du titre IV du présent règlement.

Art. XIX. — Ceux de la seconde classe expliqueront dans ledit exercice trois auteurs, un orateur, un poète et un historien, et ceux de la troisième classe deux auteurs seulement.

Art. XX. — Lesdits exercices seront annoncés par chacun desdits aspirants dans un programme qui en présentera le sommaire, ainsi qu'une analyse succincte desdits auteurs sur lesquels il sera soutenu.

Art. XXI. — Le recteur et les juges du concours veilleront avec la plus grande attention à ce qu'il ne se glisse, ni dans les thèses, et dans les programmes, aucunes propositions contraires à la religion, aux bonnes mœurs, aux lois, maximes et usages du royaume; et si le cas arrivoit, ils empêcheront que ladite thèse ou exercice ne soit soutenu, et en référeront au tribunal de la Faculté des arts, où seront appelés les juges de la classe d'aggrégés à laquelle aspirera l'auteur de ladite thèse ou programme, qui pourra, s'il y a lieu, prononcer contre ledit aspirant l'exclusion dudit concours, même de tous autres.

Art. XXII. — Au concours du mois d'octobre prochain, les seuls aspirants argumenteront aux thèses, et interrogeront aux exercices, chacun dans leur classe, et suivant le rang qui leur sera assigné par les juges dudit concours. Aux concours suivants, les agrégés argumenteront ou interrogeront pendant la première heure, et les aspirants pendant la seconde.

Art. XXIII. — Chaque argument ou interrogation ne pourra durer qu'une demi-heure, et l'objet en sera inscrit par celui qui l'aura proposé sur le registre à ce destiné, en sorte que le même candidat ne puisse être interrogé deux fois sur la même matière.

Art. XXIV. — La troisième épreuve consistera dans une leçon publique, d'une heure, que chaque aspirant fera sur la matière qui lui aura été assignée, suivant qu'il est prescrit par l'article VIII du titre IV ci-dessus.

Art. XXV. — Dans lesdites leçons, les aspirants expliqueront pendant la première demi-heure le sujet qui leur aura été assigné.

Art. XXVI. — Pendant la seconde demi-heure, ils interrogeront deux de leurs concurrents qui seront en tour de leur répondre, suivant la liste qui en sera faite par les juges du concours; lesdits concurrents, réciproquement, leur pourront faire toutes les questions qu'ils jugeront à propos sur la matière de la leçon.

Art. XXVII. — Les juges du concours, chacun pour la classe pour laquelle ils auront été choisis, assisteront aux thèses, exercices et leçons que soutiendront les aspirants de leur classe : sera néanmoins la présence de quatre juges suffisante pour la validité desdits actes.

Art. XXVIII. — Il y aura, à chacune desdites thèses, exercices ou leçons, deux capses : dans l'une, les juges mettront leur jugement sur la manière dont ils auront été soutenus, et dans l'autre, leur jugement sur les arguments ou interrogations des candidats, et signeront leur jugement.

Art. XXIX. — Tous les membres de la Faculté des arts seront invités à assister, autant que leurs autres fonctions le leur permettront, aux exercices du concours, en tout ou en partie.

Art. XXX. — Chaque aspirant aura au moins quinze jours pour se préparer auxdites thèses, exercices ou leçons, et sera tenu, sous peine de déchéance du concours, de subir ses actes probatoires aux jours qui lui auront été indiqués. Les juges du concours de chaque classe d'agrégés pourront cependant dispenser, aux deux tiers des voix, lesdits aspirants de la peine imposée par le présent article, à la charge par les aspirants de se représenter assez tôt pour obtenir un nouveau jour avant celui fixé pour la clôture des actes du concours...

Il serait curieux de comparer les articles qui précèdent avec les règlements qui ont été en vigueur dans l'Université de France pour les concours de l'agrégation des lycées durant un demi-siècle. On reconnaîtrait, dans les dispositions adoptées de nos jours, la trace, ou plutôt l'imitation fidèle, des règles établies par la sagesse de nos pères. Le caractère même de l'agrégation, le nombre et le mode des épreuves, les conditions d'âge, de moralité et d'aptitude imposées aux candidats sont identiques dans le règlement de 1766 et dans les statuts qui étaient encore suivis il y a dix-huit ans. Que de fois ne s'est-on pas élevé contre l'agrégation spéciale de philosophie! L'Université de Paris était moins pusillanime, et ne poussait pas la défiance envers les philosophes jusqu'à leur refuser l'honneur de concourir entre eux, et jusqu'à les reléguer dans les rangs des humanistes et des grammairiens. Que de fois aussi n'a-t-on pas reproché aux agrégés de notre temps leur extrême jeunesse! L'ancienne Université était plus indulgente; elle admettait, comme nous l'avons vu, des candidats âgés de vingt ans, à qui elle demandait un noviciat de deux années seulement. Ce sont enfin les vieux usages de l'Université qui avaient suggéré et maintenu l'épreuve de l'argumentation publique, si propre à faire ressortir le savoir, la facilité de l'élocution, la vivacité de l'esprit. Le décret du 12 avril 1852 changea pour un jour toutes ces bases. L'agrégation cessa d'être un concours et devint un simple examen. Toutes les agrégations se trouvèrent confondues en une seule. L'âge d'admission fut élevé à vingt-cinq ans, et un noviciat long et pénible fut imposé désormais aux candidats. L'épreuve de l'argumentation fit place à des exercices tout pratiques, comme la correction d'un devoir. Il n'y eut pas un seul point où les anciens règlements ne fussent remaniés. Cette réforme, ou plutôt ce bouleversement, était commandé beaucoup moins par l'intérêt des études que par des circonstances impérieuses, dont le joug irrésistible pesait lourdement sur l'instruction publique. Mais, lorsque les temps furent devenus meilleurs, les vieilles traditions ne tardèrent pas à reparaître; et la grammaire, les humanités, les sciences physiques et mathématiques, les langues vivantes, la philosophie, enfin, virent des agrégations distinctes successivement rétablies en leur faveur : de sorte que l'institution, ébranlée naguère par des coups si funestes, est aujourd'hui relevée, et a repris la forme consacrée par l'expérience, que le règlement de 1766 lui avait imprimée, et qui réclamait dans les détails seulement quelques modestes améliorations.

Les lettres patentes du 3 mai 1766 avaient fixé au mois d'octobre suivant l'ouverture des épreuves pour les différents ordres d'agrégation. Le règlement adopté par le conseil d'État maintint provisoirement cette date; mais, pour les années à venir, l'époque du concours fut reportée au mois d'avril. Quelques démarches furent tentées, sans succès, afin d'obtenir un ajournement qui n'aurait profité qu'aux adversaires de la nouvelle institution (1). Le 11 octobre, jour désigné par une délibération de la Faculté des arts, et annoncé par un mandement qui fut le dernier acte du recteur, M° Lebel, quarante-cinq candidats se trouvèrent réunis, dès huit heures du matin, dans la chapelle du collège Louis le Grand, savoir : seize pour la grammaire, dix-huit pour les belles-lettres et onze pour la philosophie (2). Après la messe du Saint-Esprit, célébrée en présence du nouveau recteur, M° Maltor, des quatre procureurs et d'un grand nombre de maîtres de toute Nation, un régent de philosophie au collège Mazarin, M° Gagnot, lut un discours latin, et M° Deslandes, du collège de la Marche, une pièce de poésie. Le recteur proclama ensuite les noms de ceux qui avaient été désignés par le premier président et le procureur général au parlement de Paris pour être les juges du concours; c'étaient, pour la philosophie : Mes Hamelin, Basset, Mazéas, Vallé, Regnard et Turquet; pour les classes d'humanités, Mes Lebeau, Sencier, Gardin, Dagoumer, Genien et Hérivaux; pour les classes de grammaire, Mes Daire, Guim-

(1) Voyez nos Pièces justificatives, n° CCXIII.
(2) Les archives de l'Université possèdent, sous les numéros LXXXVIII et s., une série de quatre registres contenant les procès-verbaux des concours de l'agrégation, de 1766 à 1791. Ces registres font connaître les noms des juges et ceux des candidats, les auteurs à expliquer, les questions à traiter, les épreuves subies chaque jour par chaque candidat, enfin les résultats de chaque concours. Nous avons emprunté au premier de ces registres, portant le n° LXXXVIII, la plupart des détails qui suivent.

bert, Jacquin, Couppé, Guyot, Mercier. Tous s'engagèrent sur la foi du serment à n'accorder leur suffrage qu'à ceux des candidats qu'ils auraient reconnus être les plus dignes. Les candidats assistaient à la séance en robes de maîtres ès arts; à l'appel de de leurs noms par le greffier, ils défilèrent devant leurs juges, à qui le syndic les présenta. Les lettres patentes portaient exemption de tout ou partie des épreuves en faveur des aspirants qui occupaient des chaires, ou qui s'étaient signalés par l'éclat de leurs succès dans les luttes académiques. Quelques-uns réclamèrent le bénéfice de cette disposition. Parmi eux se trouvait un jeune régent, nommé Jacques Delille, qui, depuis quatre ans déjà, professait la seconde au collège d'Amiens. Ce facile et brillant génie qui devait assurer au traducteur des *Géorgiques,* au chantre des *Jardins* et de l'*Imagination,* un rang distingué parmi les poètes de la France, s'était révélé en lui dès sa première jeunesse. « Il avoit eu l'avantage, lorsqu'il étudioit en rhétorique, dit le procès-verbal de la séance d'ouverture, de remporter sept prix à la distribution générale, et ensuite d'obtenir le prix d'éloquence fondé pour les maîtres ès arts de l'Université de Paris. »

Les exercices proprement dits du concours commencèrent le 13 octobre pour les candidats qui n'avaient aucun motif d'exemption à faire valoir; ils durèrent deux mois environ. Nous n'avons pas relevé les sujets d'épreuves proposés pour l'agrégation des classes de grammaire et d'humanités. Le choix de ces sujets ne saurait offrir qu'un médiocre intérêt pour nous; et d'ailleurs on peut aisément s'en former une idée, puisque les épreuves ne pouvaient rouler que sur les auteurs grecs et latins et sur les éléments de la rhétorique. Mais il est curieux de connaître quelle direction l'ancienne Université avait donnée, quelle latitude elle avait laissée aux exercices de l'agrégation de philosophie.

Les sujets des deux compositions écrites furent tirés au sort parmi les questions suivantes : *Utrum præter certitudinem metaphysicam altera detur quæ excludat omnem errandi formidinem? — Utrum existentia Dei consensione populorum universali accurate demonstretur? — Utrum natura, et independenter ab omni voluntate libera, sive creata sive increata, bonum et malum discrepent? — Utrum mens humana sit immortalis? — Utrum monades sint elementa materiæ? — Quænam sint corporum solidorum generales collisionis leges? — Cujus sit utilitatis in rebus physicis disciplina mathematica? — Utrum universalis et mutua sit omnium et singulorum corporum gravitatio?*

Le sort désigna la question de la certitude et celle de la gravitation universelle, qui furent traitées par les candidats le 14 octobre.

Parmi les sujets de l'argumentation, nous avons distingué les suivants : *De regulis syllogismorum. — De ente necessario. — De systemate Epicuri. — Utrum materiæ vis cogitandi competat? — Contra explicationem Newtonianam luminis. — Adversus spatium quod contendo reale. — De libertate humana. — De unitate et existentia Dei. — De discrimine boni et mali moralis.*

Voici enfin les matières des leçons qui furent faites par les candidats, en présence des juges et d'un public nombreux : *Homo ineundæ societati natus. — Exponetur verum mundi systema. — Leges hydrostaticæ exponentur. — Polytheismus confutabitur. — Animus est immortalis. — Confutatio Pyrrhonismi.*

Certainement, la plupart des sujets qui précèdent ne brillent point par la nouveauté. Ils sont aussi anciens que la philosophie; et, en les proposant à ses futurs maîtres, il est certain que l'Université de Paris n'entendait pas ouvrir à ces derniers des perspectives où leur inexpérience aurait pu s'égarer. Mais le principal objet de l'enseignement philosophique n'est-il pas de graver dans l'esprit de la jeunesse, par de graves et saines leçons, la forte empreinte des vérités morales et religieuses? Quand ces saintes vérités, battues en brèche par une secte puissante, se trouvaient ébranlées dans un grand nombre d'âmes, ne nous étonnons pas qu'elles aient figuré, comme sujets d'épreuves, dans les luttes de l'agrégation, pour y rappeler aux candidats leurs devoirs envers la jeunesse et le but élevé des études classiques. Au reste, sans éprouver aucun goût pour les nouveautés, l'Université de Paris ne voulait pas que ses candidats fussent étrangers aux idées neuves qui avaient pu se produire dans la science et aux controverses qui en étaient résultées entre les savants. Ainsi, parmi les sujets que nous avons recueillis, on aura sans doute remarqué les questions sur la théorie de la lumière enseignée par Newton, sur la monadologie de Leibnitz, etc. Ces exemples, qu'il serait aisé de multiplier, attestent de la part de la Faculté des arts un effort sérieux pour secouer le joug de la routine et faire tourner au profit de l'enseignement des collèges les derniers progrès de l'esprit humain.

Les opérations du concours furent closes le 13 décembre, avec le même cérémonial qui avait eu lieu lors de l'ouverture. Une messe d'actions de grâces fut célébrée dans la chapelle du collège Louis le Grand, en présence du recteur et des Nations. La Faculté des arts s'étant retirée ensuite dans la salle ordinaire de ses séances, M° Billard, du collège de la Marche, prononça un discours latin, qui fut suivi de la lecture d'une pièce de vers latins par M° Labour, du collège Mazarin. Les noms des nouveaux agrégés furent ensuite proclamés, savoir : pour la philosophie : Claude Jacquemard, prêtre du diocèse de Tulle, bachelier en théologie et professeur de philosophie au collège de la Flèche; François Guyart, prêtre de Soissons, licencié en théologie; Adrien Capin, prêtre du diocèse de Beauvais, licencié en théologie; Nicolas Béguin, prêtre d'Autun, licencié en théologie; Joseph Porion, sous-diacre d'Amiens; Louis Genty, professeur de philosophie au collège d'Orléans : — pour les classes d'humanités : Jean-Baptiste Gossart, de Noyon, professeur de rhétorique au collège d'Amiens; Jacques Delille, de Clermont, professeur au même collège; Jean-Baptiste Aubril, de Coutances, professeur au collège de Rouen; Jean Martin, de Compiègne, professeur d'humanités au collège de Compiègne; Edmond Ferlet, de Paris, professeur d'humanités au collège de Maubeuge; Jean-François Berthelot, de Paris; Michel-André Bénard, diacre de Coutances : — pour les classes de grammaire : Jean Lucas, de Paris; Étienne Clusel, de Cahors; Firmin Caboche, prêtre du diocèse d'Amiens;

Jean-Antoine Bontemps, de Paris, professeur au collège d'Auxerre; Jacques Séjan, de Paris; Jean-Baptiste Queremont, de Rouen; Jean-Nicolas Mouchard, d'Évreux; Jean-Philibert Saulnier de la Noue, de Châlons.

Ainsi se termina le premier concours qui ait eu lieu pour l'agrégation dans l'Université de Paris. Malgré l'ordre parfait qui avait régné dans toute la suite des exercices, la controverse occasionnée par la nouvelle institution n'était pas terminée, mais au contraire se compliquait chaque jour de nouveaux incidents qui tendaient à perpétuer le débat. Le discours prononcé, comme nous l'avons vu, à l'ouverture des épreuves du concours, par M° Gagnot, avait roulé sur les avantages de l'agrégation. Il fut critiqué avec amertume; et comme l'imprudent orateur n'avait pas épargné les reproches ni même l'outrage à ses adversaires, la Nation de Normandie provoqua contre lui une censure sévère de la Faculté des arts. Pour échapper aux conséquences de cette délibération, M° Gagnot n'eut d'autre ressource que de s'adresser au roi, qui défendit qu'elle fût transcrite sur les registres de l'Université. Au reste, à l'époque de la rentrée des classes, les adversaires de l'agrégation eurent leur tour; et M. Couppé, régent de seconde au collège de Navarre, prononça un discours véhément dans lequel la louange exaltée des vieux usages de l'Université cachait une critique amère des choses et des hommes du présent. Cette fois le gouvernement perdit patience, et, quoiqu'il eût préféré ne pas avoir à sévir, il ordonna que M. Couppé fût exclu pour trois mois des assemblées de la Faculté des arts et de celles de la Nation de Picardie, dont il était membre (1). Mais ce coup inattendu ne changea pas les sentiments ni la conduite des opposants. Sous les prétextes les plus frivoles, ils donnaient à leur mécontentement pleine carrière. Tantôt ils refusaient de se réunir en assemblée au collège Louis le Grand; tantôt ils affectaient, dans les délibérations, de ne pas reconnaître ce collège comme le chef-lieu, même provisoire, de l'Université. En vain le

---

(1) V. Pièces justificatives, n°⁵ CCXIV, CCXV, CCXVI.

recteur faisait entendre des paroles de conciliation et méritait les éloges du roi par ses loyaux efforts pour contenir ou ramener les esprits; rarement il parvenait à les convaincre, et il s'attirait plus d'un reproche, à peine dissimulé sous la recommandation de veiller au salut et à l'honneur de l'Université de Paris. La Nation de Normandie, toujours la première à réclamer, adressa successivement plusieurs notes amères à M. de Saint-Florentin. Ces mémoires n'avaient d'autre but apparent que de signaler certaines irrégularités du dernier concours, et n'allaient pas à moins qu'à mettre en question, non seulement les derniers arrêtés du gouvernement, mais la compétence de la magistrature en matière d'éducation publique. Le président Rolland s'était montré l'artisan le plus actif des réformes; aussi la Nation de Normandie dénonce-t-elle avec amertume son ambition et ses empiétements, car c'est bien lui que nous devons reconnaître dans ce magistrat qui, sans avoir aucun droit d'inspection sur le corps de l'Université, et se regardant néanmoins comme le ministre chargé de ce département, mande à son gré et avec empire les députés des compagnies, et ne leur parle des lois respectables du souverain et des arrêts du Parlement qu'en ces termes : « mes lettres patentes, mes arrêts (1). »

Quel fruit la Nation de Normandie pouvait-elle retirer de ces récriminations inconsidérées, si ce n'est d'agiter inutilement les esprits et de compromettre à la longue le bon ordre des études? Le roi lui exprima, par la plume de M. de Saint-Florentin, son mécontentement des accusations frivoles et mal fondées auxquelles elle s'était portée, et comme, malgré ce témoignage de la désapprobation royale, elle persistait dans son opposition, elle reçut l'ordre d'avoir désormais à s'abstenir de toute doléance. Un nouveau concours venait alors de s'ouvrir, et, malgré les efforts opiniâtres de ses adversaires, l'institution des agrégés se trouvait définitivement consacrée par la volonté invariable du gouvernement, et, ce qui valait mieux encore, par le succès.

---

(1) *Arch. U.*, Reg. xi *ter*, fol. 313 v° et s.

Durant les discussions que nous venons de raconter, et qui touchaient du moins à un grand intérêt, la discorde régnait à la Faculté de droit, entre les docteurs régents et les agrégés. Au service solennel qui fut célébré pour le repos de l'âme du dauphin, le 10 mars 1766, dans l'église des Cordeliers, les agrégés, convoqués individuellement par le recteur, s'étaient présentés au nombre de six, revêtus de la robe rouge avec l'épitoge, ou chaperon bordé d'hermine, costume que les docteurs régents prétendaient se réserver comme un privilège exclusif. De là requête au Parlement, assignation, procès (1). A côté de l'instance judiciaire, les agrégés en avaient introduit une seconde devant le tribunal du recteur, et dans une longue supplique ils avaient exposé savamment les raisons de droit ou d'utilité et de convenance qui devaient engager l'Université à se prononcer en leur faveur; mais le Parlement retint la cause comme appartenant à sa seule juridiction, et il fit défense à l'Université d'en connaître. Le débat devant la cour ne manqua pas de s'agrandir. Il ne s'agissait plus seulement de savoir si les agrégés devaient porter la robe rouge avec l'épitoge, mais quels étaient leur rang, leurs attributions, leurs prérogatives. Faisaient-ils partie du corps de la Faculté? Avaient-ils droit de siéger dans ses assemblées, d'assister avec voix délibérative aux examens et aux concours, de faire, en leur nom personnel, des

(1) Un recueil in-4° de la bibliothèque Mazarine, coté 10371 T, contient plusieurs pièces relatives à cette affaire, savoir : *Mémoires pour les docteurs aggrégés de la Faculté des droits en l'Université de Paris, contre les docteurs régens en la même Faculté*, in-4°, 40 pages. — *Mémoire à consulter et consultation pour les docteurs aggrégés de la Faculté des droits en l'Université de Paris*, in-4°, 15 pages. — *Réponse pour les docteurs aggrégés de la Faculté des droits en l'Université de Paris, aux assertions tirées du mémoire des docteurs régens en la même Faculté*, in-4°, 44 pages. — *Précis pour les doyen, syndic et docteurs régens de la Faculté des droits de Paris, contre M° Mathieu-Antoine Bouchaud et consors, tous docteurs aggrégés en ladite Faculté*, in-4°, 16 pages. — *Observations sommaires sur la réponse des aggrégés au mémoire des professeurs*, in-4°, 12 pages. — *Réponse pour les doyen, syndic et docteurs régens de la Faculté des droits de Paris, au mémoire pour M° Mathieu-Antoine Bouchaud*, etc., in-4°, 88 pages. — *Requête pour les doyen, syndic et professeurs de la Faculté des droits dans l'Université de Paris, contre les sieurs Bouchaud, Boyer, Saboureux de la Bonneterie et consorts, docteurs aggrégés à ladite Faculté*, in-4°, 34 pages. — *Preuves justificatives des droits des docteurs régens, et de l'état des docteurs aggrégés à la Faculté des droits de Paris*, in-4°, 337 pages.

leçons publiques? Ces questions délicates donnèrent lieu, de la part des intéressés, à plusieurs mémoires qui nous ont été conservés; nous citerons entre autres celui qui est intitulé : *Preuves justificatives des droits des docteurs régents et de l'état des docteurs agrégés de la Faculté des droits de Paris*, recueil d'autant plus précieux pour nous que les anciens registres de la Faculté de droit sont aujourd'hui perdus. Après une procédure qui ne dura pas moins de six mois, le Parlement reconnut, par son arrêt du 6 septembre 1766, que les agrégés faisaient partie du corps de la Faculté : il les autorisa en conséquence à siéger dans les assemblées tant ordinaires qu'extraordinaires, à figurer dans les cérémonies publiques et à y porter la robe rouge avec l'épitoge, mais sous la réserve des droits des docteurs régents, notamment en ce qui concerne l'administration des biens propres de la Faculté et la nomination aux bénéfices. Par cet arrêt, les agrégés obtenaient toutes les satisfactions d'amour-propre que peuvent procurer des prérogatives purement honorifiques, tandis que les droits sérieux, utiles, demeuraient, sous beaucoup de rapports, le partage exclusif des docteurs régents.

Dans un ordre d'idées et d'intérêts bien différent, la Faculté de théologie n'avait pas des préoccupations moins vives que les autres compagnies de l'Université. Elle n'était pas le théâtre de ces controverses animées, jusqu'à la violence, qui l'avaient si vivement agitée autrefois; mais elle continuait à porter la peine de ses propres dissensions. L'abbé Gervaise, qui remplissait depuis plusieurs années, par l'ordre du gouvernement, les fonctions de syndic, étant venu à mourir en 1765, une lettre de cachet lui donna pour successeur M. Riballier (1), sans que la compagnie eût été consultée. Celle-ci adressa au roi des doléances, mais elles furent accueillies très durement. Un docteur se vit même exclu des assemblées pour avoir exhalé en termes trop vifs sa douleur et ses regrets (2). La Faculté dut se résigner à une nouvelle suspension de ses liber-

---

(1) Lettre de cachet du 14 avril 1765. *Arch. nat.*, MM. 258, p. 111.
(2) *Arch. nat.*, MM. 258, p. 121. Cf. *Nouvelles ecclésiastiques*, 1765, p. 83, 116, 138, 173 et s.

tés. Elle ne les recouvra que vingt ans plus tard, au mois de septembre 1785 (1). Cependant les théologiens avaient d'autres sujets de souci que ceux démêlés avec le pouvoir royal. Après l'enseignement de la science religieuse, la principale mission des écoles de Sorbonne était la défense du dogme catholique contre l'hérésie et l'impiété; mais combien cette tâche n'était-elle pas rendue difficile par l'état moral de la société française! Les esprits s'éloignaient de plus en plus des croyances chrétiennes, les uns pour s'attacher au pur déisme, comme Rousseau, les autres pour se précipiter dans l'athéisme et le matérialisme. La Faculté de théologie luttait contre le torrent avec plus de zèle que de succès, et, il faut bien le dire, avec plus de piété que de talent. Quand on parcourt la liste de ses docteurs, y trouve-t-on un seul nom considérable, et qui puisse entrer en balance avec ceux des écrivains qui captivaient alors l'opinion publique? Quelles figures pâles, obscures, effacées, que les Riballier, les Billette, les Xaupi, opposés, nous ne dirons pas à Montesquieu et à Buffon, à Voltaire et à Rousseau, mais seulement à Diderot et à Dalembert? Cette infériorité de génie, manifeste chez les défenseurs de l'Église, et d'autre part l'éclat retentissant des discussions profanes, nuisaient aux études théologiques. Les bacheliers de Sorbonne et de Navarre suivaient l'exemple de Turgot; ils se détournaient des sujets sacrés, et préféraient aux aspérités de la science religieuse les thèmes plus attrayants que leur offraient l'histoire, la morale et même la politique. En 1768, lors de la fête de sainte Ursule, patronne de la Sorbonne, le bachelier qui avait été chargé de porter la parole prononça, au lieu du panégyrique de la sainte, un discours sur le bonheur de l'homme qui a reçu de la nature un cœur sensible! Quelques années plus tard, on entendit un licencié de la maison de Navarre disserter, lors de ses paranymphes, sur les avantages des administrations provinciales. Ces excursions hors du domaine de la théologie affligeaient les vieux docteurs qui avaient pâli sur la Bible et sur les Pères; les jansénistes criaient

(1) Lettre de M. de Breteuil du 17 septembre 1785. *Arch. nat.*, MM. 259, p. 268.

au scandale, mais, aveuglés par l'esprit de secte, ils attribuaient la contagion des idées profanes et des goûts mondains à la longue domination exercée par les Jésuites sur le clergé de France (1).

Malgré la décadence des études religieuses, la Faculté de théologie n'avait point abdiqué sa juridiction sur les ouvrages nouveaux qui touchaient à la foi et aux mœurs. En 1762, elle avait sévèrement condamné l'*Émile* de Rousseau (2), non sans s'exposer à beaucoup de reproches, de sarcasmes et de ressentiments de la part des admirateurs du philosophe de Genève. En 1767, elle accomplit un devoir non moins pénible en procédant contre le *Bélisaire* de Marmontel. L'auteur, tout lié qu'il était avec les encyclopédistes, ne partageait pas l'impiété de la plupart d'entre eux. Élevé chez les Jésuites de Mauriac (3), il avait gardé de sa première éducation, avec un vif sentiment de gratitude pour ses maîtres, quelque respect de la religion. Mais dans *Bélisaire* il s'était fait l'apôtre de la tolérance, et il en défendait les maximes avec une éloquente conviction. Parlait-il des sages du paganisme, il n'hésitait pas à leur donner place dans le paradis, encore qu'ils n'eussent pratiqué que des vertus purement humaines. Ailleurs, il s'élevait énergiquement contre la tyrannie des princes qui emploient la violence pour amener les hommes à Dieu. « La vérité, s'écriait-il, luit de sa propre lumière, et on n'éclaire pas les esprits avec la flamme des bûchers. » L'ouvrage, dénoncé comme suspect, quoique revêtu de l'approbation d'un censeur, fut soumis par la Faculté de théologie à l'examen le plus rigoureux, et on n'eut pas de peine à en extraire trente-sept propositions condamnables, qui furent imprimées textuellement sous le titre d'*Indiculus;* mais Voltaire y ajouta l'épithète de *ridiculus,* en faisant pleuvoir sur les docteurs de Sorbonne un déluge de sarcasmes, d'outrages et de pamphlets. Une de ses principales victimes fut l'abbé Coger, alors régent de rhétorique au collège Mazarin, et

---

(1) *Nouvelles ecclésiastiques,* 1769, p. 34 et s.; 1781, p. 141.
(2) *Conclusions de la Faculté de théologie. Arch. nat.,* MM. 258, p. 200 et s.
(3) Marmontel a tracé dans ses *Mémoires* un tableau animé et intéressant des années qu'il passa au collège de Mauriac depuis la classe de cinquième jusqu'à celle de rhétorique.

que nous retrouverons plus tard investi des fonctions rectorales. Chacun sait comment l'illustre mais irascible écrivain se vengea de ce prêtre estimable en lui appliquant, par un jeu de mots injurieux que son nom suggérait, deux mots d'un vers de Virgile. Turgot, devenu intendant de la généralité de Limoges, porta à la Faculté de théologie un coup plus funeste que les plaisanteries de Voltaire; usant d'un artifice plus habile que loyal, il mit en regard des propositions de *Bélisaire*, comprises dans l'*Indiculus*, les propositions opposées (1); ce qui semblait ne laisser d'autre alternative que d'embrasser des sentiments monstrueux qui révoltaient toutes les consciences, ou bien de protester contre le jugement des théologiens. Chose triste à dire, ceux-ci, attaqués de tous côtés et par tous les moyens, ne surent pas même se réunir dans l'intérêt de la défense commune. Lorsqu'on en vint à rédiger l'article qui devait contenir l'expression de la doctrine de la Faculté sur les devoirs de l'autorité civile à l'égard des hérétiques, les avis se trouvèrent partagés. Aucune voix ne s'éleva en faveur de la tolérance; tous les docteurs, d'un commun accord, proclamèrent, comme une obligation de la royauté, le devoir pour elle de réprimer les erreurs qui pourraient porter atteinte à la pureté de la foi : mais les uns soutenaient avec le syndic, M. Riballier, que « c'étoit au prince à juger, selon les lumières de sa sagesse et de sa prudence, quelles étoient les lois qu'il lui convenoit de porter sur cet objet, et jusqu'où il devoit en presser l'exécution; » les autres, plus absolus, repoussaient ces sages tempéraments et se prononçaient pour une rédaction qui laissait à peine au magistrat civil la liberté de ses décisions et le droit de ne pas sévir contre les hérétiques dénoncés par l'Église. Il fallut que l'autorité du roi intervînt et fît cesser un débat intempestif qui menaçait de ranimer les anciennes divisions de la Sorbonne (2). Ainsi le désaccord,

---

(1) *Les trente-sept vérités opposées aux trente-sept impiétés de Bélisaire, par un bachelier ubiquiste.* Cet écrit n'a pas été reproduit dans l'édition des œuvres de Turgot donnée en 1844 par MM. E. Daire et H. Dussard; mais il fait partie de l'édition précédente, due aux soins de Dupont de Nemours, Paris, 1810, in-8°, t. IV, p. 299 et s.

(2) *Arch. nal.*, MM. 258, p. 192. *Nouvelles ecclésiastiques*, p. 33 et s. Picot, *Mém. pour servir à l'hist. ecclés.*, t. IV, p. 251 et s.

même en matière de doctrine, s'ajoutait aux autres maux de la Faculté de théologie, et, sans cesse agitée par de funestes dissentiments, elle travaillait elle-même à compromettre sa considération et son influence.

Les suites fâcheuses d'une pareille situation se faisaient sentir à l'école de Paris tout entière; son prestige en était affaibli; elle était frappée au cœur par les blessures faites à quelques-uns de ses membres. N'est-ce pas alors que Voltaire écrivait à Dalembert (1) : « Gardez-vous de recevoir jamais dans l'Académie aucun homme de l'Université. » Il est vrai que l'Académie ne suivit pas ce conseil; car, à quelques années de là, elle ouvrit ses rangs à un maître ès arts que nous avons vu figurer avec honneur dans les concours de l'agrégation, à Jacques Delille; et, circonstance qui mérite d'être notée, Voltaire fut de ceux qui soutinrent le plus vivement la candidature de l'élégant et heureux traducteur des *Géorgiques*.

Mais, quelque difficile que la position fût devenue, dans un siècle ennemi des préjugés, pour des institutions vieillies qui tiraient leur principale force de la tradition, la Faculté des arts n'avait nul souci du danger qui la menaçait. Toute sa sollicitude, ses espérances comme ses craintes, se tournaient du côté du collège Louis le Grand et des règlements nouveaux qui s'y préparaient par les soins du bureau d'administration. Les vœux des compagnies seraient-ils cette fois écoutés? Les commissaires du Parlement en tiendraient-ils compte? Cesseraient-ils de disposer des plus chers intérêts de l'Université sans elle et malgré elle? Tel était le doute qui partageait les esprits, lorsque parurent des lettres patentes, datées de Compiègne, le 20 août 1767 (2), ordonnant l'exécution d'un règlement qui venait d'être arrêté en conseil d'État. Ce règlement modifiait sur des points très essentiels les lois en vigueur. Premièrement, il supprimait le bureau de discipline établi au collège Louis le Grand par l'édit de 1763, avec la mission de surveiller les études, les mœurs et la police intérieure, c'est-à-dire

---

(1) Lettre du 30 septembre 1767 à Dalembert.
(2) *Recueil des délibérations du collège Louis le Grand*, p. 63 et s.

pour exercer la direction morale de l'établissement. A la différence du bureau d'administration, formé en majeure partie de magistrats et de notables, le bureau de discipline se composait exclusivement d'anciens maîtres de la Faculté des arts. En le supprimant, afin de prévenir les conflits qui pouvaient résulter de l'action simultanée de deux autorités rivales, on semblait donc porter atteinte à l'Université elle-même et diminuer sa juste part d'influence. Pour couvrir et réparer ce dommage, les lettres patentes contenaient, à la vérité, une disposition spéciale qui plaçait le collège Louis le Grand sous la juridiction du tribunal du recteur, de la même manière que tous les autres collèges, mais cet article ne créait pas en faveur de la Faculté des arts un droit nouveau qui pût compenser, à ses yeux, la suppression du bureau de discipline; il ne faisait que reconnaître la compétence que la Faculté avait de tout temps exercée sur les collèges de Paris.

Le nouveau règlement contenait des innovations non moins graves en ce qui concernait les bourses : il les déclarait toutes d'égale valeur; ce qui n'avait pu s'effectuer sans mettre en commun les revenus des anciennes fondations, c'est-à-dire sans altérer et même sans violer directement les intentions des fondateurs. La collation des bourses devait appartenir, comme par le passé, à ceux qui avaient droit d'en disposer en vertu de l'acte de fondation; mais l'admission définitive des boursiers au collège était subordonnée, dans l'intérêt même des études et de la discipline, à des conditions très sévères qui restreignaient singulièrement la liberté du choix. Ainsi, avant d'être admis, les candidats proposés devaient subir un examen devant une commission composée du principal du collège et de quatre émérites, choisis par le tribunal de l'Université dans les quatre Nations de la Faculté des arts. Quand ils avaient été reconnus admissibles, ils devaient être éprouvés durant deux années encore, et c'était seulement à l'expiration de ce long noviciat que la commission d'examen décidait s'ils seraient confirmés dans la jouissance de leurs bourses, ou bien renvoyés du collège. Nos règlements actuels sont moins sévères; il est à remarquer cependant que de nos jours la collation des bourses nationales ou communales dans les lycées est également soumise à certaines conditions d'aptitude : les candidats doivent justifier qu'ils possèdent une instruction suffisante pour leur âge et proportionnée à l'enseignement de la classe qu'ils sont appelés à suivre.

Les lettres patentes du 20 août 1767 avaient été mûrement délibérées et contenaient assurément d'excellentes dispositions, néanmoins il fallait s'attendre aux réclamations les plus vives de la part de tous les intérêts et de tous les amours-propres compromis par les lettres patentes de 20 août. La première protestation partit d'un ancien recteur, destiné à le devenir de nouveau, Paul Hamelin, le dernier principal du collège de Beauvais. A peine l'édit du roi eût-il paru, Hamelin fit circuler, sous le voile de l'anonyme et en secret, un écrit intitulé : *Réflexions d'un Universitaire, sous forme de mémoire à consulter, concernant les lettres patentes du 20 août 1767* (1). Il y relevait avec véhémence les atteintes portées aux intérêts de l'Université dans tout ce qui touchait l'ordre temporel, à son autorité et à ses droits dans l'ordre moral. Ces atteintes étaient signalées comme le résultat d'un plan formé par les membres du bureau d'administration de Louis le Grand pour se rendre maîtres de l'instruction publique. « Le bureau d'administration, s'écriait hardiment M° Hamelin, s'est proposé, non de mettre le collège Louis le Grand dans l'Université, mais l'Université dans le collège Louis le Grand. Il s'est proposé, non de faire de Louis le Grand une dépendance de l'Université, mais de l'Université une dépendance de Louis le Grand. Il a voulu, en un mot, concentrer ou plutôt fondre l'Université dans le collège Louis le Grand, afin qu'étant maître du collège, l'Université fût aussi sous sa domination. » Le libelle anonyme fut condamné au feu par sentence du Parlement du 7 décembre 1767, comme « calomnieux, séditieux, injurieux à la majesté royale, et tendant à soulever l'Université contre l'autorité du roi et les arrêts de la

---

(1) In-4°, 54 pages, sans nom d'auteur ni d'imprimeur. Au témoignage de Rolland, l. l., p. 195, « après la mort du sieur Hamelin, décédé le 13 avril 1777, on a trouvé dans ses papiers, la minute, écrite de sa main, de la *Lettre d'un universitaire*.

cour. » Mais l'exemple donné par M° Hamelin n'avait pas tardé à être suivi. La Nation de Normandie, fidèle à ses traditions, et devançant les autres compagnies de l'Université, avait dressé en son propre nom un mémoire virulent contre les lettres patentes du 20 août. Jalouse à l'excès des prérogatives et des libertés de l'école de Paris, elle s'avançait jusqu'à déclarer « que les Universités étaient souveraines pour l'éducation; qu'à elles seules appartenait le droit de faire des règlements sur cette matière. » Le gouvernement s'inquiéta du trouble que de pareilles prétentions, publiquement énoncées, pouvaient jeter dans les esprits, et un arrêt du conseil d'État supprima le mémoire de la Nation de Normandie. « Sa Majesté n'a pu voir sans indignation, portait le préambule de l'arrêt, ladite Nation de Normandie aggraver, par une réclamation téméraire, des torts dont Sa Majesté lui a déjà témoigné plusieurs fois son mécontentement, et oser tout à la fois méconnaître les usages de l'Université, en donnant, sans le concours des compagnies qui la composent, un mémoire sur des objets qui leur sont communs; le respect dû aux lois du royaume, en s'élevant avec indécence contre ce qui est expressément déterminé; l'autorité que Sa Majesté a confiée au Parlement, en voulant se soustraire au renvoi, honorable pour l'Université, que les rois ont daigné faire à ce tribunal des causes qui la concernent; enfin, la puissance souveraine et législative de Sa Majesté même, en attribuant à l'Université le droit exclusif de faire des lois et des règlements (1). »

Le procureur de la Nation de Normandie, M° Duval, le censeur, M° Vaulegeard, un ancien procureur, M° Barbé, signalés parmi les plus récalcitrants, furent exclus des assemblées de la Faculté des arts, ainsi que l'ancien recteur, Camille Camyer. Cependant il était difficile de comprimer absolument les réclamations qui commençaient à s'élever de toutes parts contre les nouveaux règlements. Aussi le même arrêt qui supprimait le mémoire de la Nation de Normandie autorisa l'Université à présenter des remon-

---

(1) *Arch. U.*, Reg. XLVII a, f. 150; Rolland, l. l., p. 191. V. Pièces justificatives, n° CCXVIII.

trances dans le délai d'un mois. Mais ce ne fut pas l'Université seule qui usa de cette faculté. Les supérieurs majeurs des collèges réunis à Louis le Grand, qui voyaient leur échapper la collation des bourses, ou du moins qui la sentaient fort compromise en leurs mains, élevèrent successivement la voix. Il y eut des représentations du chancelier de Notre-Dame, du chapitre métropolitain, des chapitres de Beauvais, d'Amiens, d'Arras et de Noyon, de l'archevêque de Paris, comme défenseur naturel des anciennes fondations, même de la Faculté de droit et de la Faculté de médecine, à raison des bourses créées autrefois en faveur de leurs étudiants. Mᵉ Hamelin, dans l'intervalle, avait succédé à Maltor en qualité de recteur, et se trouvait ainsi appelé à diriger lui-même, sous un titre officiel, cette agitation naissante, dont il avait dans l'ombre donné le premier signal. Le gouvernement, sollicité de toutes parts, se décida enfin, nonobstant les avis contraires, à ordonner quelques concessions. La suppression du bureau de discipline de Louis le Grand fut maintenue; mais on spécifia que tout ce qui regardait l'ordre moral et la discipline scolastique du collège serait réglé par le principal, sous l'inspection du tribunal du recteur; deux membres de l'Université furent en outre adjoints au bureau d'administration. Ce dernier bureau conserva, en ce qui concernait les boursiers, toutes les attributions qui lui avaient été conférées; mais les collateurs des bourses acquirent le droit de se faire représenter par un délégué, dans les délibérations qui les intéressaient. Tels furent les principaux objets des lettres patentes du 1ᵉʳ juillet 1769 (1). Le président Rolland ne s'en montre pas satisfait, car elles annulaient en partie le règlement de 1767, son ouvrage; mais, quelque jugement qu'on en doive porter, elles eurent le précieux avantage de rendre un peu de calme à l'Université, que des réformes sous quelques rapports trop hâtives avaient profondément troublée. Mᵉ Camyer et les autres maîtres de la Nation de Normandie, qui s'étaient vu exclure des assemblées, ne tardèrent pas à y être rappelés, sur les instances

---

(1) *Recueil des délibérations du collège Louis le Grand*, p. 95 et s.

de leurs collègues. Peu à peu la concorde et la paix se rétablirent, les nouvelles institutions, mieux connues et mieux appréciées, ne rencontrèrent plus désormais de résistance sérieuse, et il sembla qu'une nouvelle ère de prospérité allait s'ouvrir pour l'école de Paris.

L'année précédente, le président Rolland avait présenté aux chambres assemblées le compte rendu des différents mémoires envoyés par les universités situées dans le ressort du parlement de Paris, en exécution de l'arrêt du 3 septembre 1762. Ces mémoires concernaient tout à la fois le plan d'études à suivre dans les collèges non dépendants des universités, et la correspondance à établir entre les universités et les collèges. Le rapport de Rolland est, pris dans son ensemble, un document de la plus haute valeur, soit par l'importance des questions qui s'y trouvent traitées, soit par les détails historiques dont il est rempli. Mais ce qui lui donne pour nous un prix tout particulier, c'est qu'il suit pas à pas et reproduit fréquemment le mémoire adressé au Parlement par l'Université de Paris. Il nous a fait connaître par conséquent l'opinion que l'Université se formait alors des réformes à introduire dans les différentes parties de l'instruction publique.

Le premier vœu qu'elle exprimait, c'était que les collèges situés dans les différentes provinces ne restassent point isolés, mais fussent rattachés aux universités et placés sous leur juridiction; que l'organisation générale de l'instruction publique fût en quelque sorte modelée sur l'organisation judiciaire; que chaque université, comme chaque parlement, eût son territoire et son ressort, et que tous les établissements d'éducation situés dans ce ressort dépendissent d'elle; qu'elle leur fournît à la fois des règlements d'études, qui ne seraient que ses propres statuts, et des maîtres, qu'elle aurait elle-même formés; enfin, que toutes les universités correspondissent entre elles, qu'elles échangeassent leurs vues, qu'elles missent d'accord leurs règlements, et que Paris fût désigné pour être le centre de ces communications utiles. Ces différentes vues, surtout la dernière, souriaient beaucoup au président Rolland, et c'est avec une conviction profonde, voisine de l'enthousiasme, qu'il s'en faisait l'organe devant le parlement de Paris. « N'est-il pas à désirer, s'écriait-il, que le bon goût, que tout concourt à faire naître dans la capitale, se répande jusqu'aux extrémités du royaume ; que tous les Français participent aux trésors de science qui s'y accumulent de jour en jour ; que des jeunes gens qui ont la même patrie, et qui sont destinés à servir le même prince et à remplir les mêmes emplois, reçoivent les mêmes leçons et soient imbus des mêmes maximes ; qu'une partie de la France ne soit pas sous les nuages de l'ignorance, tandis que les lettres répandent dans l'autre la lumière la plus pure ; en un mot, qu'il vienne un temps où l'on ne puisse plus distinguer un jeune homme élevé en province de celui qui a été formé dans la capitale ? Or, le seul moyen qui puisse conduire à une fin si désirable, continue Rolland, c'est de faire de Paris le centre et comme le chef-lieu de l'enseignement public, d'établir des rapports de dépendance et communication entre les universités répandues dans la province et celle de la capitale, enfin d'accorder à celle-ci, sur toutes les autres, sinon une autorité absolue qui pourrait gêner l'enseignement, au moins une influence habituelle qui leur serve de soutien et d'encouragement. »

Toutefois, en travaillant à établir une éducation uniforme dans tout le royaume, Rolland, et avec lui l'Université de Paris, tombaient d'accord que les collèges, ceux-là surtout qui étaient de plein exercice, c'est-à-dire dans lesquels l'enseignement comprenait la grammaire, les humanités et la philosophie, ne devaient pas être en trop grand nombre ; loin de vouloir les multiplier, le sage président proposait qu'une partie fût remplacée, dans l'intérêt même des études et pour mieux répondre aux besoins des campagnes, soit par des *demi-collèges* ou *pédagogies*, n'allant pas au delà des classes de grammaire, soit par de petites écoles, qui enseigneraient aux enfants la lecture, l'écriture et le calcul. « Chacun, disait-il, doit être à portée de recevoir l'éducation qui lui est propre ; or, chaque terre n'est pas susceptible du même soin et du même produit ; chaque esprit ne demande pas le même degré de culture ;

tous les hommes n'ont ni les mêmes besoins ni les mêmes talents, et c'est en proportion de ces talents et de ces besoins que doit être réglée l'éducation publique. »

La difficulté la plus grande était de se procurer un nombre suffisant de maîtres honnêtes, instruits, dévoués. L'Université n'hésitait pas à exclure des collèges qui seraient en correspondance avec elle tous les réguliers, et elle se flattait de l'espoir de trouver dans son propre sein, parmi ces maîtres ès arts qu'elle avait elle-même formés, assez de sujets capables pour ne laisser en souffrance aucune branche des études. Rolland partageait lui-même cette confiance; mais, pour être certain qu'elle ne fût pas trompée, il demandait qu'on prît soin de diriger, et, en quelque façon, de solliciter les aptitudes et la vocation des futurs professeurs. Il aurait voulu qu'on établît dans le chef-lieu de chaque université une maison d'institution destinée à former les jeunes gens qui voudraient se dévouer aux fonctions de l'enseignement; que cette maison fût gouvernée par des personnes tirées des différentes Facultés, suivant les différents objets de l'enseignement; que le nombre des élèves fût proportionné à celui des collèges du ressort; qu'ils fussent reçus au concours, séparés en trois classes, admis après trois actes probatoires en la même forme et de la même manière que les agrégés. N'était-ce pas là tracer le plan de l'école normale, établie vingt ans plus tard par la Convention?

Comme on l'a vu haut, un pareil établissement n'avait rien qui ne fût conforme aux intentions, non plus qu'aux intérêts de l'Université de Paris; car un des arguments que les anciens recteurs avaient fait valoir à l'appui de la suppression des petits collèges et de la réunion des boursiers au collège Louis le Grand, c'était l'utilité ou plutôt la nécessité impérieuse d'un noviciat dans lequel un certain nombre de jeunes gens bien doués seraient préparés à devenir un jour de bons maîtres.

Rolland nourrissait un autre projet, sur lequel il se croyait également d'accord avec l'Université elle-même : c'était la création d'un comité, ou, comme on disait alors, d'un bureau distinct du tribunal du recteur, qui servirait de lien entre les universités du royaume, et auquel appartiendrait, à certains égards, la haute direction de l'enseignement : conception neuve et éminemment sage, que Turgot reproduisit quelques années plus tard, dans un mémoire adressé à Louis XVI (1), et que nous avons vu se réaliser de nos jours sous des formes différentes, selon que l'autorité centrale, chargée du gouvernement de l'éducation publique, était représentée par un simple conseil, ou par un grand maître, ou par un ministre.

Mais quel plan d'études fallait-il suivre dans les collèges? L'Université n'en proposait pas d'autre que celui de Rollin, et sans doute elle avait raison de s'attacher aux exemples de l'homme illustre qui avait jeté sur elle, par l'éclat du talent et de la vertu, un reflet si brillant et si utile (2). Mais Rollin, très attaché d'ailleurs à la tradition, n'avait pas reculé devant les innovations qu'il jugeait nécessaires de son temps pour accommoder l'enseignement public aux vœux des familles, aux besoins du pays; plus timides que ce maître incomparable, ses successeurs s'en tenaient à ce qu'il avait proposé, comme si, depuis la publication des premiers volumes du *Traité des études*, quarante années ne s'étaient pas écoulées, durant lesquelles, sous l'influence de la philosophie, un travail profond venait de s'opérer dans les idées et dans les mœurs. Rolland reprochait à l'Université de ne pas faire une assez large part à l'étude de l'histoire, de la subordonner en-

(1) *Œuvres de Turgot*, Paris, 1844, in-8°, t. II, p. 506 et s.
(2) Nous ne devons pas cacher que les censeurs de l'Université de Paris lui reprochaient de ne pas mettre en pratique les conseils de Rollin, tout en les exaltant. Voici ce que nous lisons dans un écrit anonyme qui parut en 1762, sous ce titre : *Lettre où l'on examine quel plan d'études on pourroit suivre dans les écoles publiques*, in-12, p. 3 : « Presque personne n'a mis à exécution le plan de M. Rollin; personne n'a profité des leçons qu'il a données en composant ses deux histoires. Où sont les collèges où l'on apprenne aux enfants la langue françoise par principes? Où sont ceux où on leur apprenne suffisamment la géographie, l'histoire, la chronologie, la fable? Où sont ceux où on leur fasse lire assidûment et d'une manière suivie l'*Histoire ancienne* et l'*Histoire romaine* de M. Rollin, qui n'ont été composées que pour eux...? Tous se bornent à traduire du latin en françois, soit de vive voix, soit par écrit, à mettre du françois en latin, à arranger des mots pour en faire des vers, et à faire tout au plus une centaine d'amplifications latines ou françoises. On néglige même les exercices publics dont M. Rollin avoit donné l'idée... »

tièrement à celle de la grammaire et des humanités; méthode si défectueuse que chez la plupart des jeunes gens sortis du collège on ne trouvait, disait-il, « qu'un petit nombre de notions confuses sur l'histoire ancienne, et une ignorance presque profonde de l'histoire moderne. » Il proposait, en conséquence, que l'enseignement historique fût confié dans les collèges à des professeurs spéciaux; que cet enseignement commençât dès la classe de sixième pour ne se terminer que dans celle de rhétorique; qu'enfin une large place y fût donnée à l'histoire de France (1). Rolland émettait un vœu analogue à l'égard des mathématiques : il regrettait qu'elles fussent confondues avec l'étude générale de la philosophie, et demandait qu'elles fussent l'objet d'un concours particulier, suivant l'ordre établi au collège Mazarin dès sa fondation.

Indépendamment de ces améliorations qui ne portaient que sur les détails, Rolland signalait dans son rapport au Parlement l'opportunité d'une réforme qui touchait au fond même de l'éducation universitaire. « Je vois, disait-il, tous les jeunes gens entrer dans la même carrière, suivre le même cours de classes dans le même nombre d'années, tendre au même genre et au même degré de connoissances. Cependant, parmi les jeunes gens réunis dans le même collège, j'en vois de différentes conditions qui doivent

(1) On retrouve dans le *Mémoire* de Guyton de Morveau les mêmes vues sur l'enseignement de l'histoire. « Combien de gens, dit-il, donneroient volontiers pour un peu d'histoire tout ce qu'ils ont rapporté des collèges!... Tenons pour constant que tout plan d'éducation publique est vicieux, s'il ne comprend les éléments de l'histoire, et que dans tous les collèges il est indispensable d'établir un cours particulier sur cette matière... » Qui ne croirait que des vues si sages ont été suivies aussitôt qu'énoncées ? Cependant, chose remarquable, dans le règlement pour les exercices intérieurs du collège Louis le Grand, elles ne reçoivent encore d'autre application que l'article suivant, titre V, art. 16 : « Les jours de congés, de dimanches et de fêtes, les sous-maîtres auront l'attention de ménager sur le tems d'étude au moins une demi-heure pour donner à leurs écoliers des leçons élémentaires de géographie et d'histoire. » Lors de la fondation de l'Université impériale, l'enseignement historique ne fut guère mieux partagé par les divers règlements qui fixèrent le plan d'études des lycées. Il ne date, à vrai dire, dans l'instruction secondaire, que de l'arrêté de la commission de l'instruction publique, du 15 mai 1818, qui, le détachant de la grammaire et des humanités, le confia pour la première fois aux soins d'un professeur spécial. (*Recueil des lois et règlements sur l'instruction publique*, t. VI, p. 220 et suiv.)

remplir des emplois différents, et dont la destinée doit être aussi variée que leur naissance et leur fortune. Les connoissances nécessaires aux uns peuvent être inutiles pour les autres; et la différente portée des esprits, la variété des talents et des goûts, ne permettent pas à tous d'avancer d'un pas égal et d'avoir de l'attrait pour les mêmes sciences. Faut-il que celui qui n'a ni goût pour l'étude des langues, ni besoin de les cultiver, reste sans culture et sans instruction? Les écoles publiques ne sont-elles destinées qu'à former des ecclésiastiques, des magistrats, des médecins et des gens de lettres? Les militaires, les marins, les commerçants, les artistes, sont-ils indignes de l'attention du gouvernement? Et parce que les lettres ne peuvent se soutenir sans l'étude des langues anciennes, cette étude doit-elle être l'unique occupation d'un peuple instruit et éclairé? » Rolland concluait de là que l'enseignement ne devait pas rester exclusivement littéraire et classique, mais que ses cadres devaient être élargis et adaptés autant que possible à la variété des aptitudes, des vocations et des carrières. « Il me semble, disait-il, que dans les collèges les mathématiques, le dessin, la tactique, la navigation et les langues étrangères, devroient avoir des professeurs distincts et séparés; il me semble que le commerce et les arts devroient y trouver les connoissances qui leur sont nécessaires; il me semble enfin qu'il devroit être possible aux parents et aux maîtres de proportionner aux talents et aux besoins des jeunes gens l'éducation qu'ils reçoivent. Rien ne me paroît si important que de connoître de bonne heure les inclinations de la jeunesse et l'état auquel la Providence les a destinés. Tous les pays ne peuvent pas recevoir la même culture; souvent les talents s'annoncent avant de se développer; et je ne crains pas d'avancer que dans les collèges le plus grand nombre des jeunes gens perdent le temps qu'ils y passent, les uns pour avoir appris ce qui leur étoit inutile, et quelquefois nuisible, de savoir; les autres pour n'avoir pas été instruits de ce qui leur auroit été essentiel d'apprendre... Ce n'est point la faute de la nature, continuait Rolland; elle est plus libérale qu'on ne pense; c'est la faute de l'éducation si tous les hommes ne sont point en valeur. Les principes de fertilité sont cachés dans des friches qui n'attendent qu'une main habile pour produire les fruits les plus abondants. »

Ainsi s'exprimait, devant les chambres assemblées du parlement de Paris, le magistrat éclairé et laborieux chargé par ses collègues de préparer la réforme de l'enseignement public. Les questions qu'il posait n'étaient pas encore parvenues à leur entière maturité, et ses projets étaient pour la plupart destinés à rester longtemps à l'état de simples vœux. Toutefois, qui pourrait contester la justesse de ses vues? Bien au contraire, qui ne l'approuverait d'avoir voulu agrandir la mission traditionnelle de l'Université de Paris en y comprenant d'autres objets que l'étude des langues anciennes? Cette étude assurément est d'une valeur inestimable pour la culture de l'esprit, et nul ne peut méconnaître l'heureuse influence qu'elle a exercée, quand on considère le merveilleux éclat que tant d'écrivains, formés à l'école de l'antiquité, avaient jeté sur les lettres françaises. Mais est-il bon, surtout chez une grande nation, composée d'éléments très divers, que tous les esprits soient jetés, pour ainsi dire, dans le même moule et soumis au même niveau? L'éducation purement classique et littéraire a-t-elle jamais suffi pour former des industriels, des commerçants, des agriculteurs? Et même pour ceux qui se destinent aux carrières libérales, n'est-il pas indispensable, à une époque où les sciences ont pris un rapide essor, que l'étude de celles-ci soit combinée, dans une juste proportion, avec l'enseignement des langues anciennes? C'est l'honneur du président Rolland d'avoir compris que sur ces points essentiels une réforme était devenue nécessaire dans le plan des études, à moins qu'on ne voulût laisser les écoles publiques étrangères aux transformations de la société française et à la marche des connaissances humaines. L'Université de Paris était avertie, et en quelque sorte mise en demeure, comme le gouvernement lui-même. Voulait-elle exercer sur les générations nouvelles le même ascendant que sur leurs ancêtres? Le moyen était entre ses mains : elle devait se hâter de modifier ses propres traditions dans le sens qui lui était indiqué par des voix amies; c'est-à-dire, elle devait étendre et varier son enseignement, afin de l'approprier aux vocations diverses de la jeunesse. Ne nous hâtons pas néanmoins de lui reprocher ses hésitations, son inertie calculée, sa répugnance pour les réformes; car il est plus facile d'ébranler une institution, une méthode, un système, que de les remplacer, et d'énoncer un problème que de le résoudre. Or, le problème soulevé par le président Rolland était d'une nature si complexe, que depuis un siècle bientôt il attend sa solution définitive. A quelles controverses, à combien de projets aussitôt abandonnés qu'entrepris, l'organisation des études que nous appelons professionnelles, par opposition aux études classiques, n'a-t-elle pas donné lieu en France? La question partage encore de nos jours les juges les plus compétents, et préoccupe à juste titre quiconque s'intéresse aux destinées de l'enseignement public, liées étroitement à la grandeur future et à la prospérité du pays.

Afin de compléter ce tableau des réformes scolaires qui furent accomplies, ou seulement proposées, après l'expulsion des Jésuites, nous devons mentionner les règlements donnés aux boursiers du collège Louis le Grand. Parmi ces règlements, les uns concernaient les boursiers théologiens, les autres les étudiants de la Faculté de droit ou juristes; mais le plus étendu, et sans contredit le plus remarquable, est celui qui était destiné aux boursiers de la Faculté des arts (1), c'est-à-dire aux élèves des classes de grammaire, d'humanités et de philosophie. Il avait été préparé par quatre maîtres de l'Université qui nous sont déjà connus : Ambroise Riballier, Nicolas Lallemand, Valette Le Neveu et Charles Lebeau. On reconnaît dans toutes ses dispositions la sagesse accomplie des maîtres excellents qui les ont écrites. Nulle part ailleurs les obligations réciproques des élèves et de leurs maîtres, et les règles de tout genre qui doivent présider à la direction d'un grand établissement d'éducation, n'ont été tracées d'une main plus ferme, avec plus de dévouement pour l'enfance, avec un sen-

---

(1) Voyez Pièces justificatives, n° CCIX.

timent plus élevé des soins qu'elle demande et des devoirs qu'elle impose à tous ceux qui sont chargés de veiller sur elle. Ce n'est pas le commandement rigoureux d'un législateur qui dicte ses volontés, c'est la voix affectueuse d'un conseiller plein d'expérience, qui ne craint pas de multiplier ses recommandations et qui s'efforce de les rendre persuasives. « Tous les supérieurs et maîtres étant institués pour procurer un même bien, ils doivent être animés d'un même esprit et d'un même zèle, et faire régner entre eux la paix et la concorde... Ils ne borneront pas leurs soins à cultiver les talents de leurs élèves; mais ils regarderont comme leur premier devoir de former leurs mœurs, surtout en leur inspirant les sentiments de religion et de piété... Pour se soutenir contre les peines et les dégoûts inévitables dans l'éducation de la jeunesse, ils considéreront souvent l'importance de l'œuvre dont ils sont chargés; ils penseront qu'ils en sont responsables, non seulement à la société, mais à Dieu même, auteur de toute science et de tout bien. » Et plus loin : « Pour maintenir la bonne intelligence et l'union, si nécessaires dans un collège, le principal doit avoir pour tous les maîtres les sentiments d'un ami, s'entretenir souvent avec chacun d'eux de la partie dont il est chargé, leur marquer de la confiance et des égards, de sorte qu'encouragé par ses discours, chacun retourne à ses fonctions avec un nouveau zèle... S'il paraît au principal que quelque écolier ait besoin de ses avis particuliers, il le fera venir dans son appartement pour les lui donner. C'est surtout dans ces occasions qu'il doit leur montrer les sentiments d'une charité vraiment paternelle, afin de gagner leur confiance et de leur inspirer l'amour de leurs devoirs, etc. » Rollin ne se serait-il pas reconnu dans ces touchantes recommandations? Le sage et vertueux auteur du *Traité des études* n'était pas mort tout entier; son esprit revivait dans ses successeurs, comme la lumière la plus pure, comme le guide le plus fidèle de la Faculté des arts et de l'Université de Paris tout entière.

CHAPITRE III.

Projet d'une promenade pour les écoliers. — Projet de translation du collège de Lisieux dans le quartier Saint-Antoine. — Procès au parlement de Paris entre la Faculté des arts et les maîtres de pension. — Règlement pour la bibliothèque de l'Université. — Construction des nouveaux bâtiments de la Faculté de droit. — Acquisition du collège de Bourgogne pour y établir les écoles de chirurgie. — Abandon dans lequel languit la Faculté de médecine. — Projet d'un nouveau chef-lieu pour l'Université. — Avortement de ce projet, et combinaison que l'abbé Terray y substitue. — Le Collège de France est agrégé à la Faculté des arts. — Violente opposition que cette agrégation soulève dans l'Université. — Efforts heureux du recteur pour amener les esprits à une transaction. — Mécontentement de la Nation de Normandie. — Le chancelier Maupeou et les parlements. — Plaintes réitérées des assemblées du clergé contre la direction donnée à l'instruction publique. — Progrès de l'impiété. — Efforts stériles de la Faculté de théologie. — Le recteur Coger et les philosophes. — Bulle de Clément XIV ordonnant la suppression de la société de Jésus. — Mort de Louis XV. — Louis XVI et Marie-Antoinette à Paris. — Retour des magistrats exilés. — Confirmation des privilèges de l'Université de Paris. — État des études. — L'enseignement de la philosophie dénoncé à l'Académie des sciences. — L'auteur de la dénonciation est cité lui-même devant la Faculté des arts. — Séparation des classes de physique et de philosophie proprement dite. — Influence des doctrines de Locke et de Condillac sur l'enseignement. — Établissement de la Société royale de médecine. — Opposition énergique, mais inutile, de la Faculté de médecine et de son doyen, M. Desessartz. — Arrêts du conseil d'État sur la librairie. — Nouveaux débats au sujet de l'agrégation. — Renouvellement des anciens statuts concernant les écoles privées. — Projet de translation d'un collège de Paris à Versailles. — Querelles intestines dans la Faculté des arts. — Naissance d'un dauphin. — Émeute des écoliers de rhétorique durant les compositions du concours général. — Règlements divers. — Statistique des collèges de Paris. Nombre des élèves. Traitement des maîtres. — La Faculté de théologie aux prises avec l'impiété. — Lettre de l'université d'Heidelberg.

En traçant le tableau de la rénovation qui s'opéra dans les études de l'Université de Paris après l'expulsion des Jésuites, nous ne devons pas négliger les événements d'un intérêt plus secondaire qui s'accomplissaient dans l'intervalle.

Ainsi, en 1767, parmi cette foule de projets, les uns vraiment utiles, les autres frivoles, que chaque jour voyait éclore, l'idée s'était présentée à quelques personnes de créer un lieu de promenade à l'usage exclusif des écoliers. Cette idée souriait beaucoup au recteur, M° Maltor. Il estimait qu'un pareil établissement serait de la plus haute utilité pour les mœurs et même pour la santé des élèves. La jeunesse devait y échapper, suivant lui, aux tentations de tout genre qui venaient l'assaillir dans les lieux publics, les Champs-Élysées entre autres. Elle serait à l'abri du danger des mauvaises rencontres et des mauvais exemples; elle éviterait les appâts offerts à la gourmandise des enfants; on n'aurait pas à redouter pour elle le tumulte de la foule et des voitures, ni les accidents qui en résultent. Enfin la Faculté des arts ne verrait pas se renouveler les rixes des écoliers avec les passants, ni les autres scènes scandaleuses qui l'avaient si souvent affligée. Mais il n'était pas facile de découvrir un emplacement assez spacieux pour servir à la promenade et aux jeux des étudiants de Paris. Les partisans de la mesure proposée avouaient eux-mêmes leur incertitude; toutefois ils penchaient pour les vastes terrains, d'une contenance d'environ 127 arpents, qui s'étendaient au delà du faubourg Saint-Marceau, entre la rivière des Gobelins et le chemin de Villejuif. La dépense était évaluée à 300,000 livres, y compris les frais de clôture; on proposait de la couvrir au moyen d'un prélèvement modique et temporaire sur les produits de la loterie. L'affaire, soumise d'abord au contrôleur général des finances, M. de Laverdy, prit assez de consistance pour être portée, sur son invitation, devant le conseil des députés de l'Université. Mais là elle rencontra plus d'un adversaire. Que pouvait être la nouvelle promenade? Une sorte de nouveau Pré-aux-Clercs. Or, malgré sa situation excellente, sa vaste étendue et les souvenirs qui s'y rattachaient, l'ancien Pré avait été si peu utile, il devenait si facilement le théâtre de désordres sérieux, que l'Université, après de mûres délibérations, s'était depuis longtemps décidée à l'aliéner. Pourquoi rétablir ce qu'elle avait jugé sage de supprimer, et recommencer une expérience malheureuse? La Nation de Normandie se signala, comme toujours, par la vivacité et l'aigreur de son opposition. La longue délibération où elle avait consigné son avis attaquait ouvertement « ces suppôts de l'Université, » de quelque dignité qu'ils fussent revêtus, qui composaient en secret des mémoires et qui les répandaient sans l'aveu des compagnies. Le roi chargea M. de Saint-Florentin d'adresser en son nom de sévères remontrances à Mº Barbé, procureur de la Nation. Toutefois, ne voulant pas laisser un nouveau germe de discorde fermenter dans l'Université, le gouvernement prit le parti d'interdire toute délibération sur ces matières (1). Le projet d'ouvrir une nouvelle promenade pour les écoliers fut dès lors abandonné et ne reparut pas.

Un autre projet qui date du même temps, mais qui n'eut pas plus de résultat, c'est la translation du collège de Lisieux dans les bâtiments de l'ancienne maison professe des Jésuites, rue Saint-Antoine. Le collège de Lisieux, installé, comme on l'a vu, dans les vieux bâtiments du collège de Beauvais, se plaignait d'y être à l'étroit : en émigrant rue Saint-Antoine, il aurait trouvé un terrain plus spacieux et un aménagement plus commode. Enfin cette translation aurait donné à l'Université de Paris, sur la rive droite de la Seine, au centre d'un quartier populeux, l'établissement que beaucoup de ses membres n'avaient cessé de réclamer depuis un demi-siècle, autant pour agrandir le cercle de son influence que pour répondre aux besoins et aux vœux des familles. Tels furent les motifs que le principal de Lisieux, M Le Seigneur, fit valoir dans un mémoire qui fut imprimé (2). Mais le plus sérieux des avantages qu'il attribuait à son projet était fort contesté. Certains esprits, gardiens trop vigilants des traditions, jugeaient que l'Université ne devait pas dépasser les anciennes limites de son territoire, et qu'un collège situé au delà des ponts serait en quelque sorte perdu pour elle. Le syndic, Mº Guérin, avait commencé à se rendre l'organe de ces sentiments (3), lorsqu'il trouva un auxiliaire inattendu. Une plume anonyme, qui n'était autre que la plume acerbe de M. Hamelin (4),

---

(1) *Arch. U.*, Reg. xi *ter*, f. 403 et s.; Reg. xlvii a, f. 129 et s. V. Pièces justificatives, nº CCXVII.
(2) *Mémoire sur la translation du collège de Lisieux*, in-4º, 7 pages.
(3) *Arch. U.*, Reg. xlvii a, fol. 116.
(4) *Supplément au Mémoire pour la nouvelle translation du collège de Lisieux*, in-4º, 7 pages.

railla sans ménagement la proposition du principal du collège de Lisieux; elle insinua même que les supérieurs de ce collège, très affectionnés de tout temps aux Jésuites, ne cherchaient à s'établir rue Saint-Antoine que pour sauver une partie de l'héritage de la Compagnie, et dans le doux espoir « de mêler un jour leurs cendres à celles des révérends pères. » Or, en 1767, le simple soupçon de jésuitisme suffisait pour décrier un homme et pour le perdre. Comme le remarquait à cette occasion même le procureur de la Nation de France, le soupçon de jansénisme n'était pas plus compromettant à la cour de Louis XIV. Le libelle de M⁰ Hamelin fut réprouvé avec une apparente indignation par la Nation de France, comme injurieux à l'Université. Mais le coup était porté; l'émigration du collège de Lisieux ne s'accomplit pas, et la maison professe des Jésuites fut attribuée aux chanoines réguliers de l'église Sainte-Catherine, qui était sur le point d'être démolie.

Arrivons à une contestation assez grave qui s'éleva en 1767 entre la Faculté des arts et les maîtres de pension. Il y avait trente ans que ces derniers, réunis en corporation, avaient à leur tête un agent chargé de les représenter et de veiller aux intérêts de la compagnie. Mais qui devait nommer cet agent? Était-ce la compagnie elle-même, ou bien était-ce le recteur de l'Université? Il ne paraît pas que dans le principe le droit du recteur ait été contesté; du moins, dans quelques actes de nomination qui sont parvenus jusqu'à nous, c'est lui-même en personne qui désigne l'agent des maîtres de pension. Quoi qu'il en soit, la question aurait sommeillé peut-être indéfiniment, comme beaucoup d'autres, si la bonne harmonie avait toujours régné entre la Faculté des arts et ses collaborateurs. Mais, à peine l'agrégation établie, les maîtres de pension demandèrent que le titre d'agrégé leur fût conféré sans concours, après quelques années d'exercice. La prétention fut jugée exorbitante, et, pour rappeler à des sentiments plus modestes les présomptueux qui l'avaient élevée, le recteur, M⁰ Maltor, saisit l'occasion de leur faire sentir durement leur dépendance. Les pouvoirs du sieur Sartiau, qui était alors l'agent de la communauté, devaient expirer au 1ᵉʳ octobre 1767.

Le recteur, de sa propre autorité, le remplaça par le sieur Achard, qui avait exercé la même charge peu de temps auparavant. Les maîtres de pension protestèrent; mais ils tinrent d'abord leur protestation secrète et ne la notifièrent que vers la Chandeleur, seulement quelques jours avant la cérémonie de la présentation des cierges. Ils espéraient par ce retard surprendre l'Université à l'improviste et avoir un prétexte de ne pas lui rendre l'hommage accoutumé. Mais le recteur se pourvut aussitôt en justice, et obtint un arrêt par provision (1) qui déjoua cette petite manœuvre. Le procès dura plusieurs mois, et fut, comme il arrivait souvent, l'occasion de plus d'un mémoire instructif. Nous avons sous les yeux le factum de la Faculté des arts, et la défense, non moins curieuse, des maîtres de pension (2). Ceux-ci plaident pour leur indépendance et déplorent, avec un amer étonnement, les coups inattendus qui sont portés à leurs droits. « Qui pouvoit prévoir, s'écrient-ils, que ce seroit du sein de l'Université, cette fille aînée de nos rois et cette mère des sciences, que sortiroit la prétention que nous avons à combattre? » Cependant ils ne réussirent pas à convaincre leurs juges, et, au mois d'août 1769, un arrêt définitif du Parlement donna gain de cause à l'Université, en confirmant de tout point l'arrêt provisoire qui avait validé les pouvoirs du sieur Achard. Ordre fut donné aux deux maîtres ès arts qui étaient adjoints à ce dernier, dans l'agence, de lui prêter leur concours chaque fois qu'ils en seraient requis, et de l'accompagner, selon l'usage, dans les cérémonies publiques, sous peine d'une amende de 50 livres par chaque contravention. Cet arrêt offre cela d'important, qu'il fixa d'une manière non équivoque la situation des maîtres de pension de l'Université de Paris. Il les plaça dans la dépendance la plus complète de la Faculté des arts.

---

(1) Délibération du 21 juillet 1767; arrêt du 29 janvier 1768; *Arch. U.*, Reg. XLVII a, fol. 123 et 144.

(2) *Mémoire pour les recteur, doyens, procureurs et suppôts de l'Université de Paris contre les maîtres ès arts et de pension*, in-4°, 35 pages. — *Mémoire pour les maîtres ès arts et de pension en l'Université de Paris, défendeurs, contre les recteur, doyens, procureurs et suppôts de l'Université de Paris, demandeurs*, in-4°, 38 pages.

ou plutôt il les y laissa; car ils avaient toujours été soumis à l'autorité du recteur, et le véritable objet de leurs démarches et de leurs vœux, c'était moins de conserver d'anciennes immunités, de vieilles franchises, que d'en acquérir de nouvelles, de secouer un joug qui commençait à leur peser, et d'assurer à leur corporation une existence moins précaire et plus libre.

Les événements que nous retraçons n'offrent entre eux aucun rapport logique, et il faut nous résigner à passer de l'un à l'autre sans transition. On a vu précédemment que la création d'une bibliothèque dont elle disposât, et qui fût ouverte à ses maîtres, était vivement désirée par l'Université de Paris; on a vu aussi au prix de quelles difficultés cette grave question avait fini par être réglée, de concert avec le bureau du collège Louis le Grand. A l'origine, la bibliothèque de l'Université se composait tout à la fois des ouvrages qui avaient appartenu aux collèges supprimés, de ceux que M. Demontempuys avait légués, et enfin des acquisitions faites à la vente de la riche bibliothèque des Jésuites. Ce fonds, déjà considérable, était destiné à s'accroître; car Mme d'Aguesseau, la veuve de l'un des fils du chancelier, assura pour cet objet une somme de 10,000 livres, laquelle, à son décès, devait être versée par ses héritiers dans la caisse académique. Le premier bibliothécaire de l'Université fut Me François Lebel, qui fut appelé à ces fonctions quand il était encore recteur; mais bientôt il les échangea contre celles de receveur, alors occupées par Paul Hamelin, qui devint lui-même bibliothécaire (1). Hamelin assurément n'aurait pas pu conserver son poste si le voile qui couvrait ses pamphlets anonymes eût été levé. Quoi qu'il en soit, comme il possédait lui-même une collection assez précieuse, il avait songé à la vendre à l'Université, qui de son côté ne refusait pas de l'acquérir : une pareille acquisition n'était-elle pas un emploi excellent des libéralités de Mme d'Aguesseau, pourvu que la donatrice consentît à payer de son vivant la somme de 10,000 livres, qu'elle n'avait promise qu'après sa mort? Cette

---

(1) Délibération du 4 juillet 1765. *Arch. U.*, Reg. XLVII, fol. 181 v°.

combinaison l'aurait emporté, sans la Nation de Normandie, qui en attaqua le fond et la forme. En effet, il était peu séant de prétendre changer les termes de la donation faite à l'Université, sans parler même du médiocre avantage que devait offrir l'acquisition d'une bibliothèque qui renfermait, à ce qu'on assure, un grand nombre de doubles et de volumes dépareillés. Ces objections, soutenues avec force, firent impression sur la Faculté des arts; et le marché, qui était sur le point d'être conclu, finit par être abandonné par Hamelin lui-même. Toutefois les médisants accusèrent ce dernier d'avoir profité de sa position officielle pour faire acheter en détail par l'Université la plus grande partie de ses propres collections (1).

Sur ces entrefaites, s'élaborait le règlement de la nouvelle bibliothèque. La préparation n'en fut pas sans difficulté, les avis étant très opposés en beaucoup de points, et soutenus de part et d'autre avec une égale opiniâtreté. Enfin la majorité se prononça en faveur d'un projet que M° Xaupi, doyen de la Faculté de théologie, et M° Berthelin, procureur de la Nation de France, avaient rédigé. Après avoir été approuvé, le 13 mars 1770, par les députés des différentes compagnies, le nouveau règlement fut homologué le 25 mai suivant au parlement de Paris. Il portait, entre autres dispositions, que le bibliothécaire serait nommé par le tribunal de l'Université et choisi entre les professeurs émérites de la Faculté des arts; qu'aussitôt après sa nomination, il prêterait serment entre les mains du recteur en plein tribunal; qu'il serait responsable de tous les livres, tant imprimés que manuscrits, portés au catalogue; qu'arrivant sa retraite ou son décès, le tribunal nommerait des commissaires à l'effet de procéder au récolement de la bibliothèque; que le bibliothécaire toucherait annuellement 1,000 livres; le sous-bibliothécaire, 600; un garçon de salle, 100. Mais, ce qui était plus important, la fréquentation de la nouvelle bibliothèque était permise au public; et par ce mot il

(1) Cette imputation se rencontre dans une note anonyme émanée de la Nation de Normandie, et faisant partie d'un recueil manuscrit de la bibliothèque Mazarine, coté P 1535, in-fol.

faut entendre tous les lecteurs qui se présenteraient, et non pas seulement les personnes appartenant à l'Université. Les salles devaient être ouvertes de la Saint-Remi au 1ᵉʳ août, les lundis, mercredis et samedis, depuis neuf heures jusqu'à onze heures et demie et depuis deux heures jusqu'à quatre, dans la saison d'automne et l'hiver; depuis neuf heures jusqu'à midi et depuis deux heures jusqu'à cinq, au printemps et en été. Cette mesure libérale fut annoncée, le 10 novembre 1770, par un mandement du recteur, Étienne Jaquin, qui profita de la circonstance pour payer un juste tribut de reconnaissance à la mémoire de M. Demontempuys. Le 13 décembre suivant, eut lieu la cérémonie de l'inauguration, en présence des doyens des Facultés, des procureurs des Nations et d'un grand nombre de maîtres de tout ordre (1). Après avoir prêté entre les mains du recteur le serment convenu, Mᵉ Hamelin fut installé, ou plutôt confirmé dans les fonctions qu'il remplissait depuis déjà cinq ans. Il eut pour adjoint Maltor, qui cependant ne lui succéda pas immédiatement; car, à la mort d'Hamelin, arrivée en 1777, Pierre Duval, qui se trouvait alors recteur, se vit appelé à le remplacer. Plusieurs pièces de vers latins furent composées pour célébrer l'ouverture de la bibliothèque de l'Université (2). Cet heureux événement était bien digne, il faut le reconnaître, d'exercer la veine poétique des régents de la Faculté des arts : n'assurait-il pas aux amis des lettres, à ceux qui les enseignent comme à ceux qui se bornent à les cultiver, des moyens de travail qui avaient manqué jusqu'alors à la plupart d'entre eux?

La Faculté de droit elle-même, longtemps laissée à l'écart et un peu sacrifiée, profita de la faveur qui entourait l'école de Paris depuis la dispersion des Jésuites. Nous avons vu, dans un livre précédent, qu'elle était à la recherche d'un local moins resserré que ses vieux bâtiments de la rue de Saint-Jean de Latran,

---

(1) *Arch. U.*, Reg. xlvii b, fol 36 v° et s.; fol. 55.
(2) Voyez, dans un recueil de la bibliothèque Mazarine, coté 10371 R, deux pièces de vers : *In bibliothecam Universitatis publici juris factam*. Ces deux pièces ont pour auteurs deux agrégés de la Faculté des arts, N. Mouchard et Étienne Hamel.

où elle disposait d'une salle unique pour ses cours, devenus plus nombreux depuis les édits de Louis XIV sur l'enseignement du droit. Après diverses tentatives infructueuses, elle s'était résignée à donner une partie de ses leçons là où ses régents trouvaient un asile : d'abord, dans les ruines du collège de Cambrai ; puis, quand ces ruines elles-mêmes menacèrent de s'écrouler, au collège de Montaigu et dans la chapelle du collège de Reims. Mais une chance meilleure se présenta pour elle en 1763, après la réunion de tous les boursiers des petits collèges au collège Louis le Grand. De vastes terrains, qui dépendaient de ces collèges, se trouvant désormais inoccupés, il était naturel de les utiliser en faveur des établissements qui demandaient à s'agrandir. La Faculté de droit avait alors pour doyen d'honneur M. Trudaine, conseiller d'État et intendant général des finances, qui s'est acquis un nom honoré dans l'histoire de l'administration française par les grands travaux d'utilité publique entrepris sous son impulsion. M⁰ Edmond Martin, à qui les fonctions actives du décanat incombaient réellement, s'entendit avec M. Trudaine, et lui fit agréer un plan de construction qui répondait à tous les besoins des écoles de droit, qui dépassait même de beaucoup ce qu'en d'autres temps on aurait pu espérer en leur faveur. Il s'agissait de les établir sur les dépendances de l'ancien collège de Lisieux et du collège des Cholets, à l'angle septentrional de la place Sainte-Geneviève, vis-à-vis du portail de la nouvelle église. Les travaux de construction devaient être confiés à l'architecte Soufflot, qui venait de dessiner les plans de la célèbre basilique, et auquel souriait l'idée d'en décorer les abords par d'autres monuments dans le même style. Ce projet, qui faisait honneur au tact judicieux non moins qu'au zèle de M⁰ Martin, fut très goûté à la cour, et un arrêt du conseil d'État en autorisa l'exécution (1). Les frais s'annonçaient comme devant être considérables. Une partie, la dépense de la façade, fut imputée sur les produits de la loterie ; pour les aménagements intérieurs, les chanoines de Sainte-Geneviève of-

---

(1) Lettres patentes du 16 novembre 1763. V. Pièces justificatives, n° CC.

frirent de faire les avances, et se procurèrent eux-mêmes les fonds nécessaires en vendant, avec l'agrément du roi, une coupe de bois réservée. Les travaux durèrent huit années. En 1772, ils étaient complètement achevés, et il ne restait plus à la Faculté de droit qu'à s'installer dans sa nouvelle demeure. La prise de possession s'effectua le 24 novembre. La Faculté se réunit d'abord dans la salle destinée à ses assemblées; de là elle se rendit en corps à l'église Sainte-Geneviève, où une messe fut chantée. Tous les chanoines étaient présents; l'abbé lui-même officia en habits pontificaux. Après le *Te Deum* et les prières pour le roi, le cortège reprit le chemin des nouvelles écoles pour assister au discours d'inauguration que devait prononcer l'auteur même, ou du moins l'instigateur de cette entreprise heureusement terminée, M° Edmond Martin. L'orateur avait choisi un sujet approprié à la circonstance : « Quelle influence les études juridiques exercent-elles sur le bonheur des États? Quels sont les moyens de les faire avancer? » Son discours, d'une latinité assez pure, ne renferme, nous regrettons de le dire, aucune vue originale; on n'y trouve même pas l'allusion la plus indirecte aux maximes et aux ouvrages du temps, par exemple, à l'*Esprit des lois*. La première partie est un lieu commun sur les services que la jurisprudence rend aux peuples en leur procurant une meilleure législation; la seconde partie revendique pour les jurisconsultes, comme un juste encouragement, l'estime publique et la faveur des rois : ce qui amenait, par une transition toute naturelle, l'éloge de Louis XIV et de Louis XV, tous deux protecteurs de la science du droit. Six ans après, la Faculté, moins difficile que nous, conservait encore un si bon souvenir du discours de M° Martin, qu'elle en ordonna l'impression (1). N'omettons pas le témoignage qu'elle

(1) *Oratio a consultissimo antecessore, D. Edmundo Martin, in jurium scholis habita, die 24° mensis novembris* M. DCC. LXXII, *quum consultissima Facultas, in suas novas ædes, juxta beatæ Genovefæ basilicam, se cum apparatu solemni transtulit, jussu consultissimæ Facultatis edita. Præfixa est narratio brevis momentorum quibus ædes novæ, jurium scholis habendis, constructæ fuerint. Addita sunt instrumenta quæ fidem narrationis asserant.* Parisiis, 1781, in-4°. Cette édition offre cela de précieux, qu'on y trouve, comme le titre l'indique, tous les documents relatifs à la translation de la Faculté de droit.

donna de sa reconnaissance envers l'abbaye de Sainte-Geneviève, qui l'avait aidée si généreusement. Elle ne se borna pas à de stériles actions de grâces; mais, par une solennelle délibération, elle accorda pour toujours aux supérieurs le privilège de présenter tous les trois ans, à la Faculté, un chanoine régulier de leur congrégation, pour faire son droit gratuitement et à titre d'honneur, *honoris causa*.

Comme la Faculté de droit, l'école de chirurgie avait réclamé, durant plusieurs années, les agrandissements, disons mieux, la nouvelle installation que la renommée croissante de ses cours rendait nécessaire, et qui d'ailleurs avait été en quelque sorte promise par l'édit du mois de juillet 1750. Elle reçut enfin satisfaction entière par la cession qui lui fut faite du collège de Bourgogne, acquis pour elle en 1769 par le gouvernement de Louis XV (1). Ce collège, comme on l'a vu ailleurs, était situé rue des Cordeliers, vis-à-vis de la communauté des religieux du même nom. Sur l'emplacement qu'il occupait s'élevèrent, par les soins de l'architecte Gondoin, les beaux bâtiments qui sont affectés aujourd'hui à la Faculté de médecine, mais qui, au siècle dernier, appartenaient à l'école de chirurgie. La construction se prolongea plus qu'on ne s'y attendait, et Louis XV, qui l'avait ordonnée, n'en vit pas le terme. Mais aussitôt que la grande salle destinée aux séances solennelles fut achevée, l'Académie de chirurgie s'empressa d'en prendre possession. La cérémonie d'inauguration eut lieu dès la première année du règne de Louis XVI, le 27 avril 1775. Elle fut présidée par M. de Lamartinière, premier chirurgien du roi. Louis, secrétaire perpétuel de l'Académie, prononça le discours d'usage, dans lequel il retraça les bienfaits du roi défunt envers les chirurgiens (2).

Que devenait cependant la Faculté de médecine? Bien moins favorablement partagée que sa rivale, l'école de chirurgie, elle était réduite à se contenter de l'héritage de la Faculté de droit,

---

(1) Lettres patentes du 24 novembre 1769.
(2) *Mémoires littéraires, critiques, philologiques, etc., pour servir à l'histoire ancienne et moderne de la médecine.* Année 1775, in-4°, p. 176.

nous voulons dire des bâtiments à demi ruinés de la rue Saint-Jean de Latran. Ce fut là, dans ces masures délaissées, qu'elle transporta sa bibliothèque et ses exercices, lorsque le délabrement de ses écoles de la rue de la Bûcherie la contraignit de les abandonner. Elle sollicita de jour en jour, avec de vives instances, un établissement plus convenable sans pouvoir l'obtenir. En 1777, son doyen, M° Charles Desessartz, que nous retrouverons bientôt et dont nous aurons à parler plus au long, avait jeté les yeux sur les bâtiments de l'hôpital Saint-Jacques, alors inoccupés, et il en fit la demande au roi pour sa compagnie. « La pauvreté de la Faculté est connue, disait-il dans une requête à Louis XVI (1). Pour payer ses professeurs au nombre de sept, ses cours, un bibliothécaire et l'entretien de ses bâtiments, elle n'a de revenu fixe que mille écus, qu'elle reçoit de l'Université et du fermier des postes. Sa seule ressource pour faire face aux dépenses inévitables commandées par ses obligations consiste dans les droits modiques auxquels sont imposés ses étudiants et ses bacheliers... En ordonnant, continuait M° Desessartz, la réunion de l'hôpital Saint-Jacques et des biens qui lui appartiennent aux fonds médiocres de la Faculté, une sage administration y trouvera de quoi fonder la première école de médecine du royaume, et de quoi relever et doter un hôpital consacré en même temps au soulagement des malades et à la perfection de l'art de guérir. » Mais la voix du fidèle doyen ne fut pas écoutée. La Faculté ne parvint pas, sous la monarchie, à remplacer les anciennes écoles qui dataient du quinzième siècle; et ce fut seulement au sortir de la révolution, après avoir été renouvelée et transformée comme tout le reste de la société, qu'elle reçut en partage l'édifice même qui venait d'être bâti vingt ans auparavant pour les seuls chirurgiens. A ce moment, la séparation qui avait si longtemps existé entre les deux branches principales de l'art de guérir ne subsistait plus; les vieilles discordes étaient apaisées, sinon tout à fait oubliées; médecins et chirurgiens, tous allaient se trouver soumis aux mê-

---

(1) *Au roi*, in-4°, 8 pages. (*Bibl. de l'Université*, rec. H. F. a. u. 10.)

mes règlements, et désormais former un seul et même corps.

Les travaux de construction et les échanges de terrain qui s'effectuaient dans le quartier de l'Université, au profit de quelques-uns de ses établissements, ramenèrent les esprits sur la question du chef-lieu académique. Beaucoup de membres ne s'accoutumaient pas à l'idée que ce chef-lieu fût fixé au collège Louis le Grand, et il avait fallu plusieurs arrêts pour obliger la Nation de Normandie à tenir ses assemblées dans ce collège. D'autre part, le bureau d'administration de Louis le Grand réclamait contre la distraction d'une partie des locaux, et hâtait de tous ses vœux le départ des hôtes, vénérés sans doute, mais incommodes, dont la présence restreignait l'espace attribué aux boursiers et gênait dans certains cas le service de la maison. Touché des plaintes qui s'élevaient de côté et d'autre, le gouvernement de Louis XV, après avoir pourvu au déplacement de la Faculté de droit et à celui de l'école de chirurgie, se décida, en 1771, à faire l'acquisition du collège des Cholets et de six maisons y attenant, afin d'y transporter le chef-lieu de l'Université. Le recteur fut informé de la conclusion de cette importante affaire par une lettre du nouveau contrôleur général des finances, le trop célèbre abbé Terray, laquelle est datée de Versailles, le 28 janvier 1771. Il semblait que la nouvelle dût combler de joie l'Université; elle en eut au contraire moins de satisfaction que de regrets. Il faut bien nous rendre compte en effet des usages divers auxquels elle destinait son chef-lieu et du nombre de salles qu'à son gré il devait comprendre. Nous en trouvons l'énumération dans une note qui a dû être placée sous les yeux de l'abbé Terray (1). L'Université demandait : 1° une salle d'assemblées générales; 2° une autre salle pour la tenue des tribunaux; 3° une troisième pour les archives; 4° un dépôt pour le greffe; 5° quatre différentes salles pour les quatre Nations de la Faculté des arts; 6° trois autres pièces pour les Facultés de théologie, de droit et de médecine; 7° de vastes galeries pour la bibliothèque; 8° une chapelle de grandeur conve-

(1) *Observations sur le projet d'arrêt envoyé à M. le recteur.* (Arch. U., carton XV, dossier 14, pièce 107; Reg. XLVII b, fol. 62 et s.)

nable; 9° une halle au parchemin; 10° deux salles, l'une pour les grands messagers, l'autre pour les maîtres de pension; 11° des appartements pour M. le recteur, pour les trois officiers généraux, pour le bibliothécaire et le sous-bibliothécaire; 12° un nombre suffisant de logements pour les professeurs émérites. Or, l'emplacement occupé par le collège des Cholets représentait une superficie de 962 toises seulement; était-ce là, demandait l'Université, un terrain suffisant pour élever un édifice qui devait être affecté à tant de services divers? Ces objections produisirent, à ce qu'il paraît, une impression décisive sur l'esprit du gouvernement, car le projet d'établir le chef-lieu académique au collège des Cholets fut abandonné, et l'Université reçut l'invitation officielle de désigner elle-même l'emplacement qu'elle jugerait le plus convenable et de soumettre son plan au contrôleur général des finances. Elle fit choix d'un assez vaste terrain, bordant la place Sainte-Geneviève, vis-à-vis de l'église, du côté opposé à l'École de droit. La distribution intérieure du nouveau bâtiment aurait été fidèlement appropriée à sa destination. On y eût trouvé, aux différents étages, ce luxe de salles que les intéressés avaient déclaré nécessaire pour les différents services. Dans la première cour, la cour d'honneur, devait s'élever la statue pédestre du roi, sur un piédestal orné des armes et des cartels des quatre Facultés. La façade extérieure devait répéter la façade de l'École de droit, de sorte que les deux édifices, complétés parallèlement l'un par l'autre, contribuassent tous deux à la régularité et à la décoration de la place Sainte-Geneviève (1). C'est le plan même que nous avons vu de nos jours se réaliser par la construction d'une mairie. Quand il fut soumis pour la première fois à Louis XV par le recteur, François Coger, avec le modèle en relief du bâtiment projeté, le roi l'approuva en disant : « Cela est fort beau (2). » Cette parole royale, que M. Coger avait recueillie comme une pro-

---

(1) Voyez la *Lettre d'un universitaire à M. le marquis de *** sur le nouveau plan du chef-lieu de l'Université*. Tirée du *Journal de Verdun*, mai 1772, 15 pages in-12.

(2) *Arch. U.*, Reg. XLVII b, fol. 83 v°.

messe, paraissait la meilleure garantie contre les objections et les difficultés inséparables d'une entreprise aussi dispendieuse. L'Université avait l'espoir que le roi donnerait le terrain, qu'il se chargerait de la construction de la façade extérieure, et qu'elle pourrait suffire elle-même, avec ses ressources propres, au surplus de la dépense. Mais ces prévisions trop favorables se trouvèrent cruellement déçues. La prodigalité, sauf quand il s'agissait des caprices personnels du roi, n'était pas le défaut du contrôleur général des finances. Si l'abbé Terray ne reculait devant aucun expédient pour accroître les ressources de l'État, il se montrait économe des deniers qu'il s'était procurés, tantôt par les extorsions les plus dures, tantôt par les spoliations les plus iniques. Effrayé des dépenses de toute nature que l'exécution des plans soumis au roi devait entraîner, il représenta que la construction d'une sorte de palais académique n'était point assez urgente pour commander d'aussi grands sacrifices; que l'Université pouvait, sans inconvénient, continuer à tenir provisoirement ses assemblées là où elle les tenait depuis huit années bientôt, c'est-à-dire au collège Louis le Grand; et qu'enfin la munificence du roi envers l'école de Paris et envers les lettres trouverait sans peine une occasion de s'exercer plus utilement que dans des travaux de luxe, toujours coûteux et souvent superflus. Les bâtiments du Collège royal, qui dataient des premières années du règne de Louis XIII, exigeaient d'importantes réparations; d'autre part, ses professeurs se plaignaient de la modicité de leurs émoluments, qui ne s'étaient pas accrus depuis un siècle et demi, et ils pressaient le roi de les faire participer aux avantages que l'augmentation du revenu des messageries avait procurés aux régents de la Faculté des arts. Fallût-il pour cela renoncer à quelques-uns des privilèges qui assuraient leur indépendance, ils paraissaient résignés d'avance à ce sacrifice. L'abbé Terray, instruit mieux que personne de leurs besoins et de leurs vœux, adopta une combinaison qui devait leur donner satisfaction, mais qui portait un assez grave préjudice à l'Université. Sur la rente de 253,000 francs attribuée à la Faculté des arts dans le produit des postes, les lettres patentes du 3 mai 1767 avaient enjoint de prélever annuellement une somme de 30,000 francs qui devait être employée à restaurer le collège Louis le Grand et à construire un nouveau chef-lieu. En 1771, cette réserve accumulée durant quatre années représentait un capital de 120,000 fr. L'abbé Terray fit affecter la somme entière aux travaux du Collège royal. Il proposa en outre qu'à l'avenir le prélèvement annuel cessât d'avoir lieu, et que la moitié, c'est-à-dire 15,000 fr., servît à augmenter les émoluments des professeurs du collège, et l'autre moitié, la pension des émérites. Afin de consoler l'Université, le roi lui abandonnait le collège des Cholets en toute propriété. Le revenu s'en élevait alors à un peu plus de 5,000 livres, comme il ressort d'un bail passé en 1774 (1); mais cette donation, ainsi qu'on le voit, ne balançait pas à beaucoup près le dommage causé à la Faculté des arts par les combinaisons financières du contrôleur général. De leur côté, les professeurs du Collège royal achetaient par quelques sacrifices les avantages qui leur étaient accordés. Renonçant à la situation exceptionnelle qu'ils s'étaient fait gloire autrefois d'occuper, ils retombaient sous l'autorité du recteur. En d'autres termes, ils étaient affiliés à la Faculté des arts et acceptaient les devoirs que cette affiliation leur imposait, afin de pouvoir jouir des droits qui s'y trouvaient attachés (2).

Ce fut dans le courant du mois de mai 1772 que l'Université fut avertie de l'échec de ses projets relatifs à la construction de son chef-lieu, et de l'affectation inattendue qui allait être donnée, en faveur du Collège royal, à une portion considérable du revenu des messageries. Cette nouvelle soudaine jeta la Faculté des arts dans une véritable consternation, qui fit place bientôt à tous les mouvements du zèle le plus agissant pour la défense de ce qu'on appelait dans les collèges le vieux patrimoine de l'Université, *vetus Academiæ Parisiensis patrimonium*. Les ministres et les magistrats furent visités par le recteur, accompagné des principaux officiers de la compagnie, afin d'obtenir le retrait des lettres pa-

(1) Bail passé au sieur Labatut, le 19 janvier 1774. *Arch. U.*, Reg. xlvii c, fol. 16 v°.
(2) Lettres patentes du 16 mai 1772. V. Pièces justificatives, n° CCXX.

tentes dont l'annonce avait causé un si vif émoi. Le greffier, Me Fourneau, écrivit une première note qui exposait brièvement les motifs de cette réclamation. Le syndic, Me Guérin, fit ensuite un mémoire plus étendu où la question était traitée à fond. On réunit les avocats de l'Université, et l'un d'eux, Me Mey, se chargea de rédiger des observations en réponse aux *Éclaircissements* donnés par les professeurs du Collège royal (1). Comme il fallait s'y attendre, ces différentes pièces étaient empreintes d'une grande amertume. On en jugera par le début d'un mémoire que nous croyons être celui du syndic : « Quelques professeurs du Collège royal ont formé le projet d'enlever à l'Université de Paris une portion considérable de son patrimoine et les deniers mis en réserve pour lui construire un chef-lieu, où elle pût tenir ses assemblées, placer sa bibliothèque, loger ses anciens émérites, et, ce qui la flattoit le plus, ériger un monument immortel à la gloire du roi. Le moyen qu'ils ont imaginé pour faire réussir ce projet paroîtra aussi étonnant qu'il est peu digne de ceux qui en profiteroient, s'il pouvoit avoir quelque succès. D'une part, pour avoir une espèce de titre ou de droit aux biens de l'Université, ils se sont proposé de faire aggréger le Collège royal au corps de l'Université; de l'autre, pour être en état de se passer du consentement du vrai propriétaire des revenus et des deniers qu'ils vouloient s'approprier, ils les ont dénaturés, en les faisant envisager comme des dons passagers et révocables dont le roi pouvoit disposer à volonté, dont il étoit maître de les gratifier, sans que l'Université pût former aucune plainte raisonnable. C'est par ce double artifice que les auteurs du projet ont surpris la religion du trône... »

L'Université de Paris aurait voulu intéresser à sa cause l'opinion publique en portant le débat devant elle; mais le duc de la Vrillière, ministre de la maison du roi, signifia au recteur la défense expresse de livrer à l'impression et de répandre le mémoire de la Faculté des arts. Toutefois le gouvernement sembla reconnaître qu'il s'était lui-même trop hâté de prendre une décision, car il

---

(1) *Arch. U.*, Reg. XLVII b, fol. 94 v° et s.

permit que les lettres patentes signées à Versailles le 16 mai précédent ne fussent pas publiées. Par la suite, il en changea même la date et essaya de faire croire qu'elles n'avaient été délivrées que le 16 mars de l'année suivante (1). En ajournant la formalité de l'enregistrement, on espérait amener l'Université à modérer ses alarmes et à se prêter de meilleure grâce aux arrangements déjà résolus. En effet, quand l'effervescence des premiers jours fut calmée et qu'on eut acquis la certitude que la décision du roi était inébranlable, l'idée d'une transaction, que le Parlement encourageait (2), fit peu à peu son chemin dans les esprits. Après la rentrée des classes, les choses parurent assez avancées pour que M° Coger, qui continuait à exercer les fonctions de recteur, crût pouvoir saisir la Faculté des arts d'un projet d'accommodement. Ce projet fut envoyé, sur l'avis du syndic, à des commissaires choisis dans les différentes Nations et munis par elles de pleins pouvoirs. Les avocats de la compagnie furent consultés de nouveau ; et, après de longs pourparlers, on arrêta enfin, d'un commun accord, les conditions sous lesquelles l'Université pouvait consentir à l'agrégation du Collège royal. Ces conditions, comme on va en juger, ne différaient pas sensiblement de celles que le roi lui-même avait fixées.

« Sur ce qui a été représenté par M. le recteur, qu'il n'est plus possible de douter que le roy n'ait une intention décidée que le Collège royal, fondé par François Ier, soit uni et incorporé à l'Université, et qu'à ce titre ses lecteurs ou professeurs participent au produit du vingt-huitième effectif du bail général des postes, jusqu'à concurrence d'une somme de 15,000 francs seulement, le roy se chargeant de pourvoir au surplus de la dotation de ce collège ;

« Que les vues de Sa Majesté, en assurant le sort du Collège royal, auquel diverses circonstances qui se sont succédé n'ont pas

---

(1) C'est la date que nous trouvons dans l'arrêt du conseil d'État du 3 avril 1773, qui commit M° Doillot, notaire au Châtelet de Paris, pour recevoir la somme de 120,000 livres prélevée sur les fonds de l'Université, et devant être affectée aux réparations du Collège royal. On trouve cet arrêt dans nos Pièces justificatives, n° CXX.

(2) *Arch. U.*, Reg. xlvii b, fol. 105.

permis jusqu'à présent de donner la perfection et la solidité nécessaires, sont de concentrer dans l'Université tout l'enseignement public qui se fera dans la capitale, afin de procurer à ses sujets l'avantage inestimable d'être élevés, instruits et formés dans les mêmes principes, non seulement par rapport aux sciences et aux lettres, mais surtout par rapport à la religion, aux mœurs et aux maximes du royaume.

« Que le roy attend de la fidélité de son Université, qui de tout temps a reçu des marques si distinguées de la protection du trône, qu'elle s'empressera de correspondre aux motifs de sagesse dont Sa Majesté est animée, et qu'il veut même, par un effet de son équité royale, que l'aggrégation du Collège royal soit faite de concert avec l'Université pour prévenir les divisions que l'aggrégation pourroit peut-être occasionner dans la suite, et assurer de l'autre les heureux fruits que Sa Majesté se promet de l'aggrégation :

« La matière mise en délibération dans chacune des Nations dont est composée la Faculté des arts, elles ont unanimement arrêté que pour satisfaire aux désirs du roy, concourir aux vues du bien public dont Sa Majesté est occupée, et donner en même temps une nouvelle preuve de leur respectueuse obéissance, elles consentent, en ce qui les concerne, à ce que le Collège royal soit uni et incorporé à l'Université pour former dorénavant un collège du corps académique, mais aux conditions néanmoins :

« 1° Que lorsque l'aggrégation sera arrêtée et avant d'avoir aucun effet, l'Université prendra possession du Collège royal dans la forme la plus solennelle.

« 2° Que ce collège sera et demeurera, de même que les autres collèges de plein exercice, assujetti aux lois, statuts, usages et discipline de l'Université, et par conséquent aux visites du recteur et du tribunal de l'Université.

« 3° Que le principal ou inspecteur de ce collège et ses lecteurs ou professeurs ne seront pris à l'avenir, choisis et nommés pour en remplir les chaires et la principalité, que parmi les membres de l'Université, ou du moins que personne ne pourra en être pourvu sans avoir préalablement obtenu des degrés dans ladite Université.

« 4° Qu'à l'égard des professeurs actuels, ceux à qui ces qualités manqueroient, seront tenus dans trois mois, à compter du jour de la prise de possession solennelle du Collège royal de la part de l'Université, de se faire coopter dans celle des quatre Facultés à laquelle ils devront appartenir par l'objet de leur chaire et par la nature de leur enseignement.

« 5° Que l'inspecteur et les professeurs royaux, tant actuels que ceux qui leur succéderont, seront pareillement obligés de prêter le serment accoutumé entre les mains du recteur et d'obéir à ses mandements; qu'ils assisteront, ainsi que les autres membres du corps académique, aux assemblées, processions, actes et cérémonies de l'Université; qu'ils n'y paroîtront qu'en habit académique et dans l'ordre de la Faculté à laquelle ils tiennent et selon leur rang d'ancienneté.

« 6° Que les chaires du Collège royal seront incompatibles avec celles des autres collèges de plein exercice de la Faculté des arts.

« 7° Que s'il s'élevoit quelque différend en matière de discipline académique entre l'inspecteur, les professeurs du Collège royal ou leurs auditeurs, il ne pourra être porté et décidé en première instance qu'au tribunal de l'Université, sauf l'appel en la Grand'Chambre du Parlement : comme aussi, qu'en cas de contestations entre ledit collège et l'Université, ces contestations iront directement en la Grand'Chambre du Parlement, conformément aux privilèges de l'Université, etc., etc. (1). »

Dans la séance du 10 février 1773, le projet qu'on vient de lire fut communiqué par le recteur à la Faculté des arts, et tout aussitôt soumis aux différentes Nations, qui devaient en délibérer séparément. Les Nations de France et de Picardie ne réclamèrent que des amendements de peu d'importance. La Nation d'Allemagne adopta simplement les articles proposés. La Nation de Normandie persista seule dans son mauvais vouloir, et renouvela les

(1) *Arch. U.*, Reg. xlvii b, fol. 112 et s.

protestations précédentes contre tout projet tendant à priver la Faculté des arts d'une portion quelconque du revenu des messageries. Quant aux Facultés de théologie et de médecine, elles se plaignirent, par une délibération expresse, de n'avoir été consultées que tardivement, comme si l'agrégation du Collège royal ne les eût pas intéressées au premier chef. Nonobstant ces incidents, qui mériteraient à peine d'être rapportés s'ils ne contribuaient pas à faire connaître la physionomie de l'école de Paris dans la seconde moitié du dix-huitième siècle, l'affaire suivit son cours régulier. La majorité des Nations ayant adhéré aux articles qui leur étaient soumis, le recteur déclara le projet de transaction accepté par la Faculté des arts. Quelques semaines après, en mars 1773, furent enregistrées les lettres patentes qui incorporaient le Collège de France à l'Université, et qui par conséquent le faisaient rentrer sous la juridiction du tribunal académique, le soumettaient à la visite du recteur et imposaient à ses professeurs les mêmes obligations qu'aux régents des autres collèges. Le prix de cette subordination, repoussée autrefois comme un lien trop pesant, recherchée maintenant comme une garantie de bien-être, c'étaient les avantages pécuniaires que nous avons annoncés : d'une part, une somme de 120,000 francs pour la réparation des bâtiments; d'autre part, une allocation annuelle de 15,000 francs, applicable aux traitements. Curieux exemple du pouvoir de l'argent et des séductions qu'il exerce sur les esprits les plus désintéressés! Les professeurs du Collège royal témoignaient la satisfaction la plus vive de l'heureux succès de la combinaison qui, en les privant de quelques prérogatives naguère jugées très précieuses et défendues avec vivacité, leur assurait des émoluments plus considérables. M⁰ Coger n'était pas moins satisfait et ne s'applaudissait pas moins de la solution définitive d'une affaire qui lui avait causé, durant quelques mois, des soucis cruels. Si nous en croyons ses adversaires, il ne laissait pas échapper une occasion de faire ressortir tout ce que l'Université allait gagner de force et d'éclat à son union avec le royal établissement qui lui était incorporé. La Nation de Normandie en jugeait tout différemment, et ne pouvait prendre son parti du préjudice matériel que la Faculté des arts allait éprouver. Aussi, loin de partager l'enthousiasme du recteur, elle le blâmait, et au mois de juin 1773 elle refusa d'accorder son approbation à la conduite administrative de M° Coger (1).

Ce refus malveillant, ces protestations chagrines, et l'émotion qu'elles causaient dans les écoles, lassèrent la patience du gouvernement. Quelques semaines après, le duc de la Vrillière écrivait au recteur : « Si d'un côté Sa Majesté est satisfaite de la conduite que vous et la Faculté des arts avés tenue dans l'aggrégation du Collège royal à l'Université, de l'autre elle est mécontente de trouver dans quelques-uns des membres de l'Université des contradictions à ce qui émane de son autorité ; auxquels elle fait défenses de s'écarter de ce qu'elle a réglé par ses lettres patentes et par les arrêts de son Conseil. » Cette lettre, datée de Compiègne, du 11 août 1773, accompagnait l'envoi d'un nouvel arrêt du conseil d'État qui confirmait l'abandon des biens du collège des Cholets à la Faculté des arts et remettait au tribunal du recteur le soin de les administrer et d'en percevoir les revenus (2). Elle termina le fâcheux conflit que l'agrégation du Collège royal avait soulevé.

Le programme des cours du Collège avait éprouvé, dans l'intervalle, d'importantes modifications. Des chaires, qui étaient devenues inutiles ou qui faisaient double emploi, avaient été supprimées ; de nouvelles chaires avaient été fondées pour les remplacer. Ainsi la chaire de syriaque venait d'être réunie à celle d'hébreu ; la chaire de philosophie grecque et latine à la seconde chaire de grec. L'enseignement de l'arabe, celui de la médecine et celui du droit canon, avaient été réduits chacun à un seul cours. Au moyen des fonds devenus disponibles par suite de ces suppressions, le roi avait établi des chaires de mécanique, de littérature française, de turc et de persan, d'histoire naturelle, de droit de la nature et des gens (3). L'enseignement du Collège royal reçut,

---

(1) *Arch. U.*, Reg. XLVII b, fol. 131 et 132.
(2) *Arch. U.*, Reg. XLVII c, fol. 6 v° et 7.
(3) Arrêt du conseil d'État du 20 juin 1773. V. Pièces justificatives, n° CCXXI.

par cette réforme, l'extension que réclamait la marche même des connaissances humaines au dix-huitième siècle. Ce bel établissement n'était pas, en effet, destiné à se renfermer dans le cercle, toujours un peu étroit, des doctrines consacrées. Pour rester fidèle à la pensée de son fondateur, il devait sans cesse agrandir sa sphère, accueillir les vérités nouvelles et les enseignements nouveaux, seconder enfin ce libre essor de l'esprit d'où naissent les découvertes dans le double domaine de la littérature et des sciences.

C'est ainsi que, vers la fin du règne de Louis XV, l'instruction publique se vit encouragée et développée tour à tour dans toutes ses parties. La condition matérielle des écoles s'améliora; les hautes études elles-mêmes participèrent au progrès général.

Tandis que s'opéraient ces changements heureux pour l'Université de Paris, l'organisation judiciaire du royaume subissait, sous le ministère audacieux et despotique du chancelier Maupeou, des remaniements imprévus que les contemporains appelèrent une révolution, terme déjà usité dans la langue politique, mais qui allait bientôt recevoir des événements une signification autrement profonde. Le parlement de Paris, qui s'était cru assez fort pour entrer en lutte avec l'autorité royale, peut-être pour renouveler les scènes de la Fronde, avait vu un jour ses privilèges détruits, ses membres dispersés, sa juridiction démembrée, sa composition renouvelée entièrement. De nouveaux magistrats, dociles esclaves du ministre, étaient venus occuper les sièges des anciens conseillers, la plupart en exil. La cour des aides avait été supprimée; les parlements de province, mutilés et abattus, n'existaient plus que de nom. D'un bout de la France à l'autre, les velléités de rébellion venaient d'être brisées par un coup aussi rapide que vigoureux, et le pouvoir monarchique affermi semblait s'être assuré une longue suite de jours tranquilles.

Ces événements, qui portèrent le trouble et la ruine même dans un grand nombre de familles parlementaires, mais dont la masse de la nation ne s'émut pas, auraient exercé l'influence la plus funeste sur l'instruction publique s'ils étaient survenus quelques années plus tôt; car, dans ce cas, il est probable qu'ils eussent entravé le travail salutaire de rénovation qui s'opéra sous les auspices de la magistrature, après l'expulsion des Jésuites. Mais, à l'époque où le chancelier Maupeou s'empara des rênes de l'État, le Parlement avait achevé son œuvre et les principales réformes que réclamaient les écoles publiques se trouvaient accomplies. L'Université n'eut donc pas à souffrir, du moins dans ses intérêts, du coup soudain qui venait de frapper quelques-uns de ses défenseurs les plus constants et les plus sages, comme le président Rolland. Elle continua même à trouver aide et protection autour du trône, ainsi que le prouvèrent la cession du collège des Cholets et les discussions mêmes qui précédèrent l'agrégation du Collège royal. Toutefois, à partir de 1772, il se produisit dans la direction générale des études un changement qui n'a pas échappé aux écrivains du temps, et qui mérite d'être signalé : les communautés religieuses, qui avaient subi le contre-coup de la disgrâce des Jésuites, reprirent quelque faveur et furent appelées à diriger plusieurs collèges, précédemment confiés à des maîtres séculiers. Nous citerons comme exemple le collège de la Flèche, que son affiliation à l'Université de Paris protégea pendant quelque temps, mais qui passa en 1776, comme nous l'avons dit ailleurs, aux mains des Doctrinaires. Ce retour vers l'éducation ecclésiastique, repoussée par les corps judiciaires, était une satisfaction tardivement accordée aux plaintes de l'Église de France, qui n'avait pas cessé de protester, par la voix de ses députés, contre la sécularisation des collèges. « Le Parlement de Paris, et presque tous les autres à son exemple, disait au roi, en 1765, l'assemblée du clergé (1), exercent sur les collèges une autorité despotique et souvent contraire aux principes de leur établissement... Partout l'arbitraire règne à l'ombre des formes; des arrêts imprévus viennent troubler l'administration et dérangent l'ordre établi. Ce ne sont pas seulement des droits personnels que nous réclamons; le bon ordre dans l'administration des collèges intéresse la nation entière; il intéresse Votre Majesté elle-même. C'est dans les maisons

---

(1) *Procès-verbal de l'assemblée du clergé en* 1765, Paris, 1773, in-fol., p. 937.

consacrées à l'instruction de la jeunesse que se forment les chrétiens fidèles, les citoyens vertueux et les sujets soumis et obéissants... » Cinq ans après, en 1770, les réclamations de la nouvelle assemblée du clergé ne furent pas moins pressantes : « C'est de l'éducation publique, disait-elle dans ses cahiers (1), que dépend, en quelque sorte, le sort des États; et elle ne peut souffrir aucun changement ni d'altération, que la constitution politique n'éprouve incessamment les mêmes révolutions. C'est donc autant, Sire, l'intérêt de votre gloire que celui de la religion qui anime le clergé lorsqu'il représente à Votre Majesté que l'éducation publique est dans une décadence qui menace d'une ruine totale. Nous ne voulons point lui exposer dans un long détail l'imperfection, la longueur, quelquefois les dangers de cette éducation; nous ne nous ingérons pas même à lui proposer des remèdes; nous la prions seulement de ne pas perdre de vue un objet aussi important. Les premières années d'une révolution inattendue ont pu ne pas permettre de prendre toutes les mesures nécessaires. Mais si Votre Majesté ne remédie pas au défaut de maîtres capables et intelligents; si elle ne facilite pas les moyens de les remplacer ou de les rendre meilleurs; si elle n'étend pas les bornes actuelles de l'éducation; si elle ne la préserve pas en même temps des pièges de l'incrédulité, qui commence à se glisser dans les collèges, nous osons lui assurer que les années perdues ne pourront se réparer; que l'impression d'une éducation vicieuse ou corrompue se fera sentir tôt ou tard, et que si la génération actuelle n'en ressent pas encore tous les effets, la génération future en éprouvera les plus funestes conséquences. »

Qui pourrait s'étonner des réclamations persévérantes du clergé, et de l'accent de tristesse prophétique qu'on y remarque, surtout en 1770? Non seulement la plupart des mesures promulguées après l'expulsion des Jésuites avaient pour but avoué de disputer, sinon de soustraire entièrement à l'influence de l'Église l'éducation de la jeunesse; mais pour les moins clairvoyants il était manifeste que cette entreprise elle-même n'était qu'une des formes

(1) *Procès-verbal de l'assemblée générale du clergé de l'année* 1770, p. 833 et 834.

de la lutte engagée par la philosophie contre le christianisme. Les attaques devenaient de jour en jour plus fréquentes et plus vives. Elles embrassaient tous les points du dogme, tous les préceptes de la morale évangélique; elles s'étendaient jusqu'aux vérités de la religion naturelle, qui se trouvaient ébranlées de proche en proche, tantôt par des doutes captieux, tantôt par des négations sacrilèges. Jamais, chez aucun peuple chrétien, on n'avait vu le matérialisme et l'athéisme enseignés et propagés avec moins de ménagement, disons mieux, avec plus d'audace et plus d'effronterie. L'année 1770 marque le moment où la licence atteignit ses dernières limites. C'est alors que parurent *la Contagion sacrée, ou l'Histoire naturelle de la religion, l'Examen des apologistes de la religion chrétienne*, faussement attribué à Fréret; *le Christianisme dévoilé*; enfin le *Système de la Nature*, ouvrage du baron d'Holbach. En déférant à la justice du Parlement ces détestables productions, l'avocat général Louis Séguier s'écriait avec éloquence et douleur, dans un réquisitoire fameux (1) : « L'impiété féconde les esprits; elle fait lever chaque jour des semences nouvelles, non moins pernicieuses que les premières, et toujours répandues avec la même impunité. Elle dédaigne déjà la précaution de s'envelopper sous des voiles; ses blasphèmes éclatent, les dépôts d'irréligion sont entre toutes les mains... Les femmes elles-mêmes... négligeant les devoirs qui leur sont propres et qu'elles seules peuvent remplir, passent une vie oisive dans la méditation de ces ouvrages scandaleux... Il est peu d'asiles qui soient exempts de la contagion; elle a pénétré dans les ateliers et jusque sous les chaumières... »

Le clergé s'efforçait de résister au torrent. Aux témérités impies des philosophes il opposait la plume des théologiens et la parole des prédicateurs, sans négliger l'appui du bras séculier. Mais dans cette lutte incessante il déployait plus de courage que de génie, et même plus d'indignation contre l'erreur que de con-

---

(1) *Réquisitoire sur lequel est intervenu l'arrêt du 18 août 1770, qui condamne à être brûlés différents livres ou brochures*, etc., Paris, Imprimerie royale, 1770, in-4°, p. 5.

fiance généreuse dans le triomphe de la vérité. L'Université de Paris, fidèle à son origine et à ses traditions, secondait, sous ce rapport, de tout son pouvoir les efforts du clergé; mais, vieillie et comme épuisée, elle ne comptait pas elle-même dans ses rangs des athlètes assez vigoureux ni assez alertes pour soutenir le choc de cette armée de libres penseurs et de beaux esprits qui se pressaient à la suite de Voltaire. En 1773, dans le concours qui s'ouvrait chaque année, entre les maîtres ès arts, pour le prix d'éloquence latine fondé par Jean Coignard, le recteur Coger imagina de proposer, comme matière d'amplification, le sujet suivant : « *Non magis Deo quam regibus infensa est ista quæ vocatur hodie philosophia.* » Coger, qui enseigna longtemps la rhétorique au collège Mazarin, était un humaniste assez habile, comme le prouvent quelques pièces de lui en prose et en vers. Il ne s'aperçut pas toutefois que le texte qu'il avait choisi pour sujet d'exercice présentait un double sens et pouvait se traduire ainsi : « La philosophie n'est pas plus ennemie de Dieu que des rois; » ce qui veut dire en bon français, écrivait d'Alembert (1), qu'elle n'est ennemie ni des rois ni de Dieu. Cette perfide interprétation s'offrit d'elle-même aux philosophes, qui bafouèrent sans pitié l'imprudent recteur, déjà compromis à leurs yeux par ses écrits contre Marmontel. Ce fut à cette occasion que Voltaire composa un de ses pamphlets les plus insidieux, le *Discours de M. Belleguier, ancien avocat, sur le texte proposé par l'Université de la ville de Paris pour le sujet du prix d'éloquence de l'année* 1773 (2). Sous prétexte de montrer l'heureuse influence de la philosophie, cette feinte harangue imputait au clergé, en termes à peine couverts, tous les attentats commis depuis deux siècles contre la personne et contre l'autorité des rois. Nonobstant les railleries bruyantes des encyclopédistes, le sujet mis au concours par l'abbé Coger fut maintenu et habilement traité. Le prix fut remporté par Claude Guéroult, agrégé au collège d'Harcourt pour les classes d'humanités, qui dès lors promettait à

---

(1) Lettre du 26 décembre 1772. (*Œuv. de Voltaire*, éd. Beuchot, t. LXVIII, p. 80.)
(2) *Œuvres de Voltaire*, t. XLVII.

l'école de Paris un maître éminent par le goût et par l'érudition.

Au milieu de l'agitation croissante que causait la lutte entre l'Église et les philosophes, survint un événement que la politique des souverains de France et d'Espagne préparait avec persévérance depuis plusieurs années, mais que les scrupules du Saint-Siège avaient ajourné jusque-là : nous voulons parler de la suppression de la société de Jésus. Ce fut le 21 juillet 1773 que fut signé à Rome le bref fameux par lequel le pape Clément XIV, cédant aux sollicitations, de jour en jour plus vives et plus menaçantes, des couronnes catholiques, supprima l'ordre célèbre que tant de papes avaient approuvé, et qui s'était en tout temps fait remarquer par un dévouement si absolu envers le Saint-Siège. La décision était prévue ; et si quelque chose pouvait surprendre, c'était qu'elle n'eût pas été arrachée beaucoup plus tôt à la main tremblante du souverain pontife. Cependant elle causa dans la chrétienté une sensation profonde. Partisans et adversaires des communautés religieuses, amis et ennemis du christianisme, chacun pressentait qu'un grand coup venait d'être porté à l'Église par l'Église elle-même, et qu'après s'être ainsi privée, par son propre jugement, de cette milice puissante et intrépide qui la servait avec tant de courage, elle allait se trouver sans défenseurs et sans auxiliaires dans une des crises les plus redoutables qu'elle eût encore subies.

L'année suivante, mourut Louis XV, à l'âge de soixante-quatre ans, après un règne qui en avait duré cinquante-neuf. Ses obsèques se firent sans pompe, à cause de la maladie contagieuse qui l'avait emporté. L'Université de Paris assista, comme tous les corps de la ville, au service solennel qui fut célébré quelques semaines après en l'église de Saint-Denis. Des messes furent également dites dans chaque collège pour le repos de l'âme du prince ; des oraisons funèbres furent prononcées en son honneur. Au collège Mazarin, l'abbé Coger, choisi pour porter la parole, remplit avec discernement et habileté cette mission délicate. Son discours n'est pas adulateur. Il ne couvre pas d'un voile complaisant les fautes du roi, le désordre effréné de ses mœurs, et cette soif de voluptés abjectes qui le dévora jusqu'aux portes du tombeau ; mais l'orateur se rend l'interprète des sentiments de l'Université en payant un juste tribut d'éloges à la mémoire du souverain qui avait encouragé l'instruction publique. N'est-ce pas sous le règne de Louis XV que l'accès des collèges fut ouvert gratuitement aux familles, que les revenus qui formaient le patrimoine de la Faculté des arts furent consolidés et accrus, la discipline raffermie, les études améliorées par de sages règlements, l'École militaire fondée ; d'autres établissements, comme la Faculté de droit, pourvus de bâtiments spacieux et commodes ? Le souvenir de ces bienfaits n'était pas effacé dans les collèges de Paris ; il avait survécu aux impressions de colère et de mépris causées par les abus de l'arbitraire et par les plus honteux dérèglements que l'histoire ait eu à flétrir.

Louis XV avait été frappé comme Louis XIV dans ses plus chères affections de famille. Il avait vu le seul fils qui lui restât succomber en 1765 dans la fleur de l'âge, et il ne laissait comme héritiers de sa couronne que trois petits-fils, tous trois destinés à régner : le duc de Berry, qui succéda à son aïeul sous le nom de Louis XVI ; le comte de Provence, qui fut Louis XVIII, et le comte d'Artois, qui fut Charles X. Louis XVI n'avait pas encore atteint sa vingtième année ; il était marié depuis 1770 à l'archiduchesse d'Autriche, Marie-Antoinette. Ce mariage, le dernier triomphe politique du duc de Choiseul, avait excité de la surprise et quelque mécontentement, car la maison d'Autriche n'était pas populaire en France. Toutefois il contribuait à l'équilibre de l'Europe, en opposant l'alliance des cours de Vienne et de Versailles aux agrandissements de la Prusse et aux progrès encore plus menaçants de l'Angleterre et de la Russie. Au dedans, malgré les écueils qui menaçaient l'inexpérience d'une reine jeune et belle environnée d'une cour frivole, la nation pouvait enfin espérer des jours meilleurs, une administration moins arbitraire et plus intègre, sous un monarque vertueux, simple, économe, aussi attaché à ses devoirs que le royal amant de Mme du Barry le fut à ses passions déréglées.

Au mois de juin 1773, Louis XVI, qui se nommait alors le dauphin de France, et Marie-Antoinette, firent une entrée solennelle à Paris. Coger, comme on l'a vu, était à ce moment recteur. Il négligea de convoquer l'Université, ce qui mécontenta vivement la Faculté des arts, et s'en vint seul avec le greffier et le procureur de la Nation de Normandie au collège Louis le Grand, pour y attendre l'auguste cortège qui devait se rendre de Notre-Dame à Sainte-Geneviève en suivant la rue Saint-Jacques. Quand le cortège parut, Coger, s'étant avancé, adressa au futur souverain de la France le discours suivant : « Monseigneur, vous voyez se renouveler en votre faveur le spectacle attendrissant dont notre auguste monarque a été plus d'une fois et l'objet et le témoin : nos fastes en conservent précieusement le souvenir. Vous apercevez jusqu'à quel point la France chérit les princes dont elle est aimée. Occupé de notre bonheur, vous étudiez dans le silence le grand art de perpétuer nos glorieux destins. Ne soyez donc pas surpris de voir tous les cœurs voler au-devant de vous et s'empresser de mettre à vos pieds leurs hommages. Pour vous, Madame, héritière des traits et des vertus d'une grande princesse, l'admiration de l'Europe et le prodige de nos jours, vous retrouvez ici ce qu'elle éprouve elle-même dans sa capitale. Si d'un côté l'Allemagne ne peut rien ajouter aux sentiments qu'elle doit à Marie-Thérèse, la France ne peut porter plus loin le respect et la tendre affection que lui inspirent les dons du ciel répandus sur votre auguste personne. L'Université de Paris, dont le zèle pour ses princes remonte jusqu'au berceau de la monarchie, ose se promettre et votre bienveillance et votre protection. » — « Oui, Monsieur le recteur, toute notre protection à l'Université! » s'écria le prince, ému de ces protestations de dévouement. Malgré la défiance de soi-même, comment le trop faible époux de Marie-Antoinette n'aurait-il pas eu foi dans l'avenir qui s'offrait à lui sous un aspect si brillant? Le seul sentiment pénible qui pût troubler la sérénité de son âme honnête était la crainte de ne pas se trouver un jour au niveau des devoirs accablants de la royauté. Mais pouvait-il mesurer l'abîme de malheurs qui allait engloutir prochainement et le roi, et la reine, et la monarchie?

A son avènement, Louis XVI trouva les esprits en général très irrités contre le nouveau Parlement que le chancelier Maupeou avait établi, et contre le chancelier lui-même. Ces dispositions malveillantes s'étaient répandues dans les écoles, s'il est vrai qu'au Cours-la-Reine on vit des écoliers, comme les historiens le racontent, faire tirer et démembrer par des ânes un mannequin en simarre. Après quelques mois d'hésitation, et contre l'avis de Turgot, qui venait d'entrer au ministère, les magistrats disgraciés furent rappelés de l'exil, et l'ancien Parlement réintégré dans ses fonctions. Nulle part ce retour inespéré, la première concession de Louis XVI au cri un peu aveugle de l'opinion publique, ne fut accueilli par de plus vives acclamations que dans les rangs de l'Université de Paris. Le 2 décembre 1774, le recteur, M° Nicolas Guérin, qui avait quitté temporairement la charge de syndic pour exercer les fonctions rectorales, se rendit au Palais de justice, accompagné d'une suite nombreuse, en costume de cérémonie. Il fut introduit par les gens du roi, non pas, selon l'usage, devant la grand'chambre, mais devant toutes les chambres assemblées. Il les complimenta en latin, dans une allocution chaleureuse. Il rappela les liens étroits qui unissaient le Parlement et l'Université, l'intérêt que la magistrature avait porté en tout temps à l'éducation de la jeunesse, la part qu'elle avait prise à la réforme des études, les améliorations et les progrès accomplis sous ses auspices. Il paya au nouveau roi un juste tribut de louanges ; il le montra dévoué à ses peuples, infatigable au travail malgré son jeune âge, ennemi du luxe, ami de la justice et de la vérité. En terminant, M° Guérin renouvela le serment que jamais l'Université de Paris ne cesserait d'inculquer à la jeunesse les vertus qui font le chrétien véritable et le bon citoyen, la piété envers Dieu, la fidélité envers le souverain, l'obéissance aux lois. Les esprits s'abandonnaient ainsi, dans les premiers temps du règne de Louis XVI, à toutes les effusions de la joie, de l'espérance et du dévouement, comme si la société se fût trouvée dans des conditions ordinaires, comme si le sol n'eût pas été de toutes parts miné sous ses pas.

Louis XVI témoigna ses dispositions bienveillantes pour les écoles publiques en accordant, dès la deuxième année de son règne, la confirmation des privilèges de l'Université de Paris. Ces privilèges dataient de si loin qu'ils semblaient se confondre avec les lois mêmes de la monarchie. Cependant, comme si l'Université eût gardé des doutes sur la solidité de son droit, elle attacha quelque prix, jusqu'à son dernier jour, à entendre énumérer par le prince lui-même les prérogatives dont elle jouissait, les exemptions d'impôt accordées à ses membres, la faculté qu'ils avaient d'être jugés à Paris, même en matière civile, la juridiction traditionnelle exercée sur le commerce de la librairie par la Faculté de théologie et par le recteur.

Désormais, quelque prestige que la faveur des rois eût conservé à ses yeux, l'école de Paris ne devait attendre son succès que de la capacité de ses maîtres et de la bonne direction de ses études. Quant à l'enseignement de la grammaire et des belles-lettres, les collèges de l'Université laissaient peu de chose à désirer. La plupart des chaires étaient occupées par des maîtres aussi expérimentés que modestes, qui mettaient leur ambition à bien élever la jeunesse, en suivant fidèlement les préceptes et l'exemple de Rollin. Quelques-uns étaient des hommes d'un rare mérite, qui auraient pu briller sur un théâtre plus vaste, si la simplicité de leurs goûts leur eût permis de courir la carrière des honneurs. Nous avons nommé Claude Guéroult, auquel la Faculté des arts décerna en 1773 le prix d'éloquence latine, et qui dans la suite se fit un nom dans les lettres par une traduction de quelques morceaux de Pline, très goûtée de Laharpe. Son frère Antoine Guéroult, comme lui agrégé des classes d'humanités, n'annonçait pas des dispositions moins heureuses pour l'enseignement public. A côté de ces deux noms, la renommée citait ceux de Nicolas Furgault, qui professa longtemps au collège Mazarin; de Jacques Delille, alors simple régent au collège de la Marche, mais déjà membre de l'Académie française; de l'abbé Haüy, qui préludait par l'enseignement des humanités à ses brillantes découvertes en minéralogie; de Thomas Royou, à la fois professeur et journaliste; de René Binet, traducteur souvent heureux de

Virgile et d'Horace; de Jean Truffer, l'honneur du collège d'Harcourt; de François Noël, le futur inspecteur de l'Université impériale. Mais le nom qui est resté le plus populaire est assurément celui d'un modeste régent de grammaire, qui siégea plus d'une fois parmi les juges des concours académiques, mais que son abnégation et son humilité retinrent toute sa vie dans la chaire de sixième, au collège du Cardinal Lemoine, Charles Lhomond, l'auteur de l'*Epitome historiæ sacræ*, du *De viris illustribus Romæ*, de la *Doctrine chrétienne* et des *Éléments de grammaire*. Est-ce par la vigueur de la pensée ou par les qualités du style que ces ouvrages se distinguent? Non sans doute, mais par le juste discernement des conditions de l'enseignement élémentaire. Une des maximes de Lhomond était que la métaphysique ne convient pas aux commençants; que les explications qui visent à être savantes les fatiguent et les rebutent; qu'à leur âge on est plus capable d'être guidé que d'être éclairé; que pour cela il faut des règles très simples, appuyées d'exemples courts. Les ouvrages de Lhomond présentent au plus haut degré cette qualité utile; et tel est le prix d'un service rendu à l'enfance, qu'ils ont acquis à leur auteur une célébrité, nous pourrions dire une gloire, que des esprits d'une trempe plus rare n'ont pas obtenue.

Si les classes de grammaire et d'humanités offraient en général un aspect satisfaisant, il n'en était pas tout à fait de même de l'enseignement de la philosophie, et en particulier de la physique. Là, malgré beaucoup d'efforts et quelques résultats heureux, les préjugés se montraient tenaces; le progrès s'accomplissait lentement. Un régent du collège de Navarre, qui se nommait Girault de Koudou, adressa en 1775 à l'Académie des sciences un mémoire qui contient à cet égard des détails précieux à recueillir : « Les questions arbitraires et métaphysiques, écrivait l'auteur, sur la nature du corps, du temps, du mouvement et du repos, ces questions si propres à la dispute, et si inutiles à la connaissance du monde réel, sont restées en possession d'être traitées avec soin dans les écoles. Aussi voyons-nous qu'au sortir des collèges, les jeunes gens qui ont le plus de goût pour ces sortes de disputes, et qui s'y sont le plus exercés, ne savent guères de vraie physique. A peine sont-ils dans le monde, qu'ils s'aperçoivent que cette manière de philosopher sur la nature n'est plus de mode, et qu'il leur faut en apprendre une plus raisonnable. N'est-il pas à craindre qu'après avoir fait cette expérience sur les leçons qu'ils ont reçues en ce genre, ils ne portent le même jugement sur la morale?... Les professeurs de Paris eux-mêmes, moins par goût qu'en vertu d'anciens usages et règlements, et par une espèce de routine, dont ils ne peuvent s'écarter tout d'un coup sans mettre leurs élèves dans l'impossibilité de suivre les examens qui sont d'usage, sont encore obligés de se livrer à ces questions frivoles; et c'est pour cette raison, sans doute, qu'il y a environ trois ans, à ce qu'on m'a assuré, le recteur se plaignit publiquement de quelque professeur de philosophie, sur ce que sa thèse de mathématiques était plus longue que celle de logique... » Quel moyen Girault de Koudou proposait-il pour remédier à ces abus et faire pénétrer la lumière et la vie dans l'enseignement philosophique? C'était que l'Académie des sciences voulût bien réserver une de ses places d'associé libre à l'un des professeurs de philosophie de l'Université de Paris. Encouragé par un titre aussi honorable, ce professeur ne porterait-il pas dans sa chaire la liberté et l'ardeur que la culture des sciences réclame; et son exemple, bientôt suivi par tous ses collègues, ne contribuerait-il pas à répandre à Paris d'abord, et ensuite dans tout le royaume, la méthode et les notions de la vraie physique? L'Académie fit répondre par son secrétaire perpétuel, Grandjean de Fouchy, « qu'elle n'avoit jamais donné l'exclusion à MM. les professeurs de philosophie de l'Université; que M. Lemonnier père, professeur au collège d'Harcourt, étoit académicien; que plusieurs autres académiciens, comme M. l'abbé Nollet, M. l'abbé de La Caille, M. Brisson, avoient été ou étoient encore professeurs de l'Université; qu'elle verroit avec plaisir MM. les professeurs de philosophie se présenter comme les autres savants pour les places qui se trouveroient vacantes, et qu'elle seroit toujours charmée de couronner leur mérite; mais qu'elle ne pouvoit ni devoit s'astreindre à avoir toujours au nombre de ses membres une personne d'un certain corps. »

La proposition assez singulière de M° Girault n'eut donc, ainsi qu'on pouvait le prévoir, aucun succès devant l'Académie; mais elle causa la plus vive émotion dans le sein de la Faculté des arts, qui venait de voir ses doctrines et sa méthode attaquées d'une manière si imprévue et si directe. A la séance du 23 juin 1775, M° Royou, qui enseignait lui-même la philosophie à Louis le Grand, dénonça le mémoire lu à l'Académie des sciences, comme injurieux pour l'Université (1). Il n'en nommait pas l'auteur; mais ce dernier n'était que trop désigné par la voix publique : aussi les commissaires qui furent choisis par la compagnie pour instruire l'affaire n'hésitèrent pas à proposer que M° Girault fût mandé devant le recteur afin de justifier son langage et ses démarches. Un ordre du roi, que transmit M. de Malesherbes, appelé depuis peu au poste de garde des sceaux, étouffa ce commencement de procédure; mais beaucoup de collègues de M° Girault, comme l'événement le prouva, ne lui pardonnèrent jamais le jugement qu'il avait porté sur l'enseignement philosophique de la Faculté des arts. En 1778, le greffier, M° Fourneau, qui sentait ses forces décroître, demanda un adjoint, lequel avait la survivance de l'emploi. Le candidat qu'il proposait n'était autre que Girault de Koudou. La présentation, admise par le tribunal du recteur, fut repoussée très résolument par la majorité des Nations et des Facultés. Dans plusieurs mémoires pleins d'amertume, les opposants rappelèrent leurs anciens griefs contre les sentiments et la conduite passée du coadjuteur que le recteur et son conseil venaient de donner au greffier. Pour vider le conflit, qui prenait des proportions menaçantes, les parties invoquèrent l'autorité du Parlement (2). M° Girault obtint un arrêt qui lui donnait provisoirement gain de cause. Mais en 1785, à la mort de Fourneau, la contestation recommença et mit de

---

(1) *Arch. U.*, Reg. XLVII c, fol. 49. On trouvera dans le carton XV, dossier 11, la plupart des pièces relatives à cette affaire.
(2) *Arch. U.*, Reg. XLVII c, fol. 119 v° et s.

nouveau en mouvement les vieilles rancunes, ainsi que les petites rivalités qui existaient dans la compagnie. Cette fois, heureusement, on sut éviter le scandale d'un procès, et les parties consentirent à une transaction qui assurait à M° Girault une allocation annuelle de quatre cents livres. La charge de greffier fut donnée à Jean Daragon, professeur émérite au collège de Montaigu et sous-bibliothécaire de l'Université. Pour en finir provisoirement avec M° Girault, disons que dans l'intervalle la fortune lui avait souri, et qu'il était devenu grand maître au collège Louis le Grand et professeur de mécanique au Collège royal. Il n'en regrettait pas moins, par un sentiment d'amour-propre blessé, ces fonctions de greffier qu'il avait briguées et d'où il s'était vu écarter par des haines personnelles. Aussi, lorsque deux années après, elles devinrent vacantes par la mort prématurée de Daragon, il les sollicita de nouveau, et réussit enfin, non sans difficulté, à les obtenir, sous la promesse de renoncer au poste de grand maître de Louis le Grand.

Quant à l'enseignement philosophique, cause première de ces débats domestiques, jamais il n'atteignit au même niveau que l'enseignement grammatical et littéraire. Cependant les attaques mêmes dont il fut l'objet prouvent l'intérêt qu'il excitait et contribuèrent à l'améliorer. Une réforme heureuse, qui était réclamée par tous les bons esprits, fut la séparation définitive de la philosophie proprement dite et de la physique en deux cours distincts, confiés chacun à un professeur spécial. En 1783, cette réforme fut demandée solennellement à la Faculté des arts par plusieurs professeurs, et aux approches des vacances on apprit qu'elle venait d'être introduite au collège Louis le Grand à titre d'essai, sur la proposition du proviseur et malgré l'avis contraire du syndic (1). A Navarre, Jacques Brisson, de l'Académie des sciences, continuait avec succès les leçons de physique expérimentale inaugurées par l'abbé Nollet. Il eût été à désirer que la science des lois de la nature fût partout enseignée en français;

---

(1) Conclusions de la Nation de Picardie. *Arch. U.*, Reg. XLVIII b, f. 106 et s.

mais ce progrès ne s'accomplit qu'à la veille de la Révolution. La Faculté des arts hésitait à sacrifier la langue latine, ce vieil idiome deux fois consacré par le génie de l'homme et par la religion, qui s'était si longtemps maintenu dans la plupart des écoles de la chrétienté. Qui s'étonnerait de ces hésitations et de ces scrupules? N'avons-nous pas éprouvé nous-mêmes la puissance des traditions? Il y a moins de quarante ans, le programme des questions philosophiques pour le baccalauréat ès lettres était encore rédigé en latin.

Les questions de forme écartées, si nous nous attachons maintenant au fond même de l'enseignement, il serait assez difficile, en l'absence de documents bien précis, de mesurer avec exactitude le progrès que les idées de Locke et de Condillac avaient pu faire dans les collèges de Paris. En parcourant les sujets proposés dans les concours annuels de l'agrégation, nous y avons remarqué un assez grand nombre de questions sur l'existence de Dieu, sur la spiritualité de l'âme, sur la distinction du bien et du mal, sur la vie future, sur le suicide, sur la doctrine de Spinoza, sur les avantages sociaux de la religion. Ces différentes questions, à en considérer le texte seul, sont un précieux indice de la lutte que l'Université soutenait officiellement contre le matérialisme du siècle; mais elles ne nous éclairent pas sur ce qui se passait dans l'intérieur des classes. A quelle école se rattachaient les professeurs? Quelle méthode suivaient-ils? Sur quels fondements reposait l'adhésion sincère que la plupart donnaient aux vérités de l'ordre moral? Descartes sans doute n'était pas entièrement abandonné; mais combien les suffrages qu'il obtenait étaient rares et mêlés de réserves! Était-ce un cartésien que le régent de philosophie du collège Mazarin, l'abbé Hauchecorne, qui repoussait les idées innées et qui n'osait se prononcer sur l'origine des connaissances humaines (1)? Qu'on veuille bien comparer l'abrégé de

---

(1) Voyez l'*Abrégé latin de philosophie, avec une introduction et des notes françaises*, par M. l'abbé Hauchecorne, de la maison et société de Sorbonne, professeur de philosophie au collège des Quatre Nations, Paris, 1784, in-12, p. 4. Cf. *Nouvelles ecclésiastiques*, 1784, p. 62 et s.

philosophie qui résume son enseignement, et un *Compendium* (1) publié en 1770, et qui est un véritable manuel à l'usage des candidats au baccalauréat et à la maîtrise ès arts; on pourra juger de la différence des doctrines, et mesurer le terrain que le cartésianisme avait perdu dans l'espace de quinze ans. Il n'est pas douteux, au reste, que certains maîtres allaient beaucoup plus loin que l'abbé Hauchecorne. Son collègue à Mazarin, M⁰ Guyart, se déclarait pour le système de Locke, en y mêlant toutefois quelques idées empruntées à Leibnitz; car il professait, avec le philosophe allemand, que l'essence de l'âme consiste dans l'activité (2). Au collège du cardinal Lemoine, M⁰ Lange s'annonçait comme le disciple de Condillac, et il enseignait ouvertement que la sensation est l'origine de toutes nos connaissances (3). Cette doctrine, si répandue alors dans la littérature, avait envahi même les collèges de l'Oratoire. Ouvrons le programme des exercices qui eurent lieu en 1781 au collège de Tours; nous y verrons que l'âme a deux facultés, celle de voir et celle de sentir; que de l'une naît tout le système de nos idées simples, abstraites, composées, et de l'autre, toute la suite de nos sentiments; que l'analyse des idées est toute la logique, comme l'analyse de nos sentiments est toute la morale. Tel était donc le thème de l'enseignement philosophique dans le collège tenu à Tours par les Oratoriens (4). Assurément Descartes et Malebranche ne se seraient pas reconnus dans ces maximes; mais Condillac ne les eût pas désavouées. Elles sont en effet l'écho affaibli de son propre système, qui allait s'imposer, durant un quart de siècle, à la philosophie française, comme l'expression la plus exacte, comme

---

(1) *Compendium institutionum philosophiæ, in quo de rhetorica et de philosophia tractatur, ad usum candidatorum baccalaureatus artiumque magisterii. Autore D. Caron, in artibus magistro, chirurgi majoris in ædibus regiis Invalidorum vices gerente*, Parisiis, 1770, in-8°, 2 vol. On trouve un compte rendu de cet ouvrage dans le *Journal des Savants*, 1770, octobre, p. 699 et s.

(2) *Nouvelles ecclésiastiques*, 1784, p. 193.

(3) *Nouvelles ecclésiastiques*, ibid., p. 169 et s.

(4) *Exercices publics de MM. les écoliers du collège royal des prêtres de l'Oratoire de Tours, dédiés à Monseigneur l'intendant de la généralité de Tours*, Tours, 1781, in-4°, p. 23.

le dernier mot de la science de l'homme. Mais déjà ce système commençait à porter, même dans les écoles, ses conséquences naturelles : il y contribuait au relâchement des croyances religieuses. Dans une thèse qu'il présidait, M⁰ Lauge fit soutenir par un de ses élèves que « l'athéisme est préférable au polythéisme. » Ce paradoxe, renouvelé de Bayle, ne causa pas un médiocre scandale dans l'Université (1). Des plaintes commençaient à s'élever contre la direction imprimée aux études philosophiques. « C'est un bruit public depuis quelque temps, disent les *Nouvelles ecclésiastiques* (2), et on ne cesse de le répéter partout, que l'enseignement de la philosophie de Paris est fort corrompu ; qu'au lieu de prémunir les jeunes gens contre ce débordement d'opinions irréligieuses qui menace le Christianisme d'une entière subversion dans le royaume, plusieurs professeurs de cette école, autrefois si célèbre, semblent avoir formé le complot de seconder une si funeste révolution par les mauvais principes qu'ils inspirent à la jeunesse. »

Ce rapide mouvement d'idées généreuses, mêlées à des desseins chimériques ou pervers, qui se précipite aux approches de la Révolution, avait donc atteint l'Université de Paris elle-même. Elle cédait à la pente générale ; elle se laissait entraîner, sans s'apercevoir qu'elle courait à sa ruine. Malgré de sinistres prédictions, elle était moins préoccupée de l'avenir que du présent. Le principal souci de ses différentes compagnies est le maintien de leurs privilèges séculaires. Jamais elles n'avaient vu leurs droits menacés sans réclamer énergiquement. En 1778, la Faculté de médecine croit ses intérêts et son honneur compromis par la fondation de la *Société royale de médecine*. Elle déclare aussitôt à la nouvelle société une guerre acharnée qui devient un des épisodes les plus curieux de l'histoire des lettres sous le règne de Louis XVI.

(1) *Dénonciation à M. le recteur de l'Université, d'une thèse de philosophie soutenue au collège du Cardinal Le Moine, le 25 juillet* 1783, etc., in-12, 45 pages. *Nouvelles ecclésiastiques*, 1784, p. 169 et s.
(2) *Nouvelles ecclésiastiques*, 1784, p. 109

Le seul lien qui eût existé jusqu'à la fin du dix-huitième siècle entre les médecins de Paris, c'était cette communauté d'études, de grades et d'obligations qui les rattachaient à la Faculté de médecine. Aussi, à l'exception de la part qu'ils prenaient aux assemblées de la compagnie, ils vivaient en général isolés, et cet isolement n'était favorable ni à leur influence, ni au progrès de l'art de guérir. Chez quelques-unes des nations voisines, les conditions de la science médicale étaient beaucoup meilleures. En Suède, en Danemark, en Prusse, en Angleterre, en Espagne, on avait vu se former depuis longtemps soit des sociétés sanitaires, soit des centres de correspondance qui entretenaient une émulation générale, et faisaient de l'expérience de chacun, suivant une expression heureuse, le patrimoine de tous. A différentes époques, il fut question d'étendre à la France le bienfait de ces institutions; mais toutes ces tentatives dont l'une occupa la vieillesse de Chirac, premier médecin de Louis XV, échouèrent, comme on l'a vu ailleurs, devant la résistance énergique de la Faculté (1). Enfin, en 1776, quelques médecins de talent, ayant jugé les circonstances favorables, résolurent de tenter un nouvel effort. Parmi eux se trouvait Vicq d'Azyr, qui n'avait encore que vingt-huit ans, mais qui s'était acquis une renommée précoce d'éloquence et de savoir. Il se concilia les bonnes grâces de M. de Lassonne, premier médecin du roi; et, fort de ce patronage, il dressa et fit approuver par les ministres de Louis XVI le plan d'une association médicale qui devait avoir son siège à Paris et des correspondants en province. Cette société ne fut d'abord qu'une simple commission, composée de huit médecins, et chargée de l'étude des maladies épidémiques et épizootiques. Mais, à peine fondée, elle étendit le cercle de ses travaux. Elle prit elle-même un rapide développement; et dès la seconde année de sa fondation, c'est-à-dire en 1778, constituée en Société royale, comptant parmi ses associés libres deux secrétaires d'État, M. Amelot et M. de Vergennes, ayant noué des relations avec les pays étran-

---

(1) Voy. tome II, p. 39 et suiv., p. 224.

gers, étant dotée enfin de revenus assez larges pour décerner des récompenses publiques, vivement disputées, elle commençait à exercer une influence inespérée et éclatante, devant laquelle pâlissait l'autorité de la Faculté de médecine.

A ce moment, celle-ci avait pour doyen M. Charles Desessartz, praticien habile, auteur estimé d'un ouvrage sur l'*Éducation des enfants en bas âge* (1), qui a eu l'insigne honneur de fournir plus d'une page à l'*Émile* de Rousseau. M. Desessartz était entièrement dévoué aux intérêts de la compagnie dont il était le chef électif. Tout récemment elle avait fait l'épreuve de sa vigilance et de son zèle dans un procès épineux contre un charlatan, nommé Guilbert de Préval (2). Il ne mit pas moins d'énergie à la défendre contre les empiétements de la nouvelle association. Il employa d'abord la persuasion, et ne recula devant aucune démarche pour détacher de Vicq d'Azyr son principal protecteur, M. de Lassonne; mais, n'ayant pu convaincre ce dernier, il affronta les soucis dispendieux d'une lutte ouverte, qui s'engagea au mois de juin 1778. Messieurs de la Société royale de médecine, comme ils s'appelaient, travaillaient alors à obtenir des lettres patentes en faveur de leur institution. Pour mieux constater les services qu'elle rendait, ils venaient d'annoncer une séance publique, qui devait avoir lieu dans la salle du Collège de France. La Faculté jugea le moment venu de faire acte d'autorité. Sans s'arrêter aux termes du futur édit dont le projet lui avait été communiqué, elle rendit un décret portant injonction à ceux de ses membres qui faisaient partie de la Société d'y renoncer dans un délai de sept jours, sous peine d'être privés de leurs droits, privilèges et honneurs académiques (3). La Faculté avait trop présumé de son crédit. Trois jours après cette délibération mal-

(1) *Traité de l'éducation corporelle des enfants en bas âge, ou Réflexions pratiques sur les moyens de procurer une meilleure constitution aux citoyens*, Paris, 1760, in-12; seconde édition, an VII de la république. Sur les emprunts faits à ce livre par Rousseau, voyez l'ouvrage intitulé : *Plagiats de M. J.-J. Rousseau sur l'éducation*, Paris, 1766, in-12.

(2) *Arch. U.*, Reg. XLVII c, fol. 86.

(3) Délibération du 22 juin 1778. Cette délibération, ainsi que l'arrêt du conseil d'État qui en prononça la suppression, se trouve textuellement rapportée dans le

heureuse, elle eut le regret de la voir cassée par un arrêt du conseil d'État, qui lui faisait défense à elle-même « de faire directement ou indirectement aucune démarche, ni acte de procédure, tendant à troubler, suspendre ou empêcher les assemblées publiques ou particulières de la Société royale. » Le mois suivant, furent signées à Versailles les lettres patentes qui confirmaient l'établissement de la Société et qui réglaient ses attributions et son organisation. La Faculté de médecine ne se tint pas pour vaincue. Non seulement elle essaya d'intéresser l'Université tout entière à sa cause (1), et d'engager devant le Parlement un de ces procès opiniâtres dont l'histoire des écoles publiques offre des exemples trop nombreux; mais, mieux inspirée, elle essaya de suivre ses rivaux sur leur propre terrain, d'entretenir comme eux des correspondances avec les médecins de province, de tenir enfin des séances solennelles, où le public serait convié. Les bâtiments délabrés, siège des réunions habituelles de la compagnie, se prêtaient peu, il est vrai, à une solennité académique; mais elle avait à sa disposition la Sorbonne, où la Faculté de théologie ne refusait pas de lui donner, pour un jour, asile. Quant aux dépenses, elles se trouvaient couvertes par la libéralité d'un docteur régent, Malouin, qui venait de léguer pour cet objet la plus grande partie de sa fortune. La Faculté donc, le 5 novembre 1778, convoqua dans la grande salle de la Sorbonne, décorée avec une pompe inusitée, le plus nombreux et le plus brillant auditoire qu'elle eût jamais réuni autour d'elle : des membres du clergé, de la noblesse, du Parlement, des femmes élégamment parées, tout le corps de l'Université. Le doyen, M. Desessartz, ouvrit la séance par un discours calme et digne, dans lequel ne manquaient pas néanmoins les plus transparentes allusions aux querelles du moment. Un médecin de la Faculté, M. Descemet, présenta ensuite le tableau des maladies observées dans le cours de l'année précédente; puis quelques prix furent distribués, quel-

---

Précis historique de l'établissement de la Société royale de médecine, de sa conduite, et de ce qui s'est fait à ce sujet dans la Faculté de médecine de Paris, in-8°, 46 pages.

(1) *Arch. U.*, Reg. XLVII c, fol. 115 v°, 129 v°.

ques éloges prononcés, notamment ceux de Malouin et de Bernard de Jussieu. Malgré l'effet assez heureux de cette séance d'apparat, qui fut renouvelée les années suivantes, la Faculté de médecine pouvait difficilement soutenir la lutte avec la Société royale. Sa fonction propre était de former des praticiens, comme la mission de la Société fondée par Vicq d'Azyr était de contribuer aux progrès de l'art médical. Or, dans l'état des esprits et devant le vaste développement des connaissances humaines au dix-huitième siècle, ce n'était pas trop de deux compagnies pour répondre à ce double but; une seule n'y aurait pas suffi. Le gouvernement de Louis XVI le reconnut; et s'il ne permit jamais à la Société royale d'ouvrir école contre école, chaire contre chaire, il ne favorisa pas la velléité que la Faculté avait eue de cumuler avec ses attributions vraies le rôle et les privilèges d'une Académie en communication avec les principales villes du royaume. La Faculté se vit contester et le droit d'avoir des correspondants, et celui de former dans son sein un comité chargé de l'examen des observations et des mémoires qui lui seraient transmis. Elle fut même réduite, durant quelques semaines, à suspendre ses fonctions ordinaires, à l'exception du service des pauvres. Quant aux autres compagnies de l'Université, dont les médecins avaient réclamé l'appui, leur attitude n'était pas douteuse. Fidèles à la conduite qu'elles avaient tenue chaque fois qu'un membre du corps s'était trouvé lésé ou seulement menacé, elles prirent énergiquement la défense de la Faculté de médecine, et adressèrent au roi de respectueuses remontrances contre l'établissement de la nouvelle société (1). Mais, ainsi qu'on devait s'y attendre, cette protestation tardive n'eut aucun succès à la cour, ni même au Parlement, plus facile à entraîner. La guerre, une guerre de plume et de libelles, continua quelques années entre ceux qu'on appelait les *Facultaires*, et leurs rivaux les *Sociétaires;* et s'il faut en croire les contemporains, « l'ancienne réputation de causticité, acquise aux disciples d'Hippocrate, ne pâlit pas dans cette cir-

---

(1) *Arch. U.*, Reg. XLVII c, fol. 141; Reg. XLVIII b, f. 1.

constance. Les robes de Rabelais et de Guy Patin furent secouées avec fruit dans le sein de la Faculté, et il en tomba sans relâche sur ses adversaires une grêle de pamphlets (1). » Puis peu à peu cette agitation s'apaisa, et la Société royale de médecine, sortie victorieuse de ses longues épreuves, put jouir paisiblement de la position honorée et avantageuse qu'elle devait à la constante faveur de la cour autant qu'à ses propres travaux.

Au début même de l'ardente controverse que nous venons d'esquisser rapidement, avaient paru les célèbres arrêts du conseil d'État, du 30 août 1777, concernant la librairie. Parmi beaucoup de dispositions réglementaires, nécessairement transitoires et dénuées d'intérêt pour nous, ces arrêts offrent cela de remarquable, qu'ils décident dans un sens contraire aux droits de la propriété littéraire le débat qui s'agitait depuis longtemps entre les libraires de Paris et ceux de province. En effet, ils n'accordent aux auteurs la jouissance de leurs œuvres que pour un temps limité; ou s'ils font luire devant eux la perspective d'un privilège perpétuel, c'est sous la condition impossible que l'écrivain se chargera lui-même de la vente de ses écrits, et qu'après lui ses héritiers se soumettront à la même obligation. Le privilège se trouve-t-il périmé par quelque cause que ce soit, il ne peut renaître à moins que l'ouvrage ne soit augmenté d'un quart, le roi pouvant d'ailleurs accorder à qui bon lui semble la permission de réimprimer les précédentes éditions. De pareilles clauses portaient l'atteinte la plus grave à la propriété littéraire, que les libraires de Paris avaient toujours défendue. Ceux-ci, menacés d'une ruine presque certaine par l'extinction successive de privilèges anciens dont ils ne pourraient obtenir le renouvellement, firent entendre les réclamations les plus vives. L'Université prit parti pour eux, « en qualité de mère commune des sciences, et du bel art qui les répand. » Nous n'avons pas retrouvé le mémoire qui fut remis par le recteur au garde des sceaux; mais, si nous en jugeons par l'analyse que nous en a conservée l'avocat général Louis Séguier,

---

(1) Lemontey, *Éloge historique de Vicq d'Azyr*, prononcé dans la séance publique de l'Académie française du 25 août 1825, in-4°, p. 10.

cette défense de la propriété littéraire ne fut pas une des pièces les moins importantes du procès. « L'Université, dit Séguier (1), réclama contre la fixation de la durée des privilèges et contre l'abus des contrefaçons. Elle renouvela les plaintes qui avaient été déjà faites pour arrêter un brigandage que la sévérité des lois et la vigilance des libraires, intéressés à le découvrir, n'avaient jamais pu parvenir à réprimer. Elle représenta que les éditions de littérature solide, les ouvrages des anciens auteurs grecs et latins, de nos maîtres dans l'art d'écrire et de penser, seraient abandonnés, que les chefs-d'œuvre de l'antiquité tomberaient bientôt dans l'oubli; le débit en sera trop lent pour oser entreprendre de les mettre de nouveau en lumière; on n'imprimera plus que des brochures éphémères, des frivolités faites pour amuser plutôt que pour instruire; le goût des sciences, l'amour des lettres, l'état de la typographie, se perdra peu à peu, et la France verra s'évanouir cette prééminence que ses éditions avaient obtenue sur celles des nations étrangères. » Malgré ces sinistres prédictions, un peu trop empreintes de l'exagération ordinaire à l'éloquence académique, on sait que le conseil d'État maintint sa décision première. Il n'admit du moins que des amendements sans importance, qui ne réparèrent pas la blessure faite à la propriété des œuvres de l'esprit.

Devant ces débats qui touchent à des questions encore pendantes aujourd'hui, les affaires intérieures de l'Université ne sauraient offrir qu'un intérêt très secondaire. Cependant nous ne pouvons passer sous silence le litige qui s'éleva en 1776 au sujet de l'agrégation, et qui faillit réveiller des querelles mal assoupies. La chaire de troisième était devenue vacante au collège d'Harcourt. L'administration de ce collège n'avait pas changé de mains depuis plusieurs années : il avait encore pour proviseur M° Louvel, que nous avons vu combattre avec une vivacité si opiniâtre l'établissement du concours d'agrégation. N'ayant pas trouvé pour occuper la chaire vacante un seul agrégé de la Na-

---

(1) Voyez le précieux recueil de MM. Ed. Laboulaye et G. Guiffrey: *la Propriété littéraire au dix-huitième siècle*, Paris, 1859, in-8°, p. 482 et s.

tion de Normandie, à laquelle était affecté le collège d'Harcourt, M. Louvel demanda, par requête au Parlement, l'autorisation de faire son choix parmi les candidats non agrégés. Cette autorisation ne lui fut pas accordée, le recteur et la Faculté des arts, loin de s'y montrer favorables, ayant déclaré sa requête « injurieuse et calomnieuse contre la Faculté (1). » M⁰ Louvel forme alors opposition à l'arrêt qui a repoussé sa demande, et il réussit à intéresser à sa cause les grands maîtres, principaux et coadjuteurs de tous les collèges de Paris. Ceux-ci se portent partie au procès par-devant le grand'chambre. Les mémoires et les consultations se multiplient; l'institution du concours est attaquée avec autant de véhémence qu'elle le fut à son origine. Quel était l'argument principal de ses adversaires? Une objection que nous avons souvent entendue reproduire de nos jours : que le concours offre aux candidats l'occasion d'étaler leur savoir et leur esprit, mais qu'il ne garantit pas leur aptitude morale aux laborieuses fonctions de l'enseignement. « Quel assemblage de vertus, de talents et de qualités de l'esprit et du cœur, disaient les principaux dans leur mémoire (2), n'exige pas l'importante et pénible fonction de professeur! Un bon maître doit joindre à un esprit suffisamment cultivé une âme solidement établie dans la vertu, un grand amour du travail, des mœurs pures, un zèle éclairé pour la religion et, par-dessus toutes ces qualités, le talent d'enseigner, c'est-à-dire de faire passer dans le cœur et dans l'esprit de ses élèves les vertus et les connoissances dont lui-même est rempli. Les épreuves du concours peuvent suffire quelquefois pour constater les connoissances littéraires du sujet. Mais en peut-il être de même à l'égard des qualités du cœur, mille fois plus essentielles à un maître, puisque sans elles les talents de l'esprit ne sont quelquefois que des qualités funestes pour les

(1) *Arch. U.*, Reg. XLVII c, fol. 104.
(2) *Mémoire et consultation pour les grands maîtres, principaux et coadjuteurs des collèges du Cardinal Lemoine, de Navarre, de Montaigu, du Plessis, de Lisieux, de la Marche, des Grassins, de Mazarin et de Louis le Grand, intervenant, contre M. le procureur général, en présence du proviseur du collège d'Harcourt,* in-4°, 14 pages, p. 4 et s.

élèves?... Quant au talent d'enseigner, talent si rare, combien ne suppose-t-il pas de qualités qu'un concours ne peut faire connoître? Il exige un discernement juste, un vif amour du bien, un zèle plein d'intérêt pour le progrès des élèves, une complaisance facile à se mettre sans cesse à leur portée, un caractère doux, capable de se plier aux faiblesses de cet âge, une sage indulgence, tempérée par une prudente sévérité, une patience inaltérable, toutes qualités qui ne se développent point dans les exercices d'un concours, et sans lesquelles néanmoins le plus grand génie n'est qu'un très mauvais maître. » M° Louvel et les principaux ajoutaient que le concours avait médiocrement réussi; que le nombre des aspirants avait diminué d'année en année; qu'il ne suffisait pas pour répondre aux besoins de l'enseignement, ni pour laisser à l'administration de chaque collège cette latitude qui seule pouvait assurer de bons choix. Le recteur de l'Université, M° Duval, répliqua faiblement que les règles des différents ordres d'épreuves étaient fidèlement observées par la Faculté des arts; que l'agrégation avait déjà donné à l'Université de Paris d'excellents sujets, dignes des anciens maîtres les plus célèbres; qu'enfin il était peu loyal d'intimider par des contestations inopportunes les candidats qui seraient dans l'intention de concourir (1). Le débat se prolongea environ deux années. Il se termina en 1778 par un nouvel arrêt (2) qui ordonna l'exécution des statuts relatifs à l'agrégation, et qui, pour les réformes à y introduire, renvoya les principaux à se pourvoir devant le roi. Ces réformes, si l'ont eût écouté ceux qui les réclamaient, auraient abouti à supprimer l'institution; aussi n'avaient-elles aucune chance de s'accomplir. On rédigea seulement en 1782 quelques nouveaux articles sur l'épreuve de l'argumentation dans le concours de philosophie. L'année suivante, une délibération de la Faculté des arts, homologuée au Parlement, régla les obliga-

---

(1) *Réponse à la consultation des principaux des collèges de la Faculté des arts, concernant le concours*, in-4°, 10 p. Voy. aussi la *Réplique d'un docteur agrégé en philosophie à la réponse de M. le proviseur du collège d'Harcourt*, in-4°, 14 pages.
(2) Rolland, *Recueil de plusieurs ouvrages*, etc., p. 188, note 87.

tions des agrégés. Ils étaient tenus de résider à Paris, sous peine de ne pas toucher le traitement annuel de 200 livres qui leur était attribué par les lettres patentes de 1766. Leur fonction principale était de suppléer les professeurs absents. A cet effet, ils étaient répartis entre les six collèges de Paris, de sorte que chaque collège eût trois agrégés au moins et six au plus. Quand ils suppléaient un professeur empêché de faire sa classe par quelque devoir académique, la suppléance était gratuite. Quand l'absence du professeur résultait de motifs purement personnels, ils recevaient sur ses émoluments une rétribution calculée à raison de 1 liv. 10 s. par leçon dans les classes de philosophie et de rhétorique, de 1 liv. 5 s. dans celles de seconde et de troisième, et de 1 liv. dans les classes de grammaire (1). Ce règlement est, à notre connaissance, le dernier dont l'agrégation ait été l'objet avant 1789. Malgré les résistances qu'elle avait éprouvées, l'institution était passée, on peut l'affirmer, dans les mœurs de l'Université au moment où elle fut emportée par la Révolution. Quant à son implacable adversaire M⁰ Louvel, il était mort peu de temps après les dernières disputes, au mois de décembre 1779; et les boursiers du collège d'Harcourt avaient choisi, pour le remplacer dans le provisorat, M⁰ Duval, celui-là même qui, l'année précédente, venait de défendre contre lui, en qualité de recteur, l'établissement des agrégés. L'abbé Duval avait enseigné quelque temps la rhétorique au collège d'Harcourt. Quand il prit la direction de ce collège, il était bibliothécaire de l'Université, fonctions dans lesquelles il avait succédé, deux ans auparavant, à Paul Hamelin, décédé en avril 1777.

Outre le débat sur l'agrégation et les arrêts qui s'y rapportent, la Faculté des arts, dans les années que nous parcourons, vit se produire quelques incidents qui ne sont pas dépourvus d'intérêt pour l'historien de l'Université; car ils achèvent de fixer le sens et l'état de la législation qui, sous l'ancienne monarchie, régissait l'enseignement privé. Nous avons déjà pu apprécier la dépen-

---

(1) Voy. nos Pièces justificatives, nᵒˢ CCXXIII et CCXXIV.

dance où les maîtres de pension se trouvaient vis-à-vis des universités, en vertu non seulement des édits de Henri IV, mais de plusieurs sentences du Parlement. Un nouvel arrêt du 6 août 1779 dispose que, dans toutes les villes du ressort où il existe des collèges, les maîtres de pension, fussent-ils munis du diplôme des maîtres ès arts, seront tenus d'envoyer auxdits collèges tous ceux de leurs pensionnaires, étudiant le latin, qui se trouveront en état de fréquenter la classe de cinquième. L'enseignement qu'ils sont autorisés à donner dans leurs pensionnats se borne à répéter les leçons des professeurs et à y préparer les enfants trop jeunes encore pour suivre les cours du collège. En 1784, les défenses portées dans cet arrêt furent renouvelées, mais avec une double réserve, l'une au profit des parents qui conserveraient leurs fils près d'eux pour les faire instruire par des maîtres de leur choix; l'autre en faveur des écoles absolument gratuites, dans lesquelles les éléments du latin seraient enseignés à des écoliers indigents (1). L'ordonnance de Henri IV reconnaissait aux pères de famille le droit d'élever leurs enfants sous le toit paternel, et il importait que cette liberté précieuse ne fût pas détruite par les nouveaux règlements édictés pour garantir le monopole des universités. Au reste, les maîtres de pension s'accommodaient assez volontiers de leur condition. Le joug qu'ils supportaient n'était pas sans compensation pour eux; et s'ils le trouvaient quelquefois un peu dur, ils y gagnaient dans les conjonctures difficiles la protection de la Faculté des arts, dont ils étaient les clients. Ce fut ainsi qu'en 1777 ils invoquèrent son appui dans le procès qui s'était engagé entre l'un d'eux et les maîtres des petites écoles, soutenus par le chantre de Notre Dame. En 1779, ils demandèrent et ils obtinrent que nul ne pût s'affilier à la communauté des maîtres des petites écoles, ni en conséquence reconnaître l'autorité du chantre, sans devenir, par ce fait seul, incapable de recevoir de l'Université aucune lettre de maîtrise, ou sans perdre le bénéfice de celles qu'il aurait reçues précédemment. Sous un

(1) Voy. Pièces justificatives, n° CCXXVI.

autre point de vue, le patronage de la Faculté des arts n'était pas moins précieux pour les maîtres de pension; elle les appuyait dans leurs querelles assez fréquentes avec les agents du fisc. Au mois de février 1779, nous la voyons intervenir près de la cour des aides en faveur d'un maître de la Nation de Picardie, qui tenait un pensionnat à Passy, et qu'elle réussit à faire exempter de la taille (1).

C'est également à ces mêmes années que se rapporte un projet qui ne causa pas moins de surprise que d'alarmes au sein de l'Université, le projet de transférer l'un des collèges de Paris à Versailles (2). L'idée en était venue au prince de Poix, gouverneur de cette ville, lequel l'avait fait agréer à Louis XVI, dans l'intérêt des habitants et dans celui des familles des officiers attachés à la cour. Un mémoire fut remis par l'ordre du roi au recteur; il ressemblait presque à une sommation, et se terminait par une menace. On aurait pu croire, en parcourant ce factum malhabile, que l'école de Paris avait été instituée pour le service des personnes de la cour et que, du moment où elle leur serait devenue inutile, elle perdrait sa supériorité et même sa raison d'être. L'Université, en cette occasion, fit assez bonne contenance. Les différentes compagnies furent appelées à délibérer; et il n'y en eut pas une qui, tout en protestant de son dévouement au roi, ne se prononçât ouvertement contre le plan de M. de Poix. La Faculté de droit se signala entre toutes par la vivacité de son opposition. Ainsi, deux de ses membres, MM. Saboureux et de Ferrière, rédigèrent un rapport où ils mirent pleinement en lumière les difficultés de la translation proposée, l'atteinte qu'elle porterait aux anciennes fondations, le préjudice qui devait en résulter pour la ville de Paris et pour l'Université. De son côté, la Nation de France rappela que l'air de la cour n'était pas l'élément naturel des muses; que la retraite et l'éloignement de tout ce qui peut distraire sont absolument nécessaires à la bonne éducation; que si les éducations particulières réussissent rarement dans

---

(1) *Arch. U.*, Reg. xlvii c, fol. 82, 86, 90, 140; Reg. xlviii b, f. 4 et s.
(2) *Arch. U.*, cart. xxiii, dossier 3; *Arch. nat.*, MM. 259, p. 49.

la maison des riches et des grands, une école placée au centre même du tourbillon des grandeurs ne donnerait pas de meilleurs fruits; que la ville de Versailles en avait fait elle-même l'expérience, car depuis près de cinquante ans elle possédait un collège fondé par le duc d'Orléans, fils du régent, et ce collège n'avait jamais pu prospérer. Les judicieuses observations de l'Université furent accueillies avec quelque faveur, et la ville de Versailles n'obtint pas le nouvel établissement que ses protecteurs officieux avaient convoité pour elle. On ne saurait nier cependant que la situation des collèges de Paris, agglomérés au nombre de dix dans le même quartier, ne donnât lieu à plus d'une critique fondée. Un groupe considérable persistait à demander qu'on dispersât dans la ville ces écoles trop nombreuses qui se faisaient sur la montagne Sainte-Geneviève une concurrence inutile, et que l'une d'elles tout au moins fût transportée sur la rive droite (1). Il est à présumer que cette translation, réclamée, comme on l'a vu, depuis plusieurs années, se serait prochainement effectuée sans les événements de la Révolution.

Parlerons-nous des débats qui s'élevèrent dans l'Université à l'occasion du choix d'un sous-bibliothécaire, et qui eurent pour résultat l'ajournement de l'élection du recteur? Ils n'ont d'intérêt que par les noms de ceux qui s'y trouvèrent mêlés, Maltor, Binet, Royou, et par la nouvelle preuve qu'ils fournissent de cet incurable esprit de contention qui fut en tout temps la plaie de nos écoles. Lorsque Pierre Duval eut été nommé proviseur du collège d'Harcourt, la place de bibliothécaire de l'Université, qu'il occupait depuis la mort de Paul Hamelin, fut donnée à Maltor, déjà sous-bibliothécaire; ce qui rendit ce dernier emploi vacant. L'usage avait prévalu que les emplois vacants fussent offerts au recteur en exercice. Binet était recteur : il paraissait donc naturellement désigné pour recueillir la succession de Maltor. Mais, depuis les changements que l'expulsion des Jésuites avaient entraînés dans le régime de l'instruction publique, la Fa-

(1) *Arch. U.*, Reg. XLVII e, f. 9 v°, 10 v°, 17; Reg. XLVIII b, f. 118 et 120. *Arch. nat.* MM. 259, p. 234.

culté des arts se trouvait partagée en deux camps. Les adversaires des réformes accomplies ne les avaient point pardonnées à ceux qui s'en étaient montrés les partisans et les fauteurs, comme le syndic Guérin et le greffier Fourneau. M° Binet, après avoir longtemps combattu ces derniers, avait fini par se rapprocher d'eux et par rechercher leur protection; aussi avait-il attiré sur lui d'assez vives inimitiés. Les procureurs des Nations de France et de Normandie ne consentirent pas à le nommer sous-bibliothécaire; ils lui préférèrent M° Royou, qui continuait à enseigner la philosophie au collège Louis le Grand. Binet eut pour lui les deux autres Nations, celles de Picardie et d'Allemagne. Il fit alors ce que d'autres avaient fait plusieurs fois en pareil cas : il vota pour lui-même, et se créa ainsi par son propre suffrage la majorité qui lui était nécessaire pour être élu. Ce ne fut pas un médiocre scandale que de voir ce recteur, juge dans sa propre cause, départager les suffrages à son profit et s'attribuer l'emploi que la moitié de ses collègues lui contestaient. M° Royou, appuyé sur les Nations de France et de Normandie, invoqua la justice du Parlement; M° Binet, avec non moins d'ardeur, soutint la légalité de la conclusion attaquée par ses adversaires. On échangea de part et d'autre des factums rédigés dans les termes les plus acerbes. Ce misérable conflit avait fait naître une indicible agitation dans la Faculté des arts. L'élection du recteur devait avoir lieu le 23 juin 1780 : le Parlement jugea qu'il était prudent de l'ajourner. En vertu d'un arrêt de la cour, M° Binet fut maintenu en fonctions jusqu'à nouvel ordre. Au mois d'octobre suivant, comme l'effervescence des esprits n'était pas encore calmée, l'ajournement continua. La Faculté des arts s'irritait de voir suspendre le plus précieux de ses droits, celui de choisir elle-même son chef; mais la plainte ne lui fut pas même permise : ses imprimeurs avaient reçu de M. de Maurepas la défense expresse d'imprimer ses requêtes, et les procureurs, de les notifier au Parlement (1). Enfin, le 14 décembre, après six mois d'anxiété, de disputes et d'humiliations, lorsque M° Binet se fut désisté et qu'un

---

(1) Voyez nos Pièces justificatives, n° CCXXVI.

nouveau candidat, M° Daragon, eut réuni la majorité des suffrages pour l'emploi de sous-bibliothécaire, la défense de procéder à l'élection du recteur fut tout à coup levée à la requête du procureur général. Les Nations ne perdirent pas un instant pour exercer la prérogative, si chère pour elles, qui leur était rendue. Dès le 16 décembre, elles tinrent une assemblée extraordinaire, et leur choix se porta sur Pierre Duval, que nous avons déjà vu exercer avec succès les fonctions rectorales.

Bientôt après, l'Université eut l'occasion de faire éclater les sentiments de fidélité monarchique qui animaient ses membres et que des mécomptes passagers n'avaient pas éteints. Ce fut au mois d'octobre 1781, lors de la naissance d'un dauphin (1). Cet événement, longtemps désiré, excita dans toute la France une allégresse que troublait à peine le mécontentement produit par le mauvais état des finances et par les disgrâces successives de deux ministres éclairés, Turgot et Necker. Étrangère aux affaires publiques et aux intrigues des cours, l'Université ne s'abandonna qu'avec plus d'effusion à la joie et à l'espérance. Le nouveau recteur, Charbonnet, qui venait de succéder à Pierre Duval, se rendit à Versailles avec un nombreux cortège pour complimenter le roi. Là, on raconte qu'admis en présence du prince, il sut déconcerter, par sa présence d'esprit et par la sobriété de son langage, la malveillance de quelques courtisans qui à son approche s'étaient mis à déclamer contre « les pédants de l'école de Paris. » Outre une procession générale qui avait eu lieu le 27 octobre à Saint-Sulpice, chaque Nation et chaque Faculté fit chanter une messe d'actions de grâces et un *Te Deum*. Ces cérémonies, mêlées de nombreux congés, se prolongèrent durant plusieurs semaines. Au mois de janvier, l'Université se réunit en assemblée solennelle dans les salles extérieures de la Sorbonne pour y entendre le discours que M° Chirot, régent d'humanités au collège de Montaigu, devait prononcer en l'honneur du jeune dauphin. Quelques jours

(1) Son titre après lui passa au duc de Normandie son frère, né à Versailles le 27 mars 1785, et destiné lui-même à une fin prématurée, après deux années de martyre dans les prisons du Temple.

après, on annonça les relevailles de la reine, qui furent le signal de nouvelles réjouissances dans les collèges.

Parmi les événements des six années suivantes, bien peu ont laissé des traces dans le souvenir des contemporains eux-mêmes; nous citerons ceux qui nous paraissent les avoir le plus frappés.

En 1784, la Faculté des arts n'apprit pas sans étonnement qu'il était question de lui enlever le collège des Cholets, qu'elle tenait, comme on l'a vu, de la libéralité de Louis XV. D'après le plan du nouveau contrôleur des finances, M. de Calonne, ce collège devait être cédé à la communauté de Sainte-Barbe, qui demandait à sortir de l'état précaire où elle languissait depuis un demi-siècle. Le prix de la cession était fixé à une rente de 10,000 livres, que devait recevoir la Faculté des arts. Mais la Faculté entendait que cette rente fût acquittée à part, comme une dette nouvelle du fisc royal, sans pouvoir être confondue en aucun cas avec le vingt-huitième du produit des postes accordé en 1719 à l'Université. Cette exigence, au fond très légitime, fit échouer la négociation, malgré les démarches personnelles de M. de Calonne. Un nouvel acquéreur ne tarda pas à se présenter pour le collège des Cholets : c'était le collège Louis le Grand, à qui les bâtiments de l'ancienne maison des Jésuites ne suffisaient plus, et qui cherchait à s'agrandir. L'attention des esprits se trouva insensiblement ramenée vers le projet, ajourné sans cesse, de construire pour l'Université un édifice qui lui servirait de chef-lieu. La cession du collège des Cholets se trouva ainsi compliquée d'autres questions subsidiaires qui tendaient à rendre un accord entre les intéressés de plus en plus difficile. La Faculté des arts ne se contentait pas du prix qui avait été d'abord fixé; elle réclamait pour le moins une rente de quinze mille livres, et demandait à être payée, non pas en argent, mais en muids de blé de première qualité. Après d'assez vives discussions, il fut évident que les parties ne réussiraient pas à s'entendre, et les divers projets qui avaient été mis en avant furent abandonnés (1).

(1) *Arch. U.*, Reg. XLVII e, f. 19 et 25; Reg. XLVIII b, f. 121, 122, 136 et s. J. Quicherat, *Histoire de Sainte-Barbe*, t. II, p. 367.

La même année, la Faculté des arts eut la douleur d'apprendre que les exercices du concours général entre les collèges avaient été troublés par de graves désordres. Le sujet de la composition en discours français était l'éloge de Rollin, dont le portrait, peint par Coypel, venait d'être légué à l'Université. Les élèves de rhétorique admis à concourir se trouvaient réunis dans une salle du couvent des Frères Prêcheurs. Un certain nombre refusèrent de composer, brisèrent les bancs, sonnèrent les cloches, et causèrent un tel vacarme qu'il fallut lever la séance. Il fut démontré que cette insurrection scandaleuse était préméditée et que des billets séditieux avaient été semés parmi les écoliers pour les exciter. Quelques voix accusèrent les rhétoriciens du Cardinal Lemoine d'avoir été les instigateurs du trouble, en haine de Rollin et du jansénisme; mais cette inculpation ne put être prouvée. Après une enquête qui n'apprit rien, la Faculté des arts se contenta de fulminer des menaces contre les écoliers rebelles, de suspendre les compositions de rhétorique, et d'affecter à la réparation des dégâts la valeur des prix qui ne seraient pas distribués (1).

Durant cette agitation sans exemple, heureusement passagère, le Parlement s'occupait, avec la sollicitude la plus louable, de compléter la législation du concours général en fixant l'âge auquel les élèves des différentes classes seraient admis à concourir. Après d'assez longues délibérations, on s'arrêta, sur l'avis de la Faculté des arts, aux limites suivantes : 12 ans, révolus à la Saint-Remi, pour les élèves de sixième; 13 ans, pour ceux de cinquième; 14 ans, pour ceux de quatrième; 15 ans, pour la troisième; 16 ans, pour la seconde. Aucune condition d'âge n'était exigée des rhétoriciens (2).

D'autres règlements furent promulgués pour resserrer les liens de la discipline scolaire. Au mois de novembre 1784, sous le rectorat de Jean Delneuf, la Faculté des arts renouvela les défenses faites anciennement aux écoliers de porter des armes et de

(1) *Arch. U.*, Reg. XLVII e, f. 11 et s.; Reg. XLVIII b, f. 116 et s.
(2) *Arch. U.*, Reg. XLVII e, f. 8.

tirer des pièces d'artifice dans l'intérieur des collèges (1). En 1786, le Parlement rendit un arrêt qui avait une portée plus générale et surtout plus grave. Il n'y était pas question des écoliers, mais de leurs maîtres, c'est-à-dire des principaux et des régents. La cour rappelait aux uns et aux autres leurs devoirs dans des termes qui donnent à penser qu'elle avait découvert de sérieux abus dans les collèges et qu'elle entendait y apporter un remède efficace. Non seulement elle recommandait aux régents la subordination, l'exactitude, la ponctualité; mais elle leur faisait défense, sous peine de destitution, de trafiquer de leurs chaires, de céder ou d'acquérir aucun emploi à prix d'argent, comme si de pareils marchés fussent devenus fréquents dans l'Université. Enfin elle enjoignait au recteur de faire la visite des collèges, comme il y était tenu par les statuts, assisté des doyens, des procureurs, du syndic et du greffier (2). Cet arrêt, conçu dans les termes les plus sévères, causa une assez vive émotion au sein de la Faculté des arts. Elle jugea ses prérogatives lésées, sa dignité atteinte, et elle fut sur le point de protester. Le Parlement punit cette velléité de résistance en ajournant à trois mois l'élection du recteur. Mais ce petit conflit s'apaisa bientôt. La Faculté des arts se soumit, et de son côté le Parlement ne refusa pas d'adoucir ce qui avait semblé le plus dur dans sa décision première.

Afin de se conformer aux intentions des magistrats, le nouveau recteur, Jean-Baptiste Dumouchel, qui venait de succéder à M° Delneuf, ordonna une visite générale des collèges de Paris. C'est la dernière inspection de ces établissements qui ait eu lieu avant la Révolution. Nous n'en possédons pas les procès-verbaux; mais au commencement de 1789 la Faculté des arts répondait aux gémissements des maîtres de Toulouse sur la décadence des études et la dépravation des mœurs en se félicitant de la situation prospère qu'elle venait tout récemment de constater dans ses propres écoles, tant sous le rapport de l'instruction que sous celui

---

(1) *Arch. U.*, Reg. xlvii e, f. 22; Reg. xlviii b, f. 127. Voy. plus haut, t. II, p. 228, la délibération du 6 février 1733.

(2) V. Pièces justificatives, n° CCXXVII.

de la moralité (1). Faut-il conclure de ce langage satisfait que les rigoureuses défenses édictées au Parlement avaient porté leurs fruits, ou, ce qui vaudrait mieux encore, que les appréhensions et les craintes qui les avaient motivées étaient dénuées de fond?

On aimerait à savoir quelle était à ce moment la population scolaire des collèges de l'Université. Les renseignements nous manquent pour en fixer le chiffre avec une entière précision; mais ce chiffre a été évalué avec vraisemblance, d'après des témoignages presque contemporains, à 5,000 environ, dont 1,046 boursiers et 1,970 externes admis gratuitement à suivre les classes : ce qui donnerait un total de plus de 3,000 élèves dont les parents étaient déchargés de la totalité ou d'une partie des frais d'éducation (2). Le collège Mazarin, qui n'avait plus que 30 à 40 boursiers, recevait plus de 1,100 externes; au collège du Plessis, on comptait 800 élèves, tant externes que pensionnaires; au collège d'Harcourt, 500; à Navarre, 400; à Lisieux, 400; à Montaigu, 300; aux Grassins, au Cardinal Lemoine, et à la Marche, 250; enfin à Louis le Grand, 700. Dans ce dernier collège, comblé des faveurs du gouvernement, les économies réalisées par une sage administration avaient permis de porter le nombre des boursiers à 516, tandis qu'au moment de la suppression des petits collèges 196 bourses seulement, débris des fondations anciennes, se trouvaient occupées (3). La valeur des bourses avait varié plusieurs fois. Elle fut fixée par les lettres patentes du 19 mars 1780 à 450 livres; le prix du pensionnat pour les élèves non boursiers s'élevait à 550 livres (4). Dans la plupart des autres collèges, s'il faut en croire le président Rolland, les frais d'éducation étaient beaucoup plus onéreux. Constatons néanmoins qu'à Montaigu la pension était de 350 livres seulement. Il est vrai qu'à Montaigu s'était perpétuée l'austère tradition du régime frugal

---

(1) *Arch. U.*, Reg. XLVIII.
(2) Voyez les tableaux qui accompagnent le *Rapport au roi sur l'instruction secondaire*, Paris, 1843, in-4°, p. 298 et 299.
(3) *Recueil de plusieurs écrits de M. le président Rolland*, p. 207 et s.
(4) *Recueil des délibérations du collège Louis le Grand*, p. 110.

et dur que dénonçait, dès le seizième siècle, la mordante raillerie de Rabelais.

Non seulement le nombre des boursiers avait presque triplé à Louis le Grand, mais des indemnités pécuniaires étaient allouées comme récompense à ceux d'entre eux qui s'étaient le plus distingués. Parmi les lauréats peu fortunés à qui fut accordée une semblable faveur, il n'est pas sans intérêt de retrouver un nom qui n'avait encore brillé que dans les joutes scolaires, mais qui devait acquérir un éclat sinistre aux jours les plus sanglants de la Révolution. « Sur le compte rendu par M. le principal, des talents éminents du sieur de Robespierre, boursier du collège d'Arras, de sa bonne conduite pendant douze années et de ses succès dans le cours de ses classes, tant aux distributions des prix de l'Université qu'aux examens de philosophie et de droit (1), » le bureau d'administration du collège Louis le Grand, par délibération du 19 juin 1781, accorde unanimement au sieur de Robespierre une gratification de six cents livres. Cette décision généreuse avait été prise, dit-on, à la demande de l'évêque d'Arras, M. de Conzié, et grâce aux démarches de l'abbé Proyart, sous-principal de Louis le Grand. Les soins protecteurs et les dons de la charité chrétienne assurèrent ainsi les premiers pas de ce personnage néfaste, qui dans quelques années allait devenir l'idole de la démagogie et la terreur des gens de bien.

Les régents des collèges de Paris profitèrent, comme la jeunesse confiée à leurs mains, soit des réformes accomplies, soit des bienveillantes dispositions que le gouvernement témoignait pour l'instruction publique.

En 1783, sous le rectorat et par les soins du recteur Mathias Charbonnet, le vingt-huitième attribué à la Faculté des arts dans le bail des messageries fut élevé à 300,000 livres. En 1719, lors

(1) *Recueil des délibérations du collège Louis le Grand*, p. 211. Cf. *Biographie universelle*, art. ROBESPIERRE; Emond, *Histoire du collège de Louis le Grand*, p. 254. En 1774, dans la classe de seconde, Robespierre ne remporta que le quatrième accessit de vers latins. L'année suivante, en rhétorique, il fut plus heureux; il obtint le deuxième prix de vers latins, le second prix de version latine, et le troisième accessit de version grecque. V. *Arch. U.*, Reg. XLVII.

de l'établissement de l'instruction gratuite, il n'était évalué qu'à 120,000 livres; c'était donc, depuis soixante ans, une augmentation de 180,000 livres, qui, nonobstant quelques charges nouvelles, conséquence de l'agrégation du Collège de France, devait contribuer sensiblement à l'amélioration du sort des professeurs. En réunissant le traitement fixe et les suppléments éventuels, les régents de philosophie et de rhétorique touchaient annuellement 2,400 livres; ceux de seconde et de troisième, 2,200 livres; ceux de quatrième, de cinquième et de sixième, 2,000 livres. La pension d'émérite, qui s'acquérait par vingt ans de services, restait fixée à 1,400 livres, ainsi qu'il avait été réglé par les lettres patentes de 1766; néanmoins les vingt plus anciens émérites recevaient un supplément de 300 livres, pour prix des services qu'ils pouvaient être appelés à rendre à l'Université : ce qui portait en leur faveur le taux de la retraite à 1,700 livres. Tous ces chiffres sont assurément bien modestes; mais ils suffisaient alors aux besoins et même à l'ambition de la plupart des membres du corps enseignant.

Tandis que la Faculté des arts s'applaudissait de sa situation prospère, la Faculté de théologie éprouvait des impressions toutes différentes à la vue des progrès de l'impiété. Elle continuait à lutter par devoir contre les philosophes; mais, malgré les adhésions qu'elle recevait, soit du clergé, soit des autres Facultés, pouvait-elle se cacher à elle-même son propre discrédit et se faire illusion sur l'inutilité de ses efforts, souvent peu habiles, pour ramener les esprits au christianisme? Quel effet ont produit et que sont devenues les censures portées contre l'*Histoire philosophique des établissements des Européens dans les deux Indes*, ouvrage de l'abbé Raynal; contre l'*Éloge du chancelier de Lhopital,* par Garat; contre les *Principes de morale,* de l'abbé Mably? Il servirait peu d'insister sur ces démarches d'un zèle qui est resté aussi impuissant qu'il était honorable. Nous préférons signaler un témoignage curieux et peu connu des relations que l'école de Paris conservait sur la fin du dix-huitième siècle avec le reste de l'Europe savante : c'est la lettre, ou plutôt la circulaire, qui lui fut adressée en 1786 par l'université d'Heidelberg. Cette université célèbre, établie au quatorzième siècle par l'électeur Rupert Ier, célébrait alors le quatre centième anniversaire de sa fondation. Afin de donner plus d'éclat à cette cérémonie, elle y convia les écoles étrangères. L'Université de Paris ne se rendit pas à cet appel; mais elle en remercia avec empressement les maîtres d'Heidelberg, non sans laisser percer dans sa réponse, empreinte de quelque hauteur, qu'elle se regardait comme la maîtresse et la mère des autres universités (1).

(1) *Arch. U.*, XLVII, fol. 97.

CHAPITRE IV.

Convocation des états généraux. — Démarches de l'Université de Paris pour y être représentée. — Elle est autorisée à choisir dans ses rangs quatre commissaires investis du droit de concourir avec les électeurs de Paris à la nomination des députés. — Le recteur Dumouchel est élu député de l'ordre du clergé. — Dispositions des cahiers des états relatives à l'instruction publique. — Délais que subissent les réformes proposées. — Oraison funèbre du président d'Ormesson. — Attitude de l'Université après la prise de la Bastille. — Elle est reçue à la barre de l'Assemblée nationale. — Suppression du district de l'Université. — Contribution du quart. — Serment civique. — Préparatifs de la fête de la Fédération. — Les écoliers adressent une pétition au directoire du département afin que l'époque des vacances soit avancée. — Distribution des prix du concours général en 1790. — Situation des colléges. — Vœux de réforme. — Constitution civile du clergé. — Faiblesse du recteur Dumouchel, qui prête serment à la constitution et se laisse élire évêque du département du Gard. — Sentiments contraires de la majorité des maîtres. — Suspension de l'élection du recteur. — Persécutions exercées contre les membres de l'Université, engagés dans les ordres, qui refusent les serments exigés. — Courageuse résistance du caissier Delneuf. — Rapport de M. de Talleyrand sur l'instruction publique. — Autre rapport de Condorcet. — Influence de plus en plus marquée des idées révolutionnaires. — Attaques contre l'enseignement religieux et contre l'étude des langues anciennes. — Fermeture des cours de théologie. — Rapport de M. de Pastoret concernant le tribunal du recteur. — Décret de la Convention qui ordonne la confiscation des biens appartenant aux colléges et met à la charge du trésor public les traitements des professeurs. — Dernière distribution des prix du concours général. — Décret portant suppression des colléges et des Facultés de tout ordre. Fin de l'Université de Paris. — Résumé et conclusions.

Cependant l'ancienne monarchie s'avançait rapidement vers sa ruine. Admirable par ses vertus privées, Louis XVI manquait de génie politique et de capacité administrative; malgré de nobles efforts, il succomba sous le fardeau que les prodigalités, le despotisme et les honteux déréglements de ses prédécesseurs avaient légué à sa faiblesse. En vain il avait essayé de rétablir l'équilibre des finances et de satisfaire au vœu de ses peuples en réformant les abus; en vain il s'était entouré successivement des conseillers qu'il avait jugés le plus capables de seconder ses intentions bienveillantes : ni les lumières de Turgot, ni l'intègre dévouement de

Malesherbes, ni l'expérience financière de Necker, ni la dextérité de Calonne n'avaient suffi pour appliquer un remède efficace aux plaies du royaume. Les charges du trésor public continuant à excéder ses ressources, le déficit ne pouvait jamais être comblé : loin de là, il croissait en quelque sorte fatalement d'année en année, de jour en jour, tandis que l'inquiétude, le mécontentement et une sourde agitation s'emparaient de toutes les classes. La funeste administration de l'archevêque de Toulouse, Loménie de Brienne, vint mettre le comble aux embarras et aux périls de la royauté. Ce fut alors qu'après la stérile assemblée des notables, qui se réunit à Versailles en 1787, Louis XVI résolut de convoquer les états généraux. Necker, à ce moment l'idole de la bourgeoisie, venait de rentrer aux affaires; de sorte que la nation recouvrait à la fois ses antiques assemblées et un ministre populaire, qui paraissait appelé à conjurer la banqueroute et à fonder sur d'inébranlables bases la liberté et la félicité publiques. Tous les cœurs nageaient dans la joie, comme si la France, longtemps ballottée par l'orage, eût été à la veille d'entrer au port : généreuses illusions que l'avenir ne devait que trop promptement dissiper! Sans doute une ère nouvelle de liberté, de justice et d'égalité allait s'ouvrir pour le pays : des vérités sociales, que la religion et la philosophie avaient enseignées jusque-là inutilement, allaient pénétrer dans les institutions et en bannir les privilèges et l'arbitraire. Mais à quel prix sanglant cette rénovation radicale ne serait-elle pas achetée! Combien d'épreuves douloureuses la société française n'aurait-elle pas à subir avant de posséder un gouvernement régulier et libéral, sous lequel des lois justes et humaines garantiraient la sécurité, l'indépendance et la dignité du citoyen!

Lorsque la convocation des états généraux eut été annoncée, l'Université de Paris conçut l'ambition, bien permise à la fille aînée des rois, d'y députer des représentants spécialement chargés de la défense de ses intérêts. Elle avait encore à ce moment pour recteur l'abbé Dumouchel, que des élections répétées avaient maintenu en fonctions depuis la fin de l'année 1786. Dumouchel n'eut pas de peine à faire décider par ses collègues que le vœu de la compagnie et ses droits seraient consignés dans un mémoire qu'on distribuerait aux ministres et aux membres du Parlement. Camille Camyer, qui avait succédé à Guérin dans le poste de syndic, se chargea de préparer le travail. Le bibliothécaire Maltor fournit des notes; le recteur mit la dernière main à la rédaction, et, après avoir été lu en présence des procureurs et des doyens, le mémoire en question parut, au mois de novembre 1788, sous le titre d'*Observations pour l'Université de Paris au sujet de la prochaine assemblée des états généraux du royaume* (1).

« L'Université, disaient les auteurs de cette requête, est un des corps les plus anciens du royaume. Les services importants qu'elle a rendus à l'Église et à l'État sont consignés dans les fastes de la monarchie. Son attachement inviolable à la religion de nos pères, à la personne sacrée de nos rois, aux vrais principes du gouvernement, son amour pour la paix, ses lumières et son désintéressement, la firent appeler autrefois au conseil de nos rois, aux conciles généraux qui ont consolidé les libertés de l'Église gallicane, et aux assemblées de la nation tenues depuis Philippe le Bel. C'est surtout dans les grandes crises de l'Église et de l'État que son zèle s'est déployé avec le plus d'éclat. Elle étoit consultée, elle étoit écoutée, et l'histoire fait foi que ses travaux et ses négociations furent ordinairement couronnés de succès... On sait notamment de quel secours fut l'Université sous le règne malheureux de Charles VI; que ce fut à l'Université que le roi confia l'examen des articles du traité d'Auxerre, et que dans les états généraux tenus ensuite à Paris, ce furent les députés de l'Université que les trois ordres assemblés chargèrent de faire l'exposé des maux du royaume et des remèdes qu'il convenoit d'y apporter. Ce fut aussi l'Université qui, sous Charles VII. entama la première une négociation avec le duc de Bourgogne pour le détacher des Anglais et préparer ainsi le célèbre traité d'Arras, qui sauva la France et fut conclu dans la plus auguste as-

---

(1) In-4°, 8 pages. V. *Arch. U.*, Reg. XLVII f, fol. 35 et s.

semblée qu'on eût vue depuis longtemps, où se trouvèrent les ambassadeurs de tous les princes de la chrétienté, les légats du pape, ceux du concile de Bâle, et les députés de l'Université... Si l'Université n'eut point séance et voix délibérative aux états de 1614, où cependant tous les efforts de ses ennemis ne purent l'empêcher de paroître, les ressorts que l'on fit jouer alors pour la priver de son droit sont assez connus et dévoilés dans l'histoire du temps... Mais dans les états immédiatement antérieurs, savoir ceux de 1588, les députés de l'Université eurent séance et voix délibérative, placés dans l'ordre du clergé. Fondée sur tous les monuments historiques, la possession de l'Université ne sauroit manquer de paroître incontestable... »

Outre l'autorité des précédents, la requête de l'Université invoquait l'importance des attributions qui lui étaient confiées; l'influence que l'enseignement de ses écoles exerçait sur le clergé et sur la bourgeoisie; la part même qu'elle avait à supporter annuellement dans les charges publiques : toutes circonstances qui nécessairement, suivant elle, lui assignaient une place dans l'assemblée des états généraux. L'éducation nationale n'était-elle pas d'ailleurs un des objets principaux qui devaient fixer l'attention des trois ordres du royaume? Or, qui pourrait mieux que les députés de l'Université faire connaître l'état actuel des études et les améliorations dont elles étaient susceptibles, en distinguant ce qui est possible dans la pratique d'avec ces systèmes brillants qui ne produisent qu'une illusion passagère, bientôt détruite par l'expérience. « Le roi, disaient en terminant les auteurs de la requête, a déclaré que son intention étoit de rendre la prochaine assemblée des états ce qu'elle doit être : l'assemblée d'une grande famille, ayant pour chef le père commun. L'Université, que nos rois qualifient du titre de fille aînée, pourroit-elle paroître déplacée au milieu de cette grande famille dont le roi est le père? »

L'école de Paris n'était pas la seule qui pût réclamer le droit d'envoyer des députés aux états généraux. A Toulouse, à Douai, à Poitiers, les mêmes vœux s'étaient élevés; et, dans l'embarras qu'on éprouvait, on s'était décidé à consulter Paris sur la conduite à tenir, sur les mesures à prendre. A ce moment, le mémoire que nous venons d'analyser se trouvait déjà distribué et témoignait hautement du zèle qui animait ses auteurs pour la défense des privilèges de leur compagnie. Aussi à toutes les consultations qu'elle recevait l'Université se contenta de répondre que sa vigilance n'était pas en défaut; qu'elle faisait valoir énergiquement ses titres à une représentation spéciale; qu'il fallait imiter son exemple, et que pour elle, si elle obtenait en faveur de ses députés l'entrée des états, elle y soutiendrait les droits des autres universités avec autant d'énergie que les siens propres (1).

Mais les souvenirs historiques et les considérations générales qu'elle invoquait à l'appui de ses prétentions ne produisirent pas sur l'esprit du gouvernement une impression aussi décisive qu'elle l'avait espéré. Elle apprit bientôt que ses vœux avaient été repoussés et qu'elle ne serait point admise à envoyer des députés aux prochains états. Elle fit alors une nouvelle demande plus modeste : elle supplia qu'on lui permît du moins de désigner elle-même des électeurs, pris dans son sein, qui participeraient avec ceux des autres corporations au choix des députés de la ville de Paris (2). Les différents quartiers de la ville allaient se trouver partagés en districts, et chaque district devait choisir un certain nombre d'électeurs. Par son ancienneté, par les services qu'elle avait rendus, l'Université ne méritait-elle pas de former tout au moins un district à part, jouissant de tous les avantages accordés aux autres? Les conseillers de Louis XVI ne voulurent pas se montrer inflexibles; en faisant droit à la requête du recteur et de ses collègues, ils insérèrent dans la déclaration du 13 avril 1789 un article ainsi conçu (3) :

« L'Université de Paris, ayant joui longtemps de la prérogative d'envoyer des députés aux états généraux, aura le droit de nommer des représentants qui iront directement à l'assemblée des

---

(1) *Arch. U.*, Reg. XLVII f, fol. 40.
(2) V. Pièces justificatives, n° CCXXVIII.
(3) Buchez et Roux, *Histoire parlementaire de la Révolution française*, in-8°, t. I, p. 310.

trois états de la ville de Paris. Permet en conséquence Sa Majesté aux quatre Facultés, qui composent ladite Université, de s'assembler dans la forme accoutumée et de choisir quatre de ses membres : un du clergé, un de la noblesse, et deux du tiers état, qui se rangeront à l'assemblée générale de leur ordre respectif, et concourront à la rédaction des cahiers et à l'élection des députés aux états généraux, sans préjudice du droit individuel des membres de ladite Université d'assister à la première assemblée de leur ordre. »

Cet article, qui répondait si imparfaitement au vœu de l'Université, ouvre la longue série des déceptions qu'elle allait éprouver. Elle se consola en songeant que ses services et son nom n'avaient pas été tout à fait oubliés, et qu'elle serait du moins représentée dans l'assemblée des électeurs de Paris. Elle s'occupa donc immédiatement de procéder aux nominations qui lui étaient demandées. Dès le 22 avril, une réunion générale des quatre Facultés eut lieu à cet effet dans les écoles extérieures de la Sorbonne. Le procès-verbal constate que les membres présents étaient au nombre de deux cent trente-quatre. Il fut convenu que les quatre députés à nommer seraient choisis, l'un dans la Faculté de théologie, un autre dans la Faculté de droit, un troisième dans la Faculté de médecine, et le dernier dans la Faculté des arts. Mais la question s'élevait de savoir si chaque Faculté procéderait séparément à l'élection de son représentant, ou si les votes de toutes les Facultés seraient confondus. Ce fut ce dernier avis qui l'emporta, malgré l'opposition du doyen de la Faculté de médecine, M° Bourru (1). Le recteur ayant recueilli les suffrages des assistants, les candidats qui l'emportèrent furent Mes Dupont, de la Faculté de théologie, et par conséquent de l'ordre du clergé; Bosquillon, de la Faculté de médecine et de l'ordre de la noblesse, Goulliart, doyen de la Faculté de droit, et Claude Guéroult, de la Faculté des arts, professeur de rhétorique au collège d'Harcourt : Guéroult et Goulliart représentaient le tiers état (2). Les quatre

---

(1) *Arch. U.*, Reg. XLVIII f, fol. 44 v°. *Arch. nat.* MM. 259, p. 276. V. Pièces justificatives, n° CCXXIX.
(2) *Arch. nat.*, MM. 259, p. 279.

commissaires se réunirent aux délégués de la commune et concoururent avec eux à l'élection des députés du département de Paris. Dans la lutte électorale, l'Université obtint un succès qu'elle n'espérait pas : son recteur, l'abbé Dumouchel, fut choisi pour député de l'ordre du clergé. Afin de témoigner la satisfaction qu'elle en éprouvait, non seulement elle maintint de nouveau Dumouchel dans les fonctions rectorales, mais elle prit l'engagement de lui rembourser les frais de voyage et de séjour à Versailles, ainsi que les autres dépenses qu'il aurait à supporter comme député (1).

Ainsi qu'il était facile de le prévoir et que l'Université de Paris l'avait elle-même pressenti, la réforme de l'enseignement public figurait parmi les vœux exprimés dans la plupart des cahiers transmis aux états généraux par les différents districts. Pour nous borner aux cahiers de Paris, le tiers ordre suppliait les états d'aviser à la réforme et à l'amélioration des études publiques. Il demandait qu'il fût dressé un plan dont le principal but serait de donner aux élèves une éducation nationale, une constitution robuste, des sentiments patriotiques et la connaissance des principes nécessaires à l'homme social, au chrétien et au Français; — que les moyens d'instruction fussent étendus dans les campagnes; qu'à cet effet il fût établi dans chaque paroisse de cent feux un maître et une maîtresse d'école pour donner des leçons gratuites aux enfants de l'un et de l'autre sexe, et une sœur de Charité pour soigner les malades; — que les universités et notamment les écoles de droit fussent réformées; que les écoles particulières établies dans les séminaires fussent soumises à la surveillance des juges des lieux, etc. Le clergé ne se montrait pas moins préoccupé que le tiers état de l'importance de l'éducation, mais il en comprenait l'organisation d'une manière toute différente : car, pour procurer de bons maîtres au pays, le moyen qu'il proposait était de faire appel soit aux ordres religieux, soit à des communautés de prêtres séculiers, et, en tout cas, de soumettre les col-

---

(1) Conclusion du 6 juin 1789. *Arch. U.*, Reg. XLVII f, fol. 48; Reg. XLVIII, fol. 1 v°; Reg. XLVIII b, f. 214.

lèges de province à la surveillance de l'autorité de l'évêque diocésain. Le clergé de Paris s'unissait d'ailleurs au tiers état pour demander qu'il fût établi dans toutes les paroisses, à proportion de leur étendue, des écoles gratuites et distinctes pour les garçons et pour les filles. Enfin le clergé exprimait le vœu que le nombre des universités fût réduit; que les études fussent ranimées dans celles qu'on jugerait à propos de conserver, et qu'en conséquence les précautions les plus sévères fussent prises pour que personne ne pût être admis aux degrés sans avoir justifié de son travail, de son instruction et de sa bonne conduite.

La plupart des cahiers des différentes provinces contiennent un certain nombre d'articles semblables, qui montrent que, d'une extrémité à l'autre de la France, la rénovation de l'instruction publique était considérée par tous les esprits sérieux comme un des premiers objets qui dussent appeler l'attention du législateur. Le gouvernement lui-même s'associait à cette préoccupation généreuse, comme le prouvèrent les paroles du garde des sceaux lors de l'ouverture des états généraux. « Tous les efforts du génie et toutes les lumières, disait M. de Barentin après avoir tracé le tableau des réformes à effectuer, ne feraient qu'ébaucher cette heureuse révolution si l'on ne surveillait avec le plus grand soin l'éducation de la jeunesse. Une attention scrupuleuse sur les études, l'exécution des règlements anciens et les modifications dont ils sont susceptibles, peuvent seuls former des hommes vertueux, des hommes précieux à l'État, des hommes faits pour rappeler les mœurs à leur ancienne pureté, des citoyens, en un mot, capables d'inspirer la confiance dans toutes les places que la Providence leur destine. »

Cependant ces graves et pacifiques intérêts parurent tout d'abord s'effacer devant les questions brûlantes que soulevaient la division des partis et l'effervescence populaire; et l'Université de Paris put croire pendant quelques semaines que, malgré la difficulté des temps, elle réussirait à sauver sa constitution et ses privilèges. Afin de se ménager ce qui lui restait encore de prestige, elle saisissai avidement, comme elle avait fait en toute conjoncture, l'occasion de se montrer en public et d'y étaler aux yeux de la foule l'image de sa splendeur passée. Le premier président du Parlement, M. Lefèvre d'Ormesson, qui l'avait protégée en plus d'une circonstance, était mort depuis quelques semaines, sans qu'elle eût payé aucun hommage public à sa mémoire. Au mois de mai, elle acquitta ce pieux devoir avec d'autant plus de pompe et d'éclat qu'elle avait mis plus de lenteur à le remplir. Une députation, composée du greffier, du syndic et du receveur de la compagnie, se transporta chez les principaux magistrats, les invita, au nom de l'Université, dans une allocution en latin, à se rendre, le samedi 16 mai 1789, au collège Mazarin pour y entendre l'oraison funèbre de M. d'Ormesson, que devait prononcer Mᵉ Charbonnet, ancien recteur et professeur de rhétorique à ce collège. Charbonnet ne resta pas au-dessous de la réputation qu'il s'était acquise par vingt années d'enseignement, et son discours fut accueilli de l'auditoire avec une faveur si marquée que la Faculté des arts en ordonna l'impression (1). Cette cérémonie, où elle avait pu donner la mesure de l'éloquence et du savoir de ses maîtres, avait donc été bonne pour elle. Mais ces succès éphémères ne servaient qu'à l'entretenir dans la haute opinion d'elle-même, sans conjurer les orages qui menaçaient son organisation, ses immunités et jusqu'à son existence.

Il y eut d'autres occurrences dans lesquelles l'Université se vit appelée, par la force des événements, non pas à se mêler aux agitations de la place publique, mais à témoigner qu'elle ne restait pas indifférente à la régénération du pays. Après la prise de la Bastille, lorsque Bailly fut devenu maire de Paris, et Lafayette, commandant général de la garde nationale, elle se rendit en corps chez l'un et chez l'autre pour les féliciter et mettre sous leur protection ses intérêts et ses droits. Elle se présenta aussi devant Louis XVI lorsque, peu de jours après, ce malheureux prince

---

(1) *Arch. U.*, Reg. xlvii f, fol. 45 v°, 47; Reg. xlviii b, fol. 209. V. *Oratio funebris in honorem illustrissimi viri DD. Ludovici Francisci a Paula Lefevre d'Ormesson*, etc., *Universitatis nomine et jussu habita a viro clarissimo M. Petro Matthia Charbonnet, rhetorum altero in Mazarinæo et antiquo rectore*, etc., Parisiis, 1789, in-4°, 35 pages.

visita sa capitale (1). Mais de tous les actes publics de l'Université le plus important et le plus remarqué fut la résolution qu'elle prit, sur la fin de juillet, d'envoyer une députation aux états généraux, ou, pour les désigner sous leur véritable nom, à l'Assemblée nationale. Cette résolution, votée à l'unanimité, se trouvait accompagnée de considérants qui méritent d'être rappelés. Ce n'est pas que la forme en soit heureuse; mais l'embarras même de l'expression y peint les sentiments contraires d'espérance et de crainte, de fidélité monarchique et de dévouement à la cause populaire, qui partageaient la plus ancienne et la plus illustre école du royaume.

« Considérant, portait la délibération, les grands et importants objets qui occupent actuellement la première nation de l'univers, assemblée par ses députés; réfléchissant sur le zèle et la fermeté de ses augustes représentants pour assurer le repos et la tranquillité nécessaires au bonheur des peuples; frappée d'étonnement à la vue des projets sublimes de ces illustres concitoyens, projets qui n'ont pour but que d'assurer l'autorité légitime sur ses bases inébranlables, sur ces principes que la nature a gravés dans le cœur de l'homme; pénétrée d'admiration pour ces hommes rares, l'élite d'une nation sensible et généreuse, qui, ne comptant pour rien les travaux inséparables des fonctions augustes auxquelles ils sont appelés, ne s'occupent qu'à procurer aux générations futures une sage et heureuse constitution qui puisse fixer à jamais le bonheur après lequel nous avions vainement soupiré : l'Université de Paris a unanimement arrêté de députer vers cette auguste assemblée son recteur et ses officiers généraux pour lui présenter l'hommage de son respect, et l'assurer des efforts qu'elle fera constamment pour inspirer à la jeunesse qui lui est confiée les sentiments de la plus vive reconnaissance. Elle rappellera sans cesse à la mémoire de ses élèves les noms et les bienfaits des illustres représentants de la nation, pour exciter dans les cœurs la noble émulation, source de toutes les vertus dont ils sont les modèles. »

1) *Arch. U.*, Reg. xlvii f, fol. 52.

Le 29 juillet 1789 était le jour fixé pour l'accomplissement de cette fastueuse délibération. Ce jour-là le recteur Dumouchel, accompagné des officiers de sa compagnie, fut admis à la barre de l'Assemblée nationale : « Fidèle dépositaire des sentiments de l'Université, dit-il, j'apporte aux pieds de cette auguste assemblée l'hommage du respect et de la vénération profonde que lui inspire l'union des vertus sublimes et patriotiques dont vous donnez chaque jour à la France et à l'Europe entière le spectacle éclatant... Grâce à vos nobles travaux, ce n'est plus dans les temps reculés de notre histoire, ni dans les annales étrangères, que nous chercherons désormais les grands et magnifiques exemples de l'honneur et du patriotisme. Vous serez à l'avenir nos premiers comme nos plus chers modèles. Vos noms sacrés enflammeront le cœur d'une jeunesse vive et sensible ; et au plaisir touchant d'admirer leurs illustres concitoyens se joindra pour plusieurs la douce et inexprimable satisfaction de reconnoître et de citer, parmi les auteurs de la prospérité publique, les auteurs de leurs jours. Vous l'aurez donc ainsi créée, Messeigneurs, par la seule force de vos vertus, cette éducation vraiment nationale depuis si longtemps désirée ; elle fera partie de l'édifice majestueux dont vous posez en ce moment les bases solides. C'est avec transport que l'Université recevra de vos mains ce dépôt précieux et sacré : heureuse, en secondant le zèle qui vous anime, de préparer au roi de fidèles sujets et à la patrie des citoyens qui vous ressemblent. » Le duc de la Rochefoucault Liancourt, qui présidait la séance, répondit à la députation : « Messieurs, l'Assemblée nationale, après avoir achevé l'œuvre importante de la régénération de cet empire, ne croiroit encore avoir rempli que très incomplètement la tâche qu'elle s'est imposée, si, par un plan d'éducation nationale, elle ne trouvoit le moyen de pénétrer la jeunesse du respect dû aux droits de la nation, de la soumission aveugle due à la loi, de l'obéissance et de la fidélité dues au monarque. C'est alors qu'elle pourra se flatter d'avoir assuré son ouvrage en fiant le sort des générations futures à la sagesse de ses décrets. Elle ne doute pas, Messieurs, que l'Université de Paris ne serve ses intentions patriotiques avec le zèle qu'elle a fait voir jusqu'ici dans l'enseignement des lettres. Elle reçoit aujourd'hui ses hommages avec satisfaction (1). »

Le temps n'était plus où les moindres démarches de l'Université de Paris émouvaient les esprits et devenaient un élément de force ou un sujet d'inquiétude pour l'autorité royale. Cependant l'adhésion de l'école de Paris aux institutions que le pays attendait de ses représentants ne passa point inaperçue. Mirabeau prit soin de la signaler dans le *Courrier de Provence*. « L'Université commence à se douter, disait-il, que l'éducation des collèges ne répond ni aux besoins de l'humanité ni aux vœux de la patrie. » Mais quand une institution qui a ses racines dans le passé se trouve en désaccord avec les besoins nouveaux de la société, c'est en vain qu'elle essaye de détourner, à force de soumission, le coup qui la menace : ni le souvenir de ses anciens services, ni ses protestations d'obéissance et de dévouement ne suffisent pour la sauver. Quelques efforts que fît l'Université de Paris pour se rattacher au nouvel ordre de choses qui commençait à poindre, elle était considérée de plus en plus comme un corps usé et décrépit, comme un établissement qui devait être renouvelé de fond en comble; et, en attendant le jour de sa chute, on ne cherchait déjà plus à lui épargner les mécomptes, ni même les affronts. Un des plus graves et des plus douloureux qui lui furent infligés, ce fut sans doute l'injuste décision par laquelle ses délégués se virent exclus inopinément de l'assemblée des représentants de la commune de Paris. Après avoir été admise à nommer des commissaires qui devaient concourir à l'élection des députés aux états généraux, l'Université avait cru qu'elle allait désormais former un district de la ville de Paris; que ce district aurait comme tous les autres des représentants qui siégeraient à côté de ceux des autres districts et qui participeraient à la gestion des intérêts de la ville. Les événements parurent d'abord encourager ses espérances; car, après la prise de la Bastille, elle fut appelée par le maire de Paris,

---

(1) *Arch. U.*, Reg. XLVII f, fol. 52 v° et s. *Moniteur universel*, 30 juillet 1789.

comme tous les quartiers de la ville, à faire de nouvelles élections qui semblaient la consécration de son droit. Mais l'illusion dura peu. Dès le mois de septembre, sur l'observation d'un député du district de Saint-Laurent, l'assemblée des représentants de la commune prit une délibération qui mettait fin aux pouvoirs des mandataires de l'Université. Voici le texte de cette délibération peu connue, où éclatent les préventions du moment contre les privilèges les plus inoffensifs et les plus respectables :

« L'assemblée délibérant sur la validité des pouvoirs, et considérant que la ville de Paris est divisée en soixante districts qui en embrassent la totalité; que l'égalité, qui est le premier des droits et la première des lois des citoyens, ne permet de conserver aucuns privilégiés ni aucune corporation; que les citoyens, quels qu'ils soient, appartiennent à un district où ils peuvent se représenter; que les droits de l'Université, fondés sur un usage dont tous les privilégiés ont fait le sacrifice, doivent être confondus maintenant dans les droits des citoyens, et que maintenir un district qui n'auroit pas d'existence, seroit perpétuer un abus : a arrêté que l'Université ne seroit plus reconnue comme district; que les représentants envoyés par elle ne seroient point admis dans l'assemblée; et que, toujours animée de l'esprit de justice qui guide ses délibérations, elle offriroit aux députés qui ont jusqu'ici représenté l'Université, le tribut d'éloges dû à leur zèle, et le témoignage que méritent leurs talents, leur assiduité et leur patriotisme (1). »

A ce coup imprévu, l'Université s'efforça de contenir sa douleur. « Avec toute la confiance qu'inspirent, disait-elle, des sentiments purs et dégagés de tout intérêt personnel, » elle déclara « qu'animée de l'amour de la patrie et du zèle du bien public, le seul motif de se rendre utile lui avoit fait désirer de partager les travaux de ses concitoyens, et de concourir avec eux, par ses représentants, à l'administration provisoire de la cité et à l'organisation définitive de ses lois municipales. » Elle ajouta

(1) *Procès-verbal de l'assemblée générale des représentants de la commune de Paris, convoquée le 18 septembre 1789.* Lundi 21 septembre, séance du soir, p. 7.

« qu'elle avoit toujours été disposée à sacrifier à l'intérêt public ses intérêts les plus chers... » Néanmoins elle faisait remarquer que l'exclusion prononcée contre ses commissaires privait une classe entière de citoyens honnêtes d'un droit qu'ils devaient considérer comme leur étant acquis, tout au moins provisoirement; que cette exclusion avait été prononcée précipitamment par une autorité elle-même provisoire, qui n'avait pas reçu des électeurs de Paris un pareil mandat; qu'établi par une décision du roi, reconnu tout d'abord par l'assemblée générale des représentants de la commune, le district de l'Université avait autant de droits que tout autre à être conservé, etc. Mais, en élevant cette juste réclamation, l'école de Paris comptait si peu sur le succès, qu'elle s'excusait en quelque sorte de la présenter et protestait de « son admiration respectueuse pour les lumières, le zèle et le patriotisme des représentants de la commune de Paris (1). »

Bientôt le déplorable état des finances réduisit le gouvernement de Louis XVI à proposer à l'Assemblée nationale, comme le seul moyen d'éviter la banqueroute, une contribution extraordinaire réglée au quart du revenu net de chaque citoyen. Ce n'était pas le moment d'invoquer d'anciennes immunités abolies ou contestées, comme l'étaient tous les privilèges, et de prétendre se soustraire aux obligations que l'inflexible nécessité imposait à tous les Français. L'Université de Paris subit donc la loi commune sans avoir essayé même d'y échapper. Le chiffre de sa contribution fut fixé à 8,000 livres, qui se trouvèrent ainsi répartis : Université en corps, 2,000 livres; la Faculté de théologie, 300; Faculté de droit, 300; Nation de France, 3,400; Nation de Picardie, 1,000; Nation de Normandie, 1,200; Nation d'Allemagne, 800. La Faculté de médecine s'excusa par l'organe de son doyen, M⁰ Bourru, de ne déposer nulle offrande sur l'autel de la patrie (2); elle allégua l'extrême pénurie de ses ressources, l'ab-

---

(1) V. Pièces justificatives, n° CCXXX. Cf. *Lettre d'un député du district de l'Université au président du district de Saint-Laurent*, in-12.

(2) *Arch. U.*, Reg. XLVIII, fol. 6 et s. V. Pièces justificatives, n° CCXXXI.

sence même de tout revenu fixe : douloureux motif d'exemption qui n'était que trop avéré. Ce n'est pas que les autres compagnies, à l'exception des Nations de France et de Normandie, fussent très riches, et que l'abandon du quart de leur revenu ne leur eût pas semblé un lourd sacrifice. Par le chiffre de la Faculté de théologie et de la Faculté de droit, il est aisé de voir combien leur fortune propre était modique. Quant à la Nation de Picardie, qui venait de contribuer pour 1,000 livres, elle avait des charges très onéreuses. Aussi, quelques mois après, jugeant que ses masses d'argent étaient devenues inutiles et ne lui serviraient plus désormais dans les cérémonies publiques, elle prit la résolution, non pas de les offrir à la patrie, mais de les vendre; et elle en affecta le prix au remboursement de ses propres créanciers, et notamment à payer le mémoire du maçon (1). On nous pardonnera de mentionner ce détail : si mince qu'il puisse paraître, il ajoute un trait au tableau que nous essayons d'esquisser.

Après la contribution du quart, vint la cérémonie du serment civique. Chaque citoyen devait jurer d'être fidèle à la nation, à la loi et au roi, et de maintenir de tout son pouvoir la constitution décrétée par l'Assemblée nationale et acceptée par le roi. Les membres de l'Assemblée avaient les premiers prêté ce serment dans la séance du 4 février 1790. Le soir même, il fut répété, à leur exemple, par les représentants de la commune de Paris; puis il retentit de proche en proche, au milieu de l'enthousiasme universel, dans toutes les villes du royaume. La jeunesse elle-même fut sollicitée de prendre part à ces fêtes. Un journal du temps raconte que dès le lendemain de la séance de l'Assemblée nationale, vers onze heures du matin, les écoliers de la majeure partie des collèges de Paris se mirent en marche, sur l'invitation des autorités du district de Saint-Étienne du Mont. Ils étaient accompagnés de leurs maîtres, du comité du district, des grenadiers et de l'état-major. La procession parcourut tout le quartier

---

(1) Conclusion du 19 juillet 1790. *Arch. U.*, Reg. XLVIII, fol. 225.

de la montagne Sainte-Geneviève. On s'arrêtait sur chaque place pour répéter le serment civique, aux acclamations des citoyens qui bordaient les rues et remplissaient les fenêtres. « La nouveauté de cette fête patriotique, digne des républiques anciennes, dit le chroniqueur, l'ivresse de cette jeunesse ardente et tumultueuse, espoir de la nation, ses cris de joie, la confusion même inséparable de son âge, tout contribuoit à rendre ce spectacle vraiment touchant (1). » L'Université en corps ne tarda pas à suivre l'impulsion générale; et, le 10 février suivant, les quatre Facultés se réunirent au collège Louis le Grand, sous la présidence du recteur, pour prêter à leur tour le serment civique. L'abbé Dumouchel prononça une allocution appropriée à la circonstance. Elle fut si goûtée que l'auditoire en ordonna l'impression. La cérémonie se termina par un *Te Deum* qui fut chanté en grande pompe dans la chapelle du collège (2).

A mesure qu'on avance, on voit les écoliers s'intéresser de plus en plus à tout ce qui se passe autour d'eux. Aux approches de l'anniversaire de la prise de la Bastille, lorsque tout se préparait pour célébrer la fête de la Fédération, les élèves des différents collèges députèrent quelques-uns d'entre eux vers l'assemblée des représentants de la commune pour demander que l'ouverture des vacances fût fixée au 14 juillet, et qu'ainsi, « dans ce jour à jamais mémorable, il leur fût donné, disaient-ils, de se voir réunis à leurs parents et de leur exprimer les sentiments qui animoient toute la capitale. » Ce vœu, vivement appuyé par le district de Saint-Étienne du Mont, n'eut pas moins de succès auprès des membres de la municipalité. Le président, M. Brière de Surgy, chargé par un vote unanime de transmettre à l'Université la pétition des écoliers, adressa au recteur la lettre suivante, fidèle expression des sentiments et des espérances de cette époque mémorable :

« Monsieur, les écoliers de l'Université ont présenté à l'assemblée générale des représentants de la commune un mémoire pour

---

(1) *Chronique de Paris*, citée par Buchez, *Hist. parlem. de la Révol.*, t. IV, p. 446.
(2) *Arch. U.*, Reg. XLVIII, fol. 219.

l'avancement de leurs vacances au 14 juillet prochain, jour de la Fédération générale. Le noble enthousiasme qui enflamme ces jeunes cœurs a excité dans l'assemblée la plus vive sensation. Leurs courageux efforts, leur généreuse ardeur à partager les dangers et les travaux de la révolution, ont été retracés avec des témoignages éclatants de sensibilité et de reconnaissance. Des dispositions aussi patriotiques ont paru dignes d'être encouragées. Quelques jours d'une utile expérience gagnée dédommagent facilement de quelques jours d'étude perdus. C'est surtout à l'exemple de leurs pères, c'est à la vue de nos braves guerriers, que doit se développer en eux ce germe fécond des vertus civiques. Enfants de la patrie, objets de ses plus chères espérances, ils deviendront bientôt son plus bel ornement et son plus ferme appui. L'assemblée, touchée de ces puissantes considérations, est en même temps trop amie de l'ordre et des lois pour prendre sur elle une décision qu'il ne lui appartient pas de prononcer. Elle sait, Monsieur, combien vous êtes, par votre place, vos lumières et votre prudence, à portée d'apprécier les demandes des écoliers de l'Université. Elle me charge de vous marquer qu'elle s'intéresse vivement au succès de cette demande, et elle désire que vous ne trouviez aucun inconvénient à l'accorder, soit en totalité, soit en partie. Ce sera pour l'assemblée une véritable satisfaction de voir les enfants confondus avec les pères dans une fête instituée en l'honneur de la liberté et pour la réunion de tous les bons citoyens (1). »

Appuyée de la recommandation de la puissante commune de Paris, la pétition des écoliers ne pouvait manquer d'être accueillie. L'ouverture des vacances fut donc avancée de près d'un mois, et la distribution des prix du concours général fut fixée au 12 juillet. Une grande partie de la population parisienne se portait alors vers le Champ de Mars pour contribuer de ses mains aux préparatifs de la fête de la Fédération. La jeunesse ne resta pas étrangère à cet élan patriotique. On vit durant quelques jours les écoliers de la plupart des collèges occupés, avec l'ardeur de

---

(1) *Arch. U.*, Reg. XLVIII, fol. 17.

leur âge, à manier la pioche, la brouette et la pelle. Comme on demandait à un enfant d'une pension des environs si ce travail lui plaisait, la chronique porte qu'il répondit : « Je ne puis encore offrir que ma sueur à la patrie : je la répands de bien bon cœur (1). » Que ce mot emphatique ait ou non été prononcé, il est au moins vraisemblable, et il peint l'enthousiasme qui enflammait à ce moment toutes les âmes. Malheur à qui ménageait son temps et ses bras! Un jour, c'était le 8 juillet, les écoliers du collège de Navarre, les uns retenus par le travail des compositions de fin d'année, les autres empêchés par leurs familles, ne vinrent au Champ de Mars qu'assez tard et en petit nombre. Le soir même, ceux de Montaigu, des Grassins, de la Marche, du Cardinal Lemoine et de Lisieux, se portèrent en tumulte à ce collège, armés de pelles et d'épées, et demandèrent à grands cris le principal, l'abbé Dubertrand, l'accablant de reproches et l'accusant d'être « un aristocrate ». Le lendemain, afin de se laver d'une imputation aussi cruelle, les écoliers de Navarre dépêchèrent deux d'entre eux au district de Saint-Étienne du Mont. Là ils se rencontrèrent avec les délégués des autres collèges. On s'expliqua, on se réconcilia; et l'assemblée du district, en ayant délibéré, déclara « qu'elle tenait pour de très bons citoyens MM. les écoliers du collège de Navarre, et leur respectable chef dont l'honnêteté et le zèle étaient connus de tout le district (2). » Dubertrand ne justifia que trop fidèlement par la suite ce certificat de civisme; car, oublieux de ses devoirs ecclésiastiques, il prêta serment à la constitution civile du clergé.

Enfin le jour de la distribution des prix arriva. La cérémonie eut lieu cette fois avec un éclat inaccoutumé, en présence d'une députation de l'Assemblée nationale, que le maire de Paris, Sylvain Bailly, et les représentants de la commune avaient accom-

---

(1) *Confédération nationale, ou Récit exact et circonstancié de tout ce qui s'est passé à Paris le 14 juillet 1790 à la Fédération*, Paris, l'an second de la liberté, in-8°, p. 65.

(2) *Réponse des étudiants du collège de Navarre aux reproches que leur ont fait (sic) des étudiants de quelques autres collèges*. Imprimé par l'ordre du district de Saint-Étienne du Mont, 1790. In-12.

pagnée. L'orateur chargé de prononcer le discours latin était M⁰ François Noël, alors professeur d'humanités au collège Louis le Grand, le même qui représenta, quelques années après, la république française en Hollande, et qui fut dans la suite un des inspecteurs généraux de l'Université impériale. M⁰ Noël avait choisi pour sujet l'établissement de la liberté en France, *De recepta Gallorum libertate*. Il y retraçait dans un récit animé, avec la pompe un peu déclamatoire que commandaient les circonstances et qui n'est pas étrangère à l'éloquence académique, les faits mémorables et les réformes bienfaisantes accomplies durant les quinze derniers mois; la convocation des états généraux; le serment du Jeu de paume; la prise de la Bastille; l'abolition des privilèges; le servage détruit; les dîmes ecclésiastiques supprimées; les charges publiques cessant d'être vénales pour devenir électives; l'enthousiasme qui sur les différents points du royaume s'était emparé de toutes les classes de la nation; enfin les apprêts de la fête qui allait témoigner à l'univers entier de la joie, des espérances, de l'union et de la force de la France régénérée. Ces brûlants tableaux d'événements qui passionnaient tous les cœurs furent applaudis avec transport; et quand l'orateur eut terminé son discours, des acclamations unanimes en demandèrent l'impression. On procéda ensuite à la proclamation des noms des écoliers qui avaient obtenu les prix et les accessits. En rhétorique, le prix de discours latin, que nous appelons aujourd'hui le prix d'honneur, fut remporté par l'élève Emmanuel Lebœuf, du collège du Plessis. Lorsque le nom du jeune lauréat eut été proclamé, le syndic et le receveur de l'Université le conduisirent, sur l'invitation du recteur, vers le doyen de la députation de l'Assemblée nationale, qui, l'ayant couronné de sa main, adressa aux élèves quelques paroles d'encouragement. Cette allocution ne paraît pas avoir été recueillie; mais nous avons retrouvé celle que prononça ensuite le maire de Paris, et dont voici le texte : « Messieurs, dit Bailly (1), votre digne émule a reçu le premier prix des mains de l'Assemblée nationale. C'est un honneur dont

---

(1) *Arch. U.*, Reg. XLVIII, fol. 22 v⁰.

il a joui le premier et que cette assemblée partage avec lui; elle ne l'oubliera pas. Cet honneur sera toujours présent au souvenir de la ville de Paris. Cet encouragement vous excitera toujours dans vos travaux; une couronne vous en vaudra mille autres. Les talents de cette brillante jeunesse me répondent de sa gloire; mais dans la carrière où vous allez entrer, dans les nobles efforts dont vous devez l'honorer, le magistrat de la capitale doit rappeler à ses jeunes et chers concitoyens qu'ils sont destinés à la régénération des mœurs. La liberté n'a toute sa beauté et toute sa douceur que par le règne des mœurs. Soyez d'illustres citoyens, mais surtout soyez de bons citoyens. La France attend de vous son bonheur en même temps que sa gloire. Un des prix que vous avez remportés est le recueil des décrets de l'Assemblée nationale. En vous le remettant, elle a dit : « Voilà les lois que j'ai faites pour le salut de tous. Songez que vous êtes l'espérance de la patrie. Vous naissez à la liberté pour maintenir la constitution et pour faire respecter la loi et le roi. Voilà les deux objets de nos respects et de notre amour. »

Avec quelles acclamations ces paroles du maire de Paris ne furent-elles pas accueillies par une jeunesse ardente et enthousiaste! Mais l'élan généreux qu'elles attestaient et qu'elles contribuaient à développer était plus favorable au succès des réformes patriotiques qu'à la prospérité des écoles. La Faculté de théologie ressentit la première le contre-coup des événements qui détournaient les étudiants de leurs travaux ordinaires. A la fin de 1789, elle ne comptait que dix-huit bacheliers qui eussent achevé de soutenir leurs thèses; les autres, cédant à la crainte et au découragement, ne s'étaient pas mis en mesure de se présenter aux épreuves. Ces derniers arrachèrent à la Faculté une décision (1) qui suspendait le classement des candidats par ordre de mérite, et ajournait au mois de janvier prochain les dernières cérémonies de la licence : funeste concession qui dérobait le prix de leur persévérance aux étudiants laborieux les plus dignes de soutenir l'honneur de la Sorbonne.

(1) Conclusions de la Faculté de théologie. *Arch. nat.*, MM. 259, p. 290 et s.

Le mal semblait moins profond dans les collèges qui dépendaient de la Faculté des arts. Là, rien ne paraissait changé au cours ordinaire des études, en ce sens que les classes continuaient d'avoir lieu aux heures accoutumées, et que chacun se conformait aux règlements, aux programmes et aux méthodes consacrés par la tradition universitaire. Mais le calme n'existait qu'à la surface : à considérer le fond des choses, on s'apercevait aisément que l'agitation avait gagné jusqu'aux asiles consacrés à la culture des lettres. Comment les écoliers, leurs familles, les maîtres eux-mêmes se seraient-ils soustraits à cette fièvre d'innovation et de réforme qui dévorait la société française? Il y a un signe frappant du travail qui s'opérait dans les esprits avec plus d'ardeur que de sagesse et de prévoyance, ce sont les nouveaux plans d'éducation qu'on vit alors apparaître, et les anathèmes que mille voix, les unes obscures, les autres illustres, lançaient à l'envi contre les universités. La jeunesse elle-même prit part à ce mouvement, ainsi qu'on peut s'en convaincre par une pétition que les élèves de philosophie adressèrent à la Faculté des arts, au mois de décembre 1789.

Cette pétition portait sur deux points : 1° la suppression des dictées dont l'usage s'était conservé dans les classes, et qui, recueillies par les écoliers, servaient à constater leur assiduité aux leçons du professeur; 2° la substitution de la langue française à la langue latine dans les diverses branches de l'enseignement philosophique. La Faculté des arts, après en avoir délibéré, n'opposa point à cette double demande une fin de non-recevoir absolue; ce qu'elle eût fait sans doute en des temps plus paisibles et meilleurs pour elle. Sans se prononcer sur le fond des questions, elle se contenta de maintenir provisoirement l'exécution de ses règlements, et elle ajourna jusqu'à la rentrée prochaine les changements qui seraient reconnus nécessaires. Néanmoins elle crut devoir recommander à ses professeurs, comme un travail très urgent, la rédaction de nouveaux traités élémentaires de philosophie (1). Ce fut

(1) *Arch. U.*, Reg. XLVIII, fol. 8 et 24.

pour déférer à cette invitation, qu'un professeur du collège du Cardinal Lemoine, M. Lange, composa ses *Éléments de physique*, le premier ouvrage de ce genre, écrit en français, que l'Université de Paris ait adopté pour l'usage des classes.

Quelques mois après, la Nation de Normandie exprima un vœu qui touchait plus profondément que la pétition des écoliers aux vives préoccupations de l'esprit public : c'était que l'enseignement de la philosophie embrassât désormais des notions de droit constitutionnel. La proposition n'eut qu'un médiocre succès devant la Faculté des arts. On tomba d'accord que l'enseignement de l'Université devait être conforme aux principes de la constitution; mais la Nation de France fit observer (1) qu'avant de prendre une décision définitive et officielle au sujet des changements dont les programmes en vigueur pouvaient être susceptibles, il convenait d'attendre que le comité chargé par l'Assemblée nationale de préparer les décrets constitutionnels et de les distinguer de ceux qui n'étaient que réglementaires eût achevés on travail. Ce prudent avis fut adopté par la majorité des Nations. Dans la suite, les événements dispensèrent celles-ci de se prononcer sur le fond même de la réforme qui leur avait été soumise; car bientôt les circonstances devinrent de plus en plus graves, et l'Université de Paris, décimée et avilie en attendant qu'elle fût légalement supprimée, perdit toute initiative et toute autorité, même à l'égard des affaires qui rentraient le plus directement dans sa compétence.

Mentionnons une autre démarche de la Nation de Normandie. Elle fit la motion que la vigilance la plus sévère fût recommandée au syndic par la Faculté des arts, et que les professeurs fussent rappelés à l'accomplissement de leurs devoirs. Faut-il conclure de cette démarche que la désorganisation qui régnait dans l'armée commençait, sur la fin de l'année 1790, à gagner aussi l'Université? Aucun autre indice ne l'annonce; et tout semble prouver au contraire que la plupart des membres du corps enseignant restè-

(1) *Arch. U.*, Reg. XLVIII f. 25; Reg. XLVIII. f, p. 226.

rent jusqu'au dernier jour fidèles à leur poste. Quoi qu'il en soit, la Nation de France exprima l'avis que les anciens règlements de l'Université, qui obligeaient les maîtres à s'acquitter exactement de leurs fonctions, n'avaient pas cessé d'être en vigueur; que ces règlements avaient tout prévu et répondaient à toutes les nécessités de la discipline; qu'il suffisait d'en exiger l'observation. Les Nations de Picardie et d'Allemagne se prononcèrent dans le même sens, et le recteur conclut avec elles à ce que le syndic fût invité à se montrer de plus en plus vigilant, afin que nul régent ne pût s'écarter impunément de son devoir.

Cependant les événements marchaient; la Révolution poursuivait son cours. Tant que les nouvelles lois édictées par l'Assemblée nationale ne touchèrent que l'ordre politique, l'Université de Paris put se sentir blessée dans ses affections et dans ses intérêts, elle put gémir en secret des atteintes portées à l'autorité royale, et s'affliger de la perte des privilèges séculaires qui avaient contribué jadis à sa propre splendeur, à son influence et à sa prospérité; mais du moins ces coups imprévus, quelque douloureux qu'ils fussent, ne jetaient pas le trouble au fond des consciences, ils n'imposaient pas aux maîtres de la jeunesse des obligations civiles contraires aux devoirs de ceux d'entre ceux qui étaient engagés dans le saint ministère. Il en fut autrement lorsque l'Assemblée nationale, jalouse de renouveler toutes choses et ne reconnaissant pas de bornes à son pouvoir, essaya de porter la réforme dans l'ordre ecclésiastique et prétendit modifier par de simples décrets les conditions d'existence de l'Église gallicane. La constitution qu'elle avait donnée au clergé est condamnée par le Saint-Siège comme schismatique. Une ère de persécution commence pour le sacerdoce français. Ses membres, même les plus humbles, se voient sommés, par une délibération de l'Assemblée, de prêter serment à ces lois destructives de la hiérarchie, qui sont repoussées par l'épiscopat et frappées des anathèmes du souverain pontife. Plusieurs se soumettent, ou par crainte, ou par ambition, ou par un amour exagéré et mal entendu de la paix. Le plus grand nombre puise dans la ferveur de ses convictions assez de noble énergie pour résister et désobéir. Parmi les premiers, l'Université de Paris eut la douleur de rencontrer son recteur, l'abbé Dumouchel, qui poussa la faiblesse jusqu'à se laisser porter sur le siège épiscopal de Nîmes (1) : récompense sacrilège du serment qu'il avait consenti à prêter. Mais ce triste exemple trouva moins d'imitateurs qu'on ne pourrait le croire, parmi ce grand nombre de prêtres qui étaient attachés aux collèges. Quoique la plupart fussent imbus des principes du jansénisme et enclins à se tenir en garde contre les empiétements de la cour de Rome, ils se rallièrent en cette circonstance à la voix du pape, et aimèrent mieux, à l'exemple du vénérable archevêque de Paris, M. de Juigné, affronter la persécution que subir une loi injuste.

Ces dispositions de la majorité des membres de l'Université n'étaient que trop connues dans le public. Aussi l'Assemblée nationale ne tarda-t-elle pas à prendre les mesures nécessaires pour prévenir de leur part des démarches qui auraient eu le caractère d'une protestation contre ses propres décrets. Le 24 mai 1791, les représentants de la commune, ou, pour nous servir du terme qui commençait à être en usage, la municipalité de Paris, présidée par Bailly, notifia au greffier de l'Université, Girault de Koudou, et au recteur, l'abbé Dumouchel, qui n'avait pas encore résigné ses fonctions, un décret de l'Assemblée, sanctionné la veille par le roi et conçu dans les termes suivants (2) :

« Art. 1er. La nomination du recteur de l'Université de Paris est provisoirement suspendue jusqu'après l'organisation de l'instruction publique. — Art. 2. Les chaires qui sont vacantes, ou qui

---

(1) Dumouchel, dans la suite, quitta les ordres et se maria. Sa conduite, de son vivant même, fut sévèrement jugée. Nous avons eu sous les yeux les deux pamphlets suivants : *M Dumouchel, soi-disant évêque du département du Gard, et tous les autres défenseurs de la religion constitutionnelle de France, convaincus d'ignorance, de mauvaise foi et d'hérésie par les catholiques du diocèse de Nîmes*, à Paris, in-8°. — *L'Apothéose de M. Dumouchel, évêque schismatique du département du Gard par la grâce de la révolution*, par M. Benoît Saussine, garçon fossoyeur, carillonneur et bedeau en la paroisse Saint-Castor de Nismes. A Paris, chez M. Dumouchel, ci-devant commis à la barrière Saint-Jacques, rue des Mauvais-Garçons, n° 20. In-8°.

(2) *Arch. U.*, Reg. XLVIII, f. 30.

viendront à vaquer jusqu'à cette époque, seront remplies provisoirement par l'un des agrégés de l'Université, au choix du directoire du département, et les agrégés qui seront ainsi appelés à exercer les fonctions de professeur en toucheront les émoluments. — Art. 3. Nul agrégé, et en général aucun individu, ne sera appelé à exercer, et nul professeur ne pourra continuer aucune fonction, ou remplir aucune place dans les établissements appartenant à l'instruction publique dans tout le royaume, qu'auparavant il n'ait prêté le serment civique, et s'il est ecclésiastique, le serment des fonctionnaires publics ecclésiastiques. »

L'élection du recteur se trouvant ajournée en vertu de la délibération qu'on vient de lire, et l'abbé Dumouchel ayant quitté Paris pour aller prendre possession de l'évêché du Gard, les fonctions rectorales, qui ne pouvaient pas rester vacantes, furent provisoirement dévolues à Jacques Delneuf. Ce dernier les avait exercées avant Dumouchel; par conséquent, elles lui revenaient de droit en vertu des usages de l'école de Paris, et il les cumula sans difficulté avec la charge de receveur dont il était titulaire. Mais Delneuf, qui portait l'habit ecclésiastique, s'était montré de moins facile composition que Dumouchel; il n'avait pas prêté serment à la constitution civile du clergé. Le syndic, M⁰ Camyer, le greffier, M⁰ Girault de Koudou, se trouvaient dans le même cas. Au commencement du mois de mai, le directoire du département leur adressa une dernière sommation sous la forme d'un avis portant que ceux qui n'avaient pas prêté les serments ordonnés par l'Assemblée nationale ne pouvaient remplir aucune fonction publique. Cet avis parvint à la Faculté des arts par l'entremise de M⁰ Binet, professeur de rhétorique au collège du Plessis. Delneuf avait reçu le même message, et, l'ayant communiqué à ses collègues, il fut chargé par eux de se concerter avec le doyen de la Faculté de droit et celui de la Faculté de médecine, afin qu'aucun préjudice ne fût porté aux droits du tribunal académique, ni à ceux de l'Université (1). Inutile précaution! Le

---

(1) *Arch. U.*, Reg. XLVIII, f. 32.

12 mai, le directoire, usant de rigueur, prenait l'arrêté suivant (1) :

« Le directoire, informé que M. Delneuf, qui fait les fonctions de recteur et celles de receveur de l'Université de Paris; que M° Camyer, qui remplit celles de syndic, et M° Girault, celles de greffier de la même Université, n'ont pas prêté le serment prescrit par la loi; attendu l'obligation où il est, en vertu de la loi du 17 avril dernier, de pourvoir à leur remplacement : arrête que les fonctions de recteur de l'Université de Paris seront provisoirement remplies par M° Binet, professeur de rhétorique au collège du Plessis; que M. Hérivaux, professeur émérite, remplacera M. Camyer dans le syndicat; que M. Chapelle, professeur émérite, remplacera M. Girault dans les fonctions de greffier; et que M. Lemeignen, receveur de la Faculté des arts, sera provisoirement receveur de l'Université à la place de M. Delneuf. »

Cinq jours après, le directoire pourvut, pour le même motif, au remplacement du procureur de la Nation de France, M° Auffray, et du procureur de la Nation d'Allemagne, M° Collin (2).

Les nouveaux membres qui allaient composer le tribunal de l'Université furent installés sur-le-champ par Antoine Cousin, l'un des administrateurs de la municipalité de Paris au département des établissements publics. Leur nomination, comme on doit le présumer, fut accueillie par leurs collègues avec froideur et tristesse; eux-mêmes n'étaient pas sans éprouver un certain embarras, qui se trahit dans la rédaction des procès-verbaux. Ils ne savent tout d'abord comment se qualifier; ils s'intitulent modestement « le comité des personnages qui ont pris séance dans la journée du 26 mai, *comitia eorum virorum qui die vigesima mensis maii ultimo elapsi consederunt.* » Ils ne manquent pas de rappeler les noms des maîtres librement élus qu'ils ont remplacés; leurs propres fonctions ne leur paraissent qu'une délégation purement provisoire. Mais bientôt les formules officielles reparaissent dans les registres de la Faculté des arts, et y effacent tout

---

(1) *Arch. U.*, Reg. XLVIII, f. 33 v°.
(2) *Arch. U.*, Reg. XLVIII, fol. 34.

vestige des impressions pénibles que l'Université de Paris avait ressenties en se voyant pour la première fois la plupart de ses charges occupées par des chefs qu'elle n'avait pas choisis.

Ce n'étaient pas seulement les personnes qui se trouvaient frappées : les vieux usages, les cérémonies qui perpétuaient le prestige populaire de l'Université, commençaient à n'être pas épargnés. Dans une assemblée de la Faculté des arts qui se tint le 4 juin 1791, la procession du recteur avait été indiquée pour le 17 du même mois. Le directoire du département jugea que, pour « beaucoup de raisons, » cette procession était inutile et qu'elle pourrait devenir dangereuse. Aussi, par l'organe de son président, M. de Pastoret, il invita le recteur à prendre les mesures nécessaires pour qu'elle n'eût pas lieu (1). La Faculté des arts se résigna, non sans laisser percer dans la délibération l'espoir que peut-être l'interdiction qui venait de la frapper serait levée le mois suivant; mais elle ne tarda pas à être détrompée. Le cours des rigueurs exercées contre elle ne se ralentissait pas. Après avoir écarté de leurs fonctions ceux des maîtres qui n'avaient pas prêté les serments exigés par la loi, le directoire fit défense de les admettre aux assemblées de leurs compagnies respectives. Quelques-uns continuaient à habiter les collèges; ils furent privés de leur logement par un arrêté conçu dans ces termes sévères (2) :

« Le directoire informé que, dans quelques collèges de l'Université et au Collège royal, plusieurs fonctionnaires publics, déchus de leur place ou ayant donné leur démission, continuent néan-

---

(1) *Arch. U.*, Reg. XLVIII, fol. 35. Au reste, ce n'était pas la première fois depuis 1789 que la procession du recteur se trouvait suspendue. Le journal inédit attribué au libraire Hardy raconte, sous la date du mercredi 7 octobre 1789, que, « dans la matinée, la procession du recteur de l'Université (Dumouchel), indiquée, et devant se rendre dans l'église paroissiale de Saint-Nicolas du Chardonnet, où on l'avait vue en 1785, ne sort point de son chef-lieu par prudence, et à cause de la fermentation qu'on cherchoit à exciter en ce moment, dans le menu peuple, contre les ecclésiastiques qu'on lui faisoit appeler par dérision *les Calotins*. La cérémonie s'en fait dans l'intérieur du collège Louis le Grand, où la grande messe d'usage est célébrée dans la chapelle, et les divers suppôts de l'Université y assistent comme à l'ordinaire. » (*Mes loisirs, ou journal d'événements tels qu'ils parviennent à ma connoissance*, VIIIe volume, p. 504. Bibl. nat., mss fr., 6687.)

(2) Arrêté du 11 juin. *Arch. U.*, Reg. XLVIII, f. 35 v°.

moins à y occuper leur ancien logement, ou même en sollicitent de nouveaux aux dépens de leurs successeurs et du bon ordre : ouï le procureur général syndic, arrête : que le tribunal de la Faculté des arts sera chargé, sous sa responsabilité, de veiller à ce qu'il ne soit conservé ni accordé de logement dans les collèges aux personnes dont les places ont été supprimées ou qui ont été remplacées, lesquelles seront tenues de vider leur logement avant le premier juillet prochain. Enjoint de plus aux principaux des collèges de ne point souffrir que les individus, quels qu'ils soient, qui seroient logés dans lesdites maisons à tous autres titres que celui de boursiers ou de fonctionnaires publics, s'y conduisent de manière à troubler l'ordre de la maison, et de les renvoyer, s'ils y manquent. »

La délibération précédente ne désignait personne nominativement; mais, dans la pensée du directoire, elle concernait surtout Delneuf, Camyer et Girault de Koudou, l'ancien receveur, l'ancien syndic et l'ancien greffier de l'Université. Aussi, sur la requête du nouveau syndic, M° Hérivaux, la Faculté des arts jugea-t-elle opportun de leur notifier, par l'un de ses appariteurs, la mesure qui venait d'être prise contre eux. Tous trois, dans le cours d'une carrière déjà longue, avaient fait preuve, en plus d'une circonstance, de cette ténacité, difficile à vaincre, que les conflits d'autorité et les procès, alors si fréquents dans les écoles, contribuaient à développer. Victimes cette fois de la tyrannie des événements, atteints par des rigueurs qu'ils désespéraient de détourner de leurs têtes, Camyer et Girault cédèrent à la nécessité et n'essayèrent pas même de se défendre. Quant à Delneuf, il se montra moins résigné. Il discuta avec la subtilité d'un légiste les décrets sur le serment imposé au clergé, et s'efforça d'établir que ces décrets ne le concernaient pas personnellement, puisqu'il n'avait jamais ni prêché ni confessé, et que, simple caissier de sa compagnie, la charge qu'il remplissait n'avait aucun rapport direct ni indirect avec les fonctions sacerdotales (1). Malgré l'appui qu'il

---

(1) *Mémoire du sieur Delneuf, receveur de l'Université*, présenté le 14 juillet 1791

avait trouvé au comité ecclésiastique de l'Assemblée constituante, Delneuf ne put obtenir sa réintégration. Cependant il ne perdit pas courage, et le sentiment énergique de son droit, qui se confondait à certains égards avec celui de ses devoirs, ne l'abandonna pas. Quand on voulut l'obliger à rendre ses comptes et à remettre à son successeur, M° Lemeignen, le reliquat, les pièces justificatives, les titres de propriété et autres actes qui étaient entre ses mains, il s'y refusa. Ce refus n'était pas absolu ; mais Delneuf exigeait, pour sa décharge personnelle, que les comptes fussent rendus, et que la remise de l'excédent et des pièces s'effectuât en présence de ceux-là même qui lui avaient confié le maniement des finances de l'Université, c'est-à-dire en présence des membres du tribunal académique qui venaient d'être dépossédés de leurs charges par les derniers arrêtés du directoire. L'énergique et intègre caissier demanda sur ce point une consultation à la Faculté de droit. Celle-ci approuva ses scrupules dans trois délibérations successives, déclarant « que les doyens et les procureurs qui avaient ordonné les dépense, pouvaient seuls les vérifier et discuter les autres articles. » Après avoir adressé inutilement injonction sur injonction à M° Delneuf, le directoire du département finit par reconnaître que les prétentions de l'ex-receveur n'étaient pas tout à fait dénuées de raison. En conséquence, il autorisa M° Binet à réunir extraordinairement les anciens membres du tribunal académique, y compris ceux qui avaient été frappés d'un arrêté d'expulsion, pour entendre la lecture des comptes de 1790 et des huit premiers mois de 1791.

Ces comptes nous ont été conservés, et ne sont pas le monument le moins précieux que nous possédions sur l'histoire de l'Université de Paris à son déclin (1). On y voit que les droits acquis à l'Université durant l'année 1790 s'étaient élevés à 55,781 livres 6 sous 6 deniers, mais que la recette effective n'avait atteint que

---

au comité ecclésiastique de l'Assemblée constituante, etc., in-4°, 4 pages ; *Mémoire à consulter pour le sieur Delneuf, receveur de l'Université, sur la question de savoir s'il est obligé au serment*, etc., in-4°.

(1) Voy. Pièces justificatives, n° CCXXXIV.

40,186 livres 3 sous 8 deniers, une somme de 15,595 livres 2 sous 10 deniers restant à percevoir. La recette se compose principalement du revenu des immeubles appartenant à l'Université et des redevances qui étaient dues par les propriétaires des maisons construites sur les terrains de l'ancien Pré-aux-Clercs. Parmi les autres articles se trouve la ferme du parchemin, laquelle était en 1790 de 500 livres. Ces différentes recettes servaient à payer les dépenses générales de la compagnie, telles que les émoluments du syndic et du greffier, les indemnités accordées aux membres du tribunal académique pour leur assistance aux processions et aux assemblées, l'entretien des bâtiments, les frais d'administration, etc. En 1790, les payements représentèrent 25,591 livres 15 sous 6 deniers : ce qui laissait un reliquat de 14,600 livres environ. Quant au produit des messageries, il ne figure pas au compte qui fut rendu par Delneuf. En effet, il n'était pas versé dans la caisse de l'Université, mais dans celle de la Faculté des arts, pour laquelle il constituait une recette propre, spécialement appliquée, comme on l'a vu, à la rémunération des régents.

La vérification du compte de Delneuf prouva que les finances universitaires avaient été, jusqu'au dernier jour, honnêtement et habilement gérées. Mais ce résultat favorable était d'un médiocre intérêt, même pour l'Université, en présence des événements inouïs qui s'accomplissaient sous ses yeux et dont elle ressentait le contre-coup de plus en plus menaçant. Tandis que ses maîtres les plus vertueux étaient troublés dans leur modeste existence par des mesures vexatoires, son organisation séculaire, son existence même étaient mises en question, comme l'avaient été le pouvoir royal, l'Église, les parlements, tout l'ordre politique et civil. L'Assemblée constituante, qui venait de toucher d'une main si hardie à tant d'objets importants, avait chargé un comité choisi dans son sein de préparer la réforme de l'instruction publique. Ce comité poursuivait avec ardeur l'achèvement de son œuvre. Toutefois la tâche était plus ardue, elle avança moins rapidement que ceux qui l'avaient entreprise ne le supposaient. Avec cette confiance présomptueuse qui est peut-être une des conditions du succès en présence des grands obstacles, on s'était promis d'abolir à tout jamais les institutions et les méthodes qui paraissaient surannées, et d'y substituer un système approprié à la nature de l'homme, ainsi qu'aux nouvelles lois politiques de la France. Mais on s'aperçut bientôt que de pareils projets ne s'improvisent pas, et que s'il est une branche des services publics à laquelle il soit délicat et même périlleux de s'attaquer, c'est l'éducation. L'Assemblée constituante ne put pas terminer l'œuvre difficile qu'elle avait annoncée. Vainement elle déclara « qu'il serait créé et organisé une instruction publique, commune à tous les citoyens, gratuite à l'égard des parties d'enseignement indispensables pour tous les hommes, et dont les établissements seraient distribués graduellement dans un rapport combiné avec la division du royaume. » Cette déclaration resta une lettre morte; et, au point de vue de l'éducation et de l'enseignement, le seul vestige qui soit resté des travaux de la première de nos assemblées révolutionnaires, c'est le rapport déposé par M. de Talleyrand dans la séance du 10 septembre 1791.

Ce qui frappe d'abord dans ce document célèbre, et ce qui frappe tristement, c'est l'arrêt, ou plutôt l'anathème, que l'auteur lance contre les anciennes écoles :

« Nous ne chercherons pas ici, dit-il, à faire ressortir la nullité ou les vices innombrables de ce qu'on a nommé jusqu'à ce jour *instruction*. Même sous l'ancien ordre des choses, on ne pouvoit arrêter sa pensée sur la barbarie de nos institutions, sans être effrayé de cette privation totale de lumières qui s'étendoit sur la grande majorité des hommes; sans être révolté ensuite et des opinions déplorables que l'on jetoit dans l'esprit de ceux qui n'étoient pas tout à fait dévoués à l'ignorance, des préjugés de tous les genres dont on les nourrissoit, et de la discordance ou plutôt de l'opposition absolue qui existoit entre ce qu'un enfant étoit contraint d'apprendre et ce qu'un homme étoit tenu de faire; enfin de cette déférence aveugle et persévérante pour des usages dès longtemps surannés, qui, nous reportant sans cesse à l'époque où tout le savoir étoit concentré dans les cloîtres, sembloit encore, après plus de dix siècles, destiner l'universalité des citoyens à habiter des monastères. »

Quelle impression de douleur ces amères paroles ne durent-elles pas produire sur les vieux maîtres de l'Université de Paris, habitués à la révérer comme la mère des lettres et des sciences, comme la gardienne des bonnes traditions! Combien ils durent protester au fond d'eux-mêmes, et dans leurs entretiens particuliers avec des collègues animés des mêmes sentiments, contre l'outrage officiel infligé à cette illustre école, objet de leur culte! Comme ils durent en appeler à l'équitable postérité de l'ingratitude aveugle du présent! Mais le siècle était devenu sourd à leur voix, et l'injuste flétrissure qui venait de les frapper, sous la plume de M. de Talleyrand, était d'avance ratifiée par l'immense majorité de l'Assemblée nationale.

C'était peu cependant d'avoir dénoncé l'insuffisance et les prétendus dangers de l'ancien système d'éducation; après avoir signalé le mal, il fallait indiquer le remède et donner les moyens de remplacer ce qu'on proposait de détruire. Ces moyens, M. de Talleyrand croyait les avoir découverts. Son rapport contenait l'exposition de tout un plan d'instruction publique, le plus vaste sans contredit et le plus savamment combiné qui ait été soumis à une assemblée délibérante. Il comprenait trois sortes d'écoles, correspondant aux trois genres d'instruction nécessaires à un peuple : des écoles primaires, des écoles de district, et des écoles spéciales. Les écoles primaires devaient être ouvertes dans chaque commune, à la diligence des municipalités. La fréquentation en était gratuite, et les enfants y étaient reçus dès l'âge de six ans. Les écoles de district, ainsi appelées parce qu'elles devaient être établies au chef-lieu de chaque district, relevaient de l'administration du département. Le cours d'études dans les écoles de district répondait assez fidèlement à celui des anciens collèges; il devait durer sept ans, et comprenait les principes de la religion, la morale, les langues, l'art de raisonner, l'art oratoire, la géographie, l'histoire, les mathématiques, la physique et la gymnastique. Au sortir des écoles de district, les jeunes gens devaient fréquenter celles des écoles spéciales qui se trouvaient appropriées à leur vocation. Il y avait un séminaire par département pour les ministres de la religion ; quatre collèges de médecine, établis à Paris, à Montpellier, à Bordeaux et à Strasbourg, et composés chacun de douze professeurs ; des écoles de droit, qui devaient enseigner la constitution, le droit naturel, le droit coutumier, le droit civil et le droit criminel ; enfin des écoles militaires. Au sommet des institutions scolaires, et pour leur servir en quelque sorte de couronnement, M. de Talleyrand proposait de fonder un *Institut national*, destiné au perfectionnement des sciences, des lettres et des arts. Cet Institut devait remplacer les Académies, le Jardin du roi et le Collège de France. Les femmes n'étaient pas oubliées dans ce plan remarquable ; et, bien qu'un article invitât les parents à ne confier qu'à eux-mêmes l'éducation de leurs filles, chaque département devait entretenir des écoles en faveur de celles qui ne pourraient être élevées dans la maison paternelle. Afin de rattacher toutes les écoles à un centre commun, et de maintenir une certaine unité dans leur enseignement, M. de Talleyrand empruntait à Turgot et au président Rolland une de leurs conceptions les meilleures : il créait à Paris, sous le nom de commission générale de l'instruction publique, une administration centrale chargée de surveiller non seulement l'instruction proprement dite, mais les spectacles, les fêtes nationales, les productions des arts et les bibliothèques. Les commissaires étaient au nombre de six ; chacun d'eux avait sous ses ordres un inspecteur qu'il envoyait visiter les différentes écoles soumises à sa juridiction. Les commissaires et les inspecteurs étaient nommés et pouvaient être suspendus par le roi ; « mais, l'instruction étant la première défense contre les abus de l'autorité, » leur destitution ne devait être prononcée que sur un jugement du corps législatif : garantie d'indépendance mal organisée, il faut en convenir, mais précieuse pour les maîtres de la jeunesse. Enfin ne convenait-il pas qu'une part fût faite à la liberté dans les nouveaux règlements donnés à l'instruction publique par une assemblée qui avait reçu la mission de fonder la liberté en France? Aussi M. de Talleyrand, au nom du comité dont il était l'organe, proposait-il un article conçu en ces termes : « Il sera libre à tous particuliers, en se soumettant aux lois générales sur l'enseignement public, de former des établissements d'instruction. Ils seront tenus seulement d'en instruire la municipalité et de publier leurs règlements. »

Le rapport de M. de Talleyrand nous introduit, comme on a pu en juger, dans un monde nouveau. Rien n'y rappelle le passé, si ce n'est peut-être certains traits dérivant de la nature des choses, tels que la distinction de plusieurs ordres d'enseignement. Que sont devenus et la dignité rectorale, et les Nations avec leurs procureurs, et les Facultés avec leurs doyens, et le tribunal académique, et les grades eux-mêmes? Ces antiques institutions disparaissent avec le monopole qui appartenait aux universités, monopole que l'État refuse de s'arroger, puisqu'il proclame au contraire la liberté de l'enseignement. Mais les circonstances trompèrent l'espoir de M. de Talleyrand et de ses collègues. Ils s'étaient crus appelés à régénérer l'éducation de la jeunesse française, et le plan qu'ils avaient élaboré si péniblement n'eut pas même les honneurs d'une délibération publique. L'Assemblée nationale, absorbée par d'autres soins, se sépara sans avoir pu le discuter. Parvenue au terme de ses travaux, elle eut du moins la sagesse d'adopter la résolution suivante : « Tous les corps et établissements d'instruction et d'éducation existant à présent dans le royaume continueront provisoirement d'exister sous leur régime actuel et suivant les mêmes lois, statuts et règlements qui les gouvernent. »

Peut-être cette résolution, qui donnait quelque répit aux anciennes écoles, leur eût-elle ouvert une chance de salut, si la nouvelle assemblée qui allait succéder à l'Assemblée constituante n'avait pas partagé les préventions de son aînée contre l'éducation universitaire. Mais, loin de là, elle était encore plus avide de nouveautés avec moins de lumières, et plus intolérante avec moins de religion. Qu'on parcoure le rapport de Condorcet sur l'instruction publique (1) : que de pas rapides dans la voie des innova-

(1) Œuvres de Condorcet, Paris, 1847, in-8°, t. VII, p. 449 et s.

tions! S'agit-il de la religion, cette base traditionnelle du système d'études suivi dans les Universités? L'enseignement de toute religion particulière est banni pour la première fois des écoles; la morale est séparée du culte. La constitution ne reconnaît-elle pas le droit qu'a chaque individu de choisir son culte? Donc « elle ne permet point, conclut Condorcet, d'admettre dans l'instruction publique un enseignement qui, en repoussant les enfants d'une partie des citoyens, détruiroit l'égalité des avantages sociaux, ou donneroit à des dogmes particuliers un avantage contraire à la liberté des opinions. » L'étude des langues anciennes n'est pas traitée par Condorcet moins sévèrement que celle de la religion. « Par quel privilège singulier, s'écrie-t-il, lorsque le temps destiné pour l'instruction, lorsque l'objet même de l'enseignement force de se borner dans tous les genres à des connoissances élémentaires, et de laisser ensuite le goût des jeunes gens se porter librement sur celles qu'ils veulent approfondir, le latin seroit-il l'objet d'une instruction plus étendue? Le considère-t-on comme la langue générale des savants, quoiqu'il perde tous les jours cet avantage? Mais une connoissance élémentaire suffit pour lire leurs livres; mais il n'existe aucun ouvrage de science, de philosophie, de politique, vraiment important, qui n'ait été traduit; mais toutes les vérités que renferment ces livres existent, et mieux développées, et réunies à des vérités nouvelles, dans des livres écrits en langue vulgaire. La lecture des originaux n'est proprement utile qu'à ceux dont l'objet n'est pas l'étude de la science même, mais celle de son histoire. Enfin, puisqu'il faut tout dire, puisque tous les préjugés doivent aujourd'hui disparoître, l'étude longue, approfondie, des langues des anciens, étude qui nécessiteroit la lecture des livres qu'ils nous ont laissés, seroit peut-être plus nuisible qu'utile. Nous cherchons, dans l'éducation, à faire connoître les vérités utiles, et ces livres sont remplis d'erreurs; nous cherchons à former la raison, et ces livres peuvent l'égarer. Nous sommes si éloignés des anciens, nous les avons tellement devancés dans la route de la vérité, qu'il faut avoir sa raison déjà tout armée, pour que ces précieuses dépouilles puissent l'enrichir sans la corrompre. » Quel est donc, suivant Condorcet, le véritable fondement de l'éducation qui convient à un peuple libre ? Ce sont les sciences physiques et mathématiques. « Pour les hommes qui ne se dévouent point à de longues études, qui n'approfondissent aucun genre de connoissances, l'étude même élémentaire de ces sciences, dit Condorcet, est le moyen le plus sûr de développer leurs facultés intellectuelles, de leur apprendre à raisonner juste, à bien analyser leurs idées... Ces sciences, continue-t-il, sont contre les préjugés, contre la petitesse de l'esprit un remède, sinon plus sûr, du moins plus universel que la philosophie même. »

C'est ainsi que Condorcet, plus téméraire que M. de Talleyrand, étendait la réforme à des parties que l'habile et prudent rapporteur de l'Assemblée constituante avait su ménager. Tous les deux, au fond, étaient animés du même esprit et professaient des maximes semblables; mais l'un, sorti des rangs du clergé, gardait, même dans ses plus grandes hardiesses, un certain respect pour les vieilles institutions, et une certaine retenue de pensée et de langage, aussi conforme à son tempérament circonspect qu'à son éducation première; l'autre, tout imbu de la philosophie de son siècle, esprit au reste plus spéculatif que pratique, n'était que trop enclin à repousser les leçons de l'expérience comme autant de préjugés, à ne respecter aucune tradition afin de n'être le jouet d'aucune chimère, en un mot, à bouleverser toutes choses pour les renouveler toutes, sans excepter les croyances religieuses, dont il ne comprit jamais la nécessité sociale ni l'indestructible et inépuisable vertu.

Cependant de nouveaux coups ne cessaient pas d'être portés aux institutions universitaires. Au mois d'avril 1791, après que la Faculté de théologie eut adhéré à la protestation de l'archevêque de Paris, M. de Juigné, contre la constitution civile du clergé (1), ses délibérations furent suspendues, en vertu d'un

---

(1) *Lettre de la Faculté de théologie de Paris à M. de Juigné, archevêque de Paris*, Paris, in-8°; Picot, *Mém. pour servir à l'hist. ecclés.*, t. VI, p. 151.

ordre du directoire du département. Au mois de novembre suivant, les chaires de Sorbonne et de Navarre furent elles-mêmes fermées, alors que les affiches qui annonçaient les cours se trouvaient déjà placardées dans Paris. Le directoire ne cachait pas les motifs qui l'avaient porté à user de rigueur : c'était, d'une part, l'organisation prochaine du séminaire métropolitain, qui rendait inutile tout autre cours de théologie ; c'était, d'autre part, la rébellion des docteurs de Sorbonne et de Navarre, qui persistaient à refuser le serment civique. Dans une lettre courageuse les professeurs frappés avouèrent hautement la désobéissance qui leur était reprochée. « Pourrions-nous, s'écriaient-ils, oublier jamais tous les liens sacrés qui nous attachent à la foi catholique : les vœux que nous avons faits comme chrétiens sur les fonts du baptême ; l'engagement que nous avons contracté comme prêtres entre les mains du pontife qui nous ordonna ; le serment solennel que nous avons prêté depuis, comme docteurs, dans l'église métropolitaine de Paris et sur l'autel des saints martyrs, de défendre la religion, s'il le falloit, jusqu'à l'effusion du sang ; enfin l'obligation spéciale qui nous est imposée, comme professeurs, de l'enseigner aux autres dans toute sa pureté (1). » Cette lettre, qui fut rendue publique, portait la signature des quatre professeurs de Navarre et des six professeurs de Sorbonne.

L'année 1791 venait de se terminer sous de funestes auspices pour l'Université de Paris. L'année suivante commença non moins tristement. Au mois de février, en effet, le directoire du département adressa une pétition à l'Assemblée législative afin que le tribunal du recteur fût supprimé, et que les droits de présence et autres rétributions payées à ses membres fussent désormais affectés à l'établissement d'écoles primaires dans les différentes sections de la capitale. La pétition fut renvoyée au comité d'instruction publique. L'Université n'avait pas épargné les démarches pour détourner le nouveau péril qui la menaçait ;

---

(1) *Lettre des professeurs en théologie de Sorbonne et de Navarre à MM. les administrateurs du Directoire du département de Paris*, Paris, 1791, in-8°.

mais tous ses efforts furent vains, et les sévères et ironiques paroles de M. de Pastoret, qui remplissait les fonctions de rapporteur, ne lui permirent pas la plus faible espérance. « En laissant subsister, disait M. de Pastoret, le régime actuel de l'éducation dans l'Université de Paris, en conservant ses études et ses maîtres, le directoire vous dénonce la corporation formée sous le nom de tribunal, dont plusieurs membres sont étrangers à l'enseignement, et qui dévore chaque année 72,000 livres en payements de gages pour de grands et petits officiers qu'elle se donne, en frais de sportules ou droits de présence à des assemblées inutiles, de carrosses, de présentations de cierges, de processions, de cérémonies publiques, de dîners à la suite de ces cérémonies, enfin, de messes pour lesquelles, par une bizarrerie remarquable, on paye, non ceux qui les disent, mais ceux qui les écoutent. Là un recteur, chef électif, et plusieurs officiers, dont les quatre principaux portent le titre de procureurs des Nations, se réunissent pour accorder des grades que personne ne demande plus, et pour rendre des arrêts, quoiqu'il n'existe ni justiciables ni territoire. Il est trop évident que le terme d'une pareille institution est arrivé, et nous ne doutons point que l'Université elle-même ne s'empresse de le reconnoître (1). » Cependant le comité d'instruction publique se montra plus réservé qu'on n'aurait pu s'y attendre, et que le directoire du département ne l'aurait voulu. Il respecta les droits acquis; et, tout en adoptant la sup-

---

(1) *Moniteur universel*, 26 février 1792. On remarquera combien les chiffres que donne Pastoret sont exagérés. Nous avons présenté plus haut le résumé du compte de 1790. Le total des dépenses de l'Université n'atteint pas 25,000 livres; et dans ce chiffre, les gages et droits de présence des petits et grands officiers de la compagnie, les frais de carrosses, etc., figurent à peine pour 10,000 livres. Au reste, les assertions du rapport de Pastoret furent réfutées dans un écrit du syndic de la Faculté de théologie, Gayet de Sansalle: *Un mot à M. de Pastoret, un rien à M. Gaudin, sur le rapport qu'ils ont fait à l'Assemblée nationale au mois de février 1792, concernant le tribunal de l'Université, la Faculté de théologie et la Société de Sorbonne*, etc., Paris, 1792, in-8° de 27 pages. Gaudin était l'auteur d'un rapport sur les congrégations religieuses enseignantes, dans lequel il avait proposé la suppression « de cette Sorbonne, considérée seulement comme corporation ecclésiastique, qui abusa si longtemps du droit de juger, et qui mérite si bien d'être condamnée à son tour par la raison qu'elle a tant de fois proscrite. » *Moniteur universel*, 22 février 1792.

pression du tribunal du recteur, il proposa de maintenir à ses membres une indemnité équivalente aux honoraires que les anciens règlements leur attribuaient. Quant aux recettes encaissées naguère, tant par le receveur de l'Université que par ceux des Facultés de droit, de médecine et de théologie, et des quatre Nations de la Faculté des arts, « sept à huit grands questeurs, disait Pastoret, élus tous les ans et payés pour payer eux-mêmes tant de dépenses inutiles, » le comité demanda qu'elles fussent assimilées aux autres branches du revenu public, c'est-à-dire que le recouvrement en fût confié au receveur des biens de l'État.

Ce projet radical était l'atteinte la plus grave qui eût menacé l'Université. Elle allait donc voir échapper de ses mains l'administration de ses propres biens ; elle allait subir une sorte de confiscation, non moins dure que celle qui avait frappé le clergé. Ses plus anciens usages étant d'ailleurs anéantis par la suppression du tribunal académique, son existence elle-même était compromise de la manière la plus directe. Mais la crise suprême, qui paraissait imminente, se trouva encore une fois ajournée. La discussion sur le rapport de M. de Pastoret fut écartée de l'ordre du jour, et les conclusions de ce rapport ne reçurent pas la sanction du vote de l'assemblée. Provisoirement donc, les représentants des différentes compagnies de l'Université gardèrent leur charge, leurs titres et leurs insignes, et continuèrent à se réunir sous la présidence de Mᵉ Binet, qui remplissait encore les fonctions de recteur. La dernière séance dont le procès-verbal nous ait été transmis est celle du 14 août 1792 ; elle fut consacrée à désigner les juges qui devaient examiner les candidats à la maîtrise ès arts. Au reste, la marche des événements ne tarda pas à interrompre ces réunions devenues trop précaires pour conserver aucune autorité.

Après l'abolition de la royauté et l'établissement de la république, la lente agonie de l'Université de Paris se précipite vers son dénouement. Les travaux de l'Assemblée constituante et de l'Assemblée législative avaient préparé la voie : la Convention y marcha d'un pas résolu. Dès le mois de mars 1793, elle met à néant les titres sur lesquels reposait la fortune universitaire, en décrétant « que tous les biens formant la dotation des collèges et des autres établissements d'instruction publique, à l'exception de ceux qui sont jugés nécessaires pour les cours et pour l'habitation des professeurs et des élèves, seront vendus dans la même forme et aux mêmes conditions que les autres domaines de l'État. » L'administration en est confiée, jusqu'à la vente, aux préposés de la régie des biens nationaux, sous la surveillance des corps administratifs. Les collèges cessent de recevoir les rentes et arrérages qui pouvaient leur être dus par le trésor public, Enfin la nation prend à sa charge le traitement des professeurs, sans que toutefois il puisse excéder 1,500 livres dans les villes au-dessous de trente mille âmes, et 2,000 livres dans les villes au-dessus de cette population (1).

Ainsi désormais l'enseignement de la jeunesse devait figurer parmi les services que la société rétribue directement elle-même, sans se fier, pour leur rémunération, à la libéralité privée. Au point de vue politique, ce résultat sans doute avait son prix; mais il était payé chèrement, car la Convention ne l'avait obtenu qu'en détruisant les anciennes fondations. C'en était fait du vieux patrimoine de l'Université de Paris, de ce patrimoine qu'elle tenait de la munificence des princes, des évêques, de quelques grandes familles, en partie même de ses propres membres, et qu'elle avait lentement accru à force de vigilance et d'économie. Les collèges, après avoir perdu tous leurs biens, commençaient à perdre aussi leurs noms. Le collège Louis le Grand s'appelait collège de l'Égalité; le collège de Montaigu, collège du Panthéon. Toutefois, chose remarquable, le personnel enseignant fut en général conservé, comme il est facile d'en juger par un état (2) que nous avons eu sous les yeux et qui paraît

---

(1) *Recueil des lois et règlements concernant l'instruction publique*, Paris, 1814, in-8°, t. I, p. II, p. 2.

(2) Voici quel était alors, d'après cet état, le personnel des collèges de Paris. COLLÈGE D'HARCOURT. *Principal*, Daireau. *Philosophie*, Couture. (2° chaire de philosophie vacante.) *Rhétorique*, Guéroult. *Seconde*, Truffer. *Troisième*, Leseigneur. *Quatrième*, Vasse. *Cinquième*, Gardin. *Sixième*, Lhermite. — NAVARRE. *Princ.*, Dubertrand.

remonter aux premiers mois de 1793. Qu'arriva-t-il des élèves? Il est vraisemblable qu'un grand nombre furent retirés par leurs familles, à mesure que la situation politique devint plus alarmante. Mais, pour mesurer exactement les vides qui durent se produire dans les différentes classes, il faudrait des documents statistiques dont les éléments ne paraissent pas avoir été jamais recueillis.

Au milieu des malheurs publics, les exercices scolaires n'éprouvèrent pas d'interruption, même en 1793. Au mois de juillet de cette année néfaste, quelques semaines après l'immolation des Girondins, les compositions du concours général entre les collèges de Paris eurent lieu paisiblement, suivant l'ordre accoutumé : ainsi l'avait ordonné la Convention, par une délibération expresse (1). La distribution des prix était fixée au 4 août. Pour la première fois elle ne se fit pas à la Sorbonne, comme si les autorités révolutionnaires eussent voulu éloigner de la jeunesse les souvenirs monarchiques et religieux que réveillaient ces murs vénérables. Le local choisi pour la cérémonie fut la salle des Amis de l'égalité et de la liberté, la même où se réunissait alors le trop célèbre club des jacobins, dans l'ancien couvent de ce

Philos., Devaux. *Id.*, Tonnelier. *Rhét.*, Chambri. *Sec.*, Plessman. *Trois.*, Luce de Lancival. *Quatr.*, Varangue. *Cinq.*, Julien. *Six.*, Ancelin. *Phys. expérim.*, Brisson. — Les Grassins. *Princ.*, Neuville. *Phil.*, Thirion. *Id.*, Hamel. *Rhét.*, Guéroult. *Sec.*, Judien. *Trois.*, Levasseur. *Quatr.*, Dupuy. *Cinq.*, Varneys. *Six.*, Quidy. — Cardinal le Moine. *Princ.*, Delestré. *Phil.*, Lange. *Id.*, Cafin. *Rhét.*, Lacourt. *Sec.*, Farian. *Trois.*, Bulrette. *Quatr.*, Lemaire. *Cinq.*, Julien. *Six.*, Granvallet. — Plessis. *Princ.*, Lingois. *Phil.*, Desfontaines. (2ᵉ chaire de philosophie vacante.) *Rhét.*, Binet. *Sec.*, Boucly. *Trois.*, Dupont. *Quatr.*, Caura. *Cinq.*, Dubois. *Six.*, Mallet. — Panthéon français, anciennement Montaigu. *Princ.*, Crouzet. *Phil.*, Dubois. *Id.*, Maugras. *Rhét.*, Ballin. *Sec.* (chaire vacante). *Trois.*, Létendart. *Quatr.*, Boucly. *Cinq.*, Mahérault. *Six.*, Julian. — La Marche. *Princ.*, Coesnon. *Phil.*, Bourlier. (2ᵉ chaire de phil. vacante.) *Rhét.*, Delormel. *Sec.*, Gosse. *Trois.*, Patris. *Quatr.*, Tassart. *Cinq.*, Lefebvre. *Six.*, Mottereau. — Mazarin. *Princ.*, Forestier. *Mathém.*, Chauveau. *Phil.*, Hauchecorne. *Id.*, Guyon. *Rhét.*, Hennebert. *Sec.*, Fresnois. *Trois.*, Letellier. *Quatr.*, Gossart. *Cinq.*, Potet. *Six.*, Vacquerie. — Lisieux. *Princ.*, Bergeron. *Phil.*, Landri. *Id.*, Demanson. *Rhét.*, Lepitre. *Sec.*, Decoussy. *Trois.*, Oudart. *Quatr.*, Léger. *Cinq.*, Bouchesciche. *Six.*, Tilliaux. — Collège de l'Égalité, anc. Louis le Grand. *Princ.*, Champagne. *Phil.*, Dupont. *Id.*, Labitte. *Rhét.*, Sélis. *Sec.*, Delaplace. *Trois.*, Mercandier. *Quatr.*, Lagarde. *Cinq.*, Prévost. *Six.*, Bérard.

(1) *Lois et règlements concernant l'instruction publique*, t. I, p. 12.

nom, situé rue Saint-Honoré. Des députations de la Convention nationale, du tribunal criminel, du tribunal de cassation et de tous les corps administratifs et judiciaires siégeaient dans l'assemblée. La séance fut ouverte par un discours du citoyen Dufourny, membre du directoire du département. « Enfants de la patrie, dit l'orateur en s'adressant aux élèves, le jour de gloire est arrivé. Au bruit des acclamations des citoyens et par la main des représentants de la nation, vos talents vont être couronnés... Que vos âmes, enfants de l'égalité, ne s'effrayent pas de ce que vos fronts seront un moment ceints de couronnes : car ces couronnes ne sont point celles de l'orgueil, ni celles de la tyrannie; ce sont les couronnes de l'émulation, des talents qui ont fondé, illustré et défendu les républiques... Enfants de la patrie, continua l'orateur, vous êtes les derniers des jeunes Français qui auront eu le malheur de ne développer leurs talents qu'au milieu des préjugés (1). » Après cette allocution véhémente, Dufourny céda la présidence à Boucher Saint-Sauveur, le doyen des délégués de la Convention; puis le principal du collège du Panthéon, le citoyen Crouzet, lut un poème sur la liberté. Ce poème, il faut le reconnaître à la gloire de l'auteur et de l'Université de Paris, était empreint, dans le style et dans la pensée, d'une modération alors bien rare. Il contenait de vertueux conseils, qui n'étaient pas déplacés dans la bouche d'un principal de collège, et qui eussent servi les institutions libres plus fidèlement que les déclamations insensées des orateurs de la démagogie.

Le poème de Crouzet avait été couvert d'applaudissements; la Convention se rendit au vœu général en ordonnant qu'il fût imprimé. Mais cette joie était la dernière que la fortune réservât à l'Université de Paris. Les destinées de cette institution illustre étaient accomplies, et l'ombre d'elle-même, qu'on apercevait encore, allait sous peu de jours disparaître. En effet, le 15 septembre 1793, sur la pétition qui lui avait été présentée par le département de Paris, par les districts ruraux, par la commune, par

---

(1) V. Pièces justificatives, n° CCXXXV.

les sections et les sociétés populaires réunis, la Convention nationale décida « qu'indépendamment des écoles primaires, il seroit établi dans la république trois degrés progressifs d'instruction : le premier, pour les connoissances indispensables aux artistes et ouvriers de tous les genres; le second, pour les connoissances ultérieures nécessaires à ceux qui se destinent aux autres professions de la société; et le troisième, pour les objets d'instruction dont l'étude difficile n'est pas à la portée de tous les hommes. » Le département et la municipalité de Paris étaient autorisés à se concerter avec le comité d'instruction publique de la Convention afin que les nouveaux établissements fussent mis en activité dans la capitale au 1er novembre suivant. En conséquence, les collèges de plein exercice, et les Facultés de théologie, de médecine, de droit et des arts, étaient supprimés sur toute la surface de la république.

Ce décret porta le dernier coup à un édifice ébranlé de toutes parts, et qui menaçait ruine depuis longtemps. Il marque la dernière heure de l'Université de Paris; il clôt sa longue histoire, ouverte en l'année 1200 par le diplôme de Philippe-Auguste qui affranchit les écoliers de la juridiction du prévôt de la ville. Nous voici donc arrivé au terme de la carrière que nous nous étions proposé de parcourir, mais, avant de déposer la plume, nous jetterons un dernier regard sur l'ensemble des événements que nous venons de retracer.

C'est au treizième siècle que les écoles qui existaient anciennement à Paris, se constituent en un corps d'université, dans lequel maîtres et étudiants sont partagés, suivant leur patrie, en différentes Nations, et suivant l'ordre de leurs études, en différentes Facultés. La naissante Université se développe rapidement à l'ombre tutélaire du Saint-Siège et de l'autorité royale, également protégée par les deux puissances, et comblée de privilèges très précieux dans l'ordre civil et dans l'ordre ecclésiastique. Mais, comme tous les corps, elle était jalouse de ses prérogatives et elle refuse de les partager avec deux puissantes communautés qui viennent de s'établir, les Dominicains et les Franciscains. Que cette injuste prétention eût triomphé, et l'école de Paris se trouvait, par sa faute, privée des maîtres qui ont le plus contribué à sa gloire. Heureusement pour elle, le pape Alexandre III la contraint d'accueillir les ordres mendiants, et elle voit monter dans ses chaires un Albert le Grand, un saint Thomas, un saint Bonaventure, un Duns Scot, qui portent au plus haut point sa prospérité et son influence. Par le nombre de ses étudiants, par la renommée de ses professeurs, elle acquiert un tel ascendant qu'elle aspire à se rendre l'arbitre de l'Église et du royaume. Elle siège aux états généraux; elle adresse à Charles VI des remontrances sur les malheurs publics; à Pise et à Constance, elle dirige les délibérations du concile. Mais ce rôle, qui ne s'accordait pas avec sa mission, ne tarde pas à lui échapper. Bien plus, après avoir perdu toute prépondérance politique, elle voit pâlir le prestige même de son enseignement, soit devant le succès de quelques autres universités, soit surtout devant la renaissance des lettres classiques et devant les aspirations nouvelles que le schisme de Luther et de Calvin atteste et développe dans la société chrétienne. Bientôt les discordes religieuses qui déchirent la France achèvent de ruiner les collèges de Paris. Leurs classes sont désertées, la doctrine elle-même s'altère; la Sorbonne, infidèle aux lois de la monarchie, prend parti pour les ligueurs contre l'héritier légitime du trône. Henri IV semblait appeler à réparer ces plaies comme les autres maux des guerres civiles. Après avoir pris l'avis du Parlement, il promulgue de nouveaux statuts qui résument, complètent, corrigent en quelques points, reproduisent et confirment le plus souvent les anciens règlements de l'Université de Paris. Ces statuts, empreints de sagesse, assurent pour deux siècles environ l'existence de l'Université, mais ils ne lui rendent pas la prépondérance qu'elle avait perdue et ne lui donnent aucune part dans les affaires de l'État. Loin de là, elle sent de plus en plus s'appesantir sur elle, à dater de Henri IV, la main du Parlement et celle du roi. Elle avait sauvé les formes extérieures de son organisation traditionnelle, mais sans retrouver l'influence ni même l'indépendance qui lui appartenaient naguère. Cependant une concurrence nouvelle et active, celle des Jésuites, paraît menacer la prospérité de ses collèges. Elle s'oppose de tout son pouvoir à l'établissement de ces rivaux redoutés. Elle les repousse avec autant d'énergie qu'elle en avait déployé au treizième siècle contre les Dominicains et les Franciscains; et comme en dépit de ses efforts, elle ne parvient pas à les écarter du collège de Clermont, elle les surveille sans relâche; elle dénonce leurs moindres fautes, elle se refuse à nouer aucun commerce avec eux, elle a pour alliés naturels tous leurs ennemis. Cette lutte ardente et passionnée excitait du moins une émulation salutaire entre les deux camps hostiles; mais les tristes débats du jansénisme, et de misérables démêlés domestiques entre les Facultés et les Nations, ne contribuèrent qu'à détourner et à épuiser une énergie et des ressources qui méritaient un meilleur emploi. Après avoir langui sans éclat durant les plus brillantes années du règne de Louis XIV, l'Université de Paris se relève un moment, et jette un dernier et brillant reflet vers la fin du dix-septième siècle et au commencement du dix-huitième. Elle compte alors dans ses rangs les maîtres les plus accomplis qu'elle ait jamais possédés, les Pourchot, les Rollin, les Grenan, les Coffin, les Demontempuys, les Crevier, les Lebeau. Ses revenus, grâce à l'équitable libéralité du régent, éprouvent une augmentation notable qui permet de supprimer les rétributions payées aux professeurs par leurs écoliers et de rendre l'instruction gratuite dans les collèges de Paris. Enfin l'émulation est encouragée entre les élèves, et même entre les maîtres, par l'utile et populaire institution du concours général. Mais les querelles religieuses que ravive la bulle *Unigenitus* compromettent cette situation presque florissante. Une sorte de vertige s'empare des esprits et se répand dans les écoles. Les plus honnêtes sont les plus prompts à se laisser entraîner, et le paisible Rollin lui-même fomente la résistance au jugement du Saint-Siège et de l'épiscopat. Pour calmer l'effervescence, le gouvernement de Louis XV est réduit à exclure des assemblées les membres les plus récalcitrants, à les priver de leurs fonctions, et même à les frapper d'exil, c'est-à-dire à faire sentir de plus en plus à l'école de Paris qu'elle est placée sous l'étroite dépendance du prince, qu'elle ne peut rien et qu'elle n'est rien par elle-même. Telle était la condition à la fois dépendante et prospère de l'Université lorsqu'elle apprend tout à coup que les Jésuites ont été condamnés au Parlement, que leurs collèges sont supprimés, leurs biens confisqués, la dissolution de la Compagnie prononcée. A cette nouvelle inespérée, elle croit voir s'ouvrir devant elle les perspectives les plus riantes; mais son illusion est de courte durée. Elle est délivrée de rivaux importuns, mais elle n'est pas affranchie de la tutelle du Parlement. C'est sous l'œil des magistrats qu'elle travaille à sa propre régénération. Les règlements qui l'intéressent le plus ne lui sont pas soumis, ni les statuts de l'agrégation, ni les articles pour les boursiers du collège Louis le Grand. Cependant, malgré de nombreuses déceptions, elle accomplit d'importants progrès. Tandis qu'il est pourvu par l'agrégation au recrutement de son personnel, elle améliore sa discipline, et elle élargit le cadre de ses études en y comprenant l'histoire et les sciences naturelles. Mais avant que ces réformes pacifiques aient porté leurs fruits, la Révolution française éclate. Dès ses premiers actes, elle impose à l'Université de Paris des épreuves plus douloureuses que n'avaient été les menées des Jésuites ou les impérieux arrêts du conseil d'État et du Parlement. Comme toutes les institutions qui dataient du moyen âge, comme les coutumes féodales, comme la royauté, comme l'Église elle-même, les anciennes écoles sont battues en brèche, décriées et avilies avant d'être proscrites. Leurs privilèges, leurs usages, leurs lois, sont abolis successivement, et elles n'offraient plus que des débris quand leur suppression définitive est prononcée par la Convention.

Les établissements qui paraissaient les plus solides succombent lorsqu'ils sont en désaccord avec les tendances qui prévalent dans la société, et lorsque la société elle-même est en proie au désordre et à la violence. Que pouvait l'Université de Paris devant le déchaînement des passions anarchiques? Elle s'était longtemps appelée la fille aînée des rois qui l'avaient fondée, agrandie, protégée. Elle aurait pu tout aussi bien s'appeler la fille aînée de l'Église, car les papes ne s'étaient pas montrés moins généreux envers elle que les rois. Mais quand ses appuis naturels eurent été brisés, quand elle se trouva seule en présence des préjugés et des haines d'une faction victorieuse qui repoussait avec horreur tous les souvenirs, toutes les traditions du passé, sa perte devint certaine; et ni les services qu'elle avait rendus, ni ceux qu'elle pouvait rendre, ni les réformes qu'elle était disposée à subir ne devaient lui faire trouver grâce devant les nouveaux maîtres des destinées de la France.

Elle partagea donc le sort de la monarchie et des fondations religieuses : elle fut submergée et entraînée par le torrent de la Révolution. En succombant, elle n'obtint même pas ce tribut de regrets indulgents qui rarement est refusé aux grandeurs déchues; loin de là, elle ne recueillit de la bouche de ses juges que des invectives et des outrages.

L'Université de Paris méritait des appréciateurs plus équitables et un sort moins rigoureux. Elle pouvait se rendre à elle-même ce témoignage que, dans le cours de son existence six fois séculaire, elle ne s'était pas montrée inférieure aux diverses tâches que ses fondateurs lui avaient assignées. N'était-elle pas citée partout en Europe comme la mère des bonnes études, comme la gardienne vigilante du dépôt de la foi? N'avait-elle pas eu l'insigne honneur de servir de modèle aux autres universités, non seulement en France, mais chez les nations voisines? Enfin, dans les moments d'épreuve, lorsque son concours était jugé nécessaire au pays, l'avait-elle refusé? Son patriotisme s'était-il jamais trouvé en défaut?

Au dix-huitième siècle, sans doute, les beaux jours de l'Université de Paris, ses jours de lutte glorieuse et de légitime prépondérance, n'étaient plus pour elle qu'un souvenir qui, gardé trop fidèlement, l'exposait à de fausses démarches bientôt suivies d'amères déceptions. Enivrée en quelque sorte de son passé, elle témoignait pour ses traditions un respect et un attachement qui peuvent être à juste titre qualifiés d'excessifs. Elle avait le tort de ne pas rejeter comme un fardeau, moins utile que dangereux, certaines prérogatives surannées, certaines coutumes qui avaient eu autrefois leur raison d'être, mais dont le sens était perdu pour la société moderne. Cependant écartez ces formes vieillies, réminiscence excusable des idées et des besoins d'un autre âge : quel fond riche et précieux va encore rester!

Une organisation très forte; des règlements de discipline qui n'ont pas été surpassés; des méthodes lentement éprouvées et améliorées de siècle en siècle; le culte désintéressé des lettres; une irréprochable solidité de doctrines; l'admiration des chefs-d'œuvre de l'antiquité païenne, éclairée et vivifiée par la ferveur du sentiment chrétien; l'observation de la règle en toutes choses, alliée au respect de soi-même et à une mâle indépendance qui s'étendait de la littérature à la philosophie et de la philosophie à la religion : voilà quelques-unes des qualités qui distinguaient l'Université de Paris, qui l'avaient rendue vénérable aux savants comme au vulgaire, et qu'elle sut conserver jusqu'à sa dernière heure.

Les adversaires nombreux qu'elle avait dans les rangs du parti philosophique reprochaient à son enseignement de ne s'être jamais plié, comme il convenait, à la diversité des professions qui se partagent la société. Ce reproche était fondé. Il est certain que l'Université de Paris renfermait trop uniformément la jeunesse dans l'étude de l'antiquité classique, oubliant que la connaissance du latin et du grec ne convient pas à tous les esprits, en dehors même des classes réduites à vivre du travail de leurs mains. Mais avons-nous mieux réussi que nos pères à établir en France un système d'éducation tel que le réclament les besoins d'un grand peuple, c'est-à-dire proportionné à tous les genres d'aptitude, et assez varié pour préparer également des industriels et des humanistes, des négociants et des médecins, des agriculteurs et des magistrats? Le développement prodigieux du commerce et de l'industrie poussait l'instruction publique à élargir ses bases et à diversifier ses programmes; et toutefois que de projets avortés! que d'efforts dépensés en pure perte avant de toucher le but! Nous sommes entrés au port, je le crois; nous avons découvert la solution si longtemps cherchée, je l'espère. Cependant gardons-nous de lancer des arrêts trop sévères contre les anciennes écoles, et de les blâmer de n'avoir pas fait ce que nous avons été si lents à faire nous-mêmes. Au lieu de leur adresser des reproches et des sarcasmes, qui pourraient être aisément retournés contre nos incertitudes et nos défaillances, sachons plutôt reconnaître ce que leurs leçons avaient d'utile et même d'excellent. Malgré ses lacunes trop évidentes, l'enseignement de l'Université de Paris, fondé sur l'étude des langues anciennes et complété par celle de l'histoire et des éléments des sciences, cet enseignement décrit par Rollin avec une candeur si judicieuse, sera encore longtemps parmi nous, le fonds nécessaire de toute éducation libérale; car nul autre, jusqu'à ce jour, ne paraît offrir autant d'efficacité pour développer et diriger de jeunes esprits, je ne dirai pas pour leur inculquer certaines notions plus ou moins définies sur telle ou telle branche spéciale des connaissances humaines, mais, ce qui vaut mieux, pour fortifier l'intelligence de l'élève, pour la façonner, l'assouplir et la rendre ainsi propre, dans la suite, à tout étudier et à tout comprendre. « Voulez-vous former, disait le géomètre Fourier, un mathématicien? Commencez par le nourrir de fortes études littéraires. Quand il sera pénétré des beautés de Virgile et d'Homère, de Cicéron et de Démosthène, c'est alors que vous pourrez l'appliquer avec plus de fruit à la géométrie (1). » L'apprentissage des langues, et surtout des langues anciennes, exerce l'esprit sans l'accabler. Le commerce avec les plus beaux génies de la Grèce et de Rome, l'étude quotidienne, pour ainsi dire, de leurs chefs-d'œuvre épure le goût et contribue à l'élévation des sentiments, à l'étendue et à la rectitude des idées. On ne remplacerait pas, comme le voulait Condorcet, cette gymnastique salutaire par une expérience de physique, par l'analyse d'une plante ou par la description d'une machine, encore que la physique, l'histoire naturelle, et, dans une certaine mesure, la mécanique, doivent faire partie de toute éducation bien ordonnée.

(1) *Notes biographiques pour faire suite à l'éloge de M. Fourier*, par M. Cousin, Paris, 1831, in-4°, p. 39.

Aussi, en matière d'enseignement public, beaucoup d'innovations préparées par l'Assemblée constituante et par l'Assemblée législative, décrétées par la Convention, n'ont eu qu'une existence éphémère. Dès que l'ivresse révolutionnaire fut calmée, elles s'évanouirent d'elles-mêmes, sans laisser d'autre vestige qu'un grand préjudice causé à la jeunesse de cette époque ; et on vit sans étonnement reparaître dans les écoles le plan d'études de l'Université de Paris, sauf les améliorations que l'état nouveau du pays commandait, et que l'Université elle-même, si elle eût continué d'exister, aurait adoptées en grande partie. Avec l'ancien plan d'études furent rétablies quelques-unes des institutions qui s'y rattachaient, comme le concours général entre les collèges, et les épreuves de l'agrégation. Les Facultés de théologie, de droit et de médecine reprirent leur vieille dénomination, et furent autorisées à conférer des grades qui rappelaient ceux d'autrefois. La Faculté des arts ne fut pas restaurée, du moins sous le nom qu'elle avait porté depuis le treizième siècle; mais on vit s'élever des Facultés des lettres et des sciences, qui en tenaient lieu. La plus douce des consolations était donc réservée aux anciens maîtres de l'Université de Paris qui avaient survécu aux orages de la révolution, en conservant au fond de leur cœur le fidèle souvenir de l'école vénérée qui les avait accueillis dans ses rangs ; car sur la fin de leur carrière, il leur fut donné de la voir renaître dans l'Université impériale, autant que le permettait la différence des temps et des situations.

FIN DU SECOND VOLUME.

TABLE DES NOMS PROPRES

ET

DES PRINCIPALES MATIÈRES.

A

Académie Française. II, 100, 101, 374, 419.
— des Inscriptions et Belles-Lettres. II, 61, 88, 258.
— des Sciences. II, 422
Acarie (Mme). I, 182.
Achard. II, 392.
Achery (Le P. d'). I, 252.
Achille. V. Harlay.
Adorateur. V. Vault.
Agréda (Marie d'.). II, 64, 65, 66.
Aguesseau (François d'). II, 83, 119, 134, 136, 139, 156, 158, 174, 196, 197, 211, 212, 239, 247, 279, 288, 310.
— (Henri d'). II, 88.
— (d'), conseiller d'État. II, 303.
— (Mme d'). II, 393.
Aides (Cour des). I, 39, 157, 426; II, 410.
Albert le Grand. I, 82; II, 491.
Albret (Jeanne d'). II, 179, 180.
Alembert (d'). II, 287, 371, 374, 414.
Alexandre III, pape. II, 491.
Alexandre IV. I, 283.
Alexandre VII. I, 399, 423, 425.
Alexandre VIII. II, 82.
Alexandre, principal du collège de Tournay. I, 255.
Alexis. V. Trousset.
Aligre (Antoine d'), chancelier de France. I, 194.
— (d'), garde des sceaux. I, 452.
— conseiller d'État. I, 426, 464.
Alincourt. V. Villeroi.
Amelot. I, 76, 426; II, 427.
— maître des requêtes. I, 176, 310.

Amelot, secrétaire d'État. II, 427.
Amiot. I, 479.
Ancre (Maréchal d'). I, 140, 186.
André (Le P.). II, 79.
André des Arts (curé de Saint-). I, 11 II, 284.
Angélique (la mère). I, 287.
Angers. V. Université.
Angoulême. V. Université.
Anguier (François). I, 252.
Anne d'Autriche. I, 191, 254, 274, 318, 321, 347, 378, 455; II, 274.
Antoine (Sigebert). II, 151.
Aquaviva (Claude). I, 100.
Aquin (d'). II, 89.
Argenson (d'), lieutenant de police, et garde des sceaux. II, 95, 166, 276.
Argenson (d'), ministre de la Guerre. II, 264, 265.
— (Louis d'). II, 239, 240.
Argentré (Duplessis d'). II, 159.
Aristote. I, 30, 195, 252, 404, 406, 445, 448, 449; II, 175, 176, 201, 299.
Armand (le P. Ignace). I, 65, 140.
Armenonville (d'). II, 186, 194.
Arnauld (Antoine), avocat de l'Université. I, 7, 62, 64.
— (Antoine), docteur de Sorbonne. I, 252, 287, 288, 289, 290, 291, 295, 304, 328, 368, 369, 370, 371, 372, 373, 374, 375, 376, 377, 399, 403, 404, 407, 408, 440, 444, 445; II, 16, 65, 72, 103, 155, 198, 251.
Arras. V. Collège.
Arroger (Jacques). I, 16.
Arthus (Alexis). II, 58, 60.
Asfeld (d'). II, 129, 159.

500 TABLE DES NOMS PROPRES

Asselin (Gilles). II, 228.
Aubert (Jean). I, 198, 217, 220, 221, 233, 235, 242, 252.
Aubespine (de l'), évêque d'Orléans. I, 135.
Aubril (Jean-Baptiste). II, 366.
Aubry, avocat du parlement. II, 233, 247.
Auffray. II, 478.
Augustin (Saint). I, 324, 327, 328, 368, 377; II, 50, 152.
Augustins. I, 47, 78, 187, 188, 229, 301.
Aumont (Jacques d'), baron de Chappes. I, 75.
— (Thomas). I, 57.
Autun. V. Collège.
Ave-Maria. V. Collège.

B

Bachelier. I, 372.
Bacon. I, 408; II, 276.
Bail (Louis). I, 371.
Baillet. I, 232, 406.
Bailleul (Nicolas de). I, 227, 228.
Bailly, Maire de Paris. II, 456, 465, 466, 471.
Bailly de Berchère. I, 258.
Baius. I, 344.
Baltazard (Christophe). I, 119.
Balzac. I, 251.
Bance (Jean). I, 132.
Barbay, régent de philosophie. I, 315, 416.
Barbé. II, 377, 390.
Barberini (Maffeo). V. Urbain VIII. I, 63.
— neveu du précédent. I, 192, 202, 232.
Barberousse (Christophe). I, 78.
Barbier (l'avocat). II, 220, 241, 247, 250.
— François. I, 435.
Barclai. I, 78, 106.
Barentin (de). II, 455.
Barillon. I, 249.
Barnabites. I, 185, 196, 197, 239, 450; II, 325.
Barrière. I, 64, 96, 114.
Barroy. I, 266.
Basselin. II, 222, 223.
Basset. II, 368.
Batteux. V. Le Batteux.
Baudier. I, 316.
Baudin (Jacques). I, 478.
Bauen. I, 55.
Bayeux. V. Collège.
Bayle. II, 426.

Bazin (Claude). I, 477.
Bazot (Claude). I, 111.
Beaufort (duc de). I, 318.
Beaumanoir (Philippe de). I, 480.
— (de) évêque du Mans. I, 200, 201, 236, 237, 238; II, 5.
Beaumont (Christophe de), archevêque de Paris. II, 280, 288, 292.
Beaupuis (Walon de). I, 401.
Beauregard (Louis de). I, 362.
Beauvais (Marie de). II, 272.
Beauvais. V. Collège.
Beauvilliers (duc de). II, 56.
Béguin (Nicolas). II, 366.
Behotte. I, 74, 75.
Belet. I, 213, 215.
Bellarmin. I, 106, 107, 120, 203, 325.
Belleteste. II, 389.
Belleville, régent au collège d'Harcourt. I, 454.
Bellièvre, V. Pomponne.
— (de), président au Parlement. I, 371.
Belot. I, 78.
— curé de Saint-Côme. II, 235.
Bénard (Michel-André). I, 464; II, 366.
Bénard-Résé. I, 435.
Bénédictins. I, 255, 309; II, 325.
Bénéfices ecclésiastiques. I, 11, 25, 347.
Benet. II, 214.
Benjamin. V. Fourment.
Benoise. I, 464.
Benoît XIII. II, 187, 210.
Bentivoglio. I, 169, 176.
Bérault (Jean). I, 215.
Berbis. II, 146.
Berchère. V. Bailly.
Bergeron. II, 312.
Bernard (Saint). II, 153.
Bernardins. V. Collège. I, 419, 424.
Bernier. I, 448.
Bernis (cardinal de). II, 295.
Berry (duchesse de). II, 187.
Berthe, recteur de l'Université. II, 20, 22.
Berthelin. II, 394.
Berthelot (Jean-François). II, 366.
Berthier (Antoine). I, 162.
Berthoult. I, 265, 306, 307, 322; II, 2, 3.
Bérulle (Charles de). I, 257.
— (Jean de). I, 257.
— (Pierre de). I, 132, 133, 196.

Besoigne (Claude). II, 146, 147, 222, 226, 232.
— (Jérôme). II, 232.
Bethoun (Jacques de). I, 72.
Bezenval. V. Choart.
Bezons (Bazin de). I, 479; II, 2, 15.
Bienaise. I, 888.
Bignon (Jérôme). I, 378, 383, 426, 433; II, 2.
— (Thierry). I, 884.
Bignon (l'abbé). II, 194.
Bigot. I, 243.
Billard, régent au collège de la Marche. II, 366.
— (Denys), régent au collège des Grassins. II, 44.
Billet (Pierre). II, 85, 86, 88, 120, 127, 142.
Billette. II, 371.
Binet (Réné). II, 419, 438, 439, 472, 473, 476, 486.
Bitaud (Jean). I, 195.
Blacuod. I, 213.
Blanger, sénieur de Sorbonne. II, 75.
Blondel. I, 265, 306, 307.
Bochard de Champigny. II, 24.
Boileau. I, 346, 434, 448; II, 88, 89, 98, 175.
— (l'abbé). II, 68, 72, 119, 128.
Boissise (de). I, 142.
Boissy. V. Collège.
Bon, procureur de la Nation d'Allemagne. I, 315.
Bonamour. I, 479.
Bonaventure (Saint). II, 491.
Boncourt. V. Collège.
Boniface VIII. I, 21, 45.
Bonnin (Réné). I, 108, 128, 134.
Bons-Enfants Saint-Honoré et Saint-Victor. V. Collège.
Bontemps. I, 78.
Bontemps (Jean-Antoine). II, 367.
Bordeaux. V. Université.
Borrée (Jean). II, 44.
Boscager. I, 479.
Bosquet (François). I, 383.
Bosquillon. II, 453.
Bossuet. I, 28, 191, 239, 297, 326, 385, 3 3 337, 388, 434, 443, 444, 445, 453, 458; II, 9, 23, 37, 52, 54, 64, 65, 66, 98, 102.
Bossuet (l'abbé). II, 52.
Boucher (Étienne). I, 392; II, 18, 19.

Boucher Saint-Sauveur. II, 489.
Boucherat (Louis). I, 383, 426, 436, 477, 479; II, 2, 39.
Bouillon (duc de). I, 140, 318.
Boullot (Simon). I, 265.
Bourbon (Antoine), comte de Moret. I, 199.
— (Henri de), évêque de Metz. I, 199.
— (duc de). II, 180, 187.
— (Nicolas). I, 213.
Bourdaloue. I, 434; II, 98.
Bourdelot (Pierre). I, 453.
Bourgeois (François), bachelier en théologie. I, 362.
— docteur en théologie. I, 373, 374.
Bourges (Jacques de). I, 453.
Bourges. V. Université.
Bourgogne (duc de). I, 407; II, 22, 56, 98, 100, 450.
— V. Collège.
Bourgoin (François). I, 132.
Bourgoin (Jacques). I, 379.
Bourrey (Guillaume). II, 70, 245.
Bourru, doyen de la Faculté de médecine. II, 453, 461.
Boursier, docteur de Sorbonne. II, 148.
Bouteillier (Denis), avocat de l'Université. I, 112.
Bouteillier, docteur-régent de la Faculté de droit. I, 340.
Bouthelier (Jean). I, 346.
Boutherot (Nicolas). I, 78.
Boutillier (Nicolas), principal du collège de Beauvais. II, 54, 96.
Boyer. I, 261.
Boze (de). II, 258.
Bragelonne (Tomas de), conseiller au Parlement. I, 257.
— docteur en théologie. II, 110, 119.
Bréda (Antoine). I, 220, 371, 373, 440, 441.
Brès (Gaspard). II, 151.
Bresson. II, 245.
Bret, recteur de l'Université de Besançon. II, 182.
Bretagne (duc de). II, 98.
Bretel (Louis). I, 74.
Brèves. V. Savary.
Brière de Surgy. II, 463.
Brillac (de). I, 424, 435.
Brisson. II, 421, 423.
Brix (Noel de). I, 432.

Brossat (le P.). I, 65.
Brosse. I, 316.
Brousse, docteur en théologie. I, 572.
Broussel. I, 303, 329.
Bruant. I, 356.
Brunier. I, 250.
Bruno. I, 195.
Brualard, V. Sillery.
Bry. I, 184.
Budé. I, 28.
Buffon. II, 288, 371.
Buisine (Philippe de). I, 314, 339, 340, 341, 342, 358, 360, 380, 381, 383, 384, 435; II, 1.
Bullen (Antoine). I, 249.
Bullion. I, 208, 248.
Burty. I, 411.
Bus. V. César. I, 132.
Butler (Édouard). I, 473.

C

Caboche (Firmin). II, 366.
Caen. V. Université.
Cagnié (Charles). I, 237, 242, 267, 415.
Cahors. V. Université.
Calignon. I, 66.
Calonne (Alexandre de). II, 272, 441, 449.
Calvin. I, 4, 56, 367; II, 491.
Cambray. V. Collège.
Camus, président au Parlement. I, 112.
— principal du collège de Tréguier. I, 129.
Camusat. I, 316.
Camyer (Camille). II, 332, 338, 339, 341, 354, 377, 378, 450, 472, 473, 475.
Capin (Adrien). II, 366.
Capperonnier (Claude). II, 86, 87.
Cardé. I, 388.
Carmélites. I, 132.
Carmes. I, 47, 239.
Casevan (Jean de). I, 74.
Cassini. II, 276.
Castillan. I, 246.
Catinat. I, 435.
Catulle. I, 28.
Caulet (François de), évêque de Pamiers. II, 8.
Caumartin. I, 66.
Caussin (Le P.). I, 292.
Cauvet. I, 386.
Cayet (Palma). I, 52, 72, 73, 74, 84.

César. I, 28. II, 11.
Chaillou (de). I, 303.
Chamillard (Gaston). I, 336, 337; II, 18, 19.
Chancelier de Notre-Dame. I, 35, 37, 38, 43, 80, 186, 219, 295, 306, 316, 341, 355, 470, 471, 473; II, 12, 52, 91, 128, 143, 189, 190, 378.
Chancelier de sainte Geneviève. I, 160, 316, 317, 359, 426, 446; II, 115, 128, 143.
Chapelain. I, 251.
Chapelle. II, 473.
Chappelas (Jacques). I, 370, 371.
Charbonnet (Mathias). II, 440, 445, 456.
Charenton. V. Collège.
Charlemagne. I, 19, 21, 229, 230, 263, 388, 414, 425, 433, 453, 454; II, 14.
Charles VI, roi de France. I, 19, 141, 283; II, 450, 491.
Charles VII. I, 2, 19, 283; II, 450.
Charles VIII. I, 18, 191.
Charles IX. I, 3, 5, 18, 35, 194, 212, 474.
Charles Ier, roi d'Angleterre. I, 191, 297.
Charles, professeur au Collège royal. I, 213, 214.
Charron. I, 72.
Chartier, professeur au Collège royal. I, 213, 252.
Chartier (Famille des). I, 267.
Charton (Nicolas), docteur en théologie. I, 467; II, 159.
— régent de philosophie. I, 316.
Chartres (duc de). II, 189.
Chastelier (Le P.). I, 65.
Châteauneuf (de). I, 66.
Châtel (Jean). I, 7, 60, 64, 89, 96, 114.
Châtelet de Paris. V. Prévôt de Paris. I, 75, 201, 256, 284, 298, 426, 431, 463; II, 216, 281, 309, 311.
Chaudière. II, 128, 159.
Chauvin. I, 138.
Chenuot. I, 388.
Chevalier. I, 456.
Chevreul (Jacques du). I, 289, 301, 315, 320, 334, 359.
Chigi (cardinal). I, 425.
Chirac (Pierre). II, 224, 225, 427.
Chirot. II, 440.
Chirurgiens. I, 80, 111, 388; II, 261, 262, 263, 398.
Chivry (de). I, 240.

Choart de Bezenval (Nicolas), évêque de Beauvais. I, 347; II, 52.
Choiseul (duc de). II, 295, 297, 385, 386, 416.
Cholets. V. Collège.
Chrétien, régent de Sainte-Barbe. II, 217.
Christallier (J.). II, 87.
Christine de Suède. I, 380.
Cicéron. I, 28, 81, 117, 468; II, 207, 496.
Citois. I, 262.
Claves (Étienne de). I, 195.
Clément V. I, 45.
Clément VIII. I, 78, 128.
Clément IX. I, 444.
Clément XI. II, 71, 78, 102, 103, 108, 109, 138, 157, 186, 204, 210, 216, 218, 222, 284, 241, 243, 244, 246, 263, 291.
Clément XIV. II, 415.
Clément (Jacques). I, 9, 96, 98.
Clénard. I, 405, 406; II, 178.
Clermont. V. Collège.
Clerselier. I, 445.
Cluni. V. Collège.
Clusel (Étienne). II, 366.
Cochet (Jean). II, 270, 326.
Cochin. II, 343.
Coffin (Charles). II, 57, 88, 89, 96, 97, 127, 155, 157, 158, 166, 167, 168, 174, 204, 206, 207, 213, 228, 230, 237, 245, 248, 272, 280, 281, 334, 492.
— (Lambert). II, 178.
Coger. II, 372, 401, 405, 408, 409, 414, 415, 417.
Coignard (Jean-Baptiste). II, 273, 414.
Colbert, surintendant des finances. I, 426, 434, 436, 437, 452, 453, 454, 458; II, 9, 18, 98.
— évêque de Montpellier. II, 134.
Colin (Michel), syndic de la Faculté de théologie. I, 147, 150.
Collège d'Arras. I, 268; II, 330, 445.
— d'Autun. I, 267, 316, 363, 378, 442, 470; II, 330.
— de Bayeux. I, 225, 264, 265, 354, 355; II, 231, 330.
Collège de Beauvais. I, 109, 158, 159, 223, 224, 227, 269, 307, 308, 310, 316, 322, 350, 429; II, 33, 54, 56, 57, 88, 94, 95, 96, 97, 152, 165, 171, 177, 227, 257, 272, 280, 335, 336, 337, 349, 376, 390.
Collège des Bernardins. I, 78.

Collège de Boissy. I, 267, 471; II, 94, 330.
— de Boncourt. I, 9, 55, 211, 253.
— des Bons-Enfants-Saint-Victor. I, 78, 181, 268, 343, 463; II, 330.
Collège de Bourgogne. I, 128, 129, 264, 471; II, 2, 24, 225, 226, 330, 398.
— de Calvi. I, 17, 90, 95, 104, 198, 226, 243, 269, 308.
Collège de Cambrai. V. Collège royal. II, 24, 330.
Collège du Cardinal-Lemoine. I, 3, 88, 172, 211, 219, 231, 246, 247, 267, 269, 294, 316, 322, 349, 359, 386; II, 36, 37, 88, 59, 98, 159, 165, 172, 189, 190, 227, 240, 272, 349, 420, 425, 442, 444, 465, 469.
Collège des Cholets. I, 265; II, 90, 91, 92, 149, 151, 330, 396, 400, 401, 403, 409, 411, 441.
— de Clermont. V. Collège Louis le Grand. I, 3, 7, 89, 101, 102, 103, 105, 112, 119, 140, 149, 157, 171, 174, 175, 176, 177, 180, 181, 196, 199, 200, 204, 227, 228, 244, 255, 256, 279, 284, 289, 291, 295, 315, 325, 405; II, 6, 22, 60, 126, 213, 220, 228, 230, 299, 302, 309, 310, 326, 328, 329, 330, 331, 333, 334, 335, 336, 342, 343, 349, 351, 374, 381, 386, 393, 396, 400, 402, 403, 417, 422, 423, 439, 441, 444, 445, 462, 466, 487, 492, 493.
Collège Cluni. I, 225, 305.
— de Coquerel. I, 268.
— de Cornouailles. I, 267, 354; II, 330.
— de Dainville. I, 264; II, 94, 140, 330.
Collège des Dix-huit. I, 226; II, 45, 330.
— des Écossais. I, 266.
— de Fortet. I, 157, 266; II, 273, 330.
— de Maître-Gervais. I, 264, 314, 442, 472; II, 90, 330.
Collège des Grassins. I, 55, 72, 100, 181, 266, 269, 316, 450; II, 37, 38, 42, 44, 50, 61, 88, 92, 165, 222, 227, 229, 230, 248, 272, 349, 444, 465.
Collège d'Harcourt. I, 54, 55, 74, 76, 105, 111, 119, 128, 143, 145, 147, 168, 191, 225, 227, 239, 260, 262, 264, 268, 269, 282, 316, 322, 334, 377, 381, 415, 417, 442, 464; — II, 37, 50, 76, 88, 91, 98, 125, 127, 142, 165, 188, 227, 228, 272, 331, 334, 349, 355, 414, 421, 432, 433, 434, 438, 444, 453.

Collège de Hubant ou de l'Ave-Maria. I, 267; II, 330.
— des Irlandais. I, 191, 343; II, 141, 220, 241.
— de Justice. I, 189, 225, 227, 264; II, 238, 330.
Collège de Laon. I, 267, 310; II, 6, 330.
Collège de Lisieux. I, 54, 55, 56, 81, 100, 181, 221, 222, 265, 305, 316, 343, 386, 428; II, 38, 94, 165, 227, 235, 238, 272, 309, 310, 312, 326, 329, 330, 332, 333, 336, 349, 390, 391, 396, 444, 465.
Collège des Lombards. I, 181, 191, 211, 267, 472, 473; II, 140.
Collège Louis le Grand. V. Collège de Clermont.
Collège du Mans. I, 200, 201, 236, 237, 238, 265, 266, 306, 316, 321; II, 4, 5, 6, 116, 330.
— de la Marche. I, 219, 267, 316, 366; II, 38, 61, 88, 113, 114, 125, 159, 165, 172, 227, 240, 268, 272, 349, 419, 444, 465.
Collège de Marmoutiers. I, 255, 256; II, 116.
— Mazarin. I, 396, 398, 454, 455; II, 20, 38, 42, 44, 58, 59, 88, 92, 147, 148, 161, 165, 168, 171, 175, 227, 228, 237, 259, 261, 272, 276, 288, 340, 349, 363, 366, 372, 382, 414, 415, 419, 424, 425, 444, 456.
Collège de la Mercy. I, 181, 268.
— de Mignon. I, 73, 74, 267.
— de Montaigu. I, 81, 266, 269, 316, 322, 357; II, 6, 84, 87, 88, 50, 90, 165, 172, 227, 272, 349, 396, 440, 444, 465, 487.
Collège de Narbonne. I, 29, 225, 264, 265, 316, 427; II, 213, 330.
— de Navarre. I, 8, 17, 79, 82, 184, 238, 239, 242, 258, 267, 275, 285, 316, 322, 326, 335, 337, 342, 357, 362, 369, 391, 395, 413, 415, 417, 436, 454, 466; II, 6, 16, 22, 24, 38, 42, 58, 71, 90, 93, 106, 110, 120, 165, 172, 189, 227, 270, 272, 274, 275, 290, 349, 367, 371, 420, 428, 444, 465, 484.
Collège du Plessis. I, 100, 164, 221, 222, 255, 268, 308, 309, 310, 316, 394; II, 24, 37, 38, 45, 46, 50, 60, 74, 75, 76, 77, 88, 94, 123, 124, 142, 147, 165, 172, 177, 206, 213, 214, 215, 227, 229, 232, 236, 247, 272, 275, 349, 444, 466, 472, 478.

Collège de Presles. I, 159, 268, 346, 416; II, 54, 57, 94, 330.
Collège des Quatre-Nations. V. Collège Mazarin.
— de Reims. I, 9, 108, 265, 266, 316, 442; II, 23, 330, 396.
Collège Royal. I, 55, 84, 181, 211, 212, 213, 214, 268, 269, 330, 446, 467; II, 24, 45, 46, 61, 88, 98, 142, 330, 396, 402, 403, 404, 405, 406, 407, 408, 409, 411, 474.
Collège Saint-Michel. I, 181, 267, 354, 356; II, 94, 227, 330.
Collège Sainte-Barbe. I, 265, 306, 307, 316, 322; II, 2, 3, 4, 94, 142, 194, 215, 216, 217, 218, 219, 220, 221, 268, 330, 441.
Collège de Séez. I, 225, 264, 265, 442; II, 94, 231, 330.
Collège de Sorbonne. I, 46, 49, 79, 82, 128, 129, 131, 132, 135, 163, 164, 188, 194, 204, 222, 226, 227, 231, 243, 245, 253, 269, 274, 291, 308, 310, 314, 336, 337, 366, et s., 395, 428, et s., 445, 465, 466; II, 16, 24, 26, 37, 38, 46, 52, 64, 65, 66, 67, 70, 74, 75, 76, 77, 79, 93, 94, 107, 110, 118, 119, 120, 122, 125, 131, 132, 134, 137, 138, 146, 147, 148, 155, 159, 189, 205, 206, 207, 209, 210, 212, 213, 263, 270, 271, 274, 283, 285, 286, 278, 288, 289, 290, 356, 371, 372, 373, 429, 440, 484, 488, 491.
Collège de Tournai. I, 258, 267.
— de Tours. I, 267; II, 50, 330.
— de Tréguier. I, 129, 211; II, 330.
— du Trésorier. I, 128, 227, 264, 265, 316, 471; II, 25, 90, 94, 330.

Hors de Paris.

Collège d'Aire.
— d'Amiens. II, 301, 364, 366.
— d'Angoulême. II, 301.
— d'Arras. II, 90, 301.
— d'Aurillac. II, 301.
— d'Auxerre. I, 200; II, 301, 367.
Collège de Bapaume. II, 301.
— Bar-le-Duc. II, 301.
— de Béthune. II, 301.
— de Billom. I, 69; II, 301.
— de Blois. I, 200; II, 302.
— de Bourges. I, 69; II, 302.
— de Charenton. I, 136.

Collège de Charleville. II, 302.
— de Châlons-sur-Marne. II, 302.
— de Chaumont-en-Bassigny. II, 302.
— de Clermont-Ferrand. II, 302.
— de Compiègne. II, 302, 306.
Collège de Corbeil. I, 379.
— de Douai. I, 60.
— d'Eu. I, 235; II, 302.
— de Fontenay-le-Comte. I, 69; II, 302.
— d'Hesdin. II, 302.
— de Juilly. I, 406.
— de la Flèche. I, 89, 90; II, 302, 334, 335, 336, 366, 411.
Collège de Langres. I, 235; II, 302.
— de Laon. II, 302.
— de la Rochelle. II, 302.
— de Mâcon. II, 302.
— de Maubeuge. II, 366.
— de Mauriac. II, 302.
— de Moulins. I, 70; I, 302.
— de Nevers. II, 302.
Collège de Notre-Dame de Bon-Secours, à Lyon. II, 302.
— d'Orléans. II, 302, 366.
— de Pont-à-Mousson. I, 60, 65; II, 302.
— de Pontoise. I, 323.
— de Provins. I, 450, 451.
— de Puy-Gareau, à Poitiers. II, 302.
Collège de Reims. I, 70; II, 302.
— de Roanne. II, 302.
— de Rouen. II, 366.
— de Saint-Flour. II, 302.
— de Saint-Omer. II, 302.
— de Sainte-Marthe, à Poitiers. I, 294; II, 302.
— de Sens. II, 92, 302.
Collège de Tournon. I, 70, 131, 196, 201, 237.
— de la ville de Tours. II, 302, 425.
— de la Trinité à Lyon. II, 302.
Collesson. I, 479.
Collet. II, 271.
Colin. I, 135.
Collin. II, 473.
Collins. II, 282.
Collot (Bernard). II, 273.
Colombet, principal du collège de Bourgogne. II, 2.
Côme (Cure de Saint-). I, 184, 432, 433; II, 146.
Compant. I, 257.

Comptes (Chambre des). I, 215.
Concile de Bâle. II, 157.
— de Constance. I, 2, 99, 110, 120, 140, 148; II, 11, 157, 491.
— de Pise. I, 2, 120; II, 491.
— de Trente. I, 148, 155, 344.
Condé (Prince de). I, 107, 108, 112, 140, 142, 184, 275, 295, 296, 298, 299, 347, 348, 364; II, 22.
— (Prince de), surnommé le grand Condé. I, 318, 335, 443; II, 98.
Condillac. II, 282, 283, 424, 425.
Condorcet. II, 481, 482, 483, 496.
Condren (Le P.). I, 406.
Confucius. II, 67.
Conseil d'État. I, 108, 158, 174, 196, 197, 206, 244, 255, 279, 290, 292, 469, 479; II, 2, 41, 58, 59, 90, 146, 168, 179, 184, 189, 192, 193, 212, 235, 238, 239, 240, 247, 253, 260, 263, 332, 355, 363, 374, 396, 431, 493.
Constance. V. Concile.
Contes (Jean de). I, 219, 306, 316, 383.
Conti (Armand, prince de). I, 295, 310, 318, 319, 320, 347, 348; II, 189.
Conzié (de), évêque d'Arras. II, 445.
Copernic. I, 408.
Coqueley (Lazare). I, 17.
Coquelin (Nicolas), chancelier de Notre-Dame. I, 471; II, 12, 22, 24.
Coquerel. V. Collège.
Coqueret. I, 266.
Corbeil. V. Collège.
Cordeliers. II, 267.
Cordemoy. II, 37.
Corneille (Pierre). I, 251, 405, 480; II, 148.
Cornet (Nicolas). I, 239, 249, 267, 326, 327, 328, 342, 366, 369, 371.
Cornouailles. V. Collège.
— (Nicolas), syndic de la Faculté de médecine. I, 103, 313.
Cospeau (Philippe). I, 102, 208.
Coton (Le P.). I, 66, 99, 100, 104, 108, 140, 202, 204.
Cottin (François). I, 382, 383.
Coubayon. I, 353, 378, 380, 411.
Coullart. I, 156.
Coulon. I, 294.
Coupé. II, 364, 367.
Courcier. II, 119.

Courtin, maître des requêtes. I, 426.
— (Jean), recteur. I, 343.
Courtois (Paul). I, 435.
Cousinot. I, 156, 213.
Coustel. I, 401.
Couture (Jean). II, 61, 88.
Couvillard de Laval. II, 192, 194, 236.
Coylin (Michel). I, 100.
Coypel. II, 442.
Cramoisy, imprimeur. I, 289.
Créqui (duc de). I, 418, 424.
Creusot, supérieur de Sainte-Barbe. II, 217.
Crévier. I, 32, 48, 49, 361 ; II, 57, 88, 206, 228, 257, 492.
Critton (Georges). I, 55, 56, 57, 84.
Croizier (Claude). I, 157.
Crouzet. II, 489.
Crozat (Antoine). II, 87.
Crozet (le P. Thomas). II, 64.
Cruice (Patrice). I, 473.
Cugnet (Jean). I, 479.

D

Dabes. I, 314.
Daccole (Samuel). I, 103, 112, 138, 283, 302, 303, 311, 312, 313, 314, 315.
Dagoumer. II, 38, 76, 77, 78, 101, 112, 113, 124, 127, 142, 174, 183, 185, 186, 201, 228, 241, 242, 363.
Dainville. V. Collège.
Daire. II, 363.
Damiens. II, 295.
Danès. I, 28.
Danet (Pierre). I, 406, 457.
Daniel, procureur de la nation de France. I, 314, 411.
Danisson. I, 16.
Daragon (Jean). II, 428, 440.
Darroy (F.). II, 88.
Dartis (Jean). I, 307, 340.
Daveluy. II, 245.
Davezan (Jean). I, 384, 435.
David (l'abbé). I, 73 ; II, 219.
Debacq (Antoine). II, 92, 99, 114.
De Bray. II, 87.
Defita, avocat au Parlement. I, 260.
— (Denis), docteur en théologie. I, 432, 433,434.
Delaleu. II, 225.
Delan (Hyacinthe). II, 71, 72.

Delille (Jacques). II, 364, 366, 374, 419.
Delneuf (Jean). II, 442, 443, 472, 473, 475, 476, 477.
Deloy (Michel). I, 382, 383, 478.
Demontempuys (Petit). II, 74, 75, 76, 77, 123, 124, 125, 126, 127, 132, 133, 137, 140, 141, 143, 145, 149, 162, 163, 164, 165, 166, 174, 201, 204, 248, 308, 342, 343, 393, 395, 492.
Démosthène. I, 28 ; II, 496.
Desauberis. I, 316, 446.
Desbarrières. I, 479.
Descartes. I, 31, 195, 252, 402, 404, 405, 445, 446, 449, 450, 480 ; II, 24, 36, 38, 39, 74, 75, 79, 176, 200, 201, 202, 281, 282, 299, 424, 425.
Descemet. II, 429.
Deschasteaux, recteur de l'Université. I, 314, 319, 321, 373, 377.
Desessartz (Charles). II, 399, 428, 429.
Deslandes (Guillaume). I, 161.
— régent au collège de la Marche. II, 363.
Despautère. I, 332, 405, 406 ; II, 178.
Despériers (Jacques), principal du collège de Lisieux. I, 265, 305, 466.
Desplaces. I, 219, 220.
Desplantes (Laurent). I, 419, 420.
Desprez. II, 38.
Destempe. I, 426.
Devaux. I, 219.
Diderot. II, 283, 287, 371.
Doctrinaires. II, 325, 336, 411.
Dodart (Denys). I, 453.
Dominicains. I, 47, 82, 87, 111, 206, 229, 336, 337 ; II, 19, 67, 323, 442, 492.
Dominis (Marc-Antoine de). I, 169, 170.
Dossier (Jean). I, 168, 171, 172, 177.
Douai. V. Collège.
Douceur (David). I, 72.
Doujat (Jean). I, 380, 381, 435, 478.
Douté, doyen de la Faculté de médecine. II, 137, 151.
Drapier. I, 261.
Dreux. I, 187, 229, 307, 395.
Drouet de Villeneuve. I, 417, 418, 419.
— (Mathieu). I, 20.
Dubarry (Mme). II, 416.
Dubertrand. II, 465.
Dubois (cardinal). II, 156, 159, 183, 187.

Dubois, avocat au parlement. I, 361.
— principal du collège de Maître-Gervais. I, 472.
Du Boulay (César, Egasse). I, 16, 258, 362, 411, 412, 426, 427, 440, 441, 454, 462, 464; II, 44, 139.
Duboulay (Pierre, Egasse). I, 413, 414, 415, 416, 425, 459, 462, 463; II, 29, 88.
Dubreuil. I, 316.
Duchesne (André). I, 252.
— (Bertrand). I, 220.
— (Michel). I, 346.
Ducotté. II, 88.
Du Failly. II, 38.
Dufeu (Romain). I, 58.
Dufourny. II, 489.
Dufranc. II, 146.
Du Fresne, de Mincé. I, 206.
Dugard. I, 286, 288.
Duguet. II, 57.
Duhamel, régent de Sainte-Barbe. II, 217.
Duhan. II, 88.
Dulaurens (Pierre). I, 305.
Dumesnil. I, 316.
Dumets. I, 314.
Dumonstier (François). I, 285, 290, 294, 298, 300, 304, 335, 358, 362, 377, 415.
Dumouchel (Jean-Baptiste). II, 443, 449, 458, 463, 471, 472.
Dumoulin. I, 104.
Duns Scot. II, 491.
Duperron (cardinal). I, 91, 105, 109, 110, 122, 123, 124, 145, 148, 176, 182, 211.
Dupin (Ellies). II, 66, 70, 71, 155.
Dupont. II, 458.
Dupuis (Jean), régent au collège Mazarin. I, 233; II, 171.
Dupuy (Pierre). I, 251.
Dupuys (Étienne). I, 95, 100, 102, 105, 142.
Durant. II, 245.
— (Nicolas). II, 384.
Duret (Jean). I, 103.
— (Remi). I, 463, 464.
Durieux (Thomas). II, 4, 76, 94, 147, 215, 216, 232.
Duru. I, 479.
Duval. I, 426.
— (André). I, 83, 84, 86, 103, 194, 232.
— (Guillaume), greffier de l'Université. I, 100, 161, 188, 252.

Duval (Pierre) fils du précédent. I, 183.
— (Joachim), recteur de l'Université. I, 182; II, 434, 435.
— (Pierre), recteur de l'Université. II, 395, 438, 440.
— procureur de la nation de Normandie. II, 377.

E

Eaubonne (d'), chanoine. II, 248.
Écoles chrétiennes (Frères des). II, 79.
Écoles (Petites). I, 456, 457, 458, 459, 462; II, 35, 81, 165.
Écossais. V. Collège.
Elbeuf (duc d'). I, 318.
Élisabeth, reine d'Espagne. I, 297.
Ellain (Nicolas). I, 9, 51, 52, 90, 166.
Emery (d'). I, 299.
Enghien (duc d'), V. Condé. I, 295.
Engoulevent. I, 78, 80, 81, 187.
Ennuvair (Nicolas d'). I, 428.
Épernon (duc d'). I, 101.
Érasme. II, 86, 199.
Eschaux (Bertrand d'). I, 172.
Estampes (Léonor d'). I, 186.
Estienne (Henri). I, 28.
Estouteville (cardinal d'). I, 4, 6, 35, 87, 88, 467.
Estrées (cardinal d'). II, 81.
Euclide. I, 30, 406, 408.
Eudémon (le P.). I, 202.
Eudistes. II, 58, 60.
Eugène IV. II, 153.
Eustace. II, 69.
Eustathe. II, 86, 87.

F

Fabert (m^{is} de). I, 364.
Fabvre (Ambroise). I, 268.
Faculté des arts. I, 5, 10, 15, 16, 17, 30, 35, 36, 37, 40, 41, 42, 44, 52, 78, 83, 88, 93, 103, 104, 138, 145, 146, 147, 156, 160, 162, 164, 167, 178, 180, 183, 188, 189, 190, 215, 217, 219, 220, 221, 238, 239, 243, 248, 249, 259, 261, 263, 264, 266, 279, 298, 301, 305, 308, 313, 315, 317, 323, 325, 340, 345, 356, 357, 358, 360, 361, 362, 363, 377, 385, 387, 401, 410,

412, 415, 417, 418, 425, 426, 427, 435, 440, 441, 442, 447, 452, 453, 454, 455, 456, 457, 462, 463, 464, 465, 466, 467, 468, 469, 472; II, 7, 23, 34, 36, 48, 49, 50, 57, 60, 81, 85, 86, 87, 91, 92, 93, 99, 103, 110, 112, 114, 115, 119, 120, 122, 123, 124, 127, 137, 141, 142, 143, 144, 145, 149, 158, 162, 166, 167, 174, 176, 177, 185, 190, 195, 213, 214, 219, 220, 221, 222, 223, 226, 227, 228, 229, 231, 235, 237, 238, 239, 240, 241, 242, 243, 245, 246, 248, 249, 250, 251, 252, 255, 256, 257, 258, 260, 261, 263, 265, 268, 276, 281, 287, 289, 302, 305, 306, 323, 326, 328, 332, 336, 338, 340, 341, 346, 348, 349, 350, 351, 352, 353, 354, 355, 356, 359, 363, 366, 367, 374, 375, 377, 386, 387, 389, 391, 392, 394, 395, 400, 402, 403, 404, 405, 406, 407, 408, 409, 416, 417, 419, 422, 423, 424, 433, 434, 435, 436, 437, 439, 441, 442, 443, 445, 446, 453, 456, 468, 469, 472, 473, 474, 475, 477, 486, 490, 497.

Faculté de droit. I, 4, 58, 79, 91, 93, 103, 104, 138, 145, 147, 156, 157, 160, 161, 162, 163, 185, 243, 248, 275, 307, 313, 339, 340, 342, 358, 359, 360, 361, 380, 384, 385, 386, 426, 430, 441, 447; II, 2, 15, 20, 21, 33, 87, 100, 123, 151, 181, 194, 233, 235, 306, 338, 341, 370, 378, 386, 395, 396, 397, 398, 400, 416, 437, 453, 461, 462, 472, 486, 490, 497.

Faculté de médecine. I, 5, 24, 37, 40, 42, 44, 78, 79, 80, 90, 91, 93, 103, 104, 112, 138, 145, 147, 156, 157, 163, 166, 248, 250, 258, 275, 292, 293, 294, 304, 313, 314, 318, 319, 321, 339, 340, 342, 357, 358, 359, 361, 386, 388, 390, 393, 426, 431, 435, 441, 447, 452, 453; II, 20, 21, 38, 39, 41, 83, 84, 87, 100, 123, 137, 151, 181, 224, 225, 232, 235, 261, 262, 285, 306, 312, 338, 339, 341, 347, 354, 356, 357, 378, 398, 400, 408, 426, 427, 428, 429, 430, 453, 461, 472, 486, 490, 497.

Faculté de théologie. I, 4, 14, 24, 46, 49, 72, 76, 77, 78, 79, 81, 82, 83, 84, 85, 86, 88, 90, 91, 93, 97, 102, 104, 108, 110, 112, 120, 122, 123, 124, 126, 133, 134, 135, 138, 140, 145, 147, 148, 156, 163, 168, 170, 178, 180, 182, 191, 194, 195, 197, 203, 204, 205, 206, 207, 208, 230, 231, 233, 235, 237, 238, 243, 246, 255, 257, 278, 279, 289, 291, 302, 304, 310, 311, 312, 313, 314, 324, 326, 327, 328, 329, 335, 336, 337, 339, 342, 345, 357, 358, 359, 361, 366, 367, 369, 370, 373, 375, 376, 377, 380, 386, 387, 393, 417, 418, 420, 421, 422, 423, 424, 426, 435, 440, 441, 442, 443, 444, 447, 448, 449, 455; II, 7, 12, 15, 16, 18, 19, 20, 21, 28, 29, 32, 33, 53, 64, 67, 68, 69, 70, 87, 92, 100, 103, 105, 106, 107, 114, 119, 123, 127, 129, 130, 132, 133, 134, 135, 136, 137, 151, 155, 157, 159, 160, 181, 205, 207, 209, 210, 212, 213, 216, 218, 221, 223, 235, 244, 249, 251, 263, 283, 287, 288, 289, 290, 291, 292, 293, 305, 339, 341, 354, 355, 357, 370, 371, 372, 373, 394, 400, 408, 419, 429, 446, 453, 461, 462, 467, 483, 486, 490, 497.

Faculté de droit d'Angers. I, 239.
— de Poitiers. I, 161.
— de Toulouse. I, 130.
Faculté de médecine de Montpellier. I, 293.
Faculté de médecine de Reims. I, 296.
Fagon, médecin de Louis XIV. I, 453; II, 39, 42.
— fils du précédent. Conseiller d'État. II, 167.
Falconet. I, 432.
Fardeau. I, 78, 128.
Farely. II, 241.
Faure. I, 356, 426.
Fayet (Antoine). I, 142, 143.
Fénelon. I, 28, 445; II, 53, 56, 66, 98, 201.
Ferlet (Edmond). II, 366.
Ferrière (Joseph de), syndic de la Faculté de droit. II, 194.
— (de), docteur régent de la Faculté de droit. II, 437.
Filesac (Jean). I, 83, 87, 123, 126, 133, 134, 135, 156, 206, 237.
Fléchier. II, 198.
Fleury (François), prieur de Sorbonne. I, 304.
— (cardinal de). II, 187, 205, 206, 207, 211, 213, 214, 218, 221, 236, 239, 240, 247, 248, 249, 255, 257, 260, 263, 264.

Florent, doyen de la Faculté de décret. I, 314, 340.
Fogarty. II, 141.
Fontaines (Pierre de). I, 480.
Forgemont (Joachim). I, 108.
Fortet. V. Collège.
Fortia (de). II, 289.
Fortin (Nicolas). I, 108, 377, 426.
Foucaut. I, 316.
Fouquet. I, 176.
Fouquier. II, 235, 236, 287.
Fourcroy, avocat au parlement. I, 428.
Fourment (Benjamin). I, 358.
Fourmont (Étienne). II, 142.
Fourneau. II, 306, 312, 326, 330, 332, 339, 341, 404, 422, 439.
Fournier, procureur du collège de Reims. I, 411; II, 23.
Fourier. II, 496.
Framery, principal du collège des Grassins. II, 50.
Franciscains. I, 47, 82, 87, 206. II, 491, 492.
François Ier. I, 4, 50, 63, 74, 128, 201, 210, 217, 251; II, 405.
Fraser. I, 54.
Frédéric II. II, 287.
Frémiot, archevêque de Bourges. I, 262.
Frères prêcheurs. V. Dominicains. I, 109, 110.
Fréret. II, 413.
Fresne (du). V. Mincé. I, 435.
Frison (Pierre). I, 238, 249, 252.
Froger. I, 238.
Fromentin (Pierre). II, 261, 264, 268, 270, 271.
Fronteau, chancelier de Sainte-Geneviève. I, 317.
Fronton Duduc (le P.). I, 119, 140.
Furgault (Nicolas). II, 419.
Fusil (Antoine). I, 15, 16, 25.

G

Gagnot. II, 368, 367.
Galland (Jean). I, 51, 52, 253.
Gaillande. II, 235, 236, 238, 240.
Galien. I, 5, 41, 252.
Galilée. I, 408; II, 276.
Galland (Pierre). I, 7, 8, 9, 211.
Gallemant (Jacques). I, 131.
Gallot (Étienne), principal du collège de Lisieux. I, 222, 223.
— (Thomas), docteur de Sorbonne. I, 131.
Gamache (Philippe de). I, 83, 122.
Garasse (le P.). I, 202, 205, 206.
Garat. II, 446.
Gardin Dumesnil. II, 334, 363.
Garson, curé de Saint-Landry. II, 110, 119.
Gassendi. I, 195; II, 24, 86.
Gassion (Maréchal). I, 305.
Gastaud (Jacques). I, 182.
Gaudin (le P.). I, 407.
Gaullyer. II, 177.
Gault (Jean). I, 100.
Gaultier, régent au collège des Grassins. I, 100.
Gaumont, avocat au Parlement. I, 361.
Gayan (Pierre), président au Parlement. I, 304.
Gazil (Raoul de). I, 108, 187.
Genevaux. II, 213.
Genien. II, 363.
Gentilhomme (Michel). II, 87.
— (Renault). II, 36, 87.
Genty (Louis). II, 366.
Geoffroy. II, 278.
Gérard. I, 316.
Gerbais (Jean). II, 46.
Gerson (Jean). I, 21, 84, 98, 120; II, 66.
Gervais (maître-). I, 264. V. Collège.
Gervaise, syndic de la Faculté de théologie. II, 293, 370.
Geslin (Guillaume). I, 131.
Ghini (André), évêque d'Arras. I, 478.
Gibert (Balthasar). II, 88, 174, 181, 183, 185, 196, 204, 213, 222, 228, 230, 231, 236, 237, 238, 239, 242, 245, 247, 248, 259.
Gigot, recteur. II, 326.
Gigour (Martin), recteur. I, 16, 17, 22.
Gilbert, conseiller d'État. II, 303.
Gilles. V. Saint-Martin.
Gillot, docteur de Sorbonne. II, 4.
Girard. I, 479.
Girault de Koudou. II, 420, 421, 422, 423, 471, 472, 473, 475.
Gobillon. I, 316.
Gobinet (Charles). I, 309; II, 45, 50.
Godart de Puy-Marais. I, 485.
Godeau (Antoine). I, 383.

Godot (Michel). II, 88, 89, 110, 111, 112, 137, 145, 146, 147, 149, 151, 158, 166.
Godefroy (Étienne). I, 251.
Gondi (Pierre de), évêque de Paris, proviseur de Sorbonne. I, 186.
— (Henri de), neveu du précédent, évêque de Paris. I, 97, 185, 187.
— (François de), frère du précédent, premier archevêque de Paris. I, 186, 350, 363.
— (Paul de), cardinal de Retz. I, 244, 318, 350, 351, 352, 363, 364.
Gondoin, architecte. II, 398.
Gondouyn, régent de philosophie. I, 100.
Gondrin (de), archevêque de Sens. I, 450.
Gone (de). I, 479.
Gossart (Jean-Baptiste). II, 366.
Gouault, principal du collège des Grassins. I, 181.
Goudouin, régent au collège Mazarin. I, 455, 467.
Gouffé (Germain). I, 187.
Goujet. I, 213, 455 ; II, 229.
Goulliart. II, 453.
Goulu. I, 213.
Grandin, syndic de la Faculté de théologie. I, 419, 420, 466.
Grandjean de Fouchy. II, 421.
Grandmont (ordre de). I, 73, 74, 267.
Grangier (Jean). I, 105, 107, 119, 128, 146, 156, 158, 159, 188, 189, 211, 217, 223, 224, 225, 237, 242, 258, 259, 268, 307, 467.
Grassins. V. Collège.
Gratien. I, 19, 45.
Grégoire VII, pape. II, 210.
Grégoire IX. I, 43, 45.
Grégoire XIII. I, 80.
Grégoire XV. I, 170, 185.
Grenan (Bénigne). II, 88, 89, 126, 127, 174, 492.
Grimaldi (de), archevêque de Besançon. II, 225.
Grotius. I, 254.
Guénaud. I, 431.
Guérin (Denis), docteur régent de la Faculté de Médecine. I, 166.
— (François), régent au collège de Beauvais. II, 88, 171, 206, 326.
— (Nicolas), syndic et recteur. II, 339, 340, 390, 404, 418, 439, 450.
Guéroult (Antoine). II, 419.

Guéroult (Claude). II, 273, 414, 419. 453.
Guesle (Jacques de la). I, 7.
Gueslon (Nicolas). II, 71.
Guidacerio. I, 211.
Guilbert. V. Préval.
Guillard. I, 78.
Guillaume. II, 213, 214, 215, 245.
Guillier. II, 237.
Guillon, régent de philosophie à Montaigu. I, 316, 357.
Guilloud (François), chancelier de Sainte-Geneviève. I, 317.
Guimbert, supérieur à Sainte-Barbe. II, 218, 363.
Guiménius (Amédée). I, 424.
Guischard (Pierre). I, 435, 466 ; II, 66.
Guyard (Denis), syndic de la Faculté de théologie. I, 369, 370, 435.
Guyart (François), agrégé de philosophie, régent de philosophie au collège Mazarin. II, 366, 425.
Guyon, doyen de la Faculté de droit. I, 130, 156.
Guyot, maître à Port-Royal. I, 401 ; II, 364.
Guyton de Morveau. II, 323.

H

Habert, évêque de Vabres. I, 343, 366.
— docteur en théologie. I, 206 ; II, 107, 108, 110, 119, 129.
Hacqueville (de). I, 112.
Halley (Pierre). I, 380, 381, 383, 435, 478.
Hallier, syndic de la Faculté de théologie. I, 345, 367, 369.
Hameau. II, 218.
Hamelin (Claude). II, 35, 259, 260, 261, 281, 326, 333, 334, 336, 363.
Hamelin (Paul). II, 376, 377, 378, 390, 391, 393, 394, 395, 435, 438.
Hamon, bachelier en médecine et depuis médecin de Port-Royal. I, 304, 453.
Harcourt. V. Collège.
Hardivilliers (Pierre). I, 112, 116, 128, 206.
Harlay (Achille de). I, 7, 68, 70, 105, 107, 108, 119, 164, 167.
— (François de), archevêque de Rouen, puis de Paris. I, 108, 125, 186, 226, 447, 454 ; II, 5, 20, 36, 51, 52, 70, 75, 266.

Harlay (de), procureur général au Parlement de Paris. I, 485; II, 14, 15, 16, 29, 31, 33.
— (de), fils du précédent. I, 424.
Hauchecorne. II, 424, 425.
Haute-Maison (de la). II, 218.
Hauy. II, 419.
Hébert (Rolland), syndic de la Faculté de théologie et archevêque de Bourges. I, 85, 184.
Heidelberg. V. Université.
Helvetius, médecin de Louis XV. II, 207.
Hennequin, recteur de l'Université. I, 81, 156, 206.
— docteur en théologie. I, 312, 313, 314.
— (Dreux), conseiller au Parlement. (V. Dreux.)
Henri II. I, 2, 5, 50. 211, 251.
Henri III. I, 3, 73, 74, 103, 239, 250, 391; II, 138.
Henri IV. I, 6, 7, 8, 10, 13, 14, 23, 35, 40, 58, 60, 61, 62, 65, 66, 69, 70, 82, 84, 89, 91, 92, 93, 94, 95, 99, 101, 113, 128, 140, 172, 189, 199, 200, 202, 212, 213, 240, 269, 272, 275, 278, 285, 297, 338, 351, 415, 435, 438, 465, 467; II, 82, 92, 138, 174, 179, 180, 240, 298, 321, 436, 491.
Henriette de France, reine d'Angleterre. I, 191, 297, 444.
Hérault, lieutenant de police. II, 216, 217, 218.
Héreau. I, 284, 290, 292.
Héricourt (de). II, 283.
Hérivaux. II, 363, 473, 475.
Hermant (Godefroy). I, 280, 281, 282, 283, 303, 315, 377.
Hérodote. II, 175.
Hérouval (d'). I, 426.
Hérouville (Jean d'). II, 171.
Hersan (Antoine). II, 22, 46, 57.
Hersant, régent de philosophie. I, 316.
Hésiode. I, 28.
Heuzet. II, 57, 88.
Hippocrate. I, 5, 21, 41, 252, 448; II, 430.
Hochet. II, 38.
Holbach (d'). II, 413.
Hollandre. I, 156, 168.
Homère. I, 28; II, 199, 496.
Honorius III. I, 474.
Hooke. II, 286, 288.
Horace. I, 28; II, 89, 420.

Houdancourt. V. Lamothe.
Hoyau (Quentin). I, 109.
Huart (François). II, 106.
Hubant. V. Collège.
Hubert (Jean). II, 3.
Hublet, procureur de la Nation de Picardie. I, 314.
Huguin (Gui). I, 57.
Humbelot. II, 129, 130, 131.
Hurault de Maisse. I, 66.
Hurtelou (Adam de), évêque de Mende. I, 8.
Huxelles (d'). II, 186.

I

Ignace de Loyola (Saint). I, 285; II, 3, 115, 183, 252, 297, 299.
Ignace Armand. V. Armand.
Innocent X. I, 367, 369, 399.
Innocent XI. II, 9, 29, 82.
Innocent XII. II, 82.
Innocent XIII. II, 187.
Isambert (Nicolas). I, 164.
Isocrate. I, 28.

J

Jabot (Nicolas). I, 78.
Jacobins. V. Dominicains.
Jacquemard (Claude). II, 366.
Jacquin. II, 364.
— imprimeur. I, 289, 291, 292.
— (Étienne), recteur. II, 395.
Jacquinot (Barthélemy). I, 119.
Jamoays. II, 245, 249.
Jansénius. I, 252, 287, 324, 325, 326, 327, 344, 366, 367, 368, 369, 370, 371, 373, 399, 400, 419; II, 69, 70, 103, 104, 222.
Jarente (de), évêque d'Orléans. II, 303.
Jeanne, reine de France. II, 225.
Jeannin. I, 66.
Jésuites. I, 3, 7, 9, 16, 22, 28, 30, 53, 55, 56, 60, 61, 62, 63, 64, 65, 66, 67, 68, 69, 70, 83, 89, 90, 91, 92, 93, 94, 97, 98, 99, 100, 102, 103, 104, 107, 108, 109, 111, 112, 113, 114, 115, 116, 117, 118, 119, 121, 123, 130, 131, 133, 138, 143, 145, 147, 149, 150, 153, 156, 157, 158, 171, 172, 174, 175, 177, 178, 180, 181, 185,

196, 197, 199, 202, 204, 205, 209, 220, 221, 222, 225, 227, 228, 230, 236, 237, 238, 239, 254, 255, 256, 264, 265 266, 267, 269, 271, 272, 279, 280, 281, 282, 283, 284, 286, 287, 288, 289, 290, 292, 294, 295, 296, 308, 309, 310, 311, 315, 322, 325, 377, 401, 405, 407, 424, 427, 450, 455; II, 5, 6, 22, 28, 60, 61, 67, 68, 70, 113, 115, 116, 120, 123, 126, 138, 141, 145, 146, 161, 180, 181, 182, 184, 185, 186, 218, 219, 220, 221, 242, 252, 295, 296, 297, 298, 299, 301, 305, 306, 308, 309, 312, 322, 324, 325, 328, 331, 333, 334, 335, 339, 342, 343, 356, 372, 388, 390, 391, 393, 395, 411, 412, 438, 441, 492, 493.

Jollain, curé de Saint-Hilaire. II, 66, 134, 159.
Joly (Claude), chantre de Notre-Dame. I, 457; II, 34, 35, 36.
Joly (Jean). I, 134.
— substitut du procureur général. I, 426.
Joly de Fleury. II, 189, 267, 305.
Joseph (le P.). I, 231, 232.
Josse. II, 238, 240, 255, 258.
Jouvency (le P.). I, 62; II, 23, 105.
Jouvenet. II, 266.
Juigné (de), archevêque de Paris. II, 471, 483.
Juilly. V. Collège.
Jumel (Pierre de). I, 11.
Jussieu (Bernard de). II, 430.
Justice. V. Collège.
Justinien. I, 18, 461, 478.
Juvénal. I, 28.
Juvernay. I, 388.

K

Keller, jésuite. I, 202.
Kelly. I, 478.

L

La Barde (Denis de), évêque de Saint-Brieux. I, 578.
Labbe (Le P.). I, 252, 405.
Labbour. II, 366.
Labrosse (Guy). I, 251.
Labroue (de), évêque de Mirepoix. II, 134.
La Caille (Louis). II, 276, 277, 421.

La Chaise (Le P. de). II, 5, 88, 95.
La Chalotais (Caradeuc de). I, 468; II, 322, 323.
Ladvocat (Jean-Baptiste). II, 274.
Lafayette. II, 456.
Laffilé (Simon). I, 188.
Lafiteau. II, 155.
La Flèche. V. Collège.
Lafontaine. I, 434; II, 98.
Laharpe. II, 419.
L'air (Nicolas), greffier de l'Université. I, 464.
Lallemand (Nicolas). II, 259, 268, 386.
— (Pierre) recteur de l'Université et chancelier de Sainte-Geneviève. I, 859, 364, 446.
Lamartinière (de). II, 398.
Lambert, docteur en théologie. II, 151.
La Mettrie. II, 283.
Lamoignon (Guillaume de). I, 383, 419, 420, 429, 435, 448, 454.
— (Mme de). I, 349.
La Morlière (de). I, 419, 420.
La Mothe Houdancourt. I, 244.
Lamy (Le P.). I, 407.
Lancelot. I, 400, 401, 402, 406, 407; II, 198.
Lange. II, 425, 426, 469.
Langeur. I, 16.
Langle (de), évêque de Boulogne. II, 134.
— (de), docteur en théologie. II, 286.
Langlois, avocat au Parlement. I, 433; II, 233.
Languet, archevêque de Sens. II, 222.
La Pierre (de). II, 113.
La Place (Claude de). I, 846, 350, 357, 362.
La Porte (de). I, 245.
La Reynie (de). I, 426, 452.
La Roche (de). II, 8.
La Roche-Aymond (de), archevêque de Reims. II, 308, 330.
La Rochefoucauld (duc de). I, 818.
— (de), évêque de Senlis. I, 146, 181, 201, 215, 230, 238, 249.
La Rochefoucauld-Liancourt (duc de). I, 368.
— (duc de), président de l'Assemblée nationale. II, 458.
La Roche Posay (Charles Chastaignier de). I, 249.

La Salle (Jean-Baptiste de). II, 79, 80, 81.
Lasserai. II, 217.
Lassone (de). II, 427, 428.
Latour (Le P.). I, 66.
La Tour du Pin (de), évêque de Toulon. II, 131.
Launay (de), professeur de droit français. I, 479, 480.
Launoy, docteur en théologie. I, 376.
Laurent. I, 157.
Lavalette (cardinal de). I, 201.
— (Le P.). II, 296.
Lavardin (de). II, 29.
Laverdy (de). II, 303, 311, 313, 328, 330, 331, 343, 346, 389.
La Vrillière (duc de). II, 404, 409.
Leballleul. I, 426.
Lebarbier, regent de philosophie. I, 316.
Le Batteux (l'abbé). II, 270.
Lebeau (Charles). II, 206, 228, 270, 272, 363, 386, 492.
Lebel (François). II, 291, 294, 340, 341, 842, 853, 854, 363, 393.
Leblanc (Claude). I, 382, 383.
Leblond (Noël), professeur à Navarre. I, 391.
Leblond, régent de philosophie. II, 38.
Lebœuf (Emmanuel). II, 466.
Lebourg. I, 260, 264.
Leboust. I, 316.
Lebret. I, 103, 104, 262.
Lebrun. II, 85.
Leclerc (Pierre). I, 128.
Lecocq (Jean). I, 257.
Lecoq (Pierre). I, 411, 435.
Le comte (Le P.). II, 67, 69.
Lecordelier. II, 26, 38.
Lefeuvre (Jacques). II, 64.
Legendre. I, 479.
— (L'abbé). II, 265, 267, 268, 269, 270, 271, 272, 273.
Léger. II, 108.
— régent au collège de Lisieux. I, 55 ; II, 285, 286.
— (Étienne). I, 413.
Le Gobien (Le P.). II, 67, 69.
Legoulx, régent de philosophie. I, 316.
Legras, chanoine de la Sainte-Chapelle. II, 330.
Lehideux. II, 189.

Leibniz. I, 408, 445 ; II, 366, 425.
Lejeay (Le P.). II, 23.
Lejeune. I, 257.
Le Maistre. I, 287, 400.
— (Nicolas), recteur. I. 215, 227, 229, 230.
Le Maale (Michel), chantre de Notre-Dame. I, 366, 409 ; II, 35.
Lemeignen. II, 473.
Lemelorel (G.). II, 37.
Lemercier (Jacques). I, 226.
— (Jean). I, 15, 16, 25.
Lemière. I, 472.
Lemoine (Alphonse). I, 371.
— docteur de Sorbonne. I, 296.
— (Cardinal). V. Collège.
Lemonnier. II, 421.
Lempereur (Nicolas). I, 57.
Lempereur, échevin de Paris. II, 330.
Lenain. I, 426.
Lendit (Fête du). I, 14, 34, 52, 53, 55, 71.
Lenglet (Jean), régent d'humanités. II, 44.
— (Pierre de), recteur. I. 390, 393 ; II, 44.
— supérieur de Sainte-Barbe. II, 217.
Lepaige (Jean). I, 165.
Le Pelletier (Fr.). I, 161 ; II, 46.
Lepelletier, premier président au Parlement de Paris. II, 96.
Lepicard. I, 316.
Lépine (de). II, 285.
Leprestre (Claude). I, 145.
Lerat. II, 238.
Lerouge, docteur de la maison de Navarre. II, 106, 108, 114, 128.
Leroux, docteur en théologie. II, 131.
Leschassier. I, 257.
Lescot, évêque de Chartres. I, 262, 310, 371.
Le Seigneur. II, 312, 390.
Lestocq, docteur de Sorbonne. I, 466.
Letellier (Michel). I, 426, 454, 477 ; II, 22.
— (Maurice). II, 52.
— (L'abbé). I, 426.
— (Le P.). II, 96, 108, 113, 120.
Letus. I, 72.
Leullier (Jacques), curé de Saint-Louis. II, 159, 207.
— principal du collège du Cardinal-Lemoine. II, 159.
Levacher. II, 277.
Levasseur. I, 258.

Levasseur (Alexandre). II, 151.
— (Jacques). I, 78, 90.
Levignon. I, 431.
Levot. I, 454.
Lezeau. I, 249.
Lhomond (Charles). II, 420.
Lhuiller (Madeleine). I, 181.
— maître des comptes. I, 257.
Libraires et Imprimeurs. I, 14, 72, 154, 156, 192, 193, 289, 329, 330, 331, 382, 333, 334; II, 26, 27, 28, 178, 189, 190, 191, 192, 193, 272, 431, 432.
Lignières (Charles de). I, 394.
Lisieux. V. Collège.
Lizot (Jean). I, 432, 433.
Locke. II, 79, 201, 282, 283, 424, 425.
Loisel (Pierre), recteur et chancelier de Notre-Dame. I, 254, 316, 317, 355, 470, 471.
— (Antoine), avocat au Parlement. I, 112, 433.
Lombard (Pierre). I, 46.
Lombards. V. Collège.
Loménie de Brienne. II, 449.
Longueil (de). I, 435.
Longueville (duc de). I, 140, 347.
— (duchesse de). I, 318.
Loppé. I, 194, 238.
Lorey. II, 75.
Lorraine (Louis de). I, 70.
Lotin de Charny. I, 426.
Loudier. II, 213, 214, 215.
Louis le Débonnaire. I, 19.
Louis IX. I, 19, 480.
Louis XI. I, 2, 6, 191, 229, 230.
Louis XII. I, 2, 19.
Louis XIII. I, 73, 94, 101, 107, 109, 111, 126, 141, 163, 166, 172, 174, 180, 186, 191, 195, 200, 204, 207, 211, 212, 229, 240, 246, 250, 254, 255, 262, 269, 271, 272, 273, 274, 275, 279, 283, 338, 378, 451, 472; II, 7, 452.
Louis XIV. I, 245, 254, 278, 279, 294, 321, 338, 339, 348, 350, 364, 386, 391, 392, 394, 395, 396, 413, 414, 418, 424, 434, 435, 436, 437, 438, 439, 442, 443, 444, 449, 457, 458, 459, 465, 472, 475, 476, 477; II, 2, 4, 5, 7, 8, 9, 10, 16, 18, 20, 21, 22, 24, 25, 28, 29, 31, 32, 37, 39, 41, 42, 56, 58, 73, 74, 75, 83, 84, 88, 95, 96, 98, 100, 101, 103, 105, 110, 111, 113, 114, 116, 117, 118, 119, 120, 124, 126, 127, 128, 135, 136, 189, 149, 176, 179, 182, 187, 197, 198, 201, 258, 264, 283, 307, 391, 396, 397, 416, 492.
Louis XV. II, 81, 168, 172, 173, 177, 179, 186, 188, 194, 203, 206, 207, 212, 224, 254, 258, 264, 271, 276, 277, 290, 291, 293, 294, 296, 300, 335, 337, 397, 398, 400, 401, 409, 415, 416, 427, 441, 492.
Louis XVI. II, 272, 336, 382, 398, 399, 416, 418, 426, 427, 430, 437, 448, 449, 452, 456, 461.
Louis XVIII. II, 416.
Louis, secrétaire de l'Académie de chirurgie. II, 398.
Louvancy de la Brière, proviseur du collège d'Harcourt. II, 93.
Louvel, proviseur du collège d'Harcourt. II, 332, 355, 432, 433, 434, 435.
Louvois (de). I, 434; II, 54, 98.
— (L'abbé de). II, 54.
Lucas (Jean). II, 366.
Luther. I, 4, 56, 367; II, 491.
Luynes (Albert de). I, 174.
Lyonne (de). I, 426.

M

Mabille. I, 242.
Mably. II, 446.
Machault d'Arnouville. II, 239.
Macnamara, régent de philosophie. I, 316.
Macon. V. Séminaire.
Madin (Ambroise). I, 478.
Magigo (Le P. Laurent). I, 62.
Maguin (Charles). I, 478.
Mailly (de), archevêque de Reims. II, 183.
Maine (duc du). I, 140.
— (duc du), fils de Louis XIV. II, 118.
Maintenon (Mme de). II, 135.
Mairet. I, 251.
Maisons (de). I, 426.
Malagota (le P. François). II, 19.
Malebranche. I, 445, 450; II, 79, 200, 202.
Malesherbes (de). II, 422, 449.
Malézieu. I, 407.
Malherbe. I, 251, 405.
Malmers. II, 87.
Malouin. II, 429, 430.
Maltor. II, 281, 363, 378, 389, 391, 395, 438, 450.

Mandeville. II, 282.
Manessier, docteur en théologie. I, 373, 376.
Mangot. V. Villarceaux.
Mans. V. Collège.
Maran (Guillaume). I, 130, 131.
Marca (Pierre de). I, 383, 400.
Marcel (Guillaume), régent au collège de Lisieux. I, 305.
Marche (La). V. Collège.
Mareschaulx, recteur de l'Université. I, 245, 247.
— avocat de l'Université. I, 390, 433.
Marguerite d'Autriche. I, 191.
Marguerite de Navarre. I, 77, 123, 187, 256, 257, 301.
Mariana (Jean). I, 98, 99, 108, 139, 203; II, 16, 138.
Marie-Antoinette de France. II, 416, 417.
Marie de Gonzague. I, 304.
Marie de Leczinzka, reine de France. II, 206.
Marie de Médicis, reine de France. I, 92, 93, 94, 105, 128, 140, 172, 201, 211, 297.
Marie-Thérèse, reine de France. I, 392, 394, 413; II, 22, 98.
Marie-Thérèse, impératrice d'Autriche. II, 417.
Marie (Jean). II, 172.
Marillac, conseiller d'État. I, 126, 464.
— (Michel de), garde des sceaux. I, 208.
Marin. I, 426.
Marin (Louis). II, 172.
Marmion. II, 38.
Marmontel. II, 372, 414.
Marmoutiers (abbé de). I, 255, 268.
— V. Collège.
Martellière (la). I, 112, 113, 114, 115, 138.
Martin (abbaye Saint-). I, 127.
— (Edmond). II, 396, 397.
— (Jacques). I, 213, 214.
— (Jean). II, 366.
Martinencq. II, 225.
Martinet. I, 260, 337.
Mascaron. II, 198.
Masclef. II, 142.
Mauguin. I, 138.
Maupeou (de). II, 270, 271, 410, 411, 418.
Maurepas (de). II, 248, 489.
Maury (l'abbé). II, 285.
Mazarin (cardinal). I, 289, 290, 291, 292, 295, 310, 318, 320, 325, 347, 348, 363,
372, 374, 391, 395, 396, 397, 398, 408, 434, 454, 455; II, 25, 52, 147, 151, 264, 272.
Mazens. II, 368.
Mazure (Guillaume). I, 208, 218, 219, 220.
Méglat. I, 214.
Ménage. I, 251, 383.
Ménardeau. I, 429, 435.
Ménassier (Simon). II, 216, 220.
Mendiants (Ordres). I, 83, 327, 329, 371, 424.
Mentel (Jacques). I. 435.
Mérat (Le P.). I, 176.
Mercier (Jean). I, 485.
Mercier. II, 364.
Mercy. V. Collège.
Merlet, doyen de la Faculté de médecine. I, 314.
Mérom (le P.). II, 65.
Mésenguy. II, 95, 245, 248.
Mesles (Étienne de). I, 478.
Mesmes (de). I, 426; II, 96, 134.
— (Antoine de). II, 119, 122.
Messageries de l'Université. I, 12, 242, 259, 261, 262, 298, 299, 300; II, 58, 59, 162, 294, 352, 445.
Messemy (Simon de). I, 11.
Messier (Jacques). I, 194, 345, 372.
— (Louis). I, 386.
Metezeau (Paul). I, 132.
Mey, avocat de l'Université. II, 404.
Michel (Saint-). V. Collège.
Mignault. V. Minos.
Mignon. V. Collège.
Mincé. V. Du Fresne.
Minos (Claude). I, 9, 51, 52, 53.
Mirabeau. II, 459.
Miron (Charles). I, 202.
Molé (Édouard). I, 17, 112, 337.
— (Mathieu). I, 177, 307, 317, 320, 350, 378.
Molière. I, 434, 453, 480; II, 98.
Molina. I, 324.
Molony. I, 438.
Mongin. I, 479.
Montaigu. V. Collège.
Montausier (de). I, 444, 457.
Montesquieu. II, 284, 371.
Montholon. I, 103, 112, 116, 118, 337.
Montmaur. I, 213.
Montmorency (connétable de). I, 66.
Montpellier. V. Faculté de médecine.

Montucla. I, 408.
Morain (Nicolas). II, 86.
Morand (Antoine). I, 435.
Morangis (de). I, 426.
Mordret. II, 38.
Moreau (Baptiste), doyen de la Faculté de médecine. I, 452.
— (Jean). II, 35.
Moreau de Séchelles. II, 294.
Morel (Claude), docteur en théologie. I, 358, 370, 435, 448.
— (Frédéric). I, 213, 215.
— (Jean), principal du collège de Reims. I, 9, 51, 108.
Morelle (Cosme). I, 110.
Morgan (Térence). I, 473.
Morisot. I, 232.
Morus (Michel). II, 71.
Mouchard (Jean-Nicolas). II, 367.
Mulot, doyen de la Faculté de théologie. I, 302, 314.
Murphi (Jacques). II, 44.

N

Nacquart (Charles). II, 35.
Napoléon Ier. I, 469 ; II, 148, 320.
Narbonne. V. Collège.
Nations de la Faculté des arts. I, 7, 8, 9, 11, 15, 17, 20, 25, 85, 138, 167, 168, 185 ; II, 47, 100, 128.
Nation d'Allemagne. I, 103, 110, 134, 135, 138, 142, 167, 168, 182, 219, 229, 242, 246, 257, 260, 345, 346, 359, 360, 380, 432, 433, 441 ; II, 44, 151, 181, 241, 245, 356, 407, 439, 470, 473.
Nation de France. I, 58, 91, 103, 134, 135, 168, 182, 184, 215, 219, 221, 242, 259, 263, 302, 314, 345, 358, 359, 360, 361, 362, 392, 393, 410, 412, 413, 425, 426, 441, 442, 458, 462, 464, 467 ; II, 44, 58, 85, 92, 98, 113, 125, 146, 147, 151, 181, 213, 232, 237, 240, 241, 245, 249, 258, 259, 260, 277, 332, 356, 391, 407, 437, 439, 462, 469, 470, 473.
Nation de Normandie. I, 18, 58, 103, 134, 168, 182, 183, 219, 220, 222, 226, 242, 260, 302, 359, 360 ; II, 44, 58, 86, 151, 174, 181, 238, 240, 245, 268, 273, 277, 331, 332, 347, 356, 367, 368, 377, 378, 389, 394, 400, 407, 408, 417, 432, 439, 462, 469.
Nation de Picardie. I, 103, 134, 160, 168, 219, 221, 242, 263, 301, 358, 359, 360, 425, 441, 442 ; II, 44, 58, 92, 151, 181, 233, 234, 235, 236, 237, 240, 245, 305, 356, 367, 407, 437, 439, 462, 470.
Naudé. I, 397, 398.
Navarre, docteur en théologie. II, 110.
— V. Collège.
Necker. II, 440, 449.
Néez (Alexandre de). II, 172.
Nesmond (de). I, 310.
Nevers (duc de). I, 140.
Newton. II, 275, 366.
Nicolaï (le P.). I, 371.
Nicole. I, 252, 400, 401, 404, 444, 445.
Niéré (de). I, 247.
Noailles (cardinal de), archevêque de Paris. II, 38, 70, 71, 75, 76, 77, 78, 80, 81, 85, 90, 99, 102, 103, 105, 106, 107, 108, 111, 113, 119, 126, 133, 134, 148, 149, 156, 157, 169, 190, 204, 205, 209, 211, 216, 263.
Noël Alexandre (le P.). II, 66, 110.
Noël (François). II, 420, 466.
— (Louis), régent de philosophie. I, 316, 417.
Nollet. II, 275, 421, 423.
Novion (de). II, 14, 16, 17.
Nouveau (de). I, 240, 241, 261.
Nuppières, régent de philosophie. I, 316.

O

Odet Lefèvre (Le P.). II, 53.
Olier, curé de Saint-Sulpice. I, 368.
Omer. V. Talon.
Olivier (Jean). II, 143.
Omoloy (Roger), régent de philosophie. I, 316, 346.
Oratoire (communauté de l'). I, 147, 185, 196, 197, 239, 309, 449, 450, 451 ; II, 102, 325, 425.
Orléans. V. Université.
Orléans (duc d'). I, 250, 258, 274, 275, 298, 299.
— (duc d'), régent de France. II, 118, 125, 128, 130, 139, 156, 166, 168, 173, 274.
— (duc d'), fils du régent. II, 438.
— (duchesse d'). I, 444.

Orléans (d'). I, 240.
Ormesson (Lefèvre). II, 290, 456.
— (Olivier d'). I, 310, 311.
— (d'), avocat général. II, 290.
Ossat (cardinal d'). I, 62.
Ovide. I, 28.

P

Padet (Pierre). I, 182, 185, 187, 217, 225, 233, 237, 242, 253, 268, 282, 303, 315, 334, 359, 415.
Palliot (Claude). I, 74.
Palma Cayet. V. Cayet.
Papetiers. I, 14, 72.
Papin, docteur en théologie. I, 376.
Parcheminiers. I, 14; II, 59, 223, 224.
Parent. I, 213.
Paris (Nicolas). I, 88, 142.
Parisy (Louis). II, 288.
Parlement de Paris. I, 2, 5, 7, 17, 20, 22, 23, 25, 39, 44, 45, 49, 50, 51, 52, 54, 55, 59, 60, 61, 64, 68, 69, 71, 72, 73, 78, 80, 83, 84, 88, 91, 93, 96, 97, 98, 99, 101, 103, 104, 105, 106, 107, 109, 110, 111, 113, 116, 119, 123, 124, 127, 129, 130, 133, 134, 135, 138, 139, 143, 148, 154, 156, 157, 158, 160, 161, 162, 164, 165, 166, 168, 169, 172, 177, 180, 181, 182, 183, 188, 193, 195, 200, 202, 203, 204, 205, 206, 212, 213, 214, 217, 221, 222, 223, 225, 228, 235, 244, 256, 259, 266, 268, 278, 283, 285, 291, 292, 293, 296, 297, 299, 301, 302, 304, 307, 309, 313, 317, 318, 319, 320, 326, 329, 336, 337, 341, 342, 343, 345, 346, 350, 356, 357, 359, 361, 366, 371, 378, 379, 382, 384, 387, 392, 395, 398, 409, 410, 412, 418, 419, 420, 421, 424, 426, 427, 429, 430, 432, 433, 435, 441, 447, 448, 450, 471, 474, 475; II, 3, 14, 15, 16, 18, 19, 29, 31, 33, 35, 40, 56, 57, 60, 65, 73, 82, 83, 90, 92, 93, 99, 100, 101, 105, 112, 115, 118, 124, 125, 126, 131, 132, 133, 143, 147, 156, 157, 158, 174, 185, 194, 210, 211, 212, 221, 227, 231, 232, 234, 238, 239, 240, 247, 252, 260, 267, 270, 272, 273, 281, 283, 287, 289, 290, 291, 292, 297, 298, 303, 304, 305, 306, 307, 309, 310, 312, 316, 324, 325, 328, 330, 331, 332, 334, 335, 336, 338, 339, 340, 341, 342, 343, 345, 347, 349, 356, 368, 369, 370, 374, 376, 377, 379, 383, 392, 405, 407, 411, 413, 418, 422, 429, 433, 434, 436, 439, 442, 443, 444, 450, 456, 491, 493.
Parlement de Toulouse. I, 61, 109, 196, 199.
Pascal III. I, 230.
Pascal (Blaise). I, 252, 286, 376, 402, 480; II, 285.
Pasquier (Étienne). I, 50, 64, 80.
Pastel. I, 411.
Pastoret (de). II, 474, 485.
Patena. I, 267.
Patin (Gui). I, 339, 340, 390, 398, 415, 426, 432, 446, 453; II, 431.
Paucis. I, 479
Paul V. I, 114, 131.
Paul, régent de philosophie. I, 315.
Pavillon (Nicolas), évêque d'Aleth. II, 8.
Payen, procureur de la nation de Normandie. I, 314.
Pelage. I, 324.
Pelletier (Le P.). I, 296.
Pendric (Alexandre). I, 346.
Pener, principal du collège de Pontoise. I, 323.
Pension (maîtres de). I, 455, 456; II, 80, 81, 231, 307, 391, 436.
Péréfixe (de), archevêque de Paris. I, 372, 420, 428.
Périgny (de). I, 444.
Périgueux. V. Séminaire.
Perreau (Jean), professeur au collège de France. I, 213, 335.
Perrot. I, 257.
Perse. I, 28.
Pescheur. I, 138, 146.
Petau (Denis). I, 203, 252.
Petit (Jean). I, 90, 98.
— procureur de la nation de Picardie. II 285.
Petitpied (Nicolas). II, 70, 71, 72, 73, 155.
Philippe-Auguste. I, 75, 442; II, 490.
Philippe IV, le Bel. II, 450.
Philippe VI, de Valois. II, 225.
Philippe III, roi d'Espagne. I, 98.
Philippe IV, roi d'Espagne. I, 394, 425.
Philippe, régent de philosophie. I, 180.
Philosophie (cours de). I, 100, 129, 162, 416; II, 222, 231, 420, 468.
Piat (Nicolas). II, 220, 222, 229, 236, 238, 242, 268, 271.

Piaulin. I, 479.
Picoté. I, 368.
Pie II. I, 2.
Pières (Nicolas). I, 386, 462.
Pierre le Grand, czar de Russie. II, 147.
Pierre (de la) principal du collège de la Marche. II, 159.
Pierre vive (Sylvie de). I, 187, 219.
Pierson, avocat général. II, 289.
Piètre (Jean) doyen de la Faculté de médecine. I, 318, 321.
Pigis (Jacques), régent de philosophie, professeur au collège de France. I, 316, 346.
Pillier (Gérard). I, 100.
Pindare. I, 28.
Pinsonnat (Jacques). II, 70.
Pipon. II, 59.
Pirot (Edmond). II, 17, 18, 32, 52, 66, 91.
Pitet. II, 248, 256.
Pithou (Pierre). I, 257.
Platon. I, 28; II, 199.
Plaute. I, 28.
Plessis. V. Collège.
Pline. II, 273, 419.
Plutarque. II, 175.
Poan. II, 330.
Poerus, régent de philosophie. I, 316, 346.
Poirier (Philippe). II, 113, 114, 115, 116, 119, 120, 122, 123, 124, 125, 126, 258, 259, 260.
Poitiers. V. Université.
Poix (prince de). II, 487.
Pombal (de). II, 296.
Pomey (Le P.). I, 407.
Pommereux (de). I, 303.
Pompadour (Mme de). II, 296.
Pomponne (L'abbé de). II, 128.
— de Bellièvre, chancelier de France. I, 62, 66.
Pont-à-Mousson. V. Collège.
Pontcarré. I, 66.
Pontchartrain (de). II, 38, 112, 115, 124.
Pontoise. V. Collège.
Porée (Le P.). II, 126.
Porion (Joseph). II, 366.
Porphyre. I, 30.
Port-Royal. I, 28, 252, 287, 368, 375, 400, 401, 402, 403, 404, 406, 407; II, 57, 69, 73, 74, 95, 103, 104, 131, 198, 215.
Portail. II, 211.

Potier (Augustin). I, 165, 346.
— (René). I, 14, 165.
— président au Parlement. I, 112.
Poulet (Guillaume). I, 52.
Pourcel (Philippe), principal du collège du Cardinal-Lemoine. I, 249, 322, 485.
Pourchot (Edme). I, 450; II, 26, 34, 38, 42, 43, 44, 45, 47, 60, 81, 84, 86, 87, 91, 92, 112, 118, 119, 120, 121, 122, 123, 124, 127, 141, 146, 147, 151, 152, 153, 157, 193, 194, 220, 223, 228, 229, 230, 231, 492.
Poussin (Nicolas). I, 252.
Prades. I, 213, 214.
— (Martin de). II, 286, 287.
Pragmatique Sanction. I, 146.
Pré aux clercs. I, 2, 77, 187, 256, 257, 258, 259, 300, 301, 360; II, 43, 44, 389, 477.
Prémontré (ordre de). I, 165.
Prépetit de Gramont. II, 61.
Préval (Guilbert de). II, 428.
Prévôt de Paris. I, 36, 185, 299.
— V. Châtelet.
Prioux (Salomon). II, 68.
Privat de Molières. II, 275.
Properce. I, 28.
Protestants. I, 135.
Provins. V. Collège.
Proyart. II, 445.
Pucelle d'Orléans. I, 284.
Pucelle, avocat au Parlement. I, 361, 389.
— (L'abbé). II, 211, 221, 247.
Pussort. I, 464.

Q

Quedarne (Pierre). I, 194.
Queremont (Jean-Baptiste). II, 367.
Quéruel. II, 240.
Quesnel. I, 48; II, 73, 95, 102, 103, 104, 105, 108, 155, 160, 186, 204, 205, 221, 242, 248, 251.
Quintaine. I, 183, 208, 220, 254, 258, 263, 267, 273, 274, 294, 303, 315, 316, 323, 348, 350, 386, 415, 416.
Quintilien. I, 28, 460.

R

Rabelais. II, 431, 445.
Racine. I, 400, 434, 448; II, 48, 89, 98.
Raconis (de). I, 245.

Ramus. I, 5, 35, 40, 211, 212, 213, 214.
Rancé (Armand le Boutillier de), abbé de la Trappe. I, 337.
Ravaillac. I, 93, 94, 96, 97, 98, 114.
Ravechet. II, 128, 129, 130, 132, 134, 136, 138.
Raynal (L'abbé). II, 446.
Recteur. I, 24, 219, 385, 427; II, 98, 190, 260, 262, 265, 269, 338, 439, 471, 472.
Refuge. I, 384, 429, 435.
Regnard. II, 363.
Reghault (Germain). II, 143.
Reims. V. Université, Faculté de médecine.
Renaud de Beaune. I, 7.
Renaudot (Eusèbe). I, 294, 431.
Renaudot (Isaac). I, 294.
— (Théophraste). I, 292, 294, 452.
Retz. V. Gondi.
Riballier. II, 293, 370, 371, 373, 386.
Richelieu (cardinal de). I, 76, 149, 163, 186, 187, 201, 203, 204, 207, 209, 215, 225, 226, 227, 229, 230, 231, 232, 241, 242, 243, 244, 245, 250, 251, 252, 255, 256, 262, 269, 271, 272, 273, 274, 275, 278, 287, 289, 293, 297, 305, 308, 391, 395, 396, 398, 406; II, 6, 16, 52, 148, 181, 227.
Richeomme (Le P.). I, 61, 64, 65.
Richer (Edmond). I, 3, 9, 51, 52, 56, 57, 83, 85, 86, 87, 88, 89, 90, 91, 97, 98, 104, 105, 108, 110, 120, 121, 122, 123, 125, 126, 128, 131, 133, 135, 142, 145, 163, 169, 230, 231, 232, 252, 325; II, 16.
— (Jean). I, 219, 220.
Rigaud. II, 42.
Riolan (Jean). I, 166.
Rivaud, principal du collège de Bayeux. I, 354, 355.
Riz (François de). I, 7.
Robbe. II, 115.
Robert. I, 157.
Robespierre (de). II, 445.
Robeville (René). I, 250, 260, 306.
Roguenant (Nicolas). I, 125, 134, 142.
Rohan (cardinal de), évêque de Strasbourg. II, 105, 106, 109, 111, 113, 135, 235, 249, 250.
Rohan de Ventadour. II, 236, 237, 240, 241, 242, 243, 244, 245, 249, 250, 252, 259, 260.
Roissy. I, 262.
Roland, régent. I, 219, 220.

Rolland, conseiller au Parlement. II, 303, 311, 324, 330, 331, 345, 368, 378, 379, 380, 381, 383, 384, 385, 386, 411, 444, 480.
Rollin. I, 28, 163, 309, 407; II, 22, 45, 46, 47, 48, 49, 50, 51, 53, 54, 56, 57, 60, 88, 94, 95, 96, 97, 98, 108, 115, 123, 127, 146, 147, 151, 152, 157, 158, 159, 170, 171, 174, 175, 195, 196, 197, 198, 199, 200, 201, 202, 204, 213, 219, 228, 237, 242, 245, 246, 247, 248, 249, 256, 257, 259, 263, 280, 382, 387, 419, 442, 492, 496.
Romigny (de). II, 159, 207, 209, 213, 221.
Rondet. II, 193.
Roque. V. La Roque.
Rose (Antoine), évêque de Clermont. I, 97, 98, 102.
— (Guillaume). I, 14, 165.
Rosembach (Vuibert). I, 110.
Rouen (Jean de). I, 123.
Rouillard (Louis), recteur. I, 424.
Roullier (le). I, 177.
Roure (du). I, 456.
Rousseau (J.-J.). II, 308, 371, 372, 428.
Roussel. II, 37, 311, 331.
— (Marin). II, 151.
— supérieur de Sainte-Barbe. II, 217.
Roussel de la Tour, conseiller au parlement. II, 303, 330.
Rousselot. II, 237, 238.
Royou (Thomas). II, 419, 422, 438, 439.
Ruault (Jean). I, 161, 164, 167, 168, 215, 217, 222, 252, 384.
Ruellé (Guillaume). II, 35.
— (Pierre). II, 35.
Rupert 1er. II, 447.
Russon (de). II, 213.
Ruxi (Philippe). II, 172.

S

Saboureux. II, 437.
Saci (de). I, 252, 287.
Sainctot. I, 247.
— bourgeois de Paris. I, 257.
— conseiller au Parlement. I, 424, 435.
— (de), maître des cérémonies. I, 279, 297, 320, 352.
Saint-Amour (Guillaume de). I, 287.
— (Louis de). I, 256, 275, 279, 284, 285, 289, 343, 367, 370, 371, 372, 376.

Saint-Cyran. I, 252, 287, 288, 291, 325, 328, 371, 400, 402 ; II, 103.
Saint-Florentin (de). II, 291, 294, 357, 368, 390.
Saint-Georges (Mme de). I, 258.
Saint-Germain l'Auxerrois (Chapitre de). II, 253, 254.
Saint-Germain des Prés (abbaye de). I, 77, 258, 300 ; II, 43.
Saint-Jacques (Philippe Hardouin de). I, 435.
Saint-Marc (cardinal Jean de). I, 37.
Saint-Marc. I, 447.
Saint-Martin (cardinal Gilles de). I, 37.
Saint-Martin des Champs (abbaye). I, 127.
Saint-Maur (congrégation de). I, 255, 449.
Saint-Père (François). I, 194.
Saint-Simon. I, 453 ; II, 56, 103, 135.
Saint-Sulpice (communauté de). II, 141, 217, 440.
Saint-Victor (abbaye de). I, 127, 426, 473.
Saint-Wast (abbaye de). I, 268 ; II, 90.
Sainte-Barbe. V. Collège.
Sainte-Beuve (Jacques de), de la maison de Sorbonne. I, 345, 376, 426.
— conseiller au parlement. I, 131.
Sainte-Geneviève (abbaye de). I, 160 ; II, 398.
Salmon. II, 218.
Salluste. I, 28.
Sanguinière. I, 356.
Santarelli. I, 202, 203, 204, 205, 208, 209.
Santeul. II, 42, 66.
Sarrazin (Jean-Baptiste). I, 122 ; II, 70.
— (Jacques). I, 252.
— (Jean). I, 127.
Sarte (de), régent de philosophie. I, 310.
Sartinu. II, 391.
Saulmon (Jacques). I, 133, 134, 135, 136.
Saulnier de la Noue (Jean-Philibert). II, 367.
Saussay (du), docteur de Navarre. I, 379, 466.
Sauzéa (André de). I, 267.
Savarre (Jules), conseiller au Parlement. I, 307.
Savary de Brèves. I, 251.
Savense (de). I, 435.
Savoisy (Charles de). I, 11.
Savouré (Louis). II, 219.

Scapula. I, 405.
Schomberg (de). I, 208.
Schrevelius. I, 405.
Scribani (le P.). I, 202.
Scudéry. I, 251.
Séez. V. Collège.
Séguier, prévôt de Paris. I, 7.
— (Louis), prévôt de Paris. I, 76.
— président au parlement, V. Tanneguy. I, 101, 112, 257.
— (Pierre), chancelier de France. I, 299, 350, 352, 372, 393.
— (Louis), avocat général. II, 413, 431, 432.
Séguin. I, 213.
Séjan (Jacques). II, 367.
Séminaire de Périgueux. II, 277, 278.
— des Trente-Trois. II, 274.
Sencier. II, 363.
Sericourt (de). I, 287.
Servin (Louis). I, 17, 20, 21, 22, 62, 72, 106, 112, 117, 118, 123, 139, 203, 433.
Sesmaison (le P. de). I, 289.
Sève (de). I, 426.
Sevin (Nicolas), régent au collège de Presles. I, 345, 346.
Sibour. I, 112, 120.
Sigorgne. II, 275.
Sillery (Brûlard de). I, 62, 66, 101, 105, 106, 124, 141.
Sirmond (Jacques). I, 119, 140, 252.
Sizé (François). I, 81.
Smith. I, 167.
Soanen, évêque de Senez. II, 134, 204.
Sorbonne. V. Collège. Faculté de théologie.
Soucbet. I, 426.
Soufflot. II, 309, 396.
Sourdis (cardinal de). I, 143, 186, 191, 262.
Souvré (de). I, 94.
Spinosa. II, 424.
Stanislas, roi de Pologne. II, 206.
Suarez, franciscain. I, 84, 203.
Suarez, jésuite. I, 139, 140.
Sublet de Noyers. I, 288.
Sully. I, 66, 93, 211.
Sulpiciens. V. Saint-Sulpice.

T

Taboureau. II, 303.
Taschard (le P.). I, 407.

Tacite. II, 175.
Taconius (François). I, 119.
Talleyrand (de). II, 478, 479, 480, 481, 483.
Talon (Charles). I, 251, 426.
— (Denis), avocat général. I, 262, 263, 371, 390, 421, 422, 424.
— (Omer). I, 112, 206, 293, 299, 337, 361.
Tambonneau. I, 257.
Tandeau. II, 218.
Tanneguy-Séguier. I, 257.
Tarin. I, 184, 192, 205, 218, 415.
Tavernier, recteur. I, 416; II, 5, 22, 23.
Tencin (de), archevêque d'Embrun. II, 204.
Térence. I, 28.
Terray (l'abbé). II, 303, 380, 400, 402, 405.
Terrier. I, 354.
Testefort (Jean). I, 206, 207.
Thélu (Jean de). I, 11.
Théocrite. I, 28.
Thérèse (sainte). II, 64.
Thévenin (Claude), chantre de Notre-Dame. II, 85.
— docteur régent de la Faculté de médecine. I, 314.
Thiberge (Joseph). II, 172.
Thierry, curé de Saint-André des Arts. II, 235.
Thomas (Antoine). II, 272, 294.
Thomas d'Aquin (Saint). I, 82, 109; II, 491.
Thomassin (le P.). I, 451.
Thou (Auguste de). I, 7, 17, 51, 66, 80, 109, 211.
Thouvenot. II, 136.
Thuys (Guy de). I, 307.
Tibulle. I, 28.
Tindal. II, 282.
Tite-Live. II, 175.
Toland. II, 282.
Tommeret. I, 354.
Tonnelier. I, 254.
Torres (Grégorio de). I, 109, 110.
Toulouse. V. Université. Parlement. Faculté de droit.
Touraine, régent de philosophie. I, 316.
Tournai, V. Collège.
Tournefort. II, 42.
Tournely. II, 209.
Tours. V. Collège.
Travers (Pierre). I, 221, 268.
Tréguier. V. Collège.

Trente. V. Concile.
Trente-Trois. V. Séminaire.
Trésorier. V. Collège.
Trousset (Alexis). I, 195.
Trudaine. II, 396.
Truffer (Jean). II, 420.
Turenne. I, 348, 364, 443.
Turgot, proviseur du collège d'Harcourt. I, 76, 119, 143, 144, 145, 147, 156, 162, 171.
— (Jacques), ministre de Louis XVI. II, 283, 284, 285, 286, 371, 373, 382, 418, 440, 448, 480.
Turmine. II, 305.
Turnèbe. I, 28.
Turpin (François). I, 265.
Turquet. II, 363.

U

Universités de France.

Université d'Aix. I, 197, 476; II, 182.
Université d'Angers. I, 3, 197, 200, 449; II, 182, 212, 303, 334.
Université d'Angoulême. I, 200.
Université de Besançon. II, 182.
Université de Bordeaux. I, 3, 197; II, 182, 277, 278.
Université de Bourges. I, 3, 197, 200, 476; II, 182, 303.
Université de Caen. I, 3, 197, 380, 449, 476; II, 53, 145, 182, 184, 212.
Université de Cahors. I, 197, 200.
Université de Dijon. II, 180.
Université de Douai. II, 451.
Université de Nantes. II, 182, 212.
Université d'Orléans. I, 3, 197, 382, 476; II, 303.
Université de Pau. II, 179.
Université de Poitiers. I, 3, 161, 197, 200, 382, 476; II, 182, 212, 303, 451.
Université de Reims. I, 3, 197, 200, 296; II, 131, 182, 184, 212, 270, 303.
Université de Toulouse. I, 197, 200, 476; II, 182, 212, 443, 451.
Université de Valence. I, 197, 200, 476; II, 278, 279.

Universités hors de France.

Université de Cracovie. I, 304; II, 297.

Université d'Heildelberg. II, 447.
Université de Zamosk. II, 297.
Urbain VI. I, 37.
Urbain VIII. I, 83, 192, 239, 287.
Ursulines. I, 131.

V

Vachot. II, 3.
Vaillant. I, 426.
Valence. V. Université.
Valens (Pierre). I, 128, 156, 167, 213, 217, 222, 252.
Vallé. II, 363.
Valette Le Neveu. II, 252, 253, 255, 256, 258, 259, 260, 326, 330, 386.
Vanière (Le P.). I, 407.
Vanini. I, 195.
Varignon (Pierre). II, 26, 148, 276.
Vatable. I, 211.
Vauchelles (Germain de). I, 129.
Vaugelas (de). I, 258.
Vault (Adorateur de). I, 356.
Vavassor (Le P.). I, 405.
Vendôme (de), abbé de Marmoutiers. I, 221.
Ventadour. V. Rohan.
Verdun (de). I, 109, 112, 122, 159, 177.
Vergennes (de). II, 427.
Vernant (Jacques). I, 424.
Vernon. II, 235, 236.
Véron (François). I, 325.
Verrier, principal du collège de Tours. II, 50.
Verteuil (de). I, 426.
Vesni d'Arbouze (Jacques). I, 305.
Vialard, évêque de Châlons. II, 102.
Vic (de). I, 66.
Vicq-d'Azyr. II, 427, 428, 430.
Viel (Pierre). II, 76, 78, 157, 184, 282.

Vignerod (Jean-Baptiste de), abbé de Marmoutiers. I, 76, 308.
Vignon. I, 156.
Villarceaux (Mangot de). I, 236.
Villars. II, 136.
Villeroi (Charles d'Alincourt de). I, 75.
Villeroy (Nicolas de). I, 62, 66, 101, 105, 106, 124.
Villeroy (M^{al} de). II, 136.
Villon (Antoine). I, 195.
Vincent de Meurs. I, 417, 418.
Vincent de Paul (Saint). I, 343, 344.
Vintimille (de), archevêque de Paris. II, 205, 216, 218, 253, 280.
Virgile. I, 28; II, 59, 89, 373, 420, 496.
Vitelleschi. I, 203.
Vittement (Jean). II, 54, 56, 57, 58.
Vivant (Jean). II, 71, 72.
— curé de Saint-Merry. II, 135.
Voillemy. I, 315.
Voinchel (Nicolas). I, 100.
Voisin. I, 338.
Voiture. I, 251.
Voltaire. I, 205; II, 79, 283, 371, 372, 373, 374, 414.
Voysin, chancelier de France. II, 135.
Walon de Beaupuis. V. Beaupuis.
Wilkinson (Jacques). II, 271.
Witasse, docteur en théologie. II, 110, 119.

X

Xaupi. II, 339, 371, 394.
Xénophon. II, 175.

Y

Yon. I, 242, 249.
Ytam. I, 72.

TABLE DES MATIÈRES.

LIVRE II.

(*Suite.*)

CHAPITRE V.

Projet de translation des écoles de la Faculté de droit dans les bâtiments du collège de Sainte-Barbe. — Triste situation de ce collège; une partie de ses bâtiments est acquise par l'Université. — Cession du collège du Mans à la Compagnie de Jésus. Inutile opposition du recteur. Le collège de Clermont prend le nom de collège Louis-le-Grand. — Affaire de la *Régale*. — Assemblée du clergé de France. — Célèbre Déclaration de 1682; elle est enregistrée par la Faculté de droit. — Opposition de la Faculté de théologie; elle est mandée devant le Parlement et contrainte à faire sa soumission. — Thèse du recteur, Mᵉ Berthe, dédiée au roi. — Fondation par la ville de Paris d'un panégyrique annuel en l'honneur de Louis XIV. — Cérémonies dans lesquelles l'Université figure. — Nouveaux règlements de discipline promulgués par la Faculté des arts. Réforme de plusieurs collèges. — Ouverture des classes au collège Mazarin. — Règlements pour l'imprimerie et la librairie, mis en vigueur et maintenus malgré les protections de l'Université. — Suite des démêlés avec la cour de Rome. — Le roi se résout à en appeler au futur Concile. — Attitude de l'Université. — Nouvelles contestations avec le chantre de Notre-Dame au sujet des petites écoles. — Formulaire imposé aux professeurs de philosophie suspects de cartésianisme. — La Faculté de médecine et les médecins des Universités provinciales. — Suppression de la Chambre royale. — Rectorat d'Edmond Pourchot. — Son mémoire sur le Pré-aux-Clercs. — Pourchot succède à Lenglet en qualité de syndic. — Commencements de Rollin. — Il est élu recteur. — Zèle qu'il déploie pour le rétablissement des études et de la discipline et pour la défense des droits de sa compagnie. — Visite des collèges. — Bossuet, conservateur des privilèges apostoliques de l'Université de Paris. — L'Université de Caen et les Eudistes. — Rectorat de Vittement. — Son discours au roi après la paix de Ryswick. — Rollin, principal du collège de Beauvais. — Le collège Mazarin est admis au partage du revenu des Messageries. — Bail de la ferme du parchemin. — Nouvelles contestations avec les Jésuites. — Fin du dix-septième siècle............ 1

LIVRE III.

Depuis le commencement du dix-huitième siècle jusqu'à l'expulsion des Jésuites.

CHAPITRE PREMIER.

Pages.

Controverses religieuses. — *La Mystique Cité de Dieu*, de Marie d'Agréda. — Affaires du quiétisme. — Cérémonies chinoises. — Le *Cas de conscience*. — Persécutions contre le cartésianisme. — Demontempuys et Dagoumer dénoncés devant la Sorbonne. — Nouveau formulaire imposé aux professeurs de philosophie. — Fondation de l'institut des frères de la Doctrine chrétienne. — Règlements pour les maîtres de pension. — Ordonnance sur l'enseignement du droit. — Autre ordonnance sur l'enseignement et l'exercice de la médecine. — Zèle de l'Université pour la réforme des abus. — Délibération contre le luxe des ornements typographiques qui accompagnaient les thèses. — Encouragements accordés à Capperonnier. — Augmentation des émoluments du syndic. — Situation des collèges. Maîtres célèbres qui en occupaient les chaires. — Désordres causés par les boursiers. — Visite générale des collèges. — Le collège du Plessis. Le collège de Beauvais. — Relations de Rollin avec les jansénistes. Il est contraint de renoncer au principalat du collège de Beauvais. — Époque désastreuse du règne de Louis XIV. — Le livre des *Réflexions morales* du P. Quesnel, et la bulle *Unigenitus*. — Opposition que soulève la bulle, même de la part de l'archevêque de Paris. — La bulle est enregistrée par la Faculté de théologie, en exécution des ordres du roi. — Exil de plusieurs maîtres. — Paroles imprudentes du recteur Michel Godeau. — Le roi s'oppose à la prorogation des pouvoirs de Godeau. — Élection de Philippe Poirier. — Le nouveau recteur soupçonné de favoriser les Jésuites. — Débats avec les chanceliers de Notre-Dame et de Sainte-Geneviève au sujet de la réception des maîtres ès arts. — Mort de Louis XIV............ 63

CHAPITRE II.

Changements dans le gouvernement après la mort de Louis XIV. — Rappel des maîtres exilés. — La liberté rendue à la Faculté des arts. — Déposition de Poirier, il est remplacé par Demontempuys. — Discours du nouveau recteur au régent. — Panégyrique de Louis XIV. Grenan et le P. Porée. — Débats à la Faculté de théologie. — La Faculté révoque son acceptation de la bulle *Unigenitus*. — Le régent interpose son autorité, afin de modérer l'ardeur du parti janséniste. — Alarmes de l'épiscopat. — Mandement de l'évêque de Toulon contre la Faculté de théologie. — Le recteur prend la défense de la Faculté. — Appel au concile général contre la bulle *Unigenitus*, interjeté par l'évêque de Senez et trois autres prélats. — Le régent prend des mesures pour empêcher les adhésions à cet appel. — La Faculté de théologie publie le recueil de ses délibérations en faveur de l'autorité royale. — Règlements pour divers collèges. — Enseignement de l'hébreu dans l'Université de Paris. — Nouveaux démêlés de la Faculté des arts avec les deux chanceliers. — Les Jésuites à Caen. — Querelles intérieures. — Rollin en procès avec l'Université. — Visite de Pierre le Grand à la Sorbonne. — Suite de l'affaire de la constitution. — Appel du cardinal de Noailles. — Appel de l'Université de Paris. — Exposition des motifs de l'appel de l'Université. — Danger d'un schisme. — Efforts du régent pour ménager un accommodement avec le Saint-Siège. Ses démarches sont contrariées par l'Université. — Rollin élu recteur. — Son discours en faveur de l'appel. — Lettre de cachet faisant défense à l'Université de proroger les pouvoirs de Rollin. — Exil des maîtres de la Faculté de théologie les plus opposés à la constitution. — Élection d'un nouveau syndic, en vertu des ordres du roi.................................. 118

CHAPITRE III.

De la rémunération des professeurs dans l'Université de Paris. — Mémoire de M. Demontempuys en faveur de l'instruction gratuite. — Autre mémoire sur la translation de quelques-uns des anciens collèges dans un autre quartier de Paris. — Accueil favorable fait au projet de rendre l'instruction gratuite. — Demontempuys résigne les fonctions rectorales avant d'avoir pu réaliser le plan qu'il avait lui-même proposé. — L'affaire est reprise par Coffin. — Discours de Coffin au régent, le 2 février 1719. — La Faculté des arts est consultée. — A quelles conditions elle consent à la réunion de ses messageries à celles du roi. — Lettres patentes du mois d'avril 1719, portant augmentation du revenu des messageries de l'Université et établissement de l'instruction gratuite. — Joie de l'Université. — Discours de Rollin. — Projets de revision des statuts de la Faculté des arts. — Tendances nouvelles qui se font jour dans ces projets. — Soins donnés à l'amélioration des livres de classe. — Lettres patentes du mois d'avril 1720 relatives à l'impression de ces livres. — Confirmation des privilèges de l'Université. — Vive opposition que soulève l'érection de deux universités nouvelles à Pau et à Dijon. — L'Université de Caen traduite sur la scène par les Jésuites. — Les Jésuites à Reims. — Mémoire de Dagoumer contre la compagnie de Jésus. — Mort de Quesnel, du cardinal Dubois et du régent. — Ministère du duc de Bourbon. — Ordonnance en faveur de l'instruction obligatoire. — Affaires du collège du cardinal Lemoine. — Procès de l'Université de Paris et des libraires. — Arrêt du conseil d'État qui maintient les libraires sous la juridiction du recteur. — Projet d'une bibliothèque pour l'Université. — Rollin publie son *Traité des études*. — Heureuses innovations qui se trouvent proposées dans cet ouvrage......... 161

CHAPITRE IV.

Retour aux controverses théologiques. — L'évêque de Senez et le concile d'Embrun. — Mort de M. de Noailles. — Son successeur, M. de Vintimille, très contraire au jansénisme. — Discours de Coffin à l'occasion de la naissance d'un dauphin, fils de Louis XV et de Marie Leczinska. — Lettre de cachet adressée par le roi à la Faculté de théologie contre ceux de ses membres qui refusaient d'adhérer à la bulle *Unigenitus*. — Rapport de M. Tournely sur l'affaire de la bulle. — La bulle est acceptée solennellement par la Faculté. — Protestation des membres exclus. — La légende de Grégoire VII et le parlement de Paris. — Sentiments de la Faculté des arts. — Expulsion de deux régents du collège du Plessis. — Lettre de la Faculté des arts en leur faveur. — Réponse du cardinal de Fleury. — Affaire de Sainte-Barbe. — Les anciens supérieurs de Sainte-Barbe, compromis dans les querelles du jansénisme, sont remplacés par de nouveaux maîtres imbus de sentiments opposés. — Vexations éprouvées par Rollin. — Haine de plus en plus générale des classes populaires contre les Jésuites, nonobstant la prospérité de leur collège. — Les prédicateurs et les confesseurs de la Compagnie exclus des chapelles de l'Université. — Délibération de la Faculté des arts faisant défense aux professeurs de philosophie de traiter des matières théologiques. — Contestations avec les parcheminiers. — Projet d'une Académie de médecine expérimentale et pratique. — Le collège de Besançon est menacé d'être uni au séminaire de ce diocèse. — Détresse de beaucoup de petits collèges. — Mort de Pourchot. Son testament. — Gibert lui succède. — État florissant des finances de l'Université. — Prêt de 50,000 francs fait à la Nation de Picardie. — Nomination d'un curé de la paroisse Saint-André des Arts. — Vifs débats que cette nomination soulève. — Controverses sur l'âge des intrants. — Requête au Parlement. — Arrêt du conseil d'État. — L'abbé Rohan de Ventadour est élu recteur. — Séance extraordinaire de la Faculté des arts. — Discours du nouveau recteur pour l'acceptation de la bulle *Unigenitus*. — Les quatre Nations révoquent leur appel au concile général et adhèrent à la bulle. — Protestations de quatre-vingts maîtres de la Faculté des arts. — Exil et mort de Gibert. — Vive satisfaction causée au Saint-Siège et au gouvernement de Louis XV par la déroute du jansénisme dans l'Université de Paris.. 203

CHAPITRE V.

Louables efforts du recteur Vallette Leneveu pour rétablir le calme dans l'Université. — Affaires diverses. — Union du chapitre Saint-Germain l'Auxerrois à celui de Notre-Dame. — Déclaration du roi touchant les bénéfices à charge d'âmes. — Situation financière. — Accroissement des droits de présence payés au recteur et aux autres officiers. — Introduction de la langue française dans la rédaction des procès-verbaux d'enquêtes scolaires. — Mort de Rollin. — Vifs débats dans la Nation de France pour le choix d'un intrant. — La paix des écoles est de nouveau compromise. — Arrêt du Parlement sur les questions en litige. — Querelles des médecins et des chirurgiens. — Édit d'avril 1743 en faveur des chirurgiens. — Écoliers exemptés du service militaire. — Testament de l'abbé Legendre. — Institution du concours général. — Prix fondé par Coffin. — Donation Coignard. — Donation Collot. — Fondation d'une chaire d'hébreu aux écoles de Sorbonne, et d'une chaire de physique expérimentale au collège de Navarre. — L'abbé Nollet. — L'abbé La Caille. — Disputes entre les Nations au sujet de l'éméritat. — Autres querelles scolaires. — Agrégation des séminaires aux universités. — Affaires religieuses. — Mort et obsèques de Coffin. — Antagonisme croissant du clergé et de la magistrature. — Vicissitudes de la philosophie. — La doctrine de Locke est importée en France et y remplace le cartésianisme. — Deux discours de Turgot en Sorbonne. — Scandale causé par une thèse de l'abbé de Prades. — Injustes rigueurs du Parlement contre la Faculté de théologie. — Efforts du gouvernement de Louis XV pour apaiser les conflits qui se sont élevés. — Détresse du trésor royal. — Les collèges reçoivent l'ordre de porter leur argenterie aux hôtels des monnaies. — Ministère du duc de Choiseul. — Procédures entamées contre les Jésuites. — L'Université de Paris s'abstient d'intervenir. — Suppression de la compagnie de Jésus. — Services que cette compagnie a rendus à l'instruction publique.. 251

LIVRE IV.

Depuis l'expulsion des Jésuites jusqu'à la suppression de l'université de Paris.

CHAPITRE PREMIER.

Mesures prises au Parlement pour combler les vides formés dans plusieurs collèges par l'expulsion des Jésuites. — Projet d'une réforme générale de l'instruction publique. — Invitation adressée à cet effet à toutes les universités du ressort. — Attitude de l'Université de Paris. — Renouvellement des anciens arrêts contre les pensionnats clandestins. — Translation du collège de Lisieux dans les bâtiments du collège Louis le Grand, et réunion à ce collège des boursiers des petits collèges de Paris. — Collèges de province. — Lettres patentes du mois de février 1763. — Mode d'administration établi par ces lettres. — Règlement du mois de janvier 1765. — Forme de la procédure à suivre contre les professeurs trouvés en faute. — Examens de fin d'année. — Mémoires de La Chalotais et de Guyton de Morveau sur l'éducation nationale. — Préjugés contre les établissements ecclésiastiques. — Sentiments de l'Université de Paris. — Divergence d'opinions dans les villes de province. — Rapport au Parlement sur la réunion des boursiers des petits collèges. — Vingt-sept collèges sont supprimés. — Dispositions adoptées pour l'administration du collège Louis le Grand. — Chef-lieu de l'Université. — Symptômes de mécontentement dans la Faculté des arts et surtout dans la Nation de Normandie. — Le collège de Beauvais est substitué au collège de Lisieux et incorporé en sa place au collège Louis le Grand. — Collège de la Flèche; son agrégation à l'Université de Paris. — Opposition croissante de la Faculté des arts. — Lettre sévère du roi. — Défense de proroger les pouvoirs du recteur, M. Camyer. — Séance tumultueuse. — Arrêt du Parlement. — Camyer fait ses soumissions. — Élection d'un nouveau recteur, M. Lebel. — Legs de M. Demontempuys. — Fondation de la bibliothèque de l'Université..... 301

CHAPITRE II.

Difficultés que présente le recrutement du professorat. — Plan formé par les commissaires du Parlement. — Circonstances qui favorisent l'exécution de ce plan. — Augmentation du revenu des messageries. — A quel objet cette augmentation doit être affectée. — Lettres patentes du 8 mai 1766, portant création dans la Faculté des arts de soixante places de docteurs agrégés. — Impression éprouvée par l'Université à la nouvelle de cette création. — Mouvements divers des esprits. — Opposition prononcée de la Nation de Normandie, de la Faculté de théologie et de la Faculté de médecine. — Suppression d'un mémoire du proviseur du collège d'Harcourt. — Règlement du 16 août 1766. Conditions d'admissibilité. Épreuves. — Ouverture du premier concours d'agrégation. — Le poète Jacques Delille, candidat pour les classes d'humanités. — Agrégation de philosophie ; sujets de composition, d'argumentation et de leçon. — Adversaires et défenseurs du concours. — Réclamations réitérées de la Nation de Normandie. — Fermeté inflexible du Parlement et des ministres de Louis XV. — Débats à la Faculté de droit. — Situation difficile de la Faculté de théologie. — Censure de *Bélisaire*. — Impopularité de la Sorbonne. — Affaires du collège Louis le Grand. — Nouveaux règlements. — Violente opposition qu'ils soulèvent. — *Réflexions d'un universitaire*. — Mémoire de la Nation de Normandie. — Représentation des supérieurs majeurs des petits collèges réunis à Louis le Grand. — Les lettres patentes du mois de juillet 1769 font droit en partie à ces réclamations. — Analyse du compte rendu présenté au Parlement par le président Rolland sur l'instruction publique. Uniformité de l'éducation. Maison d'institution. Comité dirigeant. Enseignement de l'histoire. Enseignement des sciences physiques. — Règlement d'étude et de discipline pour les boursiers du collège Louis le Grand. 344

CHAPITRE III.

Projet d'une promenade pour les écoliers. — Projet de translation du collège de Lisieux dans le quartier Saint-Antoine. — Procès au parlement de Paris entre la Faculté des arts et les maîtres de pension. — Règlement pour la bibliothèque de l'Université. — Construction des nouveaux bâtiments de la Faculté de droit. — Acquisition du collège de Bourgogne pour y établir les écoles de chirurgie. — Abandon dans lequel languit la Faculté de médecine. — Projet d'un nouveau chef-lieu pour l'Université. — Avortement de ce projet, et combinaison que l'abbé Terray y substitue. — Le Collège de France est agrégé à la Faculté des arts. — Violente opposition que cette agrégation soulève dans l'Université. — Efforts heureux du recteur pour amener les esprits à une transaction. — Mécontentement de la Nation de Normandie. — Le chancelier Maupeou et les parlements. — Plaintes réitérées des assemblées du clergé contre la direction donnée à l'instruction publique. — Progrès de l'impiété. — Efforts stériles de la Faculté de théologie. — Le recteur Coger et les philosophes. — Bulle de Clément XIV ordonnant la suppression de la société de Jésus. — Mort de Louis XV. — Louis XVI et Marie-Antoinette à Paris. — Retour des magistrats exilés. — Confirmation des privilèges de l'Université de Paris. — État des études. — L'enseignement de la philosophie dénoncé à l'Académie des sciences. — L'auteur de la dénonciation est cité lui-même devant la Faculté des arts. — Séparation des classes de physique et de philosophie proprement dite. — Influence des doctrines de Locke et de Condillac sur l'enseignement. — Établissement de la Société royale de médecine. — Opposition énergique, mais inutile, de la Faculté de médecine et de son doyen, M. Desessartz. — Arrêts du conseil d'État sur la librairie. — Nouveaux débats au sujet de l'agrégation. — Renouvellement des anciens statuts concernant les écoles privées. — Projet de translation d'un collège de Paris à Versailles. — Querelles intestines dans la Faculté des arts. — Naissance d'un dauphin. — Émeute des écoliers de rhétorique durant les compositions du concours général. — Règlements divers. — Statistique des collèges de Paris. Nombre des élèves. Traitement des maîtres. — La Faculté de théologie aux prises avec l'impiété. — Lettre de l'université d'Heidelberg.................................. 388

CHAPITRE IV.

Convocation des états généraux. — Démarches de l'Université de Paris pour y être représentée. — Elle est autorisée à choisir dans ses rangs quatre commissaires investis du droit de concourir avec les électeurs de Paris à la nomination des députés. — Le recteur Dumouchel est élu député de l'ordre du clergé. — Dispositions des cahiers des états relatives à l'instruction publique. — Délais que subissent les réformes proposées. — Oraison funèbre du président d'Ormesson. Attitude de l'Université après la prise de la Bastille. — Elle est reçue à la barre de l'Assemblée nationale. — Suppression du district de l'Université. — Contribution du quart. — Serment civique. — Préparatifs de la fête de la Fédération. — Les écoliers adressent une pétition au Directoire du département afin que l'époque des vacances soit avancée. — Distribution des prix du concours général en 1790. — Situation des collèges. — Vœux de réforme. — Constitution civile du clergé. — Faiblesse du recteur Dumouchel, qui prête serment à la constitution et se laisse élire évêque du département du Gard. — Sentiments contraires de la majorité des maîtres. — Suspension de l'élection du recteur. — Persécutions exercées contre les membres de l'Université, engagés dans les ordres, qui refusent les serments exigés. — Courageuse résistance du caissier Delneuf. — Rapport de M. de Talleyrand sur l'instruction publique. — Autre rapport de Condorcet. — Influence de plus en plus marquée des idées révolutionnaires. — Attaques contre l'enseignement religieux et contre l'étude des langues anciennes. — Fermeture des cours de théologie. — Rapport de M. de Pastoret concernant le tribunal du recteur. — Décret de la Convention qui ordonne la confiscation des biens appartenant aux collèges et met à la charge du trésor public les traitements des professeurs. — Dernière distribution des prix du concours général. — Décret portant suppression des collèges et des Facultés de tout ordre. Fin de l'Université de Paris. — Résumé et conclusions.................................. 448

TABLE DES NOMS PROPRES ET DES PRINCIPALES MATIÈRES................. 499

www.ingramcontent.com/pod-product-compliance
Lightning Source LLC
Chambersburg PA
CBHW051359230426
43669CB00011B/1703